역사와 우연

역사도서관 017

역사와 우연

최성철 지음

도서출판 길

지은이 **최성철**은 1964년 전북 익산에서 태어나 서강대 국어국문학과와 같은 대학교 대학원 사학과(서양사 전공)를 졸업하였다. 독일 베를린 자유대학 역사문화학부에서 『경험과 인식: 야코프 부르크하르트의 역사이론에 대한 연구』로 박사학위를 받았다. 현재 서강대 국제문화교육원 전임강사로 있다. 문화사학회, 한국독일사학회, 한국서양사학회에서 연구이사와 편집이사, 한국사학사학회에서 편집이사와 총무이사 등을 역임했다.

저서로 『부르크하르트: 문화사의 새로운 신화를 만들다』(한길사, 2010), 『과거의 파괴: 19세기 유럽의 반역사적 사상』(서강대학교출판부, 2012), 『21세기 역사학 길잡이』(공저, 경인문화사, 2008), 『역사 속의 소수자들』(공저, 푸른역사, 2009), 『역사가들: E. H. 카에서 하워드 진까지』(공저, 역사비평사, 2010), 『역사주의: 역사와 철학의 대화』(공저, 경인문화사, 2014) 등이 있으며, 역서로는 『혁명 시대의 역사 서문 외』(부르크하르트, 책세상, 2002)가 있다. 아울러 논문으로 「부르크하르트와 역사주의」(2002), 「문화로서의 역사?: 요한 호이징하에서의 '역사'와 '문화' 그리고 '문화사'」(2002), 「파국과 구원의 변증법: 발터 벤야민의 탈역사주의적 역사철학」(2003), 「패자들을 위한 진혼곡: 하워드 진의 민중사학」(2007), 「역사에서의 시간: 코젤렉과 리쾨르의 시간담론을 중심으로」(2015) 등이 있다.

역사도서관 017

역사와 우연

2016년 4월 15일 제1판 제1쇄 인쇄
2016년 4월 25일 제1판 제1쇄 발행

지은이 | 최성철
펴낸이 | 박우정

기획 | 이승우
편집 | 이남숙
전산 | 한향림

펴낸곳 | 도서출판 길
주소 | 06032 서울 강남구 도산대로 25길 16 우리빌딩 201호
전화 | 02) 595-3153   팩스 | 02) 595-3165

등록 | 1997년 6월 17일 제113호

ISBN 978-89-6445-128-1 93900

이 저서는(원과제명: 역사에서의 우연)는 2011년 정부(교육부)의 재원으로 한국연구재단의 지원을 받아 수행된 연구임(NRF-2011-812-A00001).

서론

현대는 우연의 시대다. 특히 20세기에 들어와 베르너 하이젠베르크 (Werner Heisenberg)의 양자역학에서 나온 '불확정성 원리'가 전통 물리학의 법칙을 무너뜨리고 현대 물리학과 자연과학, 나아가 모든 학문과 사회의 작동 원리로 인정되기 시작하면서 우연은 심지어 이 세계를 지배하는 법칙으로 간주되기 시작했다. 그렇다면 과거에는 어땠을까? 과거는 필연의 세계였을까? 우리의 삶과 이 세계가 우연의 지배를 받는다는 생각은 복잡해지고 혼란스러워진 오늘날에 와서야 나타난 현상일까? 그렇기에 예전에는 이 세계를 단순히 필연적인 것으로 보았을까? 외관상 근대와 전근대에는 우연보다는 필연이 이 세계를 압도했던 것처럼 보인다. 왜냐하면 큰 변화 없는 삶이 지속되었고 따라서 미래의 예측이 어느 정도 가능했던 전근대는 말할 것도 없고, 이성을 무한정 신뢰했던 18세기 계몽주의 시대를 거쳐 산업혁명과 시민혁명을 통해 등장한 진보의 시대였던 19세기까지만 해도 인류의 역사는 많은 경우 보다 더 나은 미래를 향해 나아가는 안정적이고 예측 가능하며 발전 지향적인 과정으로 해석되었기 때문이다. 그렇다면 현대에 보편적으로 인정받은 우연 개념이 과연 근대 이전에는 어떤 취급을 받았을까? 이러한 질문은 더 나아가 우연이란 무엇인가? 우연은 각 시대와 각 사상가들에 의해 어떻게 수용되고 해석되었을까? 역사에서 우연이란 무엇인가? 역사가들은 우연을 어떻게 다루어왔을까? 역사는 과연 우연적 과정일까, 아니면 필연적 과정일까? 등의 매우 원론적 문제들을 제기하도록 만든다.

역사 안에서 '우연'이 차지하는 위치는 매우 독특하다. 역사가들은 지금껏 그 개념을 한편으로는 불가피한 것으로 용인하면서도 다른 한편으로는 철저히 거부하는 이중적인 모습을 보여 왔다. 역사가 탄생하던 고대 그리스부터 시작해 오늘날에 이르기까지 '우연'은 매 시대의 정치적 또는 사상적 흐름과 조응하면서 조건부 수용과 의도적 무시가 교차하는 쌍곡선을 그리면서 개념사적으로 하나의 굴곡진 역사를 보여 왔다. 그 현란하고 복합적인 모습은 마치 제도권 역사학 안에서 철저히 거부되지만, 역사철학이나 역사사상 측면에서는 끊임없이 사유되어 왔던, 거부할 수 없는 유혹으로서의 '역사에서의 미래' 담론과도 유비된다. 꽤 유명한 고전적 역사가들치고 '미래'에 대해 언급하지 않은 사람을 찾아볼 수 없다는 점이 바로 그 명확한 증거다. 그 이유나 배경이 어디에 있든, 우리는 합리성으로 무장된 근대의 제도권 역사학에서 매우 취약한 개념적·이론적 위상을 가져왔던 '우연'이 그럼에도 불구하고 역사서술의 영역 안에서 지금껏 단 한차례도 완전히 배제된 적이 없었다는 사실에 특별히 주목할 필요가 있다. 아니 배제된 적이 없었던 정도가 아니라 꾸준히 수용되어 왔다고 말하는 편이 더 정확한 표현일지 모른다. 헤로도토스(Herodotos)와 투키디데스(Thucydides)부터 시작해 니콜로 마키아벨리(Niccolò Machiavelli)와 요한 빌헬름 폰 아르헨홀츠(Johann Wilhelm von Archenholz)를 거쳐 오늘날의 시드니 후크(Sidney Hook)와 알프레트 호이스(Alfred Heuss) 또는 라인하르트 코젤렉(Reinhart Koselleck)에 이르기까지 '우연'은 '필연' 또는 '법칙'과의 대비 속에서 역사 안에서 흔들림 없이 하나의 견고한 인식범주의 위치를 차지해 왔다. 심지어 20세기 벽두에 레몽 아롱(Raymond Aron)은 역사적 사실이 규칙으로 환원될 수 없다는 점을 근거로 '우연'이야말로 '역사

의 원천'이라고까지 천명했다.[1]

이 책은 이러한 중요성에도 불구하고 그동안 제도권 역사학계에서 학문적 탐구 대상이 아니라는 이유로 밀어내 왔던 역사에서의 '우연'의 문제를 사상사적으로, 그리고 사학사적으로 추적한 후 그 결과물들을 다시 역사이론적으로 정립하는 데 목적을 두고 기획되었다. 먼저 사상 사적인 탐구 작업은 주로 철학이나 사상 분야에서 '우연' 개념이 역사 적으로 어떻게 이해되고 전개되어 왔는가를 천착하는 일이 될 것이다. 이 작업에서는 그 개념이 어떻게 당대 사회와의 조응 속에서 변천해 왔 는지도 고찰할 것이다.

다음으로 사학사적인 연구 작업에서는 말 그대로 고대 그리스 역사 가들부터 시작해 오늘날에 이르는 역사서술들 중 특별히 우연 또는 우 연과 관련된 개념들이 많이 언급되어 있는 작품들을 선별해 그 안에서 사용되고 있는 '우연', '행운', '섭리', '운명' 등의 개념이 구체적으로 어떤 의미를 갖고 있는지를 면밀히 검토할 것이다. 첫 번째 작업이 우연 이 철학사상에서 어떻게 전개되어 왔는지를 다룬다면, 두 번째 작업은 역사서술에서 우연이 어떻게 활용되어 왔는지를 추적한다. 이 두 작업 이 이루어지고 나면, 마지막으로 작업 결과들을 토대로 우연 개념을 역 사이론적으로 정립하는 작업이 진행될 것이다.

그렇다면 우연을 이처럼 사상사적·사학사적·역사이론적으로 탐구 하는 작업이 왜 중요하고 또 그것은 어떤 학술적 의미와 가치를 지닐 까? 이 연구의 부수적 목적이라고 할 수 있는 그 이유를 몇 가지 열거하 면 다음과 같다.

첫째, 이 작업은 사람들이 역사를 관찰하고 해석하는 데 기존에 가지 고 있던 관점과 사고의 틀을 바꾸거나 보완하도록 하는 데 크게 기여할 것이다. 왜냐하면 사람들은 역사를 일반적으로 일정한 인과관계 또는

---

1 Raymond Aron, *Introduction à la philosophie de l'histoire*, Paris: Gallimard, 1948, p. 20.

필연의 계기화 속에서 관찰하는 경향이 있기 때문이다. 그러나 연관성이 없는 사건들의 결합으로서의 우연의 척도가 필연과의 대립 속에서 상정된다면, 역사를 관찰하는 데서 보다 더 '균형 잡힌' 관점과 시각을 얻을 수 있을 것이다. 이것은 마치 패배사관을 덧붙임으로써 기존의 역사를 승리사관에서 바라보던 편협한 시각에서 벗어날 수 있는 것과 유비된다. 역사가 승리자들만의 전유물이 아니듯이, 역사가 유관한 사건들의 필연적 연속으로만 간주되어서도 곤란함은 두말할 나위가 없다.

둘째, 역사에서 우연의 개념을 천착하는 작업은 역사의 내적 의미를 필연과 우연의 변증법적인 구조 속에서 파악하겠다는 의지의 천명과 다를 바가 없다. 필연의 대(對)개념이자 법칙적 연관성의 반(反)개념으로서의 우연의 개념사적인 또는 역사서술적 의미를 모르고서는 합(合), 즉 진정한 또는 온전한 의미의 역사 개념을 규명할 수 없음은 자명하다. 더구나 이 연구에서 다루려 하는 인물들은 대체로 서양의 지적 흐름에서 누구나 인정하는 일급의 사상가들이자 역사가들이다. 다시 말해 '우연'에 대한 그들의 사유 안에는 탄탄한 논리와 논거의 사상 구조들 또는 의미 내용들이 담겨 있을 가능성이 크다. 따라서 이 연구 작업의 성공적 수행은 역사를 구성하는 다른 반쪽 개념의 진실을 규명하는 차원을 넘어 그동안 감추어져 왔던 역사의 새로운 속성이나 본질을 추가로 드러내는 일이며, 이를 통해 우리는 어쩌면 역사의 본질에 한걸음 더 바짝 다가서게 될 것이다.

셋째, 이 연구의 필요성은 연구사적으로도 증명된다. 그동안 동서양을 통틀어 '역사에서의 우연'을 사학사적으로 규명한 사례는 거의 전무하다. 물론 '우연' 개념을 철학사적으로 검토한 연구는 종종 이루어져 왔고, 또 역사에서의 우연을 고대에서는 'tychē'로써, 르네상스 시기에서는 'fortuna'로써 고찰한 경우처럼 일정한 시간대 안에서 다루어진 사례는 간헐적으로 있었지만, 서양의 전 시기를 관통해서 탐구한 경우나 그것을 역사이론적으로 정립한 연구는 찾아볼 수 없다. 그 이유는 아마도 '역사에서의 우연'이 학문적 탐구의 대상으로 간주되지 못했거나 또는 그것이 지적 계보라고 할 만한 어떤 체계적 전통을 갖고 있지 않은 것처럼 보였기 때문일 것이다. 그러나 사실 조금만 관심을 기울인다면, 우연에 대한 철학적 사유와 역사적 활용이 아리스토텔레스(Aristoteles, BC 384~322)와 헤로도토스로부터 이어지는 그 나름의 유구한 전통과 역사를 갖고 있고, 특히 역사에 대한 다양한 연구가 전개되던 20세기에 들어와 더욱더 두드러지게 나타난다는 사실을 알 수 있다. 따라서 이 책은 나름의 중요성을 갖고 있었지만 그동안 서양사상사나 서양사학사적으로 듬성듬성 비어 있던 부족한 부분을 메워 하나의 전체로 완성해 나가는 중요한 작업이 될 것이다.[2]

---

2 이 연구가 대상으로 삼고 있는 사상가들이나 역사가들의 우연 개념에 대해서는 주로 개별 연구 또는 비교 연구 형태로 이루어져 왔다. 그나마도 우연 개념은 철학을 필두로 최근에는 자연과학과 경영학 등에서도 연구가 활발히 이루어지고 있다. 이들 연구는 몇몇 경우를 제외하면 이 연구에 거의 도움이 되지 않는다. 철학에서의 우연 개념에 대해서는 알브레히트 베커-프라이젱(Albrecht Becker-Freyseng)의 *Die Vorgeschichte des philosophischen Terminus 'contingens'*(1938)이 가장 정통성 있는 연구서로 꼽히고, 그 외에 하인리히 셰퍼스(Heinrich Schepers)의 논문 "Möglichkeit und Kontingenz. Zur Geschichte der philosophischen Terminologie vor Leibniz"(1963)도 참고할 만한 글이다. 그 밖에 철학적 의미의 '우연성'이나 '가능성'을 다룬 책으로 페르디난트 펠리칸(Ferdinand Pelikán)의 *Entstehung und Entwicklung des Kontingentismus*(1915)와 하인리히 베크(Heinrich Beck)의 *Möglichkeit und Notwendigkeit. Eine Entfaltung der ontologischen Modalitätenlehre im Ausgang von Nicolai Hartmann*(1961) 등이 있고, 최근의 편저나 단행본으로는 게르하르트 폰 그레베니츠(Gerhart von Graeveniz)와 오도 마르크바르트(Odo Marquard)가 공동 편집한 방대한 저술 *Kontingenz*(1998)와 페터 포크트(Peter Vogt)의 역시 방대한 연구서 *Kontingenz und Zufall: Eine Ideen- und Begriffsgeschichte*(2011) 등이 주목할 만하다. 동양권에서는 일본의 구키 슈조(九鬼周造)의『우연성의 문제』(偶然性の問題, 1935)가 철학적 의미의 우연 개념을 다룬 대표적·고전적 연구서로 인정받고 있다. 국내에서는 우연 문제를 다룬 단행본 저서는 찾아볼 수 없고, 김영균의「아리스토텔레스에 있어서 우연(tychē)의 문제」(1989)처럼 개별 사상가들의 우연 개념에 대한 연구가 간헐적으로 발견된다. 역사에서의 우연 문제로 들이가면 단행본은 고사하고 학술논문조차 거의 찾아볼 수 없다. 단행본으로는 역사학, 특히 사회사에서의 우연 문제의 이론화 작업을 시도한 아른트 호프만(Arnd Hoffmann)의 연구서 *Zufall und Kontingenz in der*

이러한 목적의식을 갖고 기획된 이 책은 다음과 같은 내용을 담고 있다. 먼저 제1부는 '우연이란 무엇인가'라는 문제 제기에 대한 답을 찾아 나가는 과정으로 구성된다. 우연에 대한 사상사적인 검토가 전개될 이 과정에서는, 이 책이 우연에 대한 사학사적인 검토에 초점이 맞추어져 있는 만큼, 철학사적으로 깊이 들어가는 전문 작업은 삼갔다. 다만 '우연'이 서양에서, 특히 고전적 철학자나 사상가들에게 어떤 의미를 지닌 개념이었는가를 나름 심도 있게 정리해 나가는 수준에서 마무리했다.

'우연'(contingency)이라는 단어는 '함께 접촉하다' 또는 '동시에 맞아떨어지다'는 뜻의 라틴어 동사 'contingere'에서 유래한다. '우연'은 철학적으로 논리학, 자연철학, 형이상학 등 외관상 다르지만 서로 연관되어 있는 세 영역에서 사용되는 매우 복합적인 개념이다. 그 안에는 '동시발생'(coincidence), '가능성'(possibility), '비결정성'(indetermination) 등 다양한 의미가 담겨 있다. 그 존재가 논리적으로 반드시 필요하지 않고, 또 그것의 부재(不在)가 논리적으로 불가능하지 않다는 의미에서,

---

Geschichtstheorie. Mit zwei Studien zu Theorie und Praxis der Sozialgeschichte(2005)가 거의 유일하다. 논문으로는 라인하르트 코젤렉의 "Der Zufall als Motivationsrest in der Geschichtsschreibung"(1979)이 대표적이다. 코젤렉은 이 논문에서 우연의 문제가 역사에서 어떻게 다루어져 왔고, 그 의미가 어떻게 변해 왔는지를 상당한 통찰력으로 고찰하고 있다. 그 밖에 로버트 리빙스턴 슈일러(Robert Livingston Schuyler)의 "Contingency in History"(1959)나 알프레트 호이스의 "Kontingenz in der Geschichte"(1985)도 참고할 만한 논문이다. 한편 시드니 후크도 The Hero in History: A Study in Limitation and Possibility(1943)의 별도의 장에서 '역사에서의 우연'을 다루고 있다. 국내에서는 투키디데스, 폴리비오스, 타키투스, 마키아벨리 등에게서 나타나는 tychē, fatum, fortuna 등의 문제를 다룬 오흥식과 박영철 등의 연구논문이 발표되었지만, 이들을 종합적으로 묶어서 논의한 연구서는 없다. 종합하면, 국내외를 통틀어 특정 철학자들이나 역사가들에게서 나타나는 우연 개념에 대한 개별적 연구는 그동안 어느 정도 성과가 축적된 편이지만, 정작 이들을 종합적으로 묶고 체계화 또는 이론화한 연구는 별로 찾아볼 수 없었다. 그나마 얼마 안 되는 저작들도 앞에서 본 대로 일부 연구작업을 제외하면 대부분 1960~70년대 이전에 나온 것들이어서, 이제 21세기의 관점에서 그리고 사학사와 역사이론의 관점에서 연구대상을 새롭게 조명할 필요성이 절실하다 하겠다.

현존하는 모든 것이 우연이라는 통찰은 이미 아리스토텔레스에 의해 시도된 바 있다. 그에 따르면, 우연(ἐνδεχόμενον)은 '가능한 것' 또는 '저절로 일어난 일'로서 일종의 '능력', 즉 '가능태'에 해당한다. 그래서 『명제론』(De Interpretatione)에서 그는 "분명한 것은 모든 것이 필연적이지 않다는 것, 모든 것이 필연적으로 생성되는 것은 아니라는 것이다. 오히려 우연히 오게 된 어느 하나가 바로 필연적이고 또 필연적으로 생성된다"고 설파했다.

이러한 아리스토텔레스의 견해는 이후 서양철학자들에 의해 면면히 수용되어 왔다. 중세 초기에 보에티우스(Boethius)는 우연을 필연성 및 불가능성과 엄격히 구별되는 '균형적 가능성'으로 이해했고, 토마스 아퀴나스(Thomas Aquinas)도 역시 아리스토텔레스를 따라 우연을 (1) 행운의 사건, (2) 임의적 사건, (3) 자연적 사건(자연에 원인이 있는 사건) 등 세 가지 의미로 구분해서 사용했다. 그러나 이 모든 우연 안에는 필연이라는 신의 섭리가 개입되어 있어 우연은 어디까지나 약화된 지위만 부여받는다. 즉 중세적 우연관은 아퀴나스의 생각에서 드러나는 것처럼 필연이 아닌 것이 없는 신의 의지로 완성된 대자연의 기획 안에 포괄된다. 한마디로 우연은 필연의 일부에 지나지 않는다. 이러한 생각은 둔스 스코투스(Duns Scotus), 윌리엄 오컴(William Ockham), 니콜라우스 쿠자누스(Nicolaus Cusanus)를 거쳐 근대 초까지 이어진다.

그러나 르네상스를 거치면서 세속화의 길로 접어든 근대에 들어오면 우연 개념은 다시 고대의 전통을 이어받아 중요한 가치 개념으로 되살아난다. 프란시스코 수아레스(Francisco Suárez)에 따르면, 우연이란 넓은 의미에서 가능한 모든 것을 나타내고, 좁은 의미로는 비(非)필연적으로 존재하거나 발생하는 것을 의미한다. 베네딕트 스피노자(Benedict Spinoza) 역시 우리가 그 실존을 불가피하게 만들거나 결정할지 모르는 그 어떤 것도 그것의 본질로부터 발견할 수 없다는 점에서 개별 사물들을 우연적이라고 정의했고, 고트프리트 라이프니츠(Gottfried Leibniz)도 그 역(逆)이 어떠한 모순도 포함하지 않는 모든 것이 바로 우연적이거나 비필연적이라고 규정했다. 우연을 필연성의 반의어로 사용했던 이마누엘 칸트(Immanuel Kant)조차 경험적 판단을 우연적이라고 생각했다. 하지만 중세의 스콜라 신학자들처럼 이 세계를 신에 의해 창조된 하나의 보편적이고 필연적인 존재로 인식하고자 했던 헤겔(G.W.F. Hegel)에 이르면 우연 개념은 다시 극도로 약화된 모습을 보인다.

상대성, 카오스, 프랙털, 빅뱅 등 물리학이나 자연철학에서의 비결정성과 불확정성 이론들이 마구 쏟아져 나오고 포스트모더니즘이 풍미한 20세기에 들어오면 '우연'은 또다시 새롭게 주목받고 높은 위상을 갖기에 이른다. 가령 에티엔 에밀 마리 부트루(Étienne Émile Marie Boutroux)는 이 세계가 극단적으로 비결정적인 것이라고 주장했고, 니콜라이 하르트만(Nicolai Hartmann) 역시 반(半)은 긍정적인 양식이자 현실적인 개념인 우연을, (1) 의도하지 않았던 것, (2) 예기치 않았던 것, (3) 계산하지 못했던 것, (4) 특별한 경우의 비본질적인 것인 것, (5) 진정한 근거가 없는 것 등을 의미한다고 지적했다. 한마디로 모든 원리들, 공리들, 기본 법칙들이 우연적이라는 것이다. 이처럼 우연은 서양철학의 전통에서 시대마다 다양한 내연적·외연적 의미 변화를 겪어왔다.

그렇다면 이러한 '우연' 개념을 역사가들은 어떻게 수용해 왔을까? 제2부는 '역사에서 우연이란 무엇인가'라는 질문에 대한 답들로 채워진다. 그 질문은 '우연은 고대에서 오늘날까지 서양의 역사서술에서 어떤 의미로 사용되어 왔는가'로 구체화된다. 이 책의 주제가 우연에 대한 사학사적 탐구에 초점이 맞추어져 있는 만큼 여기에 해당하는 연구 내용들은 이 책의 중심이자 핵심에 해당한다.

서양 고대의 역사서술에서 우연은 'tychē'로 표현된다. 라틴어로는 'fortuna'로 번역되는 'tychē'는 '운'(fortune), '우연'(chance), '운명'(fate) 등의 뜻을 지니면서 일반적으로 비합리적인 인과론, 초월적 운명 등의 의미를 함축한다. 어차피 합리주의적 역사연구나 서술방법을 천명한 적이 거의 없는 '역사의 아버지' 헤로도토스에게 'tychē'는 그리 큰 논란거리가 되지 못하지만, 문제는 그러한 합리적·객관적 원칙을 자신의 역사작품 안에서 금과옥조로 제시했던 투키디데스나 폴리비오스(Polybios)에게서 나타나는 'tychē'를 어떻게 해석하느냐다. 19세기 역사서술의 학문화 과정에서 당대 역사가들의 직계 선조로 추앙받았던 투키디데스나 그를 계승한 그리스 최고의 역사가 폴리비오스에게서 'tychē'는 한마디로 매우 다의적인 술어로 사용된다. 가령 폴리비오스에게 그 개념은, 첫째 운이나 숙명('일반적 티케'), 둘째 급작스러운 자연현상 또는 예상치 못했던 인간행위로 인한 갑작스러운 변화('인과론적 티케'), 셋째 역사의 큰 흐름을 결정하는 초자연적인, 초월적인 힘('섭리적 티케'), 넷째 성공한 자가 오만이나 판단착오로 징벌을 당하는 경우('징벌적 티케') 등이 그것이다. 폴리비오스가 'tychē'를 자신의 합리적 역사서술 안에 인과론적으로는 도저히 설명할 수 없는 인간행위나 사건을 서술할 때 사용했다고 해서 그를 비합리적인 역사가로 해석하는 것이 무리이듯이, 아무리 다의적이긴 하지만 엄연히 'tychē'라는 용어를 사용했던 그를 순수한 '과학적 역사가'로 둔갑시켜 놓는 것도 문제가 아닐 수 없다. 그러나 이러한 논쟁을 차치하더라도, 중요한 점은 학문적 역사의 아버지로 불리는 고대 역사가들에게 '우연'이라는 요소가 배제되기는커녕 오히려 자주 활용되고 있다는 사실이다. 그 점은 우연의 여신 'tychē'를 행운의 여신 'fortuna'로 명칭만 바꾸어 그 내용을 거의 그대로 고스란히 수용한 리비우스(Livius)나 타키투스(Tacitus) 같은 로마의 역사가들을 통해서도 쉽게 확인된다.

고대 역사가들의 이러한 다의적 'tychē'는 바로 중세의 기독교 연대기 작가들에게 '섭리적 티케'라는 협소하고 한정된 의미로 이전된다. 중세가 기독교의 시대였다는 점을 감안하면 그 사정을 이해 못할 바 아니지만, 그래도 그렇게 풍부한 의미의 내용물을 쌓아둔 고대의 단어 보고(寶庫)에서 그처럼 매우 작은 의미의 보물만 꺼내 쓴 것은 아무래도 쉽게 납득이 가지 않는다. 어쨌든 중세 초기에 '우연'이라는 개념은 신의 섭리나 의지에 적대적으로 대치되는 개념으로 이해되다가 나중에는 오히려 신의 섭리나 의지를 설명하기 위한 도구로 활용된다. 가령 기독교적 계몽의 날카로운 논리로 무장된 아우구스티누스(Augustinus)는 "행운의 여신을 도대체 어떻게 규정할 수 있는가? 우연한 상황이 어떻게 여신이라는 이름과 연결될 수 있는가? 만약 그녀가 행운의 여신이라면, 모든 숭배는 헛된 것이다"라며 우연의 모순성을 조롱했다. 하지만 12세기에 오토 폰 프라이징(Otto von Freising)은 우연을 신의 섭리로 해명하기 위해서 사용했다. 일단은 이해할 수 없는 것처럼 보이는 우연이란 사실 숨겨진 신의 섭리를 지시한다는 것이다. 중세에 이교적 요소로서 행운의 여신은 이처럼 신학적으로 중재되면서 지양되었다.

기독교 연대기 작가들과 마찬가지로 르네상스 시기의 인문주의자들에게서도 행운의 여신은 '섭리의 딸'이자 '우연의 어머니'로 인식되었다. 섭리(할머니)-행운(어머니)-우연(딸)으로 이어지는 모계 전통의 역사는 이후 서양의 역사서술에서 하나의 견고한 축을 형성한다. 요컨대 행운의 여신은 측정 불가능한 것에 대한 상징으로서 곧 신의 정당화로 이어졌던 것이다. 여기서 주목할 것이 바로 그 유명한 마키아벨리의 'fortuna' 개념이다. 폴리비오스의 인과론적 설명방식 등 고대의 합리적 역사서술을 전범으로 삼고 모방하고자 했던 마키아벨리가, 예측할 수 없는 일을 '포르투나', 즉 행운의 여신의 탓으로 돌려 서술했던 점은 아이러니라기보다는 고대와 근대를 하나로 결합하고자 했던 르네상스의 또 다른 특징으로 여겨진다. 중세 초기에 단절됐던 섭리와 우연의 관계를 고대 로마의 전통을 복원하면서 다시 혈연관계로 이어놓은 마키아벨리의 '포르투나' 개념은 이후 서양 역사가들의 공리(公理)로 작용한다. 동시대의 대표적인 피렌체 역사가였던 프란체스코 구이치아르디니(Francesco Guicciardini) 역시 동일한 맥락에서 이러한 전통 창조에 일조했던 사람 중의 하나라고 할 수 있다.

이성이 지배하던 계몽주의 시대에 오면 철학적으로 거부될 조짐을 보이던 우연이 역사서술에서는 부분적으로 또는 전면적으로 수용되는 복합적 양상을 띤다. 정치체계를 세워서 시대의 모든 상황이 자신의 계획 수행에 맞아 들어가게 하려 했던 프리드리히 대왕은 비록 마키아벨리의 낡은 행운의 여신과 결별했지만, 결코 그 의미내용까지 완전히 포기한 것은 아니었다. 우연을 조심스럽게 만지작거렸던 프리드리히와는 달리 18세기 후반에 가장 많이 읽혔던 동시대의 역사가 아르헨홀츠는 7년전쟁에 관한 자신의 책에서 '우연' 개념을 여러 차례 언급하며 적극 활용한다. 계몽주의 시대의 영국 역사가 에드워드 기번(Edward Gibbon)도 『로마제국 쇠망사』(*The History of the Decline and Fall of the Roman Empire*)에서 '우연'이나 '행운'의 개념을 자주 도입한다. 이들에게 보이는 특징은 한결같이 마키아벨리가 말한 'fortuna' 또는 그것의 변형이 주를 이룬다는 것이다.

헤겔이 철학적으로 거부했던 '우연'은 이제 19세기에 이르면 역사주의학파에 의해 거의 완전히 제거된다. 역사주의에서 '우연' 개념이 완전히 제거된 것은 결코 우연이 아니었다. 역사는 '이성'과 '진보'라는 두 개의 근대적 규준을 따라 특정한 목적을 향해 끊임없이 합리적으로 진행해 나가는, 충분히 예측 가능한 연쇄적 인과과정으로 이해되었던 것이다. 역사서술이 학문화되고 역사 관념이 정교하게 다듬어져가는 깨끗한 건물 안에 우연이라는 누추한 손님이 들어설 자리는 점차 사라져갔다. 그런데 문제는, 코젤렉의 지적처럼, 역사주의에서의 이러한 '우연 제거 프로젝트'가 인과원칙을 수미일관하게 확대함으로써 그랬던 것이 아니라, 현대적 역사 개념 안에 내재되어 있던 신학적·철학적·미학적 함의들을 통해 이루어졌다는 점이다. 역사주의의 미학적 요소는 신학적인 근거 설정 이상으로 우연이라는 요소의 등장을 가로막는다. 그런데 문제는 우연을 제거하려는 이러한 시도가 철저하게 이루어지지 않는다면, 그 시도는 우연을 오히려 절대화하는 우를 범할 수 있다는 점이다. 즉 우연의 제거 노력이 오히려 우연에 필연성의 외피를 입히는 결과를 초래할 수 있다.

불확정성과 비결정성의 시대인 20세기에 들어오면, 역시 철학적으로 석극 수용되었던 우연 개념이 다시 역사서술적으로도 활성화하는 계기를 맞는다. 가령 후크는 연관성과 법칙성이 없이 일어나는 모든 사건뿐만 아니라 나아가 현존하는 모든 것을 '우연'이라고 지칭했다. 영국 역사가 허버트 A. 피셔(Herbert A. Fisher)도 역사에서 예기치 않았던 일의 역할을 인식하지 않으면 안 된다며 우연을 강조했다. 독일의 저명한 역사가 호이스 또한 우연이 역사가의 언어 보고(寶庫) 안에 속하지는 않지만 그것이 역사에서는 큰 역할을 하는 경우가 많다고 지적하면서, 사람들이 도처에서 파악할 수 있을 만큼 중요한 '우연'에 대한 인식이야말로 "역사적 작업의 근본적인 전제조건들"에 속할 것이라고 주장한다. 이와 유사한 사례는 포스트모더니즘 시대인 오늘날 역사학에서 무수히 발견된다.

마지막으로 제3부는 그렇다면 '우연은 역사 안에서 어떤 의미 내용과 의미구조를 갖는가'라는 의문에 대한 대답의 모색으로 이루어진다. 간단히 말하면, '역사와 우연은 어떤 관계에 있는가?' 여기에서는 앞의 두 단계의 연구성과들을 종합하고 이들을 토대로 도출해 낼 수 있는 '우연'에 대한 역사이론적 개념화 작업이 펼쳐진다. 철학적 우연이나 역사적 우연은 결코 별개의 과정이 아니라 서로 조응하는 듯하면서도, 결국은 별개의 의미연관들을 만들어냈다. 더불어 일상어로서의 우연 또한 다른 함의를 갖고 있다. 역사와 우연의 관계는 바로 지금까지의 탐구 작업과 일상에서의 우연 개념을 종합적으로 사유했을 때 비로소 규명된다. 결국 이 마지막 부에서는 우연이 역사연구와 역사서술 안에서 개념적·방법적으로 이론화될 수 있는지, 우연의 역사적 법칙화 또는 이론화란 과연 가능한지, 그럼으로써 역사와 우연은 궁극적으로 어떤 관계로 정립될 수 있는지 등이 논의된다.

결국 나는 이 책을 통해 그동안 역사학계 안에서 근대 학문의 거대한 틀 밖으로 의도적으로 밀어내 왔던 우연을 받아들여야 한다는 목소리가 도처에서 들리는 요즈음, 우리나라의 원로 역사가들도 사석에서뿐만 아니라 학술 발표회와 같은 자리에서조차 사건들의 연관을 '필연'과 '우연'의 두 잣대로만 측정해야 한다면 역사는 순전히 '우연'이라고까지 공언하곤 하는 이때, 역사가들의 입장에서 삼킬 수도 뱉을 수도 없는, 뜨거운 감자와도 같은 이 '우연'이라는 개념을 어떻게 정리해야 할 것인가의 문제를 다루고자 한다.

일찍이 코젤렉이 지적했듯이, 주제가 방법을 결정한다. '역사에서의 우연'을 연구 주제로 삼고 있는 이 책에서는 기본적으로 철학자들, 사상가들, 역사가들의 텍스트에 대한 정확한 이해, 즉 '해석학적 방법'이 가장 우선적으로 고려될 수밖에 없다. 또 이 책에서는 전통적인 해석학을 우선시하되, 사상들의 단위요소의 분석과 같은 '사상사적인 방법'과 더불어 텍스트와 그 텍스트가 탄생한 주변 환경 사이의 맥락을 고려하는 '지성사적인 방법'도 활용하고자 했다. 또 사상가들 사이의 사상을 서로 비교·분석할 필요성이 있을 때 '비교·분석 방법'을 활용했음은 물론이고, 아울러 '철학적 우연' 개념과 '역사적 우연' 개념을 천착하고 난 다음의 세 번째 작업인 우연의 역사이론화 작업 과정에서는 다양한 테제나 이론들을 도출해 내기 위한 '발견적 방법'도 이용했음을 밝혀 둔다.

대체로 학문적 연구가 지적 호기심에서 출발하는 이상, 특정한 기대효과를 사전에 기획하고 시작된 연구는 거짓이거나 조작일 가능성이 크다. 이 책 또한 사전에 기대효과를 염두에 둔 적이 없음을 미리 밝혀 둔다. 다만 이 책을 통해 다음과 같은 부수적 효과들이 있었으면 하는 소박한 바람은 있다.

만일 이 책이 그동안 개별적 또는 산발적으로 이루어져 온 우연 개념의 내용과 그 역사적 계보가 하나의 체계로 일관되게 정리하는 임무에 성공했다는 평가를 받는다면, 이 분야 연구에 새로운 지식 기반을 제공할 수 있지 않을까 조심스럽게 기대해 본다.

아울러 이 책을 계기로 관련 분야의 통시적(종적) 또는 공시적(횡적) 연구에 실질적인 자극을 줄 수 있기를 희망한다. 예컨대 고대에서 현대에 이르는 서양 사상에서 '필연' 개념이 어떻게 변천해 왔는지에 대한 연구가 그 예에 해당할 것이다.

우연에 대한 철학적·역사적 연구는 곧 역사에서 비결정성, 비규정성, 불확정성, 부정확성 등의 연구에 자극을 줄 수 있을 것으로 기대된다. 아니면 역으로 이미 포스트모더니즘에서의 담론이 그러한 개념들로부터 영향을 받았기 때문에 포스트모더니즘 사상이 형성되는 데 우연 개념이 어떤 영향을 주었는지에 대한 역추적 연구도 가능하리라 본다.

나아가 이 책 주제의 성격상 사학사나 사상사 외에 정치학, 사회학, 심리학 등 관련 분야의 학제간 연구에도 영향을 줄 수 있지 않을까 전망해 본다. 앞서의 지적처럼 이미 우연에 대한 자연과학, 경영학, 정치학 분야에서의 연구는 활발히 이루어지고 있고, 이 연구의 성과가 덧붙여지면 유관 분야에서의 관련 연구가 활성화될 수 있을 것으로 점쳐진다.

만에 하나 이 책이 대중적으로 성공을 거둔다면, 대중에게 미치게 될 부수적 영향도 적지 않을 것이다. 즉 이 책이 많이 읽게 되면 대중 독자로 하여금 "오늘날 우연이란 무엇인가?", "우리의 삶은 우연인가, 필연인가?", "우리에게 우연은 어떤 의미와 가치를 지니는가?"와 같은 다양한 우연 관련 질문과 반성을 하게 될 수 있지 않을까? 한마디로 이 책이 성공적일 경우 우연과 관련한 대중적 담론을 이끌어내거나 그런 담론이 형성되는 데 기여할 것이고, 나아가 우리 자신은 누구인가라는 질문을 통해 자신을 반성하고 성찰하는 계기가 됨으로써 '인간과 자신에 대한 성찰적 이해'라는 인문교육적 효과도 거둘 수 있기를 바란다.

마지막으로 좀 선부른 얘기가 되겠지만, 이 책의 결과가 일련의 검증 과정을 거친 후 하나의 확실한 지식 내용으로 정착되어 일반 테제로 확립될 수 있다면, 일선 교육기관에서나 일반 개설서, 심지어 전문 연구서 등에서 나름 유용하게 활용될 수 있을 것이다.

끝으로 이 책이 탄생하기까지 도움을 주었던 기관과 출판을 담당해 준 분에 대한 감사 인사를 전하고자 한다. 먼저 이 책의 연구기획을 재정적으로 지원해 준 한국연구재단이 없었더라면 아마도 이 책은 지금의 이 형태로 출판되지 못했을 것이다. 어쩌면 연구기획 자체가 영원히 사장되었을 수도 있다. 바로 그 때문에 2011년 한국연구재단의 인문저술지원사업에서 나의 연구계획서를 선정해 준 익명의 심사위원들에게도 이 자리를 빌려 고마운 마음을 전한다. 그리고 요즘처럼 불황인 출판시장에서 이 두껍고 잘 팔릴 것 같지도 않은 학술서적을 흔쾌히 출간하겠다고 결심해 준 도서출판 길의 이승우 편집장님께도 특별히 감사하다는 말을 전한다.

2016년 3월
최성철

차례

제1부

철학사상에서의 '우연'

먼저 우연 개념을 곧바로 사상사적으로 천착하기에 앞서, 사상사 사전이나 철학 사전에서 정의하는 '우연'의 의미부터 살펴보자. '우연'이라는 뜻의 라틴어 'contingentia'(이탈리아어: contingenza, 프랑스어: contingence, 영어: contingency, 독일어: Kontingenz 또는 Zufall, Zufälligkeit)는 '함께 접촉하다'(zusammen (sich) berühren) 또는 '함께 맞아떨어지다'(zu(sammen)fallen)라는 뜻의 동사 'contingere'에서 파생된 여성명사다. 독일어의 'Zufall'(우연)과 'Zufälligkeit'(우연성)이라는 말이 바로 그로부터 나왔다. 그리고 라틴어의 'contingentia'는 원래 '수용하다'(aufnehmen), '용인하다'(annehmen)라는 뜻의 그리스어 'ἐνδέχεσθαι'에서 파생한 'ἐνδεχόμενον'의 번역어다.

'우연'이라는 단어는 철학적으로 세 개의, 다르지만 서로 연관되어 있는 영역, 즉 논리학과 자연철학, 그리고 형이상학에서 사용된다. 우연 개념의 역사는 여러 겹으로 얽혀 있고 쉽게 풀릴 수가 없어, 실제로 아리스토텔레스 이래 현대에 이르기까지 매우 다양하고 복합적인 의미로 사용되어 왔지만, 그래도 대체로 '불가능하지도 않고 불가피하지도 않은 것'(quod nec est impossibile, nec necessarium) 또는 '필연적이지 않은 것'(quod potest non esse)이라는 일관된 뜻을 갖고 있다. 그러니까 우연적인 것은 필연적이지 않은 것으로서, 존재하지 않았을지도 모르는 것이거나 또는 달리 존재했을지도 모르는 것을 말한다. 한마디로 '우연'은 '달리 존재할 수 있음'(Andersseinkönnen)과 '존재하지 않을 수 있음'(Nichtseinkönnen)을 뜻한다. 마찬가지로 '우연한 것'(das Zufällige) 역시 의도하지 않았던 것, 원하지 않았던 것, 목표로 하지 않았던 것, 자의적인 것 등을 뜻한다. 그것은 예기치 못했던 것, 익숙지 않은 것, 일상적이지 않은 것 또는 예상하지 못했던 것을 말하고, 더 나아가 통찰될 수 없는 것, 계산될 수 없는 것, 비법칙적이고 무규칙적인 것, 임의적인 것도 뜻하며, 넓게는 비본질적인 것과 일탈적인 것, 낱개로 파편화된 것과 일회적인 것, 새로운 것, 개체적인 것도 의미한다. 아울러 근거 없는 것과 이유 없는 것, 비규정적인 것, 무엇보다 접근이 불가능한 것, 불가항력적인 것, 변화나 변형이 금지되어 있는 것, 거역된 것, 요컨대 어떤 사람에 의해서도 접근(개입)될 수 없는 접근(개입)이자 어떤 사람도 의도하지 않은 운명(fate, Schicksal)을 뜻한다. 그런 점에서 우연의 영역 안에는 단순히 필연과 반대되는 것만이 아니라 그것을 넘어서 필연과는 무관한 또는 필연적이지 않은 모든 것이 포함된다고 할 수 있다. 나중에 좀 더 자세히 고찰하겠지만, 가령 일부 사상가들에게서는 우연이 심지어 필연까지도 포괄하는 매우 광범위한 개념임이 드러난다.

제1장 고대: 필연의 대(對)개념

1. 아리스토텔레스 이전 그리스에서의 '우연' 담론

고대 그리스인들과 로마인들에게는 이 세계가 전체적으로 없을 수도 있고, 다른 것일 수도 있다는 생각이 기본적으로 낯선 것이었다. 그들은 우주 천체와 자연 과정의 규칙적 반복성에 근거해 이 세상의 모든 일이 대부분 동일한 방식으로 진행된다고 생각했다. 그들에게 이 우주는 정해진 궤도와 규칙에 따라 영원히 일정하게 움직이는 견고한 구조이자 질서 그 자체였다. 그들에게 우주는 일종의 아름다운 장식품과 같은 것이었고, 이처럼 아름답게 잘 꾸며진 우주는 조화로운 질서 연관을 이루어야 했다. 그 안에서 무상한 것, 우연한 것, 비본질적인 것은 어떠한 자리도 차지하지 못했다. 이 세계 전체의 근본적인 합리성, 완벽성, 균형과 조화로움은 더 이상 의문의 대상이 아니었다. 그래서 키케로는 "우주가 현명하고, 행복하며, 영원하다"라거나 "이 우주보다도 더 완벽한 것은 확실히 없다"고 했고, 급기야 "우주는 하나의 신"이라고까지 선언했다.[1] 모든 부분의 조화와 마찬가지로 우주 구성의 합목적성은 달리

---

1 Marcus Tullius Cicero, *Vom Wesen der Götter* (*De natura deorum*), lat.-dt. eds. & trans. W. Gerlach and K. Bayer, 3rd. ed., München; Zürich: Artemis und Winkler, 1990, pp. 169, 195.

될 필요가 있다는 또는 있을 필요가 없다는 가정을 허용하지 않고, 더불어 이 세계가 왜 존재하는지에 대한 질문도 자극하지 않는다. 포이어바흐식으로 표현하면, "자연이 아름다운 존재로 느껴지는 사람에게는 자연이 그 자체로 하나의 목적으로 비쳐지게 마련이고, 그에게는 '자연이 왜 있지?'와 같은 질문은 발생하지 않는다."[2] 그래서 일찍이 한스 블루멘베르크(Hans Blumenberg)도 고대 그리스인들이 실존(Existenz)의 문제보다 본질(Wesen)의 문제를 더 우선시했다고 주장했다. 그에 따르면, 그리스인들은 "본질적인 것-필연적인 것의 영역을 벗어나는 문제들에 대해서는 맹인들이었다."[3]

바로 이러한 이유 때문에 고대인들에게는 모든 실존하는 것들은 달리 존재할 수도 있다거나 전혀 존재하지 않을 수도 있다는 점에 대한 사유가 결여되어 있었다. 그러한 사유는 심지어 데모크리토스(Demokritos), 에피쿠로스(Epikouros), 루크레티우스(Lucretius)처럼 이 우주가 유물론적으로, 단순히 원자로만 구성되어 있다고 상상했던, 그럼으로써 전체의 신성함, 합목적성, 질서정연함, 요컨대 전체의 완벽함을 부정했던 고대인들에게조차 파고들지 못했다. 그들에게서 모든 것은 기계론적 법칙에 따라 서로 연결되어 있고 분리되어 있는 수많은 원자들을 가지고 있는, 하나의 무한하고 거대한 빈 공간에서 나와 바로 거기에 그렇게 있는 것이었다. 이때 데모크리토스는 모든 자연과정을 엄격히 인과적으로 결정된 것으로 생각했고, 반면 에피쿠로스에 따르면 몇몇 원자는 원인도 없이 우연히 자신들의 선로들을 이탈했다는 것이다.[4] 이처럼 그리스의 원자론자들을 포함한 고대의 자연철학자들은 그 스스로 충만한 우주를 생성된 것도 아니고 사라지지도 않을 것으로 상상했다는 점, 그 때문에 그들에게서 이 우주는 존재하지 않을지도 모르는 것

2 Ludwig Feuerbach, *Das Wesen des Christentums*, Stuttgart: Reclam, 1974, p. 184.

3 Hans Blumenberg, *Beiträge zum Problem der Ursprünglichkeit der mittelalterlich-scholastischen Ontologie*, Unveröffentlichte Dissertation, Kiel, 1947, p. 51.

4 Lukrez, *Welt aus Atomen*, Stuttgart: Reclam, 1986, p. 101.

이 아닐까, 즉 우연적이 아닐까라는 의문이 떠오르지 않았다는 점이다. 고대인들에게서 이 세계는 전체적으로 존재하지 않을 가능성의 결여로 인해 절대적인 필연성의 무게를 짊어진다.

2. 아리스토텔레스의 '우연' 개념

고대 그리스에서 동시대인들의 이러한 생각에 처음으로 반기를 든 인물이 있었으니, 바로 아리스토텔레스였다. 아리스토텔레스는 서양지성사를 통틀어 자연과정과 인간 행동의 영역에서 '달리 존재함' (Anderssein)의 가능성을 최초로 인정한, 즉 '우연'을 처음으로 철학적 사유의 대상으로 끌어들인 사람이다. 그런데 여기서 아리스토텔레스의 우연 개념을 자세히 살펴보기에 앞서 한 가지 의문을 먼저 풀고 넘어가 보자. 그렇다면 고대 그리스의 수많은 철학자 중에 아리스토텔레스 이전에나 이후에 우연에 대해 언급한 인물은 없었을까?

적어도 서양철학의 역사를 통틀어 수많은 개념이나 사상의 뿌리가 플라톤(Platon, BC 428~347)에 기인한다는 점을 감안하면, 우연에 대한 깊이 있는 사유의 흔적이 플라톤에게 발견되지 않는다는 사실은 매우 특이한 일이 아닐 수 없다. 그러나 플라톤이 우연에 대해 언급한 적이 거의 없었다는 것은, 다른 한편 불변하는 인식 대상이자 절대적 존재로서의 '이데아'를 상정했던 그의 형이상학[5]에 비추어보면 결코 우연한 일이 아니다. 그에게서는 심지어 이 자연이 이데아의 불완전한 모사로서, '우연'이 아니라 '허상'을 의미했다. 한마디로 플라톤 철학에서 우연은 설 자리가 없었고, '필연'에 의해 압살당한 형국을 취한다.

그렇다면 소크라테스(Socrates) 이전의 자연철학자들은 어떠했을까?

---

5 Plato, *The Republic*, trans. Benjamin Jowett, Lexington, KY: Simon & Brown, 2014, pp. 575 이하(=*Politeia*, VII).

물론 고대 그리스 초기 자연철학자들 중에서 존재와 관련한 형이상학적 사유를 통해 우연에 대해 언급한 인물이 없었던 것은 아니다. 가령 아리스토텔레스는 자신의 『자연학』(*Physica*)에서 우연이라는 개념을 거론한 인물로 엠페도클레스(Empedokles)를 거론한다. 아리스토텔레스는 엠페도클레스가, 공기가 항상 높은 곳을 향해서만 올라가는 것이 아니라 우연에 의해 그렇지 않을 때도 있다거나 또는 우연이라는 것이 한 방향으로 작동하다가도 가끔씩 다른 방향에서 작동하기도 한다거나, 아니면 동물의 기관(器官)이 대부분 우연히 생겨났다고 주장하면서, 우연에 대해 언급했다는 것이다.[6] 하지만 대부분의 그리스 초기 자연철학자들은 우연에 대해 언급하지 않았고, 했다 하더라도 매우 제한적으로만 언급했다.

그 몇 안 되는, 즉 엠페도클레스를 비롯한 그리스 초기 자연철학자들 또는 그 밖의 사람들이 논의했던 우연 개념에 대한 담론은, 적어도 아리스토텔레스에 의하면, 다음 세 가지로 요약된다.[7]

첫째, 우연을 부정하는 태도다. 이 태도에 따르면, 그 어떤 것도 우연에 의해서 발생하는 일은 없고, 설령 우연이 작용한 것처럼 보이는 일이라 할지라도 그렇게 발생한 일에 대해서는 하나의 정리된 이유나 근거를 제시하거나 요구한다. 가령 어떤 사람(A)이 우연히 시장에 갔는데, 그곳에 있을 것이라고 전혀 예상하지 못했지만 꼭 만나고자 했던 사람(B)을 만났다고 가정해 보자. 우연을 부정하는 사람들은 이 경우 A가 B를 만난 이유는 우연에 있는 것이 아니라 A가 시장에 가고자 했던 마음과 결심에 있다고 생각한다.

둘째, 이번에는 정반대로 모든 것을 우연으로 간주하는 입장이다. 이 입장에 따르면, 우리가 살고 있는 이 세계 또는 우주는 우연히 또는 저

---

6 Aristoteles, "Physikvorlesung", in Hellmut Flashar(ed.), *Aristoteles Werke*, vol. 2, trans. Hans Wagner, Berlin: Akademie Verlag, 1995, p. 43(=*Physica*, 196a 20~24).

7 같은 책, pp. 42~44(=*Physica*, 195b 31~196b 9).

절로 생겨났다. 여기서 '저절로'(apo tautomatou)는 '자발적으로', '자생적으로', '자연발생적으로'를 의미한다. 아리스토텔레스는 자연철학자들이 경우에 따라서 동물과 식물은 특정한 씨로부터, 즉 근거를 갖고 탄생하지만, 우주는 저절로 생겨났다고 말하면서 낯선 주장을 전개한다고 비판한다.

셋째, 이 세상에 우연은 분명 존재하지만, 그것은 신적인 또는 초자연적인 것이기에 오직 신만이 알 뿐, 인간의 지성으로는 파악할 수 없다는 입장이다. 이 입장은 앞의 상반된 두 입장, 즉 우연을 완전히 부정하는 태도와 우연을 완전히 인정하는 태도의 중간쯤을 차지하며, 따라서 절충적 성격을 갖는다.

아리스토텔레스는 우연에 대한 이러한 전통적인 세 가지 태도를 모두 비판하고, 자신이 생각하는 우연 개념과 내용들을 새롭게 정리해 나간다. 물론 그 출발은 『자연학』에서 우연을 네 개의 원인, 즉 질료인, 형상인, 작용인, 목적인 외에 하나의 독립된 원인으로 간주할 수 있는지의 여부를 알아보기 위해서였지만, 이렇게 시작된 우연 탐구는, 그 밖의 다른 저서들, 이를테면 『형이상학』(Metaphysica), 『명제론』, 『분석론 전서』(Analytica Priora) 등에서의 연구와 함께 그 자신의 우연 개념을 정립하는 데 커다란 기초를 마련하게 된다. 『자연학』을 비롯한 이 모든 저서에서의 탐구를 망라했을 때, 아리스토텔레스의 우연 개념은 (1) 동반적 우연(συμβεβηκός [symbebēkos]: 우연히 딸려서 함께 나타남), (2) 행운적 우연(τύχη [tychē]: 운이 좋게 나타남), (3) 자발적 우연(αὐτόματον [automaton]: 저절로 나타남), (4) 가능적 우연(ἐνδεχόμενον [endechómenon]: 나타날 가능성이 있음), (5) 잠재적 우연(δυνατόν [dynaton]: 잠재적으로 나타날 가능성이 있음) 등 크게 다섯 가지로 나누어 논의할 수 있다. 그 각각을 천착해 보자.

(1) 동반적 우연(symbebēkos)

먼저 '동반적 우연'이다. 이 개념은 아리스토텔레스의 『형이상학』

제5권 제30장에 자세히 설명되어 있다. 어떤 일을 행하려고 할 때 또는 어떤 일이 벌어졌을 때, 그 일이 전혀 뜻하지 않게 다른 일과 동시에 발생한 경우를 말한다. 한마디로 '우연히 동반하여 발생한 일'을 뜻한다. 영어로는 보통 'accident'(독일어로는 Akzidens)로 번역된다. 만일 'accident'가 돌발적 사건이라는 의미가 강하다면, 부수적으로 일어난 우연한 사건이라는 의미를 갖는 'incident'(독일어로는 Inzidenz)로 번역해도 무방할 것이다. 아리스토텔레스 자신의 정의에 따르면, '심베베코스'(symbebēkos)란 "어떤 것에 동반하여 발생하고 그것에 대한 진실이 언급될 수 있지만, 그것이 필연적이지도 않고 흔하지도 않게 발생하는 것"이다.[8]

'심베베코스'는 다음 두 가지 뜻으로 세분된다. 첫째는 어떤 사람이 어떤 일을 했는데, 전혀 뜻밖의 결과를 가져온 경우다. 여기에 속한 예들은 무수히 많다. 예를 들어, 누군가가 나무를 심으려고 구덩이를 팠는데 보물을 발견한 경우, 이때 '보물을 발견한 사실'은 구덩이를 판 사람에게는 '심베베코스', 즉 우연히 일어난 일이 된다. 왜냐하면 보물을 발견했다는 사실은 특정 원인으로부터 나온 것도 아니고 어떤 일 다음에 반드시 뒤따르는 결과도 아니기 때문이다. 더구나 나무를 심다가 보물을 찾아내기란 결코 흔한 일이 아니다. 다른 예로, 교양 있는 사람의 옷이 흰 경우를 들 수 있다. 교양 있는 사람의 옷이 그 수많은 색 중에서 흰색일 경우란 매우 드물기 때문에, 우리는 그 '희다는 사실'을 '심베베코스', 즉 우연히 동반된 일이라 말한다. 따라서 A라는 사물에 B라는 속성이 동반되고, B가 A에게서 우연히 한곳에서만 또는 한때에만 나타날 때, 우리는 그것을 '심베베코스'라고 부른다. 즉 A에게 B는 특정한 원인이 아니라 우연히 뒤따르는 불특정한 원인이 된다. 그 밖의 예로, 한여름에 희한하게도 폭풍우가 일거나 냉기가 돌 때, 건축가가 우연히 의

8 Aristoteles, *Metaphysik*, trans. Hans Günter Zekl, Würzburg: Königshausen & Neumann, 2003, p. 239(=*Metaphysica*, 1025a 14~16).

사여서 아픈 사람의 병을 고칠 때, 요리사가 미각을 즐겁게 하려고 했는데 뜻하지 않게 어떤 사람을 건강하게 만들어준 경우, 짜거나 맵게 먹어 목이 마른 사람이 물 마시러 강가로 갔다가 우연히 강도를 만나 죽게 된 경우 등이 여기에 속한다. 또 어떤 일이 그 자신으로부터가 아니라, 그와 전혀 무관해 보이는 다른 불특정한 우연한 원인에 의해 생겨난 경우에도 '심베베코스'라고 한다. 가령 어떤 사람이 폭풍우에 휩쓸려 또는 해적들에게 붙잡혀서 원래의 목적지와는 다른 아이기나(Aigina)라는 장소에 도달했다면, '아이기나로 들어간 사실'은 그에게 '심베베코스'다. 이처럼 '심베베코스'란 용어는 애초에 의도했거나 목표로 했던 것과 다른 결과가 발생한 경우에 쓰인다.[9]

두 번째로 '심베베코스'는 어떤 사물에 동반되어 있지만 그 사물의 본질이 아닌 경우에 쓰이기도 한다. 예를 들어, 삼각형의 본질은 '세 각을 갖는다'는 것이지만, '내각의 합이 두 개의 직각의 합과 같다'는 사실은 삼각형의 입장에서는 전혀 본질적이지 않고 뜻하지 않은 부수적 속성, 즉 우연이 된다. 이 경우에도 우리는 '심베베코스'라고 부른다.[10]

(2) 행운적 우연(tychē)과 자발적 우연(automaton)

다음은 '행운적 우연'과 '자발적 우연'이다. 이 두 개념은 아리스토텔레스의 『자연학』 제2권 제4장에서 제6장 사이에 상세히 설명되어 있다. 전통적으로 '티케'(tychē)는 아리스토텔레스 이전부터 많은 그리스 작가들, 특히 우리가 이 책 제2부에서 살펴볼 헤로도토스, 투키디데스, 폴리비오스 등 대표적인 그리스 역사가들이 즐겨 사용한 개념이다. 대체로 '티케'는 인간의 합리적이고 논리적인 사유 체계로는 설명할 길이

---

9 같은 곳(=*Metaphysica*, 1025a 16~30). 여기서 든 사례 중 중간에 든 예들, 한여름의 냉기부터 목마른 사람이 강도에 살해당한 사례는 같은 책의 약간 뒷부분에서 인용한 것이다. 같은 책, pp. 244~45(=*Metaphysica*, 1026b 33~1027b 16).

10 같은 책, p. 239(=*Metaphysica*, 1025a 30~35).

없고 설명되지도 않는 초자연적인, 신적인 사건이나 현상을 설명할 때 사용한 용어였다. 즉 역사적 탐구에서 우선시되는 인과관계에 의한 사유와 탐구를 허용하지 않는 대상이나 상태를 설명해야 할 경우 활용되었던 것이다. 훗날 로마 시대로 가면 그리스어 '티케'가 라틴어 '포르투나'(fortuna)로 변하게 되는데, 그 자세한 의미와 내용에 대해서는 후술하기로 하고, 여기서는 기원전 3세기에 아리스토텔레스가 '티케'와 '아우토마톤'(automaton)이라는 개념을 어떤 의미로 어떻게 사용하고 있는지 살펴보도록 하자.

아리스토텔레스는 우주 만물의 존재와 발생에는 네 가지 원인(질료인, 형상인, 작용인, 목적인)이 있다고 밝힌 후, 그 외에 독립적 원인으로 '티케'(tychē; chance; Fügung)와 '아우토마톤'(automaton; spontaneity; leerer Zufall)을 거론한다. '티케'는 굳이 우리말로 번역하면 '운', '행운' 등이고, '아우토마톤'은 '저절로 있음[생김]', '자발'(自發)이 된다. 아리스토텔레스는 사람들이 사물이나 사건의 존재와 발생의 원인으로 '티케'나 '아우토마톤'을 제시하는 경우가 많지만 그러한 처사에 대해 회의와 의심의 목소리를 많이 내기 때문에 그 두 개념에 대해서는 자세히 연구해 보아야 한다고 주장한다. 이를 위해 아리스토텔레스는 다음과 같은 사례를 든다. 가령 어떤 사람이 우연히 시장에 갔는데, 거기서 그가 그곳에 있을 것이라고 전혀 예상하지 못했지만, 꼭 만나고자 했던 사람을 만났다고 가정해 보자. 그처럼 우연한 경우가 발생한 이유는 아마도, 그가 시장에 가려고 결심했던 바로 그 점이 될 것이다. 그러나 이 경우 그것만이 그 우연한 일의 진짜 원인인지 아닌지는 알 수 없다. 더구나 우리는 결코 어떤 단 하나의 '티케'가 우연한 일에 대해 모든 책임이 있다고 말할 수도 없다. 어쩌면 과거의 철학자들 중 생성과 소멸의 이유를 논의하는 자리에서 사랑, 증오, 이성, 불 또는 그와 유사한 것들은 거론해도 '티케'를 염두에 두고 담론화했던 사람이 거의 없었던 이유도 거기에 있는지 모른다. 옛날 사람들은 '티케'로는 그 어떤 것도 설명할 만한 것을 끌어내 올 수 없다고 생각했다. 그러나 놀라운 사실은 이 세상에는 '티케'나 '아우토마톤'에 원인이 있는 많은 일들이 있고 또 생겨나기도 한다는 것이다. 아리스토텔레스는 바로 이 점을 똑바로 직시해야 하며, 또 그 때문에 더욱더 '티케'나 '아우토마톤'을 따로 연구해 볼 필요성이 있다고 역설한다.[11]

우선 '티케'와 '아우토마톤'이 아리스토텔레스의 담론에서 어떤 공통적인 특징을 갖는지부터 살펴보자. 이 둘의 공통점을 열거하기에 앞서 먼저 지적하고 싶은 점은, 아리스토텔레스가 이 둘을 일정한 목적의식, 합목적성, 합리성 등을 갖는 사물이나 일의 영역에서의 하나의 독립적인 이유들로 인정하고 논의를 시작한다는 것이다. 쉽게 풀이하면, 그가 이 둘을 합목적적인 결과들의 의도치 않은 원인들로 간주했다는 뜻이다.

첫째, 이 둘은 반복적이지도 않고 규칙적이지도 않다. 만일 이 우주와 자연이, 먼 훗날 과학혁명 시대에 아이작 뉴턴(Isaac Newton)이 생각했던 것처럼, 마치 정밀한 기계처럼 반복적이고 규칙적으로 운영되고 작동하는 것이라면, '티케'와 '아우토마톤'은 그 안에서 설 자리를 잃을 것이다. 그러나 아리스토텔레스는 이 우주와 자연뿐만 아니라 이 세상의 일에서는 반드시 법칙과 규칙에 어긋나는 과정이 있기 마련이고, 그런 한에서 우리는 '티케'와 '아우토마톤' 또한 현실이라는 점에 대해서 어떠한 의심도 가질 수 없다고 주장한다. 확대해석하면, 아리스토텔레스는 '운명' 또는 '우연' 역시 이 세계를 지배하는 또 하나의 법칙이 될 수 있다는 사실을 정확히 인식한 셈이다. 이는 먼 훗날 헤겔이 '이성'만이 이 세계를 지배하는 유일한 법칙이라고 생각했던 것과 너무도 뚜렷이 구별된다.

둘째, 이 둘은 동시적(同時的)이거나 부수적이다. 즉 주(主)목적이나 주요 이유에 해당하지 않는다는 뜻이다. 그리고 그 둘은 사유와 자연에 대해서도 이차적이다. 앞서 이미 들었던 예로, 가령 누군가가 현재 돈을 갖고 있는 채무자로부터 자신의 돈을 갚도록 하려는 목적은 있지만 그

---

11 Aristoteles, "Physikvorlesung", pp. 44~47(=*Physica*, 196b 10~197a 37).

런 것을 전혀 예상하지 못한 상황에 특정 장소에서 그와 마주쳤다고 가정해 보자. 이때 그가 이 장소를 찾아간 행위는 채무자로부터 돈을 갚게 하려는 목적에 의해 결정된 것이 아니다. 그가 그곳에 간 것, 그리고 자신의 돈을 받을 수 있었던 것은 순전히 우연히 일어난 일이다. 또 다른 예로, 하나의 집의 존재 이유는 그 집을 짓는 건축가라고 할 수 있다. 그러나 만일 그 건축가가 동시에 피리 연주자라면, 그 집의 존재 이유가 피리 연주자라고 할 수도 있는데, 바로 이 상황이 우리가 얘기하는 우연이 된다. 이처럼 '티케'와 '아우토마톤'은 그저 단순히 부수적이고 동시적인 상황으로 구성되어 있는 이유다. 한마디로 그것들은 목적의식이 있는 일들의 영역에서 등장하는, 부수적이고 동시적인 상황으로 구성되어 있는 합목적적 결과의 근거들이다.

셋째, 이 둘은 규정적이지 않다. 특정한 이유나 근거로 명명될 수 없다는 뜻이다. 이 특징은 앞의 두 가지 특징의 결과 또는 그것들과 연관되어 나타난 것이다. 만일 어떤 일이 특정한 목적을 갖고서 애초에 의도했던 결과로 마무리된다면, 그것은 규정적인 것이 된다. 그러나 만일 어떤 일에서 특정한 목적이나 애초의 의도와는 다른 결과가 야기된다면, 이때는 그것이 우연적이다.

넷째, 이 둘은 지속적이지 않다. 특히 이 둘 가운데 '티케'를 가지고 얘기하자면, 그 뜻이 분명해진다. 사람들은 흔히 좋은 운, 그리고 나쁜 운에 대해 얘기한다. 만일 결과가 만족스러우면 좋은 운이라고 말하고, 결과가 만족스럽지 못하면 나쁜 운이라고 말한다. 이 결과의 정도가 더 커지게 되면, 사람들은 곧바로 행운 또는 불운이라고 말한다. 그 때문에 만일 엄청난 재난이 우리에게 거의 닥칠 뻔했지만 그렇지 않았을 경우에도 우리는 운이 좋았다고 말한다. 그리고 만일 아주 멋진 일이 우리에게 거의 찾아올 뻔했지만 그렇지 않았을 경우에도 우리는 우리에게 불운이 닥쳐왔다고 말한다. 그러나 실제로 행운이란 지속적이지 않다. 왜냐하면 행운은 결코 지속적으로 등장하지 않는 단순한 운이기 때문이다. 단순한 운의 그 어떠한 결과도 중단 없이 지속적으로 반복할 수도 없고 또 규칙적으로 등장할 수도 없다.

'티케'와 '아우토마톤'은 이처럼 그 의미와 특징에서 공통점이 많지만, 단어 자체가 다른 만큼, 이 둘은 결정적인 부분에서 차이를 보인다. 그렇다면 똑같이 우연으로 번역할 수 있는 이 둘은 어떻게 다를까? 그 차이에 대해 아리스토텔레스는 다음과 같이 설명한다.[12]

먼저 개념의 크기와 적용 범위에서 차이가 난다. '아우토마톤'이 '티케'보다 훨씬 더 큰 개념이고, 따라서 전자가 후자를 포괄한다. 전자가 적용되는 영역이 후자가 적용되는 영역보다 훨씬 더 넓다는 뜻이다. 구체적으로 말하면, 모든 '티케'는 '아우토마톤'이지만, 모든 '아우토마톤'이 '티케'인 것은 아니다.

둘째, 적용 대상도 서로 다르다. '저절로'를 뜻하는 '아우토마톤'이 더 포괄적인 개념인 이유 그리고 더 넓은 분야와 영역에 적용되는 이유는, 우주의 모든 영역, 즉 자연의 현상과 인간의 행위 모두에게 공히 적용될 수 있는 개념이기 때문이다. 반면 '티케'는 목적의식을 갖는 존재, 선택과 판단의 능력이 있는 존재, 인식과 이성적 사유를 할 수 있는 존재, 즉 인간행위의 결과로 얻어지는 것들 중 우연에 해당하는 것만을 일컫는 용어다. 따라서 '아우토마톤'은 천재지변과 같은 자연현상뿐만 아니라 선택 능력이 없는 존재, 즉 무생물, 동물, 어린아이에게서 주로 나타난다. 아리스토텔레스가 '티케'와 구별하기 위해 예로 든 '아우토마톤'에는 다음과 같은 것들이 있다. 가령 어떤 말 한 마리가 죽음이나 상해를 피해 안전한 곳을 찾으려는 목적 없이 우연히 한 장소를 발견해 안전하게 되었을 때, 또는 사람을 앉게 하려는 목적으로 만들어진 삼발이 의자가 특별히 넘어지려는 목적 없이 저절로 넘어졌을 때, 아니면 지붕 위에 있던 돌이 특별히 지나가는 사람을 맞히려는 의도 없이 떨어져 사람을 맞추었을 때, 우리는 이러한 경우들을 가리켜 '아우토마톤'이라고 부른다.

셋째, 이 둘은 원인과 목적의 내재성 여부에서도 차이를 보여준다.

---

12 Aristoteles, "Physikvorlesung", pp. 47~49(=*Physica*, 197a 38~198a 13).

'티케'가 그 원인을 자기 안에 갖고 있는 반면, '아우토마톤'은 그 원인을 자신의 밖, 즉 외부에 두고 있다. 이를 설명하기 위해서는 앞에서 본 두 번째 차이를 염두에 둘 필요가 있다. 우선 '티케'는 목적의식을 갖고 사물에 대한 식별과 판단 능력이 있는 존재에게만 적용될 수 있는 개념이기에 언제나 그 결과에서 행운 또는 불운 등의 관념과 연동되어 있다. 따라서 어떤 행위나 사건이 행운 또는 불운의 결과를 낳았다면, 그것은 그것을 의도했거나 염두에 두었기 때문에 그런 것이고, 따라서 그 결과의 원인과 목적은 그 행위를 행한 행위자의 내부에 있을 수밖에 없다. 반면, '아우토마톤'은 앞에서 보았던 것처럼 목적의식을 갖고 있지 않은 존재의 행위나 사건의 결과로 나타나는 것이기 때문에 그 결과의 원인과 목적은 행위자의 내부가 아니라 외부에 있을 수밖에 없다. 그래서 아리스토텔레스는 다음과 같이 결론짓는다. "그 자신의 목적에 부합한 사건의 경우에, 만일 그 자신의 외부에 놓여 있는 근거를 통해서 근거지어진 것이 그로 인해 발생한 결과를 염두에 두지 않고 발생했을 때, 우리는 '아우토마톤'이라고 말한다. 반면 우리는 이미 거론된 영역의 사건 중에서, 목적에 부합한 행동을 하는 생명체의 입장에서 보았을 때, 가능한 목적들의 집단 안에 있는 것으로 간주되면서 우연히 발생하는 모든 사건을 '티케'의 결과라고 일컫는다."[13]

끝으로 아리스토텔레스가 언급한 '티케'와 관련해 한 가지 더 지적해야 할 것은, 그에게는 그 개념이 '운'이나 '행운'만이 아니라 오늘날 우리가 일반적으로 사용하는 '우연'이라는 용어의 의미로, 다시 말해 '필연'의 반대되는 의미로 사용되는 경우도 적지 않다는 것이다. 가령 아리스토텔레스는 『명제론』 제9장에서 "어떤 것도 우연히 또는 그냥 발생한 대로 지금 있지도 않고 발생하지도 않으며, 앞으로 그렇게 있게 되거나 있지 않게 되지도 않을 것이다. 모든 것이 그냥 발생한 대로 있지 않고, 필연적으로 있게 될 것이다"[14]라고 말하는데, 이때 '우연히'에 해당하

---

13 Aristoteles, "Physikvorlesung", p. 48(=*Physica*, 197b 18~21).

는 원어는 'apo tychēs'이다. 이 단어는 '과녁을 운이 좋게 또는 우연히 맞히다'라는 동사 'tynchanein'에서 파생했는데, 용법은 경우나 사정에 따라 발생할 수도 있고 발생하지 않을 수도 있는 사건이나 현상을 말하고자 할 때 쓰인다. 따라서 '필연적으로'(ex anankes)의 반의어라고 할 수 있다.

(3) 가능적 우연(endechómenon)과 잠재적 우연(dynaton)

마지막은 '가능적 우연'과 '잠재적 우연'이다. 이 두 개념은 아리스토 텔레스의 『형이상학』 제5권 제12장, 『명제론』 제9장, 『분석론 전서』 제 13장 등에 자세히 언급되어 있다. 이 두 용어는 '반드시 그래야 한다' 는 의미의 '필연성'과 상반되는 개념으로, '그럴 수도 있고 그렇지 않을 수도 있다'는 의미의 '가능성'을 지칭하는 우연 개념이다. 여기서 '가 능성'이란 '존재[발생]할 수도 있고 존재[발생]하지 않을 수도 있다'는 뜻, 즉 '잠재적 가능성'(potentiality)을 의미하는 순수 철학적 용어로, 가 령 '그럴 듯하다', '발생할 만하다', '공감할 만하다'는 함의를 갖는 문 학적 용어인 '개연성'과는 차별성을 갖는다. 앞서 보았던 '심베베코스' 나 '티케'와 '아우토마톤'과도 그 의미가 전혀 다른 '엔데코메논'과 '뒤 나톤'은, '함께 접촉하다'라는 뜻의 라틴어 'contingere'에서 유래했고, 서양에서 '우연'을 표현하기 위해 가장 널리 쓰이는 학술용어이기도 한, 영어의 또 다른 우연 개념 'contingency'(독일어로는 Kontingenz)의 어원 이다.

그러나 동일한 의미그룹으로 묶여 있어도 역시 이 두 개념은 서로 약 간의 차이를 보인다. 먼저 아리스토텔레스에게서 '가능한 것'이라는 의 미의 '엔데코메논'은 대체로 '뒤나톤'과 비슷한 의미를 갖지만, 그래도 전자가 후자보다 더 포괄적이다. 왜냐하면 전자는 가능성만이 아니라

---

14 Aristoteles, *Categories and De Interpretatione*, trans. J. L. Ackrill, Oxford: Clarendon Press, 1963, p. 50(=*De Interpretatione*, 18b 5~7).

필연성, 심지어 불가능성도 포괄하고, 현재의 일만이 아니라 미래의 일도 포함하는 보다 더 큰 개념이기 때문이다.[15] '가능성'이란 일차적으로 어떤 일이 발생할지, 발생하지 않을지 전혀 모르는 상황에서 쓰이지만, 그 경우만이 아니라 어떤 일이 발생했을 때 그 일이 필연적으로 발생했는지, 필연적이지 않게 발생했는지를 판단할 수 없을 때도 쓰이고, 심지어 필연적으로 발생한 일이라 하더라도 그 일이 필연적으로 발생하지 않을 수도 있다는 일말의 가능성이라도 있다면, 그 경우에도 쓰일 수 있는 개념이기 때문이다. 부연하면 이때의 '가능성'은 필연적이지 않은 것을 의미하는 '필연성'의 반대개념으로 도입되었지만, 더 나아가 불가능한 것, 불가능하지 않은 것, 허용되는 것, 허용되지 않은 것 등 '비(非)필연성'의 모순적 반대 또는 대칭적 개념까지 포함하는 광의의 개념으로 확대된 것이다. 존재[발생]하는 것이나 존재[발생]하지 않는 모든 것이 결국 '가능성', 즉 '우연성'의 개념 안에 포괄되는 셈이다. 여기까지만 보면, '가능성'은 반드시 일어날 일이 일어났을 때만 쓰이는 협소한 개념으로서의 '필연성'을 포괄하는 대(大)개념이 된다.

그런데 바로 이 지점에서 '뒤나톤'의 개념이 도입된다. 아리스토텔레스의 '엔데코메논'의 논리적 의미의 배경에는 자연철학적 문제만이 아니라 형이상학적 문제도 놓여 있는데, 즉 어떤 하나의 사물이 가능한 것이 되려면 그 사물은 어떤 것을 현실적으로 행할 수 있거나 있도록 하는 능력(dynamis)을 가지고 있어야 한다. 이때 '능력'(dynamis)과 '가능한'(dynaton)은 같은 의미를 갖는 다른 용어, 즉 동의이음어가 된다. 우리가 어떤 것을 '가능하다'라고 명명하는 것은, 그것이 어떤 일을 스스로 행할 능력이 있을 때, 아니면 직접 행할 수 없더라도 그 일이 행해지도록 만들 능력이 있을 때뿐이다. 결국 '뒤나톤'은 이렇게 하든 저렇

---

15 같은 책, pp. 62~63(=*De Interpretatione* 22b 1~28); Aristoteles, "Prior Analytics",
    in *The Complete Works of Aristotle*, ed. Jonathan Barnes, 2 vols., Princeton:
    Princeton University Press, 1984, vol. 1, p. 41(=*Analytica Priora*, 25a 37~39).

게 하든 다르게 만들 수 있는 능력으로서, 언제나 변화무쌍한 것, 필연적이지 않은 것에만 적용된다. 그 점에서 불가피하게 존재하는 것, 영원한 것, 변하지 않는 현실적 고갱이, 철학적 용어로는 '실체'(substance; Substanz)와 정반대되는 개념이 바로 '뒤나톤'이다. 왜냐하면 실체란 능력이나 가능성이 없이도 존재하는 것이기 때문이다. 그렇다면 '뒤나톤'은 구체적으로 무엇을 뜻하는 개념일까?

'뒤나톤'을 자세히 알기 위해서는, 먼저 그것과 서로 연결된 개념 '뒤나미스'를 천착할 필요가 있다. 아리스토텔레스에 따르면, '뒤나미스'는 다음 다섯 가지 뜻으로 분화된다.[16] (1) 먼저 '뒤나미스'는 다른 대상 안에서의 또는 그것이 다른 대상인 한에서의 운동과 변화의 근원적 힘을 뜻한다. 가령, 건축술은 건축되는 대상(건축물) 안에 들어 있지 않은 힘이지만, 치료술은 치료되는 대상(환자) 안에 들어 있을 수 있는 힘이다. 즉 첫 번째 의미의 '뒤나미스'는 어떤 다른 대상 안에 있으면서 자신이나 그 대상의 운동이나 변화를 이끄는 원동력이 되는 힘을 뜻한다. (2) 다음으로 '뒤나미스'는 (자신이 아닌) 다른 대상의 또는 그것이 다른 대상인 한에서의 변화의 근원적 힘을 의미한다. 가령 한 교육자가 학생을 교육시켰는데, 그 학생이 큰 감화를 받아서 크게 변할 경우를 상정해볼 수 있다. (3) 더 나아가 '뒤나미스'는 어떤 것을 좋게 또는 자기 뜻대로 실행하도록 만드는 힘을 뜻하기도 한다. 가령 우리가 자기 의도대로 걷거나 말하지 못하는 사람들을 보게 될 경우 우리는 그가 걷거나 말할 능력이 없다고 말한다. (4) 또 '뒤나미스'는 (3)의 능력에 의해 변화된 대상의 능력 자체를 의미하기도 한다. 바로 앞에서 든 예를 적용하자면, 걷는 능력 자체나 말하는 능력 자체 또한 '뒤나미스'에 해당한다. (5) 마지막으로 '뒤나미스'는 가장 소극적인 의미로 어떤 것을 변하도록 하지 않는 또는 어떤 것이 더 나쁜 것으로 변하도록 하지 않는 상태를 지칭할 때도 쓰인다. 그래서 만일 어떤 것이 깨지거나 뭉개지거나 꺾이거나

---

16 Aristoteles, *Metaphysik*, pp. 225~26(=*Metaphysica*, 1019a 15~1019b 16).

파괴된다면, 그 이유는 그것이 힘이 없거나 부족해서 그런 것이다.

이처럼 '뒤나미스'가 다양한 의미를 갖고 있는 만큼, '가능한', '그럴 능력이 있는', '그럴 가능성이 있는' 등의 뜻을 갖는 '뒤나톤' 또한 그에 상응하는 다양한 의미를 갖는다. 아리스토텔레스에 따르면, 그 의미상 마지막 '우연'에 해당하는 '뒤나톤'은 다음 다섯 가지 뜻을 갖는다. (1) 먼저 '뒤나톤'은 다른 대상 안에서의 또는 그것이 다른 대상인 한에서의 운동과 변화에 근원적 힘이 되는 것을 뜻한다. (2) 또 다른 의미로 그 것은 어떤 다른 것이 그 자신에 대해서 그러한 능력을 가지고 있을 경우를 지칭하는 개념이기도 하다. (3) 또 그것은, 더 못한 것으로든 더 나은 것으로든, 그 어떤 것으로든 변하는 힘을 가지고 있을 때를 뜻하기도 한다. 왜냐하면 소멸하는 것조차도 '소멸할 힘'이 있어야 하기 때문이다. (4) 더 나아가 '뒤나톤'은 그 자신 이외에 다른 어떤 것도 그것을 소멸시킬 능력이나 근원적 힘을 갖지 못할 때를 지칭하는 개념이기도 하다. (5) 마지막으로 '뒤나톤'은 이 모든 것이 그저 생성되거나 생성되지 않거나 하는 경우이거나, 아니면 그것이 잘 생성될 수 있을 경우를 뜻하는 용어다. 이 마지막 의미의 '뒤나톤'은 무생물에도 적용할 수 있는데, 가령 악기를 예로 들어보자. 사람들은 소리를 잘 내는 리라(lyra)에 대해서는 그 리라가 소리를 낼 능력이 있다고 말하고, 그렇지 못한 리라에 대해서는 그럴 능력이 없다고 말한다.

'뒤나톤'의 다섯 가지 의미가 '뒤나미스'의 의미와 반드시 일대일로 상응하는 것은 아니지만, 대충 엇비슷하게 일치한다. 그런데 아리스토텔레스는 '뒤나톤'의 의미를 설명하는 데 멈추지 않고 한걸음 더 나아가 '아뒤나미아'(adynamia, 무능력)와 '아뒤나톤'(adynaton, 무능력한)을 고찰함으로써 '뒤나톤'의 의미를 심화시켜 나간다.[17]

'아뒤나미아'는 능력의 결여, 지금까지 언급된 종류의 근원적 힘의 중지(中止)를 말하는데, 이것도 다음 네 가지 경우로 분화시켜 상정해 볼

---

17 같은 책, pp. 226~27(=*Metaphysica*, 1019b 17~1020a 6).

수 있다. (1) 아예 처음부터 끝까지 전혀 능력을 갖추지 못한 경우, (2) 본성상 갖추고 있어야 하는데 갖추지 못한 경우, (3) 본성상 평소에는 갖추고 있는데, 막상 갖추고 있어야 할 시기에 일시적으로 갖추지 못한 경우 등이다. 가령 우리는 가임여성과 동일한 수준에서 소년이나 거세 당한 자는 아이를 낳을 능력이 없다고 말한다. 왜냐하면 그들에게는 생물학적으로 애초에 그럴 능력이 없기 때문이다. (4) 마지막으로 앞에서 언급한 '뒤나미아'의 다섯 가지 의미 중 첫 번째와 세 번째 의미의 '뒤나미아'의 반대개념으로서의 '아뒤나미아'가 있다. 어떤 것을 움직이게 하는 힘이 없거나, 어떤 것을 자기 의도대로 잘 움직이게 할 힘이 없는 경우를 말한다.

'아뒤나톤' 역시 '뒤나톤'과 '뒤나미아' 사이의 관계에서와 마찬가지로 '아뒤나미아'와 일대일 대응으로 의미관계가 형성되지 않는다. '아뒤나톤'은 크게 다음 두 가지 의미만 갖는다. (1) 먼저 방금 앞에서 언급한 '아뒤나미아' 또는 일반적인 의미의 '무능력'에 해당하는 경우다. 이때의 '아뒤나톤'은 그냥 '무능력한'이라는 의미를 갖는다. (2) 다른 의미로는 '불가능한'이라는 뜻을 갖는다. '불가능한' 또는 '~일 수 없는'이라는 뜻을 갖는 '아뒤나톤'의 반대개념은 형용사로서 '필연적으로 참인'이다. 왜냐하면 이때의 '아뒤나톤'은 형용사로 '필연적으로 거짓인'이라는 뜻을 갖기 때문이다. 가령 '두 개의 평행선은 언젠가 서로 만난다'는 주장은 그럴 수 없기 때문에 불가능한 것이다. 만일 그 두 개의 선이 만난다면 이 두 선은 이미 평행선이라고 할 수 없기 때문에, '두 개의 평행선은 영원히 서로 만나지 않는다'라는 주장이 참이고 필연적이다.

그런데 여기서 아리스토텔레스는 '불가능한'이라는 의미의 '아뒤나톤'을 설명하다가, 바로 앞에서 언급하지 않은 '뒤나톤'의 새로운 추가적 의미, 즉 '가능한'이라는 의미를 상세히 설명한다. '뒤나톤'이 주로 '능력'에 초점이 맞추어져 있다면, 여기서는 '아뒤나톤'의 반대개념으로서 '가능'이 집중 조명된다. 그리고 거듭 강조하자면, 여기서 '가능한'이라는 의미의 '뒤나톤'이 바로 우리의 테마인 '우연'(contingency)의

어원이 되는 개념이다. '가능한'이라는 의미의 '뒤나톤'에는 다음 세 가지 뜻이 있다. (1) 먼저 '그 반대가 반드시 거짓이 아닌'을 의미한다. 가령 '인간이 앉아 있다'는 것은 '뒤나톤', 즉 가능하다. 왜냐하면 '인간이 앉아 있지 않은 것'이 필연적으로 잘못된 것은 아니기 때문이다. 인간은 앉아 있을 수도 있고, 앉아 있지 않을 수도 있다. 앉아 있든 서 있든, 심지어 누워 있든지 간에, 인간에게는 그 어떤 포즈도 취할 가능성이 있다. (2) 다음으로 '그것이 참인' 또는 '그것이 진실인'을 뜻한다. 이것은 바로 앞의 첫 번째 의미의 '뒤나톤'을 다르게 표현한 것 아니냐는 오해를 받을 수 있다. 하지만 그것은 잘못된 생각이다. 왜냐하면 어떤 명제가 반드시 거짓이 아니라고 해서 그것이 반드시 참이라고는 할 수 없기 때문이다. 우리는 이 세상에 반드시 참도 아니고, 반드시 거짓도 아닌 사물과 영역이 얼마든지 존재한다는 사실을 망각해서는 안 된다. 삶 자체가 선악으로 선명하게 그어지지 않는 것처럼 말이다. (3) 마지막으로 '가능한'이라는 뜻의 '뒤나톤'은 '그것이 참일 수 있는' 또는 '그것이 진실일 수 있는'을 의미한다. (1)이 '간접적 진실'을 말하고 있고, (2)가 '직접적 진실'을 지칭한다면, (3)은 '가능'과 '진실'을 혼합하여 결국 '가능한 진실'을 설파하고 있는 셈이다.

다시 강조하자면, 여기서 중요한 점은 '뒤나톤'이 '힘'이나 '능력'만이 아니라 '가능성'이라는 의미도 갖고 있다는 점, 그리고 이 '가능성'으로서의 '뒤나톤'이 바로 여기서 문제가 될 뿐만 아니라 앞으로도 문제가 될, 이 책 전체에서 중요한 '우연' 개념과 완전히 일치한다는 점이다. 더불어 한 가지 더 강조하자면, 아리스토텔레스에게서 '뒤나톤'이 앞에서 일별했던 것처럼 매우 긍정적으로 사용되고 있다는 점이다. 가능성이 그저 '있을 수 있다'는 소극적 의미로 끝나는 것이 아니라, 더 나아가 '참이다'(진실) 또는 '참일 수 있다'(진실의 가능)는, 매우 적극적인 뜻으로 쓰이고 있다. 유사한 용법이 이미 『시학』에서도 사용되고 있음을 환기할 필요가 있다. 아리스토텔레스는 가능성과 개연성을 얘기해주는 문학이 단순 개별 사실들을 나열하는 역사보다도 훨씬 더 진실하고 철학적이라고 말하고 있기 때문이다.[18] 아리스토텔레스에게서 가능성이나 개연성은 이처럼 진리 또는 진실을 판단하는 중요한 시금석 역할을 한다.

(4) 필연(anankaion)

아리스토텔레스의 '우연' 개념과 관련해 마지막으로 검토해 보아야 할 대상은 그것의 반의어인 '필연'이다. 이 작업의 의의와 정당성은 '우연' 개념의 심층적 이해에 있다. '필연' 개념은 아리스토텔레스의 『형이상학』 제5권 제5장에 자세히 언급되어 있다.[19] 형용사 '필연적인'에 해당하는 그리스어는 '아낭카이온'(anankaion)이고, 그것의 명사형, 즉 '필연' 또는 '필연성'은 '아낭케'(ananke)다. '아낭카이온'은 크게 다음 세 가지 뜻을 갖는다. (1) 생명체의 입장에서 그것 없이는 살아갈 수 없는 필수조건을 뜻한다. 가령 호흡과 음식은 생명체에게 '아낭카이온'이다. 또 사물의 입장에서는 '그것 없이는 좋은 것이 존재하거나 생겨날 수 없거나 나쁜 것을 없애거나 나쁜 것으로부터 벗어날 수 없'을 뜻한다. 가령 약을 먹는 것은 고통으로부터 벗어나기 위해 필요하고, 아이기나로 가는 것은 돈을 벌기 위해 필요한 것이다. 즉 약을 먹는 일과 아이기나로 가는 일은 건강을 회복하기 위한, 그리고 부자가 되기 위한 '아낭케'라고 할 수 있다. 요컨대 '아낭카이온'은 삶의 그리고 좋은 것의 불가피한 요건을 말하는데, 한마디로 표현하면 '필수적인' 정도가 될 것이다. (2) 더 나아가 '강제'와 관련된 모든 것을 뜻한다. 강요된 것, 강제된 것 또는 강요와 강제 그 자체가 모두 '아낭카이온'이다. 우리 자신의 취향, 기질, 의도, 계획, 결정 등에 모두 반하여 우리 자신을 구속하거나 방해하는 모든 것이 해당한다. 여기서 아리스토텔레스는 소크라테스와 동

---

18 Aristoteles, *Poetik*, trans. & ed. Manfred Fuhrmann, Stuttgart: Reclam, 1994, p. 29(=*Poetica*, 1451a 37~1451b 8).

19 Aristoteles, *Metaphysik*, pp. 216~17(=*Metaphysica*, 1015a 20~1015b 16).

시대인이었던 시인 에우에노스(Euenos)와 작가 소포클레스(Sophocles)를 인용하는데, 가령 에우에노스는 "필연은 우리를 슬프게 만드는 것이라네"[20]라고 설파하고, 소포클레스는 "폭력이 나를 그렇게 행동하도록 강요한 것이니 용서하세요"[21]라고 읊조린다. 그래서 이 두 번째 의미의 '아낭카이온'은 '법'과 '규칙'을 연상시키며, 한마디로 줄여서 표현한다면 '강제적인'이 될 것이다. (3) 마지막으로 '아낭카이온'은 '그것 이외의 다른 모양새를 취할 수 없는'을 의미한다. 달리 말하면, 그것 이외에는 다른 그 어떤 것도 허용하지 않는 일정한 태도나 모양을 말한다. 가령 학생들을 가르치는 교사라면 교사로서 반드시 지녀야 하거나 지켜야 할 태도와 행동이 있을 것이다. 그것에서 벗어나는, 이를 테면 위선적이거나 폭력적인 태도와 행동을 취한다면, 우리는 그를 교사라고 부르지 않거나 잘못된 교사라고 말한다. 이 경우의 '아낭카이온'은 그래서 '규범적인' 정도로 번역할 수 있을 것이다.

그런데 아리스토텔레스는 좀 더 넓혀서 말하면 '필연적인'으로 표현할 수 있는, 이 세 번째 의미의 '아낭카이온'이 앞에서 열거한 모든 '아낭카이온' 또는 '아낭케'를 포괄하는 '핵심 의미'라고 역설한다. 그리고 이때의 '아낭카이온'은 다음 세 가지 차원을 더 포함한다. (1) 우선 방금 지적한 대로 '아낭카이온'의 나머지 의미들이 바로 이 세 번째 의미의 '아낭카이온'으로 환원된다. 왜냐하면 어떤 것이 삶을 위해 또는 선을 위해 필요하다면, 그것은 그것이 그 이외의 다른 어떤 것이 아니라 바로 그것을 필요로 하기에, 즉 그러한 모양새를 필요로 하기에 그런 것이기 때문이다. 또 어떤 것이 강요되어 그렇게 된 것이라면, 그것 역시 그 이외의 다른 모양새를 취해서는 안 되기 때문에 그렇게 된 것이라고 할 수 있다. 따라서 앞의 두 개의 '아낭카이온'은 결국 이 세 번째의 '아

---

20   Euenus, "Fragmente 8", ed. Theodor Bergk, *Poetae lyrici graeci*, Leipzig: Teubner, 1882, p. 271.

21   소포클레스, 『소포클레스 비극』, 천병희 옮김, 단국대학교출판부, 2002, 262쪽 (=*Electra*, V 256).

낭카이온'에 모두 포괄된다. (2) '필연적인'이라는 개념 안에는 '증거'도 포함된다. 왜냐하면 어떤 것이 일정한 사실임이 증명되었다면, 그것은 그것 이외의 다른 어떤 모양새를 취할 수 없는 것을 뜻하기 때문이다. (3) 필연적인 것은 필연성의 원인을 자신 이외의 다른 것에서 찾거나, 아니면 그렇지 않거나 한다. 모든 필연적인 것의 그 필연성의 원인이 정확히 어디에 있는지는 아무도 쉽게 말할 수 없고 또 쉽게 발견되지도 않는다. 따라서 아리스토텔레스는 엄밀한 의미에서 필연적인 것은 가장 '단순한 것'이라고 강조한다. 왜냐하면 '단순한 것'은 그 자신이 갖는 단 하나의 상태와 태도만을 취할 뿐, 그 이외의 다른 여러 방식의 모양새를 취할 수 없기 때문이다.

그러나 불행히도 아리스토텔레스에서는 『형이상학』 이외의 그 어떤 문헌을 찾아봐도 더 이상 우리가 원하는 방식의 논거, 즉 필연이 우연의 반대개념이라는 직설적 주장이 발견되지 않는다. 하지만 정황상 그리고 그 논거상, 필연적이지 않은 모든 것, 즉 가능성을 지닌 그 모든 것이 곧 아리스토텔레스의 용법에 따르면 바로 '우연'일 수 있다는 사실에 의문이 제기될 수는 없을 것이다.

(5) 종합

지금까지 우리는 아리스토텔레스의 우연 개념에 대해 상세히 살펴보았다. 이 과정에서 그에게서 우연은 한두 가지 의미만 갖는 것이 아니라 적어도 그 용어만 보더라도 다섯 가지 이상의 매우 복잡하고 다양한 뜻이 있는 개념임이 밝혀졌다. 이는 앞으로 살펴볼, 즉 아리스토텔레스 이후에 등장하는 그 어떠한 서양 사상가들의 '우연' 개념과 비교했을 때 단연 돋보이는 업적이다. 어쩌면 아리스토텔레스 이후의 서양의 우연 담론은 아리스토텔레스의 우연 담론에 대한 다양한 변주일지도 모른다. 어쨌든 바로 이 차별화된 사실, 즉 아리스토텔레스 우연 개념의 복잡성과 다양성은 단순히 그가 말한 '우연'에 대한 해석의 어려움만 야기하는 것이 아니라, 그것을 넘어서 그 개념의 모호성까지도 산출한다는 점에서, 그 개념에 대한 어떠한 섣부른 결론도 허용하지 않는다. 아리스토 텔레스의 '우연' 개념은 그 자신이 갖고 있는 뜻 그대로 모든 가능성을 담고 있기 때문이다. 그 점에서 아리스토텔레스의 '우연'만큼 우연적인 개념도 없다.

그럼에도 불구하고 학문은 어떠한 형태로든 정리를 요구하기에, 여기 서 좀 곤혹스럽지만 지금까지의 연구결과를 토대로 '아리스토텔레스의 우연 개념'의 내용과 특징을 종합적으로 정리해 보자.

첫째, 아리스토텔레스는 우연 개념을 적극적으로 사유하고 논의했다. 그 이전이나 동시대의 다른 그리스 철학자들, 특히 자연철학자들과 비 교했을 때, 아리스토텔레스는 우연이라는 개념을 회피하거나 간단히 언 급하고 넘어가는 것이 아니라 심도 있게 사유하고 다각도로 검토했다. 그 결과 우연을 다른 네 개의 원인(질료인, 형상인, 작용인, 목적인)과 함 께 독립적인 원인요소로 인정하기에 이른다. 그러나 그럼에도 불구하고 아리스토텔레스는 '우연'을 학문적인 연구 대상으로 삼는 데 대해서는 조심스러운 태도를 보였다. 그가 보기에 '우연', 특히 '심베베코스'(동반 적 우연)는 학문적 연구의 대상이 될 수 없다. 그 이유는 그것이 학문적 탐구에 적합한 성질, 즉 항상 또는 대체로 같은 또는 유사한 방식으로 존재하거나 발생하는 성질을 가지고 있지 않기 때문이다. 아리스토텔레 스는 사건을 첫째, 항상 같은 방식으로 발생하는 사건, 둘째, 대체로 발 생하는 사건, 셋째, 항상 그리고 대체로도 발생하지 않는 사건 등 세 가 지로 나누는데, 이 중 세 번째 것이 바로 우연이다. 우연은 규칙성이나 반복성 또는 합리성을 결여하고 있기 때문에 학문적 탐구의 대상이 될 수 없다는 것이다.[22]

그럼에도 불구하고 아리스토텔레스는 우연을 왜 그것이 그렇게 되었 는지 설명해야 한다고 주장한다. 우연을 '다른 차원에서' 학문적으로 연구하고 밝혀야 한다는 것이다. 그러면서 그렇게 해야만 우연에 대한

---

22 Aristoteles, *Metaphysik*, p. 243(=*Metaphysica*, 1026b 3~4).

학문이 왜 성립될 수 없는지 분명하게 밝혀지게 될 것이기 때문이라는 말을 덧붙인다.[23] 다시 말해 우연에 대한 학문적 탐구는 긍정적 관점에서, 그 자체로 인정되는 것이 아니라, 부정적인 관점에서, 왜 우연이 학문적 탐구의 대상이 될 수 없는지를 밝히기 위해 인정된다. 우연에 대한 학문적 성찰과 탐구의 목적은 그것이 왜 불가능하고 이루어져서는 안 되는지를 밝히는 데, 즉 '반증'(反證)에 있는 셈이다.

둘째, 아리스토텔레스는 우연 개념을 적극적으로 수용하고 인정했다. 이 점 역시 다른 고대 그리스 자연철학자들과 달리 아리스토텔레스에서만 나타나는 차별화된 특징이다. 그에게 형식적인 우연은 현실 속에서 분화된 모습으로 나타나는데, 가령 『명제론』에는 다음과 같은 표현이 나온다. "분명한 것은 모든 것이 필연적으로 존재하는 것도 아니고 필연적으로 발생하는 것은 아니라는 것이다. 즉 어떤 일은 아주 우연히 발생한다. 긍정이나 부정이나 그 어느 것도 하나가 다른 하나에 대해서 진실한 것은 아니다. 그렇지만 통상적으로 다른 많은 일처럼 어느 하나가 다른 어느 하나보다 진실할 수도 있다. 분명한 것은 어느 하나가 다른 것을 대신해서 발생하는 것은 가능하다는 것이다."[24] 적어도 이들 문장만 본다면, 아리스토텔레스는, 좀 과장해서, 이 세상은 우연으로 이루어져 있다고 주장하는 것처럼 보인다. 그리고 그렇게 우연적으로 이루어진 세상이 바로 필연적이라는 생각을 피력하는 듯하다. 그는 진정한 우연이란 합목적성을 담고 있는 필연적 우연임을 강조하고 있다는 인상을 준다. 인간이 의도적으로 어떤 계획을 갖고 만들어낸 모든 결과물은 말할 것도 없고 자연의, 그리고 우연의 산물도 역시 궁극적으로는 어떤 초자연적 절대자의 힘을 빌려 만들어진 것이기에 합목적성을 가질 수밖에 없다고 생각한 듯하다. 이 관점에 따르면, 그에게 진정한 의미의

---

23 같은 곳(=*Metaphysica*, 1026b 24~25).

24 Aristoteles, *Categories and De Interpretatione*, p. 52(=*De Interpretatione*, 19a 18~22).

우연은 없고, 다만 미리 신에 의해 예정된 '필연적 우연'만 존재할 뿐이다. 적어도 외관상 현대적 의미의 우연과는 거리가 멀다고 할 수 있다. 그러나 좀 더 엄밀하게 말하면, 아리스토텔레스는 이 우주가 순전히 이성 또는 자연과 같은 합리적 이유를 갖고 탄생했다고 보는 견해나, 반대로 이 우주가 순전히 운과 우연에 의해 탄생했다고 보는 견해 모두를 배격하는 입장을 취한다.

셋째, 아리스토텔레스의 우연 개념은 매우 포괄적이고 광범위하다. 앞에서 우리는 '엔데코메논'을 설명할 때 이미 아리스토텔레스에게서 우연, 특히 '가능적 우연'은 가능한 것뿐만 아니라 필연적인 것, 심지어 불가능한 것, 불가능하지 않은 것, 허용되는 것, 허용되지 않는 것까지도 포함하는 매우 포괄적인 개념이라는 점을 지적했다. 이러한 의미에서 아리스토텔레스는 『형이상학』에서 다음과 같은 것을 생각해 볼 수 있다고 주장한다. "어떤 것이 존재할 가능성은 있지만 존재하지 않는다는 것이고, 어떤 것이 존재하지 않을 가능성이 있지만 존재한다는 것이다."[25] 그 반대나 반대의 반대까지도 포괄하는 포괄적인 개념이 결국 아무것도 의미하지 않는 것일 수 있다는 반론은 여기서 잠시 접어두기로 하자. 심지어 이를 통해 '필연적 우연', 즉 우연은 우연이되 반드시 나타날 수밖에 없는 우연이라는 개념까지도 상정해 볼 수 있다는 사실은 뒤에 가서 좀 더 자세히 살펴보기로 하고, 여기서는 일단 미루자. 여기서의 핵심 논점은 아리스토텔레스에게 우연이 이미 그 자체로 다섯 가지 이상이나 되는 다양한 의미를 갖는 것을 넘어서 그 자신 안에 필연이라는 반대되는 의미 또는 반대의 반대개념까지도 포괄하는, 매우 다의적이고 복잡한, 일종의 '복합개념'(conception complex)이라는 사실을 인지하는 일이다.

넷째, 이러한 복합성 속에서도 아리스토텔레스에게 우연 개념의 의미 층위는 일정한 경계를 갖는다. 그것은 대체로 필연의 대(對)개념으로 설

---

25 Aristoteles, *Metaphysik*, p. 288(=*Metaphysica*, 1047a 20~22).

정된다. 이미 앞서 자세히 살펴본 대로 그에게 우연은 그 의미상 크게 세 가지 범주로 요약된다. (1) 동반적 우연(심베베코스), (2) 행운적 우연(티케와 아우토마톤), (3) 가능적 우연(엔데코메논과 뒤나톤)이 그것이다. 이들 세 개념은 각각 '논리적 우연', '경험적 우연', '형이상학적 우연'에 해당한다.[26] 이를 가스통 미요(Gaston Milhaud)가 시도했던 것처럼 현대식으로 풀이하면, 첫 번째 우연은 "어떤 일이 아주 드물게 발생하거나 존재한다"는 의미의 '희유'(稀有, rareté)에, 두 번째 우연은 "의도하지 않게 서로 마주친다"는 의미의 '조우'(遭遇, rencontre)에, 세 번째 우연은 "모든 것이 있을 수 있다"는 의미의 '가능'(可能, possibilité)에 각각 해당한다.[27] 그것이 어떻게 해석되고 정의되든지, 이들 세 범주는 모두 "반드시 일어날 수밖에 없다"는 의미의 '필연'의 대(對)개념들이다. 여기서 '반대개념'이라는 용어 대신 '대(對)개념'이라는 용어를 굳이 고집한 이유는 아리스토텔레스에게 우연은 경우에 따라서는 필연도 포괄하는 광의의 개념으로 쓰일 뿐만 아니라 반대개념은 의미가 협소해지지만, 대개념은 단순히 '마주한다', '맞선다', '상대적이다' 등의 더 포괄적인 뜻을 갖기 때문이다.

더 나아가 『자연학』에서 '티케'와 '아우토마톤'에 대한 설명에서 잘 언급되어 있듯이, 아리스토텔레스에게 필연이 근거를 갖고 있는 것을 의미한다면, 우연은 근거를 갖고 있지 않은 것, 합목적적이지 않은 것, 불합리한 것 등을 뜻한다. 부연하면, 어떤 일이 합목적적이려면, 그 일은 신에 의해서든 인간에 의해서든 일정한 계획과 목표 속에 기획되어야 한다. 어떤 사물이 일정한 목적과 이유를 갖고 있다면, 그래서 합목적성을 갖고 있다면, 그것은 필연적인 것으로 간주된다. 그러나 '티케'와 '아우토마톤'은 그러한 목적과 이유를 갖고 있지 않기 때문에 우연

---

26 구키 슈조, 『우연이란 무엇인가』, 김성룡 옮김, 이회, 2000, 308쪽.

27 Gaston Milhaud, *Études sur la Pensée Scientifique*, Paris: Société française d'imprimerie et de librairie, 1906, pp. 137~58; Gaston Milhaud, "Le hasard chez Aristote et chez Cournot", *Revue de Métaphysique et de Morale* 10, 1902, pp. 667~81.

성을 갖는다. 이 논리를 뒤집으면, 필연은 합목적적인 것이고, 우연은 불합리한 것이다. 무근거, 무원인, 무목적, 비규정, 불합리 등은 아리스토텔레스의 우연이라는 행성 주위를 맴도는 위성들이다.

다섯째, 아리스토텔레스에게서는 '신의 섭리'라는 중세적 우연 개념이 선취되는 모습도 일부 보여준다. 모든 텍스트에서 그런 것은 아니지만, 아리스토텔레스는 간간이, 동시대의 다른 사람들의 견해임을 전제로, 우연이 분명 인간의 인지 능력, 즉 오성이나 이성 등을 벗어나거나 넘어서는, 그래서 '신적인' 또는 '초자연적인' 영역에 속하는 개념임을 밝히고 있다.[28] 이 말은 곧 우연이 신의 섭리 또는 계시를 나타낸다는 중세적 우연관을 앞당겨서 보여주는 좋은 사례로 지적할 수 있다. 설령 그것이 만에 하나 아리스토텔레스 자신의 생각이 아니어도 상관없다. 그런 생각을 한 고대 그리스인들이 있었다는 사실만으로도 그것은 나중에 중세의 우연 개념을 설명하는 자리에 미리 하나의 빛을 던져줄 중요하고 유의미한 단서가 될 수 있기 때문이다.

여섯째, 그럼에도 불구하고 아리스토텔레스의 우연 개념은 한계를 갖는다. 즉 일정한 뜻으로 수렴된다는 뜻이다. 바로 앞에서 우리는 아리스토텔레스에게서 우연이 필연도 포괄한다고 말했다. 넓은 의미의 가능성이란 아직 실현되지 않은 것도 포괄하기 때문에, 결국 가능성 또는 가능태로서의 우연은 현실성 또는 현실태로서의 필연을 포함할 수밖에 없다. 그렇지만 여기서 우리가 간과해서는 안 될 중요한 사실은, 필연이 존재의 차원, 즉 형이상학적으로 우연에 앞선다는 점이다. 왜냐하면 필연은 이미 실현, 즉 현실적인 존재를 가정하기 때문에 실현될 가능성만 있지 막상 현실이 될지 안 될지 알 수 없는 우연보다 앞선 자리를 차지한다. 존재할 수밖에 없는 것과 존재할지도 모르는 것 사이에는 엄청난 간극이 존재한다.

더구나 자연이나 인간의 삶 속에서 '우연'을 인정했던 아리스토텔레

---

28   Aristoteles, "Physikvorlesung", p. 44(=*Physica*, 196b 6~7).

스는——다른 고대 그리스인들과 마찬가지로——공간적으로 제한된, 그렇지만 시간적으로는 무제한의 우주가 실제로는 발생된 것도 아니고, 사라져버릴 것도 아니며, 언제나 동일하게 머물러 있는 구조라는 견해를 견지했다. 그의 견해에 따르면, 구형의 우주 안에서 언제나 동일한 천체는 견고하게 정해진 길을 따라 규칙적으로 쉴 새 없이 움직이고, 대체로 규칙적으로 반복되는 지상의 자연 과정도 역시 마찬가지로 생성된 것이 아닌, 그러면서 사라지지도 않을 질서를 갖고 있다. 그 점에서 국내의 한 평자가 정확하게 지적했듯이, 아리스토텔레스가 자연을 설명하면서 '우연'을 끌어들인 궁극적인 이유는 어쩌면 "우연적 사건을 인간의 목적적 선택이나 자연의 목적적 과정에 동반하는 것으로 규정함으로써 이 세계가 우연히 혹은 저절로 생긴 것이 아니라 nous(이성)와 physis(자연)에 의한 것임을 논증"하기 위한 것이었을지도 모른다.[29] 마찬가지 이유로, 아리스토텔레스는 인간의 폴리스적 삶 속에서의 행복 역시 '행운'(eutychia)이나 '운'(tychē)에 의한 행동보다는 '덕'(aretē) 또는 '지혜'와 '윤리적 판단' 등에 의한 행동을 통해 이루어졌을 때 더 온전해질 수 있기 때문에 인간의 삶을 운이나 우연에 맡길 수 없다고 설파한다.[30] 요컨대 고대인들에게서 우연은 '가능성'의 영역으로서 사유의 대상으로만 간주되었을 뿐, 실제로 이 세상이 우연의 힘으로 돌아간다고 생각할 만큼 강력한 영향력을 행사하지는 않았다. 그들의 담론 속에서 우연이 차지할 자리는 거의 없었거나 있었다 해도 매우 미미했다고 할 수 있다.

---

29 김영균, 「아리스토텔레스에 있어서 우연(tychē)의 문제」, 『서양고전학연구』 3, 1989, 53~72쪽, 인용은 72쪽.

30 Aristoteles, "Politics", in *The Complete Works of Aristotle*, ed. Jonathan Barnes, vol. 2, p. 2101(=*Politica*, 1323b 26~36). 아리스토텔레스에게서 발견되는 폴리스 내 인간 삶에서의 덕과 운에 대한 더 자세한 논의는 다음 문헌을 참조. 손병석, 「공적주의(功績主義) 정의론과 최선의 국가: 아리스토텔레스의 덕(aretē)과 운 (tychē) 개념을 중심으로」, 『범한철학』 67, 2012, 103~39쪽.

3. 로마에서의 '우연' 개념

그리스의 '티케'(tychē)는 로마로 오면 역시 비슷한 의미로 '행운', '행복', '운명', '우연' 등의 뜻을 지니고 여신의 이미지가 덧씌워진 '포르투나'(fortuna)라는 개념으로 변형된다. 이 단어 안에 담겨 있는 수많은 의미 중 '행복'이라는 뜻으로는 유사 용어로 '펠리시타스'(felicitas)가 있고, '운명'을 뜻하는 '파툼'(fatum)이라는 유의어가 있으며, '우연'이라는 뜻으로는 아리스토텔레스의 여러 우연 개념 중에서 '엔데코메논'(endechómenon)의 라틴어 번역어인 '콘틴겐스'(contingens)가 있다. 여기서 잠시 이 마지막 단어에 주목해 보자. 아리스토텔레스의 '엔데코메논'이 라틴어의 '콘틴겐스'로 번역된 데 기여한 인물은 로마제국 시대 말, 즉 4세기에 활동했던 그리고 훗날 보에티우스가 아리스토텔레스의 『명제론』을 번역할 때 주춧돌 역할을 해준 마리우스 빅토리누스(Marius Victorinus, 360년경 사망)였다. 빅토리누스는 아리스토텔레스의 용어 ἐνδέχεσθαι(endechesthai)를 언제나 'contingere'로 번역했고, 이 말에서 나중에 'contingens'라는 파생 명사가 나오게 되는데, 그 단어가 널리 사용되면서 '우연'을 뜻하는 일반명사로 굳어지게 되었다. 'contingere'를 직역하면 '함께(con-) 접촉하다'(tingere) 또는 '함께 맞아떨어지다'가 된다. 서로 다른 독립적인 두 사건이나 상태가 서로 함께 겹쳐서 또는 동시에 나타나는 현상을 일컫는다. 오늘날에는 그냥 '우연'으로 번역되지만, 개념적으로 'contingens'는 당시, 특히 보에티우스에 가면, 아리스토텔레스가 『분석론 전서』(제13~22장)에서 원래 의도했던 것처럼 '필연성' 또는 '불가능성'의 경계에 서 있는 '균형적 가능성'이라는 의미로 사용되었다.[31]

---

31 Aristoteles, "Prior Analytics", pp. 51~64(=*Analytica Priora*, §13~§22); Albrecht Becker-Freyseng, *Die Vorgeschichte des philosophischen Terminus 'contingens'*, Heidelberg: F. Bilabel, 1938, §15.

그러나 불행히도 그리스어의 '티케'에 해당하는 '포르투나'를 철학적으로 사유하거나 개념적으로 정의한, 그래서 여기서 다룰 만한 고대 로마의 사상가는 공화정 시기든 제정 시기든 간에 거의 발견되지 않는다. 이미 우주 자체를 신으로 본 키케로의 예에서 보았듯이, 로마의 사상가들은 대부분 이 우주와 세상을 규칙적으로 순환하고 작동하는 자연이자 로고스, 즉 이성 그 자체로 보았기 때문에, 그 안에 우연, 행운 등이 작용한다 해도, 그것은 말 그대로 운이나 운명 그 이상을 의미할 수가 없었다. 로마 시대의 일부 스토아철학자들에게서 'fatum'이 중요한 개념으로 사유되기는 했지만, 'fortuna'라는 용어는 철학적으로 보면 오히려 르네상스 시기의 이탈리아 사상가들에게서 그리고 고대 로마의 동시대로 눈을 돌리면 철학자들보다는 주로 역사가들에게서 빈번히 출현한다. 따라서 그 개념을 여기서 천착하는 것은 무리라고 판단된다. 그 개념에 대한 자세한 언급은 오히려 이 책 제1부의 르네상스 부분과 제2부의 로마 역사가들에 대한 서술을 참조하면 될 것이다.

제2장 중세: 신의 자유의지

　우연보다는 필연이 지배적이었던 고대의 지적 경향은 중세 기독교 세계에서도 그대로 이어져 펼쳐진다. 중세는 무엇보다 기독교적 신이 지배하던 사회였다. 이 세상에 존재하는 만물은 신에 의해 고안되고 창조된 것인 만큼 근본적으로 필연적일 수밖에 없다. 물론 이때의 필연성이란 가능성과 우연성까지도 포괄하는 매우 넓은 의미의 필연성을 말한다. 그러나 역으로 생각했을 때, 즉 신의 의지와 섭리가 배제된 것으로 상정된 이 세계는 완전한 우연과 혼돈 그 자체다. 이렇게 상정된 세계에서 필연이 들어설 자리는 그 어디에도 없다. 그만큼 신을 상정했을 때와 그렇지 않았을 때 이 세계가 어떻게 인식되는지는 바로 필연과 우연 개념을 통해 확인할 수 있다. 결국 고대와 비교했을 때 중세의 우연 개념은 필연과의 관계에서 차지하는 위치가 외관상 또는 논리적으로 매우 약화된 듯 보이나, 본질적으로 또는 형이상학적으로는 무한히 확장되어 나타난다. 바로 그 점에서 점차 외연을 넓혀 온 근대와 현대적 의미의 우연 개념은 이미 중세에 그 씨앗이 준비되어 있었다고 해도 과언이 아니다.

　이 연관 관계는 좀 더 자세히 설명할 필요가 있다. 중세의 기독교적·형이상학적 전통에서 우연은, 우리가 살고 있는 이 세계가 반드시 존재할 필요가 있었던 것은 아님을 의미한다. 왜냐하면 이 세계는 자신의 창조 행위를 얼마든지 중단할 수 있는, 자유롭게 행동하는 신의 창조물이기 때문이다. 그러나 이와 무관하게 그 전통에서는 본질적으로 일반적인 것과 실제로 존재하는 개별적인 것 사이를 구별하는데, 이때 전자는 필연성이라는 개념에, 후자는 우연성의 개념에 각각 상응한다. 모든 사물의 본질은 필연적이고 무시간적이지만, 개별의 경우, 즉 바로 이 순간에 이 장소에 있는 사물의 실존은 우연적이다. 바로 이러한 개별 사물과 사례는 견고한 사물의 존재 질서 속에서 본질적인 자리를 차지하고 필연적인 의미를 갖는, 그러한 변하지 않는 본질 형상의 사라져버릴 모사(模寫)들로 간주된다. 그 점에서 현실은 본질이라는 필연의 우연에 지나지 않는 것이지만, 이 세계는 바로 그러한 개개의 사물들, 즉 우연들로 채워져 있는 셈이다. 그렇다면 중세의 개별 사상가들에게서 우연 개념은 구체적으로 어떻게 전개되어 나타났을까?

우연 개념을 언급한 중세의 대표적 사상가들로는 아우구스티누스, 보에티우스, 아벨라르, 아퀴나스, 둔스 스코투스, 오컴, 쿠자누스 등이 있는데, 지금부터 이들이 우연을 어떻게 정의하고 해석했는지 자세히 살펴나가 보도록 하자.

1. 아우구스티누스

우연 담론에 관한 한 교부철학자 아우렐리우스 아우구스티누스(St. Aurelius Augustinus, 354~430)[1]는 기독교 초기 사상가들 중에서 거의 독보적인 존재라고 할 수 있다. 왜냐하면 중세 전반에 걸쳐 나타나는 보편적인 현상이기는 하지만, 특히 초기 기독교 사상가들에게서 강하게 나타나던 사유 경향, 즉 신에 의해 창조된 이 세상이 하나님의 의지와 섭

---

1 아우구스티누스는 로마제국 말기의 교부철학자다. 고대 로마에 속하는 사상가를 중세 부분에서 다루는 이유는, 비록 그가 살았던 시기가 로마제국 시대였지만, 그가 펼쳤던 사상이 이미 기독교가 지배하던 중세의 정신을 선도했기 때문이다. 한마디로 그는 고대와 중세를 이어주는 가장 중요한 인물이다.

리에 의해 이루어진 필연적인 역사(役事)의 결과물이라고 여기는 경향에도 불구하고, 우연에 대한 자신의 입장을 분명히 밝혔던 인물이 바로 그였기 때문이다. 피조물로서의 인간은 그리고 인간의 삶은 그러한 신의 자유의지에 의해 짜인 질서와 구조 속에서 자기 역할만 수행하고 살아가면 그만이었다. 중요한 것은 신의 의지였고, 그것은 필연의 세계였기에, 제아무리 인간들이 우연을 생각하고 운명을 논해도 그로부터 달라질 것은 아무것도 없었다. 따라서 당시 우연에 대해 거론한다는 것은 이미 그 자체가 신에 대한 무모한 도전이자 돌출 행동으로 비쳐질 수 있었다. 하지만 이러한 시대적 분위기 속에서도 이에 굴하지 않고, 비록 그 분량과 빈도수는 많지 않지만, 행운·운명·우연 등을 성찰하고 그에 대한 자신의 생각들을 피력했던 유일한 인물이 바로 아우구스티누스였다.

접근 방법은 이미 우리가 쉽게 예상할 수 있듯이 부정적이다. 우연에 대한 아우구스티누스의 사유(思惟)의 궁극적 목적은 우연의 비판을 통한 신의 찬양에 있었다. 우선 그에게서 우연은 'fortuna'였고, 이 개념은 그의 주저 『신국론』 제4권 제18장에서 자세히 펼쳐진다. 이곳에서 그는 로마인들에 의해 숭배되어 온 'felicitas'와 'fortuna'에 대해 언급하면서 흔히 여신들로 간주되어 온 이들이 진정한 신으로서 기독교적 신과 어떻게 다른지 아주 단순하고 명쾌한 논리로 설명한다. 이 단순한 주장을 전개해 나가는 논리는 다음 세 단계를 거치며 완성된다.[2]

첫째, 'felicitas'와 'fortuna'가 흔히 여신으로 불리는데, 이들이 신이라는 것은 무슨 소리인지 모르겠다는 것이다. 어떻게 그들에게 사원도 지어주고 제단도 만들어주며 그들을 위한 축제를 벌일 수 있는지, 한마디로 아무리 잘 봐줘도 단순한 개념 그 이상도 이하도 아닌 '행운'이나 '운명'이 어떻게 여신으로 명명되면서 숭배되거나 경배될 수 있는

2 Aurelius Augustinus, *Vom Gottesstaat*, trans. Wilhelm Thimme, intro. & comment Carl Andresen, 2 vols., München: Deutscher Taschenbuch Verlag, 1997, vol. 1, pp. 192~94(=*De civitate dei*, IV, 18).

지 도무지 알 수 없다는 것이다. 로마인들에게서 보이는 이런 행태는 도대체 말이 안 되는데, 왜냐하면 아우구스티누스가 보기에 'felicitas'와 'fortuna'는 항상 어떤 특정한 상황이나 상태와 관련이 있고, 그 상황과 상태에 따라 언제나 변할 수 있는 그런 개념들은 결코 인간에 의해 숭배나 믿음의 대상, 즉 종교의 대상이 될 수 없기 때문이다.

둘째, 'felicitas'와 'fortuna'가 신이 될 수 없는 이유는 또 있다. 신이라면, 그것이 남신이 되었든, 여신이 되었든, 아니면 하나의 성(性)만을 갖는 신이 되었든, 모두 좋아야 한다. 아우구스티누스에 따르면, "모든 신은 언제나 좋아야 한다"는 이 테제는 과거에 플라톤을 비롯하여 다른 철학자들도 주장했으며, 역시 많은 훌륭한 정치 지도자들도 주장했다. 그러나 이 두 개념, 특히 그중에서도 운명 또는 우연의 뜻이 강한 'fortuna'는 어떤 때는 좋고, 어떤 때는 나쁘고, 또 어떤 사람에게는 좋게 작용하고, 어떤 사람에게는 나쁘게 작용하기 때문에, 결코 신의 위치에 오를 수 없다. 아우구스티누스는 만일 이처럼 운명의 여신이 어떠한 선택 기준도 없이 자기 마음 내키는 대로, 그야말로 임의적으로, 때로 좋은 사람들은 지나쳐버리고, 나쁜 사람들 품에 안기게 된다면, 어떻게 사람들이 그녀를 좋다고 말할 수 있겠는가라고 반문하면서 바로 그 이유 때문에, '행운의 여신'을, 제의적인 찬양을 통해 은총이 가득한 느낌이 들도록 만들기를 원하는 것, 즉 그녀를 그녀의 자의로부터 벗어나도록 만들기를 원하는 것은 의미가 없다고 역설한다.[3]

셋째, 'felicitas'와 'fortuna'는 백번 양보해 여신임이 인정된다 하더라도, 그녀들을 배후에서 조종하는 보다 상위의 신 'Jupiter'보다 한참 아래 단계의 하위의 별 볼 일 없는 신들이다. 즉 'fortuna'는 그녀에게 명령을 내리고 자신이 원하는 곳으로 그녀를 보내버리기도 하는 'Jupiter'

---

3 Cf. Alfred Doren, "Fortuna im Mittelalter und in der Renaissance", Fritz Saxl, ed., *Vorträge der Bibliothek Warburg*, II. Vorträge 1922~1923, 1. Teil, Leipzig; Berlin: Teubner, 1924, pp. 71~144, here pp. 75 이하.

에게 결코 저항하지도 탈출하지도 못하는 종속적 지위의 불쌍한 여신이다. 그런 그녀가 이 세상 유일하고 단일한 진리로서의 기독교적 신에 필적하거나 대적할 수 있다는 생각은 이미 그 상상만으로도 불경스러운 짓이고 신에 대한 모독이다. 아우구스티누스는 그런 일은 말도 안 되는 소리라고 일축한다.

이러한 세 가지 논거를 바탕으로 아우구스티누스는 'fortuna'가 신이 될 수 없으며, 설령 만에 하나 신으로 인정받는다 하더라도 그것은 기독교적 신과는 거리가 멀어도 한참 멀기 때문에, 그에 대해 깊이 있게 사유하고 논의하는 것은 무의미하고 무용한 일임을 명시한다. 다만 이 논의 과정에서, 특히 이 책에서의 주요 논점과 관련해서 한 가지 주목해야 할 점이 있는데, 그것은 아우구스티누스가 'fortuna'의 어원을 특이하게도 '우연적 운명'(zufälliges Geschick)[4]에서 유래한 것으로 지적하고 있다는 점이다. 이 지적이 어원학적으로 옳은지 그른지를 여기서 따져 묻는 일은 무용하다. 중요한 점은, 그 지적이 우리가 앞으로 말하고자 하는 바를 정확히 짚어내고 있음을 확인하는 일이다.

이미 여러 차례 지적했듯이, 'fortuna'는 그리스어의 'tychē'를 계승한 말로 '행운', '우연', '운명' 등을 뜻하는 라틴어다. 아우구스티누스는 이 세 개의 개념군 중에서 뒤의 두 개의 개념군을 묶어 그 단어의 어원이라고 제시하고 있는데, 이는 탁월한 해석 전략이다. 그 이유를 살펴보자. 먼저 이 세 개의 개념군은 그들 사이의 다양한 조합이 가능한데, 가령 '우연적 행운'은 그 단어가 본래 '행운의 여신'을 뜻한다는 것을 감안하면 '우연적 운명'보다 그 단어의 용례로 실제 더 많이 쓰였고, 그 밖에 '행운적 우연', '행운적 운명', '운명적 우연', '운명적 행운' 등도 생각해 볼 수 있다. 이 여러 조합 가운데 아우구스티누스가 'fortuna'를 하필 '우연적 운명'에서 유래한 것으로 규정한 이유는 그래야만 'fortuna'가 신으로서 자격 미달인 점이 더 부각될 수 있기 때문이다. 그 자신의

---

4 Augustinus, 앞의 책, p. 193(=*De civitate dei*, IV, 18).

표현에 따르면, '행복' 또는 '행운'을 뜻하는 'felicitas'는 언제나 좋은 일에만 쓰이는 용어지만, '운명' 또는 '우연'만을 뜻하는 것으로 제한한 'fortuna'는 좋은 일에도 나쁜 일에도 쓰일 수 있는 용어이고, 따라서 그 단어는 언제나 가변적이고 변덕스러우며 예측할 수 없는 개념이 되어, 언제나 좋은 것만을 뜻하는 '신'과는 거리가 멀어진다. 더 나아가 '운명'이란 것은 좋은 사람이나 나쁜 사람을 막론하고 아무에게나 닥칠 수 있는 것이고, 그 사람이 그러한 운명을 겪을 자격이 있는지 없는지를 묻는 '자격성'(Verdienst) 여부는 더더욱 고려되지 않기 때문에 '순전히 우연적'이라고 표현하는데,[5] 이 점에 비추어보더라도 'fortuna'는 불변하는 성질을 갖는 '신'과는 거리가 멀다.

'fortuna'는 여기서 '가변성', '예측 불가능성', '불확실성', 즉 '모든 가능성'을 내포한 개념으로 부각되는데, 이는 곧 우리가 이 책에서 줄곧 주장하고자 하는 '우연' 개념의 핵심적 특성이기 때문에, 특별히 주목할 필요가 있다. 더구나 아우구스티누스는 위의 특성들 외에 '맹목성'과 '임의성'(또는 '자의성') 등의 성질도 추가해서 언급하는데,[6] 이 성질들도 역시 '우연'이 내포하는 주요 의미요소들이다. 이는 앞으로 반복해서 나올 내용들이니, 여기서는 이 정도로 언급하고 넘어가도록 하자.

이 모든 논의를 통해서 우리는 결국 아우구스티누스가 'felicitas'를 행운에, 'fortuna'를 운명에 연결해서 논의하고 싶어 했고, 이 여신들이 모두 이러저러한 이유로 신이 될 수 없거나, 신이라 하더라도 기독교적 신과는 거리가 먼 존재들임을 주장하고 싶어 했다는 점을 알 수 있다. 모두에 언급했던 것처럼, 그가 『신국론』에서 'fortuna'를 끌어들여 논의한 이유는 사람들에 의해 신으로 불리지만, 정작 신이라고 할 수 없는 여신 또는 유사 여신들[7]이 기독교적 신과 어떻게 다르고, 왜 진정한 신으로

---

5 같은 곳.
6 같은 곳.
7 이후 아우구스티누스는 덕(Tugend)과 신앙(Glaube) 등 이교도인 로마인들이 숭배했던 여러 여신에 대해 역시 비판적으로 논의해 나간다. Augustinus, 같은 책, pp.

불릴 수 없는지를 강조하기 위해서였다. 독일의 역사가 코젤렉의 올바른 지적처럼 아우구스티누스는 결국 "기독교적 '계몽' 안에 담겨 있는 예리한 논리로써 우연의 여신이 가져온 모순성을 조롱했던 것이다."[8] 더구나 아우구스티누스의 문제 제기 방식은 '우연'이 무엇인지를 논하거나, 이 세계는 왜 존재하게 되었고, 이 세계에서 존재하는 것 이외의 것은 왜 존재하지 않는가를 묻는 것이 아니라, 그저 "신은 왜 이 세계를 창조했는가?"[9]를 묻기 때문에, 자연철학적이거나 논리적이지 못하고, 매우 형이상학적이고 추상적이다. 그에게서 우연 개념은 신 개념과의 경쟁에서 언제나 하위 개념으로 밀려날 수밖에 없었다. 거듭 강조하지만, 아우구스티누스에게 'fortuna', 즉 '우연'은 기독교 또는 기독교적 신의 관점에서 보면 이교도들이 끌어들인 모순과 미숙함으로 가득 찬 조롱과 비판의 대상 그 이상도 이하도 아니었다. 하지만 우리는 이처럼 비판을 위해서 끌어들인 '우연'이, 방금 위에서 지적한 '모든 가능성' 또는 앞으로 살펴볼 '주체적 자유의 영역'이라는 함의처럼, 문맥에 따라서는 얼마든지 긍정적으로 작용할 수 있음을 항상 염두에 두어야 할 것이다.

2. 보에티우스

라틴어가 통용되던 중세에서 먼저 문제가 되는 것은 아리스토텔레스 용어의 번역이었다. 앞서 언급했던 것처럼, 4세기에 마리우스 빅토리

---

194 이하(=*De civitate dei*, IV, 19ff.).

8 Reinhart Koselleck, "Der Zufall als Motivationsrest in der Geschichtsschreibung", R. Koselleck, *Vergangene Zukunft: Zur Semantik geschichtlicher Zeiten*, Frankfurt a. M.: Suhrkamp, 1992, 1st ed. 1979, pp. 158~75, here p. 159.

9 Aurelius Augustinus, *Dreiundachtzig verschiedene Fragen*, ed. & trans. Carl. J. Perl, Paderborn: Schöningh, 1972, p. 29.

누스는 ἐνδέχεσθαι(endechesthai)와 συμβαίνειν(symbainein)을 처음으로 'contingere'로 번역했다. 중세 초기의 철학자 아니키우스 만리우스 세베리누스 보에티우스(Anicius Manlius Severinus Boethius, 480~524)는 빅토리누스의 이 번역어를 수용한 후 아리스토텔레스의 『명제론』에 대한 논평 작업에 착수했는데, 특히 제9장에 대한 두 번째 논평에서 'contingens'를 필연성이나 불가능성과는 엄격히 구별되는 '균형적 가능성'의 의미에서 사용했음은 이미 지적한 바와 같다.

보에티우스는 '우연' 개념을 자신의 주저 『철학의 위안』에서 다루고 있다. '신을 매개로 한 자신과의 대화'라는 측면에서 아우구스티누스의 『고백록』과 많이 닮아 있는 이 책에서 보에티우스는 적어도 신을 인정하고 수용하는 한 우연을 인정하고 수용할 수는 없다고 일갈한다. 신과 나(철학)와의 대화에 다음과 같은 대목이 있다.

> 신이 묻는다. "너는 이 삶이 무질서하고 우연한 일들로 이루어져 있다고 믿는가? 아니면 이 삶이 어떤 합리적인 원칙에 의해 지배되고 있다고 생각하는가?" 이에 대해 나는 다음과 같이 답한다. "나는 이토록 질서정연한 일들이 무질서한 우연에 의한 것이라고는 도저히 믿을 수 없습니다. 왜냐하면 나는 창조주이신 신이 자신의 피조물들을 보살펴 주고 계심을 알고 있기 때문입니다. 내가 그러한 믿음의 진리를 저버리는 날은 결코 오지 않을 것입니다."[10]

이 문답어구에서 우리는 몇 가지 중요한 사실을 추론해 낼 수 있다. 먼저 보에티우스는 '우연'을 '무질서', 즉 '혼란' 또는 '혼돈'과 유사하거나 동일한 개념으로 간주하고 있음을 알 수 있다. 둘째, '신'과 '우연'은 여기서 서로 대칭개념 또는 반대개념으로 표상된다. 전자는 질서정

---

10 보에티우스, 『철학의 위안』, 박병덕 옮김, 육문사, 2011, 49쪽(=*De Consolatione Philosophiae*, I, 5).

연한 세상을 창조한 존재고, 후자는 무질서를 상징하는 용어이기 때문이다. 셋째, 보에티우스는 이 세상을 질서정연하고 합리적인 원칙에 의해 지배되는 영역으로 간주했음을 알 수 있다. 더불어 그의 관점에 따르면, 이 세상에서 무질서와 우연은 신과 필연에 의해 압도당하는 하위개념이자 신과 필연의 완전성과 중요성을 보완해 주거나 부각해 주는 보충개념에 불과하다.

그러나 여기까지는 그저 보에티우스가 우연을 어떻게 바라보았는지에 대한 생각과 그에 대한 해석을 제시한 것뿐이다. 이제 그가 우연을 어떻게 정의했는지, 그에게서 우연이란 어떠한 개념인지를 자세히 살펴보도록 하자. 우선 그는 자신만의 우연 개념을 정의하기 위해 아리스토텔레스의 『자연학』 제2권 제5장에서 제시하고 있는 우연 담론을 끌어들인다. 그래서 내(철학)가 묻고 그녀(포르투나)가 답하기를, 우연이란 "목적을 위해 일이 행해질 때 어떤 이유들로 인해 원래 일어나게 하려고 의도했던 일이 아닌 다른 일이 일어나게 될 때" 사람들이 부르는 용어다. 그러면서 보에티우스는 아리스토텔레스의 『자연학』이 아니라 그의 『형이상학』 제5권 제30장에서 나오는 예를 든다.

예컨대 어떤 사람이 농사를 짓기 위해 밭을 갈다가 누군가가 숨겨 놓은 금화가 파묻혀 있는 곳을 발견했다면 사람들은 그것을 우연히 일어난 일로 믿겠지만 그것은 무(無)의 결과로서 일어난 것이 아니다. 거기에는 나름의 원인들이 있고 그 원인들은 예기치 않은 뜻밖의 결합의 결과로서 그 우연한 일을 일어나게 한 것이기 때문이다. 만일 그 사람이 밭을 갈지 않았더라면 그리고 금화를 숨겨 놓은 사람이 그것을 그곳에 파묻어 두지 않았더라면, 금화는 발견되지 않았을 것이다. 그러므로 이러한 것들이 우연한 수확의 원인들인 것이다. 그것은 행위자가 의도한 결과가 아니라 상반되는 원인들이 결합된 결과인 것이다. 금화를 파묻어 둔 사람도 밭을 갈고 있던 사람도 모두 금화가 발견되리라는 것을 예기치 않았다. 그렇지만 내가 말한 바와 같이 금화의 발견은 한쪽이 금화를 파묻어 두었던 곳을 다

른 한쪽이 파기 시작했다는 우연한 일치의 결과로 일어난 것이다.[11]

　보에티우스는 이러한 '뜻밖의 금화 발견'의 예를 근거로 드디어 포르투나의 입을 빌려 '우연'을 다음과 같이 정의한다. 우연이란 "어떤 목적을 위해 행해지는 행위와 그 원인들의 합치에 의해 일어나는 예기치 않은 사건"이다.[12] 애초에는 어떤 일정한 목적으로 행한 행위들이 중간이나 후반부에 다른 원인들이 끼어들고 합쳐짐으로써 전혀 예측하지 못했던 결과가 발생한다면, 그것이 바로 우연이다. 합리성을 갖는 원인에서 출발하지만, 불합리성이라는 결과로 끝나는 행위나 사건, 즉 '합리성에서 출발한 불합리하고 예측 불가능한 사건'이 바로 우연이다.

　이처럼 포르투나를 앞세우며 펼치고 있는 보에티우스의 논거를 좀더 자세히 따라가 보자. 이때 원인들의 결합 또는 일치는 필연적인 인과관계, 즉 신의 섭리로부터 나온 질서에 의해 좌우된다. 마치 하나의 수원(水源)에서 나온 두 개의 강 또는 여러 줄기의 강물이 나중에 다시 큰 바다로 흘러들어 가면서 하나로 합쳐지듯이, 처음에는 우연처럼 보이는 이 세상의 많은 일도 결국에는 자연법칙 또는 신의 섭리의 지배를 받으면서 하나의 예측 가능한 필연적인 결과로 종결된다. "완전히 고삐가 풀려 날뛰는 것처럼 보이는 그러한 우연도 구속을 받고 법칙의 지배를 받는다."[13] 이러한 보에티우스의 논리에 따르면, 결국 이 세상은 모두 '우연의 외피를 쓰고 있는 필연의 세계'다.

　이처럼 필연이 우연보다 앞선 개념이라면 뒤처진 개념으로서의 우연이 부정적으로 인식되는 것은 너무나 당연한 처사다. 보에티우스의 지성의 레이더망에는 이제 '우연'(contingens)만이 아니라 '행운'(fortuna)도 부정적인 개념으로 포착된다.

11　같은 책, 209쪽(=*De Consolatione Philosophiae*, V, 1).
12　같은 곳.
13　같은 책, 210쪽(=*De Consolatione Philosophiae*, V, 1).

내가 네 병의 원인과 본질을 정확하게 진단한 것이라면 너는 예전의 행운을 그리워하고 갈망하기 때문에 야위어 가는 것이다. 너로 하여금 행운을 상실했다고 상사(相思)하게 하며 그토록 너의 정신을 혼란스럽게 만들고 있는 것이다. 나는 행운이라는 그 요물의 수많은 위장된 모습을 알고 있으며 또한 그 요물이 얼마 동안은 자기가 속이고자 하는 사람들을 우정으로써 유혹하다가 마침내 순식간에 그들을 버림으로써 견딜 수 없는 슬픔에 빠지게 하는지를 잘 알고 있다. 만일 네가 그녀(행운: Fortuna)의 성격이나 술책, 그녀가 주는 호의의 종류를 마음속에 떠올릴 수 있다면 너는 네가 그녀를 통해 가치가 있는 것은 아무것도 얻지도 않았으며 잃지도 않았다는 것을 알 수 있을 것이다. 그러나 그 모든 것들을 너의 기억 속에 되살려 주기 위해 내가 애쓸 필요는 없을 것이다. 왜냐하면 그녀(행운)가 알랑거리며 너에게 다가올 때마다 너는 씩씩하게 그녀를 꾸짖고 나(철학: Philosophia)의 신성한 가르침에서 얻은 견해들로써 그녀를 쫓아버리곤 했기 때문이다.[14]

여기서 철학은 지혜 또는 진리로, 행운은 요물 또는 위선으로 인유(引喩)된다. 보에티우스가 만일 이런 비유의 진정성과 파급효과를 의도했다면, 독자들에게 아마도 이보다 더 효과적인 방법은 찾기 어려웠을 것이다. 물론 보에티우스가 이처럼 행운을 부정적으로 바라보았다는 사실은, 이 책에서 사용되는 우연 개념이 넓은 의미에서 행운도 포함된다는 점을 감안하면, 또 라틴어의 'fortuna'가 그리스어의 'tychē'를 계승한 용어라는 점을 감안하면, 결코 이상한 일이 아니다. 더구나 '우연'과 '행운'을 연결하는 '요행'이라는 개념이 일반적으로 부정적인 함의를 갖는다는 점을 감안해도, 그 사실은 결코 이상한 일이 아니다. 하지만 '우연'이라는 함의를 제쳐두고 순전히 '행운'만을 염두에 둔다면, 더구나 그것이 '행복'과 연결되는 개념임을 감안하면, 그 사실은 좀처럼 쉽

---

14 같은 책, 54쪽(=*De Consolatione Philosophiae*, II, 1).

게 납득되지 않는다.

또 하나의 양보 해석과 그에 대한 반론도 생각해 볼 수 있다. 보에티우스가 이 책을 쓴 시기는 그가 사형선고를 받고 나서 감옥에 수감되고 난 뒤였다. 이 점을 감안하면 현실 세계를 부정하고 싶어 했을 그의 비관주의적 또는 염세주의적 관점은 쉽게 이해된다. 더구나 바로 그랬기 때문에 삶을 달관한 듯한 통찰력이 이 책 도처에서 빛을 발하고 있는 것도 사실이다. 하지만 아무리 그렇다 해도 우연과 행운 등을 이처럼 싸잡아 부정적으로 바라보았다는 것 자체는 그의 지나친 금욕주의와 도에 넘친 친기독교적 관점이 아니고서는 쉽게 설명되지 않는다.

행운 또는 운명의 여신에 대한 보에티우스의 부정적 언급이 화제가 된 김에 이에 대한 논의를 좀 더 밀고 나가보자. 그가 보기에 행운이나 운명의 여신을 믿어서는 안 되는 가장 중요한 이유는 그것들이 지극히 변덕스럽고 변화무쌍하기 때문이다. 이제 보에티우스는 철학의 입을 빌려 인간으로 하여금 운명의 여신의 본질을 깨닫도록 일침을 가한다.

오, 유한한 존재인 인간이여, 너를 슬픔과 절망의 수렁 속에 던져 넣은 것은 무엇인가? 너는 기이하고 예기치 못한 일을 당한 것이 틀림없다. 그렇다고 해서 운명의 여신이 너를 배반했다고 생각하는 것은 잘못이다. 변하는 것이야말로 그녀(운명의 여신)의 정상적인 행위이며 그녀의 참된 본성이기 때문이다. 오히려 그녀는 그렇게 변덕스런 행위를 함으로써 그녀 자신의 고유의 불변성을 지속한다. 그녀가 너에게 알랑거리고 그릇된 종류의 행복을 미끼로 너를 유혹했을 때에도 그녀 자신의 고유의 불변성을 지속하고 있었던 것이다. 이제 너는 그 변덕스러운 여신의 변화무쌍한 얼굴들을 보았다. 다른 사람들에게는 여전히 베일에 가려져 있지만 너에게는 이제 그녀의 모습이 완전히 드러났다. 만일 네가 그녀의 수법에 만족한다면 너는 불평하지 말고 그 수법들을 받아들여야 한다. …… 그녀는 마땅히 평온의 근원이 되어야 했음에도 불구하고 너의 헤아릴 수 없는 슬픔의 근원이 되었다. 그녀가 네 곁을 떠났기 때문이다. …… 너는 스쳐 지나가게 마련인 그런 종류의 행복을 진정으로 소중한 것으로 여기느냐? ……
그녀를 마음대로 붙잡아 둘 수 없다면, 그리고 그녀가 도망쳐버려 인간들
이 파멸에 직면하게 된다면 그런 덧없는 것은 다가올 재앙에 대한 경고
가 아니고 무엇이겠는가? …… 변덕스럽다는 사실이야말로 운명의 위협
도 두려워할 것이 없고 운명의 매력적인 유혹도 좋아할 것이 없음을 의미
한다. 그리고 마지막으로 일단 그녀의 지배 앞에 머리를 굽혔다면 너는 그
녀의 세력권 안에서 일어나는 일은 무엇이건 침착하게 참고 견디지 않으
면 안 된다. 왜냐하면 너의 의지로 너의 인생을 지배하는 여주인으로 선
택하고서도 그녀가 네게 다가오고 떠나가는 것을 통제할 법칙을 너 스스
로 만들어내고자 한다면 그러한 행동에는 아무런 정당성도 없을 것이며,
너의 초조함은 너의 힘으로는 변경할 수 없는 네 운명을 약화시킬 뿐이기
때문이다. 네가 너의 배를 바람에 맡겼다면 너는 네가 원하는 대로가 아니
라 바람이 부는 대로 항해하지 않으면 안 될 것이다. 만일 네가 밭에 씨앗
을 뿌리는 농부라면 너는 풍년만 있는 것이 아니라 흉년도 있음을 예상
할 것이다. 그러니 일단 네가 너 자신을 운명의 지배에 맡겼다면 너는 그
녀의 방법에 복종해야 한다. 만일 네가 운명의 수레바퀴를 멈추게 하려고
애쓴다면 너는 인간들 중에서도 가장 어리석은 인간이 될 것이다. 만일
그것이 멈추기 시작한다면 그것은 이미 운명의 수레바퀴가 아니기 때문
이다.[15]

이 구절에서는 문학적이면서도 수사학적인 표현이 마구 뒤섞여 좀
지루하고 진부해 보이지만, 운명이나 우연 또는 행운 등을 대하는 보에
티우스의 정서적 태도가 매우 명료하게 읽힌다. 여기서 보에티우스가
주장하고자 하는 점은 운명의 여신의 속성은 변화이기에 그것에 휘둘
리지 말고 자신의 굳은 심지로써 자신의 운명을 겸허히 받아들일 줄 알
아야 한다는 것이다. 왜냐하면 행운이나 불행은 지속적인 것이 아니라

---

15 같은 책, 55~57쪽(=*De Consolatione Philosophiae*, II, 1).

는 점에서, 인생을 행불행에 맡기면 그것 자체가 곧 불행이 되어버리기 때문이다. 여기서 행운의 여신을 우연으로 대체해서 이해한다면, 결국 우연은 지속적이지 않고 변화무쌍한 것으로 해석될 수 있다. 마치 19세 기에 야코프 부르크하르트(Jacob Burckhardt)가 역사의 본질을 '변화'라 고 설파했던 것처럼,[16] 보에티우스에게 우연의 본질 또한 '변화'였던 셈 이다.

그러나 보에티우스가 우연적 요소를 안고 있는 행운을 언제나 부정 적으로만 바라보았던 것은 아니다. 그는 역시 철학의 입을 빌려 자신은 운명의 여신을 결코 적대시하지는 않는다고 주장한다. 왜냐하면 그녀가 인간을 매번 희롱하기만 한 것은 아니고 가끔씩 도와주기도 하기 때문 이다. 운명의 여신은 자신의 실체를 적나라하게 드러내며 자신의 짓궂 은 짓을 인정할 때 비로소 인간을 도와주게 된다.[17]

하지만 이 순간 역시 어디까지나 운명의 여신의 입장일 뿐 인간의 입 장은 그로부터 철저히 배제되어 있다는 점에서, 인간은 영원히 그녀의 희롱 대상이자, 그녀에 종속적일 수밖에 없다. 이 점을 잘 알았던 것일 까? 보에티우스는 그래서 인간에게 유익한 것은 행운이 아니라 차라리 불운이라고 역설한다. 왜냐하면 행운이 항상 행복을 가져다주는 것처럼 보이지만 실제로는 미소로 인간들을 속이는 반면, 불운은 변화함으로써 그 참된 모습인 변덕스러움을 드러내는 만큼 항상 진실하기 때문이다. "행운은 인간을 속이지만 불운은 인간을 깨우쳐 준다. 행운은 그럴듯한 재물들을 보여줌으로써 그것을 누리는 사람들의 정신을 노예로 만드는 반면에, 불운은 행복이란 것이 얼마나 깨지기 쉬운 것인가를 알게 해줌 으로써 인간을 해방시켜 준다."[18]

---

16 Jacob Burckhardt, *Über das Studium der Geschichte*. Der Text der "Weltgeschichtlichen Betrachtungen" auf Grund der Vorarbeiten von Ernst Ziegler nach den Handschriften, ed. Peter Ganz, München: C. H. Beck, 1982, p. 151.

17 보에티우스, 앞의 책, 91쪽(=*De Consolatione Philosophiae*, II, 8).

18 같은 곳.

보에티우스는 여기서 좀 더 나아가 행운과 행복의 차이를 설명한다. 그에 따르면, 행복은 우연에 의해 지배되는 사물 사이에 존재하지 않는다. "만일 행복이 자연의 이성적 최고선이라면, 그리고 최고선은 무엇에 의해서도 빼앗길 수 없으며 빼앗길 수 있는 것은 최고선이 아니라면, 행운은 그 변하기 쉬운 성질 때문에 행복이 될 수 없다."[19] 이쯤 되면 우리는 보에티우스에게서 고대 철학자들의 헬레니즘적 전통의 향기와 더불어 새로이 전개될 중세 스콜라철학자들의 기독교적 풍취가 한꺼번에 감돌고 있음을 느끼게 된다.

한편 보에티우스는 아리스토텔레스의 『명제론』에 대한 주석서를 썼는데, 여기에서 그는 아리스토텔레스를 따라 '우연'과 '가능'을 동일한 것으로 간주한다. 그는 아리스토텔레스가 '뒤나톤'(dynaton) 또는 '뒤나미스'(dynamis)라고 일컫은 '가능'에 라틴어 '포시빌레'(possibile)를 지정하고, '우연'에 '콘틴겐스'(contingens)를 지정하고는, "둘이 서로 아무런 차이가 없다"(contingens esse et possibile esse idem significat, nec quidquam discrepat)고 말한다. 그러면서 덧붙이기를, 굳이 차이를 말하자면 한쪽은 부정형으로 'impossibile'라는 용어가 있는 반면, 다른 한쪽은 부정형으로서 'incontingens'라는 용어가 없다는 형식상의 차이만 있을 뿐이라고 말한다.[20] 이 점은 우리말에도 그대로 적용된다. '가능(한)'의 부정형이 그 단어를 활용한 '불가능(한)'으로 표현되지만, '우연(한)'의 경우 그 단어를 활용한 '비우연(한)'이라는 부정형이 없다는 점은 과연 우연일까? '필연'이 '우연'의 부정형이라기보다 반(反)개념이라는 점을 감안하면, 인구어(印歐語)와 우리말에서의 그 같은 상황의 일치는 단순한 우연처럼 보이지 않는다.

앞서 보에티우스의 행운 또는 행복 담론에서 나타났던 고대와 중세

---

19 같은 책, 70쪽(=De Consolatione Philosophiae, II, 4).
20 Boethius, In Librum de Interpretatione, Editio Secunda, libri V, Patrologiae cursus completus(=Patrologia Latina), vol. 64, ed. Jacques-Paul Migne, Paris, 1847, pp. 582~83.

의 가교 역할은 우연의 반개념인 '필연' 개념을 통해서도 확인된다. 보에티우스에 따르면, 필연성에는 '단순 필연성'과 '조건 필연성'이 있다. 먼저 전자의 예를 들면, '인간이 죽는다는 사실'의 필연성을 들 수 있고, 후자의 예로는 '어떤 사람이 걷고 있는 것을 네가 알고 있다면 그가 지금 걷고 있다는 사실'의 필연성을 들 수 있다. 이를 알기 쉽게 해석하면, 단순 필연성은 일종의 '보편 필연성'으로 누구나 인정할 수밖에 없는 자연법칙과 같은 현상을 지칭할 때 쓰이며, 조건 필연성은 일종의 '개별 필연성'으로서 특정한 상황에서 그 상황에 처한 사람만이 인정하는 현상을 가리킬 때 쓰인다. 그러나 보에티우스에 따르면, 조건 필연성은 단순 필연성을 내포하지 않는다. 조건 필연성은 그 자체의 본질 때문에 존재하는 것이 아니라 거기에 덧붙여진 조건 덕분에 존재하기 때문이다. 조건 필연성의 경우, 만일 현재 누군가가 걷고 있다면, 그가 발을 내디딜 때 걷는 것은 필연적인 일이긴 하지만, 그 어떤 필연성도 자신의 자유의지에 따라 걷고 있는 그 사람에게 걸어가도록 강요하지 못한다. 그러나 단순 필연성의 경우, 가령 신의 섭리가 어떤 것을 현재의 것으로 보고 있다면 설령 그것이 자신의 본질 속에 아무런 필연성도 가지고 있지 않다 하더라도 그것이 일어나는 것은 필연적이다. 신은 자유의지로 일어나는 그러한 미래의 사건을 현재의 사건으로 보기 때문이다.[21]

보에티우스에게 필연은 이처럼 '반드시 그렇게 현상(現像)되는 것'을 의미한다. 그것은 곧 '이렇게 나타날 수도 있고, 저렇게 나타날 수도 있다'는 의미의 우연과 정반대의 논리를 갖는다. 그런데 보에티우스에게 나타나는 이러한 필연과 우연의 대립 논리는 시간과의 연관성을 통해서도 정립된다. 그는 다음과 같이 주장한다. "영원성은 영원히 지속되는 생명의 전체적이고 동시적이며 완전한 소유다. 이 점은 시간 속에 존재하는 피조물들과 비교해 보면 명백해질 것이다. 시간 속에 살아 있는 것은 모두 현재에 존재하면서 과거로부터 미래로 나아갈 뿐이며 자기의

---

21 보에티우스, 『철학의 위안』, 236~37쪽(=*De Consolatione Philosophiae*, V, 6).

생명 전체를 동시에 포괄할 수 있는 것은 아무것도 없다. 시간 속에 존재하는 것이란 내일은 아직 소유하지 못하고 어제는 이미 잃어버린 상태이기 때문이며 그리고 오늘의 삶에서도 재빠르게 지나가 버리는 순간을 살 뿐이다."[22] 여기서 영원성은 필연에, 시간성은 우연에 각각 상응한다.

여기까지가 보에티우스가 생각하는 필연 담론의 논리다. 그 논리에 따르면, 필연은 신의 섭리와 다를 것이 없고, 이 경우 우연은 필연의 대립개념을 넘어 완전한 종속개념에 불과한 것으로 드러난다. 그의 철학에서 우연이 들어설 자리는 사실상 없다고 해도 과언이 아니다. 그래서 보에티우스는 만일 우연을 "아무런 인과관계도 없이 아무렇게나 되는 대로 일어나는 일이라고 정의한다면, 나는 우연이란 없으며 그런 우연은 우리가 논하는 주제를 의미하기는커녕 완전히 무의미한 어휘에 지나지 않는다고 말하겠다. 도대체 신이 만물을 질서정연하게 지배하시는데 우연이란 것이 용납될 여지가 어디 있겠는가?"라고 일갈하면서, "'무(無)로부터 생겨나는 것은 아무것도 없다'라는 금언은 진리다"[23]라고 단정한다. 결국 보에티우스에게는 우연이란 없고, 단지 신의 섭리만 있을 뿐이다. 이것은 중세 기독교적 전통에서의 우연 개념이 겪을 험난한 여정의 출발신호인 셈이다.

3. 아벨라르

이처럼 신의 섭리라는 필연의 관점에서 우연의 의미를 약화시키거나 우연의 비인과성을 조롱하는 지적 전통은 중세 내내 이어진다. 중세 전성기의 스콜라철학의 발전을 예고했던 피에르 아벨라르(Pierre Abélard,

---

22 같은 책, 232쪽(=*De Consolatione Philosophiae*, V, 6).
23 같은 책, 208쪽(=*De Consolatione Philosophiae*, V, 1).

1079~1142)는 "**가능**과 **우연**은 완전히 동일한 것을 의미한다"(*Possibile quidem et contingens* idem prorsus sonant)고 주장하면서,[24] 우연에 대한 더 이상의 의미 부여를 자제했다. 아벨라르가 특히 아리스토텔레스의 논리학 해석가 가운데 한 사람인 소요학자였다는 점에서 그의 주장은 충분히 납득된다. 왜냐하면 이미 앞서도 보았듯이, 아리스토텔레스에게서 그리고 그 전통을 이어받은 보에티우스에게서 '우연'과 '가능'은 동일한 개념이었기 때문이다.

4. 아퀴나스

중세를 통틀어 우연에 대한 최초의 방대한 천착은 토마스 아퀴나스(St. Thomas Aquinas, 1224~74)를 통해서 이루어진다. 아퀴나스의 우연 담론을 이해하기 위해서는 그에 앞서 그의 형이상학, 즉 존재(esse)와 본질(essentia), 그리고 생성(generatio)에 대한 그의 철학적 성찰을 고찰할 필요가 있다. 그 이유는 그의 우연 담론은 존재와 본질, 생성에 관한 논의에서 출발하며, 우연은 존재와 본질, 생성 모두와 연관된 개념이기 때문이다.

근대에 들어와 본질을 중시한 독일의 관념철학이나 존재를 중시한 실존철학으로 나뉘어 둘 중 어느 한쪽만을 강조하는 경향이 두드러지지만, 이러한 두 경향의 뿌리에 해당하는 아퀴나스의 형이상학에 따르면, 존재와 본질은 하나의 뿌리, 즉 제1의 근원자이자 제1원인인 '신'(神)으로부터 도출된다. 쉽게 말해, 아퀴나스에게 존재와 본질은 같은 존재, 즉 자존적(自存的) 존재(esse ipsum subsistens)로부터 출발하고 그

---

24 Pierre Abélard, "Dialectica", in *Ouvrages inédits d'Abelard: pour servir à l'histoire de la philosophie scolastique en France*, ed. M. Victor Cousin, Paris: Imprimerie Royale, 1836, p. 265(강조는 아벨라르).

곳에 도달한다.

먼저 '존재'(esse)부터 살펴보자. 아퀴나스는 아리스토텔레스의 견해를 따라 '존재'를 '가능적 존재'(가능태)와 '현실적 존재'(현실태)로 나누었는데, 전자는 있지는 않으나 있을 수 있는 존재이고, 후자는 이미 있는 존재를 말한다. 그리고 현실태가 존재하는 방식에는 두 가지가 있는데, 하나는 '실체'(實體, substantia)이고 다른 하나는 '우유'(偶有, accidens)다. 아리스토텔레스 용어인 이 각각에 아퀴나스는 특별히 자기 용어인 '단일적 존재'(esse simpliciter, 단순한 존재)와 '양태적 존재'(esse aliquid, 어떠한 존재)라는 용어를 대응시켜 사용한다. 전자, 즉 실체 또는 단일적 존재는 '있을 수밖에 없는 존재', '본질적 존재' 또는 '실체적 존재'를 의미하고, 후자, 즉 우유와 양태적 존재는 '어떠한 상태의 존재', '어떠한 상태로 있을 수 있는 존재'를 말한다. 결국 아퀴나스에 따르면, 존재는 '가능적 존재'와 '현실적 존재', 그리고 '실체적 존재'와 '우유적 존재'로 각각 구별된다. 형상 또한 '실체적 형상'과 '우유적 형상'으로 나뉜다. 특이한 점은 아퀴나스가 '실체적 존재'에 '현실성'을, '우유적 존재'에 '가능성'을 각각 적용하고 있다는 점이다.[25] 이 점을 내 방식대로 해석하면, 이 세상은 지금 현재 존재하는 '현실적 존재'로서의 '실체'가 있고, 지금 당장은 없지만 있을 수 있는 '가능적 존재'로서의 '우유', 즉 '우연' 등 두 종류의 존재로 구성되어 있다. 여기서 우연은 결국 가능태와 다르지 않고, 그 점에서 아퀴나스는 아리스토텔레스의 전통에 서 있다고 할 수 있다.

다음은 '본질'(essentia)에 대한 고찰이다. 아퀴나스에 따르면, 본질은 "그것에 의해 사물이 있게 되는 바로 그것"이다.[26] 일반적으로 본질이라 함은 사물의 핵심, 고갱이, 기본, 근간 등을 의미한다. 즉 그것 없이는 해당 사물이나 생명체가 존재하거나 생존할 수 없는, 상상조차 할 수

---

25 토마스 아퀴나스, 『자연의 원리들』, 김율 옮김, 철학과현실사, 2005, 15~19쪽.
26 토마스 아퀴나스, 『존재자와 본질에 대하여』, 정의채 옮김, 바오로딸, 2004, 49쪽.

없는 필수요소를 지칭한다. 이를테면 서양 합리주의 철학 전통에서 보자면, 이성이 인간에게는 본질인 셈이다. 그러나 그것이 전용되어 쓰일 때, 아퀴나스가 썼던 것처럼 그것 없이는 해당 존재자가 존재할 수 없다는 의미에서 근본 원인, 존재의 근원으로도 쓰인다. 아리스토텔레스의 형이상학 개념을 대입하면, 본질은 형상과 질료 중 '형상'(form)에 해당하고, 중세 스콜라철학자에 적용하면, 우주의 창조주로서 '신'에 해당하며, 근대 합리주의 철학자의 용어로 대체하면 '실체'가 된다. 서양철학사의 전통에서 보자면, 결국 아퀴나스는 이 굳건한 형이상학적 전통 라인의 한복판에 서 있는 셈이다.

그런데 아퀴나스에 따르면 이 본질 개념 역시 존재와 마찬가지로 두 개의 양태를 갖는다. 그중 하나의 양태는 본질이 "그 본성과 그 고유한 성격에 따라" 고찰된다. 이 양태로는 그 본질에 적합한 것이 아니면 그 어떤 것도 진리가 될 수 없다. 가령 인간의 본질에 대해 말한다면, 이성적인 것, 동물적인 것 그리고 인간의 정의나 본성에 들어오는 여타의 것들만 서술해야 한다. 한마디로 인간에게만 그리고 인간이라면 누구에게나 적용되는 요소를 말한다. 그 밖의 모든 것은 인간의 본질에 해당하지 않는다.[27] 이를 굳이 이름 붙이자면, '실체적 본질' 또는 '보편적 본질' 정도가 될 것이다. 다른 또 하나의 양태는 본질이 이것 안에 있을 수도 있고 또는 저것 안에 있을 수도 있을 때 나타난다. 이 경우 어떤 것이 그것을 자기 안에 우연히 갖고 있기 때문에 본질에 대해 '우유적'(per accidens)이라고 표현한다. 가령 소크라테스가 가지고 있던 A라는 특정 성향이 플라톤에게는 없고, 반대로 플라톤에게만 있던 B라는 특정 성향이 소크라테스에 없을 경우 그 양태가 적용된다.[28] 이를 굳이 이름 붙이자면, '우연적 본질' 또는 '가능적 본질' 정도가 될 것이다.

이제 '생성'(generatio)에 대한 담론으로 넘어가 보자. 아퀴나스에 따

---

27 같은 책, 71~73쪽.
28 같은 책, 73~75쪽.

르면, "생성이 일어나기 위해서는 세 가지가 요구되는데, 첫째는 가능적 존재자, 즉 질료이고, 둘째는 현실적으로 존재하지 않는 것, 즉 결여이고, 셋째는 어떤 것이 그것을 통해서 현실적으로 되는 바로 그것, 즉 형상이다. 예컨대 구리를 이용해 동상(銅像)을 만들 때, 동상의 형상에 대한 가능태인 구리는 질료이고, 형태를 갖추거나 성질을 취하지 않고 있는 것을 결여라고 한다. 어떤 것을 동상이라고 불리게 하는 형태가 바로 형상인데, 이 경우에는 형상 또는 형태가 부여되기 전에도 구리는 현실적 존재를 지니고 있었고, 또 구리의 존재가 그 형태에 의존하는 것이 아니므로, 그 형상은 실체적 형상이 아니라 우유적 형상이다. 모든 인공적 형상은 우유적이다."²⁹ 우주 안에서 하나의 대상이 생성되기 위해서는 그 대상이 만들어지기에 필요한 재료로서의 '질료', 재료는 있지만 아직 만들어지지 않은 상태로서의 '결여', 만들어질 목표와 이념으로서의 '형상'이 있어야 한다. 구리를 재료로 하나의 동상이 만들어지기 전과 후의 상태를 예로 들어 설명하는 아퀴나스는 결국 모든 인공물 또는 더 나아가 모든 생성물은 그것이 아직 만들어지기 이전이고, 재료와 목표만 지니고 있다는 점에서 '우유적 형상', 환언하면 '우연적 존재'라고 주장한다. 이 관점을 근거로, 우리는 아직 생성되기 이전의 상태에서 '모든 존재는 우연적이다'라는 의미심장한 테제를 도출해 낼 수 있다. 모든 존재는 생성을 가능하게 하는 질료와 형상이 존재하는 한, 그 무엇이 될 수 있는 모든 가능성을 안고 있다는 뜻이다.

그렇다면 과연 아퀴나스가 이처럼 우연에 대해 적극적이고 긍정적인 수용과 인정의 태도만을 지녔을까? 이제 우연 개념 자체에 대한 그 자신의 본격적인 논의를 시작해 보자.³⁰ 아퀴나스는 아리스토텔레스의 『명제론』에 대한 자신의 논평에서 아리스토텔레스를 따라 '우연한

---

29 토마스 아퀴나스, 『자연의 원리들』, 23쪽.

30 Cf. Art. "Kontingenz", *Historisches Wörterbuch der Philosophie*, vol. 4, Basel;
    Stuttgart: Schwabe & C., 1976, pp. 1027~38, here pp. 1029~30.

사건'을 다음과 같이 세 종류로 구분했다. 첫째, 우연과 행운(a casu vel fortuna)에 근거하는 드문 사건들(ut in paucioribus), 둘째, 우연과 행운 이 둘에 대해 동시에 일정한 관계를 갖는 사건(ad utrumlibet), 즉 임의 대로(ex electione) 발생하는 사건, 마지막으로, 대부분의 경우 발생하고 (ut in pluribus) 자연에 원인이 있는(ex natura) 사건 등이 그것이다.[31] 요 컨대 우리는 이들을 희귀한 사건, 선택적 사건, 자연적 사건으로 전환 하여 이해할 수 있다. 이 세 개의 사건 모두를 관통하는 공통점은 행운 (fortuna)이 끼어 있다는 것이다. 순수히 행운에만 근거하느냐, 우연히 선택했는데 행운이 끼어들었느냐, 자연에 근거한 행운이 작용했느냐에 따라 차이가 있지만, 모두 행운과 연관을 맺는다. 여기서 우리는 아퀴나 스가 우연(contingens)을 행운(fortuna)과 거의 동등한 개념으로 이해하 고 있음을 알 수 있다.

아퀴나스는 아리스토텔레스에 대한 논평을 끝낸 후 제14장에서 진 정한 우연적 사건과 그것의 발생 가능성의 문제를 다룬다. 질료의 가능 성을 불러내온 것은 자연적 사건의 우연을 위해서 충분해 보이지는 않 는다.[32] 특히 고대 스토아철학자들이 운명으로 간주했던 자연 원인들 의 착종(錯綜)은 강요된, 불가피한 전체 원인처럼 보인다. 그러나 그 스 스로(per se) 발생하는 것과 우연에 의해(per accidens) 발생하는 것 사이 는 구별된다. 자연 원인의 결과는 다른 원인이나 임의의 원인에 의해 방 해받을 수 있기 때문이다.[33] 인간의 오성과 의지에 대한 우주의 간접적 영향은 인정되지만, 그렇다고 그것이 직접적으로 불가피한 것은 아니 다. 수많은 다양성으로부터 우연히 발생하는 사건의 전체 결과는 단순 히 자연적으로 영향을 미치는 하나의 원인으로 환원될 수 없다.[34] 그렇

---

31 Thomas Aquinas, *In Aristotelis libros Peri hermeneias et Posteriorum analyticorum expositio: cum textu ex recensione leonina*, Torino: Marietti, 1964, lect. 13, Nr. 8~9.
32 같은 책, lect. 14, Nr. 8~9.
33 같은 책, lect. 14, Nr. 11.
34 같은 책, lect. 14, Nr. 14.

다고 그 전체 결과가 만물을 결정하는 하나의 신적인 섭리로 환원될 수는 없는 것이 아닌가?[35] 그 결과는 비록 자유로운 그리고 자연적인 모든 사건을 포괄하고는 있지만, 신의 인식과 원망(願望)은 우리 자신의 그것들과는 종류가 다르다.[36] 신의 인식은 완전히 시간 질서의 바깥에 놓여 있다. 신의 인식과 시간적인 것 사이에는 어떠한 시간적 관계도 없다. 하나의 우연한 사건에 대한 현재적 관찰이 그 사건의 우연성을 제거하지 않는 것처럼, 초시간적인 신의 인식도 역시 그 사건의 우연성을 배제하지 않는다.[37] 한마디로 우연은 시간적 상황이나 초시간적 조건, 즉 신의 섭리나 인식의 여부와 관계없이 언제 어디서나 발생할 수 있다.

더 나아가 아퀴나스는 제15장에서 '필연'과 '우연' 등의 개념이 현실적 존재 속에서 서로 중첩되어 있음을 보여준다. 존재하는 모든 것의 관점에서 필연적인 사실은, 그 모든 존재자가 언제 존재하든 그것이 존재할 때는 절대적인 필연성을 갖고서 존재하는 것은 아니라는 점, 그것은 가정을 벗어나 있다(ex suppositione)는 점이다.[38] 여기서 어차피 필연에 대한 언급이 나왔으니, 아퀴나스가 생각한 필연은 구체적으로 무엇이었는지 짚고 넘어가 보자. 그는 필연성에 대해 다음과 같이 언급한다.

필연성에는 절대적 필연성과 조건적 필연성 두 가지가 있음을 알아야 한다. 절대적 필연성은 생성의 길에서 앞서는 것들, 즉 질료와 능동자로부터 나오는 필연성이다. 이를테면 질료로부터 그리고 상반된 합성요소들의 배열로부터 나오는 죽음의 필연성이 그러하다. 이러한 필연성이 절대적이라고 불리는 까닭은 실현을 방해하는 장애물을 가지고 있지 않기 때문이다. 그것은 질료의 필연성으로 불리기도 한다. 그런데 조건적 필연성은 생성에서 후차적인 원인들, 즉 형상과 목적으로부터 나온다. 예컨대 인

35 같은 책, lect. 14, Nr. 17.
36 같은 책, lect. 14, Nr. 18.
37 같은 책, lect. 14, Nr. 19~21.
38 같은 책, lect. 15, Nr. 2~3.

간이 생겨나야 한다면 임신이 필연적이라고 말한다. 이것은 조건적 필연
성인데, 그 까닭은 이 여성이 임신한다는 것이 절대적으로 필연적인 것이
아니라 인간이 생겨나야 한다는 조건 아래에서 필연적인 것이기 때문이
다. 그리고 이것은 목적의 필연성이라 불린다.[39]

먼저 필연을 '절대적 필연'과 '조건적 필연'으로 나누었다는 점에서
보에티우스를 연상시키는 이들 문구를 제대로 이해하기 위해서는, 이
문장들 바로 앞에 나오는 원인들의 선차성과 후차성을 살펴볼 필요가
있다.[40] 원인이 결과보다 앞서는 것은 자명한 사실이지만, 아퀴나스는
원인들의 선후관계를 '시간'과 '완성'이라는 두 개의 잣대로 나누어 설
명한다. 먼저 시간의 잣대는 어떤 사건이나 어떤 사물의 발생을 시간적
순서에 따라 앞과 뒤를 구별하는 방식이기에 이해가 쉽지만, 문제는 실
체와 완성의 관점에서 파악된 원인들의 선차성과 후차성이다. 이 기준
에 따르면, 이미 완성된 실체가 아직 완성되지 않은 실체의 가능태보다
더 선차적이다. 즉 현실태가 가능태보다 앞선 원인이 된다. 이 두 개의
기준에 따른 원인들의 선후관계를 앞에서 들었던 구리와 동상의 예로
다시 설명하면, 시간적 기준으로 보면 질료인 구리가 완성품인 동상보
다 앞서기 때문에 선차적이지만, 실체적 또는 완성적 기준으로 보면 현
실태로서 완성된 동상이 질료인 구리보다 선차적인 원인이 된다. 즉 질
료는 시간의 관점에서 형상보다 선차적이지만, 완성의 관점에서는 형
상보다 후차적이다. 형상으로의 변화는 질료로부터 시작되지만, 질료가
현실화되는 것은 언제나 형상에 의해서이기 때문이다.

동일한 논리가 필연에도 적용된다. 아퀴나스가 행한 절대적 필연성과
조건적 필연성의 구분은 생성의 관점에서 언급된 원인들의 선차성과
후차성을 기준으로 이루어지기 때문이다. 이 점을 국내의 한 평자도 다

---

39 토마스 아퀴나스, 『자연의 원리들』, 77쪽.
40 같은 책, 73~75쪽.

음과 같이 설명한다. "생성의 관점에서 선차적인 원인에서 유래하는 필연성은 절대적 필연성이고, 생성의 관점에서 후차적인 원인에서 유래하는 필연성은 조건적 필연성이다. 다시 말해, 절대적 필연성은 질료와 작용자로부터 나오는 필연성이며, 조건적 필연성은 형상 혹은 목적으로부터 나오는 필연성이다."[41] 그래서 아퀴나스도 인간의 죽음에서 보듯이 절대적 필연성을 질료의 필연성으로, 인간의 탄생에서 보듯이 조건적 필연성을 형상의 필연성으로 각각 불렀던 것이다. 이처럼 아퀴나스에게서 필연은 선차적이든 후차적이든, 질료적이든 형상적이든, 일정한 원인을 반드시 갖는다는 점에서 우연과 결정적으로 구별된다.

결국 아퀴나스는 모든 존재자가 필연성만을 갖는다거나 우연성만을 갖는다고 보지 않았다. 그에게서 존재와 본질은 둘 다 실체와 우유 이 두 개의 개념적 양태로 인식되거나 표현된다. 달리 풀이하면, 아퀴나스는 이 세상이 신에 의해 창조된 것은 맞지만, 다만 실체와 우유, 즉 필연과 우연이 동시에 참여하고 나타남으로써 이루어졌다는 사실을 분명히 의식하고 또 강조했다. 그가 존재·본질·필연·우유·우연 등의 개념에 대한 자신의 논의에서 도출한 기본 원칙은 "어떠한 것도 우연적이지 않기 때문에, 그것은 그 자신 안에 필연적인 것을 갖고 있지 않을지 모른다"는 것이다.[42] 이는 분명 그동안 중세 스콜라철학자들에게서 줄곧 가능과 동의어로서의 우연이 필연에 압도당했던 모습, 필연에 비해 우연이 거의 논의되지도 못했고 본래의 가치와 위치를 되찾지도 못했던 모습과는 판이하게 달라진 모양새다.

이처럼 우연이 필연을 가정하지 않고는 나올 수 없는 개념이기에 언제나 필연과의 연관 속에서만 논의될 수 있다는 중세적 사고방식은 전성기를 넘어 후기 스콜라철학까지 이어진다. 하지만 우연을 대하는 태

---

41 같은 책, 187쪽(김율, 「역자 해제」).

42 Thomas Aquinas, *Summa Theologica*, trans. Fathers of the English Dominican Province, 5 vols., New York: Benziger Brothers, 1947~48, vol. 1, p. 442(=*Summa Theologica*, I, q. 86, a. 3).

도는 중세 전성기의 스콜라철학을 대표하는 아퀴나스를 정점으로 이제 후기 스콜라철학으로 가면 갈수록 더욱더 유연하거나 포용적으로 바뀌게 된다.

5. 둔스 스코투스

중세 후기의 스콜라철학은 존 둔스 스코투스(John Duns Scotus, 1266?~1308)와 윌리엄 오컴, 그리고 니콜라우스 쿠자누스로 대표된다. 중세 후기의 스콜라철학은 신의 존재 증명에 관한 보편 논쟁에서 플라톤의 영향을 받은 실재론(Realism)이 아니라 아리스토텔레스의 영향을 받은 명목론(Nominalism)으로 기우는 추세를 보인다. 그만큼 철학에서 관념이나 이상보다는 경험과 현실을 중시하는 경향이 강하게 나타났다. 우연 담론 역시 이러한 사상 풍조에 조응하여, 한편으로는 여전히 신의 섭리라는 필연을 전제로 한 논의가 펼쳐지지만, 다른 한편으로 우연이 적극적으로 사유되고, 성찰되며, 나중에는 부분적이나마 인정되는 데까지 나아가는 모습을 보여준다.

스코투스의 우연 담론을 살펴보기에 앞서 그가 우연에 대해 그만큼 포용적 관점을 지닐 수 있었던 전제로서의 그의 철학 전반의 성격을 논의할 필요가 있다. 스코투스는 아퀴나스의 사상을 많이 수용했지만, 그의 이성과 합리에 입각한 또는 이성을 신앙과 양립시키거나 조화시키고자 했던 전통적 신학 체계에 반기를 들고 신의 자유의지, 그리고 인간의 자유의지를 강조한 비합리주의 계열의 철학자였다. 한마디로 주지주의(主知主義, Intellectualism)에 대항해 주의주의(主意主義, Voluntarism)를 내세웠던, 서양사상사에서 매우 주목할 만한 인물이다. 훗날 세계가 이성의 법칙에 의해 지배된다고 주장했던 헤겔에 반기를 들고 세계를 의지와 표상이라고 일갈했던 쇼펜하우어를 700년 앞서 미리 보는 듯한 착각을 불러일으키게 만드는 신학자였다. 스코투스에게서 중요했던 것은 아리스토텔레스가 생각했던 것처럼 우주의 제1원인으로서의 신의 존재 자체가 아니라, 무한한 존재로서 신의 개념 그 자체였다. 이를 풀어서 설명하면, 스코투스는 하나님을 무한하고 전능한 의지라 생각하고, 이에 따르는 결론을 주저 없이 주장했는데, 즉 하나님은 자기 이성에 의해 여러모로 제한을 받고 있기 때문에, 자유로운 의지를 갖고 행동하며, 그러한 의욕을 갖고 행동하는 것에 스스로 흡족해 한다. 그의 창조는 영원한 관념과 미리 작성된 계획에 의해 인도되는 것이 아니다. 따라서 그의 정신 속에는 '사물에 앞서는' 어떠한 관념도 없다. 결국 창조된 세계는 영원한 이성의 표현이 아니라, 전능한 권능의 표현이다. 신의 자유로운 의지가 없었다면 이 세상은 만들어지지 않았을 것이다.

스코투스의 바로 이러한 형이상학적 관점은 우연을 선대 사상가들에 비해 좀 더 여유 있고 편하게 풀어가게 만드는 사상적 기반을 제공했다. 먼저 그가 '우연'과 '우연적' 등의 개념에 대해 어떤 식으로 정의했는지부터 살펴보자. 스코투스는 페트루스 롬바르두스(Petrus Lombardus)의 『명제집』(Sententiae)에 대한 주해서를 썼는데, 『우연과 자유』(Contingency and Freedom)라는 영역판 제목이 붙은 그 주해서 제1권 제39절(Lectura I 39)에서 우연에 대해 폭넓게 논의하고 있다. 여기서 그는 자신의 우연 이론을 정립하기에 앞서 아리스토텔레스, 아퀴나스, 보에티우스 등의 우연 이론을 먼저 정리해 나갔다. 아리스토텔레스는 좀 뒤에 설명하기로 하고, 먼저 스코투스는 아퀴나스와 보에티우스의 우연 이론에 대해 다음과 같이 정리한다. "32. 제1문제[우연이란 무엇인가]와 관련해 어떤 학자들[=아퀴나스]은 우연이 근접 원인과 관련된 것 안에 있고, 필연은 제1원인과 관련된 것 안에 있다고 말한다. 33. 그들은 보에티우스의 『철학의 위안』 제5권 마지막 부분, 여섯 번째 산문을 가지고 증명하는데, 보에티우스는 여기서 사건들의 동일한 미래 상태는 필연적으로 제1원인과 연관되어 있지만, 그것은 우연 자체를 담고 있다. 따라서 그것[사건들의 동일한 미래 상태]은 그것의 근접 원인과 연관되어 있다."[43] 이 문장들을 약간 풀어서 설명하면 다음과 같다. 아퀴나스에 따르면,

신은 모든 원인의 원인, 즉 제1원인, 궁극적인 원인이기 때문에 필연과 관계하고, 우연은 근접 원인, 즉 제2의 원인 또는 부차적인 원인의 결과로 나타나는 현상이다. 물론 우연조차 제1원인인 신에게 그 원인이 있지만, 만일 어떤 결과가 직접 신에 근거하지 않고 간접적인 원인에 근거한다면, 그때 이 결과는 우연적인 것이 될 수 있다. 이 점은 그 이전의 철학자, 보에티우스에게도 동일하게 적용된다. 미래의 일들이 제1원인과 관련해서 고려된다면, 그것들은 필연적이지만, 그것들은 근접 원인들과 관련해서는 우연적이다.

스코투스는 이처럼 선대 사상가들의 기계적인 우연 이해에 거리를 두고 자신의 주의주의적 입장에서 우연 개념을 정교하게 설명해 나간다. 그가 대적했던 가장 큰 산은 아퀴나스나 보에티우스와 같은 중세 사상가들이 아니라, 바로 우연 개념을 최초로 방대하게 정립했던 아리스토텔레스였다. 스코투스와 아리스토텔레스, 이 둘의 우연 이론의 차이를 간단히 말하면 다음과 같다. 아리스토텔레스가 우연을 시간의 흐름에 따라 변할 수 있는 잠재적 가능성으로 간주했기에 '통시적 우연'(diachronic contingency)을 언급했다면, 스코투스는 동일한 순간 또는 계기에서 하나의 정(正)이 반(反)의 가능성을 지니고 있다면 바로 우연이라고 보았다는 점에서 '공시적 우연'(synchronic contingency)을 주장했다. 스코투스의 말을 직접 인용해 보자.

나는 여기서 필연적이지 않은 어떤 것 또는 언제나 존재하지 않는 것을 우연(contingens)이라 부르지 않고, 어떤 것이 실제로 발생하는 바로 그 순간에 그것의 반대가 발생할 수 있는 것을 우연이라 부른다. 그러므로 나는 '어떤 것은 우연이다'라고 말하지 않고, '어떤 것은 우연적으로

---

43 John Duns Scotus, *Contingency and Freedom*(=*Lectura I 39*), intro., trans., and comment. by A. Vos Jaczn, H. Veldhuis, A. H. Looman-Graaskamp, E. Dekker, and N. W. Den Bok, Dortrecht; Boston; London: Kluwer Academic Publishers, 1994, p. 88.

(contingenter) 야기된다'라고 말한다. 이제 나는 그 철학자[아리스토텔레스]가 운동에 의해 선행하는 사건을 구제함으로써 결과로서 일어나는 사건을 부인할 수 없었다고 주장한다. 왜냐하면 만일 모든 운동이 그것의 원인으로부터 필연적으로 오는 것이라면, 그것이 인과지워질 때 그것의 모든 부분이 필연적으로, 즉 불가피하게 인과지워져서 반대되는 것이 인과지워질 수 없기 때문이다.[44]

스코투스의 '우연' 개념은 매우 변증법적이다. 만일 어떤 것이 그 자신과는 반대의 것을 발생시켰다면, 그것은 우연이 원인이 되어 발생한 것이다. 여기서 핵심은 '반대의 생성'이다. 그랬을 때에만 '우연적'이라는 수식어가 가능하기 때문이다. 더불어 여기서는 '우연' 자체의 개념을 정의하는 것이 아니라 '우연적 발생'이 무엇인지를 아는 것이 중요하다. 즉 스코투스는 우연이 무엇인지가 아니라 우연적인 것이 무엇인지 아는 것이 문제가 된다고 말한다. 좀 더 깊이 들어가면, 우연의 원인이 무엇인지가 아니라 어떤 일이 발생했을 때 그 원인의 우연 여부를 따져 묻는 것이 필요하다는 것이다. 그러나 적어도 내가 보기에 이들 문장에서 가장 중요한 점은 스코투스가 '우연' 또는 '우연적 발생'이라는 현상 자체가 '존재한다'는 것을 적극 인정하고 있다는 사실이다. 그 논거로 만일 아리스토텔레스의 논증을 따라 어떤 것이 모두 필연적으로만 발생한다면, 그 반대가 발생했을 때 과연 무엇이라고 불러야 할지 묻는다. 이 점을 논리적 언술로 풀이하면, 만일 p로부터 -p라는 현상이 발생했다면, 이것이 바로 우연이고, 우연이 원인이 되어 나타난 '우연적 현상'이다. 좀 더 실제적인 예를 들면, 어떤 흰 것은 검은 것이 될 수 있고, 어떤 누군가를 사랑하는 행위가 당사자에게는 상대를 증오하도록 만드는 결과를 야기할 수도 있다. 이런 현상들이 바로 스코투스에게 '우연'이었다.

___

44 둔스 스코투스, 『제일원리론』, 박우석 옮김, 누멘, 2010, 100쪽.

스코투스는 우연이 존재한다는 사실을 인정하는 차원을 넘어 가끔씩 우연에 상상할 수 없는 가치를 부여했다. 아리스토텔레스의 『형이상학』을 논하는 글에서 스코투스는 물론 아리스토텔레스의 주장을 빗대어 한 것이기는 했지만, 다음과 같이 말한다. "따라서 '어떤 것은 우연적이다'라는 명제는 최고의 진리인 것처럼 보이며, 그것은 그 사실에 이유를 제공하는 선험적 증명에 의해 증명될 수 없다."[45] '어떤 것이 우연적이다'라는 명제는 비록 '모든 것이 우연적이다'라는 극단적인 명제를 내포하지는 않지만 최우선의 진리로 간주될 가능성이 시사되고 있다는 점에서 상당히 급진적이다. 더구나 그것은 선험적 방법으로 증명될 수 없고 그대로 수용되어야 하는 것으로 인정된다. 아무리 달리 보아도 이 생각들이 우연에 대한 적극적 포용과 인정을 표현하고 있다는 점을 부인할 수는 없다.

그러나 스코투스는 여기서 멈추지 않고 결국 마지막 행보를 내딛는다. 그는 선대(先代) 사상가들의 우연 이론을 모두 살핀 후에 만일 신의 의지가 자유롭게, 우연적으로 모든 것을 창조했다면, 결국 이로부터 다음과 같은 결론이 나오게 된다고 일갈한다.

> 이 우주 안에서는 그 어떤 것도 필연적이지 않고, 오히려 모든 것이 우연적이다.[46]

중세를 통틀어, 아니 서양지성사를 통틀어 우주 만물의 우연성을, 그럼으로써 우연 개념 자체를 이처럼 강조한 사상가가 일찍이 있었나 싶다. 그래서인지 중세철학 연구의 대가 필로테우스 뵈너(Philotheus Boehner)도 스코투스의 지도 원리가 '우연성 지키기'(servare contingentiam)였다

---

45 John Duns Scotus, "Concerning Metaphysics", J. D. Scotus, *Philosophical Writings: A Selection*, trans. & ed. Allan Wolter, O. F. M., Indianapolis: Hackett Publishing Company, 1987, p. 9.

46 Duns Scotus, *Contingency and Freedom*(=*Lectura I 39*), p. 180.

고 주장했다.[47]

이제 스코투스에게서 나타나는 필연 개념에 대해 살펴볼 차례다. 거듭 강조하지만, 스코투스에게서 우연은 단지 필연적이 아닌 것을 지칭하는 술어가 아니다. 그에게 우연은 '어떤 것이 그 반대의 것을 발생시키는 독립적 현상'이다. 스코투스에게 필연 개념은 그 자체로 엄청난 논의가 필요한 무거운 주제인 만큼, 여기서는 다만 우연과 관련된 개념으로서의 필연만을 다루고자 한다. 결론부터 말하면, 스코투스에게 우연과 필연은 반대개념도 아닐 뿐만 아니라 서로 직접적인 연관도 없다. 그에 따르면 "우연은 필연을 자연적으로 선행하지 않고, 필연은 우연적인 것에 의존하지 않는다."[48] 이 발언은 여러모로 충격적이다. 스코투스 이전의 선대 사상가들이나 그 이후의 후대 사상가들을 통틀어 이처럼 필연과 우연을 반대개념이 아닌 것을 넘어서 서로 무관한 것으로 만든 사상가는 일찍이 없었기 때문이다. 이 언술을 환언해 풀이하면, 우연은 필연을 전제로 또는 원인으로 하지도 않고, 필연 또한 우연에 종속되어 있지 않다는 것이다. 우연과 필연은 각각의 존재를 위해 서로를 필요로 하지 않는 독립적 현상이다. 이 해석이 너무 지나치게 강하다면 다음과 같은 유연한 해석도 가능할 것이다. 즉 우연한 존재자는 비록 필연적인 존재자를 전제로 하지만, 그렇다고 그 필연적인 존재자와 존재론적으로 상응하는 것은 아니다. 어떤 것이 우연히 존재한다는 문장의 진리는 다만 주장할 수는 있을 뿐, 어떤 필연적인 것으로부터 도출될 수는 없다.[49] 이를 아퀴나스와 비교해서 설명하면, 아퀴나스에게 신의 자유로운 인과성이 필연적으로 작용하는 원인과 우연적으로 작용하는 원인 사이의 대립 위에 존재했다면, 스코투스에게 제1원인의 우연적 인과성은 모든 우연의 가능성을 의미한다.[50]

---

47 필로테우스 뵈너 엮음, 『오캄 철학 선집』, 이경희 옮김, 간디서원, 2004, 36쪽.

40 둔스 스코투스, 『제일원리론』, 107쪽.

49 Duns Scotus, *Ordinatio*, trans. Peter L. P. Simpson, 2013, Book 1, pp. 300~ 21(=*Ordinatio I*, dist. 39).

심지어 스코투스에게는 신과 피조물의 관계조차 우연적이다. 이미 언급했듯이, 그는 피조물의 지성을 지식으로 움직이게 하는 두 유형의 사물을 구별했다. 하나는 자연적인 것이고, 다른 하나는 의지적인 것 또는 초자연적인 것이다. 그런데 여기서 그 어느 것이든 창조된 지성의 입장에서 보면, 신의 본질은 순수한 의지의 산물이다. 그 점에서 신과 피조물 사이의 모든 관계는 우연적이다. 왜냐하면 그 관계들은 순전히 신의 의지에 의존하기 때문이다. 여기서 신의 의지는 모든 우연의 궁극적인 원천이고, 모든 우연은 신의 의지의 결과들이다.[51]

그러나 이처럼 우연을 적극적으로 수용한 스코투스도 역시 중세 스콜라철학자였다는 사실을 결코 잊어서는 안 된다. 실제로 그의 이러한 시대적·세계관적 한계는 우리의 기대와 예상을 뛰어넘지 못한다. 다시한 번 강조하면, 스코투스에게 이 세상의 모든 피조물은 바로 신의 지성이 아닌, 신의 의지의 산물이다. 모든 피조물의 범주에 '우연'도 포함되어 있음은 물론이다. 이 점을 스코투스 자신의 입을 통해 직접 들어보자.

> 바로 이 이유 때문에 나는 이 문제에 대해 다음과 같이 대답한다. 첫째, 우리는 무엇인가의 안에 우연이 존재한다고 말해야 한다. 둘째, 우리는 이 우연의 원인이 신의 측면에 놓여 있다고 가정해야 한다. 셋째, 우리는 신 안에 있는 것이 바로 무엇인가의 안에 있는 우연의 원인이라고 말해야 한다.[52]

『우연과 자유』(*Lectura I 39*)의 제38절이면서 스코투스 자신의 우연 이론에 해당하는 이 세 개의 테제는 이후에 펼쳐질 다음 세 개의 명제를

---

50 같은 곳; Art. "Kontingenz", *Historisches Wörterbuch der Philosophie*, vol. 4, p. 1030.

51 John Duns Scotus, "Man's Natural Knowledge of God", J. D. Scotus, *Philosophical Writings: A Selection*, pp. 26, 172~73(=f.n. 16).

52 Duns Scotus, *Contingency and Freedom*, p. 94.

압축해 표현한 것이다. (1) 사물 안에는 우연이 존재한다(§§39~40). (2) 신은 사물 안에 존재하는 우연의 원인이다(§41). (3) 신에 따르면, 사물 안에 존재하는 우연의 원인은 바로 신의 의지다(§§42~61).[53] 제39절 이후부터 이어지는 논증을 요약하면 다음과 같다. 우리의 현실 자체가 우연이다. 왜냐하면 그 어떤 것도 선험적으로 증명되지 않기 때문이다. 이 말은 곧 우리의 삶이, 이 세계가, 모든 피조물이 우연의 산물임을 의미한다. 아리스토텔레스, 플로티노스(Plotinos), 아비센나(Avicenna), 아베로에스(Averroës) 등 이들 모두가 현실을 보편적이고 필연적인 인과의 산물이라고 주장했던 것과는 달리, 스코투스는 이 모든 현실이 가능과 우연의 결과라고 주장한다. 그리고 그 우연 또한 신으로부터 유래한다면, 우연은 신의 지성으로부터 유래할까, 신의 의지로부터 유래할까에 대한 대답으로 스코투스는 신의 의지와 자유의지라고 단호히 말한다. 모든 행동에서 의지는 지성을 앞서기 때문이다. 신에 대한 지식이 있다 하더라도, 신에 대한 지식을 갖고자 하는 의욕이 없다면, 그 지식은 생겨날 수 없다. 바로 이 점이 의지가 지성보다 앞서는 이유다.

중요한 사실은 스코투스에게 우연의 원인이 결국 신의 의지라는 점이다. 그렇다면 신의 의지도 과연 우연적일까? 스코투스의 문헌들에서는 신의 의지를 통한 창조 행위, 모든 피조물 또는 사물들, 이 광활한 우주와 인간의 삶, 심지어 신과 피조물 사이의 관계까지, 이 모든 것이 우연적이라는 또는 우연적일 수 있다는 표현은 곳곳에서 눈에 띄지만, 정작 그 모든 창조의 궁극적 원인이 되는 '신의 의지' 자체가 우연적이라는 표현은 그 어디에서도 발견되지 않는다. 그저 모든 우연의 원천, 원인, 근거가 바로 신의 의지라는 테제만 여기저기서 반복될 뿐이다. 물론 스코투스에게서 신의 의지가 우연적이라는 표현이 발견되지 않는다고 해서, 그가 신의 의지를 필연이라고 여겼다고 주장할 수는 없는 노릇이지만, 중세 신학자의 입장에서 신의 의지가 우연이라고 주장하는 것 자

---

53 같은 책, p. 95 이하.

체는 기독교적 신에 대한 심각한 도전일 수 있기에, 그리고 무한한 존재로서의 신 자체를 우연의 산물로 간주한다는 것은 기독교적 신 이외의 또 다른 창조주를 가정해야 하는 논리적 모순과 부담을 안고 있기에, 스코투스는 가장 어려운 순간에 가장 손쉬운 길을 택했을 가능성이 크다. 모든 창조의 원천으로서의 신의 의지는 결코 우연적일 수 없다! 이전의 스콜라철학자들에게 만물의 창조주로서의 신과 신의 지성이 필연적이었다면, 이제 스코투스에게 그 자체가 매우 우연적일 수밖에 없는 만물의 우연적 창조주 신과 신의 의지는 우연이 될 수 없는 위치에 놓인다. 그 의지가 아무리 자유롭다고 하더라도 그리고 자유로운 의지가 모든 창조와 변화의 원인이 될 수는 있어도, 그 의지 자체가 우연일 수는 없었던 것이다. 왜냐하면 스코투스의 표현을 따르면, 신은 그 자체로 절대적으로 완전하고, 존재 그 자체를 표상하며, 만물의 작용인(causa efficientis)이자 목적인(causa finalis)이기 때문이다.[54] 또 신은 무한한 힘이고, 전지전능하며, 단일하면서도 독자적이다.[55] 그 때문에 신은 제1원인(causa prima)이자 사물의 제1원리(primum rerum principium)로 간주된다.[56] 그리고 신은 참된 존재(verum esse)이고, 온전한 존재(totum esse)이며, 제1진리(veritas prima)다.[57] 이 모든 이유 때문에 신은, 스코투스에게서 영원하고 무한한 존재이자 존재해야만 하는 존재, 즉 필연적 존재(necesse esse)로 인정된다.[58]

결론적으로 스코투스에게 만물은 우연적이지만, 그 만물의 창조주로서 그리고 제1원인으로서 신의 의지는 필연적이었다. 우연의 중요성만을 염두에 두고 비유하면, 마치 화려한 주목을 받고 출발한 세계 최고의

54 Duns Scotus, *Philosophical Writings: A Selection*, pp. 26, 39 이하, 4 이하, 52 이하, 81 이하.
55 같은 책, pp. 19, 66 이하, 81 이하, 178.
56 둔스 스코투스, 『제일원리론』, 7, 129쪽 이하.
57 같은 책, 8, 173쪽.
58 같은 책, 171쪽.

마라토너가 줄곧 일등으로 달리다가 결승선을 얼마 남겨두지 않은 상태에서 주저앉아 버린 모습이 연상된다. 그러나 이미 앞서 보았던 대로, 이러한 한계에도 불구하고 그의 우연 이론이 중세를 통틀어, 아니 서양지성사를 통틀어 매우 주목할 만한 것이었음은 의문의 여지가 없다. '우연성의 사도(使徒)'로서 그에게는 모든 점이 '우연 대 필연'의 대립이 아니라, '우연 대 신'의 대립이었다는 사실 하나만으로도 그 점은 충분히 수긍하고도 남음이 있다 할 것이다.

6. 오컴

중세 후기의 스콜라철학자 윌리엄 오컴(William Ockham, 1285?~1349?)은 명목론(nominalism)의 대표주자다. 보편적인 것은 오직 이름뿐이고 실재하는 것은 개별적인 것이라고 주장하는 명목론을 가장 체계적이고 정교하게 발전시킨 그의 업적을 두고 일부 학계에서는, 스콜라철학을 비롯한 중세 천년의 사상을 급격한 몰락의 길로 접어들게 만들었다고 비판하지만, 바로 그 때문에 근대의 새로운 사상이 전개될 수 있는 터전을 마련했다는 평가도 동시에 받는다. 그도 그럴 것이 오컴은 신앙과 이성, 계시와 합리, 신학과 철학을 조화롭게 양립시키고자 했던 이전 스콜라철학의 자연신학을 비판하고 날카로운 논리 분석으로써 개별자의 사실 세계에 대한 경험을 강조하는 근대 실증신학의 기초를 닦은 인물이기 때문이다. 그 점에서 오컴은 한마디로 중세와 근대의 경계에 섰던 사상가였다.

이 책의 테마인 우연 개념과 관련해서도 오컴의 번득이는 논리는 빛을 발한다. 물론 아퀴나스나 스코투스처럼 그 어떠한 학파도 형성하지 않았던 그가 특히 우연 담론에서 그들처럼 많은 사유나 언급을 펼쳤던 것은 아니지만 자신의 독특한 관점으로 그들의 논리를 넘어서는 모습을 보여준다. 우연에 대한 그의 생각을 정리하기에 앞서, 그가 자신만의 우연이론을 발전시킨 배경으로 그의 철학의 중심 생각을 간략히 살펴보자.

초기의 생애가 거의 알려지지 않은 오컴은 어린 나이에 프란체스코 수도회에 들어가 수사가 되면서 평생을, 특히 자신의 지적 활동의 대부분을 신을 섬기는 데 바친 신학자이자 종교 사상가였다. 따라서 그에게는 오직 신(神)만이 창조주로서 자족적이고 독립적이며 절대적이고 필연적인 존재였고, 신에 대한 믿음은 그의 삶을 지탱해 주는, 그리고 그의 탐구의 방향을 결정해 주는 지도 원리였다. 그러나 동시에 중세를 통틀어 가장 뛰어난 논리학자이기도 했던 그는 신이 인간에게 주신 최고의 선물로 간주된 이성의 원리에 입각해 사물의 본질과 질서에 대한 확고한 지식을 바로 '경험'과 '관찰'이라는 방법을 통해 얻고자 노력했다.[59] 그의 유명한 명목론적 관점은 바로 이러한 경험론적 사상으로부터 나온 필연적 산물이었다. "더 적은 것을 가정해서 설명할 수 있는 것을 더 많은 것을 가정해서 설명할 필요가 없다"거나 "쓸데없이 복수(複數)의 것을 가정해서는 안 된다"거나 또는 "실재는 필연성 없이 증가되어서는 안 된다"거나 "복수성(複數性)은 필연성 없이 가정될 수 없다" 등의 언명으로 대표되는, 그의 논리학적 방법으로부터 유래한 '오컴의 면도날'도 따지고 보면 이전의 스콜라철학자들이 실재를 설명하기 위해 고안한 명제를 제거하기 위해 그가 사용한 방법적 장치였다. 그는 우주 만물이 반드시 그렇게 되어 있어야만 한다는 필연론자들의 생각을 거부하고, 이 세상에는 그러한 본유적 필연성이 존재하지 않는다는 기본적인 기독교 사상을 평생 마음속에 간직하며 살았다. 이는 곧 그가 '신의 필연성'과 '피조물의 우연성'에 대한 기독교적 믿음을 언제나 지니고 있었음을 의미한다.[60]

이러한 기독교적인 믿음과 스코투스의 우연 이론을 거의 수용한 오

---

59 필로테우스 뵈너, 「『오캄 철학 선집』에 대한 편집자의 글」, 『오캄 철학 선집』, 31~32쪽.
60 같은 책, 33쪽.

컴은 실재하면서 신이 아닌 모든 것은 철두철미 그 존재가 우연적이라고 생각했다. 실재하는 모든 것은 우연적이라는 스코투스의 생각이 그대로 녹아들어 간 오컴의 기본 관념은 그가 이 세계를 피조물이 아니라 절대자의 관점에서 바라보았기 때문에 가능했을 것이다. 오컴의 이러한 절대자의 관점에 따르면, 이 세상의 영원한 진리라고 불리는 많은 사실이 사실은 결코 영원하지도 않고 진리라고 불릴 수도 없다. 피조물의 관점에서 피조물의 '현실적 질서'는 우연적인 상태에 머물고 말겠지만, 절대자의 관점에서 피조물의 '가능한 질서'는 우연성을 초월한다. 오컴이 주력했던 것은, 현재의 세계 상태와 상관없이 가능한 것이 무엇인지 물음으로써 현실적 질서에 대한 탐구를 넘어서고자 하는 것이었다. 절대적으로 가능한 것은 결코 불가능할 수가 없기 때문이다. 그리고 바로 그러한 의미에서 절대적 가능성에 대한 언명들은 항상 진리이고 모순으로부터 벗어나 있으며 또 그런 이유에서 필연적이다.[61]

그럼 이제부터 본격적으로 오컴이 생각한, 이 세상이 기본적으로 우연적이라는 관념의 진정한 의미를 파악하기 위해 그가 전개했던 철학 또는 신학의 각 분야에서의 우연과 관련한 주장을 하나하나 짚어나가 보자.

먼저 존재와 형이상학에서의 우연성이다. 오컴은 아리스토텔레스의 견해를 따라, 이 세상에는 '우연히 존재하는 것'과 '본질적으로 존재하는 것' 등 두 가지 존재 양식이 있다고 주장했다. 그러나 그는 그러한 존재 양식이 어떤 특정 사물에 기본적으로 정해져 있는 것은 아니라고 생각했다. 어떤 사물이 다른 사물에 대해 상대적으로 우연히 또는 본질적으로 존재할 뿐이라는 것이다. 하지만 분명한 것은 이 세상에 "실체(substantia) 또는 우유(accidens) 이외에는 아무것도 없다"는 점이다. 여기서 '실체'는 '본질'과 '필연', '형상'에 그리고 '우유'는 '현상'과 '우연', '질료'에 각각 상응한다. 그런데 흥미로운 사실은 이 "실체와 우유

61   같은 책, 37쪽.

는 둘 다 본질적으로 존재한다"는 점이다.[62] 여기서 '본질적'이라는 용언을 '필연적'이라는 용어로 대체해서 이해한다면, 이 세상에서 필연과 우연은 필연적으로 존재한다는 뜻이 된다. 우연이 필연적으로 존재한다는 언명에서 주장된 우연은 과연 진정으로 우연적인가? 만일 우연을 아리스토텔레스적 이해를 따라 가능태, 즉 가능성으로 이해한다면, 우연이 필연적으로 존재한다는 언명은 모순이 아닐 수 없다. 왜냐하면 가능성으로서의 우연은 존재할 수도 있고, 존재하지 않을 수도 있는 존재여야 하기 때문이다. 우연이 필연적으로 존재한다면, 그것은 이미 필연적 우연이 되어 우연으로서의 진정한 의미와 가치를 상실하는 꼴이 된다. 우연은 실현되지 못한 가능태의 형태로 남아 있을 때 가장 우연적인 것이 되기 때문이다.

오컴은 지식과 학문 영역에서도 우연에 대한 자신의 생각을 전개했다. 먼저 그는 '지식'이 다음 다섯 가지 의미를 지니는 것으로 파악했다. 첫째, "지식은 참인 어떤 것에 관한 확실한 인식이다." 가령 우리는 로마에 가본 적이 없어도 로마가 큰 도시라는 사실을 안다. 또는 내가 이 사람이 내 아버지이고 저 사람이 내 어머니임을 알 때도 이 경우에 해당한다. 그런 점에서 "어떤 진리들은 오직 믿음에 근거해서만 알려진다." 둘째, "'지식'은 명백한 인식을 의미한다." 가령 어느 누구도 나에게 벽이 하얗다고 말해 주지 않아도 내가 보고 있는 그 벽이 하얗다는 것을 아는 경우가 이에 해당한다. 그런 경우는 다른 진리에 대해서도 마찬가지로 적용된다. 이런 의미에서 "우리는 필연적인 사실들에 관해서뿐만 아니라 어떤 우연적인 사실들 …… 에 관한 지식까지도 지니게 되는 것이다." 뒤집어 말하면, 우리의 지식은 필연적인 사실과 우연적인 사실 모두에 뻗어 있다. 셋째, "'지식'이란 어떤 필연적 진리에 대한 명백한 인식을 말한다." 이 말은 곧 어떤 우연적 사실도 결코 알려질 수 없으며, 우리에게는 오직 제1원리와 그것들로부터 도출되는 결론만 알

---

62 같은 책, 227쪽(=*Summa totius logicae*, I, c. xxxviii).

려질 수 있다는 뜻이다. 넷째, "'지식'은 필연적 전제에 대한 명백한 인식 또는 삼단논법적 추론 과정에 의해 생겨난 어떤 필연적 진리에 대한 명백한 인식을 의미한다." 바로 이 점에서 '지식'은 제1원리에 대한 소유를 의미하는 '이해'와도 다르고, '지혜'와도 다르다. 마지막으로 "지식은 하나의 결론에 대한 또는 전체 증명에 대한 명백한 인식을 의미하기도 한다."[63]

오컴의 이러한 언명들을 통해서 우리가 알 수 있는 사실은 다음과 같다. 즉 우리의 인식은 필연적인 사실이 아니라 우연적인 사실에 대한 이해에서 출발한다. 왜냐하면 경험적 관점에서의 논리를 중시한 그의 입장에서, 이 세계에 대한 탐구와 인식은 절대자의 관점에서 본 사물이 아니라 피조물의 관점에서 본 사물로부터 시작될 수밖에 없기 때문이다. 그럼에도 불구하고 그것이 나중에 학문으로까지 불리게 될 출발점으로서 지식은, 단순히 우연적인 사실에 대한 인식의 차원을 넘어서 필연적인 것에 대한 인식으로 나아갈 수밖에 없다. 그래서 지식은 필연적인 진리를 담고 있다. 결국 여기서도 오컴은 우연으로부터 출발해 필연으로 나아가는 행보를 보여준다.

다음은 오컴의 추론 연산과 논리학 일반에서의 우연 이론을 살펴보자. 그는 『논리학 대전』(*Summa totius logicae*) 곳곳에서 필연은 참이고, 우연은 거짓이라는 것을 암시하는 문장을 남기고 있다. 가령 아리스토텔레스의 삼단논법에 대한 설명에서 그는 '개연적인 명제들'이 '참이면서 필연적'이라고 가정했고, 뒤이어 그러한 명제들은 "모든 우연적이며 거짓인 명제들을 배제한다"고 주장했다.[64] 필연적인 것을 참에, 우연적인 것을 거짓에 대응시키는 것은, 특히 그가 필연을 신으로부터 그리고 우연을 피조물로부터 유래하는 것으로 간주했던 스콜라철학자였다는 사실을 감안하면 전혀 놀랄 일이 아니다. 하지만 그가 후기 스콜라철학자

---

63 같은 책, 97~99쪽(=*Expositio super octo libros Physicorum*).
64 같은 책, 215~16쪽(=*Summa totius logicae*, III, c. I).

로서 유명론의 대표자이고, 경험론적 사유방식으로써 근대 철학의 기초를 닦은 인물이었다는 점을 감안하면, 그 논리의 평이함이 우리를 적잖게 실망시킨다. 더 나아가 일반적인 추론 규칙으로 내세운 "필연적인 것으로부터 우연적인 것은 도출되지 않는다"거나 "가능한 것으로부터 불가능한 것이 도출되지 않는다"는 그의 명제들[65]은 안타깝게도 그가 필연과 우연, 가능과 불가능의 변증법적 성격을 제대로 이해하지 못했음을 보여주는 증거들이다.

오컴은 신의 예지를 테마로 해서도 우연성을 언급했다. 피조물의 입장에서는 미래에 어떤 일이 일어날지 아무도 모른다. 오직 신만이 아는 사실이라고 많은 사람들이 생각해 왔다. 오컴도 예외는 아니어서 그는 그 문제에 대해 "아무런 의심 없이 신이 모든 미래의 우연적 사실을 명백히 또는 확실하게 안다고 생각해야 한다"고 주장했다. 그러나 오컴은 여기서 아리스토텔레스에게 딴죽을 건다. 만일 아리스토텔레스가 이 질문에 답변한다면, "신은 미래의 우연적 사실을 명확하게 또는 확실하게 알지 못한다고 주장"했을 것이 틀림없다는 것이다. 그 이유는 "미래의 우연적 사실은 단적으로 어떤 자유의지에 의존하며 따라서 그 자체가 본질적으로 참이 아닌데" 이처럼 참이 아닌 사실을 신이 확실하게 안다고 말하는 것은 모순이기 때문이다.[66] 미래는 가능성으로만 열려 있는 우연한 사실들로 채워져 있다. 이 논리에 따르면, 진리의 확실성만 추구하던 그리스 철학자 아리스토텔레스는 미래의 일을 신조차도 알 수 없는 영역으로 간주했을 것이고, 반대로 중세의 신학자 오컴은 미래의 우연한 사실조차 신이 모를 수가 없는 분야라고 상정했던 것처럼 보인다. 그러나 오컴은 비록 미래의 우연한 사실에 대해 신이 예지로써 알 수 있다는 점을 인정한다 하더라도 그것을 증명할 길은 없다고 하면서, 신에 대한 지식이 필연적으로 미래의 사건에 연관되어 있다는 주장을 거

---

65 같은 책, 221쪽(=*Summa totius logicae*, III, III, c. xxxvi).
66 같은 책, 290~91쪽(=*Ordinatio Ockham*, D. XXXVIII, Q. unica).

부했다. 아니 거부했다기보다 정확히는 우리가 이성의 힘으로써 알 수 없는 영역이라고 생각했다. 따라서 그는 신에 대한 지식이 미래의 우연적 사건과 필연적으로 연관되어 있다는 명제는 "필연적인 것이 아니라 우연적인 명제"라는 점을, "결코 참이 아니었다는 것이 가능하다는 것"을, 즉 한마디로 거짓일 수 있다는 점을 인정해야 한다고 말했다.[67] 오컴은 자신이 긍정한 우연적인 것에 대해 알 수 있는 근거가 되는 필연적으로 진정한 신의 지식과, 그 자신이 부정한, 신의 지식이 필연적으로 미래의 사건에 연관되어 있다는 주장 사이를 명확하게 구분했던 것이다. 그러나 이러한 구별이, 그가 우연보다 필연에 더 강한 힘을 불어넣었다는 명백한 사실을 부정하지는 못한다.

이제 결론을 내려보자. 오컴의 우연 담론을 한마디로 정리하면, 신은 필연적으로 존재하고, 피조물은 우연적으로 존재한다는 것이다. 이것을 느낄 수 있는 오컴 자신의 말을 직접 인용해 보자.

> 신은 그가 존재하지 않을 수 없는 방식으로 존재한다. 사실상 그는 필연적으로 존재한다. 또한 그는 그 밖의 다른 것으로부터 오지 않는다. 반면 피조물은 마치 그것이 필연적으로 하나의 '무엇'이 아니듯이 그것이 필연적으로 존재하지 않는 방식으로 존재한다.[68]

우연이 적용될 수 있는 대상은 신이 아니라 피조물이다. 비록 우연을 신이, 더 정확하게는 신의 자유의지가 관장한다 하더라도 말이다. 우연은 신에 의해 지배당하고, 우연은 다시 인간을 비롯한 피조물들을 지배한다. 신과 피조물 사이를 매개하는 힘이 바로 우연인 셈이다. 물론 마지막에 가서 그 우연조차 필연의 힘에 의해 압도당하지만, 우연이 신과 피조물 사이 그리고 필연과의 관계 등에서 독립적인 지위를 부여받는

---

67 같은 책, 293쪽(=*Ordinatio Ockham*, D. XXXVIII, Q. unica).

68 같은 책, 232쪽(=*Summa totius logicae*, III, II, c. xxvii).

것은 분명하다.

　더 나아가 오컴은, 적어도 우연 이론과 관련하여 그 이전의 철학자들보다 진일보한 모습을 보여준다. 그는 이전의 철학자들이 발전시킨 우연적인 것의 의미를 받아들인 후, 특히 스코투스가 주장한 신의 창조적인 자유와 신의 우연적인 인과성 사이의 연관성을 거부했다. 왜냐하면 오컴에 따르면, 필연적으로 작용하는 원인과, 우연적으로 작용하는 원인이 함께 작용함으로써 낳은 결과는 우연한 것으로 남게 되기 때문이다.[69] 오컴은 자신의 『예정론』(Tractatus de praedestinatione)에서 그것이 과거의 것이든, 현재의 것이든, 미래의 것이든 자유롭게 발생한 사건에 대해서뿐만 아니라 그러한 사건 자체에 적용되는 신의 지식에 대한 모든 명제는 비록 우연한 것일지 모르지만, 그러나 신은 그 명제들의 진리를 확실하게 알고 있다고 주장했다.[70]

　비록 스코투스의 우연 이론을 수용한 후 이를 좀 더 다르게 해석하면서 좀 더 진전된 모습을 보였던 오컴은 그러나 궁극적으로는 지상의 모든 것을 신의 필연적 지식과 의지, 다른 말로 하면 '신의 절대적 자유'에 내맡기면서 필연에 대한 우연의 힘을 강화하는 일에 결코 큰 열의를 보여주지 못했다. 그는 우연보다는 언제나 필연의 손을 들어주는 데 더 적극적이었다. 그 점에서 스코투스가 '우연의 사도'였다면, 오컴은 오히려 '필연의 사도'에 가깝다.

69　Ockham, *Quodlibeta septem*, ed. Joseph C. Wey, C. S. B.(Guillelmi de Ockham Opera theologica, 9.) St. Bonaventure, New York: St. Bonaventure University, Franciscan Institute, 1980, II, q. 2.

70　Ockham, *Tractatus de praedestinatione et de praescientia Dei et de futuris contingentibus*, ed. Philotheus Boehner, St. Bonaventure, New York: St. Bonaventure University, Franciscan Institute, 1945, q. I, L. O.

7. 쿠자누스

중세 사상가 중에서 마지막으로 살펴볼 인물이 바로 니콜라우스 쿠자누스(Nicolaus Cusanus, 1401~64)다. 쿠자누스에 이르면, 이제 서양철학은 중세를 넘어 르네상스로 향해 가고 있거나 아니면 르네상스와 거의 접목된 상태에 이르렀다고 할 수 있다. 그렇게 볼 수 있는 가장 확실한 증거는, 그가 중세 말의 스콜라철학을 지배했던 아리스토텔레스 철학에서 벗어나 이제 르네상스를 풍미하게 될 플라톤 철학, 특히 신플라톤주의를 원용하면서 자신의 철학과 신학 사상을 펼쳤다는 데서 발견된다. 쿠자누스는 아리스토텔레스 철학이 우리의 정신이 신에게 올라가는 데 도움을 주기보다는 오히려 방해가 된다고 생각했다. 왜냐하면 아리스토텔레스 철학의 핵심적 규칙은 대립물의 양립 가능성을 부정하는 모순율에 있기 때문이다. 그러나 쿠자누스가 보기에 완전하고 '무한한 존재'로서의 신은 대립물의 일치를 의미했다. 그는 무한하고 완전한 신이 결국 구분되어 있고 대립되어 있는 것을 포함한 모든 것을 하나로 통일해서 포괄해 나간다고 보았다. 쿠자누스에게 화두는 '신의 무한성'이었다.

이러한 생각을 품고 있던 쿠자누스였기에 이제 '우연' 개념은 그의 철학의 전면에서 물러나 후면에 배치된다. 필연에 거의 압도당한 모습을 보이는 쿠자누스에게 우연 담론은 그의 주저 『박학한 무지에 관하여』(De docta ignorantia)에서 군데군데 거론된다. 먼저 그에게서도 우연 담론은 다른 대부분의 철학자들에게서와 마찬가지로 존재의 형이상학 부분에서 펼쳐진다. 즉 그에게서 우연은 이 세상이 어떤 원리에 의해 어떻게 구성되어 있고, 존재방식은 무엇이며, 그 궁극적인 의미는 무엇인지를 묻는 과정에서 등장한다.

그 무엇보다도 철학에 몰두한 성직자답게 신에 대한 심오하고 치밀한 사유를 전개했던 쿠자누스에 따르면, 이 세상은 기독교 정통 교리로서의 삼위일체설에 입각해 삼위일체로 구성되어 있다. 다시 말해 이 세상의 통일성은 원래 세 개의 구성원리가 하나로 통합되면서 완성된다는 것이다. 이때 세 개의 원리란 '존재의 가능성', '연계의 필연성', '그 둘의 결합'을 말한다. 여기서 가능성은 '질료'를, 필연성은 '형상'을 각각 상징한다. 쿠자누스는 이 가운데 앞의 두 요소를 '가능태'와 '현실태'라는 용어로 달리 표현할 수 있다고 말한다.[71] 이 둘은 곧 아리스토텔레스와 중세 스콜라철학자들의 전통에 따라 '우연'과 '필연'으로 불려도 무방할 것이다. 이렇게 보면, 쿠자누스가 보기에 이 세상은 '우연'과 '필연', 그리고 그 둘의 '결합'이라는 삼중구조로 이루어져 있는 셈이다.

쿠자누스는 이 세상의 삼중구조의 원리를 바탕으로 신에 의해 결정되는 필연적인 네 가지 존재방식을 도출해 낸다. 첫째는 '신 안에서의 필연적 존재방식'이다. 사실상 이 세상의 모든 존재가 이 방식에 속한다고 할 수 있다. 왜냐하면 이 세상의 모든 존재물이 신에 의해 만들어진 피조물이라는 점에서도 그렇지만, 또 첫 번째 존재방식보다 아래에 있는 하위의 존재방식도 결국 첫 번째 방식에서 파생되기 때문이다. 그 점에서 첫 번째 존재방식은 근본적인 존재방식이라고 할 수 있다. 둘째는 '정신 안에서의 연계적 존재방식'이다. 이 세상의 사물들은 그 자체로는 독립적이고 개별적으로 존재하지만, 완전한 의미의 독자적인 존재방식은 신 이외에는 상상할 수조차 없다. 이 세상의 모든 사물은 다른 사물과의 관계 맺기를 통해 존재할 수밖에 없기 때문이다. 그 점에서 이 두 번째 존재방식은, 비유컨대 첫 번째의 '신적 존재방식'보다 하위에 있는 '인간적 존재방식'으로 이해해도 무방할 것이다. 셋째와 넷째는 '가능성을 따라 존재하는 방식'이다. 그 둘 가운데 셋째는 "실제로 결정된 존재 가능성을 따라 이런저런 것으로 존재하는" 방식이고, 넷째는 "가장 낮은 차원의 존재방식"으로서 "마치 사물들이 존재할 수 있는

---

71 니콜라우스 쿠자누스, 『박학한 무지』, 조규홍 옮김, 지식을만드는지식, 2013, 226쪽.

것처럼 가상(假想)으로만 간주되는, 곧 순수 가능태(possibilitas absoluta)
로 존재하는" 방식이다.[72]

앞에서 말한 네 개의 존재방식 가운에 첫 번째인 필연적 존재방식을
제외한 나머지 세 개의 존재방식은 이 세상의 모든 존재를 결정짓는 방
식이다. 바꾸어 말하면, 이 "세 가지 방식 없이는 이 세상에 아무것도 존
재할 수 없다." 그러면서 쿠자누스는 이 세 가지 방식으로부터 '보편적
존재방식'이 나올 수 있다고 말한다. 그리고 이 모든 존재방식을 뒤섞어
다시 재구성하면 세 개의 존재방식이 나오게 되는데, 첫째 '가능태라는
존재방식', 둘째 '필연성이라는 또 하나의 존재방식', 셋째 '현실적 결
정체라는 또 다른 하나의 존재방식'이 그것이다.[73] 이를 쉽게 풀이하면,
쿠자누스가 보기에 이 세상에는 '우연', '필연', '현실'이라는 세 개의
존재방식이 있고, 이를 우리는 '보편적인 존재방식'이라고 불러야 한다
는 것이다. '우연'은 순수 가능성으로서 일종의 씨앗 같은 것이고, '필
연'은 그 가능성으로부터 나올 수밖에 없는 형상 같은 것을 말하며, 마
지막으로 '현실'은 그렇게 우연과 필연의 결합으로 인해 생성된 결과물
을 말한다고 보면 될 것이다.

이러한 존재원리 또는 존재방식과 관련한 형이상학적 설명은 곧 로
마 시대의 신플라톤주의자였던 플로티노스를 연상시킨다. 플로티노스
에 따르면, 이 세상의 모든 존재는 '영혼의 단계', '예지의 단계', '일자
(一者) 자체'로 이루어져 있다. 쉽게 말해 일자는 신과 같은 존재로, 이
세상의 모든 사물은 바로 이 일자로부터 '유출'(emanatio)이라는 현상을
통해 각각 그다음의 하위 단계를 거치면서 생성된다.[74] 결국 쿠자누스
에 의해 표출된, 신에 의한 필연적 존재방식으로부터 각각 다음의 하위
단계의 존재방식이 생겨난다는 생각은 곧 플로티노스의 형이상학적 발

---

72 같은 책, 226~27쪽.
73 같은 책, 227~28쪽.
74 Plotinos, *The Enneads*, trans. Stephen MacKenna, New York: Pantheon Books,
    1969, pp. 369~442.

상의 진화적 수용이라고 할 수 있다.

앞에서 쿠자누스에 의해 전개된 네 개의 존재방식에 대한 설명에서 우리가 주목해야 할 점이 하나 더 있다. 그것은 그 네 개의 방식 중 셋째와 넷째가 '우연'이라는 테마와 직접적으로 관련되어 있다는 점이다. 둘 다 가능성, 즉 가능태 또는 우연을 따라 존재하는 방식이고, 또 둘 다 신과 정신, 즉 필연과는 다르게 존재하는 방식이다. 존재방식의 우연성만을 두고 보면, 쿠자누스는 분명 기독교적인 전통, 특히 중세 말 스콜라철학자들이 주장한 관점을 그대로 수용한 사상가라고 할 만하다. 왜냐하면 그 관점에 따르면, 이 세상의 모든 피조물은 지금 현재 존재하는 그 모습 그대로가 아니라 이렇게 또는 저렇게 달리 만들어질 수도 있었다는 점에서 그리고 그 생성 과정에서 신의 자유의지라는 우유적 요소가 개입되어 있다는 점에서 우연적 산물이지만, 결국 그 자유의지를 갖고 있는 주체가 필연성의 화신(化身)으로서 신이라는 점에서 궁극적으로는 필연적인 결과물이라고 주장되기 때문이다. 현존재가 우연인 것은 맞지만, 그 우연은 결국 필연의 외현(外現)이라는 것이다.

세 개의 존재 구성원리와 네 개의 존재방식에 대한 설명을 넘어 이제 쿠자누스는 수많은 자연과학적 또는 자연철학적 담론을 쏟아낸 천재 신학자답게 세 개의 운동양식을 설명한다. 그에 따르면, 세 개의 존재 구성원리인 '형상'과 '질료'와 '결합' 중 세 번째 원리, 즉 형상과 질료의 '결합'을 가능하게 해주는 것은 바로 '운동'(motus)이다. 이 운동을 쿠자누스는 특별히 '영'(靈, spiritus)이라 칭하고, 또 다른 말로 '형상과 질료 사이의 매개체'(medium)라고 부른다.[75] 만일 운동이 실제로 형상과 질료, 필연과 우연을 결합해 주는 기능과 역할을 수행한다면 이는 매우 적절한 표현이 아닐 수 없다. 그러나 그러한 실체 또는 형상이 없는 운동을 '정신' 또는 '영'이라고 부르는 것은 오늘날 우리에게는 상당히 낯설다. 물론 실체가 없기 때문에 오히려 더 '영'이라고 불렸는지 모

---

75   쿠자누스, 『박학한 무지』, 260쪽.

르지만, 운동을 이처럼 '정신'으로 이해한 것은 운동뿐만 아니라 변화·시간·과정·흐름 등을 예의주시하고 냉철하게 파악하고자 노력했던 자연과학적 신학자 쿠자누스의 입장에서 보면 당연한 처사였을 것이다.

쿠자누스는 우주 천체 또는 지상의 모든 운동을 별들의 움직임이라는 관점에서 크게 세 가지로 나누어 설명한다. 첫째는 '항성(恒星)의 직선운동'이 있는데, 쿠자누스는 사람들이 이를 '아트로포스'(Atropos)라고 부른다고 소개한다. 이 붙박이별들은 "회전운동 없이 간단한 움직임으로 동쪽에서 서쪽으로 넘어간다"는 것이다. 둘째는 '행성(行星)의 회전운동'으로, 쿠자누스는 사람들이 이를 '클로토'(Clotho)라고 부른다고 지적한다. 그러면서 이 "행성들은 회전운동을 통해 항성들과 다르게 서쪽에서 동쪽으로 움직"인다고 주장한다. 마지막으로 셋째는 '지상의 운(運)'이 있는데, 이는 지구 위에서의 운동으로서 쿠자누스는 사람들이 이를 '라케시스'(Lachesis)라고 부른다고 말한다. 그러면서 그는 "우연(casus)이 지상의 사물들을 지배"한다는 매우 중요하고 주목할 만한 명제를 제시한다.[76]

이 마지막 명제가 쿠자누스 본인의 생각인지, 아니면 남들이 한 말을 그대로 옮긴 것인지는 분명하지 않다. 그도 그럴 것이 그 명제는 바로 앞에서 세 운명의 여신을 거론하면서 이러한 명칭 부여가 자신이 아니라 남들이 그렇게 해왔다고 주장하면서 나왔기 때문이다. 그러나 이런 사정을 감안한다 하더라도, 즉 설령 남의 주장을 그대로 따왔다 하더라도, 특별히 주석이나 해제를 달지 않고 있을 뿐만 아니라 비판하거나 반박하지도 않으면서 인용하고 있다는 점은 그 말에 자신도 동의하고 있

---

76 같은 책, 269쪽. 여기에 나오는 세 개의 운동 명칭 'Atropos', 'Clotho', 'Lachesis'는 모두 그리스신화에서 운명을 관장하는 세 여신들(Moirai; Parzen)의 이름이다. 중세에는 이처럼 천체의 운동을 운명의 여신들의 이름과 연결해서 이해하려는 경향이 있었는데, 가령 프로클로스(Proclos)는 이러한 관행이 플라톤에서 유래한다고 주장했다. 쿠자누스는 프로클로스의 작품을 통해 이러한 정보를 얻은 것으로 보인다.

음을 의미한다. 결국 쿠자누스에 따르면, 만물을 창조한 주체는 필연으로서의 신일지 모르나, 이 지상에서의 모든 일은 운명, 즉 우연의 지배를 받는다. 'casus'라는 단어는 기본적으로 '경우', '사태', '추락', '등장' 등의 뜻을 갖지만, 간혹 '우연', '돌발 사태', '기회', '사고', '불행' 등의 뜻으로도 쓰인다는 점에 주목하면, 여기서는 '우연'이라는 번역이 가장 적절해 보인다.

우연이 지상의 운동을 지배한다는 쿠자누스의 테제와 관련해 한 가지 더 지적해야 할 점은, 지상의 운동이 시간의 제약을 받는다는 점에서 철저히 '시간적 운동'이라는 사실이다.[77] 이는 시간의 구애를 받지 않는 신의 운동 또는 필연적 운동이 '영원한 운동'이라는 점과 대비된다. 이를 통해 분명해진 사실은, 우연이 시간과, 필연이 영원과 각각 연관되어 있다는 것이다. 그 점에서 우연은 지상의 일과 연결되어 있기에 보다 더 '인간적'이고, 필연은 천상의 일과 얽혀 있기에 보다 더 '신적'(神的)이다.

쿠자누스는 또 지상의 사물들 안에 정해진 필연적 결과를 초래하는 감추어진 원인이 있는데, 사람들은 이 원인을 '세계영혼'으로 부른다고 말한다. 이 세계영혼을 통해 항성에서든, 행성에서든, 지상에서든 모든 운동은 "마치 운명처럼 현실로 떨어져 나와 그 운명에 따라 세상의 실체 안에서 작용"하는데, 이러한 작용은 "실체 안에서 일어나는 운명의 펼쳐짐"(explicatio fati in substantia)이라 불린다. 그렇게 불리는 이유는 사물이 "그러한 움직임 또는 영(靈)을 통해 실제로 그렇게 존재해야 할 것으로 결정되기 때문이다."[78]

중세 말 쿠자누스의 이러한 운명에 대한 언급은 고대 그리스와 로마의 문예를 부활시켰던 르네상스기에 활발하게 펼쳐질 운명(fortuna) 담

---

77 같은 책, 261쪽. 쿠자누스에게 시간 담론은 그 자체로 또 하나의 커다란 연구 테마가 될 수 있기에 여기서는 생략하기로 한다.

78 같은 책, 261~62쪽.

론의 씨앗을 담고 있다. 그러나 우리는 이 운명론조차 중세의 신학적 사상 구조 안에서 이루어지고 있다는 한계를 알게 된다. 왜냐하면 그러한 사물들 또는 그 사물들의 운동의 운명이 결국 실체, 즉 신의 질서 안에서 펼쳐진다고 주장하고 있기 때문이다. 더구나 그러한 운명, 즉 사물의 현존 형태, 운동 방식 등은 그래야 할 것으로 또는 그렇게 존재해야 하는 것으로 '결정'되어 있기 때문이다. 쿠자누스의 입장에서는 이것 자체가 곧 운명이다. 어차피 운명이라는 개념 자체가 인간의 관점에서는 우연일지 모르지만 신의 관점에서 보면 필연이라는 함의를 지니는 만큼 필연성의 개념과 떼려야 뗄 수 없는 관계에 있다 하더라도, 그 개념이 또한 전통적으로 언제나 우연 개념과 한 짝을 이루며 나타나는 만큼 그 둘은 거의 동의어로 간주된다. 이때 쿠자누스가 모든 운동의 감추어진 원인으로서의 세계영혼을 '신의 섭리 안에서 발생하는 운명의 전개'라고 간주했다는 것은 곧 우연이나 운명을 필연의 개념 구조 안에서 파악하고 있음을 뜻한다.

운명조차 그러한데, 우연으로 가면 그러한 필연성의 강도는 점점 더 강해진다. 우선 무한 개념의 신을 중시한 쿠자누스가 보기에 우연은 필연에 비해 상대적으로 많은 제약을 받는다. 요컨대 모든 가능태는 언제나 '제한적'일 수밖에 없다. 그 제한도 궁극적으로는 필연, 즉 '현실태'를 통해서 이루어진다. "그런 이유로 그 어떤 현실태를 통해서도 철두철미 비결정적인 순수 가능성이란 발견되지 않는다."[79] 그러나 이러한 견해는 일반적인 상식과는 배치된다. 왜냐하면 모든 사물은 가능태로부터 현실태로 나아가는 것이지, 현실태로부터 가능태로 나아가는 것은 아니기 때문이다. 그렇다면 쿠자누스는 왜 이처럼 거꾸로 생각했던 것일까? 그 이유는 그가 현실태를 신으로 상정했기 때문이다. 그 자신의 말을 직접 인용하면, "신은 무한 현실태라는 점에서, 오직 현실태가 곧 원인이라는 차원에서 존재한다. 그러나 질료의 존재 가능성은 우연적으

---

79 같은 책, 236~37쪽.

로 개입한다." 다시 말해 우연은 신이라는 필연에 의해 우연적으로 생성된다는 뜻이다. 만일 쿠자누스가 이 우연도 역으로 필연을 제약하거나 제한적으로 만들 수 있다는 견해를 피력했다면, 완전한 의미의 변증법적 사유를 넘어 근대적 사유 체계까지도 선취할 뻔했다. 그러나 그 역을 인정하지 않았다는 점에서 근대적 관점에서 보면 쿠자누스의 생각은 유감스럽게도 절반의 성과에 머물고 만다.

아니, 쿠자누스는 여기서 한걸음 더 나아가 우연이 언제나 필연에 의해 지배당한다고 보았다. 그것이 또한 우연의 운명이기도 하다. 쿠자누스는 플라톤주의자들의 입장을 수용하면서 우연이 필연에 복종할 수밖에 없는 이유를 다음과 같이 설파한다.

> 순수 가능태에는 모든 형상이 결여되어 있기 때문에, 플라톤주의자들은 그것을 결핍이라고 일컬었다. 그리고 그것은 결핍되어 있기 때문에 [형상을] 욕구한다. 또 이를 통해 고유한 속성이 뒤따라 나온다. 왜냐하면 속성은 현재 있는 질료가 그렇게 존재하게끔 이끄는 필연성에 복종하기 때문이다.[80]

여기서 순수 가능태란 곧 순수한 우연을 뜻한다. 그리고 그 순수한 우연은 어떤 형상을 띠며 완성품으로 될지 알 수 없는 원재료로서의 질료를 상징한다. 그리고 순수 가능태는 그 질료로부터 자신에게 맞는 고유한 속성을 갖게 되는데, 그 속성은 또다시 형상, 즉 필연성을 따를 수밖에 없게 된다. 이를 통해 우리는 쿠자누스가 신플라톤주의자로서 우연을 '준비된 질료'이자 '결핍된 형상'으로 이해했다는 것을 알 수 있다. 아리스토텔레스에 와서야 이 세상의 모든 사물의 본질이 서로 동등한 가치와 무게를 갖는 '질료'와 '형상'의 결합으로 이해되었지만, 플라톤과 플라톤주의자들은 이데아, 즉 형상만이 진정으로 사물의 완전성을

---

80   같은 책, 230~31쪽.

그리고 이 세상의 진리를 구성한다고 생각했기 때문에, 우연과 질료는 언제나 필연과 형상을 결여한 '결핍'을 의미한다. 바로 이 플라톤주의 의 노선을 따랐던 쿠자누스는 한걸음 더 나아가 순수 가능태가 아직 어떠한 결과물로 나타나기 이전의 상태에서, 즉 '아직 합성되지 않은 차원'에서 '결핍'과 '속성'과 '무(無)형상'(informitas)의 세 가지로 불린다고 지적한다. 쿠자누스는 이처럼 결핍을 의미하는 순수 가능태가 그 점에서 언제나 '우연적으로' 고려된다고 보았다.[81] 필연성의 결핍으로서 우연은 우리 인간에 의해 늘 우연적으로 사유된다는 뜻이다.

여기에서 쿠자누스는 "순수한 우연이란 없다"는 자신의 고유한 명제를 도출해 낸다. 그나마 이 명제는 자신의 주저의 제목인 '박학한 무지에 관하여'가 의미하는 것처럼 신에 대한 지식 또는 인식에 이를 수 있는 유일한 길을 통해서 도출된다.

> 우리는 박학한 무지를 통해서 순수 가능태가 존재하는 것이 불가능할 것이라는 사실을 발견한다(Nos autem per doctam ignorantiam reperimus impossibile fore possibilitatem absolutam esse).[82]

순수 가능태, 순수한 우연이 없을 수밖에 없는 이유는 그 뒤에 언제나 필연으로서의 신이 도사리고 있기 때문이다. 우선 '가능태'는 '현실태로부터' 제한된 상태에서 생겨나고, 이 '현실태'는 다시 '가장 큰 현실태', 즉 신으로부터 유래하기 때문에, '가능태'는 따지고 보면 '신'의 제한을 받아 생성되고, '현실태'는 '우연히 벌어지는 것에서' 제한을 받아 생성되기 때문에, 결국 이 "세상은 우연히 벌어지는 것에서 생겨난 제한적인 것이자 유한한 것이 틀림없다." 따라서 이 우주의 "삼라만상은 그런 제한의 합리적이고 필연적인 원인을 그 자체 안에 지니고 있다

---

81 같은 책, 231쪽.
82 같은 책, 235쪽.

고 하겠으니, 그것은 제한적이지 않으면 존재하지 못하는 지금 이 세상과 같다." 결국 우주의 만물은 "절대적으로 가장 큰 분이신 신에게서 우연히 유래하는 것이 아니다."[83] 이 세상의 모든 존재는 그분을 필연적인 원인으로 해서 생성된 것이다.

쿠자누스에게 모든 존재의 원인으로서 신의 무한성 담론은 계속 펼쳐진다. "신은 무(無)로 드러나는 그 무엇으로서 그로부터 사물의 다수성이 분출된다." 왜냐하면 "피조물에게서 신을 소거한다면, 아무것도 남지 않기 때문이다."[84] 마치 복합적인 것에서 그 실체를 제거한다면, 거기에 덧붙여진 우연한 것조차도 남지 않기에, 결국 실체가 없다면 우연도 없게 된다. 한마디로 신은 그 모든 것이다. 관련 구절을 직접 인용해 보자.

> 이처럼 다양하고 다채로운 모습으로 우리를 탄복시킬 만한 사물들 안에서 우리는 전술한 것들에 의거하여 박학한 무지를 통해 '신의 모든 작품들에 대해 그 어떤 이성(ratio)도' 알아볼 수 없고, 다만 탄복할 뿐임을 경험하게 된다. 왜냐하면 그분은 '위대하신 주님'이요, '그분의 위대하심은 끝이 없기' 때문이다. 그분은 절대적으로 가장 크신 분이기 때문에, 그분이 손수 이루신 모든 작품들의 창조자(auctor)요, 보증인(cognitor)이며, 그렇게 목적으로서 '그분 안에 모든 것이 존재하고' 그분 바깥에는 아무것도 존재하지 않는다. 그분은 모든 것의 처음이자 중간이며 끝이요, 삼라만상의 중심이자 원주이니, 그로써 그분 없이는 모든 것이 무(無)이기 때문에, 그만큼 모든 것 안에서 그분이 누구신지 궁금해지기 마련이다. 그분과 함께하는 것만으로 모든 것들이 존재를 취한다. 왜냐하면 그분은 모든 것이기 때문이다. 그분을 앎으로써 모든 것들을 알게 된다. 왜냐하면 그분은 모든 것들의 진리이기 때문이다.[85]

---

83 같은 책, 239~40쪽.
84 같은 책, 191쪽.

이처럼 신은 천상의 존재로서 지상의 모든 존재의 원인이 된다. 이 논점을 우연 담론에 적용하면, 인간의 관점에서 우연이 우연일지 모르지만, 신의 관점에서 보면 우연은 필연일 수밖에 없다. 하지만 쿠자누스에게 세계의 우연은 비(非)필연성의 의미에서 부정되지 않고, 오히려 신의 의지가 결여된 비의도적 우연만이 부정된다. 그는 이러한 신을 필연성, 그것도 단 하나뿐인 필연성으로서 '절대적 필연성'이라고 명명했고,[86] 동시에 그것은 절대적으로 가장 위대하다고 강조했다.

결론적으로 중세 초기에는 거의 힘을 못 쓰다가 중세 전성기의 아퀴나스에 들어와 비로소 서서히 고개를 들기 시작했고 중세 말 둔스 스코투스를 정점으로 최대 방점을 찍었던 '우연' 담론은 오컴을 지나면서 그 기세가 한풀 꺾였다가 쿠자누스에 이르면 거의 완전히 소멸해 가는 운명에 처한다. 이처럼 비록 중세 말, 특히 경험론적 사유가 강하게 드러나기 시작하는 후기 스콜라철학으로 갈수록 우연의 독립적 성격이 서서히 부각될 조짐과 아울러 그 자신의 의미가 강화되어 나타날 전조를 내보인 것은 사실이지만, 이 세계가 언제나 신적인 질서와 구조 속에서 고찰되는 한 우연은 필연의 대(對)개념으로서의 한계를 벗어나지 못했다. 따라서 우연이 스스로 가능성이라는 포괄적 의미로써 자신을 가두었던 필연의 굴레에서 벗어나 진정으로 독립하기 시작한 것은 근대에 들어와서의 일이다.

---

85 같은 책, 301~02쪽.
86 같은 책, 37쪽.

제3장 근대: 우연의 재발견

　근대는 세속화가 본격적으로 작동하던 시기다. 이제 유럽 세계는 중세까지 자신을 가두고 옥죄던 기독교라는 멍에에서 비록 완전히는 아니지만 서서히 벗어나 자기 본연의 모습을 되찾기 시작했고, 그렇게 시작된 스스로의 해방의 길은 자기 궤도를 따라 끝없이 뻗어나갔다. 그 점에서 의도했든 의도하지 않았든 종교의 탈마법화가 최대 화두였던 근대는 적어도 여기서 우리의 주제인 '우연'에 단순한 생존 차원을 넘어 지속적으로 성장 발전해 나갈 수 있도록 해주는 최적의 환경과 에너지를 제공한 셈이다. 다시 말해 근대는 우연이 재발견된 시기라고 할 수 있다. 고대에 사유의 대상으로 처음 등장한 우연이 기독교적 신이 지배하던 중세에는 필연이라는 벽에 갇혀 있다가 근대에 들어와서는 그 벽을 허물고 뚫고나와 자기 본연의 모습을 드러내기 시작한 것이다. 이 장(章)에서는 우연에 대해 성찰했던 근대의 대표적인 사상가로 수아레스, 스피노자, 라이프니츠, 볼프, 칸트 등을 탐구하고자 한다.

1. 수아레스

　프란시스코 수아레스(Francisco Suárez, 1548~1617)는 스페인의 그라나다에서 태어나 열여섯 살의 나이에 예수회에 들어가 철학과 신학 연구를 통해 큰 명성을 얻었던 예수회 신부이자 철학자이며 신학자였다. 그는 토마스 아퀴나스와 스콜라철학의 황금기 이후 가톨릭 학자와 프로테스탄트 학자들 모두에게 강력한 영향력을 행사한 몇 안 되는 스콜라철학자 가운데 한 사람이었다. 정치학·법학·형이상학·신학 등 다양한 주제에 걸쳐 방대한 작품을 남겼으며, 국제법 창시자로도 알려진 그가 포르투갈에서 사망하자 그의 명성은 생전보다 더 높아졌고, 훗날 그로티우스, 데카르트, 라이프니츠 등에 직접적인 영향을 주었다. 1597년에 출판된 주저 『형이상학 논고』(Disputationes Metaphysicae)는 1세기가 넘는 동안 가톨릭과 프로테스탄트를 가리지 않고 대부분의 대학에서 교재로 사용할 정도로 유럽에서 가장 널리 읽힌 철학 작품이었다. 이 책에서 수아레스는 인간의 의지 문제 또는 일반 현상과 특수 현상 사이의 대립 문제를 다루면서 둔스 스코투스의 비판을 고려하면서도 기본적으로는 아리스토텔레스나 아퀴나스의 철학에 의거하고 있다. 그러나 이 책 안에서 수립된 그의 체계는 수아레스주의라고 불러도 좋을 만큼 아퀴나스의 견해로부터 많이 벗어나 있다.[1] 우연에 대한 그의 많은 생각들도 대부분 이 책 안에 피력되어 있다.

수아레스의 우연 이론은 원인에 대한 논의에서 시작된다. 아니 더 정확히는 반대로, '작용인'(causa efficientis; efficient cause)에 대해 논의를 해나가다가 '우연적인 것'에 대한 생각을 정리해 나가기에, 그의 우연 이론은 독립적이라기보다 작용인에 대한 논의의 파생물이라고 할 수 있다. 수아레스는 『형이상학 논고』 제17권에서 일반적인 의미의 작용인에 대해 언급한다. 여기서 그는 아리스토텔레스의 정의를 따라, 작용인이란 어떤 사물이나 행위의 변화나 운동, 심지어 정지(停止)의 최초의 시작을 뜻한다고 정의하고, 다양한 해석과 보완을 곁들여 이를 논의해 나간다. 그가 보기에 작용인은 다음 다섯 가지 방식으로 분류된다. 첫째

---

1 Art. "수아레스[Francisco Suárez]", Daum 백과사전, http://100.daum.net/encyclopedia/ view.do?docid=b12s3582a.

자족적 원인(*per se* cause)과 우유적 원인(*per accidens* cause), 둘째 자연적 원인과 도덕적 원인, 셋째 주요한[원리적] 원인과 도구적[방법적] 원인, 넷째 제1원인과 제2원인, 다섯째 단일한[명료한] 원인과 다의적[복합적] 원인이 그것이다.[2] 책에는 그 각각에 대한 자세한 설명이 덧붙여져 있지만, 여기서는 지면 관계상 이를 생략하고 각각의 명칭으로 수아레스가 말하고자 했던 바를 이해하는 수준에서 넘어가고자 한다. 왜냐하면 그 명칭만으로도 그가 하려던 말의 의미가 느껴지기 때문이다. 각 분류에서 앞의 원인들은 최초의 원인으로서의 신적·자연적·필연적·본질적·일원적 원인을 말하고, 뒤의 원인들은 두 번째 원인으로서의 인간적·사회적·우연적·부차적·다원적 원인을 말한다.

작용인에 대한 수아레스의 이러한 분류법에서 우리의 주목을 끄는 것은 당연히 각 분류에서 뒤에 놓여 있는 원인이다. 이것이야말로 이른바 신의 필연적 창조 행위에 뒤이어 사회 공동체라는 인간세계 안에서 이루어지는 비필연적·우유적·우연적 가능한 원인이기 때문이다. 수아레스는 작용인 자체에 대해 심도 있게 논의를 펼쳐나간 『형이상학 논고』 제18권 이후, 같은 책 제19권에서 작용인이 작동하는 두 가지 원리를 제시한다. 그에 따르면, 이 세상에는 크게 '필연적으로'(necessarily) 작용하는 원인들과 '자유롭게'(freely) 또는 우연적으로(contingently)' 작용하는 원인들, 두 종류의 작용인이 있다는 것이다.[3] 이 두 종류를 제17권에서 제시한 다섯 가지 분류법에서의 작용인에 적용하면, 각 분류에서 앞

---

2 Francisco Suárez, *On Efficient Causality: Metaphysical Disputations 17, 18, and 19*, trans. Alfred J. Freddoso, New Haven; London: Yale University Press, 1994, pp. 3~34 (=*Dispt. met.* XVII).

3 같은 책, pp. 269 이하(=*Dispt. met.* XIX). 수아레스는 이미 작용인을 분류한 제17권 중 '자연적 원인'과 '도덕적 원인'을 설명하는 자리에서 '자연적으로'(naturally) 작용하는 원인을 '필연적으로'(necessarily) 작용하는 원인에, '자유롭게'(freely) 작용하는 원인을 '우연적으로'(contingently) 작용하는 원인에 각각 대응시키며 대응된 두 용어들이 동일한 의미를 갖는다고 지적한다. 같은 책, p. 17(=*Dispt. met.* XVII, Sect. 2, Nr. 6).

의 원인들은 필연적으로 작용하는 원인들이고, 뒤의 원인들은 우연적으로 작용하는 원인들이다. 우리의 관심은 당연히 이 후자의 원인들의 작용원리에 놓일 수밖에 없다.

『형이상학 논고』 제19권에서의 논의에 앞서, 여기서 잠시 수아레스가 다른 저술에서 내린 우연에 대한 정의부터 살펴보고 넘어가자. 그에 따르면, 우연이란 넓은 의미에서 '가능한 모든 것'을 나타내고, 좁은 의미로는 '비(非)필연적으로 존재하거나 발생하는 것'을 의미한다. 이때 '우연'이라는 용어는 이 세상에 존재하는 특정 '사물' 또는 이 세상에 행해지는 특정 행위의 '결과' 등 양자 모두에 부여될 수 있다. 먼저 '사물'의 관점에서 보았을 때 두 가지 차원이 고려된다. 첫째, 창조된 모든 존재는 그것들이 반드시 필연적인 것이 아니고 또 적어도 그것들이 탄생한 원인에 근거해 보았을 때 탄생하지 않았을 수 있었거나 또는 다르게 탄생할 수 있었다는 점에서 우연적이다. 둘째, 사물들은 비록 그것들이 어쩌면 필연적으로 생겨난 것들일지 모른다 하더라도 그것들이 소멸하거나 또는 변화할 수 있다는 점에서 우연적이다.[4] 다음으로 어떤 행위에 의해 야기된 '결과'의 관점이 언급되어야 하는데, 이 문제는 바로 『형이상학 논고』 제19권의 제10장(Section 10)에서 펼쳐진다.

어떤 행위에 의해 야기된 '결과'(effect)를 놓고 보았을 때, 그 결과는 다음 두 가지 중 한 가지 의미에서 우연적이다. 첫째는 "하나의 결과가 우연적인 이유는 그것이 우발적으로 발생했거나 행위자의 의도에서 벗어나 발생했기 때문이다." 이것은 그 결과를 야기하도록 만들어주는 것, 즉 원인의 어떤 특정한 방향성이나 의도 없이 등장하는 경우를 말하는데, 수아레스는 '우연'이라는 단어가 '가장 엄격하고 엄밀하게' 쓰인다면 바로 이 경우라고 말한다. 둘째는 "불가피한 것과 불가능한 것 사이

---

4 Francisco Suárez, *Varia Opuscula Theologica II: De scientia quam Deus habet de futuris contingentibus*, ed. Jacques Cardon, Lyon: Sumptibus Iacobi Cardon & Petri Cauellat, 1620, Introd.

에 있는 중간의 어떤 것을 표현할 때 '우연적'이라고 이해된다." 수아레스는 이 경우가, 논리학자들이 "우연적이란 단 하나의 동일한 순간에 존재할 수도 있고 존재하지 않을 수도 있는 것도 포함한다"고 주장할 때의 그 의미에 해당한다고 지적한다. 즉 가능할 수도 있고 가능하지 않을 수도 있는 그 어떤 것이 바로 우연적이라는 뜻이다.[5]

'사물'과 '결과'라는 이 두 관점에서의 가능성은 최초의 원인이 함께하든 그렇지 않든 간에 이 우주의 원인들의 전체 작용에 연관된다. 바꾸어 말하면, '우연'은 '신'이 함께하든 그렇지 않든 간에 우주의 모든 인과 작용과 연결되어 있다. 그런데 수아레스는 신의 관점에서 보면, 절대적 필연성이란 없다고 주장한다. 최초 원인, 즉 신이라는 필연성을 제외하면 모든 것이 우연적이라는 얘기다. 왜냐하면 모든 두 번째 원인은 최초의 원인의 예측을 불허하는 임의의 동반 작용에 의존하기 때문이다. 우연에 대한 이러한 문제는 또한 두 번째 원인의 총체성의 관점에서도 의미 있게 제기될 수 있다. 왜냐하면 최초의 원인은 근본적으로 동반 작용을 위해 준비되어 있기 때문이다.[6]

말하자면, 최초의 원인 그 자체는 필연적이지만, 다음에 이어지는 원인은 어떤 결과가 결정되어 있지 않다는 의미에서 우연적일 수밖에 없다. 따라서 하나의 결과가 우연적이라는 말은 그 결과를 야기한 자연적 원인의 내적 필연성이 결여되어 있거나 아니면 그 원인이 완전하지 못한 상태일 때 쓰이는 표현이다.[7] 만일 어떤 결과가 우연적이라면, 그 이유는 그러한 결과를 낳은 원인의 힘 때문이 아니라 오히려 정반대로 그 원인이 그러한 힘을 결여했기 때문이다. 수아레스의 관점에 따르면, 우연은 자연적 원인의 힘이 없기 때문에 또는 그 원인이 해당 결과를 낳을 만큼 완벽하지 못하기 때문에 발생한다. 자연적 원인의 힘의 결여 또

5 Suárez, *On Efficient Causality*, p. 384(=*Dispt. met.* XIX, Sect. 10, Nr. 1).

6 같은 책, pp. 384~85(=*Dispt. met.* XIX, Sect. 10, Nr. 2).

7 같은 책, p. 385(=*Dispt. met.* XIX, Sect. 10, Nr. 3).

는 미완 상태가 바로 우연인 셈이다.

정리하면, '우연'은 두 번째 이유의 전체 연관 안에서 바로 이 두 번째 이유로부터 유래하는, 예측을 불허하는 임의의 원인과 변화를 통해서 발생한다. 바로 여기서 수아레스는 '내적으로 우연한 결과'와 '외적으로 우연한 결과'를 구별하게 되는데, 이는 곧 '내적 우연'과 '외적 우연'의 구별로 이해되어도 무방할 것이다. "하나의 결과가 내적으로 우연하다고 불리는 것은 그것이 자신의 내적인 힘과 권력으로써 우연성을 그 결과에 부여할 수 있는 원인으로부터 나오기 때문이다." 이때 이 원인은 "내적인 힘과 완벽성"을 갖는다. "그리고 이때의 우연성은 오직 자유로운 원인과의 연관 속에서만 존재한다." 한마디로 하나의 원인이 어떤 우연한 결과를 야기하는 데 내적인 힘과 완벽성을 갖게 될 때, '내적 우연성'이라 불린다는 뜻이다. 이와는 반대로, "하나의 결과가 두 번째 의미에서, 즉 외적으로 우연하다고 불리는 경우는, 이 경우에 있게 되는 필연성의 결여가 오직 외적인 장애물로부터 유래할 때다." 이로부터 우리는 우연성이 최초의 원인, 즉 신을 포함한 그 어떤 원인의 자유로움에 의존하는 것이 아니라는 사실을 깨닫게 된다. 왜냐하면 우연성은 "오직 방해받을 수 있는 근사(近似) 원인과의 관계로만 구성되어 있기" 때문이다. "이 관계는 자유로운 원인이 방해를 하든 안 하든 동일한 것으로 남게 된다."[8] 한마디로 외적 우연성은 하나의 결과가 외적인 방해물로서의 원인이 작용할 때 발생한다.

'내적 우연'과 '외적 우연'에 대한 수아레스의 설명을 토대로 우리는 몇 가지 중요한 사실을 도출해 낼 수 있다. 먼저 그에게서 우연은 '필연의 결여'(lack of necessity)를 의미한다. 물론 전혀 특이할 것이 없는 정의지만, 수아레스가 우연을 단순히 '원인의 결여'로 보지 않은 점은 특기할 만한 일이다. 흔히 사람들은 특별한 원인이 없는 상태를 우연이라고 생각하기 때문이다. 이미 앞서 본 대로, 수아레스는 우연을 낳는 원인

---

8 같은 책, p. 386(=*Dispt. met.* XIX, Sect. 10, Nr. 4).

으로서 '우유적 원인'을 포함한 우연적 원인 개념군을 정리했으며, 우연을 원인의 결여가 아니라 오히려 원인적 힘의 결여라고 정의한다. 둘째, 수아레스에게 우연은 '자유로운 원인'의 결과물이다. 여기서 자유롭다는 것은, 아리스토텔레스의 우연을 뜻하는 가능태(dynamis)에서 파생한 개념으로, 그 원인을 통해 도출되는 결과가 이것일 수도 있고, 저것일 수도 있으며, 전혀 예측하지 못한 또는 예상하지 못한 제3의 경우일 수도 있고, 심지어 어떤 결과를 야기하지 않을 수도 있다는 의미에서 모든 가능성을 안고 있음을 뜻한다. 이로부터 그에게서 '우연은 곧 자유'라는 매우 의미심장한 테제를 유추해 낼 수 있을 것이다.[9] 이 논의와 연결된 것으로 '자유로운 원인'과 '원인의 자유로움'을 구별해 내는 그의 치밀한 사유의 전략도 눈여겨볼 만하다. 둘 다 우연과 연관되어 있지만, 전자는 우연의 결과고, 후자는 우연의 원인이라는 점에서 차이가 있다. 마지막으로 수아레스가 본 우연에는 '힘'이 깃들어 있다는 점이다. 그의 직접적 표현은 아니지만, 원인에 힘을 강조한 것으로 보아 우연에도 얼마든지 최초의 원인을 능가하지는 못하겠지만, 그에 결코 뒤지지 않을 힘, 그 결과를 통해서 전혀 예측할 수 없는 강력한 에너지가 존재한다는 점이 책 곳곳에서 암시된다.

수아레스는 미래의 우연한 사건에 대해서도 매우 낙관적인 태도를 보였다. 그에 따르면, 아리스토텔레스의 생각과 달리 예측 불허를 통해서 규정된 미래의 우연한 사건과 관련한 명제들이 '일정한 진리'를 갖고 있다는 것이다. 그나마도 그 명제들의 '절대적 우연성'에 모순되는 점이 없이 말이다.[10] 외적 우연은 이 세계가 자유로이, 즉 우연히 만들어졌는지 또는 필연적으로 만들어졌는지의 문제와 무관하게 가능하다. 그리고 더 궁극적으로는 신이 이 세상의 모든 사물을 '자유로이', 즉 우연히 만들었다는 사실은 이 논의와 관련해 전혀 중요하지 않다.[11] 그럼

---

9 이에 대한 자세한 논의는 이 책 제3부에서 시도될 것이다.

10 Suárez, *On Efficient Causality*, pp. 389~90(=*Dispt. met.* XIX, Sect. 10, Nr. 11).

에도 불구하고 수아레스는 신의 의지 또는 욕구가 우연적이지 않다는 식으로 말하는 방식이 당시에도 여전히 선호된다는 점을 인정했다.

수아레스의 우연론과 관련해 마지막으로 짚고 넘어갈 테마는 운명 (fatum)과 행운(fortuna)에 대한 그의 사유다. 그는 운명에 대해 언급했던 이전의 사상가들을 크게 세 가지 범주로 나누어 살펴보았다. 첫째는 "이 우주 안에서의 모든 사건을 운명의 탓으로 돌리는 일단의 철학자들"이 있다. 그들은 운명을 이 우주의 주어진 관계 및 질서와 동일한 것으로 간주했고, 이 세상의 모든 것이 그 질서로부터 나온다고 주장했으며, 또 그 힘 역시 이 우주 속에서의 별들과 그들의 위치와 배열로부터 오는 것이라고 생각했다. 따라서 그들은 운명을 "자신의 효능을 별들의 움직임과 그 힘으로부터 얻는 원인들의 총체"[12]로 정의했다. 그리고 그들은 천체가 다른 사물에 주는 동일한 힘과 직접적 행위로 인간의 의지에도 영향을 준다고 생각했고, 신의 지혜와 의지가 인간의 운명을 좌우한다고 믿었다. 키케로, 디오게네스, 제논 같은 스토아철학자들, 플로티노스 같은 신플라톤주의 철학자, 아우구스티누스 같은 교부철학자들이 여기에 속한다. 둘째, 비록 두 번째의 원인이 첫 번째 원인인 신의 의지로부터 나온다는 질서를 부정하지는 않지만, 그럼에도 그 질서가 "어떤 절대적으로 불가피한 필연성"에 그 원인이 있다고 생각했던 사람들이 있다. 이들은 "이 세상의 모든 일이 신조차도 자신이 실제로 창조하거나 주관했던 방식과는 다르게 창조하거나 주관할 수 없었을 정도의 어떤 불가피한 필연성을 가지고 운행된다"고 보았다. 이러한 절대적 필연성 자체가 곧 운명이라는 것이다. 아벨라르를 비롯한 수많은 이단 철학자들이 여기에 속한다. 셋째, "운명의 필연성을 별들이 아니라 신의 의지에 두었던" 사람들이 있다. 이들은 운명을 "모든 사물과 모든 행위의 필연성" 또는 "그 어떤 힘도 방해할 수 없는 필연성"으로 정의한다.[13] 또

---

11 같은 책, pp. 390~91(=Dispt. met. XIX, Sect. 10, Nr. 13).
12 Albertus Magnus, Physica, 제2권 제2논문 제19장.

이들은 이 세상 모든 일이 천체의 영향 때문만이 아니라 두 번째 원인까지도 필연성을 갖고서 주관하는 '신의 고차원적 영향' 때문에 움직인다고 가르친다. 세네카나 플라톤 또는 칼뱅 같은 이교 및 이단 사상가들이 이러한 입장에 서 있다.[14]

수아레스는 이러한 운명론들이 가톨릭 신앙에 대해서뿐만 아니라 자연적 이성에 대해서도 많은 오류를 갖고 있다는 점을 몇 가지 근거를 가지고 지적한다. 먼저 두 번째 원인이 생겨나게 된 까닭이 신과 무관한 운명적 필연성에 있다고 보는 것 자체가 어리석고 자연적 이성에 반(反)한다. 둘째, 운명의 필연성을 신 자신과도 관련이 있는 불가피한 신적 인과성과 영향에 종속시키는 것 또한 자연적 이성에 모순되는 일이다. 셋째, 별들이나 다른 자연적 원인들의 영향으로부터 더 낮은 단계의 원인들에로 유출되는 운명적 필연성을 상정하는 것 자체가 자연적 이성에 모순되는 오류다. 넷째, 운명의 원인이 작용인과 최초의 원인의 영향에 있는 것으로 돌리면서 운명을 긍정적으로 상정하는 것도 신앙과 자연적 이성에 모순되는 오류다.[15]

그러나 이러한 오류에도 불구하고 수아레스는 '운명' 자체를 용인될 수 없는 것으로 보지는 않았다. 비록 그것이 단일한 원인으로서 하나의 독립적 작용인으로 볼 수는 없다 하더라도, 운명은 충분히 신적 섭리에 의해 조직된 질서 속에서의 하나의 원인군(原因群)이라고 할 수 있다. 더구나 '운명'이 신의 섭리에 종속된다면, 즉 사람들이 운명을, 바로 두 번째 원인이 신의 섭리에 복종한다는 사실 이외에 그 어떤 것도 의미하지 않는다는 뜻으로 사용한다면, 그것은 오류가 아니라고 주장한다.[16] 한마디로 고대 철학자들이 생각했던 '자연적 신'으로서 운명이 '기독교적 신'인 하느님 아래 놓일 수밖에 없다는 점만 인정된다면, 문제될 것

---

13 Seneca, *Naturales Questiones*, 제2권 제36장.

14 Suárez, *On Efficient Causality*, pp. 392~93(=*Dispt. met.* XIX, Sect. 11, Nr. 1~3).

15 같은 책, pp. 393~95(=*Dispt. met.* XIX, Sect. 11, Nr. 4~7).

16 같은 책, pp. 396~400(=*Dispt. met.* XIX, Sect. 11, Nr. 9~12).

이 없다는 입장이다.

수아레스는 운명에 이어 '운'(chance)과 '행운'(fortune)에 대해서도 짤막한 사유를 펼친다. 그는 이 두 개념이 운명적 필연성이 거부되었을 경우 이 우주의 많은 일의 원인과 관련해 많이 언급되기 때문에 운명에 대한 논의와 연결해 이야기될 수밖에 없다고 말한다. 그렇지만 그는 이 두 개념이 "필연적으로든 자유롭게든 작용하는 원인 중의 하나가 아니"기 때문에 "작용인이 될 수 없다"고 주장한다. 그리고 이 둘은 대체로 동일한 일들에 대해 함께 쓰이지만 사실은 서로 다른 개념들이라는 것이다. 우선 '운'이라는 용어는 "원인보다는 차라리 결과를 의미"하고, "어떤 예기치 못한 결과"를 말할 때 쓰인다. 아리스토텔레스도 지적했듯이, 운에 의한 사건은 빈번하지도 않고 또 의도적이지도 않게 발생한다. 수아레스는 행위자의 의도와 목적의 관점에서 보았을 때 결국 "우주 안에서는 신과 연관해 어떠한 운에 의한 사건도 있을 수 없다"는 입장을 취한다. 왜냐하면 어떤 일도 신의 의도를 벗어나서 발생할 수도 없고, 어떤 일도 신이 사전에 알고 있는 범위 밖에서 일어날 수 없기 때문이다. 운은 오직 운에 의한 사건의 원인이 운이라는 점에서만 원인으로 인정받을 수 있을 뿐이다.[17]

수아레스에 따르면, '운'이 주로 자연현상을 지칭할 때 쓰인다면, '행운'은 대체로 인간 사회에서 일어난 일에 적용된다. 왜냐하면 행운은 무엇보다 행위자의 의도나 목적과 연관해서 말할 때가 많기 때문이다. 그렇지만 둘 다 '우유적 원인'(*per accidens* cause)에 의해 발생하는 현상인 점은 동일하다. 그 둘의 차이를 설명하기 위해 수아레스는 아리스토텔레스가 『형이상학』에서 들었던 예를 다시 든다. 즉 어떤 사람이 나무를 심으려고 땅을 팠다가 우연히 보물을 발견한 경우, 땅을 판 사람의 입장에서 그 사건이 행운(fortune)이라면, 금을 산출한 자연적 원인의 입장에서 보면 그 사건은 운(chance)이다. 그리고 '행운'의 경우, 그것이

---

17 같은 책, pp. 401~06(=*Dispt. met.* XIX, Sect. 12, Nr. 1~8).

인간사(人間事)에 적용되기 때문에 '행운'(good fortune)이나 '불운'(bad fortune)이라는 말로 나누어 표현할 수 있지만, 운의 경우 '좋은 운'이나 '나쁜 운'이라는 표현을 잘 쓰지 않는다. 그리고 무엇보다 운에 의한 사건과 마찬가지로 "행운의 사건 역시 신의 의지에 종속된다."[18]

예수회 소속 스콜라철학자였던 수아레스가 고대인들이나 이교도들이 중시했던 '운명'이나 '행운' 등에 대해 부정적인 생각을 펼쳤던 것은 지극히 당연해 보이지만, 그래도 근대 초의 인물로서, 그리고 무엇보다 가톨릭이나 프로테스탄트 양쪽 모두의 신학자나 철학자들에 의해 존경받았던 저술가로서 기독교적 신 중심적 세계관 속에서 살아가던 중세인들의 생각을 넘어서지 못했던 점은 두고두고 아쉽게 느껴지는 대목이다. 원인·목적·우연·필연·행운·운명 등에 대한 그의 논의는 비록 아리스토텔레스 철학과 스콜라철학을 모두 포괄하며 매우 다채롭고 논리적으로 전개되지만, 마지막 순간에 가면 언제나 자신의 신분적·종교적·사상적 한계를 분명하게 노정하고 있다는 인상을 준다. 그 점을 단순히 한계라는 이름으로 무시하거나 합리화하기에는 그의 풍부한 사유가 매우 주목할 만한 것이었기에 더더욱 아쉬움은 클 수밖에 없다.

그래도 수아레스에게 더 이상 중세적 사고가 아니라 근대적 관점의 흔적으로 평가받을 수 있는 부분이 있다면, 앞서 보았듯이 우연에 대한 긍정적 사유 정도가 아닐까 한다. 우연에도 원인이 있다는 점, 원인 가운데 우유적 원인도 있다는 점, 우연에도 작용인과 같은 힘이 깃들어 있다는 점, 우연이 가능성과 자유를 가지고 있다는 점 등이 바로 그 증거인데, 이러한 긍정적 사유는 적어도 아리스토텔레스 이래 중세를 넘어 근대 초까지의 모든 서양철학자를 통틀어 그 누구에서도 쉽게 발견되지 않는 요소들이다. 그 점에서 어쩌면 수아레스는 우연에 독립적 지위와 힘을 부여하기 위한 기나긴 근대적 발걸음의 첫 신호탄이었을지 모른다.

------

18 같은 책, pp. 406~07(=*Dispt. met.* XIX, Sect. 12, Nr. 9~10).

2. 스피노자

중세와 근대를 연결하는 접점에 위치했던 수아레스와 달리 베네딕트 스피노자(Benedict de Spinoza, 1632~77)는 우연에 대해 좀 더 근대적인 관점을 가지고 접근한 철학자다. 가장 먼저 지적해야 할 점은, 자연 자체를 신으로 이해하면서 범신론적인 입장을 취했던 스피노자가 자연의 매우 독특한 측면 중 하나인 '우연'에 대해 이중적인 관점을 가지고 다가갔다는 점이다. 따라서 여기서의 논의는 우연에 대한 스피노자의 이중적 관점의 실체가 무엇인지를 밝히는 데 초점이 맞추어질 것이다.

우연과 관련된 스피노자의 자기주장은 15년이라는 긴 시간의 공을 들여 완성한 필생의 역작『기하학적 질서에 따라 논증된 윤리학』(*Ethica in Ordine Geometrico Demonstrata*)[19]에서 집중적이거나 체계적이지 않고 단편적이면서 부차적으로 펼쳐진다. 신, 정신, 정서, 지성, 자유 등 다섯 가지 주제를, 부제에서 보여주듯이 기하학적 방법으로써 논증해 나간 이 책에서 스피노자는 이 우주의 모든 존재가 오로지 신을 통해서만 그리고 신 안에서만 존재하고 지각된다는 사실을 밝혀 나갔다. 이 테제는 이 책 제1부의 정리 15에서 "존재하는 모든 것은 신 안에 있으며, 신 없이는 아무것도 존재할 수도 또 파악될 수도 없다"로 정리하고 있다.[20] 이 테제는 '자연이 곧 신'(Natura sive Deus)이라는 스피노자 자신의 독특한 범신론 사상으로 발전해 나간다. 모든 것이 신이라는 얘기는 곧 모든 것이 필연적이라는 얘기와 같다. 스피노자가 보기에 이 세상은 신의 의지에 의해 우연히 만들어진 것이 아니다. 오히려 거꾸로 자연을 통해서 또는 자연에 의해서 신이 인식되는 역발상 구조를 기반으로 자연이 곧 실체로서의 신, 즉 필연성을 갖는 주체적 존재가 된다. 요컨대 이 세

---

19 이 책은 1662~75년 사이에 저술되어 1677년에 출판되었다. 이하 본문에서는 『윤리학』으로 약칭한다.

20 스피노자, 『에티카』, 강영계 옮김, 서광사, 2010, 37쪽(=*Ethica*, I, prop. 15).

상은 자연을 통해 필연적으로 생성된 것이다.

이러한 사유의 틀 속에서 '우연'은 외형상 존재할 수도 없고 또 존재할 필요도 없는 현상이 된다. 스피노자는 이 생각을 여러 곳에서 밝히고 있다.

> 정리 29: 사물의 본성에는 어떤 것도 우연적으로 주어진 것이 없으며, 모든 것은 일정한 방식으로 존재하고 작용하게끔 신적 본성의 필연성에 의해 결정되어 있다.
>
> 증명: 존재하는 모든 것은 신 안에 존재한다(정리 15에 의하여). 그러나 신은 우연한 것이라고 할 수 없다. 왜냐하면 (정리 11에 의하여) 신은 우연적으로 존재하는 것이 아니라 필연적으로 존재하기 때문이다. 다음으로 신적 본성의 양태들 또한 신적 본성에서 우연적으로가 아니라 필연적으로 생긴다(정리 16에 의하여). 그리고 이것은 신적 본성이 절대적으로 능동으로 결정되었다고 여겨질 수 있을 경우나(정리 21에 의하여) 아니면 신적 본성이 일정한 방식으로 능동으로 결정되었다고 여겨질 수 있을 경우에도 (정리 27에 의하여) 마찬가지다. 더욱이 신은 양태가 단지 존재하는 한에서만이 아니라(정리 24의 보충에 의하여), 그것들이 (정리 26에 의하여) 어떤 작용을 하게끔 결정된 것으로 여겨질 수 있는 한에서도 역시 그것들의 원인이다. 만일 그것들이 신으로부터 결정되지 않았다면(정리 26에 의하여), 그것들이 자기 자신을 결정한다는 것은 우연히 되는 것도 아니고 불가능한 일이다. 그리고 반대로 신으로부터 규정되었다면 그것들이 자기 자신들을 규정되지 않은 것처럼 만든다는 것은 불가능하며 우연히 그렇게 되지도 않는다(정리 27에 의하여). 그러므로 모든 것은 존재하게끔 하는 것만 아니라, 나아가 일정한 방식으로 존재하고 작용하게끔 신적 본성의 필연성을 근거로 규정되어 있으며 우연적인 것은 아무것도 없다. - Q. E. D.[21]

---

21 같은 책, 57~58쪽(=*Ethica*, I, prop. 29). 이 인용문의 마지막에 있는 'Q. E. D.'는

신적 본성의 필연성에 근거해 보았을 때, 이 세상에 존재하는 모든 것은 우연적이지 않고 필연적이다. 이 우주 안에 우연이 있을 수 없다는 논거는 다시 "사물은 산출된 것과 다른 어떤 방식, 다른 어떤 질서에 의해서는 신으로부터 산출될 수 없었다"는 정리 33으로 이어진다. 이 세상에 존재하는 어떤 것이 이미 현재 있는 그 상태와 양태로서 생성되고 존재하는 이상 그것은 현재의 그 상태와 양태 이외의 것으로 존재할 수 없는 필연성을 갖는다. 심지어 이때의 '어떤 것'은 '신의 본성'에까지 확대 적용된다. 즉 스피노자는 "신의 본성 역시 현재 존재하는 것과는 다른 것일 수" 없다고 주장한다.[22]

중세 때만 해도 이 세상이 신의 의지라는 우연에 의해 창조된 것으로 믿어졌던 논리가 오히려 우연의 논리가 확산되어 가야 할 근대에 들어와서, 적어도 스피노자에 와서 이른바 '존재의 필연성'의 논리로 굳어져 가는 듯하다. 그렇다면 스피노자에게 우연이란 과연 아무것도 아닌 것이었을까? 그의 사전에 우연이란 없었던 것일까? 다음 구절을 보자.

> 어떤 사물이 우연적이라고 하는 것은 우리들의 인식의 결함 이외의 어떤 이유에서도 기인하지 않는다. 곧 그 본질이 모순을 포함하는 것을 우리들이 알지 못하거나, 또는 그 사물이 아무런 모순도 포함하지 않음을 우리들이 확실히 안다고 할지라도 우리들이 그 원인의 질서를 모르므로 그것의 존재에 관하여 어떤 것도 확실하게 주장할 수 없는 그러한 사물은 우리들이 필연적인 것으로도, 불가능한 것으로도 여기지 않기 때문에, 우리는 그것을 우연적 또는 가능한(möglich)이라고 부른다.[23]

여기서 스피노자는 '우연적'이라는 용어의 의미를 설명하고 있다. 그

라틴어 'Quod erat demonstrandum'의 약자로 '증명되어야 할 것'이라는 뜻이다.

22 같은 책, 61~62쪽(=*Ethica*, I, prop. 33).

23 같은 책, 62쪽(=*Ethica*, I, prop. 33, schol. 1).

에게서 우연, 우연적인, 우연적인 것 등이 아무런 의미를 갖지 않는 것은 아니었다. 그러나 그 의미는 매우 제한적이었다. 그가 보기에, 인간의 눈높이에서는 '그 원인을 알 수 없는 것', 그래서 '가능한 것'을 사람들은 '우연한 것'이라고 부르지만, 사실 신의 입장에서 그것은 다른 가능성으로부터 차단되어 바로 현재의 그것으로밖에 될 수 없다는 점에서 '불가능한 것', 즉 '필연적인 것'을 뜻한다. 바로 여기서 '신의 의지', 즉 인간의 관점에서 바라본 '우연적인 것'에 대한 스피노자의 유명한 정의가 나온다. 스피노자에 따르면, 우연은 "무지의 도피처"(asylum ignorantiae)다.[24] 바로 앞에서 인용한 구절에서 보이는 "우리들의 인식의 결함"(defectus nostrae cognitionis)과 같은 말이다. 한 평자는 이를 빗대 스피노자에게 우연이 출현하는 것은 "상상력의 동요"(vacillation of the imagination) 때문이라고 해석했다.[25] 마치 천둥번개를 신의 진노로 이해했던 원시인들처럼, 근대의 서구인들조차 자신들이 알 수 없다고 판단되는 것들을 우연의 영역으로 넘겨버린 정황이 드러났다. 이 얼마나 편리한 지식 분류법인가? 아마도 이러한 멋진 수사는, 적어도 인간이 완전히 알 수 없는 영역은 언제나 있을 수밖에 없다는 점에서, 인류의 먼 미래까지 지속될 것으로 보인다. 그 점에서 우연은 '신의 또 다른 이름'일지 모른다.

『윤리학』 제1부에서 '신'의 문제를 다룰 때 우리의 인식이 미치지 못하는 영역의 일을 '우연적'으로 보았던 스피노자가 이제 인간의 '정서' 문제를 다룬 제4부에서는 다르게 정의한다. 여기서 그는, 아마도 인간적 관점에서, 이 세상에 존재하는 모든 개별적 사물을 우연적인 것이라고 규정한다. "우리가 오직 개별적 사물의 본질에만 주의할 경우, 개별적 사물의 존재를 필연적으로 정립하거나 필연적으로 배제하는 어떤 것도 발견하지 않는 한 나는 개별적 사물을 '우연적'(zufällig)이라고 명

---

24 같은 책, 73쪽(=*Ethica*, I, prop. 36, append.).

25 Genevieve Lloyd, *Spinoza and the Ethics*, London: Routledge, 1996, p. 70.

명한다."[26] 우리가 어떤 사물(개물)을 그 본질상 필연적이라고 또는 필연적이지 않다고 규정할 수 있는 경우를 제외한다면, 모두 우연적이라고 보아야 한다는 것이다. 그리고 특이하게도 바로 뒤이어 '가능한'이 제1부에서와는 다르게 '우연적'과 동일하지 않은 개념으로 정의된다. "개별적 사물을 반드시 생기게 하는 원인에 우리가 주의할 경우, 그 원인이 개별적 사물을 산출하도록 결정되어 있는지의 여부를 우리들이 알지 못하는 한 나는 그 개별적 사물을 '가능한'(möglich)이라고 명명한다." 스피노자는 원인이 특정되어 있지 않은 모든 개별적 사물을 지칭하는 용어로 '가능한'을 지목한다. 그러면서 그는 이 정리 바로 뒤에 "제1부의 정리 33의 주석에서는 '가능한'과 '우연적' 사이에 아무런 차이도 두지 않았다. 왜냐하면 그곳에서는 이것을 정확히 구분할 필요가 없었기 때문이다"는 말을 덧붙인다.[27] 정황상 이 다음에는 왜 굳이 여기서 '우연적'과 '가능한'을 구별했는지에 대한 설명이 나와야 함에도 불구하고, 스피노자는 더 이상의 자세한 설명은 생략한 채, '반대되는 정서'와 관련한 다음 정의로 넘어간다. 아마도 '우연적'과 '가능한'에 대한 정의 그 자체에서 이미 둘 사이의 차이와 구별이 명확히 드러난다고 보았기 때문에 그랬을 것이다.

결국 간단히 말하면, 스피노자에게 필연적이지 않은 모든 개물(個物)은 '우연적'이고, 특정 원인이 부과되지 않은 모든 개물은 '가능한' 것이다. 그러나 이런 식의 구별법은 형이상학적으로나 논리학적으로 보았을 때 근본적인 차이가 있을 수 없다. 필연적이라는 것은 특정 원인이 존재한다는 것이고, 가능하다는 것은 개연적이면서 우연하다는 것을 뜻하기 때문이다. '필연성의 부재'가 '우연'이라면, 그리고 '인과관계의 결여'가 '가능'이라면, 그 둘은 동일한 의미를 갖는다. 그러나 아무리 서로 의미를 공유한다 하더라도 이들이 동일한 개념인 것은 아니다. '우

---

26 스피노자, 『에티카』, 246쪽(=*Ethica*, IV, def. 3).
27 같은 책, 246쪽(=*Ethica*, IV, def. 4).

연', '가능', '개연'은, 적어도 아리스토텔레스의 용법에 따르면, 거의 차이가 없는 용어지만, 이후 그 개념들을 정의하는 학자들에 의해서 조금씩 다르게 수용되어 왔기 때문에 서로 교집합을 이루는 부분이 있고 유사한 부분이 있는 것은 사실이지만, 그렇다고 동일한 개념으로 오해되어서는 곤란하다.[28]

　스피노자는 이처럼 '우연'에 단순히 의미를 부여하는 차원을 넘어 가끔씩 그것의 외관에 긍정적인 의상까지 입혀준다. 인간 정서의 기원과 본성을 파헤친 『윤리학』 제3부의 정리 15에서 그는 "모든 사물은 우연에 의하여 기쁨이나 슬픔 또는 욕망의 원인이 될 수 있다"고 설파한다.[29] 이 정리는 좀 더 확대해석하면, 기쁨이나 슬픔, 욕망 같은 인간의 정서가 신의 의지에 의해 정해진 방향과 방식에 따라 필연적으로 작용하는 것이 아니라, 주어진 환경과 조건에 따라 얼마든지 변할 수 있는 가능성, 즉 우연성에 의해 지배를 받는다는 점을 지적한 것이다. 역시 제3부 정리 50에서는 "각 사물은 우연히 희망이나 공포의 원인이 될 수 있다"고 주장한다.[30] 기쁨이나 슬픔 같은 정서 외에 희망이나 공포 같은 감정 또한 결국 우연의 지배를 받는다.

　그러나 인간의 감정과 연결된 앞의 두 개의 정리는 사실 우연을 긍정적으로 평가한 문장이라기보다 '정서'(감정)와 '우연'을 연결하고 있다는 인상을 준다. 거꾸로 해석하면, 스피노자는 이성을 필연에 연결하고 있는 셈인데, 결국 그에게 이성은 필연적인 것이고, 감정은 우연적인 것이라는 공식이 성립된다.

　우연의 긍정성을 더 밀고 나아가 스피노자 자신의 논리로 추적하면,

28　내가 보기에, '우연'은 '가능' 또는 '개연'에 포괄되는 개념이다. 즉 '가능' 또는 '개연'이 '우연'을 포괄하는 상위개념으로, 반대로 '우연'은 '가능' 또는 '개연'의 특수개념으로 이해되어야 한다. 이에 대해서는 이 책 제3부에서 다시 자세히 논의할 것이다.

29　같은 책, 169쪽(=*Ethica*, III, prop. 15).

30　같은 책, 204쪽(=*Ethica*, III, prop. 50).

'우연이 곧 신'이라는 공식도 가능해진다. 앞에서 보았듯이, 그의 범신론에 따르면, 모든 존재자는 반드시 신을 통해서만 존재할 수 있고 오직 신을 통해서만 파악이 가능하다. 만일 그렇다면 우연이라는 존재, 즉 우연적 사물이나 사건도 역시 신을 통해서만 존재할 수 있고 또 파악될 수 있다. 이때 '자연=신'이라는 공식은 '존재=신'이라는 공식을 성립시키고, 이는 곧 다시 '우연=신'이라는 공식이 가능해지도록 만든다. 마지막 공식을 뒤집으면, 신이 필연이 아니라 우연일 수도 있다는 테제가 된다. 물론 약간의 논리적 비약과 과장은 섞여 있지만, 전혀 비논리적이라고만은 할 수 없는 논리적 주장이 아닐까?

　그러나 스피노자의 체계에서 비록 인간의 눈높이에서 우연이라는 개념이 '우연적'이라는 용언의 설명을 통해 제자리를 확립하며 때로는 적극적 의미를 갖는 것으로까지 해석되고는 있지만, 그럼에도 불구하고 전체적으로 보면, 그리고 무엇보다도 실제적으로 접근했을 때 우연이란 그 자리에 존재하지 않는다. 이미 앞서도 보았듯이, 우연 진술은 오직 원인에 대한 우리의 무지에 근거할 뿐이라는 것이 그의 생각이었다. 이 점을 보여주는 스피노자 자신의 형이상학과 인과론과의 관계를 관통하는 핵심 테제 중 하나인 『윤리학』 제1부의 세 번째 공리는 다음과 같다. "주어진 일정한 원인에서 필연적으로 결과가 생긴다. 이와 반대로 일정한 원인이 전혀 주어지지 않을 경우에는 어떤 결과도 생길 수 없다."[31] 이 핵심 테제를 뒷받침하는 정리 하나를 더 소개하면 다음과 같다. "정신 안에는 절대적이거나 자유로운 의지가 존재하지 않는다. 오히려 정신은 이것 또는 저것을 의지하도록 어떤 원인에 의하여 결정되며, 이 원인 역시 다른 원인으로 인하여 결정되고, 이것은 다시금 다른 원인에 의하여 결정되며, 이렇게 무한히 진행된다."[32] 스피노자 입장에서 이 세상의 만물은 신의 의지와 지혜를 통해 생성되며, 그렇게 생성된 존재는 신

31　같은 책, 21쪽(=*Ethica*, I, axiom 3).
32　같은 책, 137쪽(=*Ethica*, II, prop. 48).

자신을 원인으로 하기에 모두 필연적인 결과물들이다. 사물만이 아니라 인간의 행위도, 그리고 이 세상에서 발생하는 모든 일도 마찬가지다. 그래서 그는 "사물을 우연이 아니라 필연으로 고찰하는 것은 이성의 본성에 속한다"고 역설했다.[33]

결론적으로 스피노자의 우연에 대한 입장은 외관상 이중적인 것처럼 보인다. 그도 그럴 것이, 한편으로는 우연의 독특성을 인정하면서 다른 한편으로는 신의 관점인 필연의 입장에서 우연을 부인하는 모습을 보이고 있기 때문이다. 그러나 궁극적으로는 그의 철학 체계 안에서 우연은 필연에 의해 거의 압도당하는, 아니 아예 압살당하는 양상을 취한다. 그에게서 '우연' 또는 '가능' 등의 개념은 아리스토텔레스 이래 그 단어들이 존재해 왔고 또 선대의 사상가들이 그것들에 대해 사유했던 적이 있었다는 의미 이상을 갖지 못했다. 아마도 고대부터 현대까지 우연에 대해 성찰했던 서양의 모든 사상가를 통틀어 스피노자만큼 우연을 필연의 적대 개념으로 철저히 배제했던 사상가는 없었다고 해도 과언이 아닐 것이다.

3. 라이프니츠

근대 합리주의 철학의 다음 주자인 고트프리트 빌헬름 폰 라이프니츠(Gottfried Wilhelm von Leibniz, 1646~1716)는 스피노자와는 약간 다른 입장에서 우연에 접근한다. 스피노자가 윤리학 차원에서 신이라는 실체와 인간의 정서를 논하는 자리에서 우연을 성찰했던 것과 달리, 라이프니츠는 그의 독특한 형이상학 이론인 모나드론(Monadologia), 모순율 및 충족이유율과 같은 논리학 개념과 방법을 논의하는 자리에서 우연에 대한 생각을 정리해 나간다. 물론 이 두 명의 합리주의 철학자들이

---

33 같은 책, 132쪽(=*Ethica*, II, prop. 44).

도달한 목표점 또는 결승점은 '신이라는 필연적 실체'로서 동일한 것이 었지만 말이다. 우연에 대한 필연의 비교 우위 또는 압도적 우위는 그 결승점을 통과하고 나서 받는 부상(副賞)에 다름 아닐 것이다. 그러나 거듭 말하지만 그들의 출발점이나 접근법은 분명히 달랐다. 그렇다면 라이프니츠는 스피노자와 어떻게 다르게 우연에 접근했을까?

라이프니츠는 오직 정신적 실체만이 존재한다는 형이상학적 사유에 입각해 이 우주가 불가분의 무수한 정신적 실체로, 즉 정신들의 위계 질서적 체계로 이루어졌다고 생각했다. 그의 이러한 '다원론적' 생각은 우주가 정신과 물질로 이루어졌다고 생각한 데카르트의 '이원론'이나 자연이 곧 신이라는 스피노자의 범신론적 '일원론'과 전혀 다른 모습을 보인다. 라이프니츠의 이러한 형이상학적 유심론(唯心論)은 그의 단자론을 탄생시킨 중요한 이론적 근거가 된다. 그의 단자론에 따르면, 정신은 어느 것이나 외부의 간섭이나 인과율적 영향 없이 오직 그 스스로의 본질적인 여러 원리에만 의거해 발전한다. 이를 뒷받침하기 위해 그는 스피노자가 그러했듯이 데카르트의 실체 개념을 이용했다. 물론 이들 세 사람이 실체를 사용한 목적과 적용법은 모두 달랐지만 말이다. 라이프니츠는 유한적 정신이 실체라는 신념에서 출발해 정신 하나하나는 완전한 독립체요, 하나의 정신은 다른 하나의 정신에 영향을 미칠 수 없다는 결론에 도달했다. 이 정신 하나하나를 그는 독자적으로 존재하는 실체라는 뜻의 '단자'(monad)라고 일컬었다. 단자 하나하나는 전 우주를 반영하는데, 단자의 독자성을 라이프니츠는 "단자에는 만물이 들락날락거릴 창이 없다"고 표현했다.[34]

라이프니츠에 따르면, 정신 또는 영혼, 곧 실체를 의미하는 모나드와 달리 인간을 포함한 모든 피조물은 물질세계와 현상세계를 대표하기에 '우연적'인데, 그 이유는 이 피조물들이 "그들 자신의 본질을 반드시 따르지는 않"기 때문이다.[35] 이를 풀이하면, 피조물들은 그 실존 자체가

---

34 라이프니츠, 『모나드론 외』, 배선복 옮김, 책세상, 2007, 34쪽(=*Monadologie*, §7).

자신의 본질을 따르지 않을 만큼 다양한 가능성을 지니고 있기 때문에 기본적으로 우연적이다. 예를 들어, 어떤 한 어린아이가 있다고 가정했을 때, 그 아이가 나중에 성인이 되어서 군인이 될지, 조각가가 될지, 아니면 교사가 될지 아무도 모른다. 이 아이의 현재 실존은 그 모든 본질을 단지 가능성의 형태로만 가지고 있을 뿐, 어떤 특정 본질을 따르지 않을 수 있다. 따라서 그 아이의 현재 실존은 우연적이다. 물론 이러한 피조물의 실존과 본질 자체의 우연성은 궁극적으로 신의 필연성에 의해 지배당한다고 말할 수 있겠지만 말이다. 라이프니츠는 이러한 사실을 "피조물은 신의 영향에서 완전성을 도출하지만, 물체들의 자연적 관성으로 인해 제한 없이는 존재할 수 없는 불완전성을 지닌다는 점에서 신과 구분된다"고 주장함으로써 밝힌다.[36] 여기서 그 존재에서 제한 또는 제약을 받기 때문에 불가피하게 가질 수밖에 없는 피조물의 '불완전성'은 신의 완전성에 대비된 성질로서 '비필연성', 즉 '가능성'과 '우연성'을 의미한다.

　다른 대부분의 사상가들과 마찬가지로, 라이프니츠도 우연을 필연에 대립시키면서 논의를 시작한다. 그렇지만 그 방식이나 논조는 수학을 선호하고 중시한 그의 성향답게 철저히 논리학적이었다. 그에 따르면, 이 세상에는 '우연적 진리'와 '필연적 진리'가 있다. 모든 개체적 개념은 그것이 왜 다른 것이 아닌 바로 그것으로 생성되었는가에 대한 선험적 통찰을 담고 있기에 일정한 진리를 갖는데, "이러한 진리들은 확실하기는 하지만, 신과 피조물의 자유의지에 근거하는 우연적 진리들"이다. 반면, 만일 "어떠한 추론이 정의나 개념으로부터 오류 없는 확실성을 가지고 도출될 수 있다면, 그 추론은 필연적일 것이다." 이렇게 해서 도출된 추론은 '필연적 진리'가 된다. 그러나 문제는 아무리 필연적

35　Gottfried Wilhelm von Leibniz, "De contingentia", ed. G. Grua, *G. W. Leibniz: Textes inédits, d'après les Manuscrits de la Bibliothèque provinciale de Hanovre*, 2 vols., Paris: Presses Universitaires de France, 1948, vol. 1, pp. 302 이하.

36　라이프츠, 『모나드론 외』, 44쪽(=*Monadologie*, §42).

으로 보이는 진리라 하더라도 그 안에는 우연이 담겨 있을 수밖에 없다는 점이다. 마치 한 사람의 일생 안에 그 사람이 겪게 될 모든 일이 본래는 그 사람의 본성 안에 있는 것처럼, 필연적 진리 안에는 동시에 우연적 진리도 담겨 있다. 필연과 우연이 구별되지 않는 이 난점을 라이프니츠는 필연 자체도 '절대적 필연'과 '우연적 필연'으로 나누어진다고 주장함으로써 극복한다. '절대적 필연'은 '기하학적 명제'처럼 '그 반대가 모순을 포함'하는 완벽한 공리나 정리 또는 '영원한 진리' 같은 것이고, '우연적 필연'은 '가정으로부터'(ex hypothesi) 만들어진 필연, '그 반대가 모순을 포함하지 않는' 필연을 말한다. 이로부터 '우연적'이라는 용언의 뜻이 매우 구체화되는데, '그 역(逆)이 어떠한 모순도 포함하지 않는 것'이 바로 우연적이거나 비필연적이다. 다시 말해 그 반대가 거짓이 아니라 참일 수 있는 모든 것은, 그것이 명제가 되었든, 사물이 되었든, 아니면 사건이 되었든, 언제나 '우연적'이다.[37]

더 나아가 라이프니츠에게는 필연과 우연의 대립이 이성과 사실의 대립과 조응하여 나타난다. 그에 따르면, 진리에는 '이성의 진리'와 '사실의 진리' 두 종류가 있는데, "이성의 진리는 필연적이고 그 반대가 불가능"하지만, "사실의 진리는 우연적이고 그 반대는 가능하다"는 것이다.[38] 여기서 이성과 사실을 각각 필연과 우연에 대응시키면서 전자를 절대적 진리 영역에, 후자를 우연적 진리 영역에 해당하도록 만든 것도 특이하지만, 우연을 다시 그 반대, 옮김, 모순, 부정 등이 가능하도록 만든 것도 주목할 만하다. 이 두 가지 특이한 점을 나누어 부연 설명하면, 먼저 '이성'은 수학이나 기하학에서 증명된 공리처럼 절대적이고 필연적인 진리, 곧 신의 세계를 상징하고, '사실'은 상대적이고 우연적인 진리, 곧 인간의 세계를 암시한다. 실제로 라이프니츠는 '필연적이고 영

37 라이프니츠, 『형이상학 논고』, 윤선구 옮김, 아카넷, 2010, 60~63쪽(=*Discours de Métaphysique*, §13).
38 라이프니츠, 『모나드론 외』, 42쪽(=*Monadologie*, §33).

원한 진리'를 인식할 수 있는 인간이 동물과 구별되고, "이러한 인식은 우리를 신의 인식으로 끌어올리며 우리에게 이성과 과학을 부여한다"고 적시한다.[39] 요컨대 합리주의 철학자답게 라이프니츠는 이성에 최고의 정신적 지위와 신적인 이미지를 부여하고, 신의 피조물인 인간의 세계에서 일어나는 모든 사실은 언제나 상대적이고 변화할 수 있는, 그래서 우연적이라는 한계를 지닌 것으로 간주한다. 다음으로 우연을 반대나 모순이 가능하도록 만들었다는 점에서, 이 점 자체로만 본다면 우연을 매우 폄하하는 것처럼 보이지만, 해석하기에 따라서는, 즉 오늘날의 관점에서 바라본다면, 우연이야말로 라이프니츠의 말대로 참은 말할 것도 없고 거짓 등 그 모든 부정의 가능성을 모두 포용하는 매우 포괄적이고 다원적 개념이라는 사실이 새삼 입증된다. 한마디로 우연 안에는 무궁무진한 가능성이 포진 또는 함축되어 있다. 그 점에서 오늘날 한 평자도 올바로 지적했듯이, "이성 수용과 우연 수용 사이의 차이에 대한 연구를 통해 우연 개념의 철학사에서 커다란 영향을 주었"던 라이프니츠야말로 "특히 스피노자나 홉스와 비교했을 때, 우연의 중요성을 가장 잘 인식했던 합리론 철학자"였다.[40]

라이프니츠에게서 나타나는 필연과 우연의 대립은 시간의 요소가 개입되면서 과거와 미래의 대립으로 확대 발전된다. 1685년 라이프니츠는 브라운슈바이크(Braunschweig) 가(家)의 궁정고문관(Hofrat), 즉 사가(史家)로 임명되면서 왕가의 계보와 왕실 가족사를 집필하고 족보를 연구하라는 임무를 부여받았는데, 그 이후 그는 수학·과학·철학 분야에서의 연구뿐만 아니라 죽을 때까지 사가로서 일을 계속했다. 그 영향 덕분인지 그는 당시 다른 합리주의 철학자들과 달리 시간뿐만 아니라 역사에 대해 남다른 관념과 의식을 지니고 있었다. 그의 이러한 역사의식

---

39 같은 책, 40~41쪽(=*Monadologie*, §29).

40 Arnd Hoffmann, *Zufall und Kontingenz in der Geschichtstheorie. Mit zwei Studien zu Theorie und Praxis der Sozialgeschichte*, Frankfurt a. M.: Vittorio Klostermann, 2005, pp. 23~24.

의 진면목은 『모나드론』 제22절에 잘 나타나는데, 그에 따르면 "하나의 단순 실체의 현재 상태가 이전에 지나간 상태의 자연스러운 귀결이듯이, 현재는 그러한 방식으로 미래를 잉태한다."[41] 또 『이성에 기초한 자연과 은총의 원리』 제13절에도 유사한 표현이 나오는데, "현재는 미래를 잉태하고, 미래는 과거에서 읽을 수 있고, 멀리 떨어진 것은 가까이 있는 것에서 표현된다."[42] 현재는 과거의 결과물이고, 미래 역시 현재가 빚어낸 창조물이다. 하나의 시간은 다음 시간을 낳는다는 점에서, 시간은 연쇄성 또는 연속성을 갖는다. 아무리 시간과 공간을 추상적이고 가상적인 세계로 보았던 라이프니츠였다 하더라도, 시간의 그러한 속성을 부정하지는 못했던 모양이다. 『형이상학 논고』에 가면 아예 과거를 필연에, 미래를 우연에 각각 대입하는 것처럼 보이는 문장이 나온다. "실제로 우리에게는 지각과 사유 외에 아무것도 일어날 수 없다. 그리고 우리의 모든 미래의 사유나 지각들은 우연하기는 하지만 우리의 과거 사유와 지각들의 결과다."[43] 미래의 일들은 가능성을 갖고 있기에 우연적일 수밖에 없는데, 문제는 라이프니츠가 그러한 결과를 낳은 과거의 일들도 우연적이라고 보았는지 아니면 스피노자처럼 필연적인 것으로 보았는지는 불분명하다. 하지만 모든 개체를 우연적이라고 보았던 라이프니츠의 관점을 고려한다면, 과거의 일이 단지 시간상 현재나 미래보다 앞선다고 해서 필연적이라고 보지는 않았을 것이다. 그 점에서 그는 현재의 지각을 과거 지각의 필연적인 결과로 보았던 스피노자와는 사뭇 다른 입장에 서 있었다. 그만큼 라이프니츠는, 이미 앞에서 지적했듯이, 우연을 좀 더 확장된 의미로 이해했고, 그래서 인간의 일 자체를 기본적으로는 우연적인 것으로 간주했다.

  라이프니츠에게서 나타나는 이러한 우연 개념의 포괄성과 확장성은,

41 라이프니츠, 『모나드론 외』, 39쪽(=*Monadologie*, §22).

42 라이프니츠, 같은 책, 26쪽(=*Principes de la nature et de la grâce fondés en raison*, §13).

43 라이프니츠, 『형이상학과 논고』, 71쪽(=*Discours de Métaphysique*, §14).

그에게서 우연이 반드시 필연과 반대개념이 아닐 수도 있고 또 아닐지도 모른다는 사실에서 정점에 달한다. 가령 신의 자유의지가 필연성이 아니라 우연성을 갖는다는 그의 주장을 인용해 보자.

신이 덜 완전한 것을 행한다는 것이 모순을 포함하는 것이 아닌 것처럼, 신이 항상 최선을 행할 것이라는 사실도 사리에 맞고 확실하다. 왜냐하면 우리는, 시저의 술어에 대한 저 증명이 대수나 기하학의 증명과 같이 그렇게 절대적인 것이 아니라 신이 자유롭게 선택한 사물의 진행 과정을 전제하고 있다는 사실과, 그것은 항상 가장 완전한 것만을 행하겠다는 신의 첫 번째 자유로운 의지 결정과 신이 인간의 본성과 관련하여 내린 결정, 즉 인간은 항상 최선의 것으로 보이는 것을 행하도록 한다는 결정에 기인한다는 사실을 인식하게 될 것이기 때문이다. 그런데 이와 같은 결정에 근거하고 있는 모든 진리는 확실하기는 하지만 우연적이다.[44]

일부 스콜라철학자들이 신이 항상 완전한 것만을 행할 수밖에 없기 때문에 자유롭지 못하다고, 그래서 신은 필연적일 수밖에 없다고 주장한 것과 달리, 라이프니츠는 신이 항상 완전한 것만을 행하는 것은 맞지만 불완전한 것을 행하지 않는 것은 그것이 불가능하기 때문이 아니라 스스로의 선택에 의해 그렇게 하지 않는 것이며, 그렇기에 신의 자유의지는 우연적이라고 주장한다. 요컨대 신이 자유의지를 갖고 한 결정은, 비록 확실하기는 하지만, 우연적이라는 것이다. 그러나 우리는 여기서의 우연이 자유를 전제조건으로 해서 나온 현상인 것은 맞지만 우연이 곧 자유는 아니라는 점, 우연과 자유가 동일한 개념이 아니라는 점에 주목할 필요가 있다. 신의 자유의지를 통해 나온 어떤 현상이나 결과물이 우연적일 수는 있어도, 신의 자유의지 자체를 우연이라고 말할 수는 없다. 우연과 자유의 개념상의 불일치는 곧 우연과 필연의 대립적인 성질

---

44 같은 책, 65~66쪽(=*Discours de Métaphysique*, §13).

자체를 부정하도록 만든다.

우연과 필연이 서로 대립되는 개념이 아닐지도 모른다는 점은 지금까지의 논의를 뒤집는 듯 보인다. 왜냐하면 우리는 라이프니츠에 대한 우연 담론을 설명하면서 우연과 필연의 대립으로 논의를 출발시켰고, 실제로 라이프니츠의 다양한 주장은 그러한 대립적인 모양을 보여주었기 때문이다. 하지만 애초에 우리는 그에게서 우연과 필연이 서로 대립된다는 점을 결론짓고 논의를 시작하지 않았고, 결국 앞에서 보았듯이 외관상의 그러한 대립적 현상이 실제로 그 두 개념의 대립적 본질을 의미하지는 않는다는 사실이 드러났다.

이처럼 라이프니츠에서는 우연이 우리의 예상을 뛰어넘어 상당히 포괄적인 개념임이 밝혀졌다. 단순히 가능성으로서 또는 필연과의 대립개념으로서 협소한 의미를 넘어 자유의 개념과도 일치하지 않거나 필연의 반(反)개념이 아닌 경우로도 사용되는 등 아주 넓은 의미의 용어임이 분명해졌다. 그런데 문제는 그럼에도 불구하고 그에게서 우연은 여전히 좁은 의미의 개념으로 전락한 필연의 하위개념에 불과한 것으로 남아 있었다는 점이다. 그 이유는 역시 우연은 말할 것도 없고, 그에게서 우연보다도 더 고차원의 위치를 차지하는 것처럼 보였던 개체, 단자, 정신, 영혼, 심지어 이성 등의 개념을 압도하는 최상위의 개념, 즉 '신'이 그의 사상 체계의 정중앙의 자리에 상존하고 있었기 때문이다.

신을 최소 단위로 해서 만든 개념이 바로 모나드였다. 더 이상 분할되지 않는 작은 정신적 실체로서의 단자는 이제 필연으로서의 신의 자리를 넘보며 더 큰 비상을 위해 웅크리고 있었다. 라이프니츠에게 신은 그 이전의 선대 사상가들이 만들어놓은 모든 신 관련 개념을 합한 것으로 승화한다. 그에게 신은 완전하고 '무한'하며, '사물의 최종 원인'이자 '모든 다양성의 충족이유'여서 '충족적'인 그리고 '유일하고 보편적'인, 그래서 '탁월하게 존재하는 필연적 실체'다.[45] 더 나아가 모든 모나

---

45 라이프니츠, 『모나드론 외』, 43쪽(=*Monadologie*, §38~§40).

드 중에서도 가장 높은 자리에 위치하는 이 '최상의 실체'는 논리학적으로 유일하게 '모순율'과 '충족이유율'을 모두 만족시키는 대상으로도 유명하다. 이 두 원리는 라이프니츠의 모나드 철학 체계를 떠받치는 두 개의 기둥과도 같은 이성 인식의 대원칙이다. 모순율은 "하나의 모순을 포함하는 모든 것은 거짓이라고 판단하고, 거짓된 것의 반정립적인 것 혹은 모순적인 것을 모두 참이라고 판단"하는 원칙이고, 충족이유율은 "왜 이것이 이래야 하고 다를 수는 없는지에 대한" 충분한 이유, 즉 이 세상에 있는 모든 존재는 나름의 충분한 존재 이유를 갖는다는 원칙을 말한다.[46] 절대적 진리이자 필연적 실체로서의 신은 그 자신의 모순을 허용하지 않기 때문에 모순율을 뒤따른다. 거꾸로 얘기하면 '필연적 이성 진리'에서는 모순율을 뒤따르기 때문에 최종 근거이자 최종 원인으로서 신을 필요로 하고, 따라서 신은 모순율을 충족해 준다. 한편 충족이유율은 특히 모순율을 포함해 이 두 개의 원칙을 뒤따르는 '우연적 사실 진리'에서 문제가 되는데, 여기서도 여지없이 신은 중요한 기능과 역할을 수행한다. 왜냐하면 이 세상에서 발생하는 수많은 우연한 사물과 사건이 그 나름의 충분한 이유를 갖고 발생해야 하는데, 모순율로서는 그 모든 것을 설명할 길이 없지만, 충족이유율을 적용하면 신은 필연으로서 그 모든 우연의 배후에서 조정 및 조율 역할을 하기에 그 의문은 쉽게 풀리기 때문이다. 마치 라이프니츠 자신의 책 제목처럼 자연과 은총이 그러하듯이, 신과 피조물, 필연과 우연 등이 서로 화합을 이룸으로써 "예정되어 있는 완전한 조화"의 단계에 들어가는데,[47] 이 모든 '기적'은 바로 신이 만들어낸다. 그 점에서 신이야말로 유일하게 충족이유율과 모순율을 한 몸에 지닌 존재다.

결론적으로 스피노자와 마찬가지로 라이프니츠도, 아니 어쩌면 스피노자보다도 더 적극적으로 우연을 인정한 근대 철학자였지만, 궁극적으

---

46 같은 책, 41쪽(=*Monadologie*, §31~§32).

47 같은 책, 18~19쪽(=*Principes de la nature et de la grâce fondés en raison*, §3).

로는 '우연 살해자'로서 필연, 즉 신을 전면에 내세웠다. 이 세상의 개별적 사물이나 인간들은 우연적이지만, 이 우연적 사물이나 현상들은 결국 그들 눈에는 신, 실체, 필연 등에 의해 압도당한 모습으로 나타났다. 그 이유는 아마도 그들이 합리주의 철학자들이었다는 사실에서 찾을 수 있을 것이다. 이 세상은 신의 미리 계획된 질서와 은총에 따라 매우 규칙적이고 조직적이며 체계적으로, 나아가 라이프니츠가 주장했듯이 조화롭게 움직여 나간다. 그것이 인간의 정신이나 이성에 합당하기 때문이다. 안 그러면 이 세상을 설명할 길이 없어진다. 그들의 눈에 이 세상은, 인간의 이성과 합리적이고 논리적인 사유의 관점에서 보았을 때, 결국 신이라는 실체의 형이상학적 관점에서 보았을 때, 필연적이고 조화로워야 했다. 그들의 눈에 우연은 설 자리가 없어야 마땅하다. 아무리 그 가능성의 차원에서 우연을 인정해 준다 하더라도 그들의 철학 체계에서는 궁극적으로 우연이 없어야 옳다.

4. 기타 근대의 철학자들: 볼프, 베이컨, 홉스, 로크, 흄, 디드로, 달랑베르, 라 메트리

크리스티안 볼프(Christian Wolff, 1679~1754)는 서양철학사에서 라이프니츠와 항상 함께 거론되는 인물이다. 영국과 프랑스의 계몽주의 사상과 대륙의 합리론 철학을 결합·응용함으로써 독자적인 합리론적 계몽철학을 완성했던 철학자로 평가받지만, 역시 그의 출발은 라이프니츠였다. 그는 라이프니츠보다 약 한 세대 뒤에 태어나 훗날 라이프니츠의 제자로서 그의 철학과 이론을 알기 쉽게 풀어서 쓴 책을 통해 알리는 역할을 수행했다. 따라서 볼프에게는 그의 스승과 유사한 생각들이 많이 발견된다. 먼저 '우연'과 관련해, 볼프는 그 역(逆)이 어떠한 모순도 포함하지 않는 바로 그것이 우연적이고, 그 실존이 어떠한 충족이유를 자신의 본질 안에 갖고 있지 않고, 다른 본질에 갖고 있는 것이 바로 우연적으로 존재하는 것이라고 생각했다.[48] 그러나 그의 이러한 우연 개념도 결국에는 필연에 굴복당한 모습을 보여준다. 왜냐하면 '충족이유율'과 관련해 그는 이 세상에서 발생하는 모든 일에는 그렇게 발생할 만한 충분한 이유가 있기 마련이고, 만일 그렇지 않다면 무(無)에서 유(有)가 생겨날 수 있다고 가정할 수밖에 없는데, 그런 일은 결코 있을 수 없다고 주장했기 때문이다. 그래서 그는 이러한 충족이유가 결정적(determinans), 즉 필연적이기도 하고, 혼합된 우연적 사물의 실존과 양상은 전체 세계를 통해서 필연이라는 이름으로 결정된다고 강조했다.[49]

우연에 대한 이러한 생각들은 단지 독일 등 대륙 내의 국가들뿐만 아니라 경험철학이 펼쳐졌던 영국에서도 유사하게 전개되었다.[50] 가령 프랜시스 베이컨(Francis Bacon, 1561~1626)은 '운'(chance) 또는 '우유'(accident)를 자연과학적으로 정확한 방법적 경험에 맞선 것, 즉 규칙적이지 않거나 반(反)방법적인 것을 의미한다고 생각했다. 하지만 그도 역시 우연을 무조건 배척하지는 않았는데, 왜냐하면 우연이 그에게서 다른 한편 지식을 진전시키기 위한 발견적 요소로 또는 인식 과정에서의 임시적 계기로 허용되었기 때문이다.[51]

그러나 이러한 허용은, 우연 자체가 인과론적으로 비규정적인 성격을 내포하는 한, 다시 말해 우연적 사건이나 현상에서 그 원인을 특정할 수

---

48 Christian Wolff, *Ontologia*, §294, §297, §310. 다음 문헌에서 재인용함. Art. "Kontingenz", *Historisches Wörterbuch der Philosophie*, vol. 4, p. 1032.

49 Christian Wolff, *Cosmologia generalis*, §87. 다음 문헌에서 재인용함. Art. "Kontingenz", *Historisches Wörterbuch der Philosophie*, vol. 4, p. 1032.

50 영국의 경험철학과 18세기 계몽주의 철학에서의 우연 개념에 대한 아래의 서술은 다음 문헌을 주로 참조했음을 밝혀 둔다. Hoffmann, *Zufall und Kontingenz in der Geschichtstheorie*, pp. 21~26.

51 Francis Bacon, "Novum Organum sive indicia vera de interpretatione naturae", F. Bacon, *The Works of Francis Bacon*, eds. J. Speeding, R. L. Ellis & D. D. Heath, 14 vols., London: Longman & Co., 1961~63, vol. 1 (lat.) or vol. 4 (engl.): Part I, Aph. 8, 82, 97, 108, 109, 122; Part II, Aph. 31.

없는 한, 언제나 주관적 자의의 의혹 아래 놓이게 된다. 그래서 스피노자가 그랬던 것처럼 토머스 홉스(Thomas Hobbes, 1588~1679)도 우연보다는 필연, 즉 인과적 결정성과 객관적 범주를 더 중시했다. 앞서 스피노자가 우연을 인과적 연관 관계의 필연적 결정에 어떠한 통찰력도 가져다주지 못하는 '무지의 도피처'로 규정했던 것처럼, 홉스도 역시 우연을 단지 인식의 주관적 결핍에 불과한 것으로 간주했다. "우리가 어떤 일이 우연히 발생한다고 생각하고 말하는 이유는, 우리가 그것이 존재함에도 불구하고 아직 그것의 원인들을 인식하지 못하기 때문이다. 즉 사람들은 필연적인 이유를 인식하지 못할 때 그것을 통상 '뜻밖이다'(casual) 또는 '우연적이다'(contingent)라고 명명한다."[52] 물론 이러한 논의에서 전제되어 있는 것은, 이 세상의 모든 인과적 결정이 필연성을 갖는다는 점이다. 이때의 필연성은 비(非)우연성 또는 반(反)우연성의 의미를 갖는다.

이후의 경험철학자에게서도 우연 담론에서의 이변은 일어나지 않는다. 왜냐하면 존 로크(John Locke, 1632~1704)나 데이비드 흄(David Hume, 1711~76)에게서도 우연은 '인식의 결핍 요소'이자 '무지의 현상'으로 이해되었기 때문이다. 그들에게 우연 개념은 주관적 인식의 결핍이나 무지 또는 비규정성 등으로 특징지어진 매우 부정적인 현상으로 낙인찍힌다. 그래서 로크나 흄은 우연을 지식의 부정(否定)으로 간주해 거부했다.[53] 심지어 로크는 우연을 종교철학적으로도 수용하길 꺼려

---

52 Thomas Hobbes, "Elements of Philosophy", *The English Works of Thomas Hobbes of Malmesbury*, ed. W. Molesworth, 11 vols., London: Bohn, 1839~1845; reprint, Aalen: Scientia, 1962, vol. 1, I, 2.10.5, p. 130. 홉스의 우연 개념에 대해서는 다음 문헌도 참조. 같은 책, vol. 1, I, 1.3.11; 1.5.9; 2.9.10; 2.10.5; Thomas Hobbes, "The Question Concerning Liberty, Necessity, and Chance", *The English Works of Thomas Hobbes of Malmesbury*, vol. 5.

53 John Locke, "An Essay Concerning Human Understanding", J. Locke, *The Works of John Locke*, 10 vols., London: Thomas Tegg, 1823, reprinted Aalen: Scientia, 1963, vol. 3, Book 4, chap. 20.3; David Hume, "An Enquiry Concerning Human

했다. "만일 누군가가 나 혼자만 알고 있고 현명하다고 가정할 만큼 무의미하게 거만한 것으로 밝혀진다면, 그것은 단순한 무지와 우연의 산물에 지나지 않는다. 그만큼 이 우주의 나머지 모든 것은 오직 저 맹목적인 우연(that blind haphazard)에 의해 움직인다."[54] 흄에게서 우연은 '원인들의 가능성'(probability of causes)과 유사한 사건으로 나타난다.[55] 이때 흄에게서도 경험적 규칙성의 체험은 구체적인 예외로서의 우연적 체험에 맞서 방법적 우선권을 획득한다. 그래서 흄은 마지막에 가서 무지의 공리라는 틀 안에 머문다. "비록 이 세상에 운(chance)과 같은 것이 없을지는 몰라도, 어떤 사건의 진정한 원인에 대한 우리의 무지는 우연에 대한 이해에 동일한 영향을 미치고, 일종의 신앙이나 의견 같은 것을 낳는다."[56] 특히 흄은 '자유와 필연성'을 합리주의적으로 개념화하는 것을 비판하는 과정에서 우연 개념을 다시 받아들이지만, 자유 범주에 대한 경험적인 비판을 통해 우연 개념은 결국 현실성의 허상 개념으로 포기된다.[57]

근대 초 합리론의 철학 전통에서 형성된 우연의 이러한 부정적 이미지는 18세기 계몽주의 시대에 가서도 크게 바뀌지 않고 그대로 이어진다. 이 시대 최고의 지적인 업적으로 꼽히는 『백과전서』(1751~80)를 편집한 드니 디드로(Denis Diderot, 1713~84)와 장 르 롱 달랑베르

Understanding", D. Hume, *The Philosophical Works of David Hume*, eds. T. H. Green & T. H. Grose, 4 vols., London: Longmans, Green & Co., 1874, reprinted Aalen: Scientia, 1964, vol. 4, chap. VI.

54 John Locke, "An Essay Concerning Human Understanding", Book 4, chap. 10.6, p. 57. 다음 문헌도 참조. Francis Bacon, "Essays or Councels Civil and Moral", F. Bacon, *The Works of Francis Bacon*, vol. 6, Aph. 16; David Hume, "Dialogues Concerning Natural Religion", D. Hume, *The Philosophical Works of David Hume*, vol. 2, chap. 6~9.

55 Hume, "An Enquiry Concerning Human Understanding", chap. VI, p. 48.

56 같은 책, p. 47.

57 같은 책, pp. 65~84.

(Jean le Rond D'Alembert, 1717~83)는 사전에서 표제어 'Hasard'와 'Contingent'에서 우연을 여전히 '주관적 무지' 현상으로 묘사했고, 우연 또는 우연성 개념을 다룰 때 '이성 진리'와 '우연 진리'를 구분했던 라이프니츠의 생각을 그대로 따랐다.[58] 그러나 이 두 명의 프랑스 계몽주의 사상가는 철학자답게 역사나 일상생활의 영역에서 보편화되어 있던 '우연' 개념이 '운명' 또는 '신의 섭리' 등의 상대적 개념이나 대체어로 해체되는 것에 맞서, 우연 개념을 개연성 또는 가능성 등의 양태 개념 차원에서 합리적으로 취급하려고 노력했다. 그러면서 동시에 그들은 우연 개념이 갖고 있던 전통적인 형이상학적인 개념틀을 약화시키거나 사라지도록 만들었다. 특히 이러한 개념틀의 완전한 소멸은 인간과 자연을 유물론적으로 이해했던 쥘리앵 오프레 드 라 메트리(Julien Offray de La Mettrie, 1709~51)에게서 잘 발견된다.[59] 비록 우연이 이처럼 자연철학적·유물론적 변화를 겪으며 모든 생물체가 가질 수밖에 없는 실존적 사실로서 그 가치를 인정받았다 하더라도, 프랑스 계몽철학은 자연과 세계의 내재성 안에서 불확실성의 현상인 우연을 제거하려는 경향을 보였다. 왜냐하면 자연을 기계론적·유물론적으로 이해했던 그들로서는 자연에서의 인과관계를 연구하는 데 걸림돌이 되는 범주로서 우연 개념을 신 개념과 더불어 포기했기 때문이다.[60] 한편 자연철학 안에서 합리화되었던 우연은 가령 몽테스키외에게서처럼 역사 영역을 위해 상대화되기도 했다.[61] 요컨대 계몽주의 시대의 우연 개념은 전통적 형

---

58 Denis Diderot & Jean le Rond D'Alembert, Art. "Hasard", *Encyclopédie ou Dictionnaire raisonné des sciences, des arts et des métiers, par une société de gens de lettres*. Mis en odre & publié par M. Diderot, et, quant à la partie mathématique, par M. D'Alembert, 36 vols., Paris, 1751~80, vol. 17, p. 126; Art. "Contingent", vol. 9, p. 242.

59 Julien Offray de La Mettrie, *L'homme machine/Die Maschine Mensch*, trans. & ed. Claudia Becker(franz.-dtsch.), Hamburg: Felix Meiner, 1990, pp. 84~87.

60 Denis Diderot, "Pensées Philosophique", D. Diderot, *Œvre Completès*, eds. J. Assézat & M. Tourneux, 20 vols., Paris: Garnier Frères, 1966, vol. 1, pp. 123~70.

이상학적 철학 체계에서 벗어나 합리적으로 취급되면서, 한편으로는 엄격한 인과성을 요구하는 자연철학, 유물론 안에서는 거부되었지만, 다른 한편 일상의 세속 생활을 다루는 역사 영역에서는 상대적으로 인정받는 양면의 운명을 겪었다.

5. 칸트

근대 세계에서 이처럼 필연과의 관계 속에서 다양한 방식으로 펼쳐졌던 우연 개념은, 서양철학사의 흐름이 그랬던 것처럼, 결국 이마누엘 칸트(Immanuel Kant, 1724~1804)에게 수렴되어 종합된다. 흔히 칸트는 철학사적으로 대륙의 합리론 철학과 영국의 경험론 철학을 종합해 자기 고유의 독특한 비판철학을 완성했고, 이를 독일 관념철학으로 이어지도록 만든, 근대의 가장 중요한 철학자로 알려져 있다. 바로 이런 이유 때문인지 몰라도, 우연 개념에서도 그는 근대적 의미의 종합을 이룬 사상가로 인정받는다.

먼저 용어 사용에서부터 혁신적인 모습이 두드러진다. 칸트는 무엇보다 라틴어 'contingentia'를 독일어 'Zufall'로 번역해 사용했던 최초의 인물이다.[62] 물론 독일어에도 그 라틴어 단어 자체에서 유래한 'Kontingenz'라는 명사가 있지만, 그 단어를 순독일어로 번역한 공로는

---

61 "Et si le hasard d'une bataille, c'est-à-dire une cause particulière, a ruiné un État, il y avait une cause générale qui faisait que cet État devait périr par une seule bataille. En un mot, l'allure principale entraîne avec elle tous les accidents particuliers." Charles de Montesquieu, *Considérations sur les causes de la grandeur des Romains et de leur décadence*, Paris: Gallimard, 1951, chap. 18, p. 475.

62 Cf. Art. "Kontingenz", *Historisches Wörterbuch der Philosophie*, p. 1032; Franz Joseph Wetz, "Die Begriffe 'Zufall' und 'Kontingenz'", Gerhart von Graeveniz & Odo Marquard, eds., *Kontingenz*(Poetik und Hermeneutik; 17), München: Fink, 1998, pp. 27~34, here p. 29; Hoffmann, 앞의 책, p. 26.

온전히 칸트에게로 돌아간다. 그렇다면 그에게 우연 또는 우연성이라는 개념은 어떤 연관에서 다루어졌을까?

서양철학사, 아니 세계철학사에서 기념비적인 사건이라고 할 수 있는 칸트의『순수이성비판』이 처음 출판된 것은 1781년이었다. 우연 개념에 대한 칸트의 생각도 바로 이 책 안에서 펼쳐진다. 먼저 그는 순수 오성(reiner Verstand)을 이끌어내는 판단이 각 범주에 따라 네 개와 그 각각의 범주에 따라 다시 세 종류로 나뉜다고 보았다. 즉 판단의 양에 따라서는 '전칭[보편]판단', '특칭[특수]판단', '단칭[개별]판단'이 있고, 판단의 질에 따라서는 '긍정판단', '부정판단', '무한판단'이 있으며, 판단의 관계에 따라서는 '정언(正言)판단', '가언(假言)판단', '선언(選言)판단'이 있고, 판단의 양태에 따라서는 '미정(未定, 불확실)판단', '단정(斷定, 확실)판단', '명증(明證, 필연)판단'이 있다는 것이다. 여기서 우리의 관심을 끄는 것은 마지막 판단의 양태에 따른 구분인데, 칸트는 이에 대해 다음과 같이 설명한다. "미정판단(problematische Urteile)은 긍정하는 것 또는 부정하는 것을 그저 가능한(임의적인) 것으로 받아들이는 판단이다. 단정판단(assertorische Urteile)은 긍정하는 것 또는 부정하는 것이 현실적인(진실된) 것으로 간주되는 판단이다. 명증판단(apodiktische Urteile)은 사람들이 긍정하는 것 또는 부정하는 것을 필연적인 것으로 보는 판단이다."[63] 여기서 미정판단이 어떤 사실을 가능한 것으로 받아들인다는 것은, 그것이 긍정이든 부정이든 또는 그것을 이렇게 판단하든 저렇게 판단하든, 가능성을 열어둔다는 뜻이다. 반대로 명증판단은 대상을 필연적인 것으로 간주하는 판단이다. 이로 미루어 우리는 미정판단에서의 가능성이 곧 우연성을 뜻한다는 사실을 알 수 있다.

그래서 칸트는 미정판단의 예로 우연과 관련한 유명한 명제를 하나

---

63 Immanuel Kant, "Kritik der reinen Vernunft", I. Kant, *Werkausgabe*, ed. W. Weischedel, 12 vols., Frankfurt a. M.: Suhrkamp, 1974, vol. 3, p. 114(=*Kritik der reinen Vernunft*, B 100).

들고, 그 의미를 다음과 같이 풀어서 설명한다. 미정판단은 "분명히 거짓일 수 있지만, 미정적인 것으로 받아들여진다면, 진리 인식의 조건일수 있다. 그래서 '세계는 맹목적인 우연에 의해서 존재한다'는 판단은선언판단에서(in dem disjunktiven Urteil) 단지 미정적 의미, 즉 누군가이 문장을 한눈에 받아들일 수 있다는 의미만을 가지며, 그럼에도 그것은 (마치 사람들이 취할 수 있는 모든 수의 길 중에서 잘못된 길의 표시가 그런 것처럼) 진정한 길을 발견하는 데 기여한다. 따라서 미정명제는 (객관적인 가능성이 아니라) 논리적인 가능성만을 표현한다. 그 가능성이란 그명제가 통용되도록 만드는 자유 선택, 즉 오성 안에서 그 명제를 순전히임의적으로 수용하는 것을 말한다."[64] 칸트의 이 진술을 통해서 우리가알 수 있는 사실은, 그 진실이 아직 확실하게 밝혀지지 않은 불확실한미정명제나 미정판단이 우연적 명제나 우연적 판단이고, 이들이 바로진리 인식의 조건이자 논리적인 가능성을 열어두고 있다는 점, 즉 우연이 언제나 진리로부터 멀어져 있는 것이 아니라 오히려 반대로 진리에 다가갈 수 있는 길을 열어준다는 점이다. 그 때문에 "세계가 우연히존재한다"는 명제 자체도 비록 미정판단으로 규정하지만, 그 명제 자체의 진실성은 언제나 열려 있고, 실제로 진리일 수 있음을 암시한다.

칸트는 이를 토대로 범주표에서 우연 또는 우연성 개념의 위치를 설정한 다음, 그 개념들의 의미를 밝혀 나간다. 아리스토텔레스의 범주론에 의거해 칸트 자신이 만든 다음 범주표를 들여다보자.

범주표

1.

양(量)의 범주들

통일성

다양성

---

64 같은 책, vol. 3, p. 115(=*Kritik der reinen Vernunft*, B 100~01).

2.	3.
질(質)의 범주들	관계의 범주들
실재성	내속과 지속(실체와 우유)
부정성	인과성과 의존성(원인과 결과)
제한성	공동성(능동자와 수동자 사이의 상호작용)

4.

양태의 범주들

가능성 – 불가능성

현존 – 부재

필연성 – 우연성[65]

　　이처럼 칸트에서 '우연성'(Zufälligkeit)은 양태 범주들(Modalitäts-kategorien)의 도표에서 '필연성'(Notwendigkeit)의 반의어로 설정되어 있다. 이때 '필연성'은 다름 아닌 "가능성 그 자체로부터 주어진 실존"(Existenz, die durch die Möglichkeit selbst gegeben ist)으로 정의된다.[66] 가능성에만 초점을 맞춘다면, 마치 우연성을 정의한 듯한 표현이다. 그러나 칸트는 우연성에 대해서는, 적어도 이 범주표에 대한 이어지는 설명에서, 어떠한 자세한 설명도 시도하지 않는다. 만일 여기서 우연성을 필연성의 반대개념으로 정의해야 한다면, 약간은 형용모순 같지만 '불가능성 그 자체로부터 주어진 실존' 정도가 되지 않을까? 하여튼 이 범주표에는 우연에 대한 칸트의 생각을 추정해 낼 수 있는 부분이 하나 더 나오는데, 그것은 '관계의 범주들' 중 '실체와 우유'(substantia et

---

65　같은 책, vol. 3, pp. 118~19(=*Kritik der reinen Vernunft*, B 106).

66　같은 책, vol. 3, p. 122(=*Kritik der reinen Vernunft*, B 111).

accidens)의 관계를 '내속(Inhärenz)과 지속(Subsistenz)'으로 나타낸 것이다. 여기서 실체란 하나의 사물에서 변하지 않고 지속적으로 유지되는 핵심적이고 중요한 부분, 즉 '본질'(Essenz)을 말하고, 우유란 한 사물에 딸린 부수적이고 임시적인 추가 부분, 즉 '속성'(Attribut)을 말한다. 이때 '실체'는 그것 없이는 해당 사물이 존재한다고 할 수 없을 정도의 필수적인 요소이기에 '필연'에, '우유'는 그것 없이도 얼마든지 존재할 수 있는 가능성으로 딸린 부수적 속성이기에 '우연'에 각각 상응한다. 실체와 우유가 내적으로 결합되어 있는 관계의 양상이 '내속'[67]이고, 실체나 우유와의 관계 속에서 또는 그것들과는 전혀 무관하게 그 스스로 존재하는 양상이 '지속'이다. 물론 이러한 '실체와 우유의 대립관'은 칸트 이전부터 있어왔고 그 이후에도 계속 이어질 철학사상의 핵심 관념이다. 아리스토텔레스부터 시작해 아퀴나스와 수아레스를 거쳐 칸트 자신에게까지 변치 않고 이어지는 전통적 관념이었다. 실체는 본질적 요소로 늘 있어야 하는 것이기에 마치 '신'(神)과 같은 필연성을, 우유는 부수적 속성으로서 있을 수도 있고 없을 수도 있는, 그런 가능성으로서 존재하는 것이기에 마치 '운'(運)과 같은 우연성을 각각 대변한다.

　우연 개념에 대한 칸트 자신의 정의는 『순수이성비판』의 앞의 범주표가 아니라 그 밖의 다른 여러 곳에서 군데군데 발견된다. 그는 우선 일반인들의 생각을 빗대어 '우연적인 것'이란 "그것의 비존재가 가능

67　'내속'은 한자어로 '內屬'이다. 그 뜻은 우리말 사전(HWP의 민중국어사전)에 의하면, "속국이 됨. 또는 외국인이 옮겨와서 살며 복종함"이다. 그러나 독일어 'Inhärenz'는 원래 '안으로 들어와 붙는다', 즉 '내부에 부착하다'(anhaften), '내부에 기거하다'(innewohnen)라는 뜻을 갖는 라틴어 동사 'inhaereo'에서 유래한 단어로, 철학 용어로는 본문에서의 설명처럼 '물체(Ding)와 특성(Eigenschaft)의 내적인 결합'을 의미한다. 따라서 '내속'이라는 번역은 적절치 않고, 오히려 '속에 들어와 붙는다'는 뜻의 '내부'(內附)가 더 적절한 번역어로 보인다. 하지만 한자어를 병기한다 해도 오해의 소지가 있고, 또 독한사전이나 우리말 번역에서도 '내속'이라는 일본어 역어를 그대로 차용(借用)하고 있어 여기서도 그 관례를 따른다.

한 것"이라고 정의한 후, "그 자신의 비존재 가능성"을 '객관적 우연성' (objektive Zufälligkeit)이라고 명명한다.[68] 또 다른 곳에는 "그것의 모순적 반대가 가능한 것"이 곧 '우연적'이라고 정의되어 있다.[69] 이러한 정의로 미루어 칸트는 아마도 "그 반대가 어떠한 모순도 포함하지 않는 것"을 '우연적'이라고 정의했던 라이프니츠를 그대로 수용한 듯하다. 물론 다른 곳에서는 꽤 빈번히 인용되던 라이프니츠가 우연 개념에서는 직접 인용되고 있지 않기에 그렇게 추정할 뿐이지만, 어쨌든 자기 시대 이전까지의 모든 근대 철학을 자신의 거대한 용광로 안에 녹여서 종합해 낸 칸트의 진가는 여기서도 새삼 발휘된다.

그러나 칸트는 여기에 만족하지 않고 한걸음 더 나아간다. 오성이 대상을 인식하는 방법을 논하는 자리에서, 그는 우리의 생각이 대상을 인식하고 그것을 머릿속에서 재생하는 과정에서는 일정한 규칙이 있고 주관적이면서 경험적인 근거를 갖기 마련인데, 그러한 근거를 '표상들의 연상'(Assoziation der Vorstellungen)이라고 일컬으면서, "만일 이러한 연상의 통일이 어떠한 객관적인 근거를 갖지 않는다면", 현상들이 인간 인식의 연관 속으로 들어가는 일 자체가 '완전히 우연적인 어떤 것' (etwas ganz Zufälliges)이 될 것이라고 주장한다. 그러고서 칸트는 연상 능력의 유무와 별개로 연상 행위 자체의 여부는 '정해지지 않았고 우연적'(unbestimmt und zufällig)이라고 말한다.[70] 이 복잡한 내용을 우리의 테마와 관련해 단순화해서 표현하면, 칸트에게서 객관적인 근거 없이 어떤 일이 행해진다면, 그것은 곧 우연적인 것을 뜻한다. 즉 그에게 '우연'이란 '객관적인 근거의 결여'를 의미한다. 그리고 정해지지 않은 것을 우연적인 것과 병렬시킨 것은 두 용어가 유사어 또는 동의어임을 명시한다. 여기서 '우연'이란 '비결정적인 것'을 뜻한다. 이로써 우리는

---

68 같은 책, vol. 3, p. 273(=*Kritik der reinen Vernunft*, B 301~02).

69 같은 책, vol. 4, p. 438(=*Kritik der reinen Vernunft*, B 487).

70 같은 책, vol. 3, pp. 176~77(=*Kritik der reinen Vernunft*, A 121~22).

칸트에게서 우연이 두 개의 중요한 함의를 더 갖고 있음을 추론해 낼수 있다. 그에게 '우연'이란 '비근거성'과 동시에 '비결정성'을 뜻한다. 약간 과장하면, 칸트는 어떠한 객관적이고 합리적인 이유나 근거, 원인등이 결여된 사건 또는 어떠한 방식으로든 우리가 합리적이고 논리적인 방식으로 추론할 수 있는 형식으로 결정되어 있지 않은 현상을 우연적이라고 생각했다.

  칸트의 우연 개념과 관련해 마지막으로 추가해야 할 내용은 앞에서 다룬 두 개의 의미와는 상당히 차이가 나는 것이다. 그는 인과관계를 논하는 자리에서 "현존 안에서 조건지어져 있는 것"(das Bedingte im Dasein)을 '우연적'(zufällig)이라고 부르고, "현존 안에서 조건지어져 있지 않은 것"(das Unbedingte)을 '필연적'(notwendig)이라고 명명했다. 그런데 칸트가 그렇게 명명한 이유는 그 앞에 설명되어 있다. 만일 어떠한 일이 발생했다면, "그 발생한 것의 조건"이 바로 '원인'이고, "그러한 현상에서 원인의 무조건적인 인과성"이 바로 '자유'(Freiheit)라고 불리며, 이 연관에서 '조건지어져 있는 것'은 오히려 '자연원인'(Naturursache)이라고 불린다는 것이다.[71] 여기서 '필연성'은 '무조건적인 인과성'으로서 그리고 원인만이 아니라 결과까지 포괄하는 개념으로 '자유'와 상응하고, '우연성'은 '조건적인 것'으로서 '원인' 개념과 연결된다. 전통적인 우연 개념에 따르면, 우연은 이럴 수도 있고 저럴 수도 있는 가능성, 즉 무조건적인 것으로서 자유와 연결되어 있고, 필연은 철저한 인과성에 근거해 조건적인 것, 즉 비자유와 조응하는 것이었다. 그러나 칸트는 이러한 개념적 틀을 완전히 깨부수고 향후 헤겔에게서 나타날 역사적 필연으로서의 인간의 자유의지의 확장 개념을 선취하고 있다. 바야흐로 근대에서 최근세로 넘어가는 길목에서 칸트는 독일 관념론 철학에서 다루어질 우연 개념의 최근세적 방향 전환을 선도(先導)한 셈이다.

  칸트의 이 같은 새롭고 독특한 우연관은 우연과 원인과의 관계 설정

---

71 같은 책, vol. 4, pp. 408~09(=*Kritik der reinen Vernunft*, B 447).

에서도 잘 드러난다. 전통적인 관점에 따르면, 우연은 '원인 없음', 즉 '비(非)인과성' 또는 '무(無)인과성'을 뜻해 왔다. 실제로 칸트에게서도 우연적인 것이란 곧 근거나 원인이 없는 것을 뜻했다. 그러나 이러한 관점이 칸트에게 와서는 비록 부분적이고 유보적인 관점에서이긴 하지만, "모든 우연적인 것은 원인을 갖는다"로 바뀐다.[72] 여기서 유보적인 관점이란, 그 명제를 칸트 본인이 그렇게 생각했다기보다는 세간의 사람들이 그렇게 주장했다는 것을 뜻한다. 칸트 자신은 오히려 보통 사람들이 '우연적'이라는 용어에 대해 갖는 오해에 대한 해명을 시도한다. 그러나 어쨌든 분명한 것은 그러한 명제를 어느 정도 칸트 자신도 인정했다는 점이다. 더구나 그는, 바로 앞에서 보았듯이, '우연적인 것'을 '조건지어져 있는 것'으로 보았다. 조건지어져 있다는 것은 해당 사물이나 현상이 조건, 즉 근거나 이유를 갖는다는 뜻이다. 그 때문에 칸트는 우연히 실존하는 것을 파악하기 위해서는, 그것이 하나의 원인에 연결되어 있어야 한다고 생각했다. 이로부터 도출되는 결론은 그 원인 자체가 해당 사물의 가능성의 조건이라는 것이다. 인과 원리의 증거는 어떤 것이 존재하지 않는 것을 생각하도록 하는 순수한 '우연의 범주'에 근거하지 않고 현존재 안에 조건지어진 것, 즉 경험상 우연적인 것은 오성의 규칙에 따라 하나의 조건을 지시하는 '관계의 범주'에 근거한다.[73]

칸트의 우연 개념을 이해하기 위해서는 우연의 '의미' 못지않게 우연의 '종류'에 대해서도 알아볼 필요가 있다. 칸트의 철학 체계에서 우연은 크게 '경험적 우연성'(empirische Zufälligkeit), '논리적 우연성' (logische Zufälligkeit), '지성적 우연성'(intelligibele Zufälligkeit)으로 구분된다. 먼저 그는 이 세상의 모든 것이 우연적으로 존재하고, 일정한 원인에 의존하는 모든 변화가 경험적으로 우연적이듯이, 그러한 존재와

---

72 같은 책, vol. 3, pp. 272~73(=*Kritik der reinen Vernunft*, B 301).

73 같은 책, vol. 3, pp. 264~65(=*Kritik der reinen Vernunft*, B 289~90).

변화에 대한 우리의 경험적 판단 역시 '우연적'이라고 생각했다.[74] 여기서 '우연성'이란 '인과적 의존성'을 의미한다. 다음으로 논리적으로 우연적인 것이란, 하나의 사물 또는 이 세계의 실존이 그 자신의 개념으로부터 유래하지 않는다는 것을 의미한다.[75] 마지막으로 지성적 우연성은, 그 자신의 모순적 반대, 즉 그것이 존재하지 않을 수도 있다는 사실이 어떠한 모순도 그 자신 안에 담고 있지 않는 모든 것은 지성적으로 우연적임을 뜻한다고 할 때 쓰인다.[76] 이 세 개의 우연성 개념에 근거해서 보면, 결국 칸트에게 우리가 사는 이 현상 세계는 우연으로 이루어져 있는 셈이다. 예컨대 쿠자누스에게서 보였던 무한 개념으로서의 신 개념처럼, 그 이전의 많은 철학자들에게서 보였던 확장 개념으로서의 필연성이 칸트에게서는 오히려 매우 협소해진 듯한 느낌을 준다.

끝으로 칸트의 우연 담론에서 마지막으로 다루어질 내용은 '행운'과 '운명' 개념이다. 이 책의 제2부, 즉 역사가들에게서 나타나는 우연 개념과 관련해 집중적으로 논의할 주제인 그 두 개념은 물론 칸트에게는 거의 나타나지 않는다. 정신의 순수한 형식과 그것들의 기능과 작용 등을 철저히 논리적이고 합리적으로 파헤쳐나간 칸트의 이 유명한 저작에서 그런 류의 비합리적 개념이 화두가 될 리 만무했다. 그나마 얼마 안 되는 언급 속에서 이 개념들은 매우 부정적으로 나타난다. 가령 칸트는 초월적 연역 일반의 원리에 대한 설명 중 권리와 사실의 차이를 논하는 자리에서, 그러한 권리에 의해 도전을 받는 '행운'이나 '운명' 등을 '부당한 개념들'이라고 폄하한다.[77] 합리적 비판철학자 칸트의 눈에

---

74   같은 책, vol. 3, p. 142(=*Kritik der reinen Vernunft*, B 142).

75   Immanuel Kant, "Metaphysik: erster Theil", I. Kant. *Kants Gesammelte Schriften* (Akademie-Ausgabe), ed. die Königlich-Preußische Akademie der Wissenschaften zu Berlin, 1902ff., vol. 17, Berlin: G. Reimer, 1926, p. 534(=Reflexion Nr. 4406).

76   Kant, "Kritik der reinen Vernunft", vol. 4, pp. 437~39(=*Kritik der reinen Vernunft*, B 486~89).

77   같은 책, vol. 3, p. 125(=*Kritik der reinen Vernunft*, B 117).

그것들은, 경험을 통해서든 이성을 통해서든 논리적으로 설명되지 않는한, 정당한 개념으로 비치지는 않았을 것이다.

이제 결론을 내려보자. 칸트에게 모든 존재는 우연적이었다. 그 이유는 그가 보기에 이 세상의 모든 사물이나 현상이 그것의 비존재가 가능하거나 논리적으로 모순되지 않았기 때문이다. 또 그에게 모든 우연적인 것에는 원인이 있다. 그 이유는 그가 보기에 이 세상의 그 어떠한 일도 경험적으로 또는 이성적으로 판단하기에 원인 없이 발생하지는 않기 때문이다. 따라서 우연과 관련한 칸트의 종합적 테제는 다음과 같이 정리할 수 있다. '모든 존재는 우연적이지만, 모든 우연적인 것에는 원인이 있다.' 이 테제를 칸트 자신의 말로 달리 표현하면, "개별자에서 우연(Zufall)은 그럼에도 불구하고 전체에서는 하나의 규칙(Regel)에 종속되어 있다."[78] 칸트에게 이 세상은 경험적으로 우연적이지만, 궁극적으로는 매우 합리적인 것이었다. 환언하면 그 또한 중세 대부분의 스콜라철학자들처럼 그리고 근대의 많은 합리론 철학자들처럼, 이 세상이 그저 무작위로 또는 신의 자유의지를 통해 아무런 이유 없이 창조된 것은 아니라고 생각했다. 그래서 그도 다른 많은 철학자처럼 '우연'에서 출발해 '필연'으로 나아가는 길을 택했다. 비록 이 세상이 우연으로 이루어진 것은 맞지만, 궁극적으로는 그 모든 것이 필연으로 귀결된다는 사고방식 말이다.

하지만 우연이라는 개념의 근대적 가치 증식은 역시 칸트에게서 비로소 그 결정적 계기가 주어진다고 할 수 있다. 왜냐하면 칸트는 필연성의 대(對)개념으로서 우연성의 범주를 별도로 설정했고, 실체와 우유를 구별했으며, 우연을 전통적이거나 선대 사상가들에 의해 전개된 우연담론의 노선을 따라 '그 반대나 모순이 가능한 것'으로 정의한 후, 우연성을 객관적 우연성, 경험적 우연성, 논리적 우연성, 지성적 우연성 등으로 구분하면서 매우 세분된 접근을 시도했고, 비록 궁극적으로는 필

---

78 같은 책, vol. 4, p. 659(=*Kritik der reinen Vernunft*, B 807).

연에 굴복당하는 것으로 간주했지만, 서양철학사상 최초로 우연에 '인과성'을 부여하면서 우연 개념의 무한한 의미 확장 가능성을 종합적으로 사유했던 최초의 근대적 사상가였기 때문이다. 더 나아가 그는 경험 세계에서는 그 어떤 성질과 관련해서도 무조건적인 필연성이 없기 때문에 그 세계의 "모든 사물은 전적으로 우연적"이라고 주장함으로써 우연성과 가능성의 개념적 유사성 또는 동일성을 확인했고, 더불어 그렇게 해서 우리에게 열린 우연성이라는 출구는 존재 분석 등을 통해 증명될 수 없기에 지성적으로 완벽히 파악될 수 없다고 주장함으로써,[79] 즉 우연을 미지의 영역, 어쩌면 신의 세계로 넘김으로써 우연 개념의 신비화에 기여하기도 했다. 결국 칸트에게 필연적이지 않은 모든 것은 가능성이라는 범주의 차원에서 우연으로 간주되거나 또는 우연적인 사고방식으로 처리된다. 그만큼 우연 개념의 외연이 근대적 시각에서 엄청나게 확장되었음을 알 수 있다.[80]

79 같은 책, vol. 4, pp. 506~12(=*Kritik der reinen Vernunft*, B 587-95).

80 칸트의 우연 담론에 대한 해석은 다음 문헌을 참고할 것. Konrad Cramer, "Kontingenz in Kants Kritik der reinen Vernunft", B. Tuschling, ed., *Probleme der Kritik der reinen Vernunft*, Berlin; New York: Walter de Gruyter, 1984, pp. 143~60; Rudolf Eisler, Art. "Zufall(Zufälligkeit)", *Kant-Lexikon*, Hildesheim: Georg Olms Verlagsbuchhandlung, 1961, pp. 620~21; George Samuel Albert Mellin, Art. "Accidenz", *Enzyklopädisches Wörterbuch der kritischen Philosophie*, 6 vols., Aalen: Scientia, 1971, vol. 1, pp. 46~51; 같은 책, "Zufällige Anlagen, Zufälligkeit", vol. 6, pp. 289~98.

제4장 최근세: 우연의 퇴장

최근세인 19세기는 칸트에 의해 종합된 우연 개념이 절대적 관념론 철학을 구축했던 헤겔이라는 거대한 벽에 막혀 일시적으로 퇴장하는 모습을 보여준다. 그러나 그 와중에도 우연에 대한 성찰은 곳곳에서 이루어져 그러한 독재와 압제에 저항하며 20세기에서의 화려한 부활과 대승리를 예비해 나간다. 이 장에서는 헤겔을 중심에 두고 언급하되, 그 이전에 그를 준비시켜 주었던 피히테와 셸링, 그리고 동시대 또는 후세대에 걸쳐 헤겔과 맞서 싸웠던 쇼펜하우어, 키르케고르, 니체 등도 살펴볼 것이다.

1. 피히테

독일의 관념철학은 근대 철학을 종합한 계몽주의 철학자 칸트를 계승한 피히테가 주관적 관념론을, 이어 셸링은 객관적 관념론을 주창했고, 이들을 헤겔이 절대적 관념론으로 종합함으로써 완성된다. 논의의 순서상 여기서는 먼저 칸트에서 헤겔로 이어지는 철학 계보에서 중요한 교량 역할을 한 피히테와 셸링에서 우연 담론이 어떻게 전개되었는지 살펴보고자 한다.

요한 고틀리프 피히테(Johann Gottlieb Fichte, 1762~1814)는 주관적·

초월적·실천적 관념론 철학을 제시한 인물이다. 주관적 관념론 철학자로서의 면모를 단적으로 보여주는 문장들이 있다. "자아는 절대적인 한, 무한하며 무제한적이다. 존재하는 모든 것은 자아가 정립하는 것이며, 자아가 정립하지 않은 것은 아무것도 존재하지 않는다(모든 것은 자아에 대해서 존재하며, 자아 밖에는 아무것도 없다)."[1] 특히 이 마지막 문장은 20세기 후반 포스트모더니즘 시대 '언어적 전환'(linguistic turn)의 상징적 모토로서 "텍스트 밖에는 아무것도 없다"라고 주장한 자크 데리다(Jacques Derrida)를 연상시킨다. 철학 전반에서 칸트가 인식 행위에서의 '정신과 대상' 사이의 관계를 '부(副)와 주(主)'에서 '주(主)와 부(副)'의 관계로 역전시킨 후 그러한 인식 행위의 필연적 조건을 규정해 나감으로써 코페르니쿠스적 전환을 가져왔다면, 이제 피히테는 관념철학에서 '주체적 전환'(subjective turn)을 가져왔던 셈이다. 더 나아가 피히테는 칸트의 『실천이성비판』으로부터 많은 영향을 받은 후, 종교적이고 윤리적인 관점에서 칸트의 이성철학을 실천철학으로 확장하고자 노력했다. 그리고 무엇보다 평생에 걸쳐 확립하고자 노력했던 학문론(Wissenschaftslehre)은 그의 대표적인 연구 영역이었다.

우연에 대한 그의 생각은 학문론을 주제로 한 그의 수많은 저작에 잘 나타나 있다. 그중 특히 1795년에 발표한 『학문론에서 고유한 것의 개요』가 가장 대표적이다. 이 저술에서 피히테는 자아와 자아의 행위의 대상 또는 산물이 우연한 것으로 정립된다고 주장한다. "자아(das Ich)는 의식 속에서 간접적으로 나타난다. 이 말은 곧 자아의 행위의 대상(다만 의식을 배제했을 때 자아의 행위의 산물)이 자유를 통한 산물로, 달리 존재할 수 있는 것으로, 우연한(zufällig) 것으로 설정된다는 것을 뜻한다."[2] 바로 앞(각주 1)에서도 인용했던 『전체 학문론의 기초』에서

---

1 Johann Gottlieb Fichte, "Grundlage der gesammten Wissenschaftslehre, als Handschrift für seine Zuhörer(1794)", J. G. Fichte, *Fichtes Werke*, ed. Immanuel Hermann Fichte, 11 vols., Berlin: Walter de Gruyter & Co., 1971, vol. 1, p. 255.

2 Johann Gottlieb Fichte, "Grundriß des Eigenthümlichen der Wissenschaftslehre in

도 피히테는 "자아(Ich)와 비아(Nicht-Ich)는, 이들이 상호적 제한 가능성의 개념을 통해 동일한 것으로 또는 대립되는 것으로 정립되는 것처럼, 그 둘 다 모두 분할 가능한 실체로서 자아 안의 어떤 것(우유들, Accidenzen)이다"라고 주장한다.[3] 하나의 필연적 실체로서 절대적 개념의 '자아'가 가정되어 있다면, 그로부터 분할되어 파생된 현실적 '자아'와 '비아'는 우연적이다. 이 책 후반부에는 "자아는 인과성을 갖지 않는다"[4]라는 표현도 나온다. 즉 자아나 비아는 근본적으로 우연적이라는 것이다. 이들 주장을 문학적으로 해석하면, 나는 이 우주 속에 우연히 또는 홀연히 존재하고, 내 행위의 대상이나 결과물 또한 우연히 탄생한다. 왜냐하면 나나 내 행위나 모두 의식을 배제한 상태에서 보았을 때 이렇게 나타날 수도, 또 저렇게 나타날 수도 있기 때문이다. 다른 곳에서 피히테는 "자유를 통해 정립된 것은 우연성의 성질을 갖는다"[5]고 적시한다.

이들 주장에서 우연은 자유로움, 즉 '자유'와 또는 달리 될 수도 있음, 즉 '가능성'과 유의어 또는 동의어로 나타난다. 여기에 하나 더 첨가하면, '자발성'(Spontaneität)도 우연을 대변하는 용어로 등장한다. 피히테의 설명에 따르면 다음과 같다. "성찰이라는 행위는 절대적 자발성을 통해 발생한다. 자아가 성찰하는 것은 오로지 그 성찰하는 자아가 나이기 때문이다. 이 행위에서 자신의 자발성은 자주 인용되는 이유 때문에 의식되지 않는다. 그러나 자신의 성찰 대상은, 그 대상이 이 성찰의 대상인 한에서, 이를 통해 그 자발성의 산물이 된다. 그리고 그 대상은 자아에게 자아의 자유로운 행위의 한 산물의 특징, 즉 우연성(Zufälligkeit)을 가져다줄 것이 틀림없다."[6] 주관적 관념론 철학자답게

Rücksicht auf das theoretische Vermögen, als Handschrift für seine Zuhörer(1795)", J. G. Fichte, *Fichtes Werke*, vol. 1, p. 379.

3 Fichte, "Grundlage der gesammten Wissenschaftslehre [...]", p. 119.

4 같은 책, p. 306.

5 Fichte, "Grundriß des Eigenthümlichen der Wissenschaftslehre [...]", p. 391.

매우 난해하게 표현한 이 문장들에서 피히테가 하고 싶은 말은 내가 어떤 대상을 성찰하는 행위를 할 때 그 행위는 의식되지는 않지만 자발성을 통해 이루어지는데, 그 자발성은 곧 내가 자유롭게 하는 행위의 특징, 즉 우연성을 통해 나타난다는 것이다. '자발성'이라는 뜻의 독일어 'Spontaneität'는 원래 낭만주의 사조에서 애용된 용어로, 사전적 의미로는 '외부의 자극 없이 이루어지는 행위'나 '고유의 내적인 충동' 또는 '직접적인 자발적 반응' 등을 뜻한다. 피히테가 이 용어를 사용한 이유는 자아의 성찰이 이처럼 외부의 자극 없이도 자유롭게 이루어지는 행위임을 강조하기 위한 것으로 보인다. 외부의 자극이 없다는 것은 곧 외적인 요인이나 원인이 없음을 뜻하고, 그것은 곧 '무(無)인과성'으로서 '우연성'과 필연적으로 연결된다. 결국 '자유', '가능성', '자발성' 등은 피히테에게서 우연을 구성하는 요소이거나 또는 우연(성)과 유사하거나 동일한 의미를 갖는 단어들이다.

한편 피히테는 우연 개념을, 전통적인 철학적 입장을 수용해 실체와의 대비 속에서 속성에 상응하는 것으로 설정한다. 그에 따르면, "특성(Eigenschaft)은 우연적이고 달리 될 수도 있는 것이지만, 실체(Substrat)는 그 자체로 특성과의 관계 속에서 필연적으로 존재한다."[7] 여기서 피히테는 '실체와 우유'(substantia et accidens)라는 용어 대신 'Substrat' 와 'Eigenschaft'라는 용어를 사용하는데, 양자 사이에 의미상의 차이는 거의 없다. 즉 'Substanz'가 '한 사물의 변하지 않는 본질적 성질'을 말하고, 'Akzidens'가 '그 사물에 우연히 딸려온 부수적·우유적 속성'을 말한다면, 'Substrat'는 '한 사물의 특성의 전달자(담지자)로서 그 특성을 결여한 실체'를 뜻하고, 'Eigenschaft'는 '한 사물의 고유한 특성'을 뜻한다. 'Substrat'는 비록 'Eigenschaft'가 빠져 있지만, 그것을 담아내는 그릇이자 토대로서 '필연성'을 부여받고, 반대로 'Eigenschaft'는

---

6 같은 책, p. 384.
7 같은 책, p. 385.

아무리 한 사물에 고유하다고는 하지만 언제라도 바뀔 수도 있고 없을 수도 있는 성질이기에 '우연성'을 부여받는다. 그리고 몇 쪽 뒤에 가서 피히테는 '실체와 우유'라는 용어를 독일어로 직접 사용하면서 다음과 같이 규정한다. "필연적인 것은 실체(Substanz)요, 우연적인 것은 그 실체 안에 있는 우유(Accidens)다." 그러면서 덧붙이길, "그 둘, 즉 우연적인 것과 필연적인 것은 변증법적인 종합으로(synthetisch) 통합되어 있는 것으로 정립되어야 한다"[8]고 주장한다. 즉 실체와 우유는 서로의 관계 속에서 필연적이고 우연적이다. 물론 이는 이 둘이 변증법적인 관계에 있다는 것을 표현한 것일 뿐이지, 그렇다고 실체가 우연적일 수 있다거나 우유가 필연적일 수 있다는 것을 뜻하는 것은 아니다.

피히테가 우연 개념을 단지 필연의 대(對)개념으로만 설정하지 않고, 그 둘 사이의 변증법적인 관계에 주목했음이 드러났다. 그는 여기서 한 걸음 더 나아가 '우연'을 '본질'과 대비되는 개념으로 설정한 후, 둘 사이의 특징을 '운동'과 '불변'으로 규정한다. 그에 따르면, 어떤 사물의 '불변성'(Beharrlichkeit)은 조건에 따라서는 '본질적'(wesentlich)이지만, 이 경우 그 사물의 '운동'은 '우연적'(zufällig)이라고 주장한다. 물론 다른 조건에서는 이 둘 다 우연적인 것이 될 수도 있다는 단서 조항을 달고는 있지만 말이다.[9]

이 밖에도 피히테는 우연과 필연에 각각 '자유로운 활동성'과 '제약된 활동성'이라는 또 다른 특성을 대응시킨다. 일정한 조건의 제약을 받는, 특히 '고통'(Leiden)을 통해 제약을 받는 활동은 '객관적 활동'(objective Thätigkeit)이라 불리는데, 이 활동에는 '불가능성'(Unmöglichkeit)과 '필연성'(Nothwendigkeit)이라는 특성이 부여된다. 반면 "고통을 통해 제약받는 활동의 반대"는 인간의 이해와 몰이해 사이에서 유동하는 '자유로운 활동'이기에 인간의 오성 안에서 '가능성'(Möglichkeit)으로 파악

---

8 같은 책, p. 390.
9 Fichte, "Grundlage der gesammten Wissenschaftslehre [...]", p. 197.

된다.[10] 요컨대 피히테에게 필연은 객관성이나 제약성 또는 불가능성과 연관되어 있고, 우연은 주관성이나 자유로움 또는 가능성에 연관되어 있었던 것이다.

그러나 피히테에게서는 동시에 전통적인 우연 관념으로부터 크게 벗어나는 논리적이면서 추론적인 사유도 돋보인다. 이른바 우연을, 이성적 성질을 결정하는 하나의 요소로 또는 합리적인 부분을 좌우하는 변수로 인정한 것이다. 1796년에 발표한 『자연법의 기초』에서 피히테는 다음과 같이 주장한다. "나는 내 **능력**에 따라서가 아니라 그저 **현실** 속에서 하나의 이성적인 존재로 만들어졌다. 그러한 생성 작업이 없었더라면, 나는 아마도 결코 실제로 이성적으로 되지 못했을 것이다. 따라서 나의 이성적 성질(Vernünftigkeit)은 또 다른 존재[창조주 또는 신 - 저자]의 자의성에, 그의 선한 의지에, 우연에 의존한다. 결국 모든 이성적 성질은 우연에 의존한다."[11] 내가 현재 이성적 존재라면, 그것은 내 의지나 내 능력도 아닌, 오직 창조주의 선한 의지, 즉 우연에 기인한 것이다. 사실 신의 창조 행위가 우연적이라는 생각은 중세 스콜라철학자들이 줄곧 견지해 온 것이라 특이할 것이 없지만, 그 관점을 현재 인식 주체의 이성적 성질에 연결하여 모든 이성성(理性性)을 우연에 의존한다고 주장한 것은 약간 과장된 측면도 있으나 그 자체로 매우 신선한 발상처럼 보인다.

이제 결론을 내려보자. 우연에 대한 이러한 다양한 사유에도 불구하고 피히테에게 우연은 언제나 필연에 밀려난 부차적인 개념에 불과했다. 그 역시 대륙의 합리론 철학과 계몽주의 철학의 계승자답게 철학의 목표를 우연이 아닌 필연의 인식에 두었다. 그의 주장에 따르면, 그동안 "모든 철학자는 설정된 목표를 향해 왔으며, 또 모든 철학자는 반성을

---

10 같은 책, pp. 237~39.

11 Johann Gottlieb Fichte, "Grundlage des Naturrechts(1796)", J. G. Fichte, *Fichtes Werke*, vol. 3, p. 74(강조는 피히테).

통해 지성의 필연적인 행위 양식을 지성의 우연적인 조건들로부터 분리해 내고자 원했다."[12] 즉 "학문론이 서술해야 할 인간 정신의 체계는 절대적으로 확실하며 오류가 없다. 그 체계 속에 근거지어져 있는 모든 것은 전적으로 참이다. 그것은 결코 오류를 범하지 않으며, 인간의 영혼 속에서 한때 필연적이었거나 앞으로 필연적일 것은 모두 참이다." 반면 오직 '개연성'(Wahrscheinlichkeit)만을 갖는 것, 즉 우연적인 것은 결코 '확실성'(Gewißheit)으로 전환되지 않으며, 학문론 또는 철학에서도 역시 그것들은 진리로 규정되지 않는다.[13] 요컨대 피히테에 따르면, 인간의 정신 체계 또는 지식 체계의 완벽한 재구성을 목표로 삼는 학문론 또는 철학은 인간 지성의 필연적인 행위양식을 탐구 대상으로 하지, 결코 우연적이거나 개연적인 것을 연구하지 않는다. 오히려 인간 지성과 행위에서의 우연적이거나 개연적인 요소를 파악한 다음, 그러한 요소들로부터 필연적인 사유와 행동 양식을 추출해 내려 노력할 때 진정한 철학이 완성된다. 결국 피히테에게 '우연' 또는 '우연적인 것'은 학문의 연구나 서술 대상이 될 수 없는 것으로 결론지어진다.

마지막으로 피히테는 우연을 단지 학문적 연구의 대상에서 제외하거나 배제한 것을 넘어 부정적으로 본 시각까지 드러낸다. 1800년에 출판된 그의 유명한 저술 『인간의 사명』 후반부에는 "비이성적 우연이 이룩한 이 놀랄 만한 업적, 우리가 국가라고 부르는 이 경험의 내면에서는 …… 악습이 그 지속과 일반적 관용에 의해 일종의 확고한 형식을 얻게 된다"는 구절이 나온다.[14] 우연을 비이성과 등치시키는, 즉 우연을 이성과 대립시키는 이러한 관점은 어쩌면 독일의 관념론으로 완성된 서양의 합리주의 철학 전통에서 깊이 뿌리박혀 있던 요소라고 할 수 있다.

12 Johann Gottlieb Fichte, "Über den Begriff der Wissenschaftslehre oder der sogenannten Philosophie(1794)", J. G. Fichte, *Fichtes Werke*, vol. 1, pp. 73~74.
13 같은 책, pp. 76~77.
14 Johann Gottlieb Fichte, "Die Bestimmung des Menschen(1800)", J. G. Fichte, *Fichtes Werke*, vol. 2, p. 273.

그럼에도 모든 철학자가 그 전통을 따랐던 것도 아니고, 모든 철학자에게서 그 요소가 나타났던 것도 아니다. 아니 오히려 우리가 지금까지 보아왔던 대로 그 전통에서 벗어나 있던 철학자들도 많았다. 피히테도 그중 한 사람이라고 할 수 있지만, 우연에 대해 일부 부정적 소견을 밝혔다는 점에서 그 전통에서 완전히 벗어나 있던 사람으로 보이지는 않는다. 더구나 그에게서 우연 담론의 마지막 부분, 즉 신의 영역으로 가면 필연과 우연이 모두 소멸되거나 지양되는 모습을 보인다. 피히테에게 자연과 자유, 이 두 개의 법은 신(神)으로 소급된다. "신에게는 그 어떤 것도 자연적이지도 초자연적이지도 않고, 필연적이지도 우연적이지도 않으며, 가능하지도 현실적이지도 않다."[15] 그러나 피히테에게서 보이는 우연 담론의 이 마지막 특성, 즉 우연의 부정적 성격은 피히테보다도 헤겔에게서 적나라하게 드러나면서 그 정점을 찍는다.

2. 셸링

헤겔을 살펴보기에 앞서 관념론 철학 계보에서 피히테와 헤겔 사이에 위치해 있는 프리드리히 빌헬름 요제프 폰 셸링(Friedrich Wilhelm Joseph von Schelling, 1775~1854)에 대해 잠깐 살펴보기로 하자. 셸링은 앞서도 언급했듯이, 나이상으로는 헤겔보다 다섯 살이나 어리지만, 철학적으로는 관념적 자연철학에 바탕을 둔 객관적 관념철학을 정립함으로써 헤겔이 절대적 관념철학으로써 독일의 관념론 철학을 완성하는데 교량 역할을 한 중요한 인물이다. 따라서 이 절에서의 과제는 셸링에게 우연 개념이 어떤 의미를 지녔는지 살펴본 후, 그것이 헤겔에게 어떤 형태로 전달되었는지 가늠해 보는 것이다.[16]

---

15 Johann Gottlieb Fichte, "Versuch einer Kritik aller Offenbarung(1792)", J. G. Fichte, *Fichtes Werke*, vol. 5, pp. 108~09.

먼저 셸링은 우연으로부터 많은 의미를 추출하기 위해 칸트가 정립한 독일어 '우연'(Zufall) 또는 라틴어 '우연'(Kontingenz)과 열심히 싸워 나갔다. 그에게 우연은 '우리의 의지나 욕망과 무관하게 존재하는 모든 것'을 말한다. "우리는 전체적으로 있을 수 있으면서 있을 수 없는 것을 우연적이라고 명명한다. …… 더 나아가 자신과 무관하게, 즉 자기 자신과 관련해 ─ 자신의 바람 없이 ─ 우연적인(zufällig) 것, 즉 존재하는 그 무엇(was es ist)도 하나의 우연적인 것(ein Zufälliges)이다."[17] 존재가 가능한 것, 존재가 불가능한 것, 이 모두를 우연 개념 안에 집어넣은 셈이다. 그리고 심지어 자기 의지나 바람과 전혀 무관하게 존재하는 것이라면 그 무엇이 되었더라도 그것은 하나의 우연인 셈이다.

더 나아가 셸링은 본질과 우연을 구별한다. 사물 안에 내재되어 있으면서 변치 않는 영원한 요소 또는 재질로서의 본질은 필연성을 갖는 반면, 그 사물의 현존재, 즉 객관적 실존은 우연성을 갖는다. 바로 이러한 우연 개념을 통해 그는 이 세계와 우주의 알 수 없는 수수께끼 같은 신비를 밝혀 나가고자 했다. 그는 플라톤에서 자신에 이르는 철학적 전통에 동의하면서 '모든 본질적으로 일반적인 것의 필연성'을 '모든 사실적으로 개별적인 것의 우연성'에 대립시켰다. 그에 따르면, "우연성(Zufälligkeit, contingentia)은 언제나 사물의 실존에만 연관되어 있다. 여기, 즉 지금 이 장소에서, 이 순간에 실존하는 식물은 우연적이고, 식물의 본질(Wesenheit)은 필연적이고 영원하다. 그 본질은 달리 될 수도 없고 오직 그렇게 존재하고 안 그러면 전혀 존재하지 않는다."[18]

그러나 셸링은 생애 말년에 일반적인 본질이 아니라 오히려 우연히

---

16 셸링의 우연 담론에 대한 아래의 설명은 다음 문헌을 많이 참조했음을 미리 밝혀 둔다. Franz Joseph Wetz, "Kontingenz der Welt – Ein Anachronismus?", Graeveniz & Marquard, eds., 앞의 책, pp. 81~106, here pp. 89 이하; Hoffmann, 앞의 책, p. 29.

17 Friedrich Wilhelm Joseph von Schelling, *Ausgewählte Schriften*, 6 vols., Frankfurt a. M.: Suhrkamp, 1985, vol. 6, p. 164.

18 Schelling, *Ausgewählte Schriften*, vol. 5, p. 585.

실존하는 것, 요컨대 우연적 사실(kontingentes Faktum)로서의 이 세계를 하나의 수수께끼 같은 사실로 간주했다. 하지만 그에게 이 수수께끼 같은 세계 실존의 경험은, 예컨대 흄 같은 그 직전의 많은 사상가들에게서 그랬던 것처럼, 기독교적이고 형이상학적인 창조철학에 대한 의심에서 연유한 것이 아니라 이성이 특이하게도 유한하면서 무력하다는 느낌에서 연유했다. 피히테와 헤겔에 대해, 그리고 지금까지 자신이 만들어낸 업적에 대해 비판적인 입장에 서서 셸링은 이제, 절대이성만이 의미심장한 질서 연관을 함께 만들어내는 모든 사물의 현존(Was) 또는 본질(Wesen)을 규정할 능력이 있지만, 그 절대이성은 모든 사물이 또한 현실적으로도 실존하게 될 것이라는 사실을 확증할 능력이 없다는 점을 강조했다. 한마디로 절대이성은 가능한 것으로 상상된 세계를 실존하도록 만들 능력은 없는 것으로 선언된다. 그래서 이 세계는 이성에게 존재하지 않을 수도 있었다는 점에서 '우연적인 것'이다.[19]

그렇다면 이 세계는 왜 그리고 어떻게 실존하게 되었는가? 이 난문을 셸링은 우연, 그것도 특이한 우연 개념을 설정하면서 돌파해 나간다. 이른바 '원(原)우연'(Urzufall)이 바로 그것이다. 셸링에게 우연은 '시작의 선행(先行)', 즉 '시작보다 앞서 있는 어떤 것'이라는 의미에서 중요했는데, 이때 우연은 자연철학적 사변 안에서 '주체 발생의 원(原)우연'(Urzufall der Subjektgenese)이 된다.[20] 요컨대 셸링은 그 이전이나 이후의 많은 사상가가 가정했던 것처럼 이 세계의 실존이 필연으로부터 우연히 나온 것이 아니라 반대로 원(原)우연 상태에서 이 세계의 필연적인 질서가 형성된 것으로 생각했던 것이다. 이처럼 우연을 세계와 실존

19 같은 책, p. 640.

20 Friedrich Wilhelm Joseph von Schelling, "Zur Geschichte der neueren Philosophie, aus dem handschriftlichen Nachlass, Münchener Vorlesung(1827)", F. W. J. v. Schelling, *Schellings Werke*, ed. Manfred Schröter, Unveränderter Nachdruck des 1927 erschienenen Münchener Jubiläumsdrucks, 6 vols., München: C. H. Beck, 1958~66, vol. 5, p. 171.

의 필연적 질서에 선행하는 '원(原)우연' 같은 것으로 본 셸링은 그 점에서, 적어도 우연 개념에 관한 한, 독일의 관념철학 안에서 독특한 위치를 차지한다. 이러한 관념들은 훗날 찰스 퍼스(Charles Peirce), 게오르크 짐멜(Georg Simmel), 에른스트 블로흐(Ernst Bloch) 같은 사상가들에게서도 나타난다.

3. 헤겔

서양철학사를 통틀어 우연 개념에 대해 가장 부정적인 평가를 내린 인물이 게오르크 빌헬름 프리드리히 헤겔(Georg Wilhelm Friedrich Hegel, 1770~1831)이라고 주장한다면 분명 과장되었다거나 학술적인 발언이 아니라고 반박할 사람이 있겠지만, 따지고 보면 그렇게 크게 어긋난 주장도 아니다. 그만큼 그는 우연에 관한 한 그 개념상의 긍정적인 가능성뿐만 아니라 변증법적 반전 해석의 여지 등 거의 모든 부분을 부정하고 대체로 절대적인 관점에서 그 개념을 나쁘게만 또는 쓸모없는 것으로만 바라본 대표적인 철학자임에 분명하다. 절대적 관념론 철학의 완성은 그 점에서 우연, 불합리, 감각 등 모든 비합리적인 요소의 철저한 제거와 그것들의 희생 속에서 이루어진 반쪽짜리 성과였다. 그렇다면 헤겔은 우연 개념을 구체적으로 왜 그리고 어떻게 폄하했을까?

헤겔에게 철학적 사유와 작업의 목적은 이 세계를 이성적이고 합리적인 세계로 파악하는 것이었고, 따라서 그러한 작업에 방해가 되거나 도움이 되지 않는 요소와 절차들은 철저히 제거하는 데 있었다. 우연과 우연적인 것이 바로 그러한 제거 대상 제1호였다.

> 존재(Sein)와 함께하는 처음 시작에 관한 한, 직접적인 것으로서 그 존재는 스스로를 하나의 끊임없이 다양하게 규정되는 존재, 하나의 충만한 세계로 묘사된다. 이 충만한 세계는 좀 더 자세히 보면 (우주론적 증명을

통해) 무수히 많은 우연들 그 자체의 집합으로 또는 (자연신학적 증명을 통해) 무수히 많은 목적과 합목적적 상태의 집합으로 규정될 수 있다. 이 충만한 존재를 사유한다는 것은 곧, 그 존재에게서 개별적인 것들과 우연적인 것들의 형식을 벗겨내 버리는 것이자, 그 존재를 하나의 보편적인 존재, 즉자적이고 대자적으로 필연적인 존재, 보편적인 목적에 따라 스스로를 증명하고 활동하는 존재, 위에서 말한 처음 존재와는 상이한 존재, 즉 신으로 인식한다는 것을 뜻한다.[21]

세계는 무수히 많은 우연으로 이루어져 있고 단지 환영에 지나지 않는 영역에 불과하지만, 신은 진정한 존재다. 여기서 세계와 신과의 관계는 마치 플라톤에게 자연과 이데아와의 관계를 연상시킨다. 왜냐하면 플라톤에게서 자연이 이데아의 불완전한 모사였던 것처럼 헤겔에게도 이 세계는 신의 환영에 불과한 것이기 때문이다. 이 세계가 우연적이라는 것은 곧 이 세계가 소멸해 가는 것이고 외관상으로 드러난 것이자 그 자체로 공허한 것이라는 것을 뜻한다. 이러한 세계 존재의 공허성(Nichtigkeit)은 단지 매개 속에서 사라져버리고 마는 매개자일 뿐이다. 무(無)가 무(無)를 매개함으로써 결국 유(有)를 창조해 내는 꼴이다. 결국 이 세계는 근본적으로 공허하고 우연한 존재다. 헤겔에게 철학은 바로 이러한 세계 존재의 공허성과 우연성을 이성의 힘으로 극복하고 현실의 진정한 내용, 즉 진리를 밝혀 나가는 작업이다.

헤겔에게 우연 담론은 그 이전의 또 그 이후의 모든 철학자와 사상가들에게 나타나는 우연 담론과 비교했을 때 전혀 복잡하지 않고 어쩌면 가장 단순하면서도 명쾌하다. 그 이유는 그에게 우연은 거의 일관되게 '부정적이고 소극적이며 비관적인 개념'으로 나타나기 때문이다. 한마

---

21 Georg Wilhelm Friedrich Hegel, "Enzyklopädie der philosophischen Wissenschaften
     I", G. W. F. Hegel, *Werke in Zwanzig Bänden*. Auf der Grundlage der *Werke* von
     1832~45 neu edierte Ausgabe. Redaktion Eva Modenhauer und Karl Markus
     Michel, Frankfurt a. M.: Suhrkamp, 1986, vol. 8, p. 130.

디로 부정적일 수 있는, 또 부정적으로 인식되거나 느껴질 수 있는 모든 개념·단어·이미지가 모두 헤겔의 우연 개념에 들러붙어서 한 무더기로 나타난다. 헤겔에게서 우연 개념의 부정성은 매우 유사하면서도 다양하게 변주되어 나타나지만, 그것은 크게 열 가지 계열로 나누어 고찰할 수 있다.

먼저 주관성 계열이다. 헤겔은 필연의 대(對)개념으로서 우연을 철저히 객관적인 것의 대척점에 있는 주관적인 것으로 이해했다. 가령 『철학백과』 제3권 『정신철학』에서 헤겔은 정신과 감각을 대비적으로 설명하면서 우연적인 것의 의미적 위상을 다음과 같이 규정한다. "**정신적** 내용은 즉자적이고 대자적으로 보편적인 것이고, 필연적인 것이며, 참으로 객관적인 것인 반면, 감각은 무엇인가 개별적인 것이고, 우연적인 것이며, 일면적으로 주관적인 것이다."[22] 정신이 보편성·필연성·객관성을 갖는다면, 감각은 개별성·우연성·주관성을 갖는다. 향후 증거로 제시될 대부분의 문장에서 그렇듯, 여기서도 병렬된 용어들이 유사 개념군으로 이해될 수 있다면, 우연성은 주관성·개별성 등과 한 쌍의 유의어로 간주된다. 앞에서 인용한 문구의 몇 문장 뒤에는 "감각된 내용의 개별화에는 그 내용의 **우연성**과 동시에 일면적으로 주관적인 형식이 기초되어 있다"는 표현이 나온다.[23] 여기서 우연성은 주관적 형식과 동등한 가치와 의미를 갖는 개념들로 배열되어 있다. 『미학 강의』에서도 유사한 주장이 등장한다. 시문학에 대한 설명에서 헤겔은 "서사시에서는 특정 상황들(Umstände)과 외적으로 우연히 발생하는 일들이 주관적인 의지로 통용되며, 인간이 행하는 것은 마치 외부에서 발생하는 것처럼 우리 옆을 스쳐 지나간다"고 주장한다.[24] 여기서 우연히 발생한 일들과

22 Hegel, "Enzyklopädie der philosophischen Wissenschaften III", G. W. F. Hegel, *Werke in Zwanzig Bänden*, vol. 10, p. 99(강조는 헤겔).

23 같은 곳(강조는 헤겔).

24 Georg Wilhelm Friedrich Hegel, "Vorlesungen über die Ästhetik III", G. W. F. Hegel, *Werke in Zwanzig Bänden*, vol. 15, p. 363.

주체의 의지, 즉 우연과 주관은 동격으로 취급된다.

다음은 자의성(恣意性) 계열이다. 만일 주관성이 비객관성을 의미하는 것으로 이해된다면, 자의성이나 임의성도 사실은 주관성 계열에 포함될 수 있을지 모른다. 그러나 주관성이 언제나 객관성을 결여한 것으로 이해되어서도 곤란하고, 또 자의성 자체가 주관성과만 관련되어 있는 것은 아니기 때문에, 여기서는 별도의 계열로 분리해서 설명하고자 한다. 독일어로 '자의'(恣意) 또는 '임의'(任意)를 뜻하는 'Willkür'는 근거와 원인, 논리와 합리 등으로 무장된 또는 객관성과 절대성으로 표상되는 정신 능력으로서 이성과는 정반대의 위치에 서 있는 감성이나 감각 등을 설명할 때 헤겔이 자주 사용했던 용어다. 헤겔 자신의 정의에 따르면, 자의란 "그 자신의 진리 안에서의 의지"가 아니라 오히려 "**모순**으로서의 의지"를 뜻한다. 그래서 '자의'는 곧 '우연성'이다.[25] 이처럼 우연 또는 우연성, 우연적인 것 등을 언급할 때 헤겔이 가장 많이 애용한 단어가 바로 자의다. 가령 『미학 강의』에서 조각을 설명하는 자리에서도 헤겔은 "주관적인 것은 그 자체로 실체적인 것보다 우위에 서면서 경향의 추상적인 특수성으로, 감정과 충동의 자의(Willkür)와 우연성(Zufälligkeit) 속으로 빠져버린다"고 말한다.[26] 『철학백과』 제3권에서도 헤겔은 정신이 객관적 정신으로 발전하는 과정에서 "자기 규정의 **내용**이 우연성이나 자의를 상실한다"고 주장한다.[27] 요컨대 감정과 충동이 갖는 것으로 상정되는 자의와 우연성은 동가(同價)의 단어로 간주된다. 바로 이러한 이유 때문에, 헤겔은 '자의와 우연'이 "절대적인 것의 학문의 개념으로부터 추방당했다"고 선언한다.[28]

---

25 Georg Wilhelm Friedrich Hegel, "Grundlinien der Philosophie des Rechts", G. W. F. Hegel, *Werke in Zwanzig Bänden*, vol. 7, p. 66(강조는 헤겔).

26 Georg Wilhelm Friedrich Hegel, "Vorlesungen über die Ästhetik II", G. W. F. Hegel, *Werke in Zwanzig Bänden*, vol. 14, p. 363.

27 Hegel, "Enzyklopädie der philosophischen Wissenschaften III", p. 297(강조는 헤겔).

28 Georg Wilhelm Friedrich Hegel, "Jenaer Schriften 1801~07", G. W. F. Hegel,

주관성이나 임의성은 곧 세 번째 계열인 비(非)이성과 연결된다. 이때 비이성은, 적어도 헤겔에게서 비(非)지성·상상·감각·감정·사랑 등 비합리적 계열의 용어를 총칭하는 개념으로 이해된다. 사실 우연이 절대적 관념론자 헤겔에게서 비합리성과 연결되어 있었을 것이라는 점은 누구나 예상할 수 있는 내용이다. "지성은 대상으로부터 우연성의 형식을 제거하고, 그 대상의 이성적 본성을 파악하여, 이 본성을 주관적으로 정립하며, 그럼으로써 동시에 역으로 주관성을 객관적 이성성(Vernünftigkeit)의 형식으로 형성한다."[29] 여기서 우연은 단순히 지성과 안티테제를 형성하는 것으로 그치지 않는다. 우연은 지성의 힘을 약화시키거나 제거하는 데까지 나아갈 수 있는 위험한 요소로 부각된다. 따라서 지성은 자신이 파악하려는 대상으로부터 우연의 그러한 횡포와 폭력의 가능성을 차단하거나 무력화하려고 노력해야 한다. 곧 자신이 인식하려는 대상의 이성적 본성을 직시하고 그것을 추출함으로써 그 어떠한 우연적인 것의 공격으로부터 그 대상을 지켜내는 것이 지성에게 주어진 가장 중요한 기능과 역할이다.

비이성 또는 비지성 계열 안에는 '상상', '감각', '사랑' 등도 포함된다. 헤겔은 행위로서의 '느낌이나 상상' 안에 고유의 **우연성**이 담겨 있다고 보았다.[30] 그가 보기에 감각 행위는 이성적 행동이 아니기 때문에, 필연이 아닌 우연이 그 속성으로 참여한다. 사랑도 마찬가지다. 가령 헤겔은 『미학 강의』 중 중세의 기사도와 낭만적 예술을 설명하는 자리에서 아예 '사랑의 우연성'(Zufälligkeit der Liebe)이라는 제목 아래 '사랑'에 대해 다음과 같이 설명한다.

사랑은 단지 이성 간의 끌림에 머물지 않을 뿐 아니라 하나의 풍부하

   Werke in Zwanzig Bänden, vol. 2, p. 108.

29 Hegel, "Enzyklopädie der philosophischen Wissenschaften III", p. 244.

30 같은 책, pp. 135~36(강조는 헤겔).

고 아름다우며 고귀한 정서 속에 자신을 내맡기고, 그 타인과 하나가 되기 위해 생동적이고 활동적이며 용감하고 희생으로 충만해 있는 한, 이 모든 면에서 숭고한 성질을 띠고 있다. 그러나 낭만적 사랑은 동시에 **한계**(*Schranke*)도 갖는다. 즉 낭만적 사랑의 내용이 결여하고 있는 것은 바로 즉자적이고 대자적으로 존재하는 **보편성**(*Allgemeinheit*)이다.[31]

사랑이 절대적인 보편성을 갖지 못하는 한 결국 우연적인 성질을 가질 수밖에 없다. 사랑의 위대성은 이처럼 보편성의 결여라는 대가로 약화되거나 희석되고 만다. 헤겔이 이 문장들을 통해서 절대적인 의미의 영원한 사랑은 없다는 것을 주장하려 했는지의 여부는 분명하지 않다. 하지만 분명한 점은, 헤겔이 위의 문장들을 통해서 사랑이라는 테마가 기사도 문학에서의 서사와 관련해 수많은 외적 사건과 연관되어 있기 때문에 우연, 우연적인 성향을 띨 수밖에 없다는 사실을 강조하고자 했다는 점이다.

네 번째는 개별성 또는 개체성 계열이다. 바로 앞 단락에서 헤겔의 관점에서 사랑이 보편성을 결여하고 있기 때문에 우연성을 갖는다고 주장했는데, 우리는 이를 통해 보편성을 결여한 사랑이 대신 그 반대인 개체성, 즉 개별성을 갖는 것으로 상정해 볼 수 있다. 헤겔은 『철학백과』 제3권에서 "정신은 그 자체로 이성적인 대상을, 이 대상에 달라붙어 있는 우연성, 개별성(Einzelheit), 외재성(Äußerlichkeit)의 형식으로부터 해방해야 하고, 그럼으로써 자기 자신을 자신과는 다른 것과의 관계로부터 자유롭게 해야 한다"고 주장한다.[32] 절대적 정신의 역할을 강조한 이 문장에서 우리가 주목해야 할 점은, 정신이 인식하는 대상들이 우연성, 개별성, 외재성 등의 성질을 갖는다는 것이다. 이 세 가지 성향의 병렬 배열은 곧 등가성을 나타내기에, 우연성과 개별성은 여기서 동의어로

---

31 Hegel, "Vorlesungen über die Ästhetik II", p. 188(강조는 헤겔).
32 Hegel, "Enzyklopädie der philosophischen Wissenschaften III", p. 233.

이해되어도 무방하다. 『정신 현상학』 서문에서도 헤겔은 '**역사학적** 진리들'이 바로 "개별적 현존재, 그 현존재의 우연성과 자의의 측면에 따른 내용, 필연적이지 않은 그 내용의 규정들"을 나타내는 것이라고 적시한다.[33] 역사학이 외적 사실을 다루는 한에서 역사적 진실이란 항상 개별적 현존재와 연관되어 있을 수밖에 없는데, 그 개별적 현존재란 바로 우연성과 자의성을 갖는다는 것이다. 헤겔에게 개별과 개체는 이처럼 언제나 우연적 성질을 갖는다. 물론 그 역도 성립한다. 즉 우연은 언제나 개별적·개체적 속성을 갖는다. 이 같은 인식은 『미학 강의』에서도 나타나는데, 가령 기사도에 대한 설명에서 헤겔은 '기사도'는 "그것이 반응하는 특정 상황의 개별성 때문에 우연성이 된다"고 말한다.[34] 특정 상황, 외적 사건 등은 곧 우연성을 갖는다는 것이다. 또 고전 예술에서 신들의 개별적 행위를 설명하는 자리에서 헤겔은 어김없이 우연성을 언급한다. 그에 따르면, 개별 인간들에게 행사되는 '특정 신의 위력'(Gewalt jedes besonderen Gottes)이 아무리 보편성을 갖는다고는 하지만, 그래도 그 위력 자체는 언제나 '특수한 개체성'(besondere Individualität)으로서 '제한된 범위'만을 갖는데, 그 한계란 곧 '우연성의 측면'을 말한다.[35] 요컨대 신이 인간사에 관여해 행사하는 개별적인 행위는 우연성을 갖는다. 이처럼 헤겔은 인간들의 행위에서는 말할 것도 없고 심지어 신들의 행동에서도 관여될 수밖에 없는 외부 대상 세계가 근본적으로 우연적이며 개별적인 성질을 갖는 것으로 인식했다.

개별성이 좀 더 부정적으로 나아가면 개별화, 즉 파편화와 분해, 해체 등으로까지 이어진다. 헤겔에서 우연성이 개별적·개체적 속성을 갖는 것을 넘어서 사물들을 개별적인 것으로 만들어버리는 성향까지 보인다는 것인데, 그 자신의 표현에 따르면, '한 사물의 우연성'(Zufälligkeit

---

33 Georg Wilhelm Friedrich Hegel, "Phänomenologie des Geistes", G. W. F. Hegel, *Werke in Zwanzig Bänden*, vol. 3, pp. 41~42(강주는 헤겔).

34 Hegel, "Vorlesungen über die Ästhetik II", p. 216.

35 같은 책, p. 108.

eines Dinges)은 '그 사물의 **개별화**'(seine *Vereinzelung*)를 의미하고, 그것은 곧 "다른 사물들과의 **완벽한 연관성의 결여**"(*Mangel des vollständigen Zusammenhanges* mit anderen)를 뜻한다.[36] 이를 풀이하면, 먼저 앞 문구는 우연성이 사물이 하나일 때는 그 사물 안에 있을 수 있는 여러 요소를 서로 별개의 개별로 파편화해 놓는다는 것을, 그리고 사물이 여럿일 경우에는 그 사물들이 서로 아무런 관련이 없는 것들로 분리해 놓는다는 것을 말한다. 다음 뒤의 문구는 우연성이란 사물이 하나일 경우에는 그것이 갖는 내적인 연관성 및 통일성의 결여를, 사물이 여럿일 경우에는 각 사물들 사이의 연관성이나 통합성의 결여를 각각 의미한다는 것이다. 결국 헤겔에게서 우연성은 연관성의 결여, 즉 '관계의 부재' 또는 '관계의 해체'로 이해된다.

개별성으로서의 우연성은 곧 자연스럽게 다섯 번째 계열인 유한성으로서의 우연성으로 넘어가도록 만들어준다. 이 안에는 '유한성' 외에 '일시성', '비자립성', '불완전성' 등의 개념도 포함된다. 정신의 바깥에 있는 사물들이 갖는 것으로 상정되는 이러한 일련의 성질은 굳이 관념론 철학자 헤겔이 아니더라도 누구나 쉽게 머릿속에서 떠올릴 수 있는 것들이다. 『철학백과』 제3권에서 헤겔은 정신착란(Verrücktheit)에서 영혼(Seele)이 오성(Verstand) 및 이성(Vernunft)과 대립된다는 점을 보여주기 위해, 나중에 오성과 이성의 단계에서 나타날 외부 대상의 종합 판단 능력이 아직 없는 상태로서 "영혼은 **의식**으로서 **유한성**(*Endlichkeit*)과 **우연성**의 영역, **그 스스로 외재적인 것**의 영역, 따라서 **개별화된 것**의 영역으로 들어간다"고 주장한다.[37] 마치 중세 때 신적인 것이 무한성과 필연성을 갖는 것으로 가정되고 주장되었던 것처럼, 이제는 헤겔에 의해 절대정신(absoluter Geist)에 이르지 못한 것은 모두 유한하며 우연한 것으

---

36 Georg Wilhelm Friedrich Hegel, "Vorlesungen über die Philosophie der Religion II", G. W. F. Hegel, *Werke in Zwanzig Bänden*, vol. 17, p. 453(강조는 헤겔).

37 Hegel, "Enzyklopädie der philosophischen Wissenschaften III", p. 166(강조는 헤겔).

로 가정되고 주장된다. 이처럼 유한한 것은 곧 이 세상이 헛되고 덧없다는 뜻의 '무상성'과 '임시성'으로도 표현된다.『미학 강의』중 조각의 본질적 내용을 설명하는 자리에서 헤겔은 영원하고 이상적인 형상을 포착하기 위해 조각이 "변하지 않고 머무는 것(das Unveränderliche und Bleibende), 그렇게 규정된 것의 실체(Substanz dieser Bestimmtheit)"를 파악해야지 "우연적이고 일시적으로 휙 지나가버리는 것"(das Zufällige und Vorübereilende)을 테마로 삼아서는 안 된다고 강조한다.[38] 우연적인 것과 일시적인 것을 등가 배열한 이 언급에서도 역시 고대부터 중세를 넘어 근대까지 이어지던 '실체와 우유(우연)의 대립'이 연상된다. 비자립성도 마찬가지다.『철학백과』제2권『자연철학』에서 헤겔은 자연 속의 모든 물체는 자신의 중심, 즉 참된 것으로 향하는 성질이 있는데, 개별 질량은 이 참된 것과는 반대로 '비자립적인 것, 우연적인 것'(ein Unselbstständiges, Zufälliges)이라고 말한다.[39] 우연은 그 스스로 완전한 독립적 실체가 될 수 없다는 뜻이다. 우연의 비자립성은 개념상 우연의 불완전함으로 이어진다.『정신 현상학』서문에서 헤겔은 지식의 개념이 완벽한 상태에 이르는 도정에서 겪게 되고 극복되어야 할 '우연적으로 철학하기'(ein zufälliges Philosophieren)를 설명하는 자리에서 '우연성'이 '불완전한 의식'을 초래한다고 역설한다.[40] 우연이란 결국 헤겔에게는 일시적이고 임시적이며 불완전한 것을 의미하는데, 이로 미루어 그에게서 우연은 마치 우리의 인생 자체를 표상하는 듯 보인다.

여섯 번째는 외재성 또는 외면성 계열이다. 여기에는 피상성, 현실성, 외적 객관성, 외적 필연성 등의 개념도 포함된다. 외재성은 이미 앞서 개별성과 유한성 계열을 설명할 때 인용했던 문장에서도 한 차례씩 나왔던 개념인 데다,[41] 더구나 외부 대상 세계가 우연성을 갖는다는 점

---

38 Hegel, "Vorlesungen über die Ästhetik II", p. 365.
39 Hegel, "Enzyklopädie der philosophischen Wissenschaften II", p. 72.
40 Hegel, "Phänomenologie des Geistes", p. 38.
41 Hegel, "Enzyklopädie der philosophischen Wissenschaften III", pp. 166, 233.

을 반복해서 지적했기에 여기서 별도의 부가 설명은 생략하기로 한다. 거의 동일한 개념으로서 피상성도 우연이 갖는 특성이라고 헤겔은 언급한다.『철학백과』제3권에서 그는 쾌락과 불쾌의 감정을 논하면서 그러한 감정을 통한 판단이 "하나의 완전히 **피상적**이고 **우연적인**"(ein ganz *oberflächliches* und *zufälliges*) 판단(Urteil)일 뿐이라고 일갈한다.[42] 더 나아가 헤겔은『철학백과』제1권에서 '우연성과 가능성'이 '현실성의 계기들'(Momente der Wirklichkeit)이라고 주장한다.[43] 여기서 특기할 점 두 가지는, 첫째 헤겔이 양식 범주(Modalkategorie)로서 '가능성'을 다른 선대의 철학자들과 마찬가지로 '우연성'과 등가 개념으로 자연스럽게 수용했다는 점이고, 또 하나는 그 두 개의 범주 개념을 현실성의 계기들로 간주하면서 '우연의 현실성'을 역시 자연스럽게 인정했다는 점이다. 계기라는 단서가 붙기 때문에, 우연이 마치 이성에 대해 그랬던 것과 같이 현실 그 자체로 규정되지는 않지만, 그래도 현실이 우연적인 성질을 갖고 있고, 반대로 우연이 현실적인 것일 수 있음을 강조하는 내용은 앞의 인용 문구 주변 곳곳에서 발견된다.『종교철학 강의』에서도 헤겔은 "경험과 현상의 영역 위에서 경험적 개별자로서의 모든 대상은 우연성의 규정을 갖는다"고 말한다.[44] 경험적 대상은 모두 우연적으로 규정된다는 뜻이다. 물론 이성의 법칙이 지배하는 현실 세계가 이성적이라고 생각했던 헤겔의 입장에서 보면 현실이 무조건 우연에 의해 지배된다고 주장할 수는 없을 것이다. 하지만 그는 적어도 가능성 또는 계기를 전제로 한다면 이 현실 세계가 충분히 우연적일 수 있다고 보았다. 가능성으로서의 현실성은 곧 우연성이라는 것이다.

따라서 '외적 객관성'과 '외적 필연성'으로서의 현실이 우연적이라는 주장은 상당히 논리적으로 보인다. 헤겔은 실제로 '우연성'을 개념적으

---

42 같은 책, p. 293(강조는 헤겔).

43 Hegel, "Enzyklopädie der philosophischen Wissenschaften I", p. 285.

44 Hegel, "Vorlesungen über die Philosophie der Religion II", p. 400.

로 "외적 객관성에 의존되어 있음"으로 규정한다.[45] 이미 앞서 언급했 듯이, 우연이 첫 번째 계열로서 주관성의 의미를 갖고 있다는 점을 감안 하면, 여기서 외적 객관성은 '외재적'이라는 수식어의 단서를 통해 거 의 주관성과 유사한 개념으로 전화된다. 이 점이 인정된다면, '외적 필 연성으로서의 우연'도, 적어도 헤겔에게서라면, 전혀 이상하거나 어색 할 것이 없는 개념이 된다. 『세계사의 철학 강의』 제1권 『역사에서의 이 성』 가운데 역사를 철학적으로 관찰하는 것이 갖는 의미를 설명하는 자 리에서 헤겔은 우연성을 다음과 같이 정의한다.

철학적 관찰은 **우연적인 것을 제거하는 것** 이외의 그 어떠한 **다른 의도도** 갖지 않는다. 우연성은 외적 필연성, 즉 단지 외적인 특정 상황에 불과한 원인 들로 환원되는 필연성과 동일한 것이다.[46]

번역투의 문장이라 쉽게 와 닿지 않는 위의 인용문을 해석하면 이렇 다. 우선 철학이 헤겔에게서 우연성을 제거하고 절대적 객관성을 인식 하는 작업이었다는 점은 여러 차례 언급되었다. 문제는 우연성이 외적 필연성과 동일하다는 것이다. 외적 필연성은 여기서 우연성과 반대되 는 개념으로서의 필연성이 아니라 외적인 특정 돌발 상황을 야기하는 원인들로부터 기인하는 필연성을 말한다. 이러한 피상적 원인들에 근거 하는 필연성이 곧 외적 필연성이다. 더구나 앞의 인용문 다음에 이어지 는 헤겔의 논의는 우연성, 즉 외적 필연성의 사소함을 더욱 명확히 해준 다. 그는 여기서 우리가 역사 세계에 있는 보편적인 최종 목적을 찾아내 려고 노력해야지, 특정한 주관적 정신이나 기분 따위의 목적을 알아내 려고 애써서는 안 된다는 점, 그래서 이성적인 것을 절대적 존재자로 인

45 Hegel, "Enzyklopädie der philosophischen Wissenschaften III", p. 295.

46 Georg Wilhelm Friedrich Hegel, "Die Vernunft in der Geschichte", *Vorlesungen über die Philosophie der Weltgeschichte*, vol. 1, Hamburg: Felix Meiner, 1994, p. 29 (강조는 헤겔).

정해야 된다는 점, 희망의 세계가 결코 우연의 처분에 내맡겨지지 않는다는 믿음과 생각을 역사에 가져다주어야 한다는 점 등을 주장해 나간다. 한마디로 역사 세계에서는 이성의 법칙이 지배하기에 우리는 객관적 정신의 힘으로써 외적 원인인 우연성을 제거하고 내적 원인인 보편성과 필연성을 정립하려고 노력해야 한다는 것이다.[47]

일곱 번째는 변화성 계열이다. 외재성을 갖는 우연성은 언제나 변화에 노출되어 있을 수밖에 없다. 변화의 조건이 시간이든 공간이든 중요하지 않다. 어떤 조건 속에서도 우연이 쉽게 변할 수 있는 성향을 갖고 있다는 점을 우리가 잘 인식하는 것이 중요하다. 이 계열은 변화 가능성 외에 다양성, 차별성, 상대성, 비일관성, 비매개성, 착종, 복합성, 무규칙성 등의 개념을 포괄한다. 헤겔은 『철학백과』 제3권 중 감각을 설명하는 자리에서 '검은색'에는 "우연성, 다양성(Mannigfaltigkeit) 그리고 변화성(Veränderlichkeit)이 들어설 구석이 없다"고 말한다.[48] 『미학 강의』에서는 고전 예술의 형식이 해체되는 과정을 설명하면서 신들의 **다수성**(*Vielheit*)과 **차이성**(*Verschiedenheit*)은 그들의 **우연성**(*Zufälligkeit*)이다"고 적고 있다.[49] 좀 뒤에 가서 헤겔은 이제 조각의 본질적 내용을 설명하면서 실체적인 것, 참된 것으로 완성되는 '정신적인 것', 이른바 "우리가 신성(Göttlichkeit)이라고 부르는 것"이 '유한성', 즉 "우연적 현존재로, 차이를 띠는 것으로, 변화하는 운동으로 해체되어 버리는 것"과 정반대임을 강조한다.[50] 이들 인용문에서 우연은 단순성, 항상성, 무한성의 반대개념으로서 다양성, 차이성, 변화성 등으로 읽힌다. 더 나아가 헤겔

---

47 역사에서의 우연과 필연 문제, 이성과 현실 사이의 관계에 대해서는 이 책 제3부에서 좀 더 내밀하게 논의할 것이다.

48 Hegel, "Enzyklopädie der philosophischen Wissenschaften III", p. 108. '무한히 다양한 것'을 '우연적인 것'과 동등한 의미로 사용한 사례로 다음 문헌도 참조. 같은 책, 171쪽.

49 Hegel, "Vorlesungen über die Ästhetik II", p. 108(강조는 헤겔).

50 같은 책, p. 364.

은 "이리저리 등장하는 우연적 사건들"을 "상대적 상황들이나 특징들"에 불과한 것으로 표현하면서,[51] 우연을 '상대적 성질'을 지닌 것으로 이해하기도 한다. 그 밖에도 그에게서는 우연이 '매개되어 있지 않은 것'(ein Unvermitteltes), 즉 비매개성으로 바라본 사례[52]와 '뒤엉킨 것들'(Verwicklungen), 즉 일종의 착종으로 이해한 사례[53] 그리고 심지어 '혼동'(Verwirrung)으로 인식한 사례[54]까지도 발견된다. 끝으로 이 계열 안에는 무규칙성도 포함되는데, 가령 헤겔은 『철학백과』 제2권에서 자연으로서의 이념(Idee)을 설명하면서 이념의 '무관심한 우연성'과 '규정할 수 없는 무규칙성(Regellosigkeit)'을 인접 개념으로 나란히 병기하고 있다.[55] 여기서의 무규칙성은 비규칙성(Unregelmäßigkeit)으로도 해석할 수 있는데, 사실 우연하다는 것은 본래 일정한 규칙성을 갖고 있지 않다는 점에서, 어쩌면 이는 헤겔에게서 발견되는, 우연에 대한 가장 일반적이고 평이한 개념 정의라고 할 수 있다.

일곱 번째 계열까지는 그래도 우연성이 현실과 직간접적으로 연관된 담론 속에서 논의되었기 때문에 부정적이라고 해봤자 기껏 합리성, 목적성, 인과성 등을 결여한 비합리적인 개념, 심지어 나름의 객관성과 최소한의 긍정성을 확보하고 있는 개념으로 인식되었지만, 이제부터 펼쳐질 나머지 세 개의 계열은 아주 부정적인 개념으로서의 우연성이다.

여덟 번째는 무위성(無爲性) 계열이다. 이 계열 안에는 무위, 공허, 무가치, 무의미 등의 개념이 포진되어 있다. 가령 헤겔은 『철학백과』 제3권에서 '지성'이 마지막에 가서 자신을 충전하는 도구인 "객체(Objekte)에는 그것이 갖고 있는 직접성 때문에 외적 현존재가 지닌 모든 우연성, 공허성(Nichtigkeit), 비진리(Unwahrheit)가 달라붙어 있다"고 주장하

51 Hegel, "Vorlesungen über die Ästhetik III", p. 267.
52 Hegel, "Enzyklopädie der philosophischen Wissenschaften III", p. 166.
53 Hegel, "Vorlesungen über die Ästhetlk II", p. 198.
54 Hegel, "Phänomenologie des Geistes", p. 162.
55 Hegel, "Enzyklopädie der philosophischen Wissenschaften II", p. 34.

는데,[56] 이때 우연성은 공허성, 비진리와 더불어 모든 외재적·객관적·직접적 현실에 마치 접착제처럼 들러붙어 있는 주요 속성이 된다. 여기서 우연은 무효, 부재, 공허 등으로 표상되는데, 쉽게 말하면 우연은 아무것도 아닌 그 무엇이며, 아무것도 없는 상태, 즉 한마디로 무(無)를 말한다. 또 헤겔은 『미학 강의』에서 시문학에 대한 논의 중 역사서술자가 "그 스스로 아주 우연적이고 무의미한 것"(das in sich selbst ganz Zufällige und Bedeutungslose)을 제거하려고 노력해야 한다고 설파한다.[57] '우연성'이 이제는 '무의미성'과 동가(同價) 개념으로 처리되고 있음을 알 수 있다.

아홉 번째는 반(反)법칙 계열이다. 이 계열 안에 배치되어 있는 개념들로는 반법칙성 외에 무개념성, 비본질성, 불투명성, 혼탁성 등이 있다. 헤겔은 『철학백과』 제3권의 상상력(Einbildungskraft)을 설명하는 자리에서 '자의와 우연성'을 '하나의 법칙의 반대물'(Gegenteil eines Gesetzes)을 의미하는 것으로, 그리고 **'우연'**(Zufall)을 '개념이 없는 것'(das Begrifflose)과 동일한 것으로 기술한다.[58] 이미 앞서 네 번째 계열인 '개별성'의 부정적 파생물로 '연관성의 결여'를 언급했는데, 바로 이 특징이 더 부정적으로 나아가면, 헤겔에게 우연성은 곧 '법칙성의 결여'를 의미한다. 한 사물이 갖고 있는 것으로 상정되는 일관성, 체계성, 통일성, 연관성을 한마디로 하면 법칙성이 될 수 있다. 우연은 바로 법칙성을 갖고 있지 못한 상태를 말한다. 그리고 그것은 역시 개념도 결여한 것으로 인식된다. 비본질성도 이 연관에서 언급할 수 있다. 헤겔은 『철학백과』 제2권에서 "우연성은 물론 자신의 영역을 갖지만, 그러나 다만 비본질적인 것에서(im Unwesentlichen)만 그럴 뿐"이라고 일갈하면서 우연이 '비본질적인 것'임을 강조한다.[59] 물론 이러한 특성들은 자연스

---

56 Hegel, "Enzyklopädie der philosophischen Wissenschaften III", p. 244.
57 Hegel, "Vorlesungen über die Ästhetik III", p. 260.
58 Hegel, "Enzyklopädie der philosophischen Wissenschaften III", p. 263(강조는 헤겔).
59 Hegel, "Enzyklopädie der philosophischen Wissenschaften II", p. 350.

럽게 한 사물을 인식하는 데서의 불투명성과 혼탁성으로 이어진다. 역시 『철학백과』 제3권에서 헤겔은 '직관'이 바로 '투시'(Hellsehen)인데, 이러한 투시는 그 자신의 '불투명성'(Trübheit), 즉 혼탁함을 갖기 마련이기에 '느낌이나 상상력'에 고유한 **우연성**에 내맡겨져 있다고 주장한다.[60] 이 주장은 직관 안에는 느낌이나 상상력이 갖는 우연성의 요소로서 불투명성이 있기 마련이라는 내용으로 해석할 수 있다.

마지막 계열은 부당성이다. 공허함과 반법칙을 넘어 이제 우연성은 헤겔에게 비진리와 부당함, 심지어 악마성을 함축하는 개념으로 나아간다. 비진리는 공허성을 얘기할 때 이미 인용되었기에 넘어가도록 하자. 다만 공허성 계열에서의 비진리가 '참이 아니다'를 뜻했다면, 이곳 부당성 계열에서의 비진리는 '거짓이다'를 의미할 수 있다는 점이 지적되어야 할 것이다. 참이 아닌 것이 모두 거짓인 것은 아니지만, 거짓인 것은 결코 참일 수 없다. 따라서 이때의 비(非)진리는 차라리 반(反)진리에 가깝다. 공허성 개념도 마찬가지로 비교될 수 있다. 공허성 계열에서의 공허성이 '의미가 없다'는 것을 뜻하지만, 부당성 계열에서의 공허성은 '허위이다'가 된다. 실제로 『법철학』에서 헤겔은 '자의'와 '우연'을 '오류'(Irrtum)와 병렬하고 있다.[61] 이처럼 거짓, 허위로서의 우연은 부당함을 표상하기 마련이다. 헤겔은 『미학 강의』에서 중세 기사도에서의 사랑이 충돌할 때 언제나 '우연성과 부당함의 측면'(eine Seite der Zufälligkeit und Berechtigungslosigkeit)을 갖게 된다고 역설한다.[62] 우연이 정당하지 못함에 비유된 경우다. 그러나 헤겔은 여기서 한걸음 더 나아가 우연을 최악의 부정적 단계로 끌어올린다. 마지막에 가서 우연은 그에게서 바로 악에 비유된다.

---

60 Hegel, "Enzyklopädie der philosophischen Wissenschaften III", pp. 135~36(강조는 헤겔).

61 Hegel, "Grundlinien der Philosophie des Rechts", p. 404.

62 Hegel, "Vorlesungen über die Ästhetik II", p. 189.

악은 **당위**에 대한 **존재**의 부적합함 이외의 다른 것이 아니다. 이 당위는 많은 의미들을 갖고 있는데, 왜냐하면 우연한 **목적들도** 마찬가지로 당위의 형식을 갖고 있기 때문이다. 그것도 무한히 많은 형식들을 말이다. 그 우연한 목적들의 관점에서 보자면, 악은 우연한 목적들의 상상이 갖고 있는 무상함이나 공허함에 행사되는 권리일 뿐이다. 우연한 목적들은 이미 그 자체가 악이다.[63]

물론 '우연'이 아니라 '우연한 목적'이 악이라는 말이지만, 이미 '우연한'이라는 형용사를 갖는 명사가 악으로 비유되었다는 것은 우연이 악마성을 내포하고 있다는 뜻으로 해석해도 무방할 것이다. 우연성에 대한 부정적 인식이 최고조에 달한 경우라고 할 수 있다.

헤겔에게 우연은 이처럼 열 가지 계열의 의미연관을 갖는 것으로 분석되었지만, 물론 그것만이 전부는 아니다. 기타 계열로 운명, 행운, 불행 등, 즉 나중에 역사서술 분야에서 집중적으로 다루어질 우연의 유사 개념도 그에게서 발견된다. 가령 1832년 베를린 대학에서 행한 『예술철학 강의』에서 헤겔은 '우연성'을 "우리가 운명이라고 부르는 것"으로 정의한다.[64] 또 이 문구 다음에는 "행, 불행이 우연에 속한다"는 표현이 나온다.[65] 특이한 점은 '우연'과 달리 '운명'에 대해서는 긍정적인 표현이 많이 등장한다는 점이다. 헤겔은 『미학 강의』의 시문학 중 서사시에 대한 서술에서 극시와 달리 서사시에서는 운명이 이미 정해져 있기 때문에 '운명'(Schicksal)이 모든 것을 지배한다고 말하면서, "이 운명(Verhängnis)이야말로 위대한 정의(Gerechtigkeit)"라고 주장한다.[66] 물론 우연에 대한 이런 식의 개념 정의, 즉 운명이나 행, 불행 등과 연관시키

63 Hegel, "Enzyklopädie der philosophischen Wissenschaften III", pp. 292~93(강조는 헤겔).
64 헤겔, 『헤겔 예술철학』, 한동원·권정임 옮김, 미술문화, 2008, 402쪽.
65 같은 책, 403쪽.
66 Hegel, "Vorlesungen über die Ästhetik III", p. 364.

는 방식은 앞에서 다루었던 열 개의 의미연관에 비하면 상당히 드물고 그 비중 또한 작기에, 이에 대해 더 상세한 논의를 하는 것은 큰 의미가 없어 보인다.

그 밖에 아리스토텔레스 이래 수많은 철학자에게 심심찮게 언급되었던 '가능성'이나 '잠재력' 또는 '자유'로서의 우연성 개념이 언급될 수 있지만, 헤겔에게서는 이들 개념이 너무 방대하고 복잡해 그 자체로 또 하나의 연구 테마가 될 수 있기 때문에, 이 또한 여기서는 생략하기로 한다.[67] 가령 '가능성'만 보더라도 그에게는 보편적 가능성, 실재적 가능성, 잠재적 가능성, 절대적 가능성 등의 개념이 분화되어 있고, 유사 개념으로서 '자유' 또한 그의 핵심 개념으로서 객관적 자유, 주관적 자유, 법적 자유, 이성적 자유, 인격적 자유, 인륜적 자유, 추상적 자유, 현실적 자유, 형식적 자유, 절대적 자유 등 매우 방대하고 복잡한 의미를 담고 있으며, 그 밖에 가능태, 우유, 실체, 인과성, 현실성 등 인접 개념이 수도 없이 등장하기 때문이다.

그러나 아무리 이들 개념에 대한 자세한 논의는 생략한다 하더라도 우연성의 대(對)개념으로서 '필연성'만은 잠깐이나마 언급하고 지나가야 할 듯하다. 우선 우연의 대(對)개념에는 '필연성' 외에 '절대성', '총체성', '보편성', '일반성', '객관성', '통일성', '동일성', '완벽성', '독립성', '무한성', '영원성', '항상성', '내재성', '구체성', '실재성', '법칙성', '규칙성', '투명성', '정당성', '진리', '본질', '실체', '정신', '지성', '이성' 등이 있다. 이 수많은 개념 중에서 우연성의 가장 대표적인 반대 개념이라고 하면 역시 단연 필연성이 손꼽히지만, 이 모든 개념이 사실은, 적어도 헤겔에게는 필연성 안에 포함되어 있거나 필연성의 유사개

---

67 '가능성(Möglichkeit)과 현실성(Wirklichkeit)의 종합' 또는 '가능성과 필연성의 종합'으로서의 우연에 대해서는 다음 문헌 참조. Georg Wilhelm Friedrich Hegel, "Wissenschaft der Logik II", G. W. F. Hegel, *Werke in Zwanzig Bänden*, vol. 6, pp. 202~07. '자유'로서의 우연에 대해서는 다음 문헌 참조. Hegel, "Wissenschaft der Logik II", p. 239.

념, 인접개념, 접점개념으로 이해된다. 헤겔에게 필연성은 당위이고 절대이며, 정신이다.[68] 그런데 우리를 더욱 혼란스럽게 하는 것은, 헤겔의 변증법적인 동일성 철학(dialektische Identitätsphilosophie)에 따르면, 필연성 안에 우연성이 포함되어 있고, 우연성 안에 필연성이 포함되어 있으며, 따라서 필연성과 우연성은 일상의 현실 세계보다 더 상위의 고차원적인 영역에서 변증법적인 하나로 통일되어 있다는 것이다. 이것이 바로 헤겔 특유의 절대적 관념론 철학이다. 결국 그에게 현실 세계는 외관상 또는 현상적으로는 주관적 정신과 감각이 지배하는 우연의 세계였지만, 내면적으로 그리고 궁극적으로는 객관적 정신과 이성이 관장하는 필연의 세계였다. 헤겔은 현실이 우연이지만 그러한 우연적 현실을 객관적인 절대정신으로써, 즉 필연으로써 극복해야 하는 것이 철학의 과제이자 우리의 사명이라고 생각했다.

그러나 헤겔에게 우연 개념이 아무리 '부정적인 것'에서 필연성 계열의 개념들과의 변증법적 종합을 통해 마지막 상위의 단계에서 이처럼 '긍정적인 것'으로 승화되었다 하더라도, 우연 개념 자체에 대한 헤겔의 고찰에서 보여주었던 전체적으로 수많은 부정적인 관념이 사라지지는 않는다. 사라지기는커녕 오히려 헤겔에게서 우연성은 매우 부정적인 개념으로 우리에게 각인되어 전해진다. 따라서 다음 절에서 살펴보겠지만 헤겔 이후 그를 거부하거나 비판했던 주요 철학자와 사상가들, 이른바 반(反)헤겔주의자들에게 우연 개념이 상대적으로 긍정적으로 평가되었던 것은 어쩌면 당연한 현상이라고 할 수 있다.

---

68 헤겔의 필연성 개념에 대해서는 다음 문헌 참조. G. W. F. Hegel, *Werke in Zwanzig Bänden*, vol. 2, p. 108; vol. 3, pp. 55, 123 이하, 135; vol. 4, pp. 181, 280; vol. 6, pp. 124, 186, 202~17, 239, 427, 511, 541; vol. 7, pp. 218, 343, 429; vol. 8, pp. 52, 282, 288, 294, 303; vol. 9, p. 34; vol. 10, pp. 93, 189, 303; vol. 11, p. 243; vol. 12, p. 41; vol. 16, pp. 82, 265 이하; vol. 17, pp. 20, 24~31, 68 이하, 99, 110, 157, 309, 420, 458; vol. 18, p. 112; vol. 19, p. 180 등.

4. 마르크스

반혜겔주의자들에 대한 논의에 앞서 헤겔과 마찬가지로 우연에 대해 적대적이었던 또 한 명의 중요 사상가로 카를 마르크스(Karl Marx, 1818~83)가 있었다는 사실은 언급하고 넘어가야 할 듯하다. 앞서 살펴보았던 매우 약화되고 축소된 헤겔적 우연 관념은 심지어 마르크스에게서조차 그대로 반영되어 나타난다. 그의 변증법적 유물론과 사적 유물론 안에서 '우연'은 단지 '필연성의 현상 형식이자 보완'에 불과했다.[69] 물론 이때의 필연성은 신의 필연성이 아니라 이 세계의 필연성이지만 말이다. 중세 때의 신이 최근세에 들어와 세계로만 바뀌었을 뿐 우연이 차지하는 역할과 기능은 적어도 헤겔과 헤겔주의자들에게서 거의 사라지게 된 것이다.

먼저 사적 유물론자들에게 우연은 자연과 사회 안에서 내재적 본질 현상이 아니라 현실적 표면 현상으로 인식되었다.[70] 가령 마르크스의 평생의 지적 동반자였던 프리드리히 엥겔스(Friedrich Engels, 1820~95)는 사회의 표면적 현상을 종국에 가서 사건적 우연과 더불어 하나의 지속적인 '목적의 이질성'으로 규정짓고, '역사의 흐름'을 자연과정과 유사하게 하나의 역사적 사회과정이라는 의미에서 필연적으로 구조화하고 조정하는 것은 감추어진 '심오한' 사회경제적 '법칙들'이라고 주장했다.[71] 풀이하면, 우연적 사건들이 제아무리 역사 과정에 커다란 영향

---

69 Cf. Herbert Hörz, "Zufall-Eine philosophische Untersuchung", H. Hörz, *Schriften zur Philosophie und ihrer Geschichte*, ed. Akademie der Wissenschaften der DDR, vol. 24, Berlin: Akademie-Verlag, 1980.

70 아래의 사적 유물론에서의 우연 개념에 대한 서술은 다음 문헌을 많이 참조했음을 밝혀 둔다. Hoffmann, *Zufall und Kontingenz in der Geschichtstheorie*, pp. 29~30.

71 Friedrich Engels, "Ludwig Feuerbach und der Ausgang der klassischen deutschen Philosophie(1886)", *Marx-Engels-Werke(=MEW)*, ed. Institut für Marxismus-Leninismus beim Zentralkomitee der SED, 43 vols., Berlin: Dietz-Verlag, 1956~

을 주는 것처럼 보여도 궁극적으로는 보이지 않는 필연적 법칙들에 의해 조정되고 통제된다는 것이다. 여기서 우연은 영원히 필연에 종속된다.

그러나 역사가 변증법적·단계적·법칙적 발전 도식에 따라 변화해 간다고 보았던 사적 유물론자들에게서 우연이 이처럼 필연에 의해 규제된다는 당연한 생각이 때로는 전혀 당연하지 않게 거부되거나 때로는 다른 방향으로 수정되어 펼쳐지기도 했다. 가령 마르크스는 우연을 역사 발전의 시간 요소로 해석하기도 했다. 그의 발언을 직접 들어보자.

> 만일 우연적인 것들이(Zufälligkeiten) 어떠한 역할도 하지 않았다면 세계사는 물론 아주 편안하게 만들어졌을 것이다 ……. 이 우연적인 것들은 당연히 발전 과정 안에 들어와 버렸고, 다른 우연적인 것들을 통해서 다시 보상받게 된다. 그러나 [어떤 사건의] 가속화[빨리 일어나는 것]와 지체[천천히 일어나는 것]는 그런 우연적인 것들에 상당히 의존한다. 그것들 중에는 사람들의 성격의 '우연'도 …… 작용한다.[72]

우연이 다른 우연에 의해 보상받는다는 '우연의 보상 이론'이다. 우연을 그 자체적으로 힘을 갖는 독립적 인식 요소로 인정하기보다는, 마치 중세 때 신의 섭리나 르네상스 시기의 행운의 여신처럼, 긍정적이고 낙관적으로 바라보려는 경향이 짙게 나타난다. 우연은 결코 인간 사회에 가혹하게 작용하는 것이 아니라 하나의 우연이 인간 세상에 시련을 주었다 하더라도 언젠가 다른 우연에 의해 그것이 보상받고 무마되기에, 전체적으로 보면 인간 세상의 행복과 불행은 평균적으로 동등하게 상쇄된다는 이론이다. 이 얼마나 순진하고 낙관적인 전망인가?

90, vol. 21, pp. 296~97; Cf. Friedrich Engels, "Dialektik der Natur(1925)", *MEW*, vol. 20, pp. 486~90.

72 Karl Marx in einem Brief an Ludwig Kugelmann vom 17. April 1871, *MEW*, vol. 33, p. 209. 마르크스의 우연 개념에 대해서는 다음 문헌도 참조. *MEW*, vol. 3, pp. 71, 75; *MEW*, vol. 17, p. 33; *MEW*, vol. 37, p. 463.

이러한 낙관적인 우연 이론도 따지고 보면, 그 우연에 독립적 의미와 지위를 부여해서라기보다는 그 우연을 필연의 지배와 통제를 받는 것으로 치부했기 때문에 나온 것으로 보아야 할 것이다. 왜냐하면 우연적 사건들은 사적 유물론자들이 생각했던, 정해진 궤도를 따라 움직이는 인류의 역사라는 거대한 열차가 철로에서 이탈하여 탈선하고 전복되는 데 결정적인 원인으로 작용할 수 있기 때문이다. 우연은 사적 유물론자들에게 현실적으로는 인정받았지만, 심정적으로는 받아들여지지 못했다.

5. 반(反)헤겔주의자들: 쇼펜하우어, 키르케고르, 니체

이제 본격적으로 반헤겔주의자들에게 나타나는 우연 담론을 살펴보자. 헤겔이 우연에 대해 부정적인 생각을 갖고 있었다면, 반헤겔주의자들은 우연을 긍정적인 개념으로 수용했다기보다는 굳이 부정적으로 바라볼 필요가 없다는 입장을 취했다고 말하는 편이 더 적절할 것이다. 물론 오늘날 포스트모던 철학자들의 정신적 원조이자 지주로 간주되는 니체에게서는 우연에 대한 적극적이고 긍정적이며 낙관적인 관점이 돋보이기는 하지만, 19세기라는 시간적 공간은 20세기와 비교했을 때 여전히 과학과 기술, 진보와 계몽, 이성과 합리가 그 반대의 이념이나 가치를 압도한 시기였기에, 우연이 당시에 그 자체로 하나의 독립적이고 자립적인 긍정 개념으로 인정받기에는 한계가 있었다.

동시대인으로서 가장 먼저 헤겔 철학에 반기를 든 아르투어 쇼펜하우어(Arthur Schopenhauer, 1788~1860)는 칸트의 정신적 수제자답게 우연 개념에 긍정적으로 접근한다. 우선 그는 「충족이유율의 네 가지 뿌리에 대하여」라는 논문에서 우연을 "인과 결합에 있지 않은 사건들의 시간에서의 연속"이라고 정의한다. 요컨대 '시간 속에서 인과성이 없는 사건들의 연속 또는 결합'이 바로 우연이다. 그 개념은 쇼펜하우어에 따르면, "결합되지 않은 것의 만남(Zusammentreffen)이나 동시에 발생함(Zusammenfallen)"에서 유래한다. 가령 "내가 문 앞에 나서자마자 지붕에서 벽돌이 떨어져 나를 맞혔다. 그렇다면 벽돌의 떨어짐과 내가 걸어나옴 사이에는 아무런 인과 결합이 없지만, 그래도 나의 걸어나옴이 벽돌의 떨어짐에 선행하고, 나의 자의에 의해 주관적으로가 아니라 나의 각지(各肢)에서 객관적으로 정해진 계열은 있다."[73] 쇼펜하우어에게 '우연'은 이처럼 적어도 '하나 이상의 사건의 결합'을 전제로 하고, 더불어 그것들이 서로 '무인과성'(無因果性)과 '시간적 연속성'이라는 두 개의 중요한 요건을 갖추어야만 성립된다. 쉽게 말해서 두 사건 또는 두 개 이상의 사건 사이에 인과관계가 없어야 하고, 그러면서 그것들이 시간 속에서 선행과 후행 등 서로 결합되어 있어야 하며, 심지어 일정한 계열 안에 놓여 있어야 한다. '원인이 없는 사건들의 연결'이 곧 우연이다. 그처럼 인과성이 없는 사건들이라면 당연히 서로의 연관성이 없기 때문에 개별화 또는 파편화되어 있기 마련인데, 쇼펜하우어는 우연에 속하는 그 사건들을 '시간'이라는 고리로 연결해 놓았다. 이 얼마나 천재적인 발상인가! 그런데 여기서 의문이 하나 든다. 아무리 쇼펜하우어의 우연 개념에서 방점이 '시간적 연속성'보다는 '무인과성'에 찍혀 있다 하더라도, 그처럼 연관성이 없는 사건을 시간적 계기 속에 연속으로 묶어놓은 것을 우연이라고 정의할 수 있는가 하는 점이다. 우연을 개별성, 무(無)연관성, 무(無)법칙성 등의 관점에서 바라본 헤겔과는 달라도 너무 다른 독법(讀法)이 아닐 수 없다. 그 진의가 어디에 있든, 쇼펜하우어의 이런 식의 정의가 전통적인 관점에서 이탈한 것임은 분명하다.

우연에 대한 이처럼 특이한 독법은 쇼펜하우어의 주저 『의지와 표상으로서의 세계』에서도 잘 드러난다. 그는 여기서 '물질'을 "시간과 공간

---

73 Arthur Schopenhauer, "Über die vierfache Wurzel des Satzes vom zureichenden Grunde", A. Schopenhauer, *Werke in zehn Bänden*, Zürich: Diogenes, 1977, vol. 5, p. 104(=Kap. 4, §23).

의 합일"이라고 정의하면서, "이러한 합일은 실체가 불변하는 경우 우연성의 변화로 나타나고, 그중 일반적인 가능성이 바로 인과성이나 생성"이라고 설명한다.[74] 이를 역으로 해석하면, 물질은 우연한 변화로써 하나의 불변하는 실체로 고정되고, 그 불변하는 실체는 다시 다른 물질과의 새로운 인과관계나 또 다른 생성을 통해서 변화한다는 것이다. 우연을 변화로 또는 인과성을 필연으로 읽던 서양철학계의 관행을 뒤집는 독법이 아닐 수 없다.

우연에 대한 이러한 새로운 관점에 입각해 결국 쇼펜하우어는 이 세계가 '이념의 우연적 표상'이라고 생각했다. 그의 주장을 직접 들어보자.

> 인류의 역사, 일어나는 온갖 사건, 시대의 변화, 여러 나라와 세기에 나타나는 인간 생활의 다양한 모습들, 이 모든 것들은 이념의 현상이 우연한 모습을 띤 것에 불과하고, 이념의 적절한 객관성이 거기에만 존재하는 이러한 이념 자체에 속하는 것이 아니라, 개체의 인식에 들어오는 현상에만 속할 뿐이다. 그리고 이 모든 것은, 구름에 그것이 나타내는 형태가, 시냇물에 소용돌이나 물거품의 형태가, 얼음에 나무나 꽃 모양이 그렇듯이, 이념 자체에 생소하고, 비본질적이며, 아무래도 상관없는 것이다.[75]

이 세계를 플라톤의 '이데아'나 칸트의 '물자체'로서의 '의지'가 객관적으로 표상된 것, 즉 의지의 외현(外現)으로 바라본 쇼펜하우어의 관점에 따르면, 외부의 객관세계 또는 자연의 외재 현상은 결코 필연의 영역이 아니고 오히려 본질이나 이념으로서의 의지가 우연히 겉으로 드러난 것에 불과하다. 쉽게 말해서, 이 세계를 한편으로 겉으로 드러난 현상 또는 표상과 다른 한편으로 그것을 나타내도록 하는 근거로서 의지

---

74 Arthur Schopenhauer, "Die Welt als Wille und Vorstellung", A. Schopenhauer, *Werke in zehn Bänden*, Zürich: Diogenes, 1977, vol. 1, p. 183(=Kap. 26).
75 같은 책, p. 236(=Kap. 35).

또는 이념 등 두 영역으로 나누어본다면, 전자는 우연의 세계요 후자는 필연의 세계다. 비록 의지 자체는 필연일지 모르지만, 그 필연이 어떻게 구현될지는 아무도 예측할 수 없는 우연의 세계에 속한다. 그래서 쇼펜하우어는 "이 세계의 어떠한 사물도 자신의 실존 전반과 그 자체의 원인을 갖지 않는다. 이 세계의 사물은 그것이 지금 바로 여기에 현존하도록 만들어주는 단 하나의 원인만 가질 뿐"이라고 주장한다.[76] 더 나아가 그에게 이 세계는 우연적이었는데, "즉 이 세계는 그것의 부재가 생각될 수 있을 뿐만 아니라 심지어 그것의 부재가 그것의 존재보다도 더 선호될 수 있는 그 어떤 것(=우연적인 것)이기 때문이다."[77] 이러한 관점은 분명 아무리 외부의 객관세계가 우연한 것처럼 보이지만, 궁극적으로 그것은 절대이성이라는 필연의 통제하에 있다고 생각한 헤겔과는 명백한 차이를 보인다. 헤겔과 동시대인이었던 쇼펜하우어는 이미 젊은 시절부터 헤겔과는 다른 길을 걷고 있었던 셈이다.

헤겔 철학의 또 다른 적대자였던 쇠렌 키르케고르(Søren Kierkegaard, 1813~55)에서도 역시 우연에 대한 거부반응은 거의 발견되지 않는다. 아니 단순한 수용을 넘어 찬양하는 모습까지 내비친다. 키르케고르는 자신의 주저 『이것이냐 저것이냐』(Enten-Eller)에서 우연에게 다음과 같은 찬미가를 바친다.

너 우연(偶然), 참으로 괘씸하구나! 나는 지금까지 너를 저주해 본 적이 없었다. 늘 네가 나타났으니까. 하지만 지금은 너를 저주한다. 아무리 기다려도 나타나지 않으니까. 혹시 이것이 너의 새로운 계략이냐? 너 헤아릴 수 없는 존재, 자식을 지배하지 못하는 만물의 어미, 필연이 자유를 낳

---

76 Arthur Schopenhauer, *Die Welt als Wille und Vorstellung*, vol. 1, Darmstadt: Wissenschaftliche Buchgesellschaft, 1982, p. 206.

77 Arthur Schopenhauer, *Die Welt als Wille und Vorstellung*, vol. 2, Darmstadt: Wissenschaftliche Buchgesellschaft, 1980, p. 221.

고 그 자유가 다시 모태로 되돌아간 이래로 뒤에 남은 유일한 것, 너 우연이여! 고약한 우연! 너는 나의 유일한 신뢰자이고, 나의 우정과 적개심을 받을 만한 유일한 존재다. 너는 언제나 너 자신이면서도 너 자신답지 않고, 또 언제나 이해할 수 없는 존재이고, 언제나 하나의 수수께끼다. 내가 진심으로 사랑하는 너, 나는 너의 이미지 속에서 나 자신을 빚어낸다. 그런데도 너는 왜 너 자신을 나타내지 않느냐?[78]

사실 찬미가라기보다 애증이 물씬 묻어나는 '우연에 대한 짝사랑의 헌사'처럼 보인다. 나타났으면 싶은데 나타나지 않고, 직접 마주쳐 얘기하고 싶을 때 싹 돌아서 사라져버리는, 그래서 밉지만 결코 미워할 수 없고 사랑의 감정을 억누를 수 없는 대상, 그것이 바로 키르케고르에게 우연이다. 앞의 인용을 좀 더 세밀히 분석해 보자. 나타나리라 예상했는데 실제로 나타났거나 나타나리라 예상하지 못했는데 정말로 나타나지 않았다면, 그것은 우연이라고 할 수 없을 것이다. 우연은 예측 불허의 성질을 갖고 있기 때문에 통상 예측과는 반대로 드러나야 하기 때문이다. 그래서 더욱더 우연은 하나의 수수께끼일 수밖에 없다. 여기까지는 그다지 특이할 것이 없지만, 자유를 우연이 아니라 필연의 산물로 바라본 점, 더불어 우연을 필연의 찌꺼기로 간주한 점은 매우 특이하다. 해석하기에 따라 한편으로는, 자유와 우연이 동시에 필연을 어머니로 해서 태어난 자식들이고, 그래서 자유가 다시 필연이라는 어머니 배 속에 들어가고 남겨진 잔유물이 바로 우연이라고 할 수 있지만, 다른 한편으로는 필연이 자유를 낳고 자유가 우연을 낳았기에 우연은 자유의 자식이고 필연의 손자가 된다고 볼 수도 있다. 그러나 이 모든 해석은 키르케고르가 '우연'을 "자식을 지배하지 못하는 만물의 어미"라고 정의하면서 일거에 붕괴된다. 왜냐하면 이 정의에 따르면, 우연이 만물의 생산자 또는 창조주로 등장하기 때문이다. 비록 이 만물이라는 자식을 통제

78 키르케고르, 『이것이냐 저것이냐』, 권오석 옮김, 홍신문화사, 1993, 164쪽.

하거나 지배하지는 못하는 어머니라는 한계는 갖지만 말이다. 중요한 점은, 필연과 자유조차 우연에 의해 만들어진 것이라면, 우연은 필연의 상위개념이 된다는 점이다. 더 나아가 우연은 비록 고약하거나 괘씸한 존재로서 그 출발은 불안했지만, 키르케고르에 의해 무한 신뢰를 받는 긍정 개념으로 종결된다.

키르케고르가 이처럼 우연 개념을 긍정했던 이유는 아마도 그가 '개인', 즉 개별자뿐만 아니라 그 개인의 종합으로서의 '세계' 또한 우연이 빚어낸 존재로 보았기 때문일 것이다. 헤겔의 체계적인 철학 기획에 반대하며 쓴 책 『철학적 조각들에 대한 마지막 비학문적 후서』에서 키르케고르는 개인의 주체성이 어떻게 규정되어야 하는지 고민하면서 다음과 같이 주장한다. "개인은 어떻게 역사적 의미를 획득하는가? 윤리적 관점에서 보면 우연적인 것에 의해서 그렇다."[79] 여기서 개인에게 역사적 의미를 부여하는 것은 바로 우연이라고 선언한다. 결국 개인이 역사적으로 의미를 갖는다면 그것은 순전히 우연의 소산이라는 얘기다. 확대해석하면, 개인을 포함한 이 세상의 모든 개별자는 우연을 통해서 창조되고 통제된다는 것이다.

키르케고르에 따르면, 개인만이 아니라 이 세계와 역사도 또한 우연의 지배를 받는다. 그가 보기에 '세계사적 관점에서' 보면 "개인적 주체가 중요하지 않을지" 모르지만, '윤리적' 관점에서 보면 "개인적 주체는 무한히 중요하다." 그 이유는 '외부적 첨가'로만 기억되어야 하는 '세계사적인 것'은 여기서 "윤리적으로 우연인 것을 통해서 생성되기 때문이다."[80] 비록 '윤리적인 관점'이라는 단서가 붙기는 했지만, 세계사를 세계와 역사의 결합으로 보았을 때, 결국 세계와 역사는 우연에 의해 만들어지는 대상으로 규정된다.

---

79 키르케고르, 『주체적으로 되는 것』, 임규정·송은재 옮김, 지식을만드는지식, 2008, 36쪽.
80 같은 책, 62쪽.

만일 우연이 개인과 세계와 역사의 창조자라면, 이제 우연이 어떤 행위나 사건의 동기 또는 계기의 역할까지 수행한다고 했을 때, 이것을 이상하게 여길 사람은 없다. "계기는 항상 우연적인 것이지만, 우연적인 것이 필연적인 것과 꼭 같이 절대적으로 필요하다는 것은, 엄청난 역설이다. 계기는, 내가 우연적인 것을 논리적으로 생각할 때와 마찬가지로, 이념적인 의미에서의 우연적인 것이 아니다. 계기는 비이성적으로 간주되는 우연적인 것이고, 우연성에게서 필연적인 것이다."[81] 키르케고르가 '원인'이나 '이유'의 다른 표현이라고 볼 수 있는 '계기'나 '동기'를 우연적인 것이라고 간주했다는 사실은, 아무리 그의 특유의 변증법적 사유방식을 감안한다 하더라도, 굉장한 역설이 아닐 수 없다. 왜냐하면 근거나 인과성을 갖는다면 그것은 보통 필연적인 것으로 인식되기 때문이다. 문제는 그가 우연을 계기로 본 것이 아니라, 계기를 우연으로 보았다는 점이다. 계기를 우연으로 보았다는 사실은, 그가 계기라는 개념에서 필연적인 인과관계나 인과적 연계성을 인정하지 않았다는 것을 뜻한다. 이러한 계기로서의 우연 개념의 강조는 나중에 미학적 창조의 동기로서의 우연 개념으로 발전해 나간다. "동기는 하나의 주물숭배(Fetischismus)의 의미에서 우연적인 것이다."[82] 이때 우연은 하나의 예술적 창작 동기가 된다.

그러나 키르케고르가 우연을 이처럼 언제나 긍정적인 개념으로만 인식했던 것은 아니다. 가령 그는 사람들이 '우연한 것'을 지속적으로 관조하다 보면 "누구든 쉽게 길을 잃고 그러한 일과 윤리적인 것을 혼동할 수 있다"고 경고한다. 그러다 보면 "윤리적인 것에 무한히 관심을 갖는 대신에 누구든 실존적으로 기만당해 우연적인 것에 대한 불건전하

---

81 키르케고르, 『이것이냐 저것이냐』 제1부/하, 임춘갑 옮김, 종로서적, 1982, 6쪽.

82 Sören Kierkegaard, *Entweder-Oder*(1843), eds, Hermann Diem & Walter Rest, Köln: Werkstatt Jakob Hegner, 1960, p. 272(=Erster Teil, IV, Artikel zu Skribes Lustspiel 'Die erste Liebe').

고 경솔하고 비겁한 관심을 발전시킬 수 있다"고 말한다.[83] 이것은 우연한 것을 깊이 관찰했을 때의 부작용을 지적한 글인데, 키르케고르는 우연한 것에 관심을 쏟을 것이 아니라 윤리적인 것에 정신을 쏟아야 한다고 절박하게 요청한다. 그러나 이런 식의 부정적 접근은 키르케고르의 전 저작을 두고 봤을 때 거의 발견되지 않는다. 전체적으로 보면 긍정적 관점이 훨씬 우세함을 알 수 있다.

우연의 인접개념인 '운명'도 키르케고르에서는 전통적 관점과는 전혀 다른 방식으로 정의된다. 그는 『불안의 개념』에서 "불안과 무(無)가 언제나 서로 상응"하는데, 이 두 개념의 결합이 이교에서는 '운명'으로 정의되어 왔다고 주장한다. 그러나 이 '운명'은 사람들이 흔히 생각하듯이 필연적인 것이 아니라 "우연성과 필연성의 통일"이라고 정의한다.[84] 키르케고르가 '운명'을 이처럼 '우연과 필연의 종합'으로 본 것은, 그가 운명을 우연성이나 필연성 어느 한 영역에 속하는 것으로 보지 않았다는 것, 즉 그 개념의 복합성을 인정했다는 것을 뜻하고, 더불어 우연과 필연이라는 두 개념의 변증법적 성질을 잘 이해하고 있었다는 것을 의미한다.

정리하면, 키르케고르는 개인과 세계, 역사 등을 윤리적인 관점에서 우연적인 것으로 보았다. 그러나 이 모든 대상에 대한 그의 사유는 철저히 기독교를 축으로 이루어졌다. 이 말은 곧 그가 만물의 진정한 창조주인 하나님이 없었다면 이 모든 대상, 그에 대한 모든 사유 또한 있을 수 없다는 점을 인정했다는 뜻이다. 실존주의, 그것도 유신론적 실존주의 철학의 창시자로서 키르케고르는 비록 '나'라는 개인이 현재 이곳에 실존해 있다는 사실은 윤리적 또는 철학적 관점에서 우연적인 현상일지 모르지만, 종교적 또는 신학적 관점에서는 필연적인 사실이다. 쉽게 말해 '나'라는 개체가 인간적인 눈높이에서 본다면 우연의 산물일지 모르

---

83 키르케고르, 『주체적으로 되는 것』, 36쪽.
84 키르케고르, 『불안의 개념』, 임규정 옮김, 한길사, 1999, 277쪽.

지만, 하나님의 눈높이에서 보면 필연적인 일이다. '필연적인 일'이라는
술어가 귀에 거슬린다면, '우연과 필연의 변증법적 종합'으로 돌려 표
현할 수 있을 것이다.

　　마지막으로 살펴보아야 할 19세기의 주요한 반헤겔주의자는 프리드
리히 니체(Friedrich Nietzsche, 1844~1900)다. 니체에게서는 우연이 다른
반헤겔주의자들과 달리 특이하게도 긍정적인 모습과 부정적인 견해가
동시에 나타난다. 그렇지만 그 양상은 결코 평이하지 않고, 다른 많은
대상에 대한 그의 사유가 그러했듯이, 아주 극단적인 모습으로 전개된
다. 가령 긍정적일 때는 우연이 신이 되기도 하지만, 부정적일 때는 잔
인한 현상으로 낙인찍히기도 한다. 중도적이거나 어중간한 또는 소박하
거나 겸손한 표현은 거의 찾아볼 수 없다. 그 모습의 자세한 궤적을 추
적해 보자.
　　먼저 니체에게서 우연은 이 세계와 자연을 지배하는 주요 원리였다.
정신이상 증세로 쓰러지기 직전, 즉 자신의 지적 여정을 출판물로 쏟아
낸 마지막 시기인 1888년에 쓰고 그 이듬해에 출판된 『우상의 황혼』에
서 니체는 "자연은 **우연**이다"라고 선언한다.[85] 물론 도덕과 심리학, 예
술 등을 주제로 논의하면서 '자연'에 대한 여러 단상과 잠언을 쏟아내
다 갑작스럽게 튀어나온 말이기는 하지만, 그 때문에 앞뒤 맥락을 살펴
보아도 자연에 대한 연구를 비판하는 내용만 있지 더 이상 우연에 대한
사유의 흔적은 발견되지 않는다. 하지만 이 간단한 선언에서 우리는 니
체가 자연에 대해 그리고 이 세계에 대해 어떤 생각을 갖고 있었는지
짐작할 수 있다. 자연을 확대하면 결국 이 우주, 그 안에 다시 인간의 세
상인 이 세계가 니체에게 우연의 산물이었다는 점을 방증한다. "우리

85　Friedrich Nietzsche, "Götzen-Dämmerung", F. Nietzsche, *Götzen-Dämmerung,
　　Der Antichrist, Ecce Homo, Gedichte*, Stuttgart: Alfred Kröner, 1964, p. 134(강조
　　는 니체).

인간들 사이에서는 얼마나 이성이 적게, 얼마나 우연이 많이 지배적인 가는, 이른바 평생 직업과 명백한 무직 상태 사이의 거의 규칙적인 불균 형이 잘 보여준다. 행운의 경우들은 행복한 결혼들처럼 예외이고, 이 행복한 결혼들 또한 이성을 통해 그렇게 도달한 것이 아니다. 인간은 아직 자신의 능력이 그 선택에 도달하지 못했을 때 직업을 선택한다."[86] 우연 이 인간세계를 지배한다는 이러한 생각은 젊은 시절부터 나이가 들 때까지 줄곧 유지된다. 1885년에 출판된 주저 『차라투스트라는 이렇게 말했다』에서도 니체는 우연을, 만물을 주재하는 우주론적 원리 중의 하나로, 즉 하나의 '하늘'로 인정한다. 차라투스트라의 입을 빌려 그는 인간들에게 다음과 같이 고지한다. "모든 사물 위에는 우연(Zufall)이라는 하늘, 천진난만(Unschuld)이라는 하늘, 뜻밖(Ohngefähr, 우연)이라는 하늘, 제멋대로(Übermut, 횡포)라는 하늘이 펼쳐져 있다."[87] 우연은 인간과 세계를 지배하는 원리로서 우리들에게는 피할 수 없는 운명 같은 것이다. 그 점에서 우연은 우리에게 일종의 필연이다.

그러다 보니 니체에게서 우연은 신성시된다. 니체가 자신을 투영시켜 만든 창조물, 즉 그의 변신물 차라투스트라를 다시 인용해 보자. "나, 차라투스트라는 신을 믿지 않는다. 나와 같은 자를 내 어디에서 발견할 것인가? 자신을 스스로의 의지에 내맡기는 자들 그리고 자신에게 부과된 모든 복종을 떨쳐 버리는 자들은 모두가 나와 같은 자들이다. 나, 차라투스트라는 신을 믿지 않는다. 나는 아직도 모든 우연을 **내** 냄비 속에 넣고 삶아댄다. 그리고 그 우연들이 다 익은 후에야 비로소 나 그것을 **내** 음식으로 반긴다. 그리고 실제로 많은 우연이 당당하게 나를 찾아왔었다. 그러나 내 **의지**가 한층 더 당당하게 그에게 응수하자 우연은 곧바

---

86 Friedrich Nietzsche, "Wir Philologen", F. Nietzsche, *Unzeitgemässe Betrachtungen*, Stuttgart: Alfred Kröner, 1964, p. 531.

87 Friedrich Nietzsche, *Also sprach Zarathustra*, Stuttgart: Alfred Kröner, 1964, p. 182.

로 애원하듯 무릎을 꿇었다."[88] 물론 간접 비유이긴 하지만, 여기서 우연은 신에 비견된다. 신 또는 우연을 믿지 않고 오히려 그것을 요리해서 내 의지에 굴복하도록 만들어보겠다는 야심찬 사유의 기획이 돋보인다. 우연을 신에 비유했던 것은 아마도 니체가 고전 정신에 투철했던 그리스 문헌학자였기에 가능했을 것이다. 왜냐하면 고대 그리스인들에게 우연, 즉 운명의 여신(Moira)은 인간이 감히 범접할 수 없는 영역, 인간이 알 수 없는 세계로서 신들의 옆자리를 당당히 차지하고 있기 때문이다.

이처럼 하늘과도 같은 이미지 또는 신과 같은 형상이기에 '우연'은 인간이 도저히 알 수 없는 불가사의한 것이고, 따라서 우리 인간은 그것이 존재한다는 사실을 알지만 그것을 표현하거나 설명할 길이 없다. 그래서 니체는 '우연'을 '조각돌'과 '수수께끼'에 비유한다. "일체의 '그랬었지'는 창조하는 의지가 나서서 '나는 그러하기를 원했다!'고 말할 때까지는 한낱 흩어져 있는 파편 조각이요, 수수께끼이자 잔인한 우연에 불과하다"[89] 모든 사물은 그것이 내 의지, 그것도 나의 창조적인 의지로 전환되어 내 것으로 다가오기 전까지는 그저 한낱 사물에 지나지 않는다. 그것이 바로 조각돌, 수수께끼, 즉 우연으로 불리는데, 여기서 조각돌은 '흩어져 있는'이라는 용언이 나타내듯이 사물들 사이에 또는 사물들과 나(인간들) 사이에 아무런 연관도 없는 무연관성의 상징어이고, 수수께끼는 당연히 인간의 지성으로는 알 수 없다는 무지의 대명사다. 이 '무관'(無關)과 '무지'(無知)야말로 니체가 말하고자 했던 우연의 속성이리라. 더 나아가 니체는 다시 차라투스트라의 입을 빌려 '우연'을 '나 자신의 것이 아닌 어떤 것'으로 정의한다. "내게 우연한 일들(Zufälle)이 일어날 수도 있는 그런 때는 지나갔다. 이미 나 자신의 것이 아닌 그 어떤 것(was nicht schon mein Eigen wäre)이 새삼 내게 일어날 수

---

88 같은 책, p. 188(강조는 니체).
89 같은 책, p. 154.

있다는 말인가!"[90] 우연은 여기서 인간의 것이 아니기에 인간이 어떻게 할 수도 없는 그 어떤 것, 즉 인간의 의지나 욕망, 이성과 논리의 바깥 영역에 있는 '초인간적 현상'으로 선언된다.

그렇기에 인간은 초인적 현상으로서 우연을 뚫고 나아가야 한다. 니체는 인간들이 자아를 극복하는 초인(위버멘슈, Übermensch)으로 거듭 나기를 촉구하는 차라투스트라의 입장에 서서 다음과 같이 포효한다. "파편 조각과 수수께끼, 그리고 잔인한 우연, 이것들을 하나로 압축하여 모으는 일이 내가 밤낮으로 노심초사하고 있는 것의 전부다. 만일 사람이 시인이나 수수께끼를 푸는 자 또는 우연을 구제하는 자가 아니라면, 나는 내가 사람이라는 사실을 어떻게 참고 견뎌낼 것인가!"[91] 이처럼 우연은 수수께끼처럼 알 수 없는 어떤 것이기에 잔인하고, 인간은 그 수수께끼 같은 우연의 엉킨 실타래를 풀어내는 존재, 우연으로부터 자신을 해방하기 위해 노력하는 존재로 거듭나야 한다.

하늘과 신, 초인적인 현상 등 인간계를 벗어난 것으로 형상화되어 있던 우연은 이제 인간세계로 내려와 인간 생활과 개개인의 재능에까지 직접 영향을 미치는 존재로 부각된다. 우연은 인간에게 천재적인 능력을 부여하고, 행복을 가져다주는 생의 활력소와 같다. 기존의 도덕관념을 통렬하게 비판하기 위해 1886년 저술된 『선악의 저편』에서 니체는 '우연'을 천재들의 '카이로스'(Kairos)라고 규정한다.[92] 그는 우연이 천재들에게 창조적 발상과 행위를 위한 동기(動機)로 작용한다고 본 것이다. 주지하듯이, '카이로스'는 평범한 연대기적 시간으로서의 '크로노스'(Chronos)와 달리 결정의 순간, 절호의 순간, 재림의 순간, 구원의 순

---

90 같은 책, p. 167.

91 같은 책, p. 153.

92 Friedrich Nietzsche, "Jenseits von Gut und Böse. Vorspiel einer Philosophie der Zukunft", F. Nietzsche, *Sämtliche Werke: Kritische Studienausgabe*, 15 vols., eds. Giorgio Colli & Mazzino Montinari, München; Berlin; New York: de Gruyter/ Deutscher Taschenbuch Verlag, 1980[1988], vol. 5, p. 228.

간, 행운의 신 등을 의미한다. 또 『아침놀』에서는 우연이 "모든 발명에서 본질적인 것"으로 작용한다고 적시되어 있다. 그 때문에 대다수 인간들은 이러한 우연을 만나는 행운을 누리지 못한다는 것이다.[93] 그만큼 니체가 천재들에게 우연이 매우 중요한 의미를 갖는다는 사실을 얼마나 절실히 인지하고 있었는지 가늠해 볼 수 있다.

한편 니체에게서 우연은 천재들 외에 평범한 인간들에게도 진화를 위한 '행운의 순간'(Glückswurf)[94]으로 인식된다. 우연 개념의 이러한 긍정적 수용은 『아침놀』에서 '우연'이 과거에는 "가장 위대한 발견자이고 관찰자"였으며 "고대인들에게는 친절하게 입김을 불어넣어 주는 자 (Einbläser)"였다고 선언되는 순간 정점에 달한다.[95] 풀이하면, 우연이 고대인들에게 예술이든 학문이든 풍부한 상상력과 지혜의 영감을 불어넣어 주는 원천이었다는 것이다. 오늘날에도 자연과학상의 위대한 발견이나 관찰이 우연히 이루어지는 것을 보면, 니체의 이 발언은 과거에만이 아니라 오늘날에도 여전히 유효하고 앞으로도 계속 통용될 것으로 보인다.

더 나아가 니체에게서 우연은 한 사람의 생애에서 신기원을 열어주는 신비로운 마술사의 지위를 부여받는다. 자신의 생애를 묵시록적으로 회고해 나간 저술 『이 사람을 보라』에서 니체는 '우연'이 자기 인생에서 "신기원을 이룬 모든 것을 갖고 있다"고 말한다.[96] 즉 우연이라는 것이 인생의 커다란 전환점이나 반환점에서 결정적인 작용을 하기 때문에 인간의 생애에서 얼마나 크고 중요한 역할을 하는지, 새삼 절감한다는 뜻일 것이다.

93 Friedrich Nietzsche, *Morgenröte*, Stuttgart: Alfred Kröner, 1964, p. 236.

94 Friedrich Nietzsche, "Zur Genealogie der Moral. Eine Streitschrift", F. Nietzsche, *Sämtliche Werke: Kritische Studienausgabe*, vol. 5, p. 323.

95 Nietzsche, *Morgenröte*, p. 36.

96 Friedrich Nietzsche, "Ecce Homo", F. Nietzsche, *Götzen-Dämmerung, Der Antichrist, Ecce Homo, Gedichte*, p. 323.

니체의 우연 담론 안에서 반드시 언급하고 넘어가야 할 마지막 테마는 운명 개념이다. 그리스 고전의 절대적 영향을 받아 특별히 '운명애'(運命愛)를 강조한 니체의 우연 담론 안에서 '운명'이 매우 중요한 기능과 역할을 수행했을 것이라는 사실은 누구나 쉽게 미루어 짐작할 수 있다. "네 운명을 사랑하라(Amor fati). 이것이 지금부터 나의 사랑이 될 것이다! 나는 추한 것과 전쟁을 벌이지 않으련다. 나는 비난하지 않으련다. 나를 비난하는 자도 비난하지 않으련다. **눈길을 돌리는 것**이 나의 유일한 부정이 될 것이다! 무엇보다 나는 언젠가 긍정하는 자가 될 것이다!"[97] 여기서 운명은 누구나 겪지만 그것을 자기 것으로 만드는 일은 결코 쉽지 않은, 그런 현상으로 부상(浮上)한다. 자기 자신을 긍정하는 일이 어디 쉬운 일인가? 이 운명에 대한 운명적 성찰은 이미 니체가 열여덟 살이었던 1862년에 쓴 「운명과 역사」라는 짧막한 에세이에도 잘 나타나 있다. 이 글에서 그는 운명이 곧 '필연성'이라고 주장하며, 운명에 끊임없이 저항하는 것이 '자유의지'처럼 보이지만, 사실은 이 자유의지 안에 운명이 내재되어 있음을, 그리고 반대로 자유의지가 운명의 최고의 잠재력임을 강조한다.[98] 그 점에서 인간은 자신의 자유의지의 주체로 보이지만, 사실은 우연과 운명의 영원한 노리갯감에 불과하다. 인간의 이러한 운명은 곧 필연이다.

그러나 니체가 운명 또는 우연을 항상 긍정적인 것으로만 간주했던 것은 아니라는 증거는 그의 수많은 저술에서 간헐적으로 발견된다. 우선 우연은 그에게서 '재난'이라는 파국적 개념과 어우러지거나 그 자신이 썼듯이 무죄·순결·결백 등 긍정적 이미지로 해석될 수도 있지만, 다른 한편 무지함·어리석음·나약함·미숙함 등의 부정적 이미지로도

---

97 Friedrich Nietzsche, "Die fröhliche Wissenschaft", F. Nietzsche, *Nietzsche Werke. Kritische Gesamtausgabe*, eds. Giorgio Colli & Mazzino Montinari(Berlin: Walter de Gruyter, 1967ff.), vol. V-2, p. 201(=*Die fröhliche Wissenschaft* §276)(강조는 니체).

98 Friedrich Nietzsche, "Fatum und Geschichte", F. Nietzsche, *Nietzsche Werke. Kritische Gesamtausgabe*, vol. I-2, pp. 431~37, here pp. 436~37.

읽을 수 있는 '천진무구' 또는 '어린아이'에 비유되기도 한다.[99] 또 이미 앞에서 '하늘로서의 우연'의 비유에서 인용했듯이 우연은 니체에게서 '잔인한'(graus)이라는 수식어가 붙을 정도로 부정적인 개념으로 각인된다.[100] 물론 이때의 잔혹하고 끔찍하다는 수식어는 우연이 수수께끼처럼 알 수 없고 그 때문에 공포와 전율을 일으키기에 붙은 것처럼 보이지만 말이다. 그래서 우연은 우리 인간들에게서 구제되어야 할 대상, 극복되어야 할 대상으로 낙인찍힌다. 창조적인 초인의 등장을 역설하는 차라투스트라가 우연의 구제자 또는 구원자로 나선 것은 그래서 어쩌면 지극히 당연한 일일지 모른다. "창조하는 자로서, 수수께끼를 푸는 자로서 그리고 우연을 구제하는 자로서 나는 인간들에게 미래를 창조할 것을, 그리고 이미 존재했던 모든 것을 새로운 창조를 통하여 구제하도록 가르쳤다."[101]

니체에게서 우연이 이처럼 부정적으로 그려진 이유는 그것이 이 세상의 허무주의와 연관되어 있기 때문이다. 이 세계는 근본적으로 무의미하다. 그 이유는 이 세계를 우연이 지배하고 있기 때문이다. 『아침놀』의 다음 문장을 보자.

우리는 두 개의 제국, 즉 **목적**과 **의지**의 제국과 **우연**의 제국을 믿는 것에 익숙해져 있다. 우연의 제국에서는 무의미한 일이 일어난다. 그곳에서는 어떤 일이 일어나고 유지되고 사라지든 아무도 무엇 때문에? 무엇을 위해서?라고 말할 수 없다. 우리는 이 거대한 우주적 어리석음의 강력한 제국을 두려워한다. 왜냐하면 우리는 대부분의 경우 이 제국이 마치 지붕에서 벽돌이 밑으로 떨어지듯이 다른 세계, 즉 목적과 의도의 세계 속으로 떨어져 들어와 우리의 아름다운 목적을 분쇄해 버리고 만다는 사실을 알고 있

---

99   Nietzsche, *Also sprach Zarathustra*, p. 193.

100   같은 책, pp. 153~154.

101   같은 책, p. 219.

기 때문이다. 두 제국에 대한 이러한 믿음은 아주 오래된 낭만주의이자 우화에 불과하다. 우리 영리한 난쟁이들은 자신의 의지와 목적을 갖지만 우연이라는 바보 같고 어리석기 짝이 없는 거인들에게 괴롭힘을 당하고 부딪혀 쓰러지고 종종 짓밟혀 죽기도 한다. 그러나 이 모든 것에도 불구하고 우리는 이 이웃에 대한 무시무시한 시(詩)가 없어지기를 바라지는 않는다. 왜냐하면 저 괴물은 목적이라는 **거미줄** 속의 삶이 우리에게 너무 지루하게 또는 너무 두렵게 느껴지면 자주 찾아와 손으로 그물 전체를 **찢어버림**으로써 숭고한 기분 전환을 제공하기 때문이다. 그들, 이 비이성적인 것들이 이러한 사태를 원하지도 않았는데도 말이다![102]

이들 문장에서는 우연에 대한 부정적인 온갖 수식어들, 상징어들, 이미지들이 쏟아져 나온다. 우선 우연은 '무의미'와 연결된다. 목적 또는 의지와 정반대되는 개념이 바로 우연인 까닭에, 우연의 세계 안에서는 왜, 무엇 때문에, 무엇을 위해서 따위의 질문은 제기되지 않는다. 그래서 우연은 이제 '우매함'으로 이어진다. 그것도 그냥 어리석은 것이 아니라 '우주적'이라는 수식어가 붙어 범세계적·자연적·천체적 차원의 어리석음으로 확장된다. 그렇기 때문에 우리는 이 천체의 어리석음이 똑똑한 우리 인간세계로 내려와 우리의 목적과 의지, 희망과 꿈을 파괴해 버리지 않을까 두려워한다. 이제 우연은 '폭력성'으로 나아간다. 우리 영리한 난쟁이들은 이 거대하고 맹목적이며 바보 같은 거인에게 온갖 폭력을 당하며 스러져간다. 그 폭력조차 이 거인이 애초에 의도했거나 원했던 것도 아니고 또 알지도 못하기 때문에, 이제 우연은 '괴물', 즉 '기괴함'의 이미지로 그려진다. 그것은 동시에 마지막 상징인 '비이성'(非理性)을 창출한다. 여기서 니체는 우연 담론에서 서양의 지적 전통을 계승한 사상가로 판명난다. 왜냐하면 필연을 이성으로 생각하는 것과는 무관하게 우연을 비이성으로 간주하는 것이야말로 오랜 서양

---

102 Nietzsche, *Morgenröte*, pp. 113~14(강조는 니체).

철학의 역사를 관통해 유지되어 온 관행이기 때문이다. 그 관행적 생각은 자기 시대의 철학적 패러다임을 바꾸어왔던 칸트나 헤겔조차 바꾸지 못했던 부분이다. 니체에게서도 역시 우리는 앞서 그가 보여 왔던 우연에 대한 그 수많은 긍정적 이미지가 여기서 단 한순간에 와르르 무너짐을 경험한다. 더구나 니체에게 우연성은 궁극적으로 필연성에 의해 놀림을 당하는 놀이의 대상이다. 앞에서 길게 인용한 문장 뒤에 이어지는 다음의 문장을 보자.

> 지금이 절호의 시간이기에 다음과 같은 사실을 **배우자.** 즉 우리의 목적과 이성의 이른바 특별 제국에서도 똑같이 거인들이 지배하고 있다는 사실을 말이다! 그리고 우리의 목적과 우리의 이성은 난쟁이가 아니라 바로 거인이다! [우리의 목적과 이성도 근본적으로는 우연적인 것에 불과하다!] 우리의 거대한 그물은 마치 벽돌 때문에 찢어지듯이 종종 그리고 무참하게 **우리 자신에 의해** 찢어진다. 그리고 목적이라고 불리는 모든 것이 목적이 아니며 의지라고 불리는 모든 것이 의지가 아니다! 그리고 만일 그대들이 '따라서 오직 단 하나의 제국, 즉 우연과 우둔의 제국만이 존재한다'고 결론짓고자 한다면, 여기에는 다음과 같은 것이 덧붙여져야 한다. 어쩌면 단 하나의 제국만이 존재하고 어쩌면 의지나 목적이란 것은 없으며 그것들은 우리가 상상해 낸 것이라는 사실을 말이다. 우연의 주사위 통을 흔드는 필연성의 저 철로 된 손이 무한한 시간에 걸쳐 주사위 놀이를 한다. 이때 주사위는 그 패가 모든 면에서 완벽하게 합목적적이고 합리적으로 보이게끔 던져질 것임에 **틀림없다. 아마도** 우리의 의지 작용, 우리의 목적은 바로 이러한 주사위 던지기에 지나지 않을 것이다.[103]

이 긴 문장은 매우 세심한 해석을 요구한다. 외관상 우연이 이 세상을 지배하는 것 같지만 궁극적으로는 필연이 이 우연을 희롱한다는 뜻이

---

103 같은 책, pp. 115~16(강조는 니체).

다. 이 세상이 목적의 세계와 우연의 세계로 나뉜다고 보았을 때, 겉보기에 우리들은 목적의 세계를 더 신뢰하고, 우연의 세계가 목적의 세계를 압도하지 않을까 걱정하지만, 실제로는 우리가 목적의 세계라고 부르는 이 세계가 사실은 우연의 세계라는 사실을 깨달아야 한다고 니체는 역설한다. 왜 인간들은 어리석게도 목적이나 의지 또는 이성이 아니라 어리석음이나 우둔함이 이 세계를 압도하고 있다는 사실을 모르는 것일까 하는 안타까움이 토로된다. 그런데 특이하게도 니체는 이 우연을 다시 필연이라는 주인에 의해 놀이와 희롱을 당하는 하인으로 전락시킨다. 즉 필연이라는 강철 주인은 우연이라는 주사위 통을 흔들며 영원히 주사위 놀이를 한다는 것이다. 여기서 더 특이한 점은 목적이나 의지, 합목적성이나 합리성 등이 필연의 세계를 상징하는 말이 아니라는 점이다. 이를 통해 이전 철학자들의 견해와는 차별화된, 즉 20세기 후반에 성행했던 포스트모더니즘 철학사조의 시조(始祖)다운 니체의 또 다른 면모가 읽혀진다. 이로써 목적[인생-소인]은 우연[세계-거인]에게 먹히고, 우연은 다시 필연[진실-초인]에게 먹히는 먹이사슬의 연쇄가 완성된다. 사람으로 치면 목적은 난쟁이이고, 우연은 거인이며, 필연은 초인이다. 즉 차라투스트라에 의해 구원되고 구제된 우연이 바로 필연이다. 그 때문에 이때의 필연은 전통 철학자들이 생각했던 것처럼 '신'이 아니라, 바로 '사실'이나 '현실' 또는 '진실'을 의미한다. 그래서 한 평자도 니체에게서 필연은 '인과 필연성'도, '본질 필연성'도, 심지어 '결과 필연성'도 아닌, 다만 현실적인 것만이 현실적으로 될 수 있다는 의미의 '절대적 사실성'을 뜻한다고 말했다.[104]

이제 이 장의 결론을 내려보자. 19세기는 우연보다 필연을 더 강조한 헤겔 철학의 압도적 영향력 아래에 있었다. 비록 쇼펜하우어, 키르케고

---

104   Franz Joseph Wetz, "Die Begriffe 'Zufall' und 'Kontingenz'", Graeveniz & Marquard, eds., *Kontingenz*, p. 33.

르, 니체 등에서 드러났듯이 대체적 경향에 거스른 일부 예외적 흐름이 없었던 것은 아니지만, 전반적으로는 우연이 제 역할과 기능을 거의 발휘하지 못하고 사람들의 사고방식이나 사상가들의 사유에서 후퇴하고 퇴화된 모습을 보여준 시기였다. 심지어 지금껏 보아왔던 대로 이들 예외적 사상가에서조차 마지막에 가서는 언제나 우연보다는 궁극적으로 필연이 더 상위의 옥좌(玉座)를 차지하고 오히려 우연을 희롱하거나 조종하는 우월자, 통제자, 집권자의 모습으로 나타난다. 따라서 근대(16~18세기)에 보여주었던 우연 개념의 부활 모습, 즉 제2의 르네상스는 19세기의 과도기를 지난 20세기에 들어와서야 비로소 완성된다.

제5장 현대: 우연의 대승리

현대는 우연이 대승리를 거둔 시기다. 불연속, 불균형, 불일치, 비대칭, 불확정성, 비규정성, 예측 불가능성, 나비효과, 카오스, 프랙털 등의 개념들이 보편화된 오늘날, 우연 개념이 활성화되지 못했다면 오히려 그 편이 더 이상했을 것이다. 우연은 위의 개념들과 더불어 최대 호황을 누리며 수많은 사상가들에 의해 사유되고 연구되어 왔다. 우연은 이제 인문과학이나 사회과학, 자연과학을 가리지 않고 모든 학문 분야와 지식 영역에서 탐구되는 최고의 인기 주제어 중 하나가 되었다. 이 장에서는 이 시기의 대표적 사상가들로 19세기 중반 또는 말기에 출생해 19세기 말 또는 20세기 조반에 본격적으로 활동했던 부트루, 빈델반트나 리케르트와 같은 신칸트학파의 철학자들, 트뢸치, 하르트만을 비롯해, 20세기 초반에 출생해 20세기 중반 이후에 학문적 성과를 냈던 모노, 푸코, 루만, 로티 등을 선별해 살펴나가고자 한다.

1. 부트루

오늘날 우연 개념을 화두로 비결정성과 불확정성의 원리를 예비하고 선도한 인물은 프랑스의 과학철학자이자 종교철학자인 에티엔 에밀 마리 부트루(Étienne Émile Marie Boutroux, 1845~1921)였다. 그가 보기에

실제로 소여(所與)의 존재는 가능한 것의 필연적이거나 불가피한 결과
가 아니라 그 가능한 것의 우연적 형식에 지나지 않는다. 부트루에 따
르면 "경험 안에서 표현된 모든 것은 존재에 기반을 두고 있는데, 이 존
재란 그 실존에서나 그 법에서 우연적이다. 이 세상의 만물은 극단적으
로 우연적이다."[1] 그의 눈에 이 세계는 '하나의 극단적인 비결정성'(a
radical indetermination)으로 비쳐졌다.[2] 이 세계는 한마디로 말해서 '우연
의 세계'다.[3] 이러한 견해는 가령 물리학의 법칙이 경험의 가능성의 보
편적이고 필연적인 조건으로부터 도출되는 것이라고 가정한 카를 프리
드리히 폰 바이체커(Carl Friedrich von Weizsäcker)의 생각과 정면으로 대
치된다.[4]

2. 신칸트학파: 빈델반트와 리케르트

신칸트학파에 속하는 빌헬름 빈델반트(Wilhelm Windelband, 1848~
1915)는 1870년 괴팅겐 대학에서 취득한 박사학위 논문 『우연의 이론』
(Die Lehren vom Zufall)을 베를린에서 발표한다. 이 책은 우연을 (1) 원
인, (2) 법칙, (3) 목적, (4) 개념 등 네 개의 관련 개념과 연결해 체계적
으로 다룬 것으로, 우연을 하나의 단일 주제로 다룬 저작으로는——적
어도 내가 파악한 바로는——19세기의 독일어권에서 나온 유일한 단행
본이다. 여기에서 빈델반트는 우연을 '필연의 그림자'로 정의하면서 그

1　Étienne Émile Marie Boutroux, *The Contingency of the Laws of Nature*, trans. Fred
　Rothwell, Chicago; London: The Open Court of Publishing Company, 1920, p. 33.

2　같은 책, p. 32.

3　Boutroux, *Die Kontingenz der Naturgesetze*, Jena: E. Diedrichs, 1911, pp. V, 18, 20,
　27.

4　Carl Friedrich von Weizsäcker, *Die Einheit der Natur*, München: Hanser, 1972, pp.
　183~276.

개념을 신칸트주의적 의미에서 범주적으로 해체해 버린다.[5] 다시 말해 빈델반트는 우연의 인과분석적·목적론적 고찰을 비생산적이라는 이유로 거절하고, 대신 칸트의 정신적 제자답게 일반적인 것과 개별적인 것이 함께 등장할 때 우리의 개념을 형성하는 중요한 원리로서의 역할을 우연에 부여했다. 이로써 그는 법칙정립적인 것(das Nomothetische)에 맞서 개성기술적인 것(das Idiographische)이 중요함을 강조하는 신칸트학파의 독특한 학문이론을 예비한다.

역시 같은 신칸트학파에 속하는 하인리히 리케르트(Heinrich Rickert, 1863~1936)는 1896년에 발표한 『자연과학적 개념 형성의 한계』에서 우연 개념을 그것의 반의어인 필연성의 다양한 의미연관과 짝을 지어 각각 (1) 법칙적이지 않은 것, (2) 원인을 갖지 않는 것, (3) 본질적이지 않은 것 등 세 가지로 구분하여 제시했다.

먼저 첫 번째 의미로 법칙적이지 않은 것이란 일반적 개념이나 자연과학적 인과법칙에 해당하지 않는다는 것을 뜻한다. 리케르트에 따르면, 현실에서의 모든 일이 이런 의미의 우연에 속한다. 이 세상에서 현실적으로 우연적이지 않은 일은 없다. 그 이유는 모든 현실은 개별적이고, 어떠한 일반적 자연법칙 안에 포괄되지 않기 때문이다. 이 첫 번째 의미의 우연의 예로는, 가령 태양계의 행성 중 지구에는 고리가 없고 토성에 고리가 있다는 점, 프로이센의 프리드리히 대왕이 로이텐 전투에서 승리를 거두었다는 점, 기사들의 영지(Rittergüter)가 독일의 서부 지역보다 동부 지역에 많이 있었다는 점 등을 들 수 있다. 이러한 현상에는 그 어떠한 일반적인 법칙을 내세울 수 없기에 우연적이다.[6]

---

5 Wilhelm Windelband, *Die Lehren vom Zufall*, Berlin: F. Henschel, 1870, pp. 68~80.

6 Heinrich Rickert, *Die Grenzen der naturwissenschaftlichen Begriffsbildung: Eine logische Einleitung in die historischen Wissenschaften*, Tübingen: J. C. B. Mohr, 1902, p. 416.

두 번째 의미의 우연 개념은 인과적 필연성을 갖지 않는 모든 것을 지칭한다. 리케르트는 이러한 의미의 우연 개념에 따르자면, 이제 반대로 이 세상에 우연적인 것은 결코 없고, 모든 것이 필연적이라고 주장한다. 토성이 고리를 가졌다는 것, 프리드리히 대왕이 로이텐 전투에서 승리했다는 것에는 각자 나름의 이유와 원인이 있고, 따라서 그 현상들은 필연적이다. 그 점에서 역사는 어쩌면 결코 우연적인 것과 관계되어 있는 것이 아니라 언제나 필연적인 것과 연관되어 있다고 할 수 있다. 그래서 리케르트는 역사적 인과성과 자연법칙적 인과성을 구별하기를 권하면서 모든 현실은 역사적 인과관계에 따르면 필연적이지만, 자연법칙적 인과관계에 따르면 우연적이라는 명제가 성립한다고 주장한다. 그런 점에서 개체주의적 역사학이 우연적인 것에 대한 학문이라고 주장하는 것은 스스로를 부정하는 무효성의 발언이거나 아니면 완전히 잘못된 발언이다. 왜냐하면 그러한 주장을 하는 사람은 개별적인 것과 원인이 없는 것을 서로 혼동하고 있기 때문이다.[7]

마지막으로 세 번째 의미의 우연은 본질적이지 않은 것을 말한다. 만일 역사학이 우연적인 것을 다루는 학문이라는 주장이 어떤 의미를 갖는다면, 그것은 역사학에는 본질적인 것을 선별하는 데 필요한 원리나 기준 또는 원칙 등이 결여되어 있다는 주장이 타당성을 갖는 경우다. 그러나 리케르트는 아무리 역사학에 엄격한 학문적 원칙이나 보편타당한 방법적 원리를 제시하는 일이 어려운 일이라는 점을 인정한다 하더라도, 그러한 원칙이나 원리가 자연과학에서조차 통용되거나 유지되기가 쉽지 않은 이상, 더구나 역사학이 나름의 개체주의적이고 역사적인 방법론을 가지고 있는 이상, 역사학을 무조건 우연적인 것을 다루는 학문이라고 폄하하는 일은 온당치 못하다고 주장한다. 그래서 그는 개체주의적 역사학이 적어도 그 안에서 다루어지는 개념의 내용이 불가피하게 서로 연관되어 있다는 점에서, 결코 비본질적인 것으로서의 우연적

7 같은 책, p. 417.

인 것을 다루는 학문이 아님을 강조한다.[8]

리케르트는 이처럼 우연을 필연의 대(對)개념으로 다루었고, 우연 자체의 의미보다는 필연이 갖는 의미연관에 맞추어 우연 개념을 세 가지로 정리해 나갔다. 이에 따라 그는 '우연성'을 각각 '비법칙성', '비인과성', '비본질성'의 세 가지 의미로 한정하여 정의했다.[9]

3. 트룈치

신칸트학파와 동시대에 활동했던 독일의 종교철학자 에른스트 트룈치(Ernst Troeltsch, 1865~1923)는 1910년에 발표한 논문 「우연 개념의 의미」에서 우연(Kontingenz)에 대한 자신의 생각과 이론을 전개해 나갔다. 이 논문은 원래 『종교와 윤리 백과사전』(Encyclopedia of Religion and Ethics)이라는 영어권 책에 기고했던 영어로 된 글을 독일어로 바꾸어 발표한 것으로, 사전 표제어 항목글(Article)의 성격을 띠고 있어 일반 학술 논문과는 다른 형식과 내용으로 이루어져 있다. 사전 표제어 글의 특성상 최대한 객관적인 입장에서 서술하려는 노력의 흔적이 역력히 보이는 것은 사실이지만, 그래도 역시 한 개인이 쓴 글이라 글쓴이의 주관적인 견해나 입장이 충분히 드러날 수밖에 없고, 실제로 그러한 경향이 이 글 속에서 적나라하게 드러난다. 트룈치는 이 논문에서 '우연' 개념의 의미가 그 탄생부터 오늘날까지 어떻게 변화되어 왔는지 간단히 살핀 후, 그 개념에서 추출할 수 있는 여섯 가지 의미연관을 정리하고 있다.

먼저 간단히 정리된 우연 개념의 의미 변천의 역사부터 살펴보자.

---

8 같은 책, pp. 417~18.
9 일본의 학자 구키 슈조는 리케르트가 주장한 이 세 개의 우연성이 각각 (1) 선언적 우연, (2) 가언적 우연, (3) 정언적 우연에 해당한다고 주장한다. 구키 슈조, 『우연이란 무엇인가』, 17쪽.

'우연' 개념은 고대, 즉 아리스토텔레스의 '가능한 것', 이 책에서 정의하기로는 '가능적 우연'이라는 뜻의 'ἐνδεχόμενον'(endechómenon)이 로마 시대로 넘어와 'contingens'로 번역되면서 탄생했다. 그러나 트뢸치는 특이하게도 이 개념이 "스콜라철학에서 유래했고, 거기서 개념적으로 필연적인 것, 법칙적인 것의 반대란 뜻으로 사실적인 것과 우연적인 것(das Tatsächliche und Zufällige)을 의미했다"고 말한다.[10] 물론 그러면서 이러한 의미가 사실은 그리스철학에서 출발했음을 지적하고는 있지만, 그래도 그 단어의 탄생이 12~13세기가 아니라 최소한 4~5세기로까지 거슬러 올라간다는 사실을 올바로 밝히지 못한 것은 그가 자료 추적에 실패했음을 보여준다. 그리고 이보다 더 특이한 사실은 그가 '우연적인 것'을 '사실적인 것'과 동일한 개념으로 취급하고 있다는 점이다. 이는 아마도 사실과 진리를 상반된 개념으로 이해한 트뢸치 자신의 독특한 종교철학적 관점이 반영된 결과일 것이다.

트뢸치는 이어서 우연 개념이 이미 고대 그리스철학에서 제기되었던 문제였다고 말한다. "그리스철학은 보편적인 개념의 의미와 그 개념에 의해 재현된 법칙성의 의미를 인식해 온 이래로 그러한 개념에 복종하는 세계와 그러한 개념에 의해 규정되지 않는 세계를 엄격히 구별했다. 전자는 그들에게 저 천상의 별들의 세계였지만, 반면 이 지상의 세계에서는 우연과 무질서가 법칙의, 형식의 그리고 개념의 엄격한 지배를 제한했다."[11] 그리스인들의 관점으로는, 규칙적으로 운행하는 별자리의 모양에서 드러나듯이, 천상은 합리성의 원칙이 적용되지만 앞으로 어떤 일이 발생할지 전혀 예측할 수 없는, 인간들의 삶이 펼쳐지는 지상의 세계에서는 우연과 무질서가 지배할 수밖에 없었다.

이러한 고대 그리스적 관념은 중세에도 그대로 이어져 기독교적 교

---

10 Ernst Troeltsch, "Die Bedeutung des Begriffs der Kontingenz (1910)", E. Troeltsch, *Gesammelte Schriften*, 4 vols., Aalen: Scientia, 1977~1981, vol. 2, pp. 769~78, here pp. 771~72.

11 같은 글, p. 772.

회철학에 수용되었다. "기독교적 교회철학은 아리스토텔레스를 따라서 이 지상 세계의 불완전함을 강조했고, 신플라톤주의를 따라서 물질과 감각이 순수한 보편적 이념을 방해한다는 점을 강조했다. 게다가 우연은 여기서 유대교와 기독교의 유신론적 신 개념과 결합하면서 하나의 새로운 의미를 얻게 된다. 우연은 이제 창조주인 신의 의지본성(Willensnatur)의 표현이 되었다. 이때 창조주인 신은 보편적인 법에 묶여 있는 것이 아니라, 우연을 통해서는 이해되지 않는 것의 우연 안에서 신 자신의 가장 심오한 본질로 자신을 알린다."[12] 이미 중세 스콜라철학자들의 발언에 대한 이 책 제1부 제2장에서의 분석에서 확인되었듯이, 중세의 기독교 철학 안에서 우연이 신의 의지의 표현이 되었다는 지적은 적확하다. 다만 신의 의지본성의 표현으로서의 우연이 결국 신의 행위의 필연 개념 안에 포괄되어 있다는 지적이 없다는 점은 아쉬움으로 남는다.

트뢸치는 이러한 우연 개념이 근대의 합리적인 자연 연구와 더불어 완전히 새로운 차원의 의미를 얻게 되면서 온전한 개념으로 완성되었다고 주장한다. "근대의 자연 연구가 천체의 법칙들을 지상의 법칙들과 완전히 동일한 것으로 증명하면서, 순수한, 즉 우연을 배제하는 합리주의 철학의 새로운 물결이 등장했다." 천체의 세계와 더불어 지상의 세계도 규칙적이고 합리적으로 운행되는 정교한 기계와 같은 것으로 간주되면서 더 이상 우연이 들어설 자리는 없게 되었다. 트뢸치는 이러한 "수학적이고 물리학적인 세계 질서"를 대표하는 인물로, 즉 그 질서의 정상에 서 있는 철학자로 '스피노자'를 든다. 그러나 곧바로 그의 합리론에 맞선 강력한 라이벌이 등장하는데, 우연을 다시 유별나게 강조한 경험론적 철학 체계가 그것이다. "로크와 흄에서부터 라이프니츠와 칸트에 이르기까지" 경험론 철학자들은 우연을 강조함으로써 더욱더 강하게 스피노자에 맞서 응수했는데, 특히 "라이프니츠와 칸트는 이 모든

---

12 같은 곳.

원리적인 합리론에도 불구하고 사실의 진리와 이성의 진리를, 또는 경험 재료의 우연과 범주들의 합리론을 구별했다." 트뢸치는 여기서 특이하게도 라이프니츠와 칸트를 경험철학자로 둔갑시키면서 바로 그들에 의해 정교하게 다듬어진 우연 개념이 비합리성 또는 신(神)과의 밀접한 관계성 등 이른바 근대적 위상을 갖게 되었음을, 즉 "그 자신의 완전한 의미에 도달하게 되었음"을 강조한다.[13]

고대에서 근대에 이르는, 부분적으로 동의하기 힘든 내용을 담고 있는 우연 개념의 변천 과정에 대한 개괄적 고찰로부터 트뢸치는 이제 우연 개념과 관련된 여섯 가지 관점을 도출해 낸다. 이 여섯 가지 관점이야말로 트뢸치의 우연 이론의 정수(精髓)라고 할 수 있다.

첫째, 이 세상의 모든 사물은 개별적으로 존재하는데, 사물의 개별성이란 궁극적으로 신의 의지로 소급될 수 있는 우연성을 갖는다. 즉 "사실적인 것의 실존" 또는 세계의 현존재 자체는 "비합리적이고 우연적인 어떤 것"이다.[14] 그만큼 이 세계는 신에 의해 우연히 창조되었다.

둘째, "우연의 요소들은 합리적-개념적 필연성 안에 놓여 있다." "세계법칙, 세계개념, 세계합일" 등 그동안 많은 사상가가 제시했던 이 수많은 법칙은 언제나 현실적으로 증명될 수 없는, 단순한 '환상들' 또는 '가정들'에 불과했다. 따라서 우리는 플라톤의 이념 세계의 신화, 스콜라철학의 실재론의 허상에 빠지지 않기 위해서 이 법칙들에 현실 관찰에 근거한 주관성과 우연성을 부여해야 한다. 왜냐하면 현실의 총체는 합리적인 측면만 갖는 것은 아니기 때문이다.[15] 요컨대 현실을 아무리 법칙적인 것으로 또는 합리적인 것으로 만들어 이해한다 하더라도, 그 현실은 언제나 개별적이고 주관적이며 우연적일 수밖에 없다. 그리고 그렇게 합리화된 세계도 따지고 보면 실제의 현실 전체가 아니라 언제

13 같은 글, pp. 772~73.
14 같은 글, p. 773.
15 같은 글, pp. 773~74.

나 상황에 따라 선택된 현실의 한 측면에 불과하다. 따라서 합리성, 즉 필연성 안에는 이미 우연성이 포함되어 있을 수밖에 없다.

셋째, 현실 세계를 구성하는 "모든…… 구체적이고 개별적인 것" (jedes […] konkrete einzelne)은 보편적이고 합리적인 어떤 것이 아니라 "개체적인 어떤 것"(etwas Individuelles)이다. 이 점은 가장 단순한 자연 과정들부터 가장 정교한 정신적 삶의 복합적인 일에 이르기까지 모든 것에 적용된다. '세계 전체' 또는 '세계의 과정'은 하나의 보편적인 개념 의 사례가 아니라 "하나의 개별적인 일회성의 사건"이다. '개체화의 문 제'는 그 때문에 일반적인 의미의 "우연 문제와 동일한 것"으로 이해된 다. 따라서 그 문제에 직면해 개별적인 것을 부정하거나 돌려서 해석하 거나, 아니면 간과하곤 하는, "모든 급진적인 합리주의"는 실패할 수밖 에 없다.[16]

넷째, 합리주의 원칙에 따르면 이 세상에 새로운 것은 없는 것으로 인식될 수밖에 없는데, 이것은 잘못된 생각이다. 형이상학적으로 이 세상에 무엇인가 새로운 것의 생성을 설명하려면 우연 개념을 사전 에 설정하지 않을 수 없다. 또 인과관계에서도 모든 일이 '인과 일치' (Kausalgleichung)만이 아니라 '인과 불일치'(Kausal-Ungleichung)에 따라 서도 얼마든지 발생할 수 있고, 오늘날의 기계적인 유물론에서처럼 모 든 "자연 사건을 에너지보존법칙의 관점에서 이해하려는 시도" 또한 그 한계가 뚜렷하기 때문에, 결국 이 세상을 인식하는 데서 새로운 것의 생성을 전제하는 우연 관념은 수용되거나 통용될 수밖에 없다. 심지어 "인과성 개념 안에조차 우연의 요소가 들어가 있다."[17]

다섯째, 우연과 자유는 서로 연관되어 있다. 자유는 물론 "도덕적이 고 사회적인 보편 법칙"으로서 먼저 경험된 다음에는 세계 과정의 보편 적인 것들에 적용되는 "법칙 개념의 출발점"을 이루는 중요한 관념이

---

16 같은 글, pp. 774~75.
17 같은 글, pp. 775~76.

지만, 다른 한편 자유는 "자연의 법칙성에 대해 하나의 탄력성을 요구하면서 자연으로부터 나와 자신을 드러내 보일 수 있고 자연 안으로 들어갈 수 있으며 자연을 자신에 봉사하도록" 만들 수 있다. 바로 이로부터 "어떤 우연적인 것, 순수히 사실적인 것의 생각"이 "보편적 자연법칙의 개념" 안으로 들어간다. 결국 "분절된 또는 탄력적 법칙들은 그 자체로 보편적인 필연성의 이상으로 측정된 어떤 우연적인 것이다."[18] 이처럼 인과적 필연성조차 우연적인 것으로 보이도록 만들어주는 것이 바로 '자유' 개념이다.

여섯째, 우연은 자유의 이념 안에 있다. 즉 우리는 이 세상을 하나의 법칙 사상에 맞추어 필연적인 어떤 것으로 만들 수는 있지만, 그 법칙 사상의 내용을 구성하는 것은 현실 속의 사실적인 것, 즉 우연적인 것이라는 사실을 직시해야 한다. 칸트가 도덕을 보편타당한 의무의 단순한 형식으로 축소한 이유도 결과의 무내용성(無內容性), 즉 내용 부재 때문이다. 다시 말해 도덕은 구체적인 삶과 아무런 연관도 갖지 못한다. "도덕적 이념의 형식은 절대적인 필연성일 수 있지만, 그 이념의 내용은 인간 삶의 사실적 모습에 의존한다." '우연'은 이처럼 "모든 필연성 사상의 가장 깊숙한 뿌리"에까지 들어가 있다.[19]

우연 개념의 역사로부터 이처럼 여섯 가지 관념을 도출한 트뢸치는 합리의 문제와 마찬가지로 "우연의 문제는 모든 철학적 문제 안에 담겨 있다"고 일갈한다. 그것은 "합리적인 것과 비합리적인 것의 관계", "사실적인 것과 개념적인 것의 관계", "창조와 세계의 영원성 및 필연성"의 관계에 대한 질문을 포괄한다. 트뢸치는 이 양(兩)극단을 대표하는 인물로 스피노자와 윌리엄 제임스(William James)를 설정한 후, 그 둘 사이를 중재할 수 있는 인물로 칸트를 지목한다. 그러나 트뢸치는 바로 그 때문에 칸트라는 인물이 다양하게 해석되고 이중적 의미를 갖게 되고, 따라

---

18 같은 글, p. 776.
19 같은 글, pp. 776~77.

서 이 둘을 다시 통합하려는 시도가 있어 왔지만 그러한 노력들은 언제나 허사로 돌아갔다고 주장한다. 요컨대 선험적 인식과 경험적 세계는 밀접하게 하나로 묶여 있는데, 이 둘을 분리해서 해석하는 모든 시도는 결국 실패로 끝나고 말았다는 것이다.[20]

종교철학자로서 트뢸치의 주장은 결국 종교적으로 이어진다. 그의 주장을 보자.

> 종교적으로 우연 개념의 의미는 다음과 같다. 우연은 신 안에서 세계의 생동감, 다양함, 자유로움, 즉 신 자신의 창조적 자유를 내포한다. 그것은 마치 반대로 합리론이 세계의 통일, 초감각적인 것의 지배, 하나의 신적인 총체 법칙 안으로의 종합을 의미하는 것과 같다. 종교적으로는 두 개의 원리 중 그 어느 것도 없어서는 안 된다. 그러나 그 둘 중 어느 하나가 그 자신만을 위해 전개되었을 때 종교적으로 견딜 수 없는 결과들로 나아간다. 여기서도 역시 그 둘의 중재는 개념적으로 불가능하다.[21]

이러한 주장과 더불어 트뢸치는 기독교적 일신론과 합리론적 또는 스피노자적 범신론을 대립시킴으로써, 양쪽의 주장이 똑같이 서로의 모순을 지니고 있기에 어느 쪽의 주장이 틀렸다고 말한다면 그것은 오류라고 지적한다. 또 전자, 즉 기독교적 유일신 사상은 우연을 인정하지 않을 것 같지만 신의 창조적 자유의지라는 개념으로 우연을 인정하고 있고 후자, 즉 범신론적 다원주의는 오히려 범신론적·다원주의적 사유방식 때문에 우연을 더 많이 인정할 것 같지만, 궁극적으로는 그 자신의 합리적인 사유방식으로 필연을 더 강조하고 우연을 인정하지 않으려는 경향이 강하다는 것이다. 결국 트뢸치는 "개념적 질서가 가능한 곳은 오직 중간지대(Zwischenregion)뿐이다. 여기, 즉 이 중간지대야말로 가장

---

20 같은 글, pp. 777~78.
21 같은 글, p. 778.

최고의 이론적이고 실제적인 의미를 갖는다"고 주장하면서[22] 이 짧막한 글을 마무리한다.

트뢸치는 1922년에 발표한 주저 『역사주의와 그 문제』에서도 우연을 역사와 관련해서 고찰한다. 그는 여기서 역사적 대상을 이질적인 결과들의 교차점 안에서 스스로를 형성하는 것으로 간주하고, 역사를 우연의 지배자들로 특징지어진 의미총체성(Sinntotalität)으로 정의한다.[23] 그에 따르면, "역사연구의 실존 자체는 이 점을 확인하는 것처럼 보인다. 즉 역사연구는 그때마다 현존하는 또는 발견된 전승 자료들의 우연에 의존한다. 또 그 생각 자체가 우연을 전제한다. 그 생각 자체는 우연한 교전의 논리적 질서 이외의 그 어떤 것도 아니다."[24]

정리하면, 트뢸치에게서 '우연'은 가장 철학적이면서도 동시에 종교적인 특징, 나중에는 역사적인 성격까지 부여받는 중요한 화두였다. 그 개념은 자연과 사회의 법칙들, 인과관계, 심지어 필연성 안에도 담겨 있는 것으로 간주될 만큼 그 보편성을 인정받지만, 이러한 '우연의 보편성'은 곧 그 개념의 '모호성'으로 이어지면서 해결 불가능한 채로 남게 된다. 우연 개념을 마지막에 가서 중간지대 또는 회색지대로 넘겨 버렸다는 사실 자체가 그 점을 방증한다.

이처럼 20세기 초반 그 중요성은 인정받았지만 아직은 모호한 채로 남아 있던 우연 개념은 이제 그 이후의 다른 사상가들에게서 점차 그 자신의 존재가치를 뚜렷이 부각하며 명확한 개념으로 발전해 나간다.

---

22 같은 곳.

23 Ernst Troeltsch, "Der Historismus und seine Probleme", E. Troeltsch, *Gesammelte Schriften*, vol. 3, p. 52.

24 같은 글, p. 51.

4. 하르트만

20세기 우연에 관한 이론은 니콜라이 하르트만(Nicolai Hartmann, 1882~1950)에 의해 최초로 완성된 형태를 띠고 전개된다. 하르트만은 19세기 말 당시 러시아 영토에 속해 있던 발트해 3국 중 하나인 라트비아의 수도 리가에서 태어났지만, 제1차 세계대전 때 독일을 위해 일한 뒤 마르부르크 대학, 쾰른 대학, 베를린 대학, 괴팅겐 대학에서 철학을 가르쳤던 독일의 철학자다. 출발은 칸트주의였지만, 점차 신칸트주의와 전통적인 철학 관념에서 벗어난 자신만의 존재론을 펼치며 독자적인 철학 체계를 구축해 나갔다. 그의 새로운 존재론에 따르면, 인식론은 존재론에 의존하지만, 존재론은 인식론에 의존하지 않는다. 그 때문에 대상의 현실적 '존재'는 그 존재에 대한 사유나 지식에 필수적이다. 실재에 대한 지식으로서의 인식론은 실재의 일부분에 불과할 뿐 그것의 핵심 구성요소는 아니다. 한마디로 그에게 존재는 인식에 앞선다. 마치 장-폴 사르트르(Jean-Paul Sartre)에게 실존이 본질에 앞섰던 것처럼 말이다. 이러한 하르트만의 입장은 그의 우연에 대한 사유와 이론 속에서도 그대로 반영되어 나타난다.

하르트만의 우연론은 1958년 그의 사후 베를린에서 처음 출판된 후기 저작 『가능성과 현실성』에 자세히 펼쳐져 있다. 양태론(Modalitätslehre)을 다루고 있는 이 책에서 하르트만은 양태(Modalität) 범주를 전통적인 방식으로 수용하면서 크게 여섯 가지로 나누어 그 각각의 개념에 대해, 그리고 그들 각각의 관계에 대해 자그마치 450쪽에 걸쳐 자세히 펼쳐나간다. 그 여섯 가지 범주란 세 개의 긍정적 양식(Modus)과 세 개의 부정적 양식으로 구성되어 있는데, 한쪽에 필연성, 현실성, 가능성이 있고, 다른 반대편에 우연성, 비현실성, 불가능성이 있다. 그 각각의 의미에 대해 하르트만은 다음과 같이 설명한다.[25]

---

25 Nicolai Hartmann, *Möglichkeit und Wirklichkeit*, Berlin: Walter de Gruyter, 1966,

양태 범주

필연성	달리 존재할 수 없음(Nicht anders sein Können)
현실성	다르게가 아니라 바로 그렇게 존재함(So und nicht anders Sein)
가능성	그렇게 또는 그렇지 않게 존재할 수 있음(So oder nicht so sein Können)
우연성	또한 달리 존재할 수도 있음(Auch anders sein Können)
비현실성	그렇게 존재하지 않음(Nicht so Sein)
불가능성	그렇게 존재할 수 없음(Nicht so sein Können)

　사실 이 여섯 가지는 아리스토텔레스 이래 수용되어 온 전통적인 양식 또는 양태 범주다. 좀 더 다른 표현으로 보충 설명하면, 필연성은 '반드시 그렇게 존재해야 함'을, 현실성은 '다른 형태로가 아니라 바로 그렇게 있는 그대로 존재함'을, 가능성은 '그렇게 또는 다르게 존재할 수 있음'을, 우연성은 '그렇게만이 아니라 또한 다르게도 존재할 수 있음'을, 비현실성은 '이렇게든 저렇게든 존재하지 않음'을, 불가능성은 '이렇게든 저렇게든 존재할 수 없음'을 각각 뜻한다. 적어도 이 의미들과 관련해서 하르트만은 전통적인 관점에서 벗어난 새로운 시도는 하지 않는다. 그러나 특이하게도 그는 이 양태들에 대해 서열 매기기를 시도한다. 표에서 제일 아래쪽은 가장 낮은 단계의 양태고, 제일 위쪽은 가장 높은 단계의 양태다. 이 표에 따르면 우연성은 부정적 양태 중에서는 가장 상위에 포진해 있다. 적어도 부정적 양태 중에서는 가장 긍정적이고 가장 고차원적인 양태라는 뜻이다. 그래서인지 하르트만은 우연성의 의미들을 이 책의 가장 앞부분인 제1권 제1부 제1장에서 상세히 다루고 있다. 그만큼 그 중요성을 정확히 인지하고 있었고, 그것을 독자들에게 정확히 전달하고 싶었기 때문에 취해진 조처일 것이다.

　그렇다면 '달리 존재할 수도 있음'을 뜻하는 우연성이 구체적으로 또는 부수적으로 어떤 의미를 가지고 있을까? 하르트만은 우연 개념을 다섯 가지 범주로 분류한다. 우연은 먼저 단순한 사실들의 (1) 의도하지

---

3. Aufl., p. 30.

않았던 것(das Unbeabsichtigte), (2) 예기치 않았던 것(das Unerwartete), (3) 계산할 수 없는 것(das Unberechenbare), 더 나아가 이상적인 것의 필연성(Notwendigkeit des Idealen)에 맞선 (4) 특별한 경우의 비본질적인 것(das Unwesentliche des besonderen Falles), (5) 진정으로 근거가 없는 것(das reale Grundlose) 등을 의미한다. 이 각각을 좀 더 자세히 살펴보자.

먼저 첫 번째 '우연적'의 의미인 '의도하지 않은'(unbeabsichtigt)에는 그 밖에 '원하지 않은'(ungewollt), '목표로 삼지 않은'(unbezweckt)의 뜻이 더해지고, 마지막에는 '죄과[채무]가 없는'(unverschuldet)이 덧붙여진다. 이 마지막 뜻이 좀 모호한데, 아마도 원래 어떠한 의도나 목표도 없었기 때문에, 어떤 일이 우연히 나쁘게 발생했을 경우, 그 일에 대해 행위자가 책임이 없다는 뜻으로 해석된다. 의도가 없었다는 것은 곧 나쁜 일을 저지를 저의(底意)가 없었다는 뜻이 되니, 무죄가 성립하고 그 때문에 처벌을 받을 아무런 이유가 없다. 하르트만은 덧붙이길 "우연은 나에게 내 의도에 놓여 있지 않은 것, 내 의도를 벗어나 있는 것이고, 그 때문에 내 힘의 범위 밖에 놓여 있는 것이다."[26] 우연은 행위 주체의 입장에서 보았을 때 '통제 불가능성'을 의미한다. 이러한 의미의 '우연적'이라는 단어를 우리말로 표현하면 '뜻밖의' 정도가 될 것이다. 이 경우 '우연성'은 '의외성'(意外性)이 된다.

두 번째 의미의 '우연적'은 '예기치 않은'(unerwartet)인데, 다른 말로는 '미리 내다볼 수 없는'(unvorhergesehen)을 말한다. 이 경우의 예로 하르트만은 "만일 내가 전혀 그 상봉을 기대하지도 않았고 그래서 그 만남을 '우연적'이라고 느끼는 길거리에서 X씨를 만났을 때"를 든다. 이 경우는 '의도하지 않은 것'과 다르고, 따라서 '예기치 않은 것'이나 '예견할 수 없었던 것'으로 보아야 한다는 것이 하르트만의 설명이다. 그리고 하르트만은 바로 이것이야말로 독일어의 'Zufall'에 가장 가까운 의미라고 덧붙인다. 왜냐하면 그런 일들은 나에게 우연히 닥친 일들(Mir-

---

26 같은 책, p. 33.

Zufallen)이기 때문이다. 어떤 일이 예기치 않게 나에게 발생했거나 닥쳐와서 나를 놀라게 했다면, 그런 일들은 모두 우연적이다.[27] 이 경우 '우연성'은 '비예측성'을 뜻한다.

세 번째 의미는 '계산할 수 없는'(unberechenbar)으로서, 여기에는 '꿰뚫어볼 수 없는'(undurchschaubar)이 덧붙여진다. 우리의 일상생활에서 발생하는 '예외적인 일'(Ausfall)은 모두 바로 '우연'(Zufall)에 속한다. 가령 내가 동전으로 수많은 조준 대상 중에 "글 또는 독수리"를 맞추려고 할 때, 그래서 우연이 요구될 때, 이 의미의 '예외의 우연성'은 첫 번째와 두 번째의 우연성과는 또 다른 의미를 갖는다.[28] 보통 사람들이 도박이나 복권 당첨 같은 상황에서 '우연히' 맞아떨어지길 바라는데, 이때의 우연 개념이 바로 여기에 해당된다. 따라서 이 경우의 '우연성'은 '예외성'이다.

네 번째 의미의 '우연적'은 '필연적'의 반대개념으로 '비본질적인'(unwesentlich) 것을 뜻한다. 가령 내가 "삼각형의 세 내각(內角)의 합은 180도다"라고 말한다면, 그것은 '필연적'이지만, "그 삼각형의 한 내각이 64도다"라고 말한다면, 그것은 '우연적'이다. 이 경우의 우연성은 위에서 열거한 세 개의 우연성 개념과는 전혀 다른 의미를 갖는다. 삼각형에 세 개의 내각의 합이 180도라는 사실은 본질적이고 필연적이지만, 그중 한 내각의 크기가 64도가 되었든 37도가 되었든, 그러한 사실은 삼각형의 입장에서는 전혀 본질적인 것이 아닌 우연적인 것이다. 이때 '우연적'은, 하르트만 스스로도 지적하고 있듯이, 독일어에서 유래한 '우연적'(zufällig)이 아니라 차라리 라틴어에서 유래한 '우유적'(akzidentell)이라고 써야 뜻이 더 명확해진다.[29] 왜냐하면 본질, 즉 실체(substantia)와 반대되는 개념으로서 우유(accidens)가 거기에 해당하기

---

27 같은 곳.
28 같은 책, pp. 33~34.
29 같은 책, p. 34.

때문이다. 이 경우의 '우연성'은 실체성과 보편성, 필연성과 반대되는 의미에서 '비본질성'을 말한다.

마지막 의미의 '우연적'은 '근거가 없는'(grundlos) 또는 '필연적이지 않은'(nicht-notwendig)을 말한다. 가령 어떤 일이 어떤 다른 일에 의존하지 않고 독립적으로 발생할 경우 또는 존재론적으로 원인이 없는 예외적인 상황의 경우에도 우리는 '우연적'이라고 표현한다. 그러나 이 마지막 의미의 우연은 충족이유율이 지양된 진정한 우연으로서 철학적인 문제를 야기한다. 그것은 앞의 네 개의 의미와는 달리, 문제성이 있고 논쟁의 여지가 있는 개념이다. 왜냐하면 그 개념만이 사건들 사이에 있기 마련인 연관성의 존재를 부정하거나 현실 세계 안에 있는 법칙성이나 의존성을 완전히 무시하기 때문이다. 반면 나머지 네 개의 우연 개념은 상대적으로 평범한 성격을 갖는다.[30] 이 다섯 번째 의미의 '우연성'은 '비법칙성'으로 이해된다.

하르트만은 모두 다섯 개의 개념에다 마지막 의미의 논란 때문에, 우연성 개념이 매우 모호하다고 주장한다. 실제로 그는 우연성의 다섯 가지 의미를 설명하는 절(節)을 "우연성의 애매모호한 성질들"(Äquivokationen der Zufälligkeit)이라는 자극적이고 도발적인 제목을 달고 시작한다.[31] 그에 따르면, "우연적임은 전체적으로 하나의 논쟁적인 양식이다."[32] 그가 이렇게 본 이유는 아마도 우연성 안에 현실성과 비현실성이, 긍정성과 부정성이 모두 내포되어 있다고 생각했기 때문일 것이다. 그만큼 다양한 뜻을 담고 있는 우연성은 실제 현실 세계에서 언제나 등장할 뿐만 아니라 또 사람들의 일상생활에서 흔하게 사용되는 용어이기 때문에, 그 모호성은 더 배가된다. 아마도 하르트만은 우연성을 마치 현실과 비현실 사이의 경계에 있는 양태 범주로 인식한 듯하다.

---

30 같은 책, pp. 34~35.
31 같은 책, p. 33.
32 같은 책, p. 32.

그러나 하르트만에게 이 경계개념으로서의 우연성은 점차 현실개념으로 전환하면서 자신의 위상을 강화해 나간다. 그는 우연성을 모호하지만 그래도 매우 현실적인 양식으로 규정한다. 앞에서 제시한 여섯 가지 양태 범주의 표로 되돌아가 보자. 하위 두 개의 범주, 즉 '비현실성'과 '불가능성'은 현실적일 수 없는 양식으로 간주되고 있지만, 우연성까지는 현실적인 양태로 취급되고 있음을 알 수 있다. 이러한 인식은 이 책 곳곳에서 나타난다. "우연적인 것은 언제나 현실적이고, 필연성만 거부될 뿐이다."[33] "우연적인 것은 다만 필연적임만을 부정하는 하나의 현실적인 것을 의미한다."[34]

현실성만이 아니다. 거기에 절대성도 한몫한다. 하르트만에게서 나타나는 우연성의 긍정적 위상은 그가 그것을 절대적 개념으로 인식하면서 절정에 달한다. 양식적 기본 법칙 안에서의 우연성의 위치 또는 우연성에 대한 존재론적 기본 정리(定理)를 설명하는 자리에서, 하르트만은 '우연성'이 "관계적 양식의 '외적 상대성'"을 지양하거나 또는 "관계성(Relationalität) 그 자체의 지양"을 의미한다고 설파한다.[35] 여기서 관계성이 두 대상 사이의 관계를 지향하면서 양자 간의 상대성을 전제로 하는 개념이라면, 우연성은 곧 상대성의 극복을 의미하고 그 자체로 절대성을 갖는 양식으로 해석된다. 이러한 해석은 우연성과 필연성의 관계를 통해서 더 분명하게 입증된다. 하르트만은 "우연성이 없다면 필연성이 없지만, 우연성은 필연성이 없어도 있을 수 있다"고 주장한다. 달리 표현하면 "한 영역 안에서 모든 것은 우연적이지만, 한 영역 안에서 모든 것이 필연적일 수는 없다."[36] 우연성이 현실성을 넘어 양태 범주로서 최상단에 위치한 필연성조차 단칼에 압도해 버리는 절대적 권력을 부여받는 순간이다. 우연성이 갖는 그 의미를 다시 잘 음미해 보면, 우리

---

33 같은 책, p. 29.
34 같은 책, p. 33.
35 같은 책, pp. 80, 84.
36 같은 책, p. 84.

는 이러한 하르트만의 테제가 결코 낯선 것도, 과장된 것도 아님을 알 수 있다. 왜냐하면 필연성은 어느 하나만을 반드시 참으로 인정하는 일방통행적 성격을 갖지만, 우연성은 이럴 수도 있고 저럴 수도 있으며, 또 저렇게 되지 않을 수도 있지만, 이렇게 되지 않을 수도 있는, 말 그대로 모든 가능성을 다 열어놓은 다목적성의, 다기능의, 전지전능의 양태 범주이기 때문이다. 모든 종류의, 즉 논리적인 것의, 이상적인 것의, 진정한 것의 필연성은 어떤 연관성의, 어떤 것에 대한 의존성의 필연성이지, 결코 근본 토대 그 자체의 필연성은 아니다. 그 점에서 "원리들, 공리들, 기본 법칙들은 이상적-우연적인 것으로 남아 있다."[37] 심지어 우연성은 그 가능성만 놓고 보자면 양태 범주로서의 '가능성'마저도 능가한다. 왜냐하면 '가능성'은 긍정적 의미의 가능성만을 가능한 것으로 간주하는 양태 범주인 반면, 우연성은 긍정적 의미의 가능성뿐만 아니라 부정적 의미의 가능성도 모두 포괄하는, 즉 모든 종류의 가능성을 다 끌어안고 있는 가능성의 절대지존, 가능성의 블랙홀, 가능성의 리바이어던이기 때문이다.

결론적으로 하르트만에게 우연은 단순히 부정적인 양식이 아니라 오히려 절반은 긍정적인 양식이다. 그 이유는 물론 필연성이 그것을 부정하긴 하겠지만, 적어도 우연적인 것이 현실적이라는 점에서 그렇다. 그러나 하르트만은 여기서 한걸음 더 나아간다. 그는 우연성에 이제 현실성을 넘어 필연성과 가능성도 압도하는 절대성을 부여한다. 양태 범주표에서 우연성은 형식적으로는 여섯 개의 양태 범주 중에서 중간쯤에 위치하지만, 실질적으로는 맨 꼭대기에 앉아 있는 셈이다.

---

37 같은 책, p. 39.

5. 모노

프랑스의 생화학자이자 분자생물학자이며 1965년 노벨 생리·의학상을 받은 자크 모노(Jacques Monod, 1910~76)는 1970년 발간되자마자 베스트셀러가 되어 세계적 반향을 불러일으킨, 그래서 곧바로 고전의 반열에 오른『우연과 필연』(Le hasard et la nécessité)에서 자연계에서 차지하는 우연의 위상을 최고조로 끌어올린 20세기의 대표적인 과학자 중 한 사람이다. 그는 이 책에서 우주와 자연, 그리고 생명의 현상이 어떻게 수많은 우연으로 뒤덮여 있는지를, 자신의 전공 분야인 단백질 효소의 합성과 관련한 생화학적 사실들, DNA 구조와 복제 메커니즘 및 유전암호와 그 해설, 그 밖에 진화 현상에 대한 상세한 설명을 통해서 밝혀 나간다. 요컨대 그는 전통 물리학의 법칙을 파괴하는 하이젠베르크의 '불확정성 원리'를 미시적 세계의 교란 원인으로 제시한다.

세상의 변화를 주도하는 요소들로서의 우연과 혼돈, 비규정과 불연속 등의 중요성에 기초한 하이젠베르크의 '불확정성 원리'는 20세기 자연과학뿐만 아니라 여타 학문 분야에까지 많은 영향을 미친 중요한 이론이다. 모노의 우연에 대한 생각 중 복잡한 분자식과 화학식 등 자연과학적 방식으로 전개된 부분을, 인문과학적으로 기획된 이 책에서 자세히 소개하는 일은 무용(無用)한 일이다. 그것은 나의 역량에도 맞지 않을 뿐만 아니라 적절한 처사가 아니라고 판단되기에, 여기서는 그저 그의 자연철학적 주장만을 간추려 정리하는 것으로 자족(自足)하고자 한다.

모노는 이 책 앞부분에서 자연적인 것과 인위적인 것의 차이를 설명하면서 실마리를 풀어나간다. 그에 따르면, 이 세상의 모든 사물은 자연적인 것과 인위적인 것으로 구분된다. 우리가 인위적으로 만들어낸 모든 사물은 나름의 의도를 갖고 만들어졌기에 주관적이고 합목적적이며 어떤 점에서는 필연적이다. 하지만 자연의 사물들은 어떠한 의도를 갖고서 만들어진 것이 아니기에 객관적이고 비의도적이며, 그래서 우연적이다. 모노는 인공물과 자연물 사이를 구별하는 기준자가 '규칙성'과

'반복성'에 있다고 주장한다. 즉 칼이나 시계 같은 인공물은 유사한 물건으로 대량으로 만들어질 수 있기에 규칙성과 반복성을 띠고 있는 반면, 강이나 바위 같은 자연물은 규칙적이지도 반복적이지도 않다는 것이다. 그러나 모노는 이러한 기준점이 석영의 결정(結晶)이나 육각형 모양의 꿀벌의 벌집, 더 나아가 좌우 대칭으로 이루어진 꿀벌 자체에 대한 관찰에 이르면 깨진다는 사실을 통해서 자연물과 인공물을 구별하는 일이 매우 어렵다는 점을 지적한다. 그러면서 그는 우리가 현대 생물학의 지식에 힘입어 생명체에서 합목적성, 자율적 형태 발생, 복제의 불변성 등 세 가지 중요한 속성이 발견된다는 사실을 알게 되었다고 주장한다.[38]

그렇다면 이 같은 합목적성과 규칙성을 갖는 자연물로서의 생명체는 과연 필연적인 것일까? 모노는 돌연변이와 같은 자연 진화의 원칙에 근거해 보았을 때, 전혀 그렇지 않다고 주장한다. 그에 따르면 돌연변이는 "우발적인 것, 즉 우연에 의해 일어나는 것"인데, 이러한 변화야말로 "유전암호의 텍스트를 변경할 수 있는 유일한 원천"이며, 또 이 유전암호의 텍스트야말로 "다음 세대에로 유전될 수 있는 유기체의 구조를 담고 있는 유일한 저장고"다. 그 점에서 "생명권에서 일어나는 모든 새로움과 모든 창조의 유일한 원천"은 바로 '우연'이다. "창조의 진정한 원천은 우연이다"라는 바로 이 주장이야말로 모노가 이 책에서 말하고자 한 핵심 테제라고 할 수 있다. '순전한 우연', '오직 우연', "절대적이지만 또한 맹목적인 것에 불과한 이 자유", 이것이 바로 "진화라는 경이적인 건축물을 가능하게 한 근거"라는 것이다.[39]

그렇다면 우연이란 구체적으로 무엇인가? 이로부터 모노는 바로 우연 개념을 정의하는 일에 착수한다. 그가 자신의 책 제목으로 선택한 프랑스어의 'hasard'는 영어의 'hazard'에 해당하는 단어로, 아랍에서의 일

---

38 자크 모노, 『우연과 필연』, 조현수 옮김, 궁리, 2010, 15~39쪽.
39 같은 책, 163~64쪽.

종의 주사위 놀이에서 파생된 말이다. 물론 통상 '우연'으로 번역되지만, 동일하거나 유사한 뜻을 갖는 다른 단어들과는 그 의미나 어감에서 차이가 날 수밖에 없다. 모노의 말을 직접 들어보자.

> 우연(hasard)이라는 말은 주사위 놀이나 룰렛 게임에서 사용되며, 이때 사람들은 어떤 면이 나올지를 예상하기 위해 확률 계산을 사용한다. 하지만 이런 순전히 기계적이고 거시적인 놀이가 '우연'에 좌우되는 것은, 순전히 충분한 정확성을 가지고 주사위나 공을 던지는 일이 단지 실제로 불가능하기 때문에 그런 것뿐이다. 결과의 불확정성을 대부분 제거할 수 있는 아주 고도의 정확성을 갖춘 투척 기계를 얼마든지 생각할 수 있다. 그러므로 룰렛 게임에서의 불확정성이란 순전히 조작상의 것일 뿐, 본질적인 것은 아니라고 말해 두자. 많은 현상에 대해서 우연이라는 개념과 확률 계산을 순전히 방법론적인 이유로 사용하는 경우가 많은데, 이때 문제가 되는 우연도 역시 단순히 조작상의 우연일 뿐이라는 것을 쉬이 알 수 있을 것이다.[40]

모노에게 우연은 일단 조작상의 의미, 즉 방법적 의미를 갖는다. 그 의미란 확률상의 불확정성이다. 그러나 그에게 우연은 그처럼 단순한 의미만 갖는 것은 아니다. 또 하나의, 본질적인 의미의 우연이 있다.

> 예컨대 '절대적인 우연의 일치'라고 부를 수 있는 경우, 즉 완전히 서로 독립적인 두 개의 인과 계열이 서로 교차하여 일어나게 되는 사건의 경우가 바로 그런 경우다. 의사 뒤퐁 씨가 긴급 호출을 받아 어떤 새로운 환자의 집으로 불려가는 도중, 배관공 뒤푸아 씨는 옆집 지붕을 수리하려고 있던 참이라고 가정해 보자. 의사 뒤퐁 씨가 그 집 발치를 지나가려는 찰나, 배관공 뒤푸아 씨가 부주의로 인해 손에 들고 있던 망치를 떨어뜨리게 되

---

40 같은 책, 165쪽.

고 이 망치가 떨어지는 (자연법칙의 결정론에 의해 필연적으로 정해진) 궤적은 지나가던 의사의 동선과 한 지점에서 겹치게 되어, 결국 의사는 머리가 박살나서 죽게 된다. 이때 우리는 의사가 운이 없었다고 말한다. 그 본성상 전혀 예측 가능하지 않은 이런 사건을 두고 달리 무슨 용어를 사용할 수 있겠는가? 이 경우의 우연은, 서로 완전히 독립적인 두 개의 사건 계열이 한 지점에서 우연히 마주쳐서 사고를 일으킨 것이기 때문에 분명히 본질적인 것으로 간주되어야 한다.[41]

결국 모노는 단순한 조작상의 의미를 갖는 '방법적 우연' 외에 본질적 의미를 갖는 '절대적 우연' 등 두 개의 우연 개념이 있다고 말한다. '절대적 우연'은 독립적인 두 사건 계열의 만남 또는 결합을 통해 이루어진다는 점에서, 아리스토텔레스가 말한 'symbebēkos'와 정확히 일치한다. 그 밖의 우연 개념은 모노에 의해 더 이상 거론되지 않는데, 그 점에서 그의 우연 개념은 열 가지의 의미계열을 갖는 헤겔의 우연 개념은 말할 것도 없고 근대의 칸트나, 심지어 중세의 아퀴나스의 그것보다도 더 단출하다.

그러나 중요한 것은 개념의 수나 의미계열의 양이 아니다. 우연 개념의 내용이라는 질적인 관점에서 보면 모노는 선대나 동시대의 그 어느 사상가도 감히 따라잡지 못할 정도의 긍정적인 생각을 통해 그들보다 한걸음 더 멀리 앞서갔다. 모노가 우연을 창조의 원천이라고 생각했다는 점은 이미 앞서 언급했던 바와 같다. 이 테제와 관련해 그는 몇 가지 중요한 관점을 추가로 제시한다. 첫째, 자기복제를 하지 않는 죽어 있는 시스템에게는 요란스러운 '소음'(騷音)이 그 구조물을 허물어뜨리는 원인이 되겠지만, 자기복제를 하는 살아 있는 시스템, 즉 생명체에게는 정반대인 '진화'를 일으킨다는 것이다. 여기서 'DNA의 자기복제 구조'는 "우연의 보존 기구"로 명명된다.[42] 일반명제로 전환해 표현하면

---

41 같은 책, 165~66쪽.

'혼란이 안정된 구조는 파괴하지만 불안정한 시스템에는 창조를 가져온다.' 이것은 약간의 의미상의 차이는 있지만, 앞서 마르크스에게서도 나타났던 일종의 '우연의 보상 이론'이라고 할 수 있다. 둘째, 창조의 가능성, 즉 돌연변이의 경우의 수는 무궁무진하다. "요컨대, 현재[1970년 당시] 약 30억에 이르는 인류의 인구수 상황에서는 매 세대마다 1,000억 내지 1조에 달하는 돌연변이가 일어나고 있다고 추산할 수 있다." 모노는 자신이 "이런 숫자를 제시하는 것"은 "어떤 한 종의 게놈에 일어날 수 있는 우연적인 가변성의 크기가 ─복제 메커니즘의 매우 보수적인 속성에도 불구하고─ 얼마나 거대한 것인지 생각해 보라는 의도에서"라고 말한다.[43] 우리는 이로써 우연이 새로운 것의 창조를 위한 얼마나 풍요로운 원천인지 가늠해 볼 수 있다. 셋째, 진화의 핵심 이론인 '자연선택' 또는 '돌연변이'가 아주 자연스럽고 지극히 정상적인 현상이라는 관점이다. "이 거대한 '우연의 놀이'가 가진 크기와 자연이 이 놀이를 전개해 나가는 어마어마한 속도를 생각해 볼 때, 설명하기에 어려워 보이거나 혹은 거의 역설에 가깝게 보이는 것은 진화가 아니라 반대로 '형태'의 안전성이라고 해야 할 것이다."[44] 19세기 찰스 다윈(Charles Darwin)의 진화론은 20세기의 모노에 와서 새로운 의미연관과 그 외연의 확대를 통해 보다 더 높은 차원으로 승화되면서 '우연의 일상화' 또는 '우연의 필연화'라는 강한 테제로 나타난다. 돌연변이가 정상적이라는 얘기는 결국 우연이 삶의 법칙이라는 얘기와 다를 것이 없다. 이것은 마치 20세기 양차 대전 사이의 전간기(戰間期)에 발터 벤야민(Walter Benjamin)이 파시즘에 대한 투쟁의 기치를 올리며 토로했던 "우리가 살고 있는 비상사태가 바로 정상상태"[45]라는 역설적 테제를 연상시킨다.

---

42 같은 책, 169쪽.
43 같은 책, 175쪽.
44 같은 책, 175~76쪽.
45 Walter Benjamin, "Über den Begriff der Geschichte", W. Benjamin, *Gesammelte Schriften*, eds. Rolf Tiedemann & Hermann Schwepenhäuser, Frankfurt a. M.:

또 모노는 자연계의 진화나 유전과 관련해 관찰될 수 있는 모든 미시적 변화에는 우연이 개입되어 있다고 생각했다. "생명체라는 이 극히 보수적인 시스템에 진화의 길을 열어주는 기본적인 사건은 미시적이고 우연적인 것들이며, 이 사건들은 자신들이 생명체의 합목적적인 기능에 결국 일으키게 되는 효과에는 전혀 무관심하다."[46] 이 생각을 좀 더 단순하게 표현하면 '자연에서의 모든 변화는 곧 우연이다'라는 테제가 성립된다.

더 나아가 모노는 우리 인간 자신 그리고 인간의 삶을 우연이라고 간주하면서, 이러한 인간의 운명이 언제나 변화하는 것이라고 생각했다.

> 운명이란 그것이 진행되어 나가면서 써지는 것이지, 결코 먼저 쓰여 있는 것이 아니다. 우리의 운명은 인류가 출현하기 이전부터, 즉 생명권에서 유일하게 상징적 소통을 위한 논리적 체계를 사용할 줄 알게 된 이 종이 출현하기 이전부터 쓰여 있던 것이 아니다. 인류의 출현은 또 하나의 유일무이한 사건으로서, 그 자체로 모든 인간중심주의로부터 우리를 떼어놓는다. 생명의 출현이 그러했던 것과 마찬가지로 인류의 출현도 역시 유일무이한 것이라면, 그것은 인류의 출현 가능성이 거의 0이었기 때문이다. 우주는 생명으로 충만해 있지도 않았고, 생명계는 인간으로 충만해 있지도 않았다.[47]

이것은 장 칼뱅(Jean Calvin)의 '예정설'에 대한 강력한 도전이자 반발로 보인다. 좁게 보면 생명체로서의 '인간의 우연', 넓게 보면 인류의 출현과 현재까지의 전체 인간의 삶의 총체인 '역사의 우연'으로 해석할 수 있는 이들 문장에서 놀랍고 신기한 점은, 모노가 철저히 무신론적이

Suhrkamp, 1974, vol. 1, p. 697
46 모노, 『우연과 필연』, 171쪽.
47 같은 책, 205쪽.

고 과학적인 입장에서 이러한 생각들을 펼쳐나가다가 나중에는 이러한 입장들을 점차 신학적 차원으로 지양하거나 아니면 그래도 희망을 담고 있는 '낙관적 염세주의'로 흐른다는 사실이다. 『우연과 필연』의 마지막 문장은 이 점을 잘 보여준다. "옛날의 결속은 깨졌다. 인간은 마침내 그가 우주의 광대한 무관심 속에 홀로 내버려져 있음을, 그가 이 우주 속에서 순전히 우연에 의해서 생겨나게 되었음을 알게 되었다. 이 우주의 그 어디에도 그의 운명이나 의무는 쓰여 있지 않다. 왕국을 선택하느냐 아니면 어둠의 나락으로 떨어지는 것을 선택하느냐 하는 것은 전적으로 인간 자신에게 달려 있다."[48] 모노는 그만큼 인간을 '자연이 주관한 복권에 당첨되었으나 결국 그 안에서는 범용(凡庸)함을 인정할 수밖에 없는 존재'로 묘사했다. 그에게서 이 우주, 자연은 우연으로 뒤덮인 세계였다.

6. 푸코

20세기 후반의 포스트모더니즘 사조는 우연에 대한 활발한 탐구의 또 하나의 지적 토대를 마련해 주었다. 자연과학에서 불기 시작한 불확정, 불연속, 불균형, 비대칭 등의 개념이 인문과학이나 사회과학으로 전이되어 이제는 '변수의 상수화', 즉 '우연의 필연화' 현상을 낳게 된 것이다. '이 세상에서 변하지 않는 원칙이 있다면, 그것은 이 세상의 모든 것이 변한다는 사실이다'와 같은 명제가 쏟아져 나오면서, 우연은 이제 모든 학문에서 사유되고 탐구되는 대상이 되었고, 심지어 적지 않은 사상가들에게서는 철학적 사유의 목적이 되기도 했다. 과거에는 우연이 필연의 대(對)개념으로서, 즉 '실패한 필연성'으로 인식되었다면, 이제는 반대로 필연이 '성공한 우연'(der gelungene Zufall)과 '행운을 얻은 우

---

48 같은 책, 257쪽.

연'(die geglückte Kontingenz)으로 정의되기 시작했다. 철학적 사유의 대상이 필연이 아닌 우연이 되면서, 이른바 니체가 명명했던 가치의 전도(顚倒) 또는 역전 현상이 일어난 것이다. 이러한 현상을 주도한 현대 사상가로는 푸코(프랑스), 루만(독일), 로티(미국) 등을 들 수 있다.

먼저 미셸 푸코(Michel Foucault, 1926~84)에 대해 살펴보자. 이 유명한 프랑스의 포스트구조주의 철학자에 대한 그 어떠한 배경적·주변적 설명은 지면 낭비일 뿐이니 생략하기로 한다. 푸코가 우연을 테마로 하여 쓴 문헌은 그것이 논문 형태든 단행본 형태든, 적어도 내가 찾아본 바로는 없었다. 따라서 그가 우연에 대해 어떤 생각을 했는지를 밝혀내는 작업은 그가 쓴 수많은 저작 가운데에서 해당 부분을 가려내야 하는 작업, 마치 드넓은 모래사장에서 잃어버린 바늘을 찾는 일처럼 매우 고난도의 작업이다. 그러나 흥미로운 점은 비록 우연에 대한 언급은 거의 찾아볼 수 없었지만, 그가 연구하고 서술한 주제나 방법 자체가 이미 우연이라는 개념이 무엇인지 몸소 보여주는 것이었다고 할 수 있다. 요컨대 그가 우연이 어떤 개념인지 말한 적은 없지만, 그가 행한 학문적 행위 자체가 이미 우연이란 어떤 것인지를 직접 보여주는 과정이었던 셈이다.

『광기와 비이성』(Folie et déraison), 『감시와 처벌』(Surveiller et punir), 『임상의학의 탄생』(Naissance de la clinique), 『말과 사물』(Les mots et les choses), 『지식의 고고학』(L'Archéologie du savoir), 『담론의 질서』(L'Ordre du discours), 『성(性)의 역사』(Histoires de la sexualité) 등 푸코의 수많은 저작은 그의 학문적 방법론의 실험적 결과물이다. 그의 방법론이란 사회에서 배제되고 소외된 계층의 타자화된 사람들 또는 타자화된 상태들의 역사를 연속성이나 통일성의 기준이 아니라 차이, 착종, 단절, 부정합, 불연속 등의 관점에서 담론의 형성과 변환을 그림처럼 보여주는 '고고학'적 방식 또는 그 담론의 형성과 변환의 지층 내부에서 벌어지는 힘들의 역학관계를 설명하는 '계보학'적 방식으로 기술해 나가는 것이다. 우연은 바로 이러한 방법론이 전개되는 과정에서 자연스럽게 흘러들어가는 주요 방법적 개념 중의 하나다. 따라서 푸코의 방법론을 다루다보면 그가 우연에 대해 어떤 생각을 펼쳤는지 저절로 해명될 것이다.

1971년에 발표한 『담론의 질서』는 푸코가 콜레주 드 프랑스에 취임하면서 행한 연설문으로 그의 이러한 방법론을 이해하는 데 큰 도움을 주는 저작이다. 그는 먼저 자신의 학문적 방법상의 원리로 전복, 불연속, 특이성, 외재성을 제시한다. 전복은 푸코가 "분절의 부분적인 역할을 행하는 희박화의 놀이"라고 명명한 것으로, 사람들이 보통 담론 안에서 찾아내는 전통적인 방식, 즉 연속성의 원리와 저자의 역할 등의 요소들보다는 부분들을 나눈 다음 그 안에서 발견되는 희귀하거나 숨어 있거나 역설적인 요소들을 찾아내 읽어내는 방식을 말한다. 다음으로 불연속의 원리는 담론들 사이에서 "서로 교차하는 그리고 종종 서로 이웃하고 있는, 그러나 또한 서로를 무시하거나 배제하는 불연속적인 실천들"을 드러내는 방법상의 원리를 말한다. 세 번째로 특이성의 원리는 담론 속에서 "필수적인 의미 작용들의 놀이"보다는 특이하거나 우연적인 행위들을 찾아내는 일, 세계를 "우리가 해독하기만 하면 되는 그러한 얼굴로 드러난다고 상상하지 않"고 그 안에 담겨 있는 개별적이고 독특한 특징을 들추어내는 방법상의 원리를 일컫는다.[49] 마지막으로 외재성의 원리는 드디어 우연에 대한 언급이 등장하는 만큼 푸코의 설명을 직접 인용해 보자.

> 담론에서 그의 내면적인 또는 숨겨진 핵으로, 그를 통해 드러날 사유의 또는 의미 작용의 심장부로 향하지 말 것. 담론 자체로부터 출발해, 그의 출현과 규칙성으로부터 출발해, 그 가능성의 외부 조건으로, 이 사건들의 우발적인 계열을 야기하는 그리고 그 경계들을 고정시키는 것으로 향할 것.[50]

---

49 미셸 푸코, 『담론의 질서』, 이정우 옮김, 서강대학교출판부, 1998, 36쪽.
50 같은 책, 37쪽.

원래 난해하기로 유명한 푸코이지만 방법상의 원리를 설명하는 문구도 직설적이지 않고 은유나 비유 또는 역설 등 수사학적·변증법적 방법을 사용하면서 간접적으로 풀어내는 식이어서 무슨 소리인지 쉽게 와 닿지 않는다. 여기서 말하는 외재성의 원리란, 담론의 핵으로 들어가 그 심장을 꺼내들지 말고, 담론의 주변을 눈여겨보고 그 외부 조건을 천착한 다음, 해당 사건들이 발생하게 된, 가능하고 우발적인 계기나 경계들을 포착해 내라는 것이다. 왜냐하면 어쩌면 그 안에 그 담론이 말하고자 하는 핵심이 담겨 있을 수 있기 때문이다. 이처럼 우연과 필연의 경계 또는 가능과 불가능의 임계(臨界)를 읽어내라는 푸코의 주문 안에 바로 가능성과 우발성, 즉 우연이라는 표현이 등장하는데, 이것은 결코 우연이 아니다. 푸코가 전통적인 방식과 철저히 차별화된 자신만의 지성사적 방법으로 제시한 위의 네 가지 원리는 하나같이 우연과 직간접적으로 연관되어 있다. 우선 전복이나 불연속은 어떤 하나의 선이 일직선상으로 가다가 갑자기 부정합이 일어나 나타난 뒤집힘, 단절, 불규칙, 불균형 등의 현상을 파악해 내라는 것이고, 특이성이나 외재성의 원리도 통일적이거나 연속적인 것보다는 개별적이고 특수한 현상이나 행위들을 끄집어내어 그것들의 의미와 역할을 풀어내라는 것인데, 이 모든 방법을 원활히 수행하려면 우연의 의미를 정확히 파악해 내야 한다. 이미 우리가 헤겔의 열 가지 의미계열에서 파악했던 우연의 의미들은 위의 네 가지 방법적 원리를 모두 포괄한다. 푸코가 수행한 담론의 역사연구와 서술 방법은 한마디로 '역사 속에서 우연 찾아내기'였다고 할 수 있다.

푸코는 역사 속에서 우연을 찾아내는 작업의 중요성을 아무리 강조해도 지나침이 없다고 생각한 듯하다. 그 작업이 왜 중요한지에 대한 다음 설명을 보자.

이 담론적이고 불연속적인 계기들이 각자 어떤 한계들 사이에서 그들의 규칙성을 가지는 것이 사실이라면, 의심할 바 없이 그들을 구성하는 요소들 사이에 역학적인 인과율이나 관념적인 필연성의 연결선들을 구성하는 것은 더 이상 가능하지 않을 것이다. 사건들의 생산에 우연을 도입하는 것이 필요하다. 여기에서도 역시 우연과 사유의 관계들에 대해 사유하도록 해주는 이론의 부재가 느껴진다. 그래서 사람들이 지성사 안에서 작동시키기를 제안하는 그리고 담론들 뒤에 존재할 수 있는 표상들이 아닌 사건들의 규칙적이고 구분적인 계열로서의 담론들을 다루는 얇은 어긋남, 이 얇은 어긋남 속에서, 나는 사유의 뿌리 자체에 우연, 불연속, 물질성을 도입하도록 해주는 작은 (그리고 아마도 곤혹스러울) 기계장치와 같은 어떤 것을 보게 되는 것이 두렵다. 역사의 어떤 형태가 관념적인 필연성의 연속적인 전개를 말함으로써 제거하고자 하는 삼중의 위험, 역사가들의 실천에 사유 체계들의 역사를 이을 수 있도록 해줌이 틀림없는 세 개념들, 이론적인 정교화 작업이 따라야 할 세 방향.[51]

불연속의 계기들이 어떤 규칙성을 갖게 되고, 그 규칙성을 찾아내는 일이 지성사의 핵심적인 방법이라면, 이제 더 이상 인과율이나 관념적인 필연성의 연결선들을 재구성하는 일은 불필요하다. 이 부정합의 계기가 바로 우연이다. 그래서 푸코는 우연 또는 우연적 사유를 불연속 및 물질성 개념과 함께 역사 사건들을 재구성하는 데 필수적인 요소로 도입하자고 제안한다. 왜냐하면 그가 보기에 역사는 심지어 신적인 섭리에 의해서도, 그리고 절대이성에 의해서도 지배되지 않는, "절대적인 우연의 장소"이기 때문이다.[52] 결합성과 총체성, 연속성은 역사에 낯선 범주들이다. 역사는 결코 미리 주어진 목표를 향해 나아가는 어떤 진보 과정이 아니다. 반대로 역사는 하나의 대문자 역사(History)를 수많은 작은 역사들(histories)로 해체해 버리는 불연속과 갈등, 단절 등으로 점철되어 있다. 이 수많은 역사 안에서는 인간들이 그 사건의 본래의 행위자

51 같은 책, 39~40쪽.
52 Michel Foucault, *Dispositive der Macht*, Berlin: Merve, 1978, p. 27.

들이 아닌 상태에서 규칙 없이 툭 튀어나왔다가 다시 흔적도 없이 사라져버린다. 역사 과정에서 행사되는 진정한 힘들은 "투쟁의 우연"에 굴복했다.[53] 따라서 역사를 과거에 행했던 것처럼 '관념적인 필연성의 연속적인 전개'로 만들어버림으로써 역사 자체를 스스로 소멸하도록 만드는 과오를 더 이상 범하지 않기 위해서도 우연 개념과 우연적 사유 원리의 도입은 반드시 필요하다.

푸코는 실제로 이러한 방법상의 원리들을 이용해 서양의 고대부터 현대에 이르는 지성의 역사를 추적한다. 가령 생물학과 정치경제학, 언어학 등의 역사를, 사회적 맥락에 대한 논의를 제거하고 그 학문 내의 이론과 방법만을 추적한 저작 『말과 사물』에서 푸코는 고전시대(고대~18세기)와 근대(19세기 이후)가 인식소(에피스테메, Episteme)에 근본적인 변화를 겪는다고 보았는데, 서양의 근대성을 탄생시킨 변화란 인식과 역사에서의 가능성의 조건인 선험적 주체의 등장이다. 풀이하면, 인식과 역사가 분화(개체)에서 통일(세계)로 나아가는 것으로 보았던 고전시대의 형이상학이 근대에 오면 다시 분절되고 분화되면서 개체, 즉 주체가 중요해졌고 세계도 더 이상 통일이 아니라 불연속, 즉 우연으로 이루어진 것으로 보기 시작했다는 것이다.

> 18세기 말은 불연속성에 의해 단절된다. 이때의 불연속성은 17세기 초에 르네상스적 사고를 파괴했던 불연속성과 대칭적이다. 유사관계에 의해 폐쇄적으로 형성된 거대한 원형고리는 17세기 초에 이르러 분해되고 파괴되었으며, 그 대신에 동일성으로 이루어진 표(表)가 전개되었다. 이제는 오히려 이 표가 해체되면서 지성이 새로운 공간 내에 자리 잡기 시작한 것이다.[54]

---

53 Michel Foucault, *Von der Subversion des Wissens*, Frankfurt a. M.: Suhrkamp, 1978, p. 98.
54 미셸 푸코, 『말과 사물: 인문과학의 고고학』, 이광래 옮김, 민음사, 1989, 261쪽.

푸코에 따르면, 19세기에 들어서면서 사람들은 사물들이 결코 동일한 방식으로 지각되거나 기술되거나 표현되거나 특정화되거나 분류되거나 인식될 수 없다는 사실을 인지하기 시작했다. 고전시대에 사물들의 특성을 말해 주던 동일성이라는 요소 또는 질서라는 틀은 19세기에 들어서면서 더 이상 유지되지 못하고 그 자리에 불연속, 단절, 차이, 계기 등 별개의 인식매체들이 자리 잡으면서 이제 시간의 계열 속에서 파악되는 불연속의 사건들, 즉 우연이라는 이름의 '역사'가 중시된 것이다. 요컨대 고전시대의 표(表)가 갖던 선험적 기능이 무너지면서 이제 모든 현상은 시간 속에서 우연적인 사건들로 파악된다.

이러한 푸코의 추적은 비단 지성사 분야에만 한정되지 않는다. 푸코가 역점을 두었던 사회적 약자들, 즉 미치광이와 범죄자, 병자 같은 타자화된 사람들 또는 타자화된 상태의 역사를 기술할 때도 이러한 방법상의 원리들은 그대로 적용된다. 푸코가 근대 철학자들과의 단절을 시도하면서 부각한 이러한 방법과 원리의 독특성은 특히 국내의 한 평자에 의해 시도된 칸트와의 대비를 통해 극적으로 표출된다. 칸트와 푸코는 둘 다 '선험철학, 즉 어떤 가능성의 조건을 탐구'한 철학자들이라는 점에서는 일치한다. 하지만 칸트가 "그 가능성의 조건을 주관 속에서, 의식 속에서 찾"은 반면, 푸코는 그 조건을 "무의식의 수준에 위치하는 언어 자체의 질서"로 보았다. 더 나아가 "이러한 규칙성이 칸트에게는 보편적인 것인 데 반해, 푸코에게는 담론의 종류에 따라, 그리고 그 담론이 만들어지는 시대에 따라 변환된다." 또 "칸트의 규칙성이 필연적인 것으로 이해되는 데 반해, 푸코가 생각한 담론의 질서 속에서는 항상 우연이라는 요소가 작동"한다. "요컨대 칸트의 철학이 주관적 선험철학이라면 푸코의 철학은 객관적 선험철학이며, 칸트의 철학이 필연의 철학, 형식적 아프리오리의 철학이라면 푸코의 철학은 필연과 우연, 법칙성과 분산이 공존하는 역사적 아프리오리의 철학"이다. 칸트가 '필연적인 한계를 탐구'했다면, 푸코는 '가능한 위반을 탐구'했다.[55] 여기서 '가능한 위반'이란 바로 '우연성'을 말한다.

결과적으로 푸코에게 우연은 어떤 개념 정의의 형태로 구체화되어 나타난 것도 아니고, 그것의 속성을 파헤치는 분석적 형태로 탐구되지도 않았다. 우연이라는 개념 자체는 푸코에게 탐구 대상이 아니었다. 오히려 우연은 푸코에게 방법적 원리의 성격을 더 많이 갖는다. 비유하자면, 마치 19세기의 문화사가 역사 안에서 문화를 연구했던 데 반해 오늘날의 신문화사가 문화 속에서 역사를 연구하고 있는 것처럼, 과거의 우연 담론이 세상 안에서 우연을 연구했다면, 이제 푸코의 우연 담론은 우연이라는 안경을 끼고 세상을 바라본 것이다. 마치 니체가 기존의 가치 체계의 전도를 시도하며 전통적인 방법상의 원리 개념을 뒤집어서 달리 볼 것을 주문했던 것처럼, 푸코는 방법적 원리의 혁명적 전환을 주문한다. 요컨대 푸코는 연속 속에서 불연속인 것을 찾아낼 것을 또는 필연 속에서 우연한 것을 발견할 것을 요청했다기보다 오히려 연속 자체를 불연속으로, 필연 자체를 우연으로 볼 것을 제안한다. 이 얼마나 혁명적인 패러다임의 변화인가. 이러한 변화는 다음 학자들에게도 그대로 유전되어 나타난다.

7. 루만

사회체계 이론으로 유명한 독일의 사회학자 니클라스 루만(Niklas Luhmann, 1927~98)에게도 역시 '우연'은 매우 중요한 개념으로 등장한다. 아니, 루만에게 우연은 단순히 등장하는 정도가 아니라 그의 사회체계 이론 전체를 관통하면서 그 이론을 구성하는 모든 분야와 요소에 마치 '조직'이라는 식물에 물을 뿌려대듯이 또는 '사회'라는 밭에 씨를 뿌려대듯이 중요하고 핵심적인 영향을 미치면서 종횡무진으로 맹활약한다. 얼핏 '체계'와 '우연'은 서로 상반되는 또는 상호 모순되는 개념처

---

55 이정우, 「역자 해설」, 푸코, 『담론의 질서』, 124~25쪽.

럼 보인다. 그러나 루만에게 그 둘은 서로가 서로에 의존하거나 아니면 서로가 서로를 필요로 하면서 자기 기능을 수행해 나가는 일종의 보완 개념(complementärer Begriff)이다. 그만큼 루만은 모든 사회에서는 '체계가 존재'한다는 점을 강조한 '구성 이론가' 또는 '체계 이론가'이면서 동시에 구별과 경계가 없다면 어떠한 것도 표시할 수 없기에 '차이를 만들'라고 주문한 '차이 이론가' 또는 '분화 이론가'이기도 하다. 바로 이 차이가 경계를 만들어내고 그 경계가 분화를 창조하며, 그 분화는 다시 체계로 묶이게 된다. 그래서 루만의 사회체계는 커뮤니케이션의 기능을 통한 모든 조직의 경성(硬性) 구성체이면서 동시에 발생과 진화를 위한 모든 차이와 변화에, 즉 모든 우연에 열려 있는 개방적 연성(軟性) 구조물이기도 하다. 그 점에서 우리는 루만을 어쩌면 근대적 전통을 잇는 이론가이면서 동시에 그로부터 완전히 벗어나 있는 탈근대 이론가라고 부를 수 있을 것이다. 물론 그가 20세기 후반부에 활동했던 만큼 아무래도 후자 쪽에 더 많은 방점이 찍힐 수밖에 없음은 주지의 사실이다.

근대적 이론가이면서 동시에 탈근대적 이론가였던 만큼 루만에게서 우연 개념은 근대적이면서 탈근대적 모습이 모두 나타난다. 물론 이때도 방점은 뒤쪽에 찍힌다. 먼저 근대적인 면모부터 살펴보자. 루만은 1984년에 발표한 주저 『사회체계』에서 우연성을 다음과 같이 정의한다. '우연성이라는 개념'(Kontingenzbegriff)은 "필연성과 불가능성을 배제함으로써 획득된다. 우연적(kontingent)이란 필연적이지도 않을 뿐만 아니라 불가능하지 않은 무엇이다. 그것은 있는 그대로 존재하는 (존재했던, 존재할) 것일 수도 있지만 또한 달리도 가능할 수 있는 것이다."[56] 여기서 루만은 전통적인 우연 개념을 여과 없이 그대로 수용한다. 또 1997년에 발표한, 자신의 사회체계 이론을 집대성한 방대한 저서 『사

---

56 Niklas Luhmann, *Soziale Systeme. Grundriß einer allgemeinen Theorie*, Frankfurt a. M.: Suhrkamp, 1984, p. 152.

회의 사회』(*Die Gesellschaft der Gesellschaft*)에서 루만은 우연을 예측 불가능성과 계획 불가능성으로 규정한다. 그에 따르면, 전체 사회 안에 개별적으로 기능하는 체계들에서는 '우연성 공식들'이 있기 마련인데, 이것은 곧 "사회가 자기 자신의 미래를 예측할 수 없으며 계획할 수 없음"을 의미한다는 것이다.[57] 사회의 진화를 설명하는 자리에서는 우연이 관찰 불가능성과 비체계성으로 간주되기도 한다. 루만은 여기서 '우연'을 '관찰 불가능의 문제'로 인식하고 있으며, '우연적으로'라는 부사는 "체계적으로 조정되지 않는 방식으로", 즉 '비체계적으로'를 뜻하는 것으로 이해한다.[58] 또 다른 곳에서 루만은 "안정성을 가질 수 없는 우연적인 것"이라는 표현을 쓰면서, 우연을 불안정성으로 간주하기도 한다.[59] 이러다 보니, 우연은 루만에게서 합목적성의 포기, 통제 불가능성을 지칭하는 것으로까지 나아간다. "합목적적인 조정을 단념한다는 것은, 변이가 긍정적이거나 부정적인 선택으로 이어질 경우, 그것이 체계로부터 보자면 우연임을 뜻한다. 또 고유한 기준에 따라 이루어지는 이런 선택이 체계 안에서 안정화될 수 있을지 그리고 어떻게 그럴 수 있을지도 또한 우연이라는 것을 뜻한다. '우연'이라는 것은 또한 진화하는 체계가 이 내부 경계들에서 스스로 통제할 수 없게 환경에 민감하다는 것을 뜻한다."[60]

이뿐만이 아니다. 루만은 우연을 복합성과 외재성으로 규정하면서 헤겔의 우연 개념을 그대로 수용하는 모습도 보여준다. "인간 유기체와 심리적 체계들이 고도의 자체 복잡성을 갖는다는 사실과 그것들의 자기 생산이 사회 외부적으로 이루어진다는 사실은 사회 진화에 대한 그것들의 영향을 우연으로 여겨도 좋도록 한다."[61] 이미 앞서 살펴보았듯

57   니클라스 루만, 『사회의 사회』, 장춘익 옮김, 전 2권, 새물결, 2012, 157~58쪽.
58   같은 책, 503쪽.
59   같은 책, 427쪽.
60   같은 책, 585쪽.
61   같은 책, 536쪽.

이, '외재성'과 '복합성'은 헤겔의 우연 개념의 열 가지 의미연관 계열 중 각각 여섯 번째와 일곱 번째 계열에 속한다. 특히 일곱 번째 의미계열인 복합성 안에는 '비규칙'도 포함되는데, 루만은 이것을 우연의 "불규칙성"으로 바꾸어 부른다.[62]

마지막으로 하나 더 들 수 있는 루만의 우연 개념의 전통성은 '자유와 우연의 연관성'이다. "자유 개념은 역사적으로 자연적 필연성과 문화적 자명성에 반대하는 것으로, 우연성(Kontingenz)의 새로운 형식을 나타낸다. 자신의 태도 선택이 우발적인 것들(Zufälle)에 의해 규정되게 할 가능성이 그것이다."[63] 여기서 우연은 자유와 가능성으로 특징지어진다.

결국 루만이 보기에 우연은, 적어도 전통적인 관점에 입각해서, 예측이 불가능하고, 관찰이 불가능하며, 통제가 불가능한, 비체계적이고 비합리적이며, 외재적이고 복합적이며, 불규칙하면서 자유 또는 가능성과 연결된 어떤 현상이다. 그에게 우연은 역시 전통적인 관념에 따라 우리에게 친숙하지 않은 어떤 것이다. "그래서 주술적 능력에 대한 가정은, 의미론적 발달을 거쳤다고 할 때, 우연의 부정과 결부되어 있다. 친숙한 세계의 표면에서 우연이 처음에 어떤 모습으로 등장하더라도, 그것이 부정되는 것이다. 우발적인 것들을 위한 의미는 없다. 사고(事故)란 없다. 예기치 않은 것에 대해서 친숙한 것 속에서 이유를 찾을 수 없다면, 그 이유는 낯선 것 속에 있기 때문이다."[64]

여기까지만 보면 루만의 우연 개념은 특별할 것이 없어 보인다. 그러나 이미 지적했듯이, 그것은 동시에 많은 탈근대적인 모습을 지닌다. 루만의 우연 개념의 탈근대성은 그 개념이 갖는 전통성에 반(反)하는 형식을 통해서가 아니라 그것을 넘어서는(超) 방식을 통해서 나타난다. 더

---

62 같은 책, 528쪽.

63 같은 책, 1175쪽.

64 같은 책, 749쪽.

구나 이때의 탈근대성은 그 개념이 주조되는 과정에서 태생적으로 참여하고, 필요한 경우 외부의 적을 막아내는 중요한 방어수단이자 보호막으로까지 기능한다. 그 구체적인 모습을 한눈에 알게 해주는 우연에 대한 루만의 정의부터 인용해 보자.

> 예전의 가정과 달리 우연 개념은 인과성을 부정하는 데 쓰이지 않는다. 우연 개념은 일어나는 일의 무원인성을 말하는 것이 아니다. 또한 '우연'은 어쩔 수 없이 구성해 본 인과관계 같은 것이, 가령 원인을 말할 수 없는 상황에서도 (말하자면 세계에 대한 인과적 설명 틀을 완성하기 위해) 아직 말할 수 있는 원인 같은 것이 아니다. 우리는 우연 개념에 어떤 인과론적 의미도 부여하지 않는다. 극단적으로 추상화할 경우, 우연은 차이이론적 한계 개념이라고 할 수 있다. 이 경우 우연은 어떤 구별의 한쪽 면에 대한 규정이 다른 쪽 면의 규정에 대해 아무것도 말해 주지 않는다는 것을 뜻한다. 헤겔은 우연 개념을 이렇게 이해하고, 이에 따라 그 반대개념인 필연성을 이해한다. 우리에게는 그보다 좁은 범위에 한정된 우연 개념으로서 체계와 환경의 구별과 관련된 형태로 족하다. '우연'은 체계에 의한 동기화(그러니까 또한 통제, '체계화')를 벗어나는 체계와 환경의 연관 형식을 뜻한다. 그 어떠한 체계도 모든 인과관계에 주목할 수 없다. 인과관계의 복잡성은 축소되어야 한다. 특정한 인과관계들은 관찰되고, 기대되고, 예방 목적으로 도입되거나 방지되고, 정상화된다. 그리고 다른 인과관계들은 우연에 맡겨진다. 달리 말하자면, 우연의 '불규칙성'은 세계 현상이 아니며, 따라서 이 개념을 결정론/비결정론에 대한 논쟁에 끌어들이는 것 역시 의미가 없다. 우연의 불규칙성은 관련 체계를 전제한다. 체계와 관련해서만 관찰자는 어떤 것이 누구에게 우연인지를 말할 수 있기 때문이다.[65]

---

65 같은 책, 527~28쪽.

헤겔의 우연 개념과의 차별화를 시도하면서, 루만은 우연을 '인과성의 부정'이 아니라 '차이성의 한계'라고 규정한다. 우연은 그에게 무인과성을 의미하지 않는다. 여러 인과관계 중에 특정할 수 없는 원인과 결과들, 즉 '관찰되지 못한 인과관계'가 바로 우연이다. 그렇다고 우연에 인과론적 의미를 부여하는 것도 잘못이다. 우연이 인과관계의 부정이 아니라고 해서 인과론을 의미하는 것은 아니기 때문이다. 루만에게 우연은 '차이이론적인 한계', 즉 한쪽 규정이 다른 한쪽의 규정에 대해 어떤 말도 하지 않음을 뜻한다. 그래서 그는 우연을 좁은 의미로 한정해, "체계와 환경으로부터 구별되는 것"으로 이해한다. 극단적으로 단순화할 경우, 우연은 '차이'가 된다. 진화에서 돌연변이와 같은 개념으로 이해되어도 무방할 것이다. 결국 루만은 우연을 "체계화를 벗어나는 체계와 환경의 연관형식"으로 정의하기에 이른다. 그러면서 동시에 우연에 체계를 전제(前提)한다. 인과성도 그렇지만 체계 자신도 우연에 내맡겨져 있다는 뜻이다. 한마디로 루만에게 우연은 체계로부터는 벗어나 있지만, 다시 그 자신은 그 자신과 연관된 체계를 전제하고, 그래서 모든 체계는 다시 우연에 개방되고 노출되어 있는 일종의 '비체계적 체계'라고 할 수 있다. 루만이 생각하는 우연은 체계의 능력이고 위험이면서 동시에 기회다. 앞의 인용 구절 바로 다음에 이어지는 확장된 우연 개념에 대한 설명을 읽어보자.

우연의 성격에 관해 소극적이라고 할 수 있을 이러한 서술을 적극적인 서술로 보완해 보자. 우연은 체계 자신을 통해 (그러니까 체계의 고유한 자기생산 네트워크를 통해) 산출되고 조정될 수 없는 사건들을 이용하는 체계의 능력이다. 이렇게 보면 우연은 위험, 운, 기회다. '우연을 이용'한다는 것은 체계에 고유한 작동을 수단으로 해서 우연으로부터 구조화 효과를 얻어낸다는 것을 의미한다. 이 구조화 효과는 기존의 구조에 비추어 볼 때 (장기적으로 볼 때 도대체 그러한 구별이 가능한 한에서) 건설적일 수도 있고 파괴적일 수도 있다. 어쨌거나 우연의 관찰은 체계의 정보처리

능력을 확대하고, 그렇게 함으로써 가능한 범위에서 자신의 구조 형성이 갖는 협소함을 수정한다.[66]

소극적으로 정의할 때 우연은 '차이' 또는 '변이'이지만, 적극적으로 정의하면 '기회'이자 '행운'이 된다. 여기서 '우연'은 공교롭게도 '우연'과 '기회'를 동시에 뜻하는 영어 'chance'에 해당한다. 이로부터 우연을 구조화해서 이용한다는 전략이 나온다. 우연을 이용한다는 것은 곧 우연으로부터 구조화 효과를 얻어낸다는 뜻이 되고, 이것이 바로 '우연의 구조화 작업'이 된다. 물론 이 작업이 건설적일 수도 있고 파괴적일 수도 있지만, 주목할 점은 루만에게 우연이 체계의 문제점을 보완해주거나 체계의 예견 능력을 강화해 주는 긍정적 개념으로 이해되고 있다는 점이다. 그렇지만 그 가능성은 언제나 실패의 가능성도 내포한다는 점을 강조할 필요가 있다. 이때의 '우연'은 득과 실을 모두 가져다줄수 있다는 점에서, 즉 '위험과 동시에 행운을 가져다주는 우연'이라는 의미에서 다시 공교롭게도 영어 'hazard'와 조응한다. 앞서 모노의 우연 이론을 설명하는 절에서 언급했던 것처럼, 일종의 주사위 놀이와 같은 아랍 지역의 놀이에서 파생되어 프랑스와 영국으로 건너가 쓰이게된 이 용어는 놀이에서 실패할 확률과 승리할 확률을 모두 담고 있어 위험과 행운을 동시에 내포하기에 순수한 위기나 위험을 뜻하는 'risk'나 'danger'와 같은 단어와는 다르다. 결국 루만은 우연을 'chance'나 'hazard'의 의미로 이해한 셈이다.

이처럼 한번 물꼬가 트인 루만의 '우연 개념의 긍정성'이라는 이름의 수로(水路)는 이후 여러 갈래로 나뉘며 다양한 모습으로 흘러나간다. 먼저 그에게 모든 사회 또는 사회의 과정은 우연적이다. "사회의 근대성은 사회의 특징에 있는 것이 아니라 형식에 있다. ……이렇게 해서 차이들이 강화되고 다른 차이들은 보이지 않은 채 머문다는 것은 더 이상

---

66 같은 책, 528쪽.

놀라운 일이 아니다. 구별들의 구별 (혹은 관찰들의 관찰) 수준에서 보면 그런 과정은 우연적이다. 하지만 모든 사회는 스스로에게 자신의 우연성을 감춘다. 근대사회도 자신에게 발전과 문화의 우연성을 감춘다."[67] 근대로 올수록 강화된 사회의 우연성은 곧 사회 안에서의 차이들과 구별들이 강화되었기 때문에 나타난 현상이다. 그런데 루만은 모든 사회가, 특히 그 사회가 근대화될수록 더욱더 자신의 우연성을 감춘다고 말한다. 이것은 무슨 뜻일까? 모든 사회는 스스로 자신의 우연성을 갖기 마련이다. 그것을 감춘다는 것은 모든 사회가, 특히 근대사회가 되면 더욱더 자신의 체계와 기능, 조직 등에서 적어도 외관상 합리적이어야 하고 또 그렇게 보여야 한다는 점을 전제하고 있음을 의미한다. 모든 사회는 그러한 합리성에 대해 서로 암묵적 동의 또는 합의를 이루었다고 가정하기 쉽다. 그러나 정작 실상은 전혀 그렇지 못하다. 왜냐하면 사회는 자연과 마찬가지로 그 현상에서나 과정에서 우연성을 가질 수밖에 없기 때문이다. 심지어 근대사회의 특징인 발전과 문화조차 사회에 숨겨야 할 우연성을 갖는다. 결국 루만은 모든 사회가 우연적이라는 사실을 스스로 인정한다.

만일 사회가 우연적이라면, 우연은 곧 사회체계, 사회제도, 사회집단, 매체코드, 커뮤니케이션 체계 및 수단 등 모든 사회 구성요소에 열려 있고, 그것들에 영향을 미치게 된다. "체계로부터 보자면, 환경은 우발적으로 체계에 영향을 끼친다. 하지만 바로 이 우발성이 질서의 창발을 위해 불가결한 것이며, 질서가 복잡할수록 더욱 그러하다."[68] 질서와 조직, 체계 등은 환경의 우연성이 빚어낸 결과물이기에 우연은 체계의 형성에 끊임없이 관여하고 영향을 미친다. 그러한 영향력은 사회의 복잡성 정도와 비례해 상승한다. 이처럼 사회의 구조 및 체계는 늘 우연에 노출되어 있다. 하나의 사회체계를 결정하는 '매체코드들' 또한 "우연

67 같은 책, 200쪽.
68 같은 책, 89쪽.

에 의한 자극에 의지하며 그것을 맞을 태세가 되어 있다."[69]

매체코드와 커뮤니케이션 도구도 우연에 의지하는 만큼, 이제 우연은 이론과 법칙에도 영향력을 행사한다. 그 결과 사회체계는 "확고하고 필연적인 것을 찾아가는 과정에서 항상 새로운 우연성을 발견"하게 되는데, 마침내 그것은 "자연법칙 자체의 우연성에까지 이른다."[70] 이처럼 법칙도 우연적이라면, 이 세상에 우연적이지 않은 것은 없다는 테제의 도출은 자연스러워 보인다. 루만에게 법칙 외에도 원리와 원칙, 필연 등도 우연적일 가능성은 언제나 열려 있다. 가령 그는 진화 과정에서 변이와 선택, 선택과 재안정화에서의 우연의 중요성을 설명하면서 '이론'이 "우연에 매달려 있을 것"이라는 표현을 쓰면서,[71] 이론조차 우연에 의존한다는 점을 밝힌다.

또 루만은 과거에 오컴이나 라이프니츠가 그랬던 것처럼 범주개념들을 시간관념들에 대비해서 이해하기도 했는데, 이때 '과거'는 '동일성'에, 즉 필연에 해당하고 '미래'는 '우연성'에 해당한다.[72] 물론 현대 사상가로서 과거와 미래를 그 반대로 설정하는 독특함이나 기발함은 보이지 않아 아쉽지만, 과거의 사상가들이 우연으로서의 미래를 불확실성과 예측 불가능성 등 대부분 부정적으로만 본 데 반해, 루만은 시간의 이론의 일차적인 방향 설정이 과거로부터 미래로 전환되었다고 말하면서 미래, 즉 우연성에 긍정적 의미를 부여한다. 여기서 우연으로서의 미래는 가능성, 기회, 희망, 꿈, 자유 등 긍정적인 관점에서 고찰된다.

루만의 우연 개념의 긍정성은 그것의 복잡성으로 이어지면서 한층 더 강화된 모습을 보여준다. 여기서 '이중 우연성'(doppelte Kontingenz)이라는 개념이 전면에 떠오르는데, 그것은 루만이 자신의 스승이었던 탤컷 파슨스(Talcott Parsons)로부터 차용한 개념이다. 파슨스는 커뮤니

---

69 같은 책, 443쪽.
70 같은 책, 642쪽.
71 같은 책, 503쪽.
72 같은 책, 149쪽.

케이션에서의 사회행위 이론과 관련해 자아 행위 및 선택의 우연성과 타자 행위 및 선택의 우연성이라는 '이중 우연성'(double contingency), 즉 상호작용(interaction) 개념을 언급한다.[73] 비록 파슨스로부터 차용한 것이기는 하지만 루만은 그것을 자신의 독특하면서도 복합적인 개념으로 발전시킴으로써 그의 이론체계에서 상당히 중요한 기능과 역할을 담당하도록 만든다.[74]

먼저 비개연성 문제를 일단 '이중 우연성'이라는 사회적 형식으로 표현해야 하는데, 이것을 우리는 자아와 타아라는 입장(Position) 개념으로 나타내고자 한다. 왜 그런가? 보통의 대답에 따르면 자아와 타아는 어차피 이미 존재하며, 이따금 서로 커뮤니케이션하는 서로 다른 인간들이다. 하지만 단지 이것을 뜻하려면 자아/타아라는 용어법을 피하는 것이 좋을 것이다. 이 용어법은 커뮤니케이션에 참여할 때는 (그리고 오직 그럴 때만) 각자가 항상 둘 다라는 것을 표현하고자 하기 때문이다. 그런데 보다 정확히 물어보자면, 왜 이중화인가? 우리의 대답은 이렇다. 사회적 체계들의 자기 지시는 내재적 이원성을 전제로 한다. 그래야 순환이 성립하고, 그 순환의 중단을 통해서 구조들이 생겨난다.[75]

루만의 '이중 우연성'은 상당히 난해한 개념이다. 우선 그것은 전통적인 우연성의 개념을 자기 식으로 해석한 다음 그것을 한 번 더 비튼 용어이기 때문에, 단순히 우리가 그것을 변증법적으로 관찰한다고 해서 이해할 수 있는 개념이 아니다. 더 심각한 어려움은 이 개념이 루만 자

---

73 Talcott Parsons, Art. "Interaction: Social Interaction", *International Encyclopedia of the Social Sciences*, vol. 7, New York: Macmillan, 1968, pp. 429~41, here p. 436. 다음 문헌에서 재인용함. Luhmann, *Soziale Systeme*, p. 148.

74 '이중 우연성' 개념에 대한 자세한 설명은 다음 문헌 참조. Luhmann, *Soziale Systeme*, pp. 148~90.

75 루만, 『사회의 사회』, 394쪽.

신이 정의한 우연성의 이중성을 의미하지 않고, 그 자체로 하나의 독자적인 의미를 지닌 별도의 독립적 개념이라는 점이다. 루만의 '이중 우연성'은 우연성의 이중적 차원을 말하는 것이 아니라 우연 자체가 이원화 또는 다원화되어 있다는 뜻이다. 그래서 그 개념은 서로가 서로에 대해 우연적이라는 의미의 '상호성'[76]으로 해석되거나 아니면 커뮤니케이션 과정에도 참여하기 때문에 '순환구조'[77]까지 갖는다. 결국 루만이 생각하는 사회체계는 사회적 행위의 주체든 타자든, 사회적 현상이든 과정이든 모든 양 측면에 대해 우연성이 작동한다. 그리고 이 모든 차원의 우연성, 즉 단순 우연성이나 이중 우연성은 모두 사회체계의 구성을 지향한다. 루만 자신의 표현에 따르면, "이중 우연성은 필연적으로 사회체계를 형성하며, 이러한 의미에서 지속적인 문제로서 (동인(動因)으로뿐만 아니라) 자동 촉매적으로 작용한다."[78] 진화를 통해 사회체계가 만들어진다고 생각한 루만은 바로 그 때문에 만일 "이중 우연성이라는 조건화가 없다면 사회문화적 진화 또한 존재하지 않을지 모른다"[79]고 생각했다. 그가 보기에, 하나의 사회는 우연성이 작동하면서 체계나 조직 등으로 구조화되어 간다. 이 경우 우연성 또는 이중 우연성은 '사회체계의 형성 원리'로 기능한다.

이처럼 우연성이 사회의 구성 원리로 작동한다면, 그것은 곧 그 자체의 원칙이나 규칙 등을 갖는 하나의 이론으로 발전할 수 있다. 사회의 진화를 설명하는 자리에서 루만은 변이와 선택, 재안정화에서 우연이 큰 영향을 미친다는 점을 강조하기 위해 '제한된 가능성의 법칙'을 언급하는데,[80] 이를 철학적 관점에서 달리 표현하면 '우연 이론'이 된다. 사회체계의 분화를 설명하는 곳에서는 '우연성의 공식들'이라는 용어

---

76 같은 책, 754쪽.
77 같은 책, 1189쪽.
78 Luhmann, *Soziale Systeme*, p. 177.
79 같은 책, p. 186.
80 루만, 『사회의 사회』, 598쪽.

가 등장한다. "특수한 기능체계의 독립 분화와 함께" 등장한 "이 공식들은 각 체계와 관련해서는 부정될 수 없는 것이라고 할 수 있다.""가령 경제체계에 대해서는 희소성이, 정치체계에 대해서는 정당성이, 법체계에 대해서는 정의가, 과학체계에 대해서는 한정성(Limitionalität)이 그렇다."[81] 이처럼 사회의 각 체계가 갖는 지향점 또는 그 체계의 구심점이라고 할 수 있는 가치에는 언제나 우연의 공식이 참여한다. 체계나 구조 등의 안정성은 언제나 커뮤니케이션이나 진화에서의 불안정성을 통해 제자리를 잡아가기 때문이다. 물론 그 구조나 체계 안에는 다시 우연이라는 불안정성의 요소가 작동하기 마련이다.

우연이 하나의 이론 또는 공식으로서 사회체계라는 구조를 창출하는 핵심 원리임이 재차 확인되었다. 이것을 철학적인 명제로 표현하면 '우연이 필연을 낳는다'가 될 것이다. 이것을 다시 변증법적으로 이해하면, 그로부터 '필연이 우연을 낳는다'라는 중요한 테제가 도출된다. 루만에게 우연은 필연을 통해 비로소 완성된다. 그가 보기에 "필연적인 것에 대한 추구는 …… 항상 새로운 우연성을 산출한다."[82]

루만은 더 나아가 '우연'을 궁극적으로 '필연'과 유사한 것 또는 그 것과 다를 바 없는 것으로 이해한다. 그의 텍스트 여러 곳에서는 '우연(성)' 또는 '이중 우연성'이 '비개연성' 또는 '비개연적인 것'과 동일시되는 언급이 등장하는데,[83] 이때 비개연성은 필연성과 거의 유사한 개념으로 이해할 수 있다. 왜냐하면 '우연성'이 '가능성' 및 '개연성'과 거의 동일한 개념으로 간주되었을 때, 이 세 개념 모두에 맞서는 철학 범주상의 반의어는 '필연성'이기 때문이다. 실제로 흔글 프로그램의 국어사전에서조차 개연(蓋然)의 반의어로 필연(必然)이 제시되어 있을 정도다. 물론 루만이 말한 '비개연성' 또는 '비개연적인 것'이 곧바로 '필연

---

81 같은 책, 550쪽.
82 같은 책, 549쪽.
83 같은 책, 394, 488, 491, 586쪽 등.

성'을 지칭한다고 할 수는 없을지 모른다. 어떤 대상이 특정한 성질을 갖고 있지 않다고 해서 그것이 그것의 반대되는 특성만 갖고 있다고 말할 수는 없기 때문이다. 즉 필연성의 반의어는 비(非)개연성이 아니라 반(反)개연성일지 모른다. 하지만 루만의 탄력적이고 변증법적인 언어 사용법 및 개념 이해 방식에 따르면, 비개연성이 필연성으로 해석될 여지는 많다. 루만의 텍스트 중에는 심지어 '비개연적 개연성'이라는 표현까지 등장하는데,[84] 이것을 우리 식 용어로 표현하면 곧 '필연적 우연성'이 된다. 상반되는 단어들을 조합한 이런 식의 역설법은 단순한 언어유희가 아니라 실제로 독일어권에서 흔히 사용되는 단어 사용법이다. 예컨대 '비동시적인 것의 동시성'(Gleichzeitigkeit des Ungleichzeitigen)이나 '비정상적인 것의 정상성'(Normalität des Abnormalen) 등이 그 예들이다. 따라서 루만의 '필연적 우연성'은 '비우연적인 것의 우연성'을 말하는 것으로, 외관상 우연적이지 않은 것처럼 보이거나 실제로 우연적이지 않은 많은 일이 결국은 우연성을 갖는다는 의미로 해석할 수 있다.

정리하면, 루만의 사회체계 이론 안에서 우연은 하나의 환경이 선택될 수 있는 가능성의 상태 또는 그러한 가능성의 다양한 모습이 활용될 수 있는 상태를 의미한다. 우연은 바로 그 가능성으로부터 체계들을 통해서 선택된다. 그리고 선택을 위한 우연 공식들은 아직 정해지지 않은 가능성들에게로 향한 문을 통제한다. 그 통제는 다시 정치에서는 '정통성'이나 경제에서는 '재화의 결핍'처럼 이 가능성들이 의존하는 가설물들을 통해서 이루어진다. 그래서 종교라는 체계 안에서의 우연 공식은 바로 신이다. 중세를 넘어 근대까지도 필연으로 간주되던 신이 이제 20세기에 들어와서야 비로소 우연으로 정의된 것이다. 그리고 우연은 변이와 선택, 재안정화라는 진화의 과정을 통해서든 아니면 변화와 발

---

84 같은 책, 488, 534쪽 등. '비개연적 개연성'(improbable probable)이라는 용어에 대해서는 루만 자신도 다음 문헌을 참고하라고 안내해 준다. Edgar Morin, *La Méthode*, 6 vols., Paris: Seuil, 1977~2004, vol. 1(1977), pp. 294 이하.

전을 통해서든 언제나 하나의 질서와 조직, 즉 체계의 형성을 지향한다. 반대로 얘기하면 모든 사회는 우연을 통해서 체계를 형성해 간다. 그래서 한 평자도 "루만의 체계이론은 우연들(Zufälle)을 열어놓고 있으며 ······ '소란스러운 원칙으로부터 질서'를 향해 있다"고 풀이했다.[85] 이러한 사회 형성의 원리로서의 우연은 결국 필연까지 아우르거나 아니면 필연이 곧 우연으로 독해되는 지경에까지 이른다. 그래서 루만에게는 필연성 자체 또는 필연적인 것으로 보이는 모든 것이 결국 우연을 향해 서 있게 된다. 과장하면, 그에게 우연은 갑이고 필연이 을이다.

8. 로티

우연이라는 단어가 지금까지의 모든 해석을 능가하는, 즉 한 단계 업그레이드된 개념으로 격상되어 나타나는 것은 미국의 후기 분석철학자 리처드 로티(Richard Rorty, 1931~2007)에게서이다. 로티는 1989년 우연 개념사에서 하나의 획을 그은 중요한 작품 『우연성 아이러니 연대성』(Contingency, Irony, and Solidarity)을 발표한다. 그는 이 책에서 기존의 우연에 대한 모든 전통적인 담론을 일거에 포스트모던적 관점에서 뒤집은 후에 과거와는 다르거나 반대의 차원에서, 아니면 다른 개념과의 연관 속에서 우연이라는 현상 또는 우연성이라는 개념을 새롭게 바라볼 것을 제안한다.

먼저 로티는 오늘날 우리가 신학이나 형이상학에서 벗어난 만큼 우연 개념도 기독교적으로나 허무주의적으로 해석해서는 안 된다고 주장

---

85 발터 레제 셰퍼, 『니클라스 루만의 사회 사상』, 이남복 옮김, 백의, 2002, 85쪽. 인용문에서의 재인용 문구는 이 책의 저자(발터 레제 셰퍼)가 다음 문헌에서 인용한 것이다. Heinz von Förster, "On Self-Organizing Systems and their Environments", Marshall C. Yovits & Scott Cameron, eds., *Self-Organizing Systems*, Oxford: Pergamon, 1960, pp. 31~50.

하면서, 확실성을 추구하기 때문에 오히려 모든 것이 불확실해진 현대의 삶에서 우연 개념이 갖는 의미와 위상을 새롭게 정립할 필요가 있음을 역설한다. 그래서 그는 우연성을 다룬 책 앞부분의 세 개의 장(章)에서 각각 '언어의 우연성'과 '자아의 우연성', '자유주의 공동체의 우연성'을 다룬다. 이 세 개의 테마는 전통적인 우연 담론에서 다루어졌던 '세계의 우연성', '인간의 우연성', '역사의 우연성'에 각각 상응한다. 과거에 '세계가 우연적'이라고 해석하던 철학자들에 맞서 '언어적 전환'을 주도했던 포스트모더니즘의 환경에 맞게 '언어가 우연적'이라고 설파했고 과거에 추상적인 의미의 인류, 즉 인간 일반에게서의 우연성을 강조하던 흐름에 맞서 역시 사회 속에 갇힌 개인의 해방을 부르짖었던 포스트구조주의의 모토에 맞게 자아, 곧 '주체가 우연한 것임'을 역설했으며, 마지막으로 과거에 역사의 우연성을 주장하던 경향에 맞서 연대성을 중시한 철학자답게 '공동체조차 우연적임'을 강조한다. 이 모두는 우연 개념의 확장성과 긍정성을 전제하지 않았다면 도저히 나올 수 없는 통찰이다. 이러한 통찰의 세세한 부분들이 과연 어떻게 펼쳐져 있을까?

로티는 먼저 필립 라킨(Philip Larkin)의 시를 예시로 시와 철학의 차이에서 전자가 우연성을 통한 창조를, 후자가 보편성을 쟁취하려는 노력을 각각 나타내는 데 있다고 말한다. "나는 라킨의 시(詩)가 담고 있는 흥미와 강점은 시와 철학 간의 싸움, 즉 한편으로 우연성을 인식하여 자아 창조를 이루려는 노력과 다른 한편으로 우연성을 초월함으로써 보편성을 성취하려는 노력 간의 싸움을 연상시킨다는 점에 의존하고 있다고 생각한다."[86] 이 점은 고대에 아리스토텔레스가 시와 역사 간의 차이를 설명하면서 전자가 보편성을 추구하고 후자가 개별성을 추구하기에 시가 역사보다 더 철학적이고 더 진실하다고 말했던 것[87]과

---

86 리처드 로티, 『우연성 아이러니 연대성』, 김동식·이유선 옮김, 민음사, 1996, 68쪽.
87 Aristoteles, *Poetik*, p. 29.

극단적으로 대비된다. 로티는 시가 우연성을, 철학이 보편성을 지향한다고 본 반면, 아리스토텔레스는 시가 보편성을, 역사가 우연성을 나타낸다고 본 셈이다. 이 두 사람의 견해를 근거로 인문학을 대표하는 문학과 역사와 철학을, 한쪽 끝에 개별성과 우연성을, 반대편 끝에 보편성과 필연성을 각각 기준점으로 삼아 도열시킨다면, 다음과 같은 그림이 그려진다.

문학은 역사와 비교해서는 보편적이지만, 철학과 비교해 보면 우연적이다. 역사는 절대적으로 우연적이고, 철학은 필연적으로 보편적이다. 이를 통해서도, 즉 옛 성현이나 현대의 유명한 철학자들의 생각을 통해서도 역사가 다시 한 번 우연적인 세계임이 입증된 셈이다. 위의 그림이 그렇게 그려진 이유는 다음 두 번째 그림을 통해서 명확해지리라 본다.

현실을 가장 적나라하게, 있는 그대로 보여주는 인문학이 역사라면, 철학은 인간의 삶 또는 이 세계의 현실을 관찰하면서 그 이면에 놓여 있는 어떤 본질적인 것, 실체적인 것, 보편적인 것을 찾아내려고 노력한다. 문학은 현실의 삶을 표현함으로써 궁극적으로는 삶의 또는 이 세계의 진실을 밝혀내려고 애쓰는 분야다. 그래서 문학 안에는 현실과 이상의 모습이 모두 담겨 있다.

그런데 로티는 이러한 일반 상식과도 같은 원칙이 오늘날 철학계에서는 깨져나가고 있다고 주장한다. 그에 따르면, 니체 이래로 모든 중요한 현대의 철학자들은 우연성의 중요성을 정확하게 꿰뚫어보고 있다는 것이다.

우리 시대의 중요한 철학자들은 낭만주의 시인들을 추종함으로써 플라톤과 결별하고자 하였으며, 자유를 우연성에 대한 인식으로 간주한 사람들이다. 그들은 역사성에 대한 헤겔의 고집을 그의 범신론적인 관념론에서 떼어내려 한 철학자들이다. 그들은 전통적으로 발견자로 그려진 과학자보다는 대담한 시인인 창안자를 인간성의 영웅으로 보는 니체의 견해를 수용한다. 더 일반적으로 말하면 그들은 개인 존재가 갖는 엷은 우연성을 고집하기 위해, 철학을 관조로 여기는 것, 즉 철학이란 삶을 한결같다고 보며 전체로서 파악하는 시도라고 여기는 어떠한 것도 회피하고자 하였다.[88]

여기서 로티는 우연이라는 개념의 중요성을 인식하고 있는 현대 철학의 방향을 정확히 짚어낸다. 플라톤이나 헤겔과의 결별, 관조로서의 철학 회피, 삶의 항상성이나 전체성 파악 시도 거부, 낭만주의의 찬양, 과학보다 시학(詩學)의 숭상, 니체의 전폭적 수용, 개인 존재가 갖는 우연성에 대한 통찰, 자유와 우연의 동일시 등이 바로 그것이다. 요컨대 로티에 따르면 "비트겐슈타인이나 하이데거와 같은 니체 이후의 철학자들"은 '우연성'이 갖는 "필연성을 드러내기 위해" 철학을 연구하는 사람들이다. '두 철학자', 즉 비트겐슈타인과 하이데거는 "플라톤이 시작한 철학자와 시인 간의 싸움에 말려들게 되었으며, 두 철학자 모두 철학이 시학에 항복할 거라는 점에 찬사를 보내려는 노력으로 마감하였다."[89]

따라서 로티는 창조에 이르는 길이 자신의 우연성을 통찰하는 길에

---

88 로티, 『우연성 아이러니 연대성』, 68쪽.
89 같은 책, 69쪽.

있다고 선언한다. "자신을 알기에 이르는 과정, 자신의 우연성과 대면하는 과정, 자신의 원인을 추적하는 과정은 새로운 언어를 창안하는 과정, 즉 무언가 참신한 메타포를 생각해 내는 과정과 동일시된다."[90] 시인 또는 시인의 감성을 가진 사람들만이 이 세계, 우리의 삶, 자기 자신의 우연성을 통찰할 수 있고, 그러한 통찰을 통해서 비로소 우리는 무엇인가를 창조해 나갈 수 있다. 그런 사람들만이 "연속성을 찾는 역사가나 비평가나 철학자보다도 더 분명하게" 자신의 부모 세대나 자기 자신과 마찬가지로 "자신의 '언어'도 우연하다는 점을 간파할 수 있다."[91]

이처럼 우연성을 통찰하는 일은 창조에 이르게 하면서 궁극적으로는 자신을 해방하는 일, 즉 자유에 이르는 길이기도 하다. "금세기의 자유주의 사회는 자신들의 최고 희망을 진술하는 어휘의 우연성 — 그들 자신의 양심의 우연성 — 을 깨달을 수 있지만 그러나 그들의 양심에 충실하게 남아 있는 사람들을 점점 더 많이 배출하였다. 니체, 제임스, 프로이트, 프루스트, 비트겐슈타인 등과 같은 인물은 내가 '우연성에 대한 깨달음으로서의 자유'라고 불렀던 것을 예증한다."[92] 우연성에 대해 깨닫는 순간, 인간은 스스로 자유로움을 느끼게 된다. 인간 자신이 우주 전체에서, 아니 이 지구상에서조차 얼마나 하찮은 존재인지를 자각하는 사람만이 자기 존재의 객관성을 확보할 수 있고, 그 지점으로부터 비로소 창조 행위에 참여할 수 있다. 여기서 로티는 "우리 스스로를 자연이 설계한 최고봉이 아니라 단지 자연이 베푸는 여러 실험 가운데 하나로 생각해야 한다는 프로이트의 주장"을 인용한다.[93] 만일 인류가 이룩한 문명 때문에 지구의 종말이 오게 된다면, 결국 자연이 시도한 여러 실험 중 하나로서 또는 신학적으로 표현해서, 신의 창작품 중 하나로서 인간은 '최고의 실패작'으로 기록될 것이다.

---

90 같은 책, 71쪽.

91 같은 책, 72쪽.

92 같은 책, 102쪽.

93 같은 책, 101~02쪽.

그래서 로티는 근대 철학과 현대 철학을 상징하는 인물로 각각 칸트와 지그문트 프로이트(Sigmund Freud)를 꼽는다. 그 근거는 물론 우연을 바라보는 관점과 처리 방식에 있다. "칸트는 우리를 두 부분으로 가르는데, '이성'이라 불리는 한 부분은 우리 모두에게 동일한 것이며, 다른 부분(경험 감각과 욕구)은 맹목적이고 우연적이며 특이한 각인들이다. 반면 프로이트는 합리성이란, 우연성을 다른 우연성들과 부합시키는 메커니즘으로 취급한다."[94] 로티가 보기에 칸트에게 우연은 비합리였지만, 프로이트에게 합리란 우연들의 결합이었다. 이러한 프로이트의 관점은 현대 철학이 갈 길을 드러내는데, 그것은 단순히 우연을 합리나 필연에 맞서 감정적으로 또는 기껏해야 논리적으로 강조하는 차원을 넘어서서 합리나 필연을 이제는 우연의 한 측면으로 바라본다. 우연이 필연의 반대가 아니라 필연이 우연의 한 속성이 된 것이다. 따라서 이러한 현상에 대한 적절한 해석은 '우연성이 이렇게 강조된 적은 일찍이 없었다'가 아니라 '합리성이 이보다 더 열악한 지위에 떨어져 본 적이 일찍이 없었다'가 되어야 할 것이다.

로티는 역사적 발전도 우연에 의존한다고 본다. "요컨대 시적·예술적·철학적·과학적·정치적 진보란 사적 강박관념이 공적인 필요에 딱 맞게 된 우연의 일치에서 연유한다."[95] 인간의 역사는 사적(私的)인 상상력이 공적(公的)인 필요성과 맞아떨어지면서 발전해 가는데, 이때 맞아떨어지는 현상 그 자체가 바로 우연이다. 이미 여러 사상가에 의해 여러 차례 언급되었듯이, 독립적인 두 사건이 서로 마주쳐서 일으키는 사건이 우연이라는 점에서, 로티의 이 생각은 특별할 것이 없어 보인다. 하지만 "역사의 우연성"이라는 표현,[96] 즉 역사 자체가 우연적이라는 표현이 로티에게 발견된다는 것은 그가 이 세계 자체를 우연적이라고

---

94 같은 책, 80쪽.

95 같은 책, 88쪽.

96 같은 책, 109쪽.

보고 있다는 또 다른 증거다. 한마디로 그는 이 세상 자체도 그렇지만, 창조와 발전 등 이 세상이 변화해 가는 것도 우연이 작동함으로써만 가능하다고 생각했다.

결론적으로 로티는 우리를 우리가 더 이상 존경하지 않고 더 이상 신성한 것으로 취급하지 않는 곳으로 안내하면서 시간과 우연의 산물로서의 이 세상의 모든 존재를 '우연적'이라고 명명한다. 여기서 주목되는 점은 로티가 우연이라는 용어를 더 이상 이 세계 자체에 연관시키지 않고 오히려 이 세계의 해석과 거기에 덧붙여 우리 자신의 경험과 사회에 연관시키고 있다는 사실이다. 그래서 그는 언어도, 자아도, 공동체도 우연적이라고 보았다. 그러나 그는 세계를 물질적 우주가 아니라 오히려 우연에 눈먼 각인들로서 현실 세계에 대한 변천하는 해석으로 이해했다. 그리고 그가 보기에 세계해석과 자기묘사, 공동체는 모두 수많은 순수한 우연의 결과물이다. 결국 로티에게 우연적이라는 것은 곧 형이상학적 본질 규정이 존재하지 않는 것, 그리고 고차적인 의도의 작품이 아닌 것, 즉 신적인 섭리에 의해서도, 그리고 간교한 이성에 의해서도 조종되지 않는다는 것을 뜻한다. 적어도 외관상 우연에 대한 이보다 더 객관적인 관찰은 없어 보인다.

소결론

　제1부에서 다룬 내용들을 총괄적으로 정리해 보자. 이제까지의 탐구를 통해 우리는 우연 개념이 서양의 철학자와 사상가들의 사유 속에서 '필연적이지 않은 모든 것'이라는 기본적인 의미를 근간으로 지속적으로 의미의 외연을 넓혀 왔으며, 더불어 우연에 대한 의식이 꾸준히 강화되어 왔음을 알 수 있었다. 약간 거칠게 표현하면, (1) 고대는 비록 우연에 대한 논의를 처음 시작했다는 역사적 의의를 가짐과 동시에 간혹 행운(tychē, fortuna)으로서의 우연을 신과 동일시한 경우도 있었지만, 기본적으로는 이 세상의 모든 것이 필연적이고 그 어떠한 것도 우연적이지 않은 것으로 생각하는 경향이 강했고, (2) 중세는 신이 필연적이기에 신이 아닌 모든 것, 즉 창조된 세계는 우연적이라고 간주하는 경향이 지배적이었으며, (3) 근대에 들어와서야 비로소 신이 약화되고 초월적 주체가 약화되는 세속화 과정을 겪으며 더 이상 그 어떠한 것도 필연적이지 않고 모든 것이 우연적일 수 있다고 여기는 분위기가 팽배해지기 시작했다. 그러나 (4) 헤겔이 활동했던 19세기에 우연 개념은 약화된 모습을 보이며 약간 주춤거리기도 했다. (5) 그러나 불확정성, 불확실성, 카오스, 프랙털, 불연속, 불균형, 비규정성 등의 개념이 보편화된 현대로 오면 다시 우연 개념이 머리를 번쩍 들고 활개를 치기 시작한다.

　그동안의 고찰을 통해 보았을 때, 애초에 연구의 작업기설로 설정했던 (1) 고대는 우연 ≦ 필연, (2) 중세는 우연 〈 필연, (3) 근대는 우연

≧ 필연, (4) 현대는 우연 〉 필연 등의 부등식은 결국 사실로 드러났다. 일부 예외적인 모습이 있을 수 있고, 실제로 이 연구에서 조사하지 못했던 많은 사상가들 중에 의외의 결과가 나올 가능성도 없진 않겠지만, 전체적으로 위의 공식에서 크게 벗어나지는 않을 것이라고 확신한다. 그 점에서 우연 개념에 관한 한 서양지성사는 헤겔식 용법으로 압축해 정의하면, '우연 의식의 지속적인 확장의 역사'였다고 할 수 있다.

철학사상에서 보여 왔던 '우연' 개념의 추상적 의미들이 역사서술에서 구체적으로 어떻게 활용되고 전개되어 왔는지를 고찰하는 것이 제2부에서의 작업 과제다. 철학과 역사는 동일한 인문학 안에 속해 있지만 오래전부터 서로 다른 영역으로 간주되어 왔고 또 취급되어 왔다. 고대에는 철학이 모든 학문 분야를 포괄했었다. 반면 과거의 실제 사실을 다루는 역사는 문학의 한 장르로 출발했다가 문학으로부터 서서히 분리되어 나와 독립적인 분과를 이루었다. 고대의 지적 수준에서 보면, 역사는 문학까지 포괄하는 철학의 조그마한 한 분야로 출발했기에 인문학의 꽃이라 불리는 이 세 개의 지적 영역의 상호 관계를 그 포함 정도에 따라 수학적 기호로 표현하면, '역사⊂문학⊂철학'이 된다. 역사는 문학의 부분집합이고, 문학은 다시 철학의 부분집합이 되기 때문이다. 모든 학문을 포괄하고 거느리면서 하나의 이상이나 관념을 제시하는 철학과 달리 문학, 특히 그중에서도 과거 인간들의 삶의 모습을 재현하는 작업으로서의 역사는 매우 실용적인 지식 분야였다. 그 점은 서양사학사에서도 입증되는데, 가령 고대 그리스의 역사서술의 목적은 영웅들의 위대한 업적과 행적을 기록해 잊혀지지 않도록 후세에 알림으로써 후대인들이 교훈을 삼도록 하는 데 있었고, 로마 시대에 오면 황제나 다른 정치가들의 통치 행위에 과거의 범례로써 도움을 주기 위한 매우 실용적인 목적에서 역사가 서술되었으며, 중세 역시 기독교적 신의 섭리나 계시를 드러내 보여줌으로써 인간들이 경각심을 갖도록 하기 위해 역사가 쓰였고, 르네상스나 계몽주의 시대까지도 연대기적 서술양식이 주로 사용되는 가운데 인간들의 현세적 삶에 실제적인 도움을 주고 교훈을 주기 위한 목적에서 역사가 서술되었다. 역사가 순수 학문적 목적으로 연구되고 서술되기 시작한 것은 비교적 최근, 즉 19세기에 들어와서다. 요컨대 철학이 인간과 삶에서의 진리를 탐구하고 추구한다는 목표 아래 이상적이고 관념적인 아우라를 지니고 있었다면, 역사는 문학의 한 분야로서 인간에게 실제적인 도움을 주고 활용될 수 있는 지식을 전달하는 현실적이고 구체적인 목표를 추구했다.

두 학문 사이의 이러한 차이와 구별을 우리의 작업에 적용하면, 여기서의 탐구를 위한 기본 토대도 그 대체적인 윤곽이 그려질 수 있을 것이다. 즉 제2부의 작업가설은 철학 사상에서 보여 왔던 '우연' 개념이 역사서술에 그대로 적용되기보다는 오히려 그때마다의 상황과 조건 및 환경에 따라서 보다 더 구체적이고 실용적인 의미를 지니는 것으로 확대되어 활용되거나, 아니면 심지어 전용(轉用) 또는 변형되어 나타났을 것이라는 점이다. 쉽게 말해 철학에서의 우연은 역사서술에서 그 의미상 일대일 대응 관계를 이루며 표현되지 않았을 가능성이 크다. 왜냐하면 하나의 추상적 관념어는 실제 생활 속에서 다르게 쓰일 때가 많기 때문이다. 더구나 '우연'처럼 매우 복합적인 의미를 갖는 추상어일수록 그것의 변형 또는 진화 정도는 더 심하게 굴곡진 형태로 나타날 가능성이 크다. 또 하나의 추가적 작업가설은 철학 사상에서 펼쳐져왔던 '우연'이라는 개념이, 아니 더 정확히는 '우연'에 해당하는 상황이 실제 역사서술에서는 그 용어 외에 동일하거나 유사한 의미를 갖는 다른 용어로 나타나기도 했을 것이라는 점이다. 달리 표현하면, 우리가 제1부에서 자세히 천착했던 대로 철학에서 '우연'이라는 이 하나의 용어가 수많은 철학자와 사상가에 의해 다양한 의미와 함의를 갖는 개념으로 다루어졌다면, 역사서술에서는 반대로 그 용어 외에 '운명', '천운', '천체', '정의', '징벌', '미신', '요행', '행운', '불행', '행복', '신', '섭리', '계시', '기회', '미래', '가능', '희망', '기대', '역설', '반전', '돌발', '돌출', '변수' 등과 같은 수많은 일상적 또는 비일상적 용어들을 함께 사용함으로써 우연 또는 우연적 상황을 표현하려고 노력했을 것이라는 점이다. 이러한 작업가설이 실제로 맞는지, 맞다면 어느 정도 맞아떨어지는지 지금부터 자세히 천착해 보자.

제6장 고대: 'tychē'와 'fortuna'

　적어도 개설서 또는 백과사전에 한정해서 보면, 서양사에서 고대는 지리적으로 여전히 그리스와 로마로 한정되어 있다. 이집트, 카르타고, 시리아 등 북아프리카와 소아시아에 속해 있는 다른 수많은 지중해 문명권 국가들은 유럽 중심적인 사관에 입각해 철저히 배제되어 있다. 따라서 여기서도 그리스와 로마 이외의 지역에 대한 고찰은 나의 역량이 부족한 탓도 있지만 독자들에게 혼란스러움을 주지 않기 위해 감행하지 않기로 한다.

　고대 그리스의 역사서술에서 '우연'은 아리스토텔레스가 말한 (1) 동반적 우연(symbebēkos), (2) 행운적 우연(tychē), (3) 자발적 우연(automaton), (4) 가능적 우연(endechómenon), (5) 잠재적 우연(dynaton) 등 크게 다섯 가지 개념 중에서 거의 유일하게 행운적 우연(tychē)만이 나타난다. 그러면서 이 행운적 우연, 즉 '티케'(tychē)가 그때마다 다른 상황과 맥락에 따라 매우 다양한 의미를 갖는 용어로 쓰인다. 우연과 관련한 여러 용어가 우연적 상황을 표현하기 위해 쓰인 것이 아니라 반대로 '티케'라는 용어 하나가 여러 의미를 갖는 용어로 사용되었다는 것이다. 대부분의 지적인 작업에서 보이는 이러한 평범한 현상이 어쩌면 지극히 당연한 일일지 모르지만, 적어도 우리가 내세운 작업가설에는 정면으로 배치되는 것처럼 보인다. 그런데 이 티케가 로마 시대에 오면 행운의 여신, 즉 '포르투나'(fortuna)로 바뀌어 그대로 계승된다. 보통 수레바퀴의 이미지로 표현되며, 영어로는 'fortune'의 어원에 해당하는 행운의 여신 '포르투나'는 로마에서 가장 성공한(?) 신 가운데 하나였다. 로마 시대의 역사서술에서 그 여신이 그리스 시대의 '티케'의 지위와 위상, 그리고 의미와 함의 등의 유산을 모두 계승한 상속자로서 활발히 전개되었을 것이라는 점은 쉽게 상상할 수 있다. 따라서 이 장에서는 고대 그리스 역사가들에게 '티케'가, 그리고 고대 로마 역사가들에게 '포르투나'가 어떤 의미와 함의를 갖고 사용되었는지 자세히 고찰할 것이다.

1. 헤로도토스

키케로에 의해 붙여진 '역사의 아버지'라는 명예로운 수식어에도 불구하고 헤로도토스(Herodotos, BC 484?~BC 430?)는 이미 동시대인들에 의해 '거짓말쟁이'로 불렸을 정도로 문학적 수사와 서사에 능한 당대 그리스 최고의 이야기꾼이었다. 헤로도토스는 『역사』(*Historiae*) 제7권에서 "나는 들은 것을 전할 의무는 있지만, 들은 것을 다 믿을 의무는 없으며, 이 말은 이 책 전체에 적용된다"고 선언했다.[1] 이 말은 일반적으로 '내 의무는 내가 들은 모든 것을 전하는 것이지만, 들은 그대로 전해야 할 의무는 없다'로 해석된다. 흔히 역사서술의 기초를 닦은 인물로 알려진 헤로도토스는 두 가지 욕망을 좇았다고 한다. 진실을 찾고 싶은 것이 그 하나요, 설령 진실 확인이 불가능해도 이야기를 적고 싶어 하는 게 다른 하나다. 전자는 과거의 사실을 탐구하기 위한 '과학적(학문적) 욕망'이요, 후자는 사실 확인이 불가능하면 꾸며내서라도 이야기로 만들어 창작해 내고 싶은 '서사적(예술적) 욕망'이다. 일부 평자들은 전자가 투키디데스에게서 잘 나타나고, 후자가 헤로도토스에게서 잘 나타나는데, 이 상호 모순된 두 욕망이야말로 바로 서양의 역사서술을 지탱해 온 방

---

1 헤로도토스, 『역사』, 천병희 옮김, 도서출판 숲, 2009, 710쪽(=VII.152).

법론의 원류라고 주장한다.[2] 그만큼 '진실에 대한 허구적 이야기'로서의 역사는 이미 헤로도토스부터 시작되었는지도 모른다. 역사와 문학의 경계를 단 일거에 허물어뜨려 버리는 이 과감한 헤로도토스의 기획에 대한 논란, 특히 오늘날 '역사도 픽션'이라고 주장하는 포스트모더니즘 역사학에서의 논란은 여기서 우리의 테마와 직접적인 관련이 없으므로 건너뛰기로 하자. 다만 역사가 그 출발부터 문학이었고, 역사서술의 학문화가 과도하게 진행된 오늘날에도 여전히 역사가 문학과 매우 밀접한 관계를 갖고 있음을 감히 부정할 사람은 거의 없을 것이라는 점은 지적하고 넘어가자.

헤로도토스가 아무리 역사에서 진실만을 기록하고자 했던 것은 아니었다 할지라도 서양에서 온전한 형식과 내용을 갖춘 제대로 된 역사서술이 그로부터 출발했다는 사실에는 변함이 없다.[3] 이렇게 탄생한 역사는 오늘날의 관점에서 과연 어떤 특징과 성향을 가지고 있을까? 헤로도토스가 쓴 『역사』, 즉 페르시아 전쟁사의 분야별 특징을 열거하면 다음과 같다. 첫째, 시대 장르상 현대사였다. 이 점은 헤로도토스를 다룰 때 흔히 간과되는 요소 중의 하나인데, 역사가 그 출발부터 현대사였다는 점은 아무리 강조해도 지나침이 없을 정도로 중요하다. 둘째, 주제의 장르상 정치사에 속한다. 즉 전쟁과 군사와 관련된 정치적인 사건을 다루고 있다. 하지만 각 지역의 생활 풍습이나 축제와 같은 테마들을, 많은 지면을 할애해 다루고 있다는 점에서 최초의 문화사로 볼 여지도 있다. 셋째, 지리 장르상 자국사에 해당한다. 하지만 그리스뿐만 아니라 이집

---

2 Ann Curthoys & John Docker, *Is History Fiction?*, Sidney: University of New South Wales Press Ltd, 2010, 2nd ed., p. 12.

3 물론 헤로도토스 이전에 호메로스, 헤시오도스, 크세노파네스, 헤카타이오스 등 그리스 초기 역사가로 불릴 만한 작가들이 없었던 것은 아니지만, 그리고 실제로 헤로도토스기 그들 선대의 작가들에게 많은 영향을 받았던 것도 사실이지만, 그 이름에 걸맞은 내용과 형식, 주제와 구조를 갖춘 역사서로는 헤로도토스의 『역사』가 최초인 것만은 분명하다.

트, 소아시아, 페르시아 등에 대한 언급으로 봐서 당대의 시대적 한계를 감안하고 보았을 때, 세계사로 분류될 근거도 충분히 있다. 넷째, 서술양식상 서사체 역사다. 이 점 또한 너무 당연해서 간과되는 부분인데, 똑같은 서사라도 헤로도토스의 작품이 문학적 성향이 강한 서사인지 아니면 역사적 성향이 강한 서사인지에 대한 논쟁은 여기서 생략하기로 한다. 다섯째, 목적 분류상 교훈적 역사다. 영웅들의 행적을 기리고 그 업적이 망각되지 않도록 하려는 노력의 일환에서 역사가 서술되었다는 점은 결국 그것이 교훈이라는 목적을 지니고 있음을 부정할 수 없다. 이러한 구조와 틀을 갖는 헤로도토스의 『역사』 안에는 이야기꾼으로서의 저자의 자질이 충분히 반영되어 재미있고 흥미로운 서사적 요소들이 풍부하게 들어 있다. 그래서인지 몰라도 그 작품 안에는 'tychē'(행운)나 'moira'(운명) 등 우연과 관련된 단어들도 빈번히 사용되고 있을 뿐만 아니라 그 문맥과 의미 또한 매우 다양하고 다채롭게 사용되고 있다. 그럼 그 구체적인 내용 읽기에 들어가 보자.

헤로도토스는 『역사』의 주제인 그리스와 페르시아 두 문명권의 충돌의 원인에 대한 탐구를 위해 전체 9권 중 제1~4권을 리디아, 이집트, 페르시아, 스키티아 등 바르바로이(Barbaroe), 즉 비(非)그리스 세계에 대한 서술에 할애한다. 그러면서 기원전 5세기 말 두 문명의 충돌 원인이 사실은 저 먼 옛날의 트로이전쟁에 있었음을 적시하면서, 트로이전쟁의 원인에 대한 다양한 설(說)에 대해 자신은 "이랬느니 저랬느니 꼬치꼬치 따지고 싶지 않다"고 하면서 자신의 저술 기획 의도를 다음과 같이 밝힌다.

내가 알기에 헬라스인들(그리스인들)에게 맨 처음으로 적대 행위를 시작했음이 분명한 남자에 관해 이야기하고자 한다. 나는 먼저 그가 누군지 밝힌 후 나머지 이야기를 계속하며 크고 작은 도시에 관해 이야기하려 한다. 전에는 강력했던 수많은 도시가 미약해지고, 내 시대에 위대한 도시들이 전에는 미약했기 때문이다. 인간의 행복이란 덧없는 것임을 알기에 나

는 큰 도시와 작은 도시의 운명을 똑같이 언급하려는 것이다.[4]

여기서 한 남자란 나중에 페르시아제국과 연결될 소아시아에 있던 리디아의 왕 크로이소스(Croesus[Kroisos], BC 595~BC 547)를 말한다. 그러나 우리가 이 인용문에서 눈여겨봐야 할 대목은 그런 서사의 이야기 라인이 아니라 "인간 행복의 무상함으로 인해 야기된 크고 작은 도시들의 운명에 대한 서술 계획"이다. 헤로도토스의 역사책의 주제가 페르시아전쟁인 것은 맞지만 그것은 후반부(제5~9권)에 펼쳐지고, 전반부(제1~4권)에서는 그 큰 전쟁의 원인과 배경으로서 그리스인들이 당시 야만인들이라고 불렀던 비(非)그리스 지역에서의 문명, 더 구체적으로는 그곳의 다양한 왕국에서의 여러 도시의 흥망성쇠가 모두 이야기 형식으로 펼쳐진다. 그 안에는 정치와 군사적인 사건들뿐만 아니라 지역적 특징과 풍습, 생활양식 등 오늘날 기준으로 문화사의 소재에 해당하는 내용들이 소개된다. 요컨대 헤로도토스의 『역사』는 고대 지중해 문명권 안의 헬라스와 비(非)헬라스 지역의 크고 작은 수많은 도시의 운명, 즉 우연적 사건을 주요 소재로 삼고 있는 셈이다.

그렇다면 비(非)헬라스 지역의 도시들의 운명은 이야기 형식을 취하되 구체적으로 어떤 방식으로 펼쳐지고 있을까? 페르시아의 역사를 서술한 제3권에서 페르시아 장군이었던 아마시스(Amasis)와 사모스 참주였던 폴뤼크라테스(Polycrates)를 다룬 다음 내용을 보자.

> 아마시스도 폴뤼크라테스의 **운수**가 **흥성**한다는 것을 알고 마음이 불편했다. 그리고 그의 **운수**가 점점 더 **흥성**하자 아마시스는 다음과 같은 서찰을 사모스로 보냈다. "아마시스가 폴뤼크라테스에게 말합니다. 동맹을 맺은 친구가 번창하고 있다는 소식을 듣는 것은 반가운 일입니다. 하지만 나는 **신들**께서 **시기심**이 많으시다는 것을 알기에, 그대의 잇단 큰 **행운**을 지

---

4 헤로도토스, 『역사』, 28쪽(=I.5).

켜보는 일이 즐겁지만은 않습니다. 나는 나 자신뿐 아니라 내가 사랑하는 사람들도 어떤 일은 **성공**하고 어떤 일은 **실패**하기를 바랍니다. 매사에 **성공**하는 것보다는 **성공**과 **실패**를 거듭하며 살아가는 것이 더 낫기 때문입니다. 매사에 **성공**하는 사람치고 말로가 비참하지 않은 사람의 이야기를 들어본 적이 없기에 하는 말입니다. 그러니 그대는 내 말대로 그대의 **행복**에 맞서 이런 조처를 취하십시오. 그것을 잃게 되면 마음이 가장 아플, 그대에게 가장 소중한 것이 무엇인지 곰곰이 생각해 보시고, 그것을 다시는 인간 세상으로 돌아올 수 없는 곳에다 던져버리십시오. 그런 뒤에도 그대에게 **행운과 불행**이 교체되지 않는다면, 내가 말씀드린 방법으로 계속 치유해 보도록 하십시오!"[5]

이 인용문 안에는 '운수의 흥성', '신들의 시기심', '행운', '불행', '성공', '실패', '행복' 등 우연과 관련된 용어들이 한꺼번에 대거 등장한다. 아마 헤로도토스의 『역사』에서 이만큼 우연과 관련된 용어들이 집중적으로 모여 있는 구절도 없을 것이다. 여기에 소개된 일화 또는 편지 내용의 사실 여부는 중요하지 않다. 우리 관심의 초점은 이러한 이야기들을 통해 이 탐사 보고서의 저자가 말하고자 하는 주제의 일부를 포착하는 것이다. 즉 저자가 길흉화복의 인간사를, 그리고 세상에서 나타나는 행운과 불행을 어떻게 인식하고 있고, 그것들을 어떻게 처리하고 있는지 관찰하는 일이다. 이미 위의 인용문에 앞서 인용했던 문장(제1권 5)에서도 인간 행복의 덧없음이 지적되었지만, 여기서 우리는 다시 인간의 삶이라는 것이, 그리고 한 도시의 운명이라는 것이, 더 나아가 세상일이라는 것이 얼마나 행운과 불행의 교체와 반복의 연속인지를 정확히 통찰하고 있는 저자와 마주친다. 간접적으로 추론하자면, 헤로도토스는 인간의 삶이, 역사가 우연의 연속이라는 점을 확실히 알고 있었다는 것이다. 이후 행운과 불행에 대한 이야기는 헤로도토스의 『역사』안

---

5 같은 책, 298쪽(=III.40)(강조는 최성철).

에서 마치 고대 그리스의 희극과 비극에서 펼쳐지는 것과 매우 유사한 형식(플롯)과 내용(주제)을 가지고 반복적으로 등장한다.

그뿐만이 아니다. 헤로도토스 이후에 등장할 그리스의 위대한 역사가들에서 역시 자주 나타나게 될 '티케'도 그의 『역사』 안에서는 자주 언급된다. 여기서 잠시 티케의 본래적 의미를 살펴보도록 하자. 원래 고대 그리스인들에 의해 '행운의 여신'(goddess of luck)으로 간주된 '티케'는 '행운의 증여자'이고 '악의 전달자'이자 '변덕스러운 여신'이며 '불가피한 운명의 상징'이었다. 그녀는 인생이란 본질적으로 주사위 놀이이고 우연에 의해 결정되지만, 어떠한 것도 고정되어 있는 것은 없다는 역설적인 메시지를 교시한다. 우리가 어떤 상황에 있든 어떤 일은 일어나게 되어 있고, 거기에는 언제나 우연의 요소가 개입되어 있으며, 전혀 기대하지 않았던 것이 발생한 것으로 판명된다. 운명에 복종하는 대신 티케는 그녀의 추종자들로 하여금 그들 스스로 사물과 일을 지배하고 통제하도록 만들고, 자신들의 운명을 개척해 나가도록 독려한다. 그래서 인간들은 때로는 성공하기도 하고, 때로는 실패하기도 한다. 그 모든 것은 '우연'(chance)으로 끝난다.[6]

그렇다면 헤로도토스에게 티케는 어떤 의미로 사용되고 있을까?[7] 메디아의 왕 아스튀아게스(Astyages)가 나중에 자신을 무찌르고 페르시아를 포함한 아케메네스 대제국을 건설할 퀴로스(Cyrus)로 하여금 고향으로 돌아가도록 허락하자, 페르시아의 친부모 밑으로 돌아온 퀴로스가 페르시아군들을 장악하기 위해 그들을 설득하는 과정에 다음과 같은 일화가 나온다.

이들(페르시아인들) 모두가 앞서 말한 낫을 들고 모이자, 퀴로스는 그

---

6 http://www.neokoroi.org/religion/gods/tyche.
7 고대 그리스의 역사가들에서 나타나는 티케에 대한 연구는 거의 투키디데스와 폴리비오스에 집중되어 있는 편이다. 헤로도토스에서의 티케에 대한 연구는 국내에는 아예 없고, 국외에서도 별로 발견되지 않는다.

들에게 각 변이 18 내지 20스타디온이나 되는, 온통 엉겅퀴로 뒤덮인 묵은 땅을 하루 안에 개간하라고 명령했다. 페르시아인들이 이 일을 끝마치자 그는 다음 날 모두들 목욕재계하고 다시 모이라고 명령했다. 그사이 퀴로스는 아버지의 염소 떼와 양 떼와 소 떼를 모두 한곳에 모아 도살하고 페르시아인들의 군대를 접대할 준비를 했고, 포도주와 맛있는 요리도 마련했다. 다음 날 페르시아인들이 모이자 그는 그들을 풀밭에 앉히고 융숭하게 접대했다. 식사가 끝난 뒤 퀴로스가 그들에게 어제와 오늘의 일정 가운데 어느 쪽이 더 마음에 드는지 물었다. 그러자 그들은 하늘과 땅 차이라며, 어제는 힘들기만 했는데 오늘은 좋기만 하다고 말했다. 그 말을 듣자 퀴로스는 기다렸다는 듯이 이런 말로 자신의 계획을 모두 털어놓았다. "페르시아의 전사들이여, 이것이 여러분이 처해 있는 상황이오. 내 말을 들으면 오늘과 같은 즐거움과 그 밖에 다른 즐거움을 계속 누리며 노예처럼 일할 필요도 없을 것이오. 그러나 내 말을 듣지 않겠다면, 어제와 같은 고통을 계속 겪게 될 것이오. 그러니 내 말을 듣고, 자유민이 되시오! 나는 분명 여러분을 자유민으로 만드는 과업을 맡도록 **신의 섭리**에 의해 태어났소. 나는 여러분이 전쟁에서나 그 밖의 일에 있어서나 결코 메디아인들 못지않다고 믿소. 그래서 내 호소하노니, 여러분들은 되도록 빨리 아스튀아게스에게 반기를 드시오!"[8]

여기서 '신의 섭리'로 번역한 단어의 원어는 'tyche'다. 중세에나 등장할 법한 단어로 번역한, 이 책의 국역자의 번역 감각은 약간 과장된 것임을 부정할 수 없으나, 그 뜻이 전달되는 데에는 하등의 문제가 없다. 그만큼 헤로도토스는 메디아의 아스튀아게스 왕을 징벌할 퀴로스의 운명이 신 또는 하늘의 뜻임을 강조하고자 했던 듯하다. 따라서 이때의 티케는 '신의 섭리' 외에 '하늘의 뜻', '천명', '천계', '운명' 등으로 번역되어도 무방하다. 그러나 그 단어가 갖는 또 다른 중요한 의미인 '행

---

8 헤로도토스, 『역사』, 106~07쪽(=I.126)(강조는 최성철).

270

운'이나 단순한 '운' 아니면 '우연' 등은 여기에 들어맞지 않는다.

티케가 '신의 섭리'의 뜻으로 쓰인 또 하나의 용례가 『역사』 제5권에 나온다. 제5권에는 페르시아 제국이 그리스 세계를 침략하려 할 때 먼저 발생했던 이오니아(밀레토스) 지역의 반란을 진압하는 과정이 기술되어 있다. 그 와중에 그리스 본토에서는 이러저러한 내분이 일어나는데, 그중 하나는 스파르타와 아테네 사이의 갈등이다. 아테네인들이 강성해져 가는 것을 시기하여 아테네에 참주가 들어서면 힘이 약화될 것이라 믿은 스파르타인들은 아테네에서 추방되어 헬레스폰트 연안의 시게이온에 피신해 있던 페이시스트라토스(Peisistratos)의 아들 히피아스를 불러들이면서 동시에 여러 동맹국에게도 사자를 보내 사절단을 보내주도록 요청했다. 그러면서 스파르타인들이 아테네를 약화시키려는 계획을 말하자 대부분의 동맹국들 사절단이 거부 의사를 표시하는 가운데, 코린토스의 소클레아스가 참주제처럼 이 세상에 불의하고 피에 굶주린 정체도 없다고 주장하면서 코린토스가 참주제를 도입하면서 겪었던 불행한 이야기를 다음과 같이 풀어나간다. 코린토스의 정체는 한때 박키아다이 가(家) 일족이 통치하던 과두제였다. 그 가문의 일원인 암피온에게는 랍다라는 이름의 절름발이 딸이 있었는데, 어느 누구도 그녀와 결혼하려 하지 않자 그 주변 지역의 왕 후손이었던 에에티온이라는 청년이 그녀와 결혼했다. 그리고 에에티온이 자기 부부 사이에 아이가 생길지의 여부를 델포이 신전에 묻자, 자기 자식이 나중에 독재자들을 물리치고 코린토스를 응징하게 될 것이라는 신탁을 받았다. 이 신탁의 내용이 박키아다이 가의 귀에 들어갔고, 그래서 그들은 에에티온의 아기가 태어나는 대로 없애기로 작정했다. 랍다가 실제로 아이를 출산하자, 그들은 집안사람 열 명을 에에티온이 사는 마을로 보내 죽이게 했다. 이들은 마을에 도착하여 에에티온의 집에 들어가 아이를 보여 달라고 했다. 이들이 왜 왔는지 몰랐던 랍다는 자기 아버지의 친구들인 이들이 아이를 보고 싶어 하는 줄 알고 아이를 이들 중 한 명의 품에 안겨주었다. 그런데 이들은 이 마을로 오기 전에 자기들 중 누구든 아이를 맨 먼저 받아든 사람이 땅바닥에 메어쳐 죽이기로 계획을 세워놓았었다. 그러나 랍다가 아이를 이들 중 한 명에게 건넸을 때 바로 '신의 섭리'(티케)가 작동했다. 자신을 안아든 첫 번째 남자에게 아이가 천사 같은 미소를 지으며 방긋 웃자 차마 내동댕이치지 못하고 두 번째 남자에게 건넸던 것이다. 그리고 두 번째 남자는 세 번째 남자에게, 이런 식으로 아이는 열 사람 모두에게 건네졌지만 그들 중 어느 누구도 아이를 죽이지 못했고, 결국 아이를 랍다에게 되돌려주었다. 그들은 랍다의 집을 나와 문 앞에 서서 서로를 나무랐고, 특히 맨 먼저 아이를 받던 사람을 미리 계획한 대로 실행하지 않았다고 비난했다. 잠시 뒤 그들은 다시 랍다의 집 안으로 들어가 아이를 모두 함께 죽이기로 결의했지만, 랍다가 문간에 서서 그들이 하는 말을 모두 들었기 때문에 아이를 재빨리 그녀가 아는 가장 은밀한 장소인 상자(kypsele) 속에 숨겼다. 랍다의 집으로 다시 들어간 그 열 명의 자객은 집안 곳곳을 뒤졌지만 아이를 찾을 수 없자, 코린토스로 돌아가 명령을 내린 사람들에게 시키는 대로 빠짐없이 실행했다고 거짓으로 보고했다. 그 후 상자 덕분에 살아났기에 큅셀로스라는 별명을 얻은 에에티온의 아들은 무럭무럭 자랐고, 나중에 실제로 코린토스의 참주가 된 후에 수도 없이 많은 코린토스인들을 죽이고 재산을 빼앗고 추방했다.[9]

이 이야기에 나오는 '신의 섭리', 즉 티케는 큅셀로스의 탄생과 관련한 여러 신탁의 내용을 염두에 두고 볼 때 분명 '하늘의 뜻'인 것은 맞지만, 코린토스나 아테네를 비롯한 헬라스 세계 전체로 보면 결코 행복한 이야기가 아니라 오히려 불행의 사례에 해당한다. 그러나 에에티온과 랍다, 그리고 그들의 아들인 큅셀로스의 입장에서 보면 그만한 행운도 없을 것이다. 이처럼 티케는 보는 관점에 따라 '행운' 또는 '불행'으로 달라질 수 있는 '운명'을 뜻하는 일반적 용어이기도 하다. 그러나 중요한 점은 헤로도토스에게서 티케가 대부분은 '신의 섭리'라는 의미로

9 같은 책, 526~29쪽(=V.92).

사용되고 있다는 사실이다. 단순한 우연이나 운명을 의미할 때조차도 그것은 맹목적 우연이나 운명이 아니라 신적인 함의가 담겨 있는 우연이나 운명을 뜻할 때가 많다. 이 논거의 결정적 증거로 우리는 큅셀로스의 일화에서 소개된 신탁을 들 수 있다. 티케를 이야기할 때 헤로도토스는 대체로 신탁을 인용했다. 한 평자도 이 점에 착안해 헤로도토스가 신적인 우연(tychē theie; divine chance), 신적인 것(to theion; the divine), 신적인 섭리(he pronoie tou theiou; divine providence)에 대해 자주 언급했음을 지적하면서 그와 '신성'(神性)과의 밀접한 관계에 주목할 필요가 있다고 주장했다.[10]

그렇다면 헤로도토스의 작품 안에서 가장 일반적인 의미인 '행운'의 뜻으로만 쓰인 티케의 용례는 없을까? 당연히 있다. 거의 '우연'에 가까운 '행운'의 뜻으로 쓰인 티케의 용례가 페르시아의 다레이오스 왕이 정복한 사모스 섬에서 추방된 사람이자 아이아케스의 아들로 폴뤼크라테스의 아우이기도 했던 쉴로손(Syloson)의 일화에 나온다. 좀 길지만 그것이 어떤 행운이었는지 이번에는 직접 인용하도록 하자.

그 뒤 다레이오스 왕은 사모스를 정복했는데, 이것이 헬라스와 비(非)헬라스를 통틀어 그가 정복한 최초의 도시였다. 그가 그곳을 정복한 이유는 다음과 같다. 퀴로스의 아들 캄뷔세스가 아이귑토스[이집트] 원정길에 올랐을 때 헬라스인들 상당수도 아이귑토스로 갔는데, 일부는 물론 장사할 목적으로 갔고, 일부는 관광차 그 나라에 갔다. 관광객 중에 사모스에서 추방된 쉴로손이 있었는데, 그는 아이아케스의 아들로 폴뤼크라테스와 형제지간이었다. 그런데 이 쉴로손이 다음과 같은 **행운(티케)**을 만났다. 쉴로손은 갖고 있던 붉은 외투를 입고 멤피스의 장터를 거닐고 있었다. 그때 캄뷔세스의 친위대원으로 아직은 별로 중요한 인물이 아니었던

---

10 Jennifer T. Roberts, *Herodotus: A Very Short Introduction*, New York: Oxford University Press, 2011, p. 83.

다레이오스는 그 외투가 탐이 나 쉴로손에게 다가가 외투를 팔지 않겠느냐고 했다. 쉴로손은 다레이오스가 외투를 몹시 갖고 싶어 하는 것을 보자 순간적으로 영감이 떠올라 말했다. "아무리 많은 돈을 주어도 나는 이 외투를 팔지 않을 것이오. 하지만 그대가 이 외투를 꼭 가져야겠다면, 내가 그대에게 거저 주겠소이다." 다레이오스는 고맙다고 인사하며 외투를 받았고, 쉴로손은 곧 소중한 외투를 내주다니 내가 참으로 멍청한 짓을 했다고 생각했다. 그러나 그사이 캄뷔세스가 죽고 7인이 마고스에게 반기를 들었는데, 7인 중에서 다레이오스가 왕이 되었다. 그리고 쉴로손은 자기가 아이귑토스에서 외투를 거저 주었던 바로 그 자가 페르시아의 왕이 되었다는 것을 알았다. 그래서 그는 수사로 올라가 궐문 앞에 앉아 자기는 왕의 은인이라고 말했다. 그 말을 들은 문지기가 왕에게 보고하자, 의아해하며 다레이오스가 말했다. "내 은인이라는 헬라스인이 대체 누구지? 나는 최근에 왕이 되었고, 수사로 나를 찾아온 헬라스인은 전무하다시피 한데, 나는 헬라스의 어느 누구에게도 신세진 적이 없어. 하지만 그가 무슨 뜻으로 그런 말을 하는지 들어보고 싶으니 들여보내도록 하라!" 문지기가 쉴로손을 데려와 왕 앞에 세우자 통역들이 나서서 그가 대체 누구며, 무슨 일을 했기에 왕의 은인으로 자처하는지 물었다. 그러자 쉴로손이 외투에 관한 이야기를 빠짐없이 늘어놓으며 자기가 바로 그 외투를 준 사람이라고 했다. 다레이오스가 대답했다. "그대야말로 참으로 후한 사람이오. 그대가 아무 권세도 없던 나에게 선물을 했던 바로 그 사람이란 말이오? 그리고 그것이 대단한 것이 아니었다 하더라도, 나는 지금 엄청난 선물을 받은 것처럼 그것이 고맙게 느껴지기만 하오. 그대가 휘스타스페스의 아들 다레이오스에게 선행을 베푼 것을 후회하는 일이 없도록 내 그대에게 금과 은을 헤아릴 수 없도록 줄 것이오." 쉴로손이 대답했다. "전하, 제게 금도 은도 주지 마시고, 제 조국 사모스를 돌려주소서. 제 형 폴뤼크라테스가 오로이테스의 손에 죽은 뒤로, 사모스는 우리 노예의 수중에 들어가 있나이다. 사모스를 제게 주시되, 그곳 주민들을 죽이거나 노예로 삼지는 말아주소서!" 다레이오스는 이 말을 듣자 원정군을 보냈다. 그는 7인

중 한 명인 오타네스를 장군으로 임명하며 그에게 쉴로손이 요구하는 대로 해주라고 일렀다.[11]

물론 결과적으로 중간에 일이 꼬여 쉴로손의 바람대로 되지 않고 많은 자국인들이 사망함으로써 거의 텅 빈 사모스 섬을 넘겨받긴 했으나, 뜻밖의 우연이 어떻게 한 사람에게 엄청난 행운을 안겨줄 수 있는지를 보여주는 사례로 이보다 더 적절한 일화도 없을 것이다.

헤로도토스의 티케와 관련해 마지막 한 가지 더 추가로 언급해야 할 논점이 있다. 그것은 『역사』에 걸쳐 전체 숨은 주제이기도 한, 'tychē' 개념에 의해 지원받는 히브리스(hybris)와 네메시스(nemesis)와의 관계다. 인간의 오만(hybris)은 반드시 신의 징벌(nemesis)을 받게 된다는 것이다. 가령 리디아의 왕 크로이소스가 이오니아인들, 도리스인들 같은 소아시아 지역의 그리스인들을 정복했다가 나중에 아케네메스 제국의 퀴로스에 의해 정복당했던 일, 페르시아의 다레이오스가 스퀴티아족을 정복하기 위해 다뉴브 강을 도강(渡江)했지만 실패하고 돌아선 일, 다레이오스의 아들 크세르크세스가 그리스 세계를 정복하기 위해 헬라스폰트 해협을 건너 페르시아 전쟁을 일으켰지만 결국 패퇴하고 물러난 사건 등은 모두 인간의 오만에 대한 신의 징벌이 가해지면서 나타난 현상이다. 그래서 헤로도토스는 앞서 인용했던 것처럼 『역사』 서두에서 한때 강했던 나라들이 오늘날 쇠하고 예전에 약했던 나라들이 오늘날 강성해지는 등 변화와 굴곡을 겪기 때문에 강대국들만이 아니라 약소국들에 대해서도 똑같은 비중으로 서술해 나가겠다고 말한다. 그리고 이 원칙은 실제로 『역사』 전편에 걸쳐 잘 지켜진다. '오만–징벌'의 서사 구조의 한 예로 헤로도토스는 페르시아전쟁에서 일대 전환점을 가져온 유명한 살라미스 해전을 드는데, 이 해전이 있기 전의 다음과 같은 신탁의 내용을 그 스스로도 실제로 믿었던 것으로 보인다.

---

11 헤로도토스, 『역사』, 354~55쪽(=III.139~41)(강조는 최성철).

고귀하신 정의의 여신(Dikē)께서 교만(hybris)의 아들을, 무엇이든 할 수 있다고 믿고 광란하는 강력한 포만(飽滿, koros)을 제압하시리라. 청동이 청동과 맞부딪치고, 아레스가 피로 바다를 붉게 물들일 테니까. 그때는 멀리 보시는 제우스와 고귀한 승리의 여신(Nikē)에 의해 헬라스에 자유의 날이 밝아 오리라.[12]

정의와 신이 결국 최후의 승자라는 내용인데, 이는 동양의 사필귀정(事必歸正)의 덕목을 연상시킨다. 그러나 우리의 테마와 관련해 이 점보다 더 중요한 사실은 헤로도토스에서 히브리스와 네메시스 개념이 한 세대 뒤의 투키디데스의 티케 개념을 통해서 더 구체화된다는 것이다.

헤로도토스의 『역사』 안에는 이처럼 티케 또는 그 밖에 우연과 관련한 용어들이 과거와 현재의 수많은 역사적 사실, 구전, 전설, 민담 등의 형식 속에 녹아들어 곳곳에서 발견된다. 좀 과장하자면, 앞에서 든 여러 사례는 그저 빙산의 일각에 불과하다. 이처럼 많은 우연이 그 작품 안 곳곳에 스며 있는 이유는 누구나 쉽게 추론할 수 있듯이, 바로 그 모든 이야기의 근거가 되는 형식이 한결같이 '서사'로 이루어져 있다는 데서 찾을 수 있을 것이다. 인간 삶이 그러하듯이 우연이라는 요소가 개입되어 있지 않은 이야기를 들어본 적이 있는가? 우연은 모든 서사의 필수 요소라고 할 수 있다. 그 점에서 거꾸로 이야기하면, 서사는 우연이라는 식물이 무럭무럭 자라날 수 있도록 만드는 기본 토양이다.

2. 투키디데스

헤로도토스보다 한 세대 뒤에 태어나 활동했던 투키디데스(Thucydides, BC 460?~BC 404?)는 자신의 선배 역사가보다는 훨씬 더 객관적이고

---

12 같은 책, 798~99쪽(=VIII.77).

실증적인 방법으로 역사 연구와 서술에 임했다. 정확성과 합리성의 원칙을 가지고 과거 사실에 접근했고, 그러한 원칙 위에서 재미와 흥미 위주의 이야기체 서술은 되도록 지양하고 서사 양식은 유지하되 사건의 원인과 결과를 합리적으로 연결함으로써 독자들이 납득할 수 있도록 인과관계에 근거한 설명 방식을 주로 활용하면서 역사를 서술해 나갔다. 한마디로 헤로도토스가 '역사의 아버지'라면, 투키디데스는 '역사학의 아버지'라고 할 수 있다. 다른 모든 관점은 제쳐두고 적어도 역사서술의 '학문성'이라는 잣대로만 평가하면, 그리스의 역사서술은 그것이 탄생한 이후 불과 한 세대 만에 일취월장한 것이 분명하다. 그러나 그러한 엄청난 진보가 갑작스럽게 한순간에 이루어진 것은 아니었다는 사실이 이미 바로 앞에서의 헤로도토스에 대한 서술에서 잘 드러났다. 더구나 관점을 달리 해서, 즉 가령 오늘날의 포스트모더니즘적 입장이나 역사서술뿐만 아니라 인문학적 교양 지식의 확대라는 기준에서 보면 투키디데스보다 분명 헤로도토스에 더 많은 찬사가 쏟아질 것이 확실하기에 여기서 섣불리 두 사람의 우열을 가리려는 어리석은 시도는 삼가겠다.

흔히 사람들은 과학적 역사서술의 출발점을 이루기에 역사서술이 학문화되던 19세기의 역사가들로부터 자신들의 직계 선조로 추앙받던 투키디데스에서 비합리적 요소의 전형이라고 할 수 있는 티케와 같은 용어들이 나타나지 않거나 나타나더라도 극히 적게 나타날 것으로 생각하기 쉽다. 그러나 정작 그의 작품을 읽어보면 그러한 섣부른 추측이 얼마나 선입견에 의한 잘못된 것인지 알아차리는 데 오랜 시간이 걸리지 않는다. 헤로도토스에게서 못지않게 투키디데스에게서도 티케라는 용어가 자주 등장할 뿐만 아니라 그 뜻 또한 다양하게 사용된다. 투키디데스의 『역사』(Historia)에서 나타나는 티케의 다양한 의미를 천착해 보자.

먼저 아테네인들이 스파르타인들을 도왔던 멜로스인들을 징벌하기 위해 멜로스에 있을 때 양측 사이에 오간 유명한 멜로스 회담 중에는 멜로스 위원단이 아테네인 사절단을 향해 다음과 같이 말하는 구절이 있다.

여러분도 잘 알고 있으리라 생각하지만, 여러분의 힘과 행운 앞에서는 같은 힘과 행운을 부여받지 않는 한 도저히 대항할 수 없다는 것을 우리는 잘 알고 있습니다. 그러나 우리는 신을 경외하고 있으며 정의롭지 못한 자들에 대항하고 있기 때문에 여러분이 받았던 것과 같은 신으로부터 오는 티케의 도움이 우리에게도 부족하지 않게 오리라는 것을 믿습니다. 그리고 또 우리가 열세에 놓여 있는 힘의 측면은 맹방인 라케다이몬인이 보충해 줄 것입니다.[13]

여기서 멜로스인들은 비록 그 힘에서는 아테네인들을 감당할 수 없을 정도로 열세일지 모르지만 결국 자신들의 맹방인 라케다이몬인들, 즉 스파르타인들이 자신들을 도와줄 것이며, 무엇보다 "신으로부터 오는 티케", 즉 신의 행운이 불의한 자들에 맞서 있는 자신들에게도 올 것을 믿으므로 자기들에게 굴복하라는 아테네인들의 부당한 요구를 들어줄 수 없다고 말한다. 이 '신성'(deity)이 바로 투키디데스에서 나타나는 티케 개념의 첫 번째 의미다. 그리스인들의 전통에 따르면, 티케는 신으로부터 오는 것 또는 신 자체였다. 이미 앞 절의 헤로도토스에 대한 설명에서도 자세히 언급했듯이, '티케'는 그리스인들에 의해 행운과 운명, 우연 등을 관장하는 여신(goddess)으로 간주되었고, '지혜의 여신'(Athene)이나 '사랑의 여신'(Eros)처럼 사물이나 관념 — 이 경우 '행운'과 '성공' — 을 신격화한 경우에 해당한다.[14] 신에 의해 인간세계에 던져짐으로써 인간의 삶을 지배하고 통치하는 것이 바로 티케였다. 앞의 인용문에 나오는 '신이 인간에게 부여한 행운'으로서 티케는 그것이 신에게서 유래한다는 생각을 토로하고 있다는 점에서 전통적인 그리스인

---

13 투키디데스, 『펠로폰네소스 전쟁사』, 박광순 옮김, 전 2권, 범우사, 2011, 하권, 92쪽(=V.104).

14 L. H. Martin, Art. "Tyche", *Dictionary of Deities and Demons in the Bible*, eds. Karel van der Toorn, Bob Becking, and Pieter van der Horst, Leiden: Brill, 1999, pp. 877~78.

들의 관점에 완전히 부합하고 일치한 용례(用例)라고 할 수 있다. 또 한 가지 특기할 점은 멜로스인들이 보기에 아테네인들을 앞설 수 없는 이유가 힘과 행운이 열세이기 때문이라고 지적하고 있는데, 여기서 '힘' 과 '행운'은 이후 로마 시대에 라틴어로 다시 등장하고, 중세를 거쳐 르네상스 시대에 오면 마키아벨리와 같은 작가들에 의해서 'virtus'와 'fortuna'라는 단어로 화려하게 부활한다는 점이다. 이것이 우연일까? 나는 이것이 로마가 그리스 문화를 계승하고 이러한 헬레니즘 문명이 오늘날의 서구 문화에까지 연결되어 있다는 점에서 문화의 연속성을 보여주는 하나의 흔적이라고 생각한다. 더불어 하나의 사회가 성공하기 위해서는 그 자신의 내적인 힘과 능력만이 아니라 하늘이나 신처럼 외부의 초자연적 힘이 부여하는 행운도 작용해야 한다는 점을 투키디데스도 잘 인식하고 있었음을 알 수 있다. 하여튼 원래 주제로 다시 돌아와, 투키디데스에서 티케가 신으로부터 유래하는 개념으로 사용되고 있는 사례를 계속해서 보기로 하자. 앞에서 인용한 멜로스 위원단의 발언에 대해 바로 이어서 아테네 사절단은 다음과 같이 응수한다.

신들의 도움에 관해서는 우리가 여러분보다 못한 처지에 놓여 있다고 생각지 않습니다. 왜냐하면 우리는 전혀 상궤(常軌)를 벗어난 신앙이나 이치에 어긋난 것을 정당화하거나 실현하려고 하는 것이 아니기 때문입니다. 그 이유는, 신의 법은 분명히 자연의 법칙에 의해 우월한 자가 언제나 이기는 게 인도(人道)라고 우리는 상식적으로 이해하고 있기 때문입니다. 이 법칙은 우리가 결정한 것도 아니고, 처음 이용하는 것도 아니며, 예로부터 존재해 영구히 이어져 가는 것이며, 우리는 그에 따라 행동하고 있는 데 불과합니다. 그리고 여러분뿐만 아니라 누구라도 우리와 같은 권좌에 오르면 같은 행동을 취하리라는 것을 우리는 알고 있습니다. 이처럼 천우신조에 관해서는 당연히 아무것도 두려워할 필요가 없습니다. 라케다이몬인에 대한 여러분의 판단, 즉 라케다이몬인이 외무 감에서 여러분을 구원하러 올 것이라는 여러분의 판단에 대해 그 단순함을 우리는 축복할

지언정 결코 그 우매함을 시기하지는 않습니다. 라케다이몬인의 진면목은 자기 자신들이나 자국의 법에 대해서만 발휘되며, 다른 국민에 대한 태도에 관한 한 그 악평은 누구나 다 아는 사실입니다. 우리가 아는 한도 내에서도 그들은 쾌락을 선(善)으로 알고 이익주의를 정의로 해석하고 있습니다. 이런 사상은 결코 여러분의 현재의 불합리한 라케다이몬 지원설을 뒷받침해 주지 못합니다.[15]

이제는 아테네인들이 자신들의 입장에서 티케를 해석한다. 멜로스인들이 약자의 입장에서 신의 행운을 이야기했다면, 아테네인들은 강자의 논리로 신의 도움을 언급한다. 멜로스인들이 아무런 죄도 없는 약한 사람들을 단지 힘이 강하다는 이유로 정복하려는 자들은 신의 응징이 가해질 것이라는 논거를 대면서 티케를 끌어들였다면, 반대로 아테네인들은 강자들이 약자들에게 희생을 강요하는 것이나 강자들이 약자들에게 승리를 거두는 것은 신법이나 자연법에 합당한 것이고, 신들도 그러한 행동을 도와줄 것이라는 주장을 펴면서 티케를 끌어들인다. 여기서 티케는 아테네인들에 의해 '신들의 도움', '신법', '자연법', '천우신조' 등으로 불린다. 한 평자는 이러한 상반된 입장을 당시 그리스의 두 방향의 철학 또는 시대의 갈등으로 해석하기도 한다. 즉 멜로스인들이 티케를 신의 정의에 입각한 종교적이고 도덕적인 개념으로 이해했다면, 회의적이고 미몽에서 깨어난 아테네인들은 티케를 맹목적인 것, 순수한 우연으로 간주했다는 것이다.[16]

그렇다면 신은 과연 누구에게 도움을 줄 것인가? 분명 정의라는 것이 있다면 정의를 실현하는 자들에게는 신이 축복과 행운을 내려줄 것이고, 불의를 저지른 자들에게는 질책과 징벌을 가할 것이다. 티케는 이제

---

15 투키디데스, 『펠로폰네소스 전쟁사』, 하권, 92~93쪽(=V.105).

16 Felix Martin Wassermann, "The Melian Dialogue", *Transactions and Proceedings of the American Philological Association* 78, 1947, pp. 18~36, here p. 29.

자연스럽게 '신성'(神性)에서 나와 두 번째 개념인 '정의'의 영역으로 넘어간다. 앞의 인용문 다음에 이어지는 양측의 대화를 마저 더 들어보자.

> **멜로스 위원단** "아니, 우리는 바로 그 이익주의에 입각해 생각한 것이고, 우리를 구원하는 것이야말로 그들의 이익이라고 우리는 믿고 있습니다. 즉 그들의 식민도시인 멜로스를 배반하면 헬라스 도시들의 불신을 살 뿐이고, 이렇게 되면 자신의 적을 간접적으로 돕게 될 것이기 때문입니다."
>
> **아테네 사절단** "요컨대 여러분은 이익과 안전이 합치하고, 정의와 덕행이 위험을 무릅쓰고라도 지켜질 것이라고 생각하는 것 같지만, 일반적으로 라케다이몬이 위험을 자초할 가능성은 거의 없습니다."[17]

라케다이몬인들이 자신들의 식민도시인 멜로스를 구원하러 오는 것이 서로의 이익에 합당한 행동이기 때문에 그들은 반드시 자신들을 구하러 올 것이라는 멜로스인들의 말에, 아테네인들은 라케다이몬인들이 그러한 위험을 감수할 리 없고, 정의와 덕행은 그러한 위험을 무릅쓰고 지켜지는 것이 아니라고 반박한다. 여기서 '정의'와 '덕행'은 문맥상 티케의 연장선상에 있는 유사 개념들이다. 티케는 신의 보호와 도움을 넘어 신의 은총과 정의를 상징하는 개념으로 이해된다. 이 경우 정의로서의 티케는 힘의 균형을 의미한다. 신의 입장에서 보기에 정의롭다는 것은 강자든 약자든 힘의 균형을 이룬 상태, 즉 형평성을 표상한다. 이러한 상태에 이르면 힘의 우열이 아니라 신의 판단과 처벌이 중요해진다. 앞의 인용문에 조금 앞선 멜로스 회담을 좀 더 살펴보자.

> **멜로스 위원단** "그러나 전쟁이라는 것은 양적인 우열보다 운에 지배되는 일이 많은 것을 우리는 알고 있습니다. 게다가 굴복은 곧 절망을 의미하지만, 저항 행동에는 아직 희망이 확실히 보존되어 있습니다."

---

17 투키디데스, 『펠로폰네소스 전쟁사』, 하권, 93쪽(=V.106~07).

아테네 사절단 "희망은 위기의 위안자입니다. 힘에 여유가 있는 자가 희망을 갖는다면 해를 입을지언정 멸망하는 일은 없을 것입니다. 그러나 모든 것을 희망에 거는 자는 꿈이 깨졌을 때 그 실체를 깨닫고서 경계해야 할 때에는 이미 희망도 사라져버리고 없는 것입니다. 여러분의 도시는 약하고, 또 그 운명은 바로 여러분 자신의 생각에만 달려 있으므로 재난을 피할 방법을 잘 생각할 필요가 있습니다. 따라서 여러분은 되도록 힘을 다하지 않고 사태의 압력 앞에서 이젠 도리 없다고 체념해 버리고, 희망을 점괘나 예언에서만 찾으려다 파멸을 초래한 많은 사람들과 같은 전철을 밟아서는 안 될 것입니다."[18]

갈등을 일으키는 두 집단의 충돌에서 힘의 우열보다 더 중요한 것은 티케라는 멜로스인들의 주장에 대해 스스로의 운명을 그처럼 점술이나 예언에서 찾으려는 헛된 희망을 품고 몰락하는 어리석은 우를 범하지 말고 자신들에게 굴복하는 현명한 길을 찾으라고 아테네인들은 충고한다. 여러분의 도시의 운명은 여러분의 손에 달려 있으니 신중히 판단하라는 것이다.

여기서 티케는 '신성'과 '정의'를 넘어 이제 세 번째 개념으로, 즉 '운명'을 상징하는 표제어로 넘어간다. 사실 티케는 다른 관점에서 보면 단순히 행운을 관장하는 여신만이 아니라 구체적으로는 '한 도시의 운과 번영'(the fortune and prosperity of a city), 즉 '그 도시의 운명'(its destiny)을 지배하는 신성, 말 그대로 한 도시의 '수호신'(tutelary deity)이다.[19] 이를 보여주는 대표적인 용례는 멜로스 회담의 다음 마지막 구절에 담겨 있다.

이리하여 아테네 사절단이 회의장을 떠나자, 멜로스 위원회만 남아 합의를 했지만, 지금까지 아테네에 항변해 온 그 선에서 결론을 내리고 다음

---

18 같은 책, 하권, 91~92쪽(=V.105).
19 Art. "Tyche", *Wikipedia, the free encyclopedia*, http://en.wikipedia.org/wiki/Tyche.

과 같이 회답했다. "아테네인에게 알립니다. 멜로스는 종전 주장대로 결의했습니다. 700년의 전통이 있는 이 나라에서 촌각이라도 자유가 사라지는 일을 우리는 허용하지 않을 것입니다. 오늘까지 이 나라를 지켜준 천우신조와 라케다이몬의 지원을 믿고 우리는 자신들을 구원하는 데 전념할 것입니다. 따라서 우리는 여기에서 멜로스가 아테네의 우호국으로서 중립을 유지하고 양국이 양해할 수 있는 조건 아래 본 영토에서 귀군이 철수하는 조약 체결을 여러분에게 요구하는 바입니다."[20]

멜로스인들은 결국 700년의 전통을 자랑하는 자신들의 도시를 오늘날까지 지켜준 천우신조와 라케다이몬인들의 도움을 믿으며 아테네인들의 요구에 응하지 않겠다는 결론을 내리는데, 이 천우신조가 바로 멜로스 시를 지켜주는 수호신으로서 티케다. 그러나 불행히도 현실은 냉혹했다. 멜로스인들이 그토록 갈망했던 티케는 끝내 그들 편에 서주지 않고 아테네인들의 손을 들어주었던 것이다. 회담이 결렬되고 벌어진 전투에서 패한 멜로스인들은 티케의 철저한 외면을 받은 이 도시의 몰락을 허망한 눈으로 지켜볼 수밖에 없었다. 티케는 이처럼 특정인이나 특정 집단이 원한다고 해서 나타나는 현상이 아니다. 더구나 티케는 자신을 신의 개입이나 정의의 실현과 밀접한 연관을 맺는 개념으로만 이해하고 믿는 사람들을 여지없이 배반한다는 점에서, 투키디데스에서 그 개념을 신이나 정의와는 무관한 불합리성과 비이성성, 불확실성으로 보아야 한다고 주장하는 평자도 있다.[21]

이처럼 비합리성이라는 의미를 갖는 티케야말로 우리가 오늘날 '우연'이라고 명명하는 것과 문맥상 거의 일치하는 개념일 것이다. 투키디데스의 티케 개념 안에 포함된 이 네 번째 의미로서의 '우연'(chance)은

---

20 투키디데스, 『펠로폰네소스 전쟁사』, 하권, 95쪽(=V.112).

21 Gustav Adolph Bockshammer, *Die sittlich-religiöse Anschauung des Thukydides*, Tübingen: Ludwig Friedrich Fues, 1862, pp. 13 이하.

사실 지금까지의 서술 내용과는 정반대의 함의를 갖는다. 왜냐하면 그 것은 신의 부재, 단순한 운, 맹목적 우연, 제멋대로 진행하는 사건 등을 의미하기 때문이다. 신이나 정의, 운명 등도 합리적인 개념은 아니지만, 그래도 사람들은 이러한 형이상학적인 개념에 마지막 단계에서 대체로 합목적적 의미와 가치를 부여하곤 한다. 그러나 언제 어디서 어떤 일이 어떻게 발생할지 알 수 없도록 만드는 우연으로서의 티케는 인간의 그 어떠한 합리적 사유나 판단도 허용하지 않는다. 투키디데스는 바로 이러한 이유 때문에 페리클레스(Perikles)가 인간의 통제 범위를 벗어난 티케를 신뢰하지 않고 대신 이성에 근거한 판단 또는 인간적 지혜 및 인간 본성으로서 '그노메'(gnome)[22]를 더 중시했다고 주장한다. 특히 스파르타와의 전쟁을 주저하는 아테네인들에게 행한 연설에서 페리클레스는 자신들의 선조가 페르시아인들과 싸울 때 "운이나 힘(tychē)을 믿지 않고 용기와 계책(gnome)으로" 승리를 거두었다고 말한다.[23] 이 연설의 마지막 부분에 가면, 만일 티케가 적군이나 아군에 동일하게 작동한다면, 결국 티케보다는 올바른 예측을 가져오는 '냉정한 사려'와 '현상 분석(그노메)'을 더 믿어야 한다고 주장한다.[24] 이처럼 페리클레스가 티케를 불신하는 이유를 투키디데스는 다음과 같이 적고 있다.

본래 사람은 전쟁을 일으키도록 설득하고 고무하는 감정을 그대로 실제 행동 때에는 지니지 못하고, 사태가 변하면 그 의견도 변하는 것을 나도 모르는 바는 아닙니다. 그것을 알고 있기 때문에 나는 지금도 전과 다름없이 거의 똑같은 권고를 하지 않을 수 없는 것입니다. 그리고 의견을

---

22 그리스어 'gnome'는 영어로는 'to know'를 뜻하는 'gignoskein'에서 파생한 단어로, '발설의 유형', 즉 보통은 6보격(六步格)의 운율을 갖는 시의 형식 등 간단한 형식으로 교훈을 주기 위해 만들어진 '잠언'이나 '금언'을 말한다. http://en.wikipedia.org/wiki/Gnome_(rhetoric).
23 투키디데스, 『펠로폰네소스 전쟁사』, 상권, 138쪽(=I,144).
24 같은 책, 상권, 194쪽(=II,62).

바꾼 여러분은, 우리가 비록 실패한다 해도 의회의 결의를 끝까지 지지해야 하며, 자기주장이 옳았다고 자부해서는 안 됩니다. 왜냐하면 인간이 세우는 계획과 마찬가지로 사태의 결과도 알 수 없기 때문입니다. 이 때문에 이치대로 일이 되어나가지 않으면 우리는 하늘(티케)을 원망하고 체념합니다.[25]

여기서 티케는 우리의 이성(理性)에 거역하면서 일정한 규칙이나 목적 없이 제멋대로 변덕스럽게 진행하는 사건, 즉 우연을 의미한다. 그래서 그것은 페리클레스에 의해 불신의 대상을 넘어 비난의 대상이 되었다. 우연으로서 티케와 관련해 한 가지 특기할 점은 투키디데스에서 '우연하게'(πρὸς τῆς τύχης)와 '우연한 일 때문에'(ἐκ τύχης)처럼 티케를 활용한 문구 중에 우연의 뜻으로 쓰이는 경우가 많다는 것이다.

티케의 비합리성이라는 외투는 또한 '행운'도 표상한다. 투키디데스에서 나타나는 다섯 번째 의미이자 당시 그리스에서 가장 보편적으로 쓰인 '행운으로서의 티케'의 용례는 시칠리아 전투에 대한 서술 장면에서 가장 잘 드러난다. 멜로스 전투를 승리로 이끈 아테네는 이제 니키아스 장군을 앞세워 시칠리아 원정길에 나섰으나, 이번에는 아테네군이 시칠리아 연합군과의 대(大)해전에서 참패를 당한다. 그 전투가 있기 직전에 니키아스는 군의 사기 진작을 위해 "전투에는 이변이 많다는 것을 상기하고 무운(武運, tychē)이 우리 군에 있길 기원하며" 싸움에 임하자고 연설한다.[26] 비록 자기편이 매우 불리한 형세이지만, 전투에서는 언제나 뜻밖의 결과가 있기 마련이니 끝까지 싸워 승리를 거머쥐자는 취지의 연설은 곧 행운이 자기편에 서주길 바라는 절망적 기대의 표현이다. 그러나 멜로스 전투에서 멜로스인들이 그렇게 희망했던 티케가 오지 않았듯이, 시칠리아 전투에서 아테네인들이 그렇게 갈망하던 티케는

---

25 같은 책, 상권, 132쪽(=I.140).
26 같은 책, 하권, 255쪽(=VII.61).

끝내 나타나지 않았다. 아테네인들은 이 전투에서 3년 전 자신들이 정복했던 멜로스인들의 경고처럼 가장 커다란 징벌을 받아 전멸했던 것이다.

이처럼 티케가 그것을 간절히 원하는 사람들을 외면하고 오히려 그들이 생각하는 것과는 반대 방향으로 사태가 흘러가도록 만드는 힘이라면, 그것은 단순한 비합리성을 떠나 어떤 더 큰 차원의 신 또는 위대한 정의의 발현으로 해석될 여지가 있다. 왜냐하면 멜로스 전투에서 유리한 힘의 논리를 앞세워 티케를 무시하며 불의를 저질렀던 아테네인들이 시칠리아 전투의 불리한 상황에서는 티케를 갈구하며 행운을 기대했지만, 이번에는 티케가 그들을 무시하며 그들에게 징벌을 내렸기 때문이다. 이는 곧 행운과 징벌을 앞세운 더 높은 단계의 정의, 즉 형평성이 신적인 또는 초자연적인 차원에서 실현된 경우라 할 수 있다. 그리고 신의 징벌로서의 티케의 최종 목적은 결국 정의가 승리하기 마련이기에 어리석게 불의를 저지르는 우를 범하지 말라는 경고에 있다. 그것은 곧 인간으로 하여금 지혜에 이르도록 하는 길이다.

그 밖에 티케라는 용어와는 별도로 투키디데스가 역사 안에서 우연 또는 운명 등에 대해 어떤 태도를 지녔는지 살펴보도록 하자. 다음은 라케다이몬의 군인 대표들이 아테네인들에게 행한 연설문 중 일부다.

아테네인 여러분, 라케다이몬인이 우리를 여기에 보낸 것은, 우리가 섬에 있는 사람들과 관련하여 여러분에게 이익을 가져다주고, 또 우리에게도 현 상황에서 가장 치욕스럽지 않은 한 가지 타협안에 이르기 위해서입니다. ……요컨대 여러분은 현재의 행운을 유리하게 이용할 수 있는 입장에 있습니다. 여러분은 싸워 얻은 것을 확보하고, 명예와 영광을 얻고 그리고 드문 행운을 얻은 사람들이 쉽게 빠지기 쉬운 재난에서 벗어날 수 있습니다. 이런 재난을 당하는 이유는, 기대하지 않았던 당장의 행운 때문에 더 많은 것을 바라기 때문입니다. 좋았다가 나빴다가 하는 변화무쌍한 운명 자체가 행운에 신뢰를 전혀 주지 않게 하는 이유로서 충분합니다. 이

결론은 여러분의 도시에서도, 또 특히 우리 도시에서도 과거의 경험에 비
춰볼 때 당연하다고 할 수 있습니다.[27]

객관적 역사서술의 아버지로서 투키디데스는 자신의 작품 안에 자신
의 생각을 피력하지 않은 역사가로도 유명하다. 위의 인용문도 역사가
자신의 생각이라기보다 실제로 스파르타인들이 행했던 연설을 그대로
옮겨 놓았을 가능성이 높다. 그러나 아무리 그렇다 하더라도 어떠한 역
사서술도 서술자의 의도나 관점이 완전히 배제될 수 없다는 점에서, 위
의 인용문에서도 투키디데스의 생각을 간접적으로나마 읽어낼 여지는
있다. 일단 운명이 변덕스럽고 변화무쌍하다는 생각은 동서고금을 막론
하고 보편적인 것이기에 그리 특기할 만한 일이 못된다. 심지어 운명을
대하는 태도, 즉 운명을 믿기보다는 자신을 믿어야 한다는 관점조차 많
은 문명권에서 나타나는 일반적인 현상이라고 할 수 있다. 그러나 당장
의 눈앞의 행운을 추구하다 보면 재난을 당할 수 있다는 역설적이고 변
증법적인 생각은 그것이 그리스인들 특유의 것이 되었든 투키디데스의
고유한 것이 되었든 주목할 만한 가치가 있다. 이러한 경고성 발언은 앞
의 인용문 다음의 문장에서도 계속 이어진다.

아테네 본래의 힘과 최근에 가세된 힘만으로 이런 행운이 언제나 함께
하리라 생각해서는 안 될 것입니다. 양식 있는 사람은, 행운의 결과가 위
험하고 신뢰할 것이 못된다고 생각하고, 또 불길한 결과를 맞이했을 때에
는 더욱 냉정해집니다. 또 이런 사람은 전쟁의 범위를 뜻대로 가감할 수
있다고 생각하지 않고, 전쟁의 운이 그것을 결정한다고 생각합니다. 성공
을 믿고 자만하지 않는 자는 그 때문에 실패하는 일이 드물고, 아직 행운
이 계속되는 사이에 전쟁을 해결할 것입니다. 아테네인 여러분, 여러분은
현재 우리에 대해 이러한 행동을 취하기에 적합한 기회를 맞이하고 있습

27 같은 책, 상권, 346쪽(=IV.17).

니다. 만약 여러분이 우리의 말을 듣지 않고 갖가지 오류를 범해, 뒤에 현재의 여러분의 성과조차 결국 우연한 운명의 장난이었다고 생각되는 일이 없도록 해야 합니다. 이렇게 해야만 여러분은 힘과 예지의 명성을 후대에 남길 수 있을 것입니다.[28]

이 구절은 작품 전체를 통틀어 운, 행운, 성공, 실패, 우연, 운명 등 우연과 관련한 다양한 개념이 집약적으로 대거 등장하는 거의 유일한 단락이다. 지혜롭고 양식 있는 사람은 행운이나 성공의 동반자가 결코 성취감이나 행복이 아니라 바로 불운이나 실패라는 사실을 안다. 일반적으로 승리한 자는 자신의 성공에 도취되어 스스로 몰락의 길을 걷거나 당장은 아니더라도 언젠가는 패망의 길로 접어들 수밖에 없기 때문이다. 따라서 성공한 사람이 취해야 할 태도는 겸손과 배려다. 앞의 인용문에서 스파르타인들이 말하고자 하는 메시지는 "지금 성공해 있는 당신, 더 이상 자만하거나 욕심 부리지 말고 현명하게 행동하라!"이다.

미래의 불확실성과 그로부터 얻는 교훈도 지적할 수 있다. 투키디데스의 『역사』 제4권 62~64까지의 내용을 보면, 미래를 지배하는 것은 불안정성과 불확실성이라는 점, 미래는 우리를 한결같이 두렵게 하여 무턱대고 전쟁을 일으키지 못하게 하는 매우 좋은 면도 가지고 있다는 점, 예측할 수 없는 미래에 우리는 공포를 느낄 수밖에 없다는 점, 운명은 자기 생각대로 펼쳐지지 않는다는 점, 운명의 장난 앞에서는 우리의 합리적인 생각이나 의지가 쉽게 꺾일 수 있다는 점 등이 거론되고 있다.[29] 하나같이 불확실하거나 불가해한 미래와 운명, 우연 등을 겸허히 수용하는 현명함이 필요하다는 충고다. 요컨대 한치 앞도 내다볼 수 없는 미래의 운이나 운명, 우연 등을 염두에 둔다면, 사람들은 항상 겸손하고 성실하게 현실 생활을 영위해야 한다는 것이다.

---

28 같은 책, 상권, 347쪽(=IV.18).
29 같은 책, 상권, 377~79쪽(=IV.62~64).

일반 우연 담론과 관련한 마지막 교훈은 우연이나 운명 앞에 서 있는 우리의 당당함과 희망이다. 앞서도 언급했던 시칠리아 전투의 마지막 대해전에 앞서 아테네군에게 행한 니키아스의 연설 중 다음 구절을 보자.

아테네인과 그 동맹군 여러분, 지금 상황에서도 희망을 버려서는 안 됩니다. 과거에는 이런 상태보다 더 나쁜 조건 속에 있으면서도 구원받은 자들이 있었습니다. 또 여러분은 이런 환경 때문에, 또 현재의 부당한 곤경 때문에 멋대로 자책해서는 안 됩니다. 여러분도 알다시피 나조차 여러분 그 누구보다 체력적으로 나은 바가 없고 또 병 때문에 약해져 있습니다. 게다가 본래 사생활이나 그 밖의 면에서는 나는 누구보다 행운의 길을 걸어왔다고 여기고 있었는데 여러분 중에서 가장 불운했던 자와 똑같은 위기에 나도 직면해 있습니다. 더욱이 내 생활은 신에 대해 부끄러울 것이 없었으며, 다른 사람들에 대해서는 친밀히 대하고 원한을 살 만한 짓은 결코 하지 않았습니다. 그러므로 이런 부당한 재난을 나는 두려워하지 않으며, 장래의 희망이 내게 용기를 북돋아주고 있기까지 합니다. 아마도 이 고통은 곧 가벼워질 것이 틀림없습니다. 적의 행운은 지금까지로 충분하고, 게다가 설사 우리의 원정이 신들의 노여움을 샀을지라도 천벌은 이미 현재까지로 충분히 우리에게 내려졌기 때문입니다. 과거에 다른 자들을 공격하고 사람으로 할 수 있는 짓을 다했는데도 겪어낼 수 없을 정도의 재난을 입지 않은 자들도 있습니다. 하물며 우리는 신들에게 그들보다 더 많은 은혜를 기대할 수 있지 않습니까. 그것은 우리가 신들에게 자비의 대상은 될지언정 미움을 살 리가 없기 때문입니다.[30]

결국 아테네군이 전투에서 패배했고 니키아스 또한 포로로 끌려가 죽음까지 당한 패장이 되었기에 이 연설이 빛을 발하기에는 한계가 있지만, 그런 점을 배제하고 보면, 분명 이 인용문에는 우리가 새겨들어야

30 같은 책, 하권, 267~68쪽(=VII.77).

할 인생의 훌륭한 교훈이 담겨 있다. 커다란 위기와 운명 앞에서는 과거의 행복이나 불행이 별다른 의미가 없다는 점, 그렇지만 과거에 자신이 스스로의 운명에 떳떳이 맞서 살아왔다면 현재의 재난이 아무리 크더라도 결코 두려워할 필요가 없고 오히려 용기와 희망을 가져야 한다는 점, 나의 불행과 적의 행운은 언제나 우연과 운명의 보상원리에 따라 서로 상쇄된다는 점, 아무리 큰 재난과 고통 속에서도 그것을 견디낼 인내력을 가지고 희망의 끈을 놓아서는 안 된다는 점 등이 그것이다.

이제 정리해 보자. 투키디데스에서 나타나는 티케와 연관된 또는 티케가 뜻하는 단어들로는 '신성'(神性), '정의', '우연', '운명', '행운' 등이 있음을 알 수 있었다. 이들 용어는 사실 그 자체로 하나의 범주를 구성하는 큰 개념일 뿐만 아니라 그 각각의 개념은 마치 하나의 행성이 여러 개의 위성을 거느리듯이 다시 여러 개의 주변 개념 또는 하위 개념을 거느린다. 가령 '신성'에는 '초자연적 힘', '신법', '자연법', '지혜', '인간사에 대한 지배와 통제' 등의 개념들이, '정의'에는 '힘', '능력', '덕행', '형평', '평등', '징벌' 등의 개념들이, '우연'에는 '임의', '자의', '불확실성', '비합리성' 등의 개념들이, '운명'에는 '숙명', '통제 불가능성', '순응' 등의 개념들이, '행운'에는 '천운', '재난', '요행', '희망', '행복', '불운', '성공', '실패' 등의 개념들이, 그 안에 포함되어 있거나 그 주변에 포진해 있다.

투키디데스의 『역사』를 관통하는 일관된 주제를 티케의 관점에서 표현하면 "인간 본성이 힘을 앞세워 정의를 무시하고 무력을 행사할 경우 티케가 제재를 가한다"는 것이다.[31] 관찰과 경험에서 나온 테제이겠지만, 투키디데스의 이런 결론은 이 책에서 내가 주장하는 핵심 테제 중 하나인 '우연과 운명의 보상원리'를 연상시킨다. 이 원리에 따르면, 일시적으로 강자가 약자에게 승리를 거두는 것 같아도 장기적으로 보면

---

31 오흥식, 「투키디데스의 티케(τύχη)觀」, 『서양사론』 46, 1995, 125~79쪽, 인용은 178쪽.

그 승자 또한 또 다른 강자에게 패배를 당하기 때문에 전체적으로 행운과 불행이 균형을 맞추게 되고 더불어 신의 정의 또한 실현된다는 것이다. 그 점에서 투키디데스에서 나타나는 티케와 관련된 이 모든 개념은 사실 우연보다는 필연에 더 가까운 것으로 이해된다. 더구나 인간사에 대한 신의 지배 및 통제, 신의 개입, 정의, 징벌, 운명 등이 모두 우연보다는 필연에 속하는 개념들이다. 우연에 가까운 개념들, 즉 임의, 자의, 미래의 불확실성, 비이성, 맹목성, 신의 부재로서의 티케 등은 투키디데스에서 상대적으로 약하게 나타난다. 일반적으로 객관적 역사서술의 효시로 알려진 투키디데스에서 그러한 일반적 통념을 반박하기 위해 자주 사용되는 비합리적 요소로서의 티케관마저도 우연보다는 필연에 그 무게중심이 놓여 있다면, 결국 역사학의 아버지로서 투키디데스의 이미지는 이래저래 더욱 굳어져 가는 것처럼 보인다.

3. 폴리비오스

그리스의 세 명의 위대한 역사가 중 마지막 인물은 폴리비오스(Polybios, BC 205?~BC 125?)다. '역사의 아버지'로 불리는 헤로도토스 이래 역사라는 장르를 정착시킨 투키디데스를 제외하고 그리스 최고의 역사가로 폴리비오스를 꼽는 데 이의를 제기할 사람은 아마 거의 없을 것이다. 헬레니즘 시대를 살았던 폴리비오스는 그리스 역사서술의 전통을 계승한 역사가로서 기원전 3세기 이후 그리스가 몰락하고 로마가 흥기하는 대전환기의 커다란 사건을 모두 40권에 이르는 방대한 역사 저술[32]로 기록하여 남긴 인물이다. 그가 그리스 역사서술의 맥을 잇고 있

---

32 이 유명한 저술의 제목은 앞의 위대한 두 그리스 역사가들의 작품들처럼 그냥 『역사』(*Historiae*)다. 그러나 이 작품은 앞의 두 역사 저술이 그 주제에 초점을 맞춰 『페르시아 전쟁사』와 『펠로폰네소스 전쟁사』로 불리듯이, 흔히 『로마사』로 불린다. 전체 40권 중 오늘날까지 전해지는 것은 제1~5권이고 나머지 부분들은 나

다는 증거는 우선 그가 역사의 가장 중요한 기능을 비극 등의 문학 장르와는 달리 진실의 전달에 둔 점, 부정적인 사건이든 장려할 만한 일이든 기록할 대상에는 후대에 남길 만한 교훈적인 가치가 있어야 한다고 생각한 점, 동시대의 역사인 현대사를 기록한 점, 정치와 군사적 사건을 역사서술의 기본 주제로 간주한 점 등이다. 그가 역사를 서술하게 된 동기는, 스스로도 밝혔듯이 그리스 세계가 아닌 로마의 발흥에 있었다. 즉 그의 역사서는 "로마인들이 도대체 어떤 수단과 어떤 정체(政體)를 지녔기에 거의 전 세계를 53년도 채 되지 않은 짧은 기간 안에 그들의 단일 정부 통치 아래 복속시키는 역사상 유례를 찾아볼 수 없는 일에 성공했는지"를 규명해 보고자 하는 다분히 정치적 의도에서 집필되었던 것이다.[33] 폴리비오스는 이같이 로마가 세계 제국으로 발전하는 과정에 주목하면서 그 원인이 어디에 있는지 규명하기 위해 로마와 그리스 세계의 정치체제뿐만 아니라 사회와 경제 시스템을 분석해 나갔다. 그 접근방식은 투키디데스 못지않게, 아니 어쩌면 그보다도 더 객관적이고 합리적이었으며, 역사서술의 목적이 진실 추구에 있다는 점을 선배 역사가보다도 더 분명하게 밝히고 있다. 그가 제2권에서 그리스의 선대 역사가들, 특히 필라르코스를 비판하면서 쓴 다음 문장을 보자.

역사가는 선정주의로 독자를 놀라게 하려고 애써서는 안 되고, 비극 시인들처럼 누군가가 말했음직한 발언을 추적하거나 현재 일어나고 있는

중에 재발견되어 출판된 발췌본 형태로 남아 있다. 다루는 시기는 로마가 세계의 주인으로 등장하는 과정인 한니발의 스페인 원정부터 피드나 전투에 이르는 기원전 220년에서 기원전 167년의 53년이지만, 서론에 해당되는 제1~2권은 기원전 264년에서 기원전 220년을 다루고 있고, 제30~39권은 그 이후의 시기, 즉 기원전 168년부터 제3차 포에니 전쟁의 결과 카르타고와 그리스의 나머지 세계까지 로마의 속주가 되는 기원전 146년까지를 다루었으며, 마지막 제40권은 색인이다. 이 위대한 작품이 출판된 시기는 대략 기원전 140년으로 추정된다.

33 Polybios, *The Histories*, trans. W. R. Paton, Cambridge: Harvard University Press, 1975, vol. I, pp. 3~5(=*The Histories*, 제I권, 제1장, 제5절).

사건의 가능한 결과를 망라하려고 애써도 안 되며, 평범하더라도 실제로 일어난 일과 실제로 이루어진 발언을 그대로 기록하는 데 그쳐야 한다. 역사의 목적은 비극의 목적과는 정반대이기 때문이다. 비극 작가는 가장 그럴듯한 말로 관중을 일시적으로 전율하게 하고 매혹하려고 애쓰지만 역사가는 실제로 있었던 사실과 발언을 기록함으로써 모든 시대의 진지한 역사학도를 가르치고 납득시키려고 애쓴다. 비극은 관객을 속이는 것이 목적이기 때문에 비극에서 중요한 것은 비록 거짓일지라도 있음직한 상황이다. 그러나 역사의 목적은 역사학도에게 도움을 주는 것이기 때문에, 역사에서 중요한 것은 진실이다.[34]

역사의 궁극적인 목적이 어디에 있는지를 밝힌 글로, 이보다 더 명쾌한 문장도 없을 것이다. 이처럼 로마의 성장 과정뿐만 아니라 그리스 세계의 쇠퇴와 몰락 과정에 대해서도 정치적·사회경제적 또는 인간학적 원인 분석과 아울러 현재 비판을 활발히 전개했다는 점에서 폴리비오스보다 더 객관적이고 합리적인 역사서술을 추구한 고대 그리스와 로마의 역사가는 없었다.

바로 이러한 이유 때문에 우리는 폴리비오스가 원인 분석의 구조와 범주를 넘어서는 원인들, 가령 티케나 신 등을 역사서술에서 배제했을 것으로 생각하기 쉽다. 하지만 실상은 정반대다. 그는 이미 제1권에서 "정치 활동을 위한 가장 참된 교육과 훈련은 역사를 통해 배우는 것이고, 운명의 변천을 견뎌내는 방법을 배우는 가장 확실하고 유일한 길은 타인의 불행을 상기하는 것"[35]이라고 주장하면서 운명이나 불행 등 우연과 관련된 요소들이 역사에서 자주 등장할 수밖에 없음을 절감하고 있는 듯한 인상을 준다. 실제로 폴리비오스의 작품 안에는 티케가 자주 나오는데, 그것도 이전의 두 명의 위대한 역사가들이 사용했던 용례와

---

34 같은 책, pp. 377~79(=*The Histories*, 제II권, 제56장, 제13~15절).
35 같은 책, p. 3(=*The Histories*, 제I권, 제1장, 제2절).

약간씩 다른 의미로 빈번히 등장한다. 그럼 그 내용들을 추적해 보자.

로마가 지중해 문명권에 속하는 모든 도시국가를 정복하고 세계의 맹주로 성장하는 과정에 주목한 폴리비오스는 그 원인이 로마의 공화정이라는 독특한 정치체제뿐만 아니라 운명의 여신인 티케가 작용한 결과라고 생각했다. 즉 합리적 체제와 비합리적인 힘이 동시에 작용했기에 로마가 그렇게 성공을 거둘 수 있었다는 것이다. 그리고 그는 지중해 문명권에 속하는 모든 지역의 역사가 로마의 역사로 편입되면서 이른바 로마를 중심으로 한 '보편사'가 펼쳐진다고 보았다.

> 내 저서에 독특한 성격을 부여하고 오늘날 가장 주목할 만한 것은 바로 이것이다. 티케는 세계의 거의 모든 일을 하나의 방향으로 이끌었고, 그 일들이 동일한 목표를 지향하도록 만들었기 때문에 역사가는 티케가 전체적인 목적을 달성한 과정을 일목요연하게 독자들에게 제시해야 한다. 동시대인들 가운데 지금까지 아무도 이러한 전반적인 역사서술을 시도한 사람이 없었다는 사실과 아울러 주로 위와 같은 생각이 이 일을 맡도록 나를 자극하고 고무했다.[36]

이 서술에 따르면, 로마가 세계를 지배하고 그 통합된 세계를 하나의 동일한 목표 아래 나아가도록 만든 것은 바로 '티케'라는 것이다. 여기서 "명백한 목적을 위해 인간사에 작용하는 행위자나 힘"이라는 티케의 첫 번째 의미가 나타난다.[37] 헤로도토스에서 대체로 '신의 섭리'나 '행운', 투키디데스에서 보통 '정의'나 '신의 징벌' 등을 의미했던 '티케'가 폴리비오스에 이르면 헬레니즘의 시대적 분위기에 편승해 나중에 로마에서 등장하고 동일시될 '포르투나'의 개념, 즉 '운명의 여신'의 이미지

---

36 같은 책, pp. 9~11(=*The Histories*, 제I권, 제4장, 제1~2절).

37 이러한 관점을 제시한 평자는 그동안 많았다. William Warde Fowler, "Polybius' Conception of Tyche", *Classical Review* 17, 1903, pp. 445~49; Frank William Walbank, *Polybios*, Berkeley: University of California Press, 1972, p. 65 등.

로 바뀌어 등장한다. 폴리비오스에게 티케는 이제 인간사(人間事)나 역사가 일정하게 정해진 하나의 목표를 향해 나아가도록 만들어주는 초자연적 힘 또는 동인(動因), '우연의 신적인 표현'으로 이해된 것이다.

물론 그렇다고 해서 폴리비오스가 그리스의 고전시대부터 갖고 있던 티케의 전통적 의미를 모두 무시했던 것은 아니다. 그에게서는 분명하게 정해진 목표를 향해 나아가도록 만드는 운명적 힘으로서의, 거시적이고 포괄적 의미의 티케를 출발점으로 그 밖에 고전적인 의미 또는 매우 부수적인 의미의 티케도 역시 다분히 나타난다. 다음 구절을 보자.

> 나는 세계적 사건이나 개인에게 일어나는 불행한 일들을 운(tychē)이나 숙명(heimarmene)으로 돌리는 사람들과 의견을 같이하지 않기 때문에, 그것이 국사적(國事的) 역사서에 허용되는 한, 이 문제에 대한 내 견해를 상술하고자 한다. 인간에 지나지 않는 우리는 그 원인을 파악할 수 없거나 파악하기 어려운 일의 경우 아마도 그 원인을 신(theos)이나 운(tychē)이 작용한 탓으로 돌려버림으로써 곤경에서 벗어날 수 있을 것이다. 가령 눈비가 엄청나게 계속 쏟아지거나 반대로 흉작으로 이어질 가뭄이나 냉해, 장기간 지속될 역병이나 원인을 알아내기 어려운 다른 유사한 일들이 발생할 때가 그렇다. 그처럼 곤란한 경우에는 우리도 민간신앙에 따라 기도와 제물을 통해 신성과 화해하고자 하고, 우리에게 닥친 불행으로부터 벗어나거나 더 좋은 일이 생기려면 우리가 어떤 말을 하고 어떤 행동을 취해야 하는지 신탁을 묻는다. 그러나 발생한 사건의 원인을 발견해 내는 일이 가능한 곳에서는, 내 생각에, 당면한 사건을 신성의 탓으로 돌려서는 안 된다.[38]

---

38 Polybios, *The Histories*, vol. 6, p. 383(=*The Histories*, 제XXXVI권, 제17장, 제1~4절). 여기서 'pragmatike historia'를 '실용적 역사서'가 아니라 '국사적(國事的) 역사서'로 번역한 것은 다음 문헌에 따른 것임을 밝혀 둔다. 김경현, 「pragmatike historia의 tychē: 폴리비오스의 역사이론과 서술의 실제」, 『한국사학사학보』 20, 2009, 109~47쪽, 특히 113쪽.

이 인용문 다음에 폴리비오스는 신성이나 티케의 탓으로 돌려서는 안 되는 사건으로 그리스에서 전쟁이나 역병이 없음에도 불구하고 어린아이들이 급격히 줄어든 현상을 예로 든다. 그는 이러한 불행한 사태의 원인이 탐욕과 태만, 결혼이나 출산의 기피 같은 인간의 악덕에 있기 때문에 신에게 제사를 드림으로써 해결될 문제가 아니라고 말한다. 여기서 티케는 '신' 또는 '숙명'과 동격으로 사용된다. 특히 그 둘 중에서도 신과의 동질성이 더 주목되는데, 그 이유는 폴리비오스가 인간의 이성과 합리적인 판단으로는 도저히 그 원인을 알 수 없는 현상 또는 그 현상의 원인을 티케라고 생각했기 때문이다. 물론 거론된 예들이 모두 천재지변에 해당하는 것들이라 그 완전한 이해에는 한계가 있지만, 폴리비오스가 말하고자 하는 바는 명확히 전달된다. 일찍이 약 300년 전에 헤로도토스가 '티케'라는 단어를 사용하면서 의도했던 '신성'이나 '신의 섭리'가 폴리비오스에게도 그대로 나타난 셈이다.

인간이 알 수 없는 원인으로서 티케는 이외에도 다양한 문맥에서 사용된다. 먼저 의도하지 않았지만 예기치 않게 갑작스럽게 나타난 사건이나 현상을 설명할 때도 티케라는 용어가 쓰인다. 가령 폴리비오스는 로마의 갑작스러운 발전이 우연하게 이루어진 것이 아님을 강조하기 위해 다음과 같이 적고 있다. "일부 그리스인들이 생각하듯 로마의 발전은 '운으로 또는 저절로' 이루어진 것이 아니다. 그토록 방대하고 위험한 계획을 통해 단련된 터라, 그들은 세계를 지배할 용기를 체득했을 뿐만 아니라 목표를 달성했다."[39] 이처럼 천재지변에 의한 전혀 예상치 못했던 일과 공적인 일들 또는 사적인 일상생활에서 나타나는 전혀 의도하지 않았던 일들을 설명할 때 사용한 폴리비오스의 티케에 대해 그동안 많은 평자들은 다양한 용어로 의미를 부여해 왔다. 가령 혹자는 이를 두고 "합리적인 원인 외에 나타나는 변덕스러운 힘"이라고 표현했고,[40] 혹자는 "불의의 사태 또는 돌발적인 사변을 설명하는 장치"로 해

---

39 Polybios, *The Histories*, vol. 1, p. 173(=*The Histories*, 제I권, 제63장, 제9절).

석했으며,[41] 혹자는 "흥망성쇠를 일으키는 원인"으로 보았고,[42] 혹자는 "예상치 못한 인간행위로 인한 갑작스러운 사태 변화"를 의미한다고 말했다.[43]

폴리비오스에게 신성 및 신의 섭리를 뜻하는 이 두 번째 의미에서 파생된 티케, 즉 자연현상이나 인간세계에서 예기치 못했던 사건이나 현상으로서 티케는 말 그대로 '우연'(chance) 또는 '우발'(accident)에 해당한다.[44] 이러한 의미의 티케가 폴리비오스에게서 빈번히 사용되고 있다는 것은 그가 우연 또는 우발적 사건들이 역사에서 커다란 변화를 가져다주거나 중요한 의미를 갖는 경우가 많다는 것을 잘 인지하고 있었음을 증명한다. 그는 실제로 "나는 티케가 얼마나 변화무쌍한지 그리고 약간의 움직임으로도 얼마나 엄청난 변화를 초래하는지, 정무 경험을 통해 알게 되었다"고 적고 있다.[45] 어쩌면 폴리비오스도 인간사 자체가 바로 그런 예기치 못한 사건들, 즉 우연의 연속으로 이루어져 있다고 생

---

40 Arthur M. Eckstein, *Moral Vision in the Histories of Polybius*, Berkeley: University of California Press, 1995, pp. 270~71.

41 조의설, 『희랍사학사』, 장왕사, 1965, 181, 192쪽.

42 오흥식, 「'로마의 티케'(τύχη, 運)에 대한 폴리비오스의 견해」, 『서양사론』 60, 1999, 1~19쪽, 인용은 4~10쪽.

43 김경현, 「pragmatike historia와 tyche: 폴리비오스의 역사이론과 서술의 실제」, 129쪽. 김경현은 이 논문에서 폴리비오스에게 티케가 (1) 원인론적 티케, (2) 도덕적[징벌적] 티케, (3) 목적론적[섭리적] 티케 등 세 가지 범주로 나뉘어 사용되고 있다고 주장한다(126~38쪽). 이 중 '갑작스러운 사태 변화'는 원인론적 티케에 해당하고, 도덕적 티케는 주로 성공한 한 개인 — 또는 경우에 따라서는 성공한 한 집단 — 이 오만 또는 판단착오로 징벌을 당할 때 쓰이며, 목적론적 티케는 앞에서 설명한 로마의 발전과 성공 사례처럼 명백한 목표를 위해 작용한 힘을 표현할 때 거시적 의미로 사용된다는 것이다.

44 'accidens'(영어로는 'accident')는 그동안 철학을 다루었던 이 책의 제1부에서 '실체'(substantia)와 대비되는 철학적 용어로 '우유'로 번역해 왔지만, 역사를 다루는 제2부에서는 '예기치 않은 돌발적인 사건'을 뜻하므로 일상적인 용어인 '우발'로 빈역하고자 한다.

45 Polybios, *The Histories*, vol. 4, p. 479(=*The Histories*, 제XV권, 제6장, 제8절).

각했을 것이다.

인간의 역사 자체가 폴리비오스에 의해 티케의 연속으로 이해된 적절한 사례를 역사 자체의 실례를 통해 자세히 들여다보자. 폴리비오스는 『역사』 제29권에서 데메트리오스(Demetrios)의 『티케론』을 인용한다. 데메트리오스는 아테네의 팔레론(Phaleron) 항구 출신으로 기원전 310년경에 지금은 거의 단편적으로만 전해지는, '티케'에 대한 책을 쓴 사람이다. 그에게서 당시까지 세계의 지배자였던 페르시아가 알렉산드로스 대왕의 마케도니아에 의해 정복당한 것은 페르시아인들에게 '티케의 잔혹함' 또는 '티케의 변화무쌍함'을 보여준 사건이었다. 그러나 데메트리오스는 언젠가 그런 티케의 잔혹함이 마케도니아인들도 덮치게 될 것이라고 언급했는데, 실제로 마케도니아는 그로부터 150년이 지난 기원전 168년 피드나 전투에서 로마에 패배해 로마의 속주로 전락하면서 그러한 운명을 겪었다. 이 예언의 적중에 전율하면서 폴리비오스는 "데메트리오스의 이 언급이 나에게는 인간의 말이라기보다 신(神)의 말씀으로 여겨지는데, 그 이유는 그가 거의 150년이나 앞서 이후에 일어날 사건에도 적용될 수 있는 진실을 말했기 때문"이라고 적고 있다.[46] 여기서 "거의 150년이나 앞서 이후에 일어날 사건에도 적용될 수 있는 진실"이란 바로 '티케의 응징'을 말하는 것이리라. 흥미로운 점은 기원전 146년 포에니 전쟁에서 최종 승리를 거둔 로마 역시 폐허가 된 카르타고를 둘러보고 처연히 쏟아냈던 스키피오의 예언대로 622년이 지난 기원후 476년에 카르타고가 겪었던 '티케의 잔혹함'을 똑같이 맛보게 되었다는 것이다. 폴리비오스가 보기에 이처럼 "티케는 결코 인간사와 약속을 맺지도 않고 항상 어떤 새로운 일격으로 우리의 계산을 빗나가게 한다." 그리고 티케는 그처럼 "우리의 예상을 뒤엎음으로써 자신의 힘을 보여준다."[47]

---

46 같은 책, vol. 6, p. 79(=*The Histories*, 제XXIX권, 제21장, 제9절).
47 같은 곳(=*The Histories*, 제XXIX권, 제21장, 제5절).

신의 징벌이나 응징과 같은 고전시대의 티케 개념이 갖던 또 다른 의미가 폴리비오스에게서 그대로 나타나고 있음이 확인된다. 그러나 그 의미는 이제 고전시대와 달리 하나의 국가나 사회, 집단 등이 겪는 운명의 변화무쌍함이나 운명의 잔혹함 등 헬레니즘 시대의 운명론의 함의가 덧붙여지면서 변화를 겪게 된다. 티케가 헤로도토스에게 '섭리'를 의미했고 투키디데스에게 신의 징벌로서 '정의'를 의미했다면, 폴리비오스에게는 이제 '존재하는 것들을 연결하는 원인' 또는 '우주를 이끌어가는 규칙' 등을 의미하는 '헬레니즘 시대의 운명론'의 영향을 받아 변화무쌍한 '운명'을 뜻하는 개념이 되었다.[48] 그것은 이제 고전시대의 그것과 달리, 비록 인간의 이성으로서는 파악하기 힘든 원인으로서 '우연'의 함의를 여전히 많이 지니고 있었지만, 올림포스의 인격적 신과는 다른 비인격적 신성[49]으로서 '독립적이고 자율적인 힘'을 뜻하는 개념이 되었다.[50]

폴리비오스의 티케 개념이 갖는 마지막 세 번째 의미범주는 부수적인 것으로, 여기서 그다지 폭넓게 논의할 가치와 중요성을 갖지 못한다. 그는 티케를 지금까지 우리가 살펴본 의미 외에도 관용적으로 사용하기도 했는데, 이 점은 그렇지 않아도 그가 이 용어를 지나치게 자주 사용함으로써 혼란스러운 데다가 그 용어의 복잡한 의미를 더 가중시키는 부정적 역할을 한다. 한 평자에 따르면, 티케의 "동사 부정법(tynkanein)이나 행(tychia), 불행(atychia) 같은 다양한 동족어는 빼고, 오직 티케의 용례만 추려도 총 137건에 이른다. 물론 그중에는, 티케가 별 뜻 없이, 그저 구문적으로만 기능하는, 즉 '마침 ~하게 되었다'(즉 영어의 it happens that ~)라고 옮겨서 적당한 용례도 8~9건 있다"고 적시한

---

48 오흥식, 「'로마의 티케'(τύχη, 運)에 대한 폴리비오스의 견해」, 17쪽.

49 같은 글, 16쪽.

50 Peter Vogt, *Kontingenz und Zufall: Eine Ideen- und Begriffsgeschichte*, Berlin: Akademie Verlag, 2011, pp. 160~83.

다.[51] 그 때문인지 몰라도 폴리비오스에게 티케가 갖는 위상에 대해 회의적인 관점을 제시한 평자들도 상당히 있다. 그 스펙트럼은 가령 그에게서 티케를 철학적으로 일관된 의미를 갖는 개념으로 고정해서는 안 된다고 주장한 평자[52]부터 로마가 성공한 원인이 초자연적인 힘이 아닌 자연적 힘에 있었기에 티케가 그에게 중요한 역할을 했던 것은 아니라고 못 박은 평자[53]까지 다양하다.

결론적으로 폴리비오스에게 티케는 고전시대에 그 개념이 갖던 의미와 헬레니즘의 정신적 풍토에 영향을 받고 굴절되어 새롭게 첨가된 의미가 결합하면서 그것만이 갖는 독특한 의미연관을 만들어낸다. 신의 섭리나 정의, 징벌 등 '우연적 요소'가 강한 전통적 의미에다 역사로 하여금 '하나의 정해진 목표를 향해 나아가도록 해주는 운명적 힘'이라는 새로운 '필연적 성격'의 의미까지 덧붙여지면서 복합적 개념으로 거듭난다. 그럼으로써 그의 티케는 이후에 살펴볼 로마 시대의 '포르투나'로 넘어가는 과도기적 개념으로서, 그리고 헬레니즘 시대를 대표하는 개념으로서 자신의 위상과 가치를 점유한다.

4. 리비우스

흔히 사람들은 로마의 위대한 3대 역사가로 살루스티우스, 타키투스, 리비우스를 꼽는다. 이 가운데 살루스티우스는 보통 영어식으로 '살루스트'(Sallust)로 불리는데, 세 명의 역사가 중에서 중요도가 가장 떨어질 뿐만 아니라 그의 작품 또한 오늘날까지 전해지는 것이 거의 없다. 따

---

51 김경현, 「pragmatike historia와 tyche: 폴리비오스의 역사이론과 서술의 실제」, 128쪽.

52 Paul Shorey, "Tyche in Polybius", *Classical Philology* 16, 1921, pp. 280~83, 특히 p. 283.

53 John B. Bury, *The Ancient Greek Historians*, New York: Macmillan, 1909, p. 203.

라서 로마의 역사가라 하면 보통 리비우스와 타키투스를 주로 거론한다. 물론 이 두 사람 중에서도 로마를 대표하는 역사가를 꼽으라면 단연코 타키투스를 지목할 사람이 더 많을 것이다. 그만큼 그가 중요해서 그럴 수도 있지만, 다른 두 명의 역사가보다도 더 많이 알려져서 그런 듯하다. 요컨대 한 인물의 중요도나 가치는 그 사람의 실제 업적보다도 그 사람의 명성에 의존할 때가 많다. 실제로 뛰어나서 많이 알려진 것인지, 아니면 많이 알려지다 보니 뛰어나게 느껴지는 것뿐인지는 그 누구도 정확히 알 수 없다. 그것은 마치 베스트셀러가 반드시 양서(良書)인 것은 아닌 이치와 같다. 로마의 역사가 중 살루스티우스는 우리의 논의에서 제외하고, 여기에서는 먼저 리비우스를 다루기로 한다.

티투스 리비우스(Titus Livius, BC 59~AD 17)는 서양 고대의 모든 역사가를 통틀어 거의 유일하게 통사(通史)를 쓴 인물이다. 전 142권으로 이루어진 『로마사』(Ab urbe condita libri)는 로마 시의 설립(BC 753)부터 기원전 9년까지의 역사를 다루고 있다. 제1~5권은 로마 시의 설립에서 갈리아인의 로마 약탈까지(BC 386)를, 제6~10권은 삼니움 전쟁을, 제11~15권은 이탈리아 반도 정복을, 제16~20권은 제1차 포에니 전쟁을, 제21~30권은 제2차 포에니 전쟁을, 제31~45권은 마케도니아 왕 페르세우스와의 전쟁 종결(BC 167)까지를, 제46~70권은 동맹시 전쟁(BC 91)까지를, 제71~80권은 내란과 마리우스의 죽음(BC 86)까지를, 제81~90권은 내란과 술라의 죽음(BC 70)까지를, 제91~103권은 폼페이우스의 개선(BC 62)까지를, 제104~108권은 공화국 말기를, 제109~116권은 내란과 카이사르 암살(BC 44)까지를, 제117~133권은 카이사르의 죽음부터 악티움 해전(BC 31)까지를, 마지막 제134~142권은 기원전 29년에서 기원전 9년까지의 사건을 각각 다룬다. 그러나 이 중 오늘날 전해지는 것은 제1~10권과 제21~45권뿐이다. 나머지 제11~20권과 제46~142권은 전해지지 않고, 특히 제46권 이하의 책들은 모두 요약집 형태로만 전해진다. 그러나 오늘날 전해지는 부분도 분량이 엄청나기 때문에 대체로 요약집 형태로 책이 출판되는 경우가 많다. 이 책에 나와 있는 내용으로 미루어볼 때 리비우스는 대략 기원전 29년 또는 그 직전에 이 방대한 책에 대한 저술을 구상하여 집필하기 시작해 1년에 평균 3권씩을 쓰기로 계획하고 평생에 걸쳐 작업을 해나간 것으로 보인다. 리비우스의 『로마사』는 이미 당대에 고전으로 알려졌으며, 역사서술이 학문화되기 시작한 19세기 직전, 그러니까 적어도 18세기에 이르기까지 서양에서의 역사서술 방식과 원칙에 커다란 영향을 미쳤다.

방대한 분량만큼이나 내용 또한 다양하고 엄청날 뿐만 아니라 저자 자신의 의견도 풍부하게 담겨 있기 때문에, 우리는 이 책에서 적지 않은 우연 관련 개념을 마주하게 될 것으로 기대한다. 이러한 기대는 또 그의 작업 방식과 태도로부터도 지지받는데, 그 이유는 『로마사』를 저술한 리비우스의 의도가 로마의 젊은이들에게 애국적 정열을 고취하고자 했던 그의 애국심 외에 역사적 사건을 신의 간섭의 결과라고 생각했던 그의 신앙심에 있었기 때문이다. 이 작업을 위해 그는 신화와 괴변, 징조 등 이전의 자료들이라면 모두 수집해 역사 자료로 활용했고, 그러다 보니 전설적이고 전통적인 요소들을 거부하지 못하면서 자료들을 부주의하게 사용하는 태도를 보였으며, 특히 로마의 기원에 대해서는 그러한 자료들을 조합해 믿을 수 없게 서술했다.[54] 이 과정에서 우연과 행운, 운명 등의 요소가 수도 없이 개입되었을 것이라는 기대는 어쩌면 당연한 것이다.

그러한 기대는 결코 헛된 것이 아님을, 그 엄청난 분량 중 오늘날 전해지는 몇 안 되는, 그렇지만 그마저도 결코 적지 않은 분량의 이 책을 읽어가면 갈수록 절감하게 된다. 흥미로운 점은 기원전 1세기 로마의 팽창 후 혼란과 내란, 그리고 헬레니즘의 문화적 영향 아래 두 문화의 결합이라는 시대적 분위기를 통해 형성된 리비우스의 작품 속의 행운, 불운, 운명, 성공, 실패, 신성, 섭리, 징벌, 전조(前兆), 예언 등 우연 관련 개념들이 전통적 의미와 그리스 문화를 통해 전해진 의미들이 결

54　H.E. 반스, 『서양사학사』, 허승일·안희돈 옮김, 한울, 1994, 58쪽.

합되면서 새로운 의미를 부여받게 되었다는 것이다. 달리 말하면, 기원전 1세기와 기원후 1세기 사이에 로마가 원래 가지고 있던 개념들이 그리스어의 유사 개념들의 전래로 새로운 개념으로 탈바꿈해 나갔다. 우리의 테마와 관련된 개념들을 몇 개만 열거하면, 가령 '운명'을 뜻하는 그리스어의 'moira'는 'fatum'으로, '행운'을 뜻하는 그리스어의 'tychē'는 'fortuna'로, '능력'을 뜻하는 그리스어의 'aretē'는 'virtus'로 각각 변했거나 흡수되었다. 그럼 리비우스에게 이들 개념이 구체적으로 어떤 의미를 지니고 나타나는지 살펴보자.

먼저 가장 중요한 'fortuna' 개념부터 검토하는 것이 순서일 것이다. 리비우스에게 'fortuna'는 먼저 인간사를 지배하고 통제하는 강력한 힘을 의미한다. 『로마사』 제5권 마지막 부분에는 기원전 386년에 갈리아인들이 로마로 진군해 들어와 약탈한 사건에 대한 설명이 있다. 그런데 그 전쟁이 있기 전 로마는 파비우스(Fabius) 가문의 사람들을 갈리아에 특사로 파견했는데, 그들이 그곳에서 큰 실수를 저질렀고 이로 인해 갈리아인들이 로마를 상대로 전쟁을 일으키고 약탈을 감행한 것이다. 리비우스에 따르면, 바로 파비우스 가문의 사람들이 갈리아에 특사로 가서 큰 실수를 저지른 것, 그래서 갈리아인들로 하여금 전쟁을 일으키도록 자극한 것, 그 이후 로마인들이 전쟁을 회피하기 위해 마땅히 했어야 할 일들을 하지 않은 것, 결과적으로 갈리아인들이 로마로 쳐들어와 약탈 행위를 한 것, 이 모두가 운명의 여신이 만들어낸 일이라 간주하며 다음과 같은 유명한 문장을 남긴다.

운명의 여신(fortuna)은 그녀가 비축한 힘이 어떤 경우에라도 저지당하지 않게 되면 인간들의 눈을 멀게 한다.[55]

---

55 Livy, *From the Founding of the City*, trans. B.O. Foster & F.G. Moore, 6 vols.,
    Cambridge: Harvard University Press, 1967 (1st ed. 1919), vol. 3, p. 127 (=*Ab urbe
    condita libri*, V.37).

일종의 경구나 금언으로 훗날 마키아벨리의 『로마사 논고』를 비롯해 후대의 사상가들이 자주 인용하고 많은 사람들 사이에서 회자된 위의 인용문은 번역자에 따라서 "운명의 여신은 인간들이 그녀의 저돌적 폭력에 저항하길 원치 않을 때 인간들의 눈을 멀게 만든다"거나 "운명의 여신은 그녀가 힘을 비축하는 데 인간이 방해하는 것을 원치 않을 때 그만큼 인간의 지성을 마비시켜 버린다"로 해석하기도 한다. 어떤 식으로 번역하든 리비우스가 위의 인용문을 통해서 말하고자 하는 바는 명백하다. 운명은 자신이 원하는 만큼 힘을 비축하고 자신이 원하는 방향으로 그 힘을 발휘하기 마련인데, 만일 그녀가 계획한 일에 인간이 방해를 한다면, 그들의 눈이든 생각을 마비시켜 버린다는 것, 즉 그들이 보거나 생각할 수 없도록 만들어버린다는 것이다. 결국 운명이 인간세계를 지배하고 하늘이 인간사를 통제한다는 뜻을 나타내는 문구치고 이보다 더 강렬한 수사도 없을 것이다.

'초인간적 힘'과 '초자연적 권능'이라는 리비우스의 'fortuna' 개념의 첫 번째 의미에서 파생된 두 번째 의미는 '불가항력'이라는 것이다. 인간이 운명 앞에서 얼마나 나약한 존재인지를 나타내는 다음 문구를 보자.

> 사람이 원했던 어느 순간에서고 커다란 운명(fortuna)에 굴복하는 것은 쉽다. 하지만 그 운명을 창조하고 성취하는 것은 매우 어렵고 거의 불가능한 일이다.[56]

해석하기에 따라서는 운명이 초인간적 힘으로서 인간의 권능 밖에 존재하는 듯하지만, 다른 한편 앞의 인용문에서처럼 인간은 스스로 운명을 세우고 개척해 나갈 수 있는 존재이기도 하다. 달리 말하면 운명은 인간에 의해 새롭게 만들어질 수 있는 상태, 강렬한 의지와 열정을 가진 사람에게는 그의 영향력을 자신에게 행사하도록 허용해 주는 힘이기도

56　같은 책, vol. 6, p. 247(=*Ab urbe condita libri*, XXIV.22).

하다. 여기서 운명의 여신은 인간을 '완전히' 장악하는 '신'의 경지에 이르지는 못하지만 인간을 관장하는 존재, 즉 인간과 신의 중간쯤에 위치하는 반인반신적(半人半神的) 존재로 비쳐진다.

실제로 'fortuna'는 로마에서 전통적으로 '여성과 출산의 보호자' 또는 '다산과 풍요를 관장하는 여신'이었다. 그러나 훗날 헬레니즘 시대에 그리스 문화의 유입으로 '티케' 개념이 수용되면서 '행운'과 '성공'의 의미가 더해지고, 기원전 1세기에 이르면 헬레니즘적 티케가 갖고 있던 '운명의 변화무쌍함' 또는 '행운의 변덕스러움'까지 덧붙여지면서 당대 로마의 문필가나 사상가들에 따라 약간씩 다르게 사용되었다. 가령 기원전 1세기에 활동했던, 앞에서 언급한 로마의 3대 역사가 중 최초의 인물인 살루스티우스는 포르투나가 비록 "모든 영역에서 지배적인 힘"인 것은 맞지만 "진정한 가치보다는 기분에 따라서 모든 일을 빛이 되도록 하거나 또는 암흑이 되도록 하는" 변덕스러운 힘이라고 규정했다.[57] 기원후 1세기 네로 시대에 신관이었던 마르쿠스 안나에우스 루카누스(Marcus Annaeus Lucanus)도 역시 포르투나를 '역사 진행의 규칙성과 예정성을 침해하는 원리'로 간주했으며, 역시 비슷한 시기에 활동했던 대(大)플리니우스(Plinius)에 이르면 거의 정점에 이른다.

모든 세계에서, 모든 장소에서, 어느 때든지, 모든 사람의 목소리를 통해서 운명의 여신(Fortuna)이 호명되고, 명명되며, 비난되고, 고발되며, 의혹이 제기되거나, 칭송되고, 책망되고, 비난의 와중에 숭배되고, 변화무쌍한 것으로, 많은 사람들에 의해서 덧없는 것으로, 그렇지만 또 맹목적인 것으로 간주되거나 일정하지 않고 불확실하며 변덕스러운 것으로 그리고 무가치한 사람들의 후원자로 여겨진다.[58]

57　Sallust, *Werke. Lateinisch und deutsch*, trans. Werner Eisenhut & Josef Lindauer, München; Zürich: Artemis, 1985, p. 17.

58　Gaius Plinius Secundus, *Naturkunde. Lateinisch-deutsch*, *Liber II. Kosmologie*, ed. and trans. Roderich König, München: Heimeran, 1974, p. 27.

이보다 더 변덕스러운 존재가 있을까 싶다. 마치 사람들이 종교의 탄생 과정에서 인간계와 자연계를 넘어서는 초월적 존재로 어떤 절대자 개념을 만들어내고 거기에 최고의 전지전능한 힘을 부여한 후 그 대상을 숭배하는 것처럼, 운명이라는 것도 역시 사람들이 잘될 때나 성공을 거두었을 때는 칭송받지만, 잘못되거나 실패했을 때 일종의 핑곗거리로 온갖 비난과 욕설을 감수해야 한다.

이처럼 '변화무쌍한 힘' 또는 '변덕스럽게 작용하는 권능'으로서 'fortuna' 개념이 리비우스에게서도 그대로 나타난다는 것은 적어도 그가 기원전 1세기와 기원후 1세기에 걸쳐서 활동했던 로마의 역사가였다는 점을 감안하면, 전혀 이상한 일이 아니다. 다음 두 문장을 눈여겨보자.

> 행운의 여신을 가장 불신할 때가 바로 행운의 여신이 가장 호의를 가질 때다.[59]

> 좋은 행운과 좋은 섭리는 동일한 사람에게 거의 드물게 주어진다.[60]

포르투나를 변덕스러운 존재로 직설적으로 표현하지는 않았지만, 내용은 충분히 운명 또는 행운의 여신으로서 그녀를 너무 믿지 말라는 경고와 다를 것이 없다. 마치 19세기에 부르크하르트가 "명성은 그것을 쫓는 사람에게서는 멀리 도망쳐 버리고, 그것을 얻고자 노력하지 않는 사람을 쫓아다닌다"고 말했던 것처럼,[61] 리비우스도 행운의 여신이 그녀를 거머쥐려는 사람에게는 전혀 현시(顯示)되지 않지만 그녀를 완전히 무시하고 그저 묵묵히 자기 일에 최선을 다하는 사람에게 최고의 행운을 가져다준다고 말한다. 손으로 잡으려면 도망쳐 버리고, 그것에 신

---

59 Livius, *Ab urbe condita libri*, XXX.30.

60 같은 책, XXX.42.

61 Burckhardt, *Über das Studium der Geschichte*, p. 403.

경을 끊고 있을 때 자신에게 무심코 다가오는 행운! 왠지 진실을 말하고 있는 것처럼 보이지 않는가? 리비우스나 부르크하르트의 발언을 놓고 볼 때, 예나 지금이나 인간의 본성과 삶을 꿰뚫어볼 수 있는 현자들의 생각은 언제나 일치한다는 사실에 새삼 전율을 느낀다.

그러나 다른 한편, 행운이 작동하는 메커니즘을 되짚어 보면, 그처럼 정직한 힘도 없어 보인다. 왜냐하면 사람들은 행운보다도 자신의 능력을 믿어야 하기 때문이다. 그런 점에서 앞의 첫 번째 인용문은 운을 믿지 말고 자신의 능력을 믿으라는 충고로 읽힌다. 여기서 리비우스의 포르투나 개념의 세 번째 의미 층위가 그 모습을 드러낸다. 그것은 행운의 여신이 비록 변덕스럽지만 다른 한편 '정직한 힘'이라는 것이다. 능력과 행운을 애완동물에 비유하면, 자신을 좋아해 주고 위해 주는 주인에게 충성을 다하는 '개'가 '능력'(virtus)이라면, 자신을 좋아해 주는 주인보다는 자기가 좋아하는 대상만을 쫓아다니는 '고양이'가 바로 '행운'(fortuna)이 아닐까? 그러나 행운, 즉 요행을 바라지 않고 자신의 능력을 믿고 꾸준히 노력한다면 행운은 저절로 따라올 것이다.

앞에서 인용한 두 번째 문장도 역시 동일한 의미 수준에서 해석할 수 있다. 모든 사람에게 동일하게 작용하는 행운은 없다. 그리고 한 사람에게 오는 행운도 매번 동일하게 오지 않는다. 가장 비근한 예로 우리나라에서 로또 1등에 두 번 당첨된 사람을 본 일이 있는가? 8,145,060분의 1의 행운이 평생 살면서 두 번 찾아올 확률은 자그마치 66,342,002,403,600분의 1이다. 66조 3,420억 분의 1이라는 숫자가 도대체 상상이 가는가? 지구에 사는 모든 인구를 합해 봐야 70억 명 정도인데, 모든 지구인 중에서 단 한 사람에게만 찾아올 행운의 약 9,477배가 넘는 확률의 행운을 거머쥘 수 있는 사람은, 그저 숫자상으로만 존재할 뿐, 현실적으로는 없다고 보아야 할 것이다. 그러나 이 이야기를 뒤집으면 언제나 불행한 사람도 없다는 말이 된다. 물론 다소 진부한 얘기가 되겠지만, 그만큼 행운은 궁극적으로 노력하는 사람에게만 찾아오는 것이라는 결론을 내릴 수 있다. 행운이 이처럼 누구에게나 공평하게 열려 있다는 점에서,

리비우스의 포르투나 개념에도 역시 이 책에서 줄곧 주장해 온 '우연의 보상' 원칙이 적용되는 셈이다.

이 우연의 공평성 원칙에 근거해 보았을 때, 리비우스의 포르투나 개념의 네 번째 의미연관이 드러나는데, 그것은 그 개념이 '사람들이 강력한 의지와 열정을 갖도록 도와주는 힘'으로 작용하기도 한다는 것이다. 다음 두 인용문을 음미해 보자.

결과는 곧 운명의 여신이 용감한 자에게 행운의 혜택을 부여한다는 점을 보여주었다.[62]

운명이 자신에게 유리하게 작용하거나 아니면 불리하게 작용할 때, 스스로 지나치게 우쭐대지 않는 사람이 진정한 남자다.[63]

두 인용문은 모두 운명의 여신보다 더 가치 있는 것이 인간 능력임을 강조한다. 첫 번째 인용문에서 운명의 여신은 그저 가만히 앉아서 행운이나 요행을 바라는 사람이 아니라 용기 있는 자, 적극적이고 진취적인 자, 스스로 노력하는 자를 돕는다고 말하고, 두 번째 인용문은 운명의 힘이나 행운에 좌지우지하지 않고 성공했을 때 겸손할 수 있는 사람이 진정한 남자라는 점을 밝히고 있다. 여기서 포르투나는 인간이 용감하고 겸손해질 수 있도록 도와주는 간접적인 힘으로 기능한다.

이로써 리비우스의 포르투나 개념의 결론부로 더 가까이 다가왔다. 리비우스에게 그리스의 티케로부터 넘어온 포르투나는 행운과 성공, 운명의 뜻을 가지면서 로마를 일으켜 세우고 발전할 수 있도록 도와준 하늘의 힘, 신의 권능 같은 개념이었다. 포르투나로써 로마의 설립과 발전을 설명하려고 한 그의 의도의 불순성, 요컨대 그가 로마 발전의 역사를

---

62 Livy, *From the Founding of the City*, vol. 4, p. 111(=*Ab urbe condita libri*, VIII.29).
63 Livius, *Ab urbe condita libri*, XLV.8.

아전인수격으로 해석했다는 오해와 의혹으로부터 결코 자유로울 수 없다는 약점도 있지만, 어쨌든 포르투나는 건국부터 자신이 살던 시대까지의 로마사를 이끌어가던 역사적 힘의 원천이었다. 그만큼 포르투나가 그에게서 로마 전체의 역사를 개괄할 때 거시적 관점에서 중요한 의미와 가치를 지녔던 것은 분명하지만, 미시적이고 세부적인 영역, 즉 인간 개개인과 삶의 일상으로 들어가면 그 개념이 상당히 객관화되고 상대화되고 있음이 지금까지의 논의를 통해 확인되었다. 운명의 여신에 지나치게 의존하거나 너무 큰 의미를 부여하는 일을 자제하고 오히려 인간의 능력, 용기, 의지, 열정 등을 키우면서 운명의 변덕스러움을 극복해 나가야 한다는 점이 여러 곳에서 다양한 수사학적 문체로써 강조된다. 그러한 리비우스의 관점의 압권은 한니발이 했던 연설에서 뽑은 다음 문장이 아닐까 한다.

> 자연적으로 어려운 많은 일들은 지혜(consilium)를 통해 해결된다.[64]

운명보다는 궁극적으로 인간 이성이나 지혜의 힘을 더 믿어야 한다는 주장이다. 우연이 지배하는 자연을 통해 엉클어진 많은 복잡한 일들이 이성의 힘으로써 다시 원상태로 회복된다는 것이다. 자연(우연)에 대한 이성(필연)의 최종 승리를 강조한 셈이다. 물론 앞서 살펴보았던 것처럼 리비우스가 고대의 다른 역사가들과 마찬가지로 운명의 여신을 믿었던 것은 주지의 사실이다. 하지만 그가 그것 못지않게 이성도 신뢰했던 역사가였다는 점을 결코 망각해서는 안 될 것이다.

---

64 Livy, *From the Founding of the City*, vol. 6, p. 381(=*Ab urbe condita libri*, XXV.11).

5. 타키투스

로마 최고 역사가로 꼽히는 푸블리우스 코르넬리우스 타키투스
(Publius Cornelius Tacitus, 56?~120?)는 기원후 1세기에 태어나 활동했
으며 당대에 웅변가, 공직자, 산문작가로도 명성을 떨친 인물이다. 역사
와 관련된 저서로는 흔히 '게르마니아'(Germania)로 더 잘 알려진『게
르만족의 기원과 환경』(De origine et situ Germanorum), 69년부터 96년까
지의 역사를 서술한『역사』(Historiae), 그리고 14년부터 68년까지의 역
사를 다룬『연대기』(Annals) 등이 있다. 귀족적 로마공화정의 열렬한 찬
미자였던 그였기에 초기 제정 시대를 다룬 그의 역사서들은 모두 비관
적·비판적 서술 경향이 지배적이었다. 그는 로마가 쇠퇴한 원인을 '도
덕적 타락'에서 찾았고, 그러한 도덕적 타락은 신의 징벌로써 응징될 것
이라고 믿었다. 헤로도토스의 히브리스-네메시스의 담론을 연상시키는
이러한 서사 플롯 덕분에 실제로 그의 작품들 안에서는 포르투나와 파
툼(fatum) 등 우연 관련 개념이 자주 등장한다.

　매우 다양한 맥락과 의도에서 매우 다양한 의미와 용도로 사용된 타
키투스의 포르투나 개념의 의미연관을 모두 열거하는 것은 말 그대로
나열의 의미밖에 없기 때문에 여기서는 크게 세 개의 범주로 나누어 상
술하고자 한다. 첫째 운명 또는 행운을 긍정적으로 본 경우, 둘째 그것
을 부정적인 개념으로 본 경우, 셋째 이도 저도 아닌 제3의 관점에서 바
라본 경우 등이 그것이다.

　먼저 타키투스가 포르투나 또는 파툼 개념을 긍정적으로 사용한 용
례부터 살펴보자. 이 범주 안에는 세부적으로 또 다양한 의미연관이 포
함되어 있기에 그것들을 구분해서 열거해야 한다. 이 첫 번째 범주의 첫
번째 의미는 '운명의 불가항력'이다. 운명이 초인적·초자연적 강력한
힘을 갖고 있기 때문에 그 누구도 이 거대한 힘을 거스를 수가 없다는
관점이다.『게르마니아』에 나오는 다음 문장을 보자.

동남쪽에 앙그리바리이족과 카마비족과 국경을 맞대고 있는 것은 둘구비니족, 카수아리이족, 별로 기록해 둘 가치가 없는 그 밖의 다른 부족들이다. 북서쪽에서는 프리시이족이 그들과 마주하고 있다. 프리시이족은 인구수에 따라 '대(大)프리시이족' 또는 '소(小)프리시이족'이라고 불린다. 두 부족에게는 대양에 이르기까지 레누스 강이 국경이 되고 있을뿐더러, 그들의 영토 안에는 로마군 함대들도 항해한 적이 있는 큰 호수들이 산재해 있다. 우리(로마)는 그곳에서 대양으로 진출했으며, 전설에 따르면 그곳에는 아직도 헤르쿨레스[헤라클레스]의 기둥들이 있다고 하는데, 헤르쿨레스가 실제로 그곳에 갔기 때문이거나 아니면 세상의 뛰어난 업적은 무엇이든 그의 유명한 이름과 결부시키는 버릇이 우리에게 있기 때문이리라. 드루수스 게르마니쿠스는 용기가 부족하지 않았건만, 대양은 그가 대양 자체뿐 아니라 헤르쿨레스의 업적에 관해 더 이상 탐험하는 것을 막았다. 그 뒤로는 아무도 시도하지 않았는데, 신들의 행적은 아는 것보다는 믿는 것이 더 경건하고 공손하다고 여겨졌기 때문이다.[65]

운명은 '거역할 수 없는 힘'이다. 드루수스 게르마니쿠스가 충분한 용기와 역량이 있었음에도 불구하고 북해를 향한 정복 사업을 멈추었던 것은 헤라클레스가 이룬 업적을 더 이상 탐험하는 것이 신의 뜻과 운명을 거스르는 일이었기 때문이다. 타키투스의 신 관념, 운명에 대한 생각에서의 이러한 경건주의는 위대한 인물이나 영웅조차도 운명이나 신의 뜻을 거역해서는 안 된다는 그의 종교적 태도에서 유래했을 가능성이 크다. 더불어 타키투스는 신이란 앎, 즉 지식의 대상이 아니라 믿음, 곧 신앙의 대상임을 천명했다. 일견 당연한 듯하지만, 고대의 보편적인 신관과 비교했을 때 반드시 그렇다고는 할 수 없다. 신을 매우 경건하게 대하는 것은 고대보다는 차라리 중세에 가까운 태도이기 때문이다.

그러다 보니 인간은 자연히 운명에 순응하게 된다. 또 그래야 자연스

---

65 타키투스, 『게르마니아』, 천병희 옮김, 도서출판 숲, 2012, 90~91쪽.

럽고 어쩌면 그것이 현명한 일이다. 이러한 자연과 운명을 이성적으로 수용하는 스토아 사상은 훗날 "너의 운명을 사랑하라(amor fati)!"고 외친 니체에게까지 영향을 미친다. 타키투스의 포르투나 개념의 긍정성의 두 번째 의미는 이같은 '운명이나 숙명에의 순응'이다. 순응의 대상에는 행운 외에 심지어 불행까지도 포함된다. 갈바를 제거하고 오토가 황제 자리에 오를 것이라고 예언한 점성가 프톨레마이오스(Ptolemaios)에 대한 설명을 보자.

> 프톨레마이오스는, 오토가 네로보다 오래 살 것이라고 예언하여 그 덕분에 신임을 얻었고, 이어 자신의 추측 그리고 늙은 갈바와 젊은 오토를 비교하는 자들 사이에 떠도는 소문을 근거로, 오토가 황제에 즉위할 것이라고 그를 설득했다. 하지만 인간은 천성적으로 신비한 것을 더 가까이 믿는 법인지라, 오토는 프톨레마이오스의 예언을 마치 그가 기술적으로 알아낸 숙명의 참된 경고로 받아들였다. 그리고 프톨레마이오스는 오토가 그런 범죄를 저지르도록 부추기는 데도 한몫했다. 오토가 제위를 갈망하던 터라 그것은 아주 식은 죽 먹기였다.[66]

타키투스는 숙명에 대한 인간들의 복종적 태도는 자연스러운 일이라고 여겼고 더불어 그러한 비합리적 예언에 대한 인간의 어리석은 믿음은 곧 파멸로 이어질 수 있다는 점을 암시한다. 운명이나 숙명만이 아니다. 행운에 대한 믿음도 작품 곳곳에 나타난다.

> 오토는 기쁜 나머지, 자신이 전쟁 운이 좋아, 지휘관들과 군대가 국위를 떨쳤다고 말하면서, 그 승전을 자신의 영광으로 여겼다.[67]

---

66 타키투스, 『타키투스의 역사』, 김경현 · 차전환 옮김, 한길사, 2011, 71쪽(=I.22).
67 같은 책, 119~20쪽(=I.79).

전쟁이 결코 끝나지 않았으므로 키빌리스는 하루에 네 지점에서 보병대들과 기병대들 그리고 군단들의 주둔지를 공격했는데, 즉 아레나쿰 (Arenacum)의 제10군단, 바타보두룸(Batavodurum)의 제2군단, 그리고 보병대들과 기병대들의 진영인 그린네스(Grinnes)와 바다(Vada)를 공격했다. 그래서 키빌리스는 자신과 자기 여동생의 아들인 조카 베락스 (Verax), 클라시쿠스 그리고 투토르가 각자 자기 부대를 지휘하도록 병력을 분할했으며, 그들은 이 모든 공격에서 성공할 것으로 믿지는 않았지만 여러 곳을 공격하면 어떤 곳에서는 행운이 도울 것이라고 생각했다.[68]

이와 유사한 사례는 무수히 많이 나온다. 가령 게르마니아 군대의 군단장이었던 발렌스가 늙은 갈바에 대항해 싸워 제위를 차지하라고 비텔리우스를 충동질하면서 "위태위태한 늙은 갈바의 지배권은 곧 무너지고 말 것입니다. 그냥 팔을 벌려 다가오는 행운의 여신을 맞으십시오"[69]라고 말한 장면이나 비텔리우스가 헬베티족과의 싸움에서 승리한 후 헬베티족의 지도자들을 처리하는 과정에서 그 지도자들이 "비텔리우스의 관용 또는 잔혹함에 그 운명을 내맡겼다"[70]고 서술한 경우가 그에 해당한다.

이처럼 운명에 순응하거나 행운의 여신을 간절히 바라는 수용적이고 긍정적인 인간의 태도는 그러한 힘에 순종하지 않거나 자연적 순리를 거역해 도덕적으로 타락한 인간들을 응징하는 신 또는 하늘의 처벌적이고 통제적 태도와 대응한다. 그 점에서 '신의 징벌과 섭리'는 타키투스의 포르투나 개념의 긍정성 범주의 두 번째 의미에 포함된다고 할 수 있다. 이어서 타키투스의 『역사』 서두를 보자.

---

68 같은 책, 415쪽(=V.20).
69 같은 책, 96~97쪽(=I.52).
70 같은 책, 110쪽(=I.68).

내가 다루려는 것은 재난이 많았고, 전란으로 참혹했으며, 내전으로 반목하고, 평화 속에서도 공포가 만연했던 시절의 역사다. 네 명의 원수 (princeps)가 칼로 목숨을 잃었으며, 세 번의 내전을 치렀고, 외적과 싸운 것은 더 여러 차례였다. …… 더욱이 이탈리아는 전대미문, 아니 수백 년 에 한 번 있을까 말까 한 재난을 당했다. 저 기름진 캄파니아의 해안 지대 에서는 도시들이 땅속에 묻히거나 파괴되고 말았고, 로마에서는 대화재 가 일어나 그토록 유서 깊은 신전들이 소실되고, 카피톨리누스 언덕의 신 전조차 시민들의 손에 불타고 말았다. 성사제례(聖事祭禮)들이 훼손되고, 간통이 만연했다. 바다에는 망명객들이 득실거리고, 고도의 절벽들은 처 형된 자들의 피로 얼룩졌다. 잔혹함은 로마에서 더 극심했다. 고귀한 혈 통, 재력, 공직의 수락이나 고사, 이 모든 것이 죄목이 되었거니와, 덕을 갖 추었다는 것은 파멸의 가장 확실한 원인이었다. …… 인간사의 갖가지 불 행 외에도 천재지변이나 낙뢰의 경고, 장차 있을 경사나 화를 알리는, 모 호하거나 명명백백한 조짐들이 있었다. 아닌 게 아니라 신들의 관심사가 우리의 안전이 아니라 우리에 대한 응징이었다는 데 대한 아주 명백한 증 거는, 바로 로마 인민이 겪은 참상이나 그에 대한 올바른 계시들이었다.[71]

타키투스의 입장에서는 도덕적으로 타락한 시대의 인간사의 불행이 곧 신의 징벌이자 계시라는 사실을 부각하고 싶었을 것이다. 네 명의 황 제가 내전 또는 반란으로 목숨을 잃은 일, 수차례에 걸친 외적과의 전 쟁, 로마의 대화재와 베수비오 화산 폭발로 인한 폼페이와 헤르쿨라네 움 같은 도시의 완전한 파괴와 소멸, 그 밖에 각종 인재 또는 천재지변, 수많은 범죄 행위와 그에 대한 잔혹한 처벌, 기독교도들에 대한 잔혹한 박해 등 이루 헤아릴 수 없이 많은 끔찍한 사건과 사고들이 타키투스의 눈에는 신의 계시이자 응징으로 비쳐졌던 듯하다. 그렇다면 그는 포르 투나와 파툼이 이런 식으로 인간들을 길들이려고 했다고 본 것일까? 이

---

71 같은 책, 48~50쪽(=I.2~3).

런 과정을 거쳐야만 인간들이 도덕적으로 순화될 수 있다고 믿었던 것일까? 만일 그렇다면 타키투스 또한 적어도 내면적으로는 앞에 서술된 신의 응징의 결과의 잔혹함 못지않게 잔혹한 품성을 지닌 것이 분명해 보인다. 이런 의미의 포르투나는 곧 그리스의 티케를 연상시킨다. 전자가 도덕적으로 타락한 인간들에게 징벌을 가하는 형벌 집행인이라면, 후자는 오만한 자들을 처벌하는 형리라는 이미지만 다를 뿐 둘은 적어도 그 역할을 공유한다. 폴리비오스의 『역사』가 그토록 짧은 시간 안에 티케를 통해 신화적 성공을 거둔 로마를 다룬 이야기였다면, 그리고 리비우스의 『로마사』가 로마의 탄생부터 이후의 지속적인 발전 과정을 포르투나를 통해 밝히고자 한 대서사시였다면, 타키투스의 『역사』는 이제 타락한 인간에 대한 신의 응징과 같은 포르투나의 활동 과정을 보여주는 경고의 이야기였던 셈이다.

타키투스의 포르투나와 파툼 개념의 긍정성 범주의 세 번째 의미는 '운명과의 친화성'이다. 오토가 자신의 군대 앞에서 내전에 반대하며 행한 연설에는 자신이 어떻게 운명과 친숙한지 잘 묘사되어 있다.

오토 자신은 전쟁 계획에 반대하며 말했다. "여러분의 그런 사기와 용기를 다시 위험에 노출시키는 것은 내 생명을 위한 너무 큰 대가라고 생각합니다. 여러분이 나에게 더 많은 희망을 걸수록, 그 희망이 내가 선택하는 것이라면, 그만큼 더 내 죽음을 영예롭게 할 뿐입니다. 행운과 나는 서로 잘 알고 있습니다. 여러분은 나의 통치 기간을 계산해 보지 마십시오. 여러분이 오래 향유하지 못할 것으로 생각하고 있는 그 행운을 절제하기는 더욱 어렵습니다. 내전은 비텔리우스에 의해 시작되었으며, 따라서 제권을 놓고 우리가 무력으로 싸운 것의 발단은 비텔리우스였습니다. 그러나 우리는 더는 싸우지 않을 것인데, 내가 그런 모범이 될 수 있기 때문입니다. 그러므로 나는 후세가 오토를 평가하도록 할 것입니다."[72]

---

72 같은 책, 172~73쪽(=II.47).

'운명과 행운이 내 친구'라는 오토의 생각은 운명과 행운을 바라보는 관찰자 시점의 긍정성을 극단적으로 보여주는 멋진 사례라 할 수 있다. 더구나 운명과 행운을 꿰뚫어보는 사람이 있다면, 그는 신이거나 비상한 능력을 지닌 인간일 텐데, 여기서 타키투스는 오토를 그런 인물로 묘사하고자 한 듯하다. 오토는 여기서 스스로 행운과 서로 잘 알고 지내는 친구와 같은 사이, 즉 '운명의 통찰자'로 묘사된다. 단순히 운명에 순응하고 행운을 기대하는 수준을 넘어서 운명 또는 행운과 친밀한 관계를 유지하면 그 어떠한 가혹한 운명도 그 어떠한 불행도 다 수용하게 되는 완벽한 구도자의 인격을 갖추게 될 것이다. 연륜이 있는 오토의 원숙한 품성과 성향을 잘 엿볼 수 있는 대목이다.

타키투스의 운명 개념의 긍정성 범주 안에 들어 있는 네 번째 의미는 '유사 개념들, 특히 운명과 능력의 동일성 현상'이다. 쉽게 말해, 그에게서 '운명', '행운', '신', '신의 섭리', '능력' 등이 모두 유사하거나 동일한 의미를 갖는 것으로 이해된다는 것이다.

> 오토의 동생 티티아누스와 군단장 프로클루스는 경험이 없어서 전투를 서두르면서 행운, 신들, 오토의 재능이 오토의 계획에 호의적이며, 전투에서도 그러할 것이라고 선언했고, 누군가가 자신들의 견해에 반대하지 못하도록 아첨에 의지했다.[73]

여기서 우리는 행운과 신들을 거의 동일시하고 있는 타키투스를 만나게 된다. 심지어 재능까지도 그것이 천부적 재능인 듯 느끼도록 만든다. 그래서 행운과 신, 재능은 거의 동격으로 처리된다. 이들 모두는 개인 간의 힘으로는 어쩔 수 없는, 행위나 사건의 이면에 숨겨진 신비로운 원인들로서 범주상으로는 '운명'이나 '우연'과 같은 더 큰 개념 안에 묶인다. '운' 자체가 '능력'이 되는 또 다른 사례로 타키투스는 베스파시아

---

73 같은 책, 161쪽(=II.33).

누스 황제를 든다. "베스파시아누스는 자신의 운으로 무엇이든 가능하며, 믿지 못할 게 아무것도 없다고 여겨, 웃는 얼굴로, 많은 사람이 흥분하여 지켜보는 가운데, 환자들이 원하는 대로 해주었다."[74] '운'이 얼마나 뛰어나면 그것으로써 모든 일이 '가능'하도록 할 수 있단 말인가? 거의 전지전능한 신의 수준이 아닌가? 그 정도의 운을 타고난 사람이라면 그렇게 해서 발휘되는 능력은 이미 운을 넘어 '운명'이 아닐까 싶다.

운명과 능력의 동일시는 결국 운명의 극복으로 전화된다. 운명 자체를 바꾼다는 것은 단순히 그것의 비(非)수용 차원을 넘어 인간이 궁극적으로 신의 경지를 넘본다는 뜻도 된다. 이러한 '운명 바꾸기'는 타키투스 운명 개념의 다섯 번째 긍정적 요소에 해당한다.

> 케리알리스는 밀사들을 통해 바타비족에게는 평화를, 키빌리스에게는 용서를 제시하는 한편, 벨레다와 그녀의 친척들에게는 로마 인민에 대한 시의적절한 봉사를 통해 거듭된 패배로 불리하던 전쟁의 운명을 바꾸도록 충고하고 있었다.[75]

비록 전쟁이라는 영역에 한정해서 한 표현이기는 하지만, 로마인들이 운명 자체를 바꿀 수 있다고 생각한 것 자체가 더 이상 모든 일을 우연 또는 하늘에 내맡기지 않겠다는 의지의 표현으로 읽힌다. 오늘날에야 '운명을 개척한다'는 표현을 자주 하거나 듣지만, 과학 문명이 오늘날과 비교할 수 없을 정도로 미발달한 2,000년 전에도 과연 그러한 표현이 일반적이었을까?

타키투스의 포르투나 개념의 긍정성 범주는 마지막으로 그것이 '지혜'의 의미로 쓰이기도 했다는 점에서 정점에 달한다. 행운이 지혜와 무슨 상관이 있겠냐 싶겠지만 『게르마니아』에 나오는 다음 문장들을 보자.

---

74 같은 책, 392쪽(=IV.82).
75 같은 책, 419쪽(=V.24).

카우키족과 캇티족의 이웃인 케루스키족은 도발을 받지 않아 오랫동안 지나친 평화를 누린 탓에 나약해졌다. 그러나 그것은 즐겁기는 해도 위험한 정책이다. 폭력적인 적과 강력한 적 사이에서 평화를 누리겠다는 것은 어리석은 생각이기 때문이다. 힘이 정의인 곳에서 절제나 정의는 강자에게나 어울리는 용어들이다. 그리하여 전에는 착하고 공정하던 케루스키족은 이제는 나태하고 어리석다는 말을 듣게 되었고, 승승장구하는 캇티족의 **행운은 지혜로 여겨졌다.** 그리고 이웃 부족인 포시족도 케루스키족의 파멸에 휘말렸는데, 포시족은 행운에서는 뒤처졌지만 불운에는 똑같이 참여했던 셈이다.[76]

앞뒤 문맥으로 보건대, 타키투스가 행운 그 자체를 지혜라는 의미로 쓴 것이 아님은 분명해 보인다. 왜냐하면 그가 의도했던 것은 아마도, 강력한 적의 도발을 받지 않아 오랫동안 평화를 누려왔던 게르만족인 케루스키족이 당장은 행운을 얻은 것처럼 보이지만 결국 그로 인해 나태해짐으로써 어리석은 부족이 되었고, 반대로 이웃의 강력한 적인 캇티족은 여러 적의 도발을 받아 당장은 불운한 것처럼 보이지만 결국 그로 인해 강성해지고 승승장구하는 행운을 얻음으로써 지혜롭고 영리해졌다는 내용이기 때문이다. 하지만 보는 관점에 따라서는 앞의 문장들이 다르게 읽힐 수 있다고 본다. 캇티족이 행운을 얻은 것 자체가 지혜로운 일로 간주될 수 있다면, 결국 행운은 인간에게 지혜로움을 안겨줄 수 있는 매개체가 된다. 행운이 곧 지혜로 받아들여질 수 있다는 생각이야말로 고대의 다른 작가들에게서는 거의 발견되지 않는 매우 독특하고 독창적인 관점이 아닐 수 없다. 물론 이러한 해석에 논란의 여지가 없는 것은 아니다. 캇티족의 승승장구가 행운에 기인한 것은 맞지만 그것 자체가 캇티족이 원래 지혜로워서 그런 일이 벌어진 것으로 본 것인지, 아니면 그러한 승승장구 자체가 행운이고 그것이 곧 사람들을 지

---

76 타키투스, 『게르마니아』, 94~95쪽(강조는 최성철).

혜롭게 만들었다는 의미로 쓴 것인지, 아니면 그들이 승승장구해 나가는 행운을 얻고 있는 것처럼 우리 로마도 그러한 행운을 끌어들이는 지혜를 발휘하자는 교훈의 의미로 쓴 것인지, 그도 아니면 행운이라는 개념 자체가 지혜를 동반하거나 그것과 유사한 또는 동일한 뜻으로 쓸 수 있는 개념이라고 생각해서 그렇게 쓴 것인지 정확히 알 수 없기 때문이다. 그러나 타키투스의 숨은 의도가 어디에 있든 간에 분명한 것은 행운과 지혜의 개념상의 연결이 전혀 어색하지 않다는 것이다. 타키투스의 진정한 의도를 아는 것보다 더 중요한 것은 만일 그러한 해석을 통해서 우리가 지혜롭고 현명해질 수 있다면, 그 해석을 의미 있고 가치 있는 것으로 수용하는 일이다.

그러나 타키투스의 운명과 행운 개념이 언제나 긍정적 요소만 지닌 것은 아니었을 것이라는 예측은 이미 그가 헬레니즘적 티케의 세례를 받은 세대에 속한 로마의 역사가라는 사실로써 탄력을 받는다. 이미 '운명의 변화무쌍함'이 그것을 반증한다. 이 관점은 이미 앞서 리비우스에 대한 절(節)에서도 설명했던 것으로, 기원전 1세기와 기원후 1세기 사이의 로마 작가들 사이에서 '풍요와 다산'을 상징하던 전통적 의미의 포르투나가 헬레니즘적 티케 개념이 덧붙여져 '변덕스러운 힘'이라는 의미로 변하게 되었는데, 이러한 모습이 타키투스에게서도 발견된다. 비텔리우스의 운명이 흔들리자 베스파시아누스를 추종하기로 결심하고 그에게 막강한 힘을 실어주었던 제7군단장 안토니우스 프리무스(Antonius Primus)가 초반에 불리하던 전투를 성공적으로 치르는 과정에서 어떻게 운명이 수시로 바뀌었는지 묘사한 부분을 보자.

프리무스는 공포에 사로잡힌 병사들에게 달려갔고, 도주하는 병사들을 저지했으며, 가장 많은 노력이 요구되는 곳이든, 어떤 희망이 있는 곳에서든, 그는 충고와 행동과 음성으로 적에게는 표적이 되었고, 자신의 병사들에게는 두드러진 지휘관이었다. 마침내 프리무스는 더욱 자극을 받은 걸과 군기를 들고 도주하는 병사를 창으로 찔렀다. 그리고 나서 그는 군기를 잡고 스스로 적을 향했다. 100명을 넘지 않는 기병들이 프리무스의 행동에 수치심을 느껴 적에게 대항했다. 지형이 그들에게 도움을 주었는데, 그 지점에서 길은 더욱 비좁았고 강물 위를 가로질러 놓인 다리는 부서져 있었으며, 깊이를 알 수 없는 강물과 가파른 강둑은 도주를 방해하고 있었다. **그런 필연과 행운이 거의 패하던 편의 운명을 회복시켰다.** …… 이제 행운이 그들(프리무스의 적들)을 거역하자 그들은 전선을 넘으려고 하지 않았고, 도주해 오는 자기편의 병사들을 보호하지도 않았으며, 더욱이 먼 거리를 이동하여 싸운 결과 매우 지쳐 있는 적을 공격하는 데도 주도적이지 않았다. **병사들은 우연에 좌우되고 있었기 때문에, 성공적인 상황에서 지휘관의 필요를 느끼지 못했던 만큼이나, 이제 불행 속에서 지휘관의 부재를 인식하고 있었다.** 동요하는 그들의 전선을 승승장구하는 적의 기병대가 공격했다. …… 프리무스는 병사들의 고통과 부상을 고려하여 더 이상 적을 압박하지 않았는데, 비록 그 결말은 성공적이었지만 **매우 불확실한 전투의 운명**이 기병들과 말들을 괴롭히고 있었기 때문이기도 했다.[77]

이 인용문에서 보면 필연, 행운, 운명, 불행, 우연 등 우연과 관련된 용어들이 반복적으로 등장함을 알 수 있다. 물론 일찍이 리비우스도 "전쟁에서보다 더 우리의 예측을 뒤집는 사건들이 발생하는 곳은 없다"[78]고 지적했듯이, 전쟁이나 전투는 수많은 변수가 숨어 있는 만큼 많은 우연이 작용하는 곳이기도 하다. 전투를 치르는 양측이 수시로 그 운명이 바뀔 수밖에 없기 때문에 타키투스도 전투 장면을 그런 수사적 표현들을 써가면서 묘사한다. 하지만 더 근본적으로는 타키투스 역시 다른 보통 사람들과 마찬가지로 전쟁만큼이나 우리의 인생도 예측할 수 없는 많은 일들이 도사리고 있기 때문에 우연이 많이 작동할 수밖에 없다고 생각했을 것이다. 실제로 그는 『연대기』 제6권에서 인간 삶의 변화무쌍

77　타키투스, 『타키투스의 역사』, 238~39쪽(=III.17~18)(강조는 최성철).
78　Livius, *Ab urbe condita libri*, XXX.30.

함을 무엇으로 규정해야 할지 모르겠다고 난감해한다.

그러나 나는 …… "도대체 인간사는 운명이라든가 불변의 필연성을 따르는가, 아니면 우연을 따르는가?" 하는 문제에 대한 판단을 언제나 유보한다.[79]

인간사의 길흉화복과 새옹지마, 상전벽해 등을 어찌 필설로 다 표현할 수 있겠는가? 타키투스는 아예 그러한 인간 삶의 변화무쌍함의 원인이 무엇인지 따져보는 일을 포기하겠다고 말한다. 인간의 삶이나 운명이 언제 어떻게 변할지는 인간 지성으로 알 수 있는 영역이 아니기 때문이다. 그래서 그의 작품 안에서는 "운명이 바뀌었다"[80]거나 "변화무쌍한 운명에 눈물을 흘"[81]린다거나 아니면 "운의 변전(變轉)"[82]과 같은 상투적 표현들이 수시로 등장한다.

'운명의 변화무쌍함'은 자연스럽게 '운명의 불확실성'으로 이어진다. 우연이 그렇듯이 운명이나 행운 또한 어떻게 변할지 모르기 때문에 불확실·불안정·불합리하고, 때로는 파멸적으로 진행한다. 운명의 가혹함이 문제가 된다. 예컨대 격렬한 전투에서 그럴 경우가 많은데, 타키투스도 지적하고 있듯이, 이런 경우는 "용기도, 무기도, 예리한 시력의 눈도 아무런 도움을 주지 못"한다.[83] 그만큼 운명의 힘이 강하기 때문이다. 타키투스의 운명 개념의 변화무쌍함과 가혹함을 매개해 주는 흥미로운 요점은 운명의 냉정함이다. 요컨대 포르투나가 일단 한 사람에게 행운

---

79 타키투스, 『연대기』, 박광순 옮김, 범우사, 2005, 374쪽(=VI.22). 여기서처럼 타키투스는 '행운'(fortuna)과 '우연'(fortuita)이라는 단어를 구분해서 사용한다. 행운은 나름대로 유의미한 우연으로, 우연은 말 그대로 맹목적이고 아무런 의미를 갖지 않는 행운으로 이해된다.

80 타키투스, 『타키투스의 역사』, 178쪽(=II.54).

81 같은 책, 191쪽(=II.70).

82 같은 책, 362쪽(=IV.52).

83 같은 책, 243쪽(=III.22).

을 준 후 그를 떠날 때는 엄청나게 냉정해서 주었던 행운조차 싹 몰수한 후에 그에게 끔찍한 불행을 안겨준다는 것이다. 이 요점을 만일 행운 안에 이미 불행의 씨앗이 내재되어 있는 것으로 해석한다면, 우리는 '포르투나의 변증법'이라는 가설도 세워볼 수 있을 것이다.[84]

타키투스의 운명 개념의 부정성은 주로 그 '개념의 거부와 저항'의 형태로 나타난다. 나중에 마키아벨리에 이르기까지 오랜 세월 동안 서양의 지적 전통이 되어버린 '능력(virtus)으로써 운명(fortuna) 극복하기' 프로젝트는 타키투스에서부터 가동된 셈이다. 먼저 행운 자체에 대한 부정적 견해부터 살펴보자. 타키투스는 황제 갈바의 입을 빌려 그가 양자로 입양한 피소(Licinianus Piso)에게 전하는 말로써 행운이 얼마나 덧없는 것인지 논파한다.

> 피소가 불려오자, 갈바는 그의 손을 잡으면서 이렇게 말했다고 전한다. "내가 만일 개인 자격으로, 관례에 따라 제사장들 앞에서 입양법에 의거해 그대를 입양하는 것이라면, 그나이우스 폼페이우스(Gnaeus Pompeius)와 마르쿠스 크라수스의 후예가 집안에 들어오는 것이니, 내게는 더할 나위 없는 영예요, 술피키우스(Sulpicius) 가와 루타티우스(Lutatius) 가의 영광으로 그대 집안의 고귀함을 더하니 그대에게도 멋진 일이겠지. 하지만 신들과 인간들의 동의를 얻어 황제 자리에 오른 만큼, 나는 그대의 성품과 애국심 때문에 그대를 입양하는 것이네. 선조들은 이 자리를 무기를 들고 싸워 얻어냈고, 나 역시 전쟁을 통해 이 자리에 올랐지만, 이제 신격 아우구스투스를 본받아 평화리에 그대에게 양여하네. 신

---

84 이 가설에 대해서는 제3부에서 자세히 언급할 것이다. 이 가설에 대해 여기서 잠시 언급하면, 그것은 이미 누차 거론되었던 '우연의 보상 이론'과 연관된 것으로, 한 사람에게 오는 행운 안에는 언제나 이미 그 안에 불행의 씨앗이 담겨 있기 마련이고, 이 불행은 다시 또 다른 행운으로 스스로를 지양(止揚)하려는 경향을 가지면서 행과 불행이 끊임없는 갈등 관계 속에서 결국에는 일정한 종합에 이르게 된다는 이론이다.

격 아우구스투스께서는 서열 2위의 자리에 누이의 아들 마르켈루스, 이어서 사위 아그리파, 그러고는 손자들, 마지막으로는 의붓아들 티베리우스를 앉히셨었지. 그분께서는 이렇게 후계자를 자신의 문중에서 찾으셨네. 하지만 나는 공화국 전체에서 후계자를 찾고 있네. 친척이나 전우가 없어서가 아니네. 나는 야망 때문에 제위를 수락한 게 아니었네. 내가 내 친지는 물론 그대의 친지를 제쳐두고 그대를 우선시했다는 사실이야말로, 내 판단이 공평무사하다는 증거네. 그대에겐 그대 못지않게 기품이 고귀하고 나이도 더 많은 형제가 있지. 사실 그대가 더 인격이 훌륭하지 않았다면 이 행운을 차지할 수 없었을 것이네. 그대는 이미 젊은 시절의 탐욕을 피할 수 있는 나이에 이르렀네. 그대는 과거에 대해 변명하지 않아도 좋을 정도로 훌륭히 살아왔네. 지금까지 그대가 겪은 것은 오직 역경뿐이었네. 순탄한 삶은 좀 더 신랄한 유혹으로 인간 정신을 시험하는 법이지. **불행은 그저 견뎌내는 것인 반면, 행운은 사람을 타락하게 하기 때문이네.**"[85]

비록 38년 명문가에서 태어나 69년 갈바의 양자로 입양되면서 황제의 자리에 오를 수 있었던 피소가 입양 15일 만에 갈바와 함께 처형당함으로써 피소의 행운도 끝나고 공화국과 제정의 갈등을 멋지게 조화시키려 했던 갈바의 야심찬 기획도 수포로 돌아갔지만, 타키투스가 말하고자 했던 바는 갈바의 입을 통해 명확히 전달된다. 무엇보다 불행은 견뎌내기만 하면 되고, 또 그러한 고통의 인내를 통해 사람들을 오히려 더 강인하게 단련하는 순기능도 갖지만, 행운은 그것에 빠진 사람들을 타락시킴으로써 더 큰 불행의 나락으로 떨어뜨린다. 인간 본성에 대한 그의 뛰어난 통찰력이 돋보인다.

이처럼 예리한 통찰에 입각해 타키투스는 이제 운명이 부당하다고 느껴질 경우 분연히 맞서 싸워나가야 한다는 관점을 제시한다. 가령 게르마니아의 총독 플라쿠스(Hordeonius Flaccus)에 대항해 그의 휘하에

---

85 타키투스, 『타키투스의 역사』, 62~63쪽(=I.15)(강조는 최성철).

있던 병사들이 반발하는 모습이 그 대표적 사례다.

> 플라쿠스는 병영이 포위되었음을 알고, 갈리아 속주들에 사절을 보내
> 보조군을 모집하게 했다. …… 몸 상태가 좋지 않은 데다 병사들의 원성을
> 사고 있던 플라쿠스 자신은 배를 타고 진군했다. 실로 그에 대한 병사들의
> 불평거리는 모호한 게 아니었다. "그(플라쿠스)는 바타비족 보조군이 모
> 곤티아쿰에서 탈영하도록 방치하고, 키빌리스의 음모를 모르는 척하며,
> 게르마니아인들과 내통하고 있다. …… 가장 용맹한 병사들로 이루어진
> 이 군대 전체가 병든 한 늙은이에게 내맡겨져 있다. 차라리 저 반역자를
> 죽이고 우리 자신의 운과 용기를 저 흉조로부터 벗어나게 하자."[86]

사실 자신이 현재 처한 또는 앞으로 겪어야 할 운명이 부당하게 느껴
질 때 그에 맞서 싸워야 한다는 사실은 너무도 당연한 이야기인데, 문제
는 그처럼 부당하게 느껴지는 운명이 실제로 부당한 것인지의 여부, 그
리고 그 저항의 정당성 여부와 저항하고 난 뒤의 성공 여부 등을 아무
도 확신할 수 없다는 점이다. 그럼에도 불구하고 저항의 발단은 대체로
불의에서 오는 것일 가능성이 크기 때문에 저항 자체가 무의미하거나
무가치하지는 않다.

타키투스에 의한 운명과 행운에 대한 부정적 통찰은 '거부'와 '저항'
을 넘어 가끔 '저주'로까지 이어진다. 비텔리우스군과 오토군 사이의
내전에서 서로 엄청난 피해만 입힌 채 끝난 한 전투 후의 모습에 대한
다음 묘사를 보자.

> 그리하여 패한 자들과 승리자들이 함께 눈물을 흘렸고, 음울한 기쁨 속
> 에서 내전의 운명을 저주하고 있었다. 동일한 막사 안에서 어떤 병사들은
> 형제의 상처를, 또 다른 병사들은 친척들의 상처를 돌봐주고 있었다. 희망

---

86 같은 책, 332쪽(=IV.24).

과 보상은 불확실했음에 반해 죽음과 슬픔은 확실했으며, 그 누구도 누군가의 죽음을 슬퍼하지 않을 만큼 불행으로부터 자유롭지 않았다.[87]

　운명을 저주한다는 것은 그만큼 하늘을, 신을 원망(怨望)한다는 것을 뜻한다. 특히 "그 누구도 누군가의 죽음을 슬퍼하지 않을 만큼 불행으로부터 자유롭지 않았다"는 이 마지막 문장만큼 인간이라면 누구나 불행할 수밖에 없는 존재임을 문학적으로 더 멋지게 표현한 예를 나는 일찍이 본 적이 없다.

　이제 마지막으로 타키투스의 포르투나 개념의 세 번째 의미범주로 넘어가 보자. 이것은 앞서도 이야기했듯이 긍정적이지도 않고 부정적이지도 않은 제3의 관점을 말한다. 이와 관련해서는 내 해석을 제시하기보다는 그동안 다른 평자들이 제시한 관점 중에서 앞에서 언급한 내용과 중복되거나 유사한 것 외에 좀 특이하다 싶은 것만 몇 가지 간추려 소개하고 넘어가도록 하자. 보편적으로 많은 사람들이 수용하는 타키투스의 운명 개념에 대한 변덕스러운 헬레니즘적 티케의 영향은 넘어가고, 그 밖에 그 개념이 점성술에서의 운명론의 영향을 받았다는 점, 스토아적 섭리와 운명의 조화를 의미한다는 점, 파툼이나 포르투나 모두 피할 수 없는 운명이라는 필연의 의미를 갖는다는 점, 로마의 국가종교나 로마적 덕목의 영향을 받은 개념이라는 점, 비인격적 힘으로서 죄를 벌할 뿐 변덕스러운 자들의 일에는 개입하지 않는 개념이라는 점 등이 여기에 속한다. 그중 가장 특이한 관점은 한 평자가 타키투스에게서 '행운'(fortuna)을 '운명(fatum)의 대행자(代行者)'로 본 것이다.[88] 포르투나는 한 사람의 정해진 파툼을 실제로 실행에 옮기는 행동의 대리자라는 뜻인데, 일견 그럴 듯해 보이지만, 앞에서 보아왔던 대로 반드시

87　같은 책, 171쪽(=II.45).

88　오홍식, 「타키투스: 베스파시아누스의 fatum(운명)과 fortuna(행운)」, 『서양사론』 68, 2001, 7~31쪽, 인용은 29쪽.

그런 것은 아니다. 타키투스에게서 포르투나가 '행운'뿐만 아니라 '운명'과 동일한 뜻으로 쓰인 용례처럼 매우 다양한 의미로 사용되었다는 점이 그 반증이다.

결론적으로 타키투스의 포르투나 또는 파툼 등 우연 관련 개념은 한쪽의 긍정성에서 다른 쪽의 부정성, 심지어 제3의 관점에 이르기까지 그 자체로 엄청난 스펙트럼을 형성한다. 그 다양성은 고대의 그 어느 역사가 또는 작가에게서 결코 발견되지 않을 정도로 방대하다. 안 그래도 포르투나나 파툼 개념만 가지고도 논의할 내용이 많아 지면 관계상 생략했지만, 그 밖에 징조, 전조, 길조, 흉조, 예언, 점성술, 신탁 등 우연 관련 여타 개념도 타키투스에게서는 풍부하게 발견된다. 이와 더불어 마지막으로 특기할 점 두 가지가 있다. 하나는 타키투스의 행운이나 우연 개념에는 '신'과 '신의 섭리', '신의 징벌' 등 신적(神的)인 아우라가 고대의 그 어느 작가들보다도 더 많이 펼쳐져 있음으로써 그가 중세를 선취하고 있는 듯한 인상을 준다는 점이다. 다른 하나는 바로 이러한 신적 아우라의 영향인지 몰라도 그의 포르투나 개념을 우연과 필연과의 관계성의 척도에서 굳이 평가하자면, 우연보다는 필연에 기울고 있다고 말할 수 있다는 점이다.

제7장 중세: '신의 섭리'

　서양의 중세에 과연 오늘날 기준의 역사가라고 불릴 만한 인물이 한 명이라도 있었는지도 의문이지만, 설령 중세의 기독교적 연대기 작가를 만에 하나 역사가라고 불러준다 하더라도 그들이 자신들의 연대기 안에 현대적인 의미의 우연 개념을 사용했을 것이라고 기대하는 것은 언어도단이다. 서양의 중세는 인문학 분야에서 역사가 철학이나 문학에 비해서 한참 뒤떨어진 시대였다. 서양 중세의 최고의 지성(知性)으로 불리는 토마스 아퀴나스가 고대의 아리스토텔레스를 본떠 거의 모든 분야에 걸쳐 다양한 주제로 글을 남겼지만, 역사에 대한 글은 단 한 편도 없다는 사실이 그 점을 방증한다. 당시 뒤떨어진 분야가 역사뿐이었던 것은 아니지만, 역사가 유독 제 힘을 발휘하지 못했던 것은 사실이다. 그 원인은 아무래도 기독교라는 종교 자체와 기독교적 신학에서 찾아야 할 것이다. 그만큼 종교적 시대였던 중세는 학문적인 의미에서나 실제적인 의미에서 '비(非)역사적인 시대'였다. 만일 우연(contingentia)이나 행운(fortuna) 또는 운명(fatum) 등이 중세의 연대기 작품들에서 쓰였다면, 그것은 대체로 신의 섭리나 계시 아니면 신의 의지나 뜻, 그도 아니면 신의 정의나 징벌을 의미하는 것이었을 가능성이 크다. 깊이 있는 탐구 작업 없이도 그렇게 추측하는 것이 가능하고 또 타당한 이유는 그만큼 중세는 모든 것이 기독교적 신으로 수렴되는 사회였기 때문이다. 따라서 이 장에서 나는 이런 점을 염두에 두고, 서양의 중세, 특히 중세

전성기 때 활동했던 독일과 이탈리아, 프랑스를 각각 대표하는 세 명의 역사가들과 이들과는 정신적으로나 공간적으로 다른 문명권에 속했으며 전혀 차원을 달리했던, 아랍권 출신의 유명한 이슬람 역사가 한 명 등 모두 네 명을 '짤막하게' 다룰 것이다.

1. 오토 폰 프라이징

독일 바이에른 지방인 프라이징의 주교였던 오토 폰 프라이징(Otto von Freising, 1111?~1158)은 왕족 혈통을 지닌 성직자이자 역사서술가였다. 어머니 아그네스(Agnes)는 중세 독일 잘리어 가문의 황제 하인리히 4세(Heinrich IV)의 딸이었고, 아버지는 오스트리아의 변경백(邊境伯) 레오폴트 3세(Leopold III)였다. 오토는 이들 부부의 여덟 명의 자녀 중 다섯 번째 아들로 태어났다. 나중에 그가 전기(傳記) 형식으로 쓴 역사서의 주인공인 호엔슈타우펜 왕조의 전설적인 황제 프리드리히 1세(Friedrich I Barbarossa)는 그의 조카였다. 따라서 그는 성직자가 안 되었다면, 어느 지역의 제후가 되었을 인물이다. 정작 본인은 역사철학자로 불리기보다는 신학자로 불리길 원했다고는 하지만, 그가 남긴 두 권의 저서 『두 나라의 연대기, 즉 역사』(*Chronica sive historia de duabus civitatibus*)와 『프리드리히 황제의 업적』(*Gesta Friderici*)은 후대인들에게 그를 역사가, 그것도 독일 중세를 대표하는 역사가로 기억하도록 만든다.

『서양사학사』를 저술한 해리 엘머 반스(Harry Elmer Barnes)의 평가에 따르면, 오토는 "사건을 기록하는 유능한 연대기 작가였을 뿐 아니라 어느 모로 보나 중세 최초의 역사철학자라고 할 만한 인물이었다."[1] 그의 대표적인 주저 중 『두 나라의 연대기, 즉 역사』는 그 점을 예증한다.

---

1 반스, 『서양사학사』, 118~19쪽.

1143년부터 1146년 사이에 저술된, 그리고 아담의 창조부터 1146년까지의 시기를 다룬 이 책은 전체 여덟 권으로 구성되어 있는데, 제1권에서 제7권까지는 아담의 창조부터 오토 자신이 살던 시대까지를, 마지막 제8권은 종말들(Eschata), 즉 최후의 일(die letzten Dinge)[2]을 다루고 있다. 오토의 이러한 세계사 기획은 물론 새로운 것은 아니다. 그러나 다른 중세의 연대기 작가들과의 차별성은 그가 자신의 역사서를 단순히 연대기 형식으로 기술한 것이 아니라, 이미 책 제목에서도 드러나 있듯이 역사철학적으로 기획했다는 것이다. 따라서 아우구스티누스의 『신국론』과의 유사성을 염두에 둔다면 그리고 요아킴 데 플로리스나 이븐 할둔 등이 오토보다 더 뒤에 태어난 사람들이었다는 점을 감안하면, 이 책에 '중세 최초의 중요한 역사철학서'라는 꼬리표를 붙여도 별로 크게 흠 잡힐 일은 아니다. 오토는 한편으로 아우구스티누스의 역사철학의 주제를 계승하면서, 다른 한편으로는 파울루스 오로시우스(Paulus Orosius)의 역사 방법론의 영향을 받아 이 책을 저술했는데, 이 책을 통해 그는 이 두 사람의 지적 업적을 '종합'했다고 할 수 있다.[3] 이 책은 신의 국가와 사탄의 국가라고 하는 아우구스티누스적인 비교 방식에 의거해서 서술되었다. 한편에는 천국의 나라와 착한 나라, 즉 교회와 새로운 예루살렘이 있고, 다른 한편에는 지상의 나라와 악한 나라, 즉 바빌론이 있다. 책 서술 과정에서의 오토의 결함은 분명하다. 그는 역사에 대한 철학적 접근으로 인해 세속적이고 이교적인 일에 편견을 가지고 서술했고, 역사철학적 문제에 일차적인 관심이 있었기 때문에 세부 사실을 가끔 부주의하게 다루었다. 그러나 이러한 결함에도 불구하고 동시대를 다루었다는 점에서 그의 책은 매우 가치 있는 것으로 평가된다.

그의 두 번째 저서 『프리드리히 황제의 업적』은 『두 나라의 연대기,

---

2 기독교 신학에서는 보통 종말론과 관련해 '죽음', '최후의 심판', '묵시록', '천국과 지옥' 등 4개의 종말(die vier letzten Dinge)을 언급한다.

3 Robert Ketelhohn, Art. "Otto von Freising", http://www.domus-ecclesiae.de/historica/otto-frisingensis/ otto-frisingensis.vita.html.

즉 역사』보다 그 수준에서 뒤지지만 동시대의 역사서로서는 훨씬 더 중요한 책이다. 왜냐하면 이 책 안에는 그의 조카였던 프리드리히 황제와 교회의 관계에 대한 사료로서는 더 없이 중요한 정보가 담겨 있기 때문이다. 더구나 이 책은 다른 중세의 연대기 작품과는 달리 저자가 고위 직책과 신분에 있던 사람으로서 관찰자적 시점이 아니라 역사에 직접 참여하고 행동하는 정책 결정자적 관점에서 작성되었다는 점에서도 중요한 사료적 가치를 갖는다. 오토는 이탈리아를 희생해서 독일 제국주의를 실현하는 정책을 지지했지만 친교회적인 성향도 가지고 있었기 때문에 가끔 교황 편을 들기도 했다. 비록 오토가 1158년에 갑자기 죽는 바람에 서술이 중단되고 말지만, 이 저서는 그의 조수 라헤빈 (Rahewin)에 의해 완성된다.[4]

오토의 『두 나라의 연대기, 즉 역사』 안에는 '우연'에 대한 언급이 가끔씩 등장한다.[5] 그러나 이때의 우연은 신의 섭리를 해명하기 위해서 사용된다. '이해할 수 없는 현상'으로서 '우연' 안에는 언제나 숨겨진 신의 섭리가 내재되어 있다. 우연이나 운명 또는 행운은 이처럼 신의 뜻과 섭리를 가리키는 도구로 그 존재가치를 드러낸다. 그 스스로의 독립적 심급(審級)이 아닌, 신의 뜻이나 신의 섭리를 드러내 보여주는 보족물로서 말이다. 자율적 의미의 우연은 고대의 이교적 세계의 종말과 더불어 이미 사라진 지 오래되었고, 행운의 여신은 이렇게 신학적으로 중재되면서 지양된다. 우연이나 행운이 사라진 자리에 신의 섭리가 들어선 것이다.

이러한 특징은 중세 연대기 작가들 대부분에게서 공통적으로 나타나는 현상이다. 이 점을 오늘날의 관점에서 한계나 결함으로 보는 것은 시대착오적인 발상이다. 그저 중세 초 이래 당시까지 이어져 온 중세적 세

---

4 반스, 『서양사학사』, 119~20쪽.

5 Otto von Freising, *Chronica sive Historia de duabus Civitatibus*, ed. W. Lammers, Darmstadt: Wissenschaftliche Buchgesellschaft, 1960, pp. 10, 92, 130, 210, 290, 446.

계관이나 인생관이 그들에게 안겨 준 일종의 유전적 환경이자 조건으로서 '시대적 특징'으로 읽어야 할 것이다.

2. 요아킴 데 플로리스

이탈리아 출신의 신비주의자이자 신학자였던 요아킴 데 플로리스(Joachim de Floris, 1130/35?~1201/2)는 역사가라기보다는 역사철학자에 가까웠다. 그는 12세기에 천년왕국설을 근거로 새로운 세계에 대한 유토피아 사상을 전개한 것으로 유명하다. 천년왕국설은 요아킴 이전이나 이후에도 있었지만, 요아킴만큼 그 학설을 체계적으로 발전시킨 사람은 없었다. 역사의 흐름을 일정한 단계나 법칙에 따라 발전해 가는 과정으로 해석하는 경향을 역사철학이라고 한다면, 역사를 성부와 성자와 성령 등 영성(靈性)이 심오해지는 세 단계의 흐름을 따라 발전해 간다고 본 요아킴의 사상은 분명 역사철학에 속한다. 그것도 가톨릭의 정통 교리에 맞게 역사를 해석했다는 점에서 그의 역사철학은 보통 '삼위일체적 역사철학'이라 일컬어진다. 그러나 이것도 갑자기 나온 것이 아니라 원래는 그의 이원론적 역사관으로부터 발전해 온 것이다. 그는 애초에는 역사가 성서적 세계관에 근거해 두 개의 위대한 섭리, 즉 『신약성서』와 『구약성서』의 조화에 따라 발전해 가는 과정이라고 생각했다. 그러나 그는 영적인 체험을 통해 역사를 세 개가 동시에 짝을 이루는 형태로 이루어진 실체로 생각하기에 이르렀고, 성부와 성자와 성령이라는 세 개의 위(位)와 격(格)이 시간적으로 구조화되는 원리를 만들어냈다.[6]

이러한 삼위일체적 역사철학에 따르면, 만물이 세 부분으로 나뉘듯, 인류 역사의 전 과정도 세 시기로 나뉜다. 첫 번째 시기는 창세기에서

---

6 M.E. Reeves, Art. "Gioacchino da Fiore", 브리태니커 온라인 백과사전. http://premium.britannica.co.kr/bol/topic.asp?article_id=b19j2614a.

그리스도의 강림에 이르는 약 1260년의 기간이다. 공포와 율법의 증거 아래에서 아담에 의해 시작된 이 시기는 구약성서 시대로서 하나님 아버지의 지배 아래 있던 시대이자 학문(scientia)을 소유하던 시대다. 두 번째 시기는 예수 그리스도에서 시작해 다시 약 1260년에 이르는 기간이다. 이 시기는 신약성서 시대로 예수님의 지배 시대이자 믿음의 시대이기 때문에 효도와 신앙의 시대로 불리며, 지혜의 편에 서는 시대다. 세 번째 시기는 묵시록에 예언된 승리를 거둘 때까지 수많은 투쟁이 벌어지는 기간이다. 이 시기는 '끊임없는 복음'의 시대로 성서지배시대, 자비의 시대, 영광된 미래의 시대, 영적인 시대. 이 마지막 시대가 되면 교회와 제국, 결혼 같은 인간 제도의 구속이 없어지고, 인간은 드넓은 수도원에 모여 기쁨과 영적인 행복을 누리며 최후의 심판일(Jüngst Gericht)까지 살 것이다. 이 시대는 완전한 이해를 갖게 될 그런 시대다. 매 단계가 단순한 변화가 아니라 발전적인 방향으로 나아가는 것으로 보았다는 점에서 요아킴의 역사사상은 훗날 칸트와 콩도르세(Condorcet), 헤겔에게서도 나타났던 것처럼, 종말론에 뿌리를 둔 직선적 발전 도식의 역사철학이라고 할 수 있다. 그의 주요 저작으로는 『신약성서와 구약성서의 조화에 관한 책』(Liber Concordiae Novi ac Veteris Testamenti), 『요한계시록 설명』(Expositio in Apocalypsim), 『10개의 줄이 달린 현악기』(Psalterium decem chordarum) 등이 있다. 그의 천년왕국설은 이 중 두 번째 작품에 잘 나타나 있다.

훗날 19세기 초반에 헤겔의 역사철학이 그러했듯이, 12세기 중반에 펼쳐진 요아킴의 천년왕국사상 역시 우연보다는 필연이 압도적으로 지배하는 구조로 이루어져 있다. 역사철학은 거시적으로 역사가 일정한 경향과 법칙을 갖고 발전하는 과정으로 보면서 미시적으로는 역사안에서 법칙을 찾아내려는 시도라는 점에서, 우연이 개입할 여지가 가장 적은 분야다. 역사철학자들은 우연이 개입하려고 해도 오히려 그러한 요소를 의도적으로 배제하려 한다. 역사가 예측할 수 없는 것으로서의 우연으로 이루어져 있고 우연의 연속이라고 주장하는 것보다도 더 역사철학자들을 거부감과 반발심이 들도록 만드는 일도 없다. 가령 요아킴은 『신약성서와 구약성서의 조화에 관한 책』에서 당대의 교회 내의 구성원들의 분열이라는 부정적인 현실 인식에 직면해 기독교 사회가 얼마나 완벽하게 질서정연하고 분화되어 있는가의 문제를 논구하는데, 초기 기독교 사회는 사도들, 전도사들, 박사들, 동정녀들이 그들끼리는 말할 것도 없고, 심지어 결혼한 평신도들과도 조화를 이루며 똘똘 뭉쳐 하나로 통합되고 단일화된 모습을 보여준 시기였다고 말한다. 그러한 초기 기독교 공동체와 오늘날의 기독교 신자에 대해 그는 다음과 같은 의미심장한 말을 남긴다.

> 그 단체는 하나로 통일되어 있었고, 이제 그 모든 구성원은 스스로를 위하여 살아간다.[7]

과거에 기독교 공동체가 완벽한 이상적인 구조물이었다면, 오늘날 우리는 그 공동체 안의 구성원으로서 단독으로 자신의 힘으로 살아가야 한다. 이처럼 교회와 교회 공동체, 인간 사회가 신에 의해 완벽하게 짜인 완벽한 구조물이라면, 그 안에서 일어나는 일은 그 어떠한 것이라도 우연일 수 없고 우연이 되어서도 안 된다. 그 안에서는 우연이나 우연적인 일이 끼어들 여지가 애초에 사라진다. 설령 우연이나 우연한 일이 일어난다 해도 그 모든 것은 곧 신의 뜻이자 신의 섭리가 된다. 이 경우 우연이 신의 섭리인 것이지, 신의 섭리가 우연일 수는 없다. 왜냐하면 그것은 인간적인 지식수준으로는 도달할 수 없는 일이고, 따라서 신의 경지에서 보았을 때 그 모든 일은 신의 주관과 통제 아래 이루어지기 때문이다.

미래지향적이고 유토피아적인 역사철학을 구사한 요아킴은 인간 사

---

7 Joachim of Fiore, *Liber Concordiae Novi ac Veteris Testamenti*, ed. E. Randolph Daniel, Philadelphia: American Philosophical Society, 1983, V, 22, fol. 71va.

회의 이러한 잘 조화되고 잘 구조화된 모습이 시간이 흐를수록, 그러니까 과거보다 현재, 현재보다 미래가 올수록 더욱더 공고하게 나타난다고 보았다. 그에 따르면, 애초에 예수는 사람들을 분열시켜 놓았으나 점점 시간이 지날수록 흩어져 있는 사람들을 하나로 통합해 나가게 되는데, 그것이 바로 하나님의 전지전능한 힘이자 권능이라는 것이다. 세 번째 단계에 오면 심지어 모든 종교까지도 통합되어 하나의 영적인 교회 안에서 '새로운 종교'(nova religio)가 탄생한다.[8] 그러한 미래의 천년왕국에서는 우연이란 존재할 수 없고, 설령 있다 하더라도 그 모든 우연은 신의 섭리와 계시라는 필연으로 지양된다. 이로써 요아킴에게 우연은 사유와 천착의 대상이 될 수 없었음이 재확인된다.

3. 장 프루아사르

중세 말에 활동했던 프랑스의 시인 장 프루아사르(Jean Froissart, 1333?~1400?)는 중세 프랑스를 대표하는 연대기 작가다. 14세기 백년전쟁에서 있었던 '명예로운 모험담과 무훈'을 다룬 그의 『연대기』(Chronicles)는 봉건시대에 관한 가장 중요하고 자세한 기록으로 정평이 높다. 이 작품은 또 기사도적인 궁정연애의 이상을 가장 잘 보여주는 당대의 자료로서도 그 가치를 높게 평가받는다. 애초에 이 저술은 프루아사르가 일차적으로 독자들을 즐겁게 하기 위해 썼던 글이었고, 이로 인해 그는 큰 인기를 얻었다고 한다. 감동적인 장면과 인물을 훌륭하게 묘사한 그의 연대기는 가장 극단적인 형태의 일화 형식의 역사서다. 세계 시민적 시인이자 외교관으로서 그는 영국, 프랑스, 스페인, 포르투갈 등 유럽 각지의 궁정에서 살면서 귀족 사회의 기사도 정신에 입각해 나름 객관성을 유지하고자 노력하면서 글을 써나갔다. 프루아사르는 자신의

---

8 같은 책, V, 67, fol. 96va; Cf. 같은 책, V, 65, fol. 95va~vb.

연대기를 평생 세 번 개작했으며, 고칠 때마다 다른 특성을 부여한 것으로 알려져 있다. 인과관계의 문제에 많은 비중을 두어 서술했고, 당시의 예절과 풍습, 제도 등에 관해 많은 정보를 이 책에 담아냈다. 신분 계층 안에 갇혀 세상을 바라보는 관점이 협소했던 점이나 사료들을 꼼꼼히 검토하지 못한 점 등 한계는 뚜렷하지만, 자신이 살았던 시대의 귀족들과 기사들의 이상과 시대상을 글 안에 충실히 반영한 작가로 평가된다.

프루아사르의 『연대기』 안에는 'contingentia'라는 용어 자체가 거의 나오지 않는다. 우연과 관련된 유사 용어로 'fortuna'만이 꽤 빈도 높게 등장할 뿐이다. 그러나 그 의미는 다양하기보다는 제한적으로 사용되는데, 다음 문장을 보자.

> 나는 신이 이 친절한 기사 헤이놀트의 존(John of Heynaulte) 경과 그의 동료들에게보다도 더 많은 은총과 행운을 준 사람들이 없다고 생각한다.[9]

여기서 '포르투나'는 은총과 함께 놓이면서 운명이 아닌 행운의 의미로 쓰인다. 흥미로운 점은 이렇게 행운이 쓰여도 항상 그것을 선사하거나 빼앗는 주체로서, 즉 행운을 통제하는 지배자로서 언제나 신이 등장한다는 것이다. 운명이나 행운은 고대와 달리 중세에 들어와서는 이처럼 독립적이거나 자율적인 심급으로 쓰이지 않는다. 유사한 사례를 하나만 더 보자.

> 그 기사의 종자는 무릎을 꿇고 말하기를, 전하 만일 신이 그의 은총으로써 나에게 진정한 군사적 정복을 통해 스코틀랜드의 왕을 잡으라고 하신다면, 전하, 나는 그 어떤 사람도 두려움을 가질 필요가 없다고 생각합니다. 왜냐하면 신 또한 그의 은총으로써 그 위대한 군주에게 보냈던 것과

---

9 Jean Froissart, *The Chronicle of Froissart*, trans. Sir John Bourchier & Lord Berners, London: David Nutt, 1901, p. 46.

똑같은 그러한 행운을 이 불쌍한 기사의 종자에게도 보낼 것이기 때문입니다.[10]

신과 은총, 행운은 마치 3종 선물세트처럼 대체로 함께 묶여서 나온다. 여기서도 역시 신이 은총처럼 행운도 인간에게 선사하는 주체로 그려진다. 인간이 행운을 얻는다면 그것은 우연이 아니라 오로지 신 덕분이다. 불행 또한 마찬가지일 것이다. 미래를 향해 나아가는 인간의 삶의 방향, 즉 운명은 이처럼 오직 신에 의해 좌우된다. 그렇다면 포르투나가 실제로 '운명'의 뜻으로 쓰인 사례는 없을까? 다음 문장을 보자.

성문은 닫혀 있었다. 왜냐하면 그 시간에는 이미 사방이 어두워졌기 때문이다. 그러자 왕은 성벽 가까이에 와 있던 대장을 불러 말하기를, 이 야심한 밤에 저기에 있는 여자는 누구냐? 그러고 나서 왕이 다시 말하기를, 너희들 성문을 빨리 열어라. 왜냐하면 이것이 프랑스의 운명이기 때문이다.[11]

여기서는 포르투나가 한 국가 또는 한 개인의 운명의 의미로 쓰이고 있음을 알 수 있다. 그러나 그 밖의 유사 개념들, 즉 '우연'(contingentia)이나 '우유'(accidens)와 같은 용어는 프루아사르의 『연대기』에는 나오지 않는다.

중세의 다른 연대기 작가들과 달리 프루아사르에게서 '포르투나'라는 개념이 이처럼 간헐적으로나마 꾸준히 사용된 이유는 아무래도 그가 중세 말에서 근대로의 이행기로 접어드는 후반기 작가였기 때문일 것이다. 그렇지만 중세에서 근대로의 가교 역할을 했던 그의 우연 개념의 위상을 너무 높게 평가할 필요는 전혀 없다고 본다. 왜냐하면 다른

---

10 같은 책, p. 315.
11 같은 책, p. 301.

336

중세의 연대기 작가들과 마찬가지로 프루아사르 역시 포르투나라는 우연 대체 용어를 우연이나 우유보다는 운명이나 행운이라는 의미로 더 많이 사용했고, 더 심각한 문제는 그 술어를 신의 섭리와 계시 개념에 철저히 종속적인, 즉 그것들의 하위개념으로 썼기 때문이다. 우연이나 운명은 신의 섭리나 계시의 대체개념이나 등가개념도 아니었고 독립적인 자유개념도 아니었다. 다만 신의 의지나 뜻을 통해서만 그 의미와 가치가 드러나는 신의 구성개념이나 보족개념일 뿐이었다. 그러나 그러한 한계에도 불구하고 중세 서유럽권의 연대기 작가 중에서 프루아사르만큼 '포르투나'와 같은 우연 연관 개념을 빈번히 사용한 연대기 작가는 없었다.

4. 이븐 할둔

아랍권의 역사가 중에 비(非)아랍권 세계에 이븐 할둔(Ibn Khaldūn, 1332~1406)보다 더 많이 알려진 역사가는 아마 없을 것이다. 아니 아베로에스(이븐 루시드)나 아비센나(이븐 시나) 같은 철학자들이라면 모르되, 아예 중세를 포함한 모든 시기를 통틀어 아랍의 역사가를 꼽으라면 대부분의 사람들은 이븐 할둔 외에 머리에 떠올릴 수 있는 역사가가 없을 것이다. 그만큼 이븐 할둔의 명성은 압도적이고 독보적이다. 또 그만큼 다른 아랍의 역사가들 중 외부 세계에 이름을 떨친 사람도 없다는 얘기다. 그런데 좀 더 자세히 살펴보면, 그는 엄밀히 말해 역사가로서보다는 역사철학자 또는 문명론자로 더 많이 알려진 인물이다. 그렇다면 그가 실제로 역사가가 아니고 그저 역사를 조망하고 역사의 발전 법칙이나 원리를 밝히고자 했던 역사철학자였을까? 이를테면 그는 아랍권의 랑케가 아니라 헤겔이었던가? 아니면 그가 프리드리히 마이네케(Friedrich Meinecke)가 아니라 오스발트 슈펭글러(Oswald Spengler) 같은 사람이었을까?

『역사서설』의 저자로 잘 알려진 튀니지 태생의 이븐 할둔이 생전에 쓴 책 중에 오늘날 전해지는 것은 『자서전』과 『성찰의 책』 단 두 권뿐이다. 전자를 빼면 한 권이 전해지고 있는 셈인데, 이 책은 원래 『성찰의 책. 아랍인과 페르시아인과 베르베르인 및 그들과 동시대에 존재했던 탁월한 군주들에 관한 초기 및 그 후대 역사의 집성』이라는 긴 제목의 역사책이었다. 크게 3부로 구성된 이 책은 서문과 서론 외에 제1부는 문명과 사회의 근본적인 특징을, 제2부는 천지창조부터 이븐 할둔이 살던 시대까지의 아랍인들의 역사를, 제3부는 북아프리카 서부의 베르베르인들의 역사 등을 각각 다루고 있다. 그런데 우리가 잘 알고 있는 『역사서설』은 독립된 책이 아니라 후대인들이 이 『성찰의 책』 중 서문, 서론, 제1부만을 따로 묶어 '무카디마'(Muqaddimah), 즉 '서설'(Prolegomena)이라는 이름으로 편집·출간한 책이다. 우리말 역자의 설명에 따르면, 국역본 제목을 『역사서설』이라고 붙인 이유는 이 편집본이 그냥 서설이 아니라 역사책의 앞부분에 해당하기 때문이라는 것이다. 그렇다면 사람들은 왜 이 책의 앞부분만 따로 묶어 출간할 생각을 했을까? 그 이유는 이 부분들이 아랍권과 그 주변 세계를 편년체의 통사 형식으로 기술한 제2부나 제3부와 별도로 읽어도 무방할 만큼 독립적인 형식과 내용을 갖추고 있기 때문이다. 실제로 『역사서설』 안에는 역사의 의미와 가치, 역사를 분석하고 서술하는 방법론, 인간 역사의 흐름을 관통하는 일반적인 사회법칙 등이 논술되어 있다. 크게는 인간 사회나 문명 일반, 작게는 한 국가의 흥망성쇠라는 역사의 흐름을 관통하는 일반적인 원리가 무엇인지를 밝혀내고자 시도했기에 일종의 역사철학서로 불리기에 전혀 손색이 없다. 이븐 할둔은 동시대의 아랍권과 기독교 문명권은 말할 것도 없고, 서양에서도 18세기까지 이 분야에서 그 어느 누구도 감히 넘볼 수 없는 독보적 존재로 군림했다. 그는 흔히 몽테스키외, 볼테르, 비코, 칸트, 헤르더, 헤겔 등 계몽주의 및 낭만주의 시대의 뛰어난 역사철학자들과 어깨를 나란히 하거나 심지어 그들을 능가한다는 평가를 받는다. 20세기에 아널드 토인비(Arnold J. Toynbee)는

『역사의 연구』에서 이븐 할둔의 『역사서설』을 "시대와 장소를 불문하고 인간이 만든 역사철학서 가운데 의심할 여지없이 가장 위대한 작품"이라고 극찬했다.[12]

이븐 할둔은 인간 사회의 흐름에도 자연법칙과 비슷하게 일정한 법칙이 작용한다고 생각하고, 다양한 사회 현상을 분석함으로써 이 법칙을 정형화한 다음, 그것을 바탕으로 한 사회의 발생과 성장, 몰락 과정을 체계적으로 파악하고자 했다. 그에 따르면, 하나의 문명은 그 사회 구성원들을 공동의 목표 아래 결속시킬 수 있는 '연대의식'(assabiya)의 고양을 통해 발전하지만, 이 연대의식이 깨질 때 쇠퇴하게 된다는 것이다. 요컨대 하나의 문명은 유목민들의 거친 사막 생활 속에서 형성된 연대의식을 바탕으로 발전하지만, 그들이 전야문명(田野文明)을 정복한 후 거기에 안착하면 연대의식이 해이해지면서 쇠퇴하게 된다. 물론 오늘날의 관점에서 보면 아랍 왕조의 역사를 바탕으로 일반화한 사회법칙이 더 이상 현실성을 갖기 어려운 것은 사실이지만, 사회 구성원들의 역학관계 속에서 역사 발전의 법칙성을 찾아내려 한 그의 관점은 탁월하다고 할 수 있다.

그렇다면 이븐 할둔의 『역사서설』에도 과연 우연 또는 그와 유사한 개념이나 용어들이 등장할까? 등장한다면 그 개념들은 어떤 의미로 사용되었을까? 이븐 할둔의 『역사서설』에는 비록 적기는 하지만 우연, 필연, 운명, 행운, 신의 섭리 등 우연 관련 용어들이 발견된다. 그러나 유감스럽게도 우연 개념을 독립적으로 논의한 부분은 전혀 없다. 따라서 우연 또는 필연에 대한 그의 생각은 신의 섭리와 계시에 대한 언급 등을 통해 간접적으로만 독해된다. 우연에 대한 몇 안 되는 언급 중 우연의 독자적 성격을 적시한 다음 문장을 보자.

---

12 Arnold J. Toynbee, *A Study of History: The Growths of Civilizations*, New York: Oxford University Press, 1962, vol. 3, p. 322: "a philosophy of history which is undoubtedly the greatest work of its kind that has ever yet been created by any mind in any time or place."

어떤 사건들(혹은 현상들)이 본질과 관련되어 생긴 것이냐 아니면 어떤 행위의 결과이냐를 불문하고, 그것들은 본질이면 본질 나름대로 혹은 부수적·우연적 상황들이면 또 그 나름대로의 고유한 성질을 가질 수밖에 없다.[13]

하나의 사건이나 현상이 '본질'과 '우유'로 구성되어 있다고 본 점에서, 이븐 할둔은 당대의 아랍권 또는 기독교권의 철학에 대해 상당한 학문적 조예가 있었던 듯하다. 더구나 하나의 사건이나 현상에서 본질은 본질 나름대로, 우연은 우연 나름대로 고유한 성질을 갖고 있다는 그의 주장은 분명 다른 철학자들보다 한걸음 더 진일보한 모습이다. 왜냐하면 보통 당시까지의 철학자들은 한 사물을 관찰하는 데서 그것의 내면적 본질을 중시하지, 그것을 둘러싼 외피로서의 우유는 부차적이고 중요하지 않은 것으로, 경우에 따라서는 무의미한 것으로 무시해 버리기 일쑤였기 때문이다. 그에 반해 이븐 할둔은 우연적 사건이나 현상도 그것 나름의 고유한 성질과 특성이 있기 마련이고 관찰자는 그것을 간과해서는 안 된다고 주장한다. 역사가로서 자신의 지적 토대가 아마도 역사에 있었기 때문에 가능한 일이었을 것이다. 본질과 우연을 상반된 것으로 본 것은 공유하되 우연의 독립성과 자율성도 인정해야 한다는 마음가짐이 돋보인다.

하지만 불행히도 이븐 할둔에게서 우연 개념에 대한 가치 인정을 명시하거나 암시하는 발언은 더 이상 발견되지 않는다. 딱 거기까지다. 아니, 정반대로 나머지 모두는 필연 개념이 압도한다. 이븐 할둔은 동시대의 기독교 문명권의 연대기 작가들처럼 역사는 신에 의해 주관된다고 보았다. 인간사의 모든 일이 신의 뜻으로 이루어져 있고, 만일 그것이 직접적으로 독해되지 않으면 신의 계시나 섭리라는 징표를 통해 간접적으로 읽혀야 한다는 것이다. 그에 따르면, 이 세상의 일은 모두 우연이 아

13   이븐 할둔, 『역사서설』, 김호동 옮김, 까치, 2003, 62쪽.

닌 필연으로 이루어져 있다. 그 하나하나의 증거는 모든 요소에 미친다.

먼저 '운명' 개념이다. 고대 세계에서 우연과 매우 밀접한 관계를 갖고 있던 운명 개념이 이븐 할둔에게는 어떻게 나타나는지 예를 통해 살펴보자. 아랍권의 한 문명이 어떻게 흥망성쇠를 거듭했는지 그리고 그러한 운명이 궁극적으로 어떤 의미를 갖는지를 보여주는 좋은 사례가 있다.

알 마수디의 뒤를 이어 알 바크리는 다른 것은 모두 제쳐두고 오로지 도로와 영역에 대해서만 그와 같은 작업을 했는데, 그것은 그의 시대에 민족과 종족에서 커다란 변화가 일어나지 않았기 때문이었다. 그러나 오늘날, 즉 8~14세기 말, 우리가 보듯이 마그리브의 상황은 완전히 바뀌어버렸다. 마그리브의 원주민인 베르베르인들은 5~11세기에 유입되기 시작한 아랍인들에 의해서 교체되어, 아랍인이 베르베르인을 힘과 숫자로 압도하고 그들의 토지 대부분을 빼앗았으며, 결국 그들 수중에 남아 있던 약간의 영지까지도 점유하기에 이르렀다. 이런 상황이 8~14세기 중반까지 계속되다가 이슬람권 동방과 서방의 문명은 파멸적인 역병의 기습을 받아 민족들은 황폐하게 되고 주민들은 절멸되는 운명을 맞이했다. 그로 인해서 문명이 창조했던 수많은 좋은 것들이 사라지고 씻겨가 버렸다. 그것은 마침 수명의 한계에 도달하여 노쇠기를 맞던 왕조들을 덮쳤고, 그 세력을 약화시키고 영향력을 감축시켰다. 그들의 권위는 약화되어 상황은 거의 절멸과 해체의 지점에까지 이르렀다. 인구의 감소와 함께 문명도 위축되었고, 도시와 건물은 황폐화되었으며 도로와 골목의 표지판은 지워졌다. 촌락과 가옥은 텅 비어버렸고 왕조와 부족들은 쇠퇴해 갔다. 사람이 거주하는 세상 전체가 변해 버렸다. 동방에서도 역병은 비슷한 시기에 찾아왔으며, 피해의 정도도 보다 풍요한 문명에 걸맞게 엄청났다. 마치 세상의 모든 존재들이 망각과 위축을 요구하며 고함치는 듯했으며, 세상은 그 외침에 대답하는 듯했다. 신께서는 지상과 그 위에 사는 모든 사람들을 거두어들이신다.[14]

여기서 운명은 리비우스나 타키투스에게서처럼 변덕스러운 힘이 아니라 모두 신의 뜻에 의해 계획적으로 이루어지고 작동된 힘으로 그려진다. 운명의 조종자는 더 이상 'fortuna' 같은 비인격적 존재가 아니라 알라(Allah) 신이라는 초월적 존재다. 운명이 기획되고 작동하고 변화하고 완성되는 그 모든 과정에서 신 이외의 힘이 개입될 여지는 없다. 오로지 신만이 그 운명을 주관하는 절대자로 등장하고 군림한다. 우연이 무너지고 사라져가는 모습이 더욱더 뚜렷이 보이지 않는가?

'역사' 개념은 어떨까? 현대인들은 일반적으로 역사학이 인간과 사회의 시대적 변화를 추적하는 학문이기 때문에 필연이 아닌 우연이 크고 결정적인 요소로 부각될 수밖에 없다고들 말한다. 하지만 700년 전의 아랍 역사가도 그렇게 인식했을 것으로 기대하는 것은 아무래도 무리일 것이다. 더구나 그가 철학에 조예가 깊고 역사 안에서 변하지 않는 법칙이나 원리를 찾아내고자 했던 인물이라면, 그러한 기대는 무리를 넘어 어불성설이나 언어도단으로까지 비쳐진다. 백문이 불여일견, 관련 문장들을 직접 인용해 보자.

> 역사학의 은폐된 함정은 민족과 종족이 처한 상황이 시대와 시간의 변화에 따라서 변한다는 사실을 무시하는 것에 있다. 이것은 정말 뿌리 깊은 통증이고 깊이 숨겨져 있어, 오랜 시간이 지난 뒤에야 비로소 눈에 띄게 되기 때문에 극소수의 사람을 제외하고는 거의 그것을 눈치채지 못할 정도다. 우리가 알아야 할 사실은 세상과 민족, 관습, 교파 등의 상황이 동일한 형태로 혹은 항구적인 방식으로 지속되지 않으며, 시대와 시기에 따라서 차이가 있고, 하나의 상태에서 다른 상태로의 변화가 있다는 점이다. 이것은 개인과 시대와 도시에도 적용되며, 지역과 시기와 왕조와 관련해서도 마찬가지로 일어난다.[15]

---

14 같은 책, 55~56쪽.
15 같은 책, 49쪽.

역사의 본질은 변화에 있다는 주장인데, 이쯤 되면 예리한 독자라면 무릎을 탁 칠 것이다. 바로 뒤이어 그래서 우연이 엄청 중요하다는 얘기가 거침없이 쏟아져 나올 기세이니 말이다. 하지만 우리의 기대는 다음 문장들과 함께 여지없이 무너져 내린다.

> 역사학이 가지는 내적인 의미는 진실에 이르고자 하는 사고와 노력, 현존하는 사물들의 원인과 기원에 관한 미묘한 설명 그리고 사건들이 어떻게 또 왜 일어났는가에 대한 깊은 지식을 포함한다. 따라서 역사학은 철학에 깊이 뿌리를 내리고 있으며 그것의 한 분야로 여겨질 만하다.[16]

역사가 변화한다는 사실을 명심하는 것은 중요하지만, 그렇다고 역사가 변화하는 모습만을 추적해서는 절대 안 된다는 경고다. 중요한 것은 역사적 사건들의 현상 이면에 놓여 있는 본질을 파악해야 하고, 내면의 불변하는 가치를 추출해야 한다는 것이다. 과거에 인간들이 살아갔던 모습을 변화에 초점을 맞추어 기록하는 것이 역사이고, 현존하는 사물들의 이면에 놓여 있는 본질을 파악하려는 시도가 철학이라면, 이 두 학문은 접근 방식에서 차이가 날 수밖에 없다. 하지만 이븐 할둔은 역사가 철학이 되어야 한다고 주장한다. 그동안 역사는 그 출발부터 형식에서, 심지어 최근에는 그 본질에서 뼛속까지 문학이고 또 그래야 한다는 주장을 귀에 못이 박히도록 들어온 우리로서는 상당히 당혹스럽고 충격적인 발언이 아닐 수 없다. 역사가 철학이어야 한다는 요청은 차치하고, 일단 역사가 그 방법이나 형식에서 철학이 될 수 있을까? 여기서 이 심각한 주제에 대한 논의는 더 이상 진행하지 않는 것이 좋겠다. 문제는 적어도 이븐 할둔이 그렇게 생각했고 주장했다는 것인데, 이를 통해 결국 역사가 우연일 수 있거나 우연일 수밖에 없다는 주장들은 소리 없이 묻혀 버린다.

---

16 같은 책, 21쪽.

역사 방법론에 대한 이븐 할둔의 주장은 역사에서 우연을 더욱더 멀리 떼어놓는 파국적 결과를 초래한다. 19세기 유럽에 와서야 확립되기 시작한 역사연구 또는 역사서술 방법에 대한 논의가 중세라는 까마득한 시기에 그나마도 이슬람권 지역에서 이루어졌다는 것도 놀랍지만, 그 내용 또한 19세기의 그것과 비교했을 때 거의 차이가 없을 정도로 완벽하다는 사실은 경이롭다는 말로밖에 달리 표현할 길이 없다. 어쨌든 정확히 원인을 찾아내 사건이나 현상의 인과관계를 분석하고 이를 통해 우연적이거나 모호한 요소들이 개입될 여지를 아예 없애 버리자는 것이 이븐 할둔의 역사 방법론의 주요 골자다.

> 역사적 정보에 대해서 그 속에 내재하는 가능성 혹은 불가능성에 근거하여 옳고 그름을 판별하는 규범적인 방법은 바로 인간의 사회조직, 즉 문명에 대해서 탐구하는 것이 된다. 우리는 문명에 본질적으로 수반되어 나타나는 상태들, 우연적이어서 항상 나타난다고는 기대할 수 없는 상태들, 그리고 결코 나타날 수 없는 상태들을 구분해야만 한다. 우리가 이러한 것들을 구분할 수만 있다면, 하등의 의심을 허용하지 않는 논리적인 입증을 통해서 역사적인 정보 속에 담긴 옳은 것과 그른 것, 진실과 허위를 구분하는 규범적 방법을 소유하게 될 것이다. 그러면 문명 안에서 일어난 어떤 상태들에 관해서 이야기를 들을 때마다 우리는 어떤 것을 받아들이고 어떤 것을 거짓으로 선언할지를 알게 될 것이다. 그리하여 우리는 건전한 척도를 가지게 되고, 역사가는 그 척도를 이용하여 자신의 보고와 관련하여 진리와 정확성의 길을 찾아갈 수 있다.[17]

역사에서 철저히 '진실'만을 추구하겠다는 결연한 의지가 돋보인다. 이를 위해 엄격한 방법론이 요청되고, 우연이나 우연적 요소를 제거하면서 필연적이거나 확고한 인과관계를 확립해 나가는 노력이 필요하

---

17 같은 책, 65~66쪽.

다고 역설된다. 마치 19세기에 역사서술을 학문화시켜 나간 독일의 역사주의 역사가들의 중무장된 정신을 미리 읽고 있는 듯한 착각에 빠져든다.

이븐 할둔이 이처럼 역사를 철학적으로 재구성할 수 있고 또 그래야 한다고 생각한 이유는 그가 이 세계를 우연적이지 않고 신에 의해 조직된 어떤 체계적인 것으로 보았기 때문이다. 체계적으로 조직된 인간 세상에서 어떤 일이 뜻밖에, 의도하지 않게, 우연히 발생했다면 그것은 인간의 눈으로 보았을 때 그렇게 보일 뿐이고, 신의 관점에서는 미리 의도하고 계획된 것이기에 자연스럽고 당연한 일이다. 신의 의도와 계획 안에서 인간사의 우연과 돌발은 설 자리를 잃어버린다. 우연이 우연이 아닌 것이 되는 셈이다.

> 모든 피조물들을 담고 있는 이 세계는 일정한 질서와 견고한 구조를 가지고 있다. 그것은 놀랍고도 끊임없는 방식으로 원인과 결과 사이의 연관성을, 피조물과 피조물 사이의 조합을, 또 어떤 존재의 다른 존재로의 변용을 보여준다.[18]

이 세계 내의 모든 존재는 그것이 원인과 결과의 관계든, 아니면 단순한 결합이든, 아니면 다른 것으로의 전화(轉化)든 그 어떤 형태와 방식으로든 서로 연결되어 있다는 주장이다. 이 촘촘한 관계망 속에 우연 또는 우연 비슷한 것이 끼어들 틈은 전혀 없어 보인다. 생물학적으로 표현하면, 하나의 생물체는 반드시 그 이전에 부모 생물체를 원인으로 하여 유전적으로 발생한다. 심지어 돌연변이조차 나중에 변종적 특질이 후대에 유전된다 하더라도 일단 그 자신이 부모 없이 탄생할 수는 없다. 사물의 경우도 마찬가지다. 하다못해 길바닥의 돌 하나도 그것이 만들어지고 그 자리에 있기까지 애초에 어떤 원인들이 있었을 것이고, 현재 상

---

18 같은 책, 107쪽.

태에서 그저 가만히 있는 듯하지만 사실은 누군가에게 밟히고 걷어차이는 일을 통해 다른 주변 존재들과 이러저러한 형태로 끊임없이 관계 맺기를 시도한다. 이런 관점에서 보면, 이븐 할둔의 주장은 상당한 설득력을 갖는 듯하다. 일견 타당해 보이는 이 주장을 액면 그대로 받아들이면, 정말 우연이나 돌발적인 일이란 이 세상에 있을 수 없게 된다. 그러나 과연 그럴까? 사물들 사이의 관계의 전혀 이질적인 속성과 인과성을 도저히 인정할 수 없을 정도의 억지스러운 인과관계, 전혀 다른 사물로 인식될 정도의 지나치게 큰 변화, 관계 속에 끼어드는 변수나 돌발적 사태 등을 염두에 두고 보면, 이븐 할둔의 주장은 그냥 말 그대로 하나의 주장으로 끝나 버린다. 우연은 여전히 유효하다. 이 세계를 바라보는 우리의 관점은 이 세계의 기반이 되었든 이 세계 과정의 결론이 되었든 그것이 얼마든지 필연이 될 수도 있고 우연이 될 수도 있다. 관점과 해석은 어느 방향으로든 활짝 열려 있다.

다시 원래의 주제로 돌아와, 이븐 할둔은 신의 섭리가 작동하는 한 우연은 있을 수가 없다는 입장을 재차 천명한다. 가령 사회적 지위의 남용에 대한 이븐 할둔의 생각을 읽어보자.

> 신의 섭리는 지위를 정의롭게 사용하는 것을 근본적인 것으로 의도한 반면, 지위를 사사로이 사용하는 것은 마치 신이 악을 규정했던 것처럼 우연적인 것으로 정했다. 다수의 선은 오로지 소수의 악과 함께할 때에만 비로소 온전히 존재할 수 있다. 그러나 선은 악과의 혼합으로 인해서 소멸되는 것이 아니고 단지 그 주위에 작은 악들을 달고 있을 뿐이다. 이 세상에 불의가 생기는 이유는 바로 이 때문이다.[19]

한 사회 안에 특정한 지위가 있다면, 그 자리에 앉은 사람이 그 지위를 공익을 위해서 올바로 사용해야지, 만일 그렇게 하지 않고 사적으로

---

19 같은 책, 369쪽.

남용하거나 악용하면 신이 그것을 악으로, 우연으로 규정하게 된다고 말한다. 여기서 '악'과 '우연'은 거의 동급으로 처리된다. 그러면서 선은 결코 악에 압도당하지 않는다고 말한다. 그렇다면 역시 똑같은 논리로, 필연은 결코 우연에 굴복당하지 않는다고 말했을 법하다.

그래서 결국 인간사는, 적어도 이븐 할둔이 보기에, 신의 섭리에 의한 필연의 결과다. 신은 원인들 중의 원인, 으뜸 원인, 이른바 최초의 원인으로 작동한다.

> 신의 유일성을 보여주는 주장은 이러하다. 존재하는 사물들의 세계 속에 생긴 것들은, 본질에 속하는 것이든 아니면 인간적·동물적 행위에 속하는 것이든, 모두 다 자신의 존재 이전에 적절한 원인들을 필요로 한다. 그 원인들은 습관이 지배하는 세계 속에 사물들을 창조하고 또 그것을 발전시킨다. 그런데 이 각각의 원인들 역시 창조되어야 하는 것이기 때문에 또 다른 원인을 필요로 한다. 원인에 원인이 꼬리를 물고 상향적으로 진행하다가 마침내 원인들의 '원인자', 즉 그 모든 원인을 창조하고 존재하게 하는 '그'에게 이르게 되는 것이다.[20]

아리스토텔레스에다 아우구스티누스까지 연상되는 이 발언을 기준으로 보면, 이 세상의 모든 일은 신의 주관 아래 있기 때문에, 즉 우연적으로 보이는 것도 모두 최초의 원인자로서 신의 의도와 계시에 의해 발생한 것이기 때문에 '필연적'이다. 이븐 할둔 자신의 표현을 다시 인용하면, 적어도 신이 인간에게 사고할 수 있는 이성적 능력을 부여해 준 이상 이 세상의 모든 일은 "동물들의 세계와 달리 인간 사회에서는 우발적으로 생기지 않"기 때문이다.[21] 그리고 인간들은 신이 만들어놓은 이 상태를 그대로 받아들이면 그만이다. 왜 신은 이 세상을 현재의 이

---

20 같은 책, 417쪽.
21 같은 책, 403쪽.

상태로 존재하도록 기획하고 설정했는가에 대한 이성의 범위를 넘어서
는, 즉 신의 존재에 도전하는 인간의 질문은 허용되지 않는다. 그 이유
는 "신의 유일성, 내세, 예언의 진실성, 신적인 속성의 진정한 특징, 혹
은 이성의 수준을 넘어서 존재하는 다른 것들을 측량할 때, 이성을 사용
해서는 안 되"기 때문이다.[22]

결론적으로 이븐 할둔에게 이 세계는 견고한 필연적 구조물이다. 최
초의 원인으로서 신이 이 모든 것을 기획했고 의도했으며 설정했다. 이
세상이 아무리 마음에 안 들어 새롭게 하고 싶다고 해도, 신을 통하지
않는다면 이 세상은 결코 리셋되지 않는다. 더불어 역사학도 이 세계의
구조적·조직적·필연적 일을 연구하는 학문이 된다. 이 세상의 구조가
필연적인 만큼 역사연구에서도 우연적인 일들은 고려 대상이 되지 않
는다. 설령 그러한 일들이 있다 하더라도 신이 통제하는 인간 삶의 시스
템 안에서 그것들은 필연적인 일들로 분류·처리된다. 인간계에는 없는
우연 재처리 소각 시설이 신의 세계에는 있기 때문에 가능한 일이리라.

---

22 같은 책, 419쪽.

제8장 르네상스: 'fortuna'의 부활

　서양의 역사서술은 르네상스기에 오면 중세 때와는 확연히 달라진 모습을 보여준다. 이 시기에 들어서면 다른 모든 지적(知的) 분야에서와 마찬가지로 역사서술에서도 고대의 관념이 대거 부활하는데, 역시 우연 개념에서도 예외 없이 그 징후가 적나라하게 포착된다. 우리는 중세 때의 기독교적 신의 섭리를 의미하던 우연이 이제는 르네상스기의 역사가들에게 '티케' 또는 '포르투나' 개념으로 되살아나 본격적으로 펼쳐지는 것을 어렵지 않게 볼 수 있다. 이 장에서는 그 흔적을, 르네상스를 대표하는 피렌체의 두 역사가를 통해 밝혀 나가고자 한다.

1. 마키아벨리

　먼저 니콜로 마키아벨리(Niccolò Machiavelli, 1469~1527)부터 살펴보자. 마키아벨리를 천착하기에 앞서 여기서 그를, 그리고 그의 다른 역사서술과 함께 『군주론』을 다루는 것에 대해 몇 가지 해명을 하고 넘어가야 할 듯하다. 우선 그를 역사가로 간주하는 데 거부감과 불쾌함을 표시하는 사람들이 있을 수 있다. 특히나 그를 최초의 근대 정치사상가로 만들고 싶어 하는 사람들, 심지어 철학자로 분류하고 싶어 하는 많은 사람들에게 그러한 분류법은 분명 당혹스러울 수 있다. 그러나 마키아벨리가 역사서술만 고집했던 전문 역사가가 아니었던 것은 사실이지만, 그렇다고 그가 쓴 『로마사 논고』나 『피렌체사』와 같은 역사서들이 있는 한 그를 역사가로 보지 않을 하등의 이유가 없다. 실제로 그를 다루지 않는 서양사학사 책은 거의 찾아볼 수 없을 정도다. 그리고 여기서 그의 역사서들과 함께 다루어질 『군주론』이 역사서가 아님은 분명하지만, 그 책 안에는 우리의 테마인 '우연'과 관련한 '운명'(fortuna) 개념이 가장 다양한 의미에서 가장 풍부하게 실려 있을 뿐만 아니라 군주의 덕목을 설명하는 자리에서 무수히 많은 역사의 사례가 열거된다. 따라서 그 책을 여기서 다루는 것은 매우 정당한 일이라고 판단된다. 더구나 이러한 작업 수행의 정당성을 뒷받침해 줄 기막힌 사실은 군주를 위한 충고나 조언이라는 명목으로 열거된 그 수많은 덕목이 사실은 마키아벨리가 역사를 관찰하고 연구하고 터득해서 얻어낸 결과물이라는 점이다. 역사에 대한 통찰이 없었다면 그 책은 나올 수 없었을 것이다. 그 점에서 『군주론』은 약간 과장하면 '준(準)역사서'라고 할 수 있다.

그렇다면 흔히 '행운' 또는 '운명'으로 번역되는 'fortuna'는 마키아벨리에게 구체적으로 어떤 의미를 갖는 술어였을까? 그 단어의 핵심으로 바로 들어가기보다는 좀 더 자세하고 풍부한 이해를 위해 약간 우회해서 접근해 보자. 마키아벨리에게 'fortuna'는 보통 개인의 '능력'을 뜻하는 'virtú'와 대비되어 나타난다. 심하게 표현하면, 그에게 그 둘은 서로 상반되는 개념들로 쓰인다. 영어의 'virtuoso'에 해당하는 라틴어 'virtú'의 어원 격인 'virtus'는 남성을 뜻하는 'vir'에서 유래해 '남성스러움'과 '용맹스러움'을 뜻하는 용어다. 마키아벨리는 그 단어를 매우 다양한 의미로 사용하는데, 그 용례는 대략 다음의 13가지다. (1) 악덕(vizio; vice)에 대응하는 '미덕'(virtue), (2) 복수인 'le virtú'의 경우 통상 '좋은 성품들'(good qualities) 또는 '미덕들'(virtues), (3) '능력'(ability), (4) '기술'(skill), (5) '활력'(energy), (6) '결단력'(determination), (7) '힘'(power or strength), (8) '기백'(spiritedness), (9) '용기'(courage), (10) '용감함'(prowess), (11) '무자비함'(ruthlessness), (12) '불굴의 정신'

(indomitable spirit) 또는 '위대한 정신'(greatness of spirit), (13) 비유적으로 '효과'(efficacy) 등이다. 한마디로 'virtú'는 순전히 개인의 역량을 가리키는 말이다. 그렇다면 마키아벨리가 'fortuna'와 'virtú'를 대비해서 사용한 예들을 직접 보도록 하자. 『군주론』 제1장은 다음과 같이 시작된다.

> 역사상 오늘날까지 인간을 지배해 온 국가나 통치체는 모두 공화국 아니면 군주국이었다. 군주국이란 세습 군주국이거나 신생 군주국이다. 신생 군주국은 프란체스코 스포르차가 통치하는 밀라노처럼 전적으로 새로 탄생한 군주국이거나 스페인 왕이 통치하는 나폴리 왕국처럼 기왕의 세습 군주국의 군주에게 정복당하여 새로 편입된 군주국이다. 그런데 이런 식으로 얻은 영토에는 과거 군주 통치하에서 익숙하게 살아온 곳과 그렇지 않고 자유롭게 살아온 곳이 있다. 그리고 그러한 영토를 얻는 방법에는 타인의 무력을 이용하는 경우와 자신의 무력을 사용하는 경우가 있으며, 운 또는 호의(fortuna)에 따른 경우와 능력(virtú)에 의한 경우가 있다.[1]

국가의 정체(政體) 중 탄생 경위에 따른 군주국의 종류에 대한 설명에서 마키아벨리는 군주가 영토를 획득해 국가를 세우는 방법에는 운(fortuna)에 의한 경우와 능력(virtú)에 의한 경우가 있다고 말하는데, 이때 전자는 하늘이 도운 경우고 후자는 군주 자신이 힘을 쓴 경우다. 국가의 성립뿐만 아니라 한 사람의 시민이 군주까지 오르게 되는 데도 역시 행운 또는 능력이 발휘되어야 한다. 마키아벨리는 이를 "일개 시민에서 군주가 된다는 것은 그가 유능하거나 행운을 누린다는 것을 전제하"는 것이라고 표현한다. 즉 모든 군주는 운이 좋아 군주가 된 경우와 오로지 자신의 노력으로 군주가 된 경우로 나뉘는데, 마키아벨리는 "행운 또는 타인의 호의가 아니라 자신의 능력에 의해서 군주가 된 인물

---

1 마키아벨리, 『군주론』, 강정인·문지영 옮김, 까치, 2003, 11쪽.

들" 중 "모세, 키루스, 로물루스, 테세우스"를 가장 뛰어난 인물로 손꼽는다.[2]

마키아벨리에게서 'fortuna'는 이처럼 인간 개인이 갖고 있는 능력으로서 'virtú'와 달리 인간의 힘을 넘어서는 초인간적인 힘이나 능력을 뜻하는 개념임이 드러났다. 그렇다면 그 힘이란 구체적으로 어떤 힘을 말하는가? 그리고 'fortuna'는 '초인적인 힘'만을 뜻하는 단어일까? 그 외에 다른 뜻은 갖고 있지 않는가? 이제 'fortuna'에만 초점을 맞추어 자세히 살펴보자.[3]

가장 먼저 'fortuna'는 '인간의 능력을 벗어나 있으면서 인간사에 개입하는 초인적인 힘(force) 또는 작용인(作用因, agent)'을 말한다. 힘도 힘이지만 작용인에 초점을 맞춘다면, 그것은 마치 중세 때의 신(神)을 연상시킨다. 마키아벨리의 말을 직접 들어보자.

> 나는 본래 세상일이란 운명과 신에 의해서 다스려지기 때문에 인간의 능력은 이를 통제할 수 없다고 많은 사람들이 생각해 왔고, 여전히 그렇게 생각한다는 점을 잘 알고 있다. 게다가 그들은 그것에 대해서 인간은 어떠한 해결책도 발견할 수 없다고 생각한다. 그렇기 때문에 매사에 땀을 흘리며 애써 노력해 보았자 소용없으며, 운명이 지배하도록 내버려두는 것이 더 낫다고 결론지을 수 있다. 이러한 견해는 지금까지 일어난 그리고 앞으로 일어날 예상치 못한 대격변 때문에 우리 시대에 더욱 설득력을 얻어가고 있다.[4]

---

2 같은 책, 39쪽.

3 이 아래에 서술된, 마키아벨리에게 'fortuna'의 다양한 의미에 대해서는 『군주론』의 영역자인 러셀 프라이스(Russel Price)가 자신의 영역본 말미의 부록에서 정리한, 그 해석상 복잡성과 모호성을 가진 용어에 대한 상세한 해설 중 'fortuna' 항목을 부분적으로 참조했음을 미리 밝혀 둔다. 같은 책, 202~06쪽.

4 같은 책, 170쪽.

이 구절에서 운명은 거의 신과 동일한 위(位)와 격(格)을 갖는다. 물론 운(運)과 신(神)이 동일한 개념이 아닌 것은 분명하지만, 그렇다고 운 안에 신적인 요소가 없다고 할 수도 없다. 더구나 'fortuna'가 고대 로마에서 '행운의 여신'으로 불렸고 인식되었다는 점을 감안하면, 운과 신의 유착성(癒着性)은 고대에서 르네상스까지, 아니 어쩌면 오늘날까지 꾸준히 인정되어 온 특징이라고 할 수 있다.

그러나 다시 말하지만, '운'과 '신'이 아무리 밀접한 관계를 갖는다고 해도 그 둘이 동일한 개념은 아니라는 점에 각별히 유의할 필요가 있다. 왜냐하면 'fortuna'는 초인적인 힘(unhuman power)을 뜻하는 용어이지 초자연적인 또는 우주와 천체를 주재하는 힘, 즉 신을 뜻하는 개념은 아니기 때문이다. 마키아벨리 자신도 『로마사 논고』에서 '하늘'과 '운명'을 개념적으로 구별한다.

통상 엄청난 고난 속에서 또는 성공의 절정에서 사는 사람들은 칭찬할 것도 없거니와 비난할 것도 없다. 왜냐하면 우리가 대부분 목격한 바에 따르면 파멸에 처해 있거나 영달을 누리고 있는 사람들은 하늘이 그들에게 부여한 커다란 기회에 의해 그러한 지위에 이르게 되었기 때문이다. 하늘은 그들에게 용기와 지혜를 가지고 활동할 수 있는 기회를 주거나 빼앗는다. 운명은 이 일을 교묘하게 수행하는데, 위대한 업적을 가져다주고자 계획할 경우, 그녀가 목전에 제시한 기회를 알아챌 수 있는 출중한 기백과 능력을 갖춘 인물을 선택한다. 마찬가지로 운명은 엄청난 파국을 가져다주고자 할 경우, 동일한 방식으로 그러한 파국을 촉진시키는 인물을 등장시킨다. 그리고 운명에 대적할 만한 인물이 있다면, 운명은 그를 죽이거나 아니면 그 사람이 어떤 효과적인 대처를 할 수 있는 모든 수단을 빼앗아버린다.[5]

5 마키아벨리, 『로마사 논고』, 강정인 · 안선재 옮김, 한길사, 2003, 391~92쪽.

여기서 하늘은 모든 것을 관장하는 신이고, 운명은 그 신의 명령이나 지시사항을 수행하는 행위자(agent)로 나타난다. 이때 'agent'는 앞서 언급했던 어떤 일이 작동하도록 하는 원인, 즉 '작용인'(efficient cause)의 의미가 아니라 '행위 주체' 또는 '대리인'의 의미를 갖는다. 따라서 운명은 이때 말 그대로 'agent', 즉 신의 대행자일 뿐이다. 그렇다면 운명은 신과 인간의 중간 지대쯤에 존재한다고 할 수 있다. 물론 인간보다는 신에 더 가까운 곳에 위치해 있음은 두말할 나위가 없다. 신이 인간에게 용기와 지혜를 줄 기회를 주거나 빼앗는다면, 운명은 하늘의 뜻에 따라 인간들에게 그 힘이 작용하도록 자기 일을 수행하거나 방해한다. 신체(身體)에 비유하면, 하늘이 두뇌라면, 운명은 두뇌의 명령과 지시에 따라 움직이는 나머지 몸, 특히 수족(手足)을 가리킨다. 인간들은 바로 이 하늘과 운명의 힘의 작동 여하에 따라 좋은 일을 경험할 수도 있고 또 나쁜 일을 당할 수도 있다.

마키아벨리에게 'fortuna'의 첫 번째 의미가 초인적인 힘, 즉 고대 그리스의 '티케'나 중세의 '신'에 버금가는 어떤 힘이었다면, 두 번째 의미는 가장 일반적인 의미로 쓰이는 '운'(luck)이다. 굳이 서열을 따지자면 물론 초인적인 힘 다음의 아래에 위치한다. 그 안에는 '행운'과 '불운' 등 운과 관련된 모든 개념이 포함되어 있다. 심지어 그 단어는 '운'을 넘어 '운명'까지도 포괄한다. 초인적인 힘과 마찬가지로 인간의 능력 범위를 벗어나는 개념으로, 우리의 통제에서 벗어나 예견할 수 없는 사건이나 행위를 가리킬 때 쓰인다.

> 일개 평민에서 다만 운이 좋아서 군주가 된 자는 그 지위에 쉽게 오른 셈이지만, 그 지위를 유지하는 데에는 많은 어려움을 겪는다. 거저 주운 것이나 다름없기 때문에 그 지위에 이르는 데에는 아무런 문제가 없다. 하지만 모든 시련은 그 이후에 닥쳐온다.[6]

---

6 마키아벨리, 『군주론』, 45쪽.

운의 힘으로써 군주가 된 사람은 군주가 되기까지에는 아무런 문제가 없지만, 그것을 유지하는 데에는 자신의 능력이 발휘되어야 한다는 논지의 글이다. 이처럼 운은 마키아벨리가 'fortuna'라는 단어를 사용할 때 가장 일반적으로 활용한 의미였다.

'fortuna'에는 '타인의 호의(favour) 또는 도움(help)'이라는 뜻도 있다. 첫 번째와 두 번째 의미가 인간의 능력을 벗어나는 외부의 힘을 지칭했다면, 이 세 번째 의미는 드디어 인간의 힘이 개입된 작용을 가리킨다. 바로 앞 단락에서 인용했던 문장 뒤에 나오는 다음 글이 이를 대변한다.

> 다른 사례로는 일개 시민이 군대를 매수하여 황제의 지위에 오른 경우를 들 수 있다. 이런 군주들의 지위는 그를 군주로 만든 자들의 호의와 운명에 전적으로 달려 있는데, 이 두 요소야말로 지극히 불확실하고 불안정한 것이다.[7]

군주가 자신의 힘이 아니라 다른 사람들의 호의나 도움을 받아 그 자리에 올랐다면, 그 군주의 지위는 매우 불안정할 수밖에 없다는 점을 강조한 구절인데, 흥미로운 점은 이 세 번째 의미의 'fortuna'는 그 자체로 단독으로 쓰이기보다는 위의 인용문처럼 대체로 운 또는 운명을 뜻하는 두 번째 의미의 'fortuna'와 함께 쓰인다는 것이다. 마키아벨리는 이러한 의미의 'fortuna'의 사례로 『군주론』 제7장에서 체사레 보르자를 들어 자세히 설명한다. 그는 자신의 아버지인 교황 알렉산데르 6세의 호의와 도움, 즉 'fortuna'로 권력을 잡았으나, 그렇게 해서 획득한 새로운 영토 전역에 걸쳐서 권력을 굳건하게 확립하기 전에 자기 아버지가 죽음으로써 이를 완성하지 못하고 파멸당한 인물로 묘사된다. 운은 좋을 수도 있고 나쁠 수도 있다. 권력을 잃은 사람들은 흔히 평화로운 시

---

7 같은 곳.

기에 자신들의 권력을 구축하고 방비를 강화하지 못한 게으른 실책을 시인하는 대신 자신들의 악운을 탓하는 경향이 있다. 그러한 상황에서 마키아벨리는 그들의 실패를 설명하기 위해서 'fortuna'에 의존하는 것을 거부한다. 그들이 파멸한 원인은 오히려 '전적으로 운을 신뢰한 정책'에 있다는 것이다.

그다음의 뜻으로 삶의 '조건'(conditions)이나 '상황'(circumstances)을 들 수 있다. 마키아벨리는 삶의 조건으로서 다른 사람들에 대해서 또는 권력을 획득하는 데 유리한 또는 불리한 입장과 조건, 상황 등을 지칭할 때도 'fortuna'를 사용했다. 『군주론』 제25장에는 다음과 같은 문장이 나온다.

> 어떤 군주가 성격이나 능력은 전혀 변하지 않았음에도 불구하고, 오늘은 흥했다가 내일은 망하는 모습을 목격하게 된다. 나는 이러한 변고가 우선 이미 상세하게 논한 바 있는 원인, 즉 전적으로 운(fortuna)을 신뢰한 군주가 그의 운이 다했을 때 몰락하게 되는 데에서 기인한다고 믿는다. …… 결과적으로 내가 말한 것처럼, 상이하게 행동하는 두 사람이 동일한 결과를 성취할 수 있다. 그리고 두 사람이 똑같은 방법으로 행동했지만, 한 사람은 성공하고 다른 사람은 실패할 수 있다. 이로부터 번영과 쇠퇴가 거듭된다. 왜냐하면 어떤 사람이 신중하고 참을성 있게 행동하고 시대와 상황이 그의 방법에 적합한 방향으로 변화한다면, 그는 성공할 것이다. 그러나 시대와 상황이 다시 변하면, 그는 자신의 방식을 변화시키지 않았기 때문에 실패할 것이다. …… 따라서 만약 신중한 사람이 신속하게 행동하는 것이 필요하다면, 그는 어떻게 행동해야 할지 알지 못할 것이고, 이로 인해서 그는 실패하고 만다. 그러나 시대와 상황에 알맞게 자신의 성격을 변화시키는 것이 가능하다면 그러한 사람은 항상 성공할 것이다.[8]

8 같은 책, 172~73쪽.

여기서 'fortuna'는 '운'이라는 평범한 뜻으로 쓰였지만, 마키아벨리는 이러한 운이 작용하는 '조건'이나 '상황'도 확대된 의미의 'fortuna'에 속하는 것으로 생각했다. 즉 그에게 'fortuna'는 운 자체와 더불어 그 운이 전개될 때 유리하게 작용하거나 불리하게 작용하는 조건이나 상황들까지 포괄하는 개념이었다.

유사한 방식의 이해가 다섯 번째와 여섯 번째 의미의 'fortuna'로 계속 이어진다. 다섯 번째 의미는 '성공'(success) 또는 '실패'(failure)이고, 여섯 번째 의미는 지배자가 되는 데 불리한 낮은 사회적 '지위'다. 가령 마키아벨리는 『군주론』 제17장에서 한니발 장군에 대해 언급하면서 "한니발의 활약에 관한 설명 중 특히 주목할 만한 사실은 그가 비록 많은 나라들로부터 선발된 대군을 거느리고 이역에서 싸웠지만, 상황이 유리하든 불리하든 상관없이(cosi nella cattiva come nella sua buona fortuna), 군 내부에서 또 그들의 지도자에 대해서 어떠한 분란도 일어나지 않았다는 것이다"[9]라고 적고 있다. 이를 통해 우리는 마키아벨리가 '잘된 일'(성공) 또는 '잘못된 일'(실패)을 한꺼번에 지칭할 때도 'fortuna'라는 용어를 사용했음을 알 수 있다.

마찬가지로 'fortuna'는 '높은 자리에 오를 수 없을 것 같은 낮은 사회적 지위'를 표현할 때도 쓰이는데, 그 용례는 『군주론』 제8장에서 시라쿠사의 왕 아가토클레스를 설명할 때 등장한다.

시라쿠사의 왕이 되었던 시칠리아의 아가토클레스는 평민 출신으로, 그것도 아주 미천하고 영락한 가문의 태생이었다. 그는 도공(陶工)의 아들로 항상 방탕한 삶을 살아왔다. 그렇지만 그는 악행에도 불구하고 심신의 활력이 넘쳤기 때문에 군대에 들어가서 시라쿠사 군대의 사령관의 지위(fortuna)에 올랐다. 그 지위를 확보한 후 그는 군주가 되기로, 그것도 무력을 사용하여 다른 사람들에게 신세를 지지 않고 권력을 장악하기로

---

9 같은 책, 119쪽.

결심했다. …… 아가토클레스의 행적과 생애를 검토해 보면, 그의 성공에 운명(fortuna)이 아무런 역할을 하지 않았음을 알 수 있다.[10]

이 인용문에서는 'fortuna'가 두 번 나오지만 그 의미는 전혀 다르다. 첫 번째는 군주가 아닌 사령관의 지위, 즉 아직 높은 자리가 아니고 그 위치로는 도저히 최고의 자리에 오를 수 없을 것 같은 하위의 자리를 뜻하는 단어로, 그리고 다음에는 정상적으로 통용되는 운 또는 운명이 라는 의미로 각각 사용되었다.

이처럼 같은 단어를 몇 문장의 간격을 두고 서로 다른 의미로 표현한 것이 단지 영역(英譯)이나 국역(國譯)으로의 번역상의 문제인지 아니면 실제로 마키아벨리가 그런 의미를 지닌 것으로 사용했는지에 대해서는 논란이 있을 수 있다. 그러나 분명한 사실은 그러한 논쟁의 여지를 감안 하더라도 마키아벨리가 그 단어를 한두 개의 통상적 의미가 아니라 매 우 다양한 의미로 사용하고 있다는 점이다. 이러한 시도가 다시 해당 단 어의 의미를 풍부하게 만들지, 아니면 혼란스럽게 만들지에 대해서도 논란이 있을 수 있으나, 이 경우에도 분명한 사실은 특정 단어의 그러한 의미의 확장 시도가 인간의 풍부한 사유에 기여할 수 있다는 점이다. 부 정적 영향을 감안해도 긍정적 효과가 더 크다는 것이다.

마키아벨리에게서 발견되는 'fortuna'의 일곱 번째 의미는 '인간 삶의 결정인자'다. 마키아벨리가 보기에 운명은 인간이 살아가는 세계를 지 배하고 통제하는 결정적 원인이었다. 이러한 의미는 특히 마키아벨리가 리비우스의 『로마사』를 논평한 『로마사 논고』에 자세히 기술되어 있다.

인간사가 어떻게 굴러가는지를 주의 깊게 관찰해 보면, 여러 가지 일들 이 일어나고 사건이 발생하는데, 하늘은 사람들이 그것에 대해 대비하는 것을 원치 않았다는 점을 우리는 종종 깨닫게 된다. 내가 말하려는 이러한

10 같은 책, 60~61쪽.

일들이 그토록 위대한 효율성, 그토록 돈독한 신앙심 및 그토록 훌륭한 조직을 갖춘 로마에서 일어났는데, 하물며 그러한 일들이 로마가 가진 장점들을 결여한 도시나 국가들에서 보다 빈번히 일어난다는 것은 전혀 이상한 일이 아니다. 이러한 예는 모든 인간사에 하늘의 힘이 작용하고 있다는 것을 보여준다는 점에서 매우 주목할 만한 가치를 지니고 있는 까닭에, 티투스 리비우스도 그 점을 매우 적절한 어휘로 상세히 설명하고 있다. 즉 그가 말하길, 하늘은 어떤 이유에서든 로마가 하늘의 권능을 깨닫기를 원했기 때문에 갈리아에 사절로 간 파비우스 가문의 사람들이 큰 실수를 저지르게끔 만들었고, 그들의 행동을 통해 갈리아인들이 로마에 전쟁을 일으키도록 자극했다는 것이다. 따라서 하늘은 로마 인민들이 그 전쟁을 중지시키기 위해 의당 했어야 할 어떠한 일도 로마에서 일어나지 못하도록 미리 조처하였다. …… 티투스 리비우스는 지금 말한 모든 실수들을 언급하면서, 이렇게 결론을 내리고 있다. "운명은 그녀가 힘을 비축하는 데 인간이 방해하는 것을 원치 않을 때 그만큼 인간의 지성을 마비시켜 버린다." 이 결론보다 더 진실한 것은 없다.[11]

리비우스의 『로마사』 제5권 제37장에 나오는 이 문장을 마키아벨리는 금과옥조처럼 읊조린다. Fortuna! 이 운명의 여신은 자신이 힘을 키우거나 비축하는 데 인간이 방해하는 것을 원치 않을 때 인간의 지성을 마비시킴으로써 자신의 사업에 방해받는 일을 원천적으로 차단한다. 요컨대 운명의 여신은 자신이 원하는 방향으로 인간의 세상사를 조종하거나 조정한다는 것이다. 그 세상사가 과거의 일이라면 역사가 될 것이고, 현재나 미래의 일이라면 지금 또는 앞으로의 인간 삶이 될 것이다. 시간의 선후 여부와 상관없이 운명의 여신은 인간 삶을 주재한다. 이 과정에서 인간의 의지나 열정이 개입되면, 그래서 인간이 자신이 원하는 방향으로 세상일을 도모하려 할 때, 운명의 여신은 인간의 지적인 능력

---

11 마키아벨리, 『로마사 논고』, 389~91쪽.

과 지성적 판단 능력을 마비시킴으로써 엉뚱한 방향으로, 즉 운명의 여신이 원하는 방향으로 진행하도록 만든다. 이때 운명의 여신은 '비합리성의 원천'이라는 의미를 갖고 '인간 지성의 마취제'로 작용한다. 힘의 불균형 정도에 따른 인간과 운명의 관계를 수학의 부등식으로 표현하면 '운명>인간'이 된다. 나중에 근대에 들어서면 달라지기 시작할지 모르나 아직은 고대부터 르네상스 시기까지 줄기차게 주장되어 왔던 것이 바로 이 부분이다. 운명 앞에 선 인간은 아직 힘이 없고 나약하기 그지없다. 이 글을 쓴, 즉 리비우스의 『로마사』에 대해 논하고 있는 사람이 마키아벨리라는 점에서 르네상스 시기는 여전히 운명의 거대한 힘 앞에 인간은 그저 나약할 뿐이라는 생각이 팽배해 있었다는 점을 알 수 있다.

운명 앞에 굴복하는 인간의 모습은 실제로 마키아벨리가 『로마사 논고』에서 자주 묘사하던 그의 단골 메뉴이자 전매 특허에 해당하는 주제였다. 관련 문구를 두 개 정도만 인용해 보자.

> 모든 역사에서 우리가 목격한 바에 따르면 인간이 운명을 도울 수는 있으나 방해할 수는 없다는 것이 참으로 진실이라는 점을 나는 다시 한 번 강조하고자 한다. 인간은 운명의 구도에 따라 부딪혀 나갈 수는 있지만 그것을 파괴할 수는 없다.[12]

> 인간이 자신의 능력을 거의 발휘할 수 없는 곳에서 운명은 자신의 힘을 거침없이 보여주기 때문에, 그리고 운명의 힘은 변화무쌍하기 때문에 공화국과 국가도 늘 다양한 변화를 겪게 마련이다.[13]

이렇게 보면 운명은 적어도 인간의 삶에서 인간이 도저히 넘어설 수

---

12 같은 책, 393쪽.
13 같은 책, 398쪽.

없는 벽이자 인간과의 싸움에서 백전백승의 불패신화를 갖고 있는 전 승자(全勝者)의 이미지로 부각된다. 운명은 종국적으로 인간의 힘을 무 력화하는 초인적 힘을 의미한다.

마키아벨리에게 운명은 이제 자연스럽게 인간 역사에서 최종 심판자 와 마지막 결정자로서의 역할과 기능을 수행하는 주체로 그려진다. 여 기서 'fortuna'의 여덟 번째 의미가 읽히는데, 그것은 '역사의 종결자', 구체적으로는 '로마사의 최종 결정자'이자 '로마사 융성의 원천'이다.

> 나는 운명과 군사 제도야말로 로마가 강성해진 원천이었다는 점을 부 정하지 않는다. 하지만 나와 의견이 상반된 자들은 좋은 군대가 있는 곳에 는 으레 좋은 정부가 있다는 점, 그리고 그러한 도시가 행운을 갖지 못하 는 경우란 좀처럼 없다는 점을 깨닫지 못하고 있는 것이 틀림없다.[14]

훌륭한 군사 제도와 효율적이면서 균형 잡힌 좋은 정부만으로는 부 족해 보였던지 마키아벨리는 여기에 운명을 덧붙인다. 그래서 그는 좋 은 'fortuna'가 없었다면 로마가 그렇게 흥기하거나 융성할 수 없었을 것이라고 단정한다. 고대 로마 발전의 결정적 원동력은 결국 '운명'이 었다는 것이다. 보기에 따라서는 반박할 사람도 있겠지만 나름 상당히 설득력 있는 주장이 아닐 수 없다. 그만큼 로마가 발전해 나가는 데 많 은 행운이 작용했다는 점을 부정할 사람은 거의 없을 것이기 때문이다. 아무리 성공할 수 있는 모든 내부적 능력과 여건을 다 갖추었다 해도 그 능력과 여건이 발휘될 수 있는 외부적 조건과 상황, 즉 운명이 도와 주지 않는다면 그 누가 되었든 그 어떤 집단이 되었든 최종 성공에 이 르는 데에는 한계가 있을 수밖에 없다. 그래서 마키아벨리는 로마를 강 성하게 만든 원천이 운명이었고, 좀 과장하면 로마의 역사가 'fortuna' 에 의해 결정되었다고 생각한 듯하다.

───────────

14 같은 책, 86쪽.

더 나아가 마키아벨리의 'fortuna'는 어떠한 음모가 사전에 발각되도록 만드는 힘, 즉 '음모를 부각하는 힘'이자 어떤 일이 좋은 결과로 완성되기 위해서는 운명의 도움이 필요하다는 점에서 '인간사의 도우미'로 작동한다. 물론 이 두 개의 의미는 아주 사소하고 부수적인 것이긴 하지만, 마키아벨리의 'fortuna'의 아홉 번째와 열 번째 의미로 등록해도 무방할 듯하다. 먼저 음모를 부각하는 힘으로서의 운명은 사실은 운명보다 우연 또는 우연한 사건에 더 가까운 개념이다. 마키아벨리는 『로마사 논고』 제3권 제6장에서 우연한 만남이 음모자들의 행동을 방해하여 특정인의 음모를 물거품으로 만든 사례를 열거하면서, 우연한 사건이 음모를 드러나게 할 수 있음을 지적한다.[15] 이 경우를 보더라도 역시 마키아벨리는 우연을 운명과 마찬가지로 '예측할 수 없는 힘', '인간의 힘을 무력화하는 개념'으로 이해했음을 알 수 있다.

마지막으로 마키아벨리에게서 'fortuna'는 '인간의 선한 의지와 행동을 도와주는 요소'를 뜻한다. 해당 문구를 인용해 보자.

우리가 다른 곳에서 말한 것처럼, 사람들의 행동을 보면 —어떤 것을 완성시키려고 시도하는 데 따르는 어려움들은 차치하고라도— 좋은 것에는 언제나 나쁜 것이 섞여 있는 것처럼 보인다. 그리하여 좋은 것과 함께 그 나쁜 것 역시 쉽게 자라기 때문에 좋은 것을 얻기 위해 노력하면서 나쁜 것을 피하기란 불가능한 것처럼 보인다. 이 점은 사람이 하는 모든 일에서 명백하다. 그러므로 무엇인가 좋은 것을 성취하는 것은 운명이 이처럼 통상적이고 자연적인 어려움을 극복하도록 도와주지 않는 한 어려운 노릇이다.[16]

인간이 어떤 일에서 좋은 결과를 성취하기 위해서는 반드시 운명의

15 같은 책, 450쪽.
16 같은 책, 552~53쪽.

도움이 필요하다는 것을 지적한 글귀다. 이는 마치 서양의 옛 속담이자 경구인 "하늘은 스스로 돕는 자를 돕는다"를 연상시킨다.

이 열 가지 의미를 종합적으로 정리하면, 결국 마키아벨리에게서 'fortuna'는 크게 (1) '인간사를 지배하는 외부적인 힘'과 (2) '변화하는 상황 그 자체'를 의미한다고 할 수 있다.

그러나 과연 이것만이 다일까? 마키아벨리의 'fortuna'에서 더 도출해 낼 수 있는 의미연관이나 계열은 없을까? 지금까지 열거한 것들은 그 개념의 기본적인 의미들이었고, 정작 마키아벨리가 말하고자 하는 바는 더 남아 있다. 아니 남아 있는 정도가 아니라 그가 말하고자 했던 핵심은 다른 곳에 있다는 표현이 더 적절할 것이다. 마키아벨리가 정작 'fortuna'라는 개념을 가지고 말하고자 했던 핵심 테제는 그 개념의 — 제아무리 마키아벨리라 하더라도 일반인들의 상식을 뛰어넘는 방식으로 꾸며내거나 조작할 수 없는 — 의미들이 아니라 특징들로 표현된다. 그 특징들이란 구체적으로 인간사에서 막강한 힘을 발휘하는 운명에 맞선 인간들의 태도, 즉 마음가짐과 행동방식과 연관된 것들이다. 이미 앞에서 무릇 군주라면 행운(fortuna)이 아니라 자신의 능력(virtú)에 의존해야 한다고 언급한 데서도 알 수 있듯이, 마키아벨리는 인간이 운명에 맞서 당당히 싸워나갈 것을 주문한다. 앞서도 인용했던 『군주론』제25장에서 인간이 아무리 노력해 봤자 소용없으니 운명이 지배하도록 내버려 두는 것이 낫다는 데 동의한다는 문장 그다음을 인용해 보자.

그럼에도 불구하고 인간의 자유의지를 박탈하지 않기 위해서 나는 운명이란 우리 활동의 반만 주재할 뿐이며 대략 나머지 반은 우리의 통제에 맡겨져 있다는 생각에 이끌린다.[17]

마키아벨리의 운명관의 고갱이가 들어 있는 문장이다. 이것은 어쩌

---

17 마키아벨리, 『군주론』, 170~71쪽.

면 전형적인 르네상스 시기의 운명관일 수도 있다. 인간은 운명을 받아들이되 그 운명에 자신을 내맡기는 태도에서 벗어나 운명의 힘을 스스로 극복하고자 노력해야 한다는 것이다. 이를 한 평자는 "virtú vince fortuna"(인간적 힘이 운명을 이긴다)라는 표어로 정리했다. 그 평자는 이러한 운명관이 이미 로마제국 말기부터 시작해 중세를 넘어 15세기 르네상스까지도 풍미하던 생각이었다고 주장했다.[18] 그러나 마키아벨리는 이러한 관점을 매우 합리적으로 수용·변형해 운명을 세상사에서 절반만 인정하고, 나머지 절반은 인간 자신의 행위에 달려 있다고 주장함으로써 전형적인 르네상스 인문주의적 사상의 풍모를 보인다. 요컨대 마키아벨리는 인간에게는 운명의 반(反)개념으로서 '자유의지'가 있기 때문에 그러한 불패의 운명에 맞서 당당해져야 한다고 충고한다. 뻔한 이야기이지만 자신의 자유의지로써 운명을 극복한 사람은 성공할 것이요, 그렇지 못한 사람은 실패할 것이다. 마저 『군주론』 제25장에서의 운명 담론을 더 인용해 보자.

나는 운명의 여신을 위험한 강에 비유한다. 이 강은 노하면 평야를 덮치고, 나무나 집을 파괴하며, 이쪽 땅을 저쪽으로 옮겨 놓기도 한다. 모든 사람들이 그 격류 앞에는 도망가며, 어떤 방법으로든 제지하지 못하고 굴복하고 만다. 그러나 그렇다고 해서 강이 평온할 때 인간이 제방과 둑을 쌓아 예방조치를 취함으로써, 다음에 강물이 불더라도 제방을 넘어오지 못하게 하거나, 아니면 제방을 넘어와도 그 힘을 통제하지 못하거나 약화시킬 수 없다는 것을 의미하는 것은 아니다. 운명도 이와 마찬가지다. 운명은 자신에게 저항하기 위해서 아무런 힘이 조직되어 있지 않은 곳에서 그 위력을 떨치며, 자신을 제지하기 위한 아무런 제방이나 둑이 없는 곳을 덮친다.[19]

---

18 Vogt, *Kontingenz und Zufall: Eine Ideen- und Begriffsgeschichte*, pp. 503 이하.
19 마키아벨리, 『군주론』, 171쪽.

마키아벨리가 이 구절을 통해 전달하고자 하는 메시지는 운명에 맞서 싸워나갈 수 있는 힘을 기르라는 것이다. 그래서 그는 다음과 같이 결론을 내린다.

> 　따라서 나는 운명은 가변적인데 인간은 유연성을 결여하고 있기 때문에, 자신들의 처신방법이 운명과 조화를 이루면 성공하고, 그렇지 못하면 실패한다고 결론짓겠다. 나는 신중하기보다는 과감한 것이 더 좋다고 분명히 생각한다. 왜냐하면 운명의 신은 여신이고 만약 당신이 그 여자를 손아귀에 넣고자 한다면, 그녀를 거칠게 다루는 것이 필요하기 때문이다. 그리고 그녀가 계산적인 사람보다는 과단성 있게 행동하는 사람들에게 더욱 매력을 느낀다는 점은 명백하다. 운명은 여신이므로 그녀는 항상 젊은 사람들에게 이끌린다. 왜냐하면 젊은 사람들은 덜 신중하고, 보다 공격적이며, 그녀를 더욱 대담하게 다루기 때문이다.[20]

　여기서 남성 저자 마키아벨리는 다시 운명의 여신, 즉 여성으로서의 'fortuna'를 새삼 강조한다. 그리고 마치 연애 상담자이자 조언자처럼 군주인 당신, 아니 군주가 아닌 평범한 일반인인 당신으로 하여금 그 여성을 손아귀에 넣으려면 과감하게 남자답게 행동하라고 조언한다. 결국 운명이란 인간의 민첩하고 과감한 행동 여하에 따라 얼마든지 극복될 수 있는 대상으로 인식된다. 이는 우리가 다시 마주친 매우 르네상스적인 운명관이다.

　『로마사 논고』에서도 유사한 주장들이 이어진다. 마키아벨리는 인간이 운명에 승리할 수는 없겠지만 맞서 싸우는 것조차 포기해서는 안 된다고 역설한다. 인간이 운명을 넘어설 수는 없겠지만, 적어도 운명과의 싸움에서 비켜갈 수 있는 방법이 전혀 없는 것은 아니기 때문이다.

20　같은 책, 175쪽.

인간은 운명의 구도에 따라 부딪쳐 나갈 수는 있지만 그것을 파괴할 수는 없다. 그렇다고 인간은 아주 패배한 것처럼 체념할 필요는 없다. 왜냐하면 인간은 운명의 목적을 알지 못하고 운명 또한 구부러진 미지의 길을 따라 움직이므로, 인간은 어떠한 운명이나 어떠한 고난에 처해 있든지 항상 희망을 품어야 하고 절망해서는 안 되기 때문이다.[21]

마키아벨리는 인간이 결코 운명을 이길 수는 없지만, 그렇다고 포기하거나 체념해 버리면, 운명 자신도 앞일이 어떻게 전개될지 알지 못하는 상황에서 억울한 일이 발생할 수 있다는 점, 즉 끝까지 포기하지 말고 주어진 한정된 조건과 환경 속에서 자신에게 최선을 다하는 것이 중요하다는 점을 강조한다. 비록 인간이 운명의 목적을 알 수 없지만 "운명 또한 구부러진 미지의 길을 따라 움직이므로" 희망을 품고 최선을 다해야 한다는 말에서, 운명 또한 자신의 운명이 어떻게 변할지 알 수 없다는 문장이 참으로 마음에 와 닿는다. 그것이 희망고문이 되지 말라는 법은 없지만, 그래도 위안과 치유를 노린 마키아벨리의 새로운 기획이 아닐까? '운명에 운명의 굴레를 덮어씌우기!'야말로 마키아벨리 운명관의 핵심처럼 보인다.

마키아벨리의 『로마사 논고』에서의 결론도 역시 탁월한 인물은 어떤 운명이든 헤쳐나간다는 점, 운명은 강력한 의지가 있는 인간보다는 약하다는 점이다.

우리의 역사가 티투스 리비우스는 카밀루스의 훌륭한 말과 행적을 서술한 것들 가운데, 그가 얼마나 탁월한 인물인지 보여주기 위해 카밀루스의 말을 다음과 같이 전하고 있다. "내 경우에는 임시 독재 집정관 직책의 수행도 나의 기백을 고양시키지 못했고, 그 직책에서 해임되었다고 해서 그것이 꺾이지도 않았다." 이로부터 우리는 위대한 인물은 언제나 어

---

21 마키아벨리, 『로마사 논고』, 393쪽.

떤 종류의 운명을 맞이하든 한결같다는 사실을 알 수 있다. 운명이 변화하여 그들을 때로는 치켜세우고 때로는 몰락시켜도 그들은 변하지 않고 항상 용기를 굳게 지키면서 자신의 삶의 방식을 고수하기 때문에, 우리는 운명이 그들 중 단 한 사람에게도 아무런 위력을 행사하지 못하는 것을 쉽게 알 수 있다. 유약한 사람의 행위는 이와 매우 다른데, 그들은 허영 속에서 자라났고 좋은 운명에 흠뻑 취했기 때문에 자신들이 얻은 모든 성공을 자신들이 전혀 갖고 있지도 않은 능력 덕분이라고 내세운다. 그 결과 그들은 주위에 있는 모든 사람들에게 참으로 견딜 수 없고 가증스러운 존재가 되어버린다. 이러한 상황으로부터 그들의 운명에 갑작스러운 반전이 일어나는데, 그들은 그러한 반전에 직면하여 이제는 반대편 극단으로 치달아 비루하고 불쌍한 존재가 되어버린다. 결과적으로 그런 부류의 군주들은 역경에 빠졌을 때 스스로를 보호하는 것보다 달아나는 것을 먼저 생각하는데, 이는 행운을 제대로 활용하지 못해 어떠한 방어 태세도 갖추지 못했기 때문이다.[22]

여기서 운명 또는 행운은 사람이 적절히 또는 잘 활용할 수 있는 요소나 수단으로 간주된다. 운명이나 행운은 사람의 힘으로 어찌해 볼 수 없는, 즉 불가항력적인 초의지적·초인격적인 것이 아니라 사람의 기질이나 성향에 따라 그 사람이 닥친 운명과 행운을 얼마든지 거머쥘 수도 있고 또는 자신의 손아귀에서 빠져나가도록 할 수도 있다. 결국 운명이나 행운도 사람의 의지에 따라 달라질 수 있다는 것이다. 그래서 마키아벨리는 로마인들이 행운을 거머쥐고 통제할 수 있었던 민족, 한마디로 운명보다 강한 사람들이었고, 따라서 운명에 굴복하지 않기 위해서 또는 운명을 극복하기 위해서는 로마인들처럼 용기와 준비가 필요하다고 주장한다.[23]

---

22 같은 책, 532~33쪽.
23 같은 책, 533~37쪽.

결론적으로 마키아벨리에게 'fortuna' 담론 중 절반이 그 개념의 의미들을 설명하는 데 할애되어 있다면, 나머지 절반은 그러한 불패의 운명을 극복하기 위해서 인간이 어떻게 당당하고 굳건한 사고방식과 행동양식을 가져야 하는지에 대한 충고와 격려로 이루어져 있다. 이 과정에서 그 담론의 기반을 이루는 것은 역시 고대의 로마사와 르네상스 시기의 이탈리아 도시국가들의 역사였다. 우연 담론의 역사성과 우연의 극복 가능성, 이 두 가지 점을 보더라도 마키아벨리의 'fortuna' 담론은 철저히 근대적인 색채를 띠고 있는 셈이다.

2. 구이치아르디니

다음에 살펴볼 인물은 프란체스코 구이치아르디니(Francesco Guicciardini, 1483~1540)다. 그는 마키아벨리와 함께 르네상스에 속해 있으면서도 고대 그리스나 로마의 '수사학적인 문체'에 사로잡혀 있던 르네상스기의 역사서술을 탈피해 '진실을 추구'하기 위해 노력한 역사가였다. 그리고 마키아벨리와 더불어 피렌체가 배출한 위대한 정치이론가이기도 했다. 분야로 보면 둘 다 정치사에 몰두한 것은 분명하지만, 두 사람 사이의 차이 또한 무시할 수 없다. 마키아벨리가 자신의 작품에 역사를 많이 활용한 정치사상가였다면, 구이치아르디니는 자신의 작품에 정치를 많이 활용한 역사가였다. 마키아벨리가 자신의 모든 작품, 심지어 역사서술에서조차 철학적 통찰과 분석 방법을 사용했다면, 구이치아르디니는 시간에 대한 예리한 감각을 바탕으로 인간과 정책을 솔직하게 비평하고 보통의 사건에서 본질적 사건을 가려내는 데 탁월한 능력을 발휘했다. 한마디로 마키아벨리가 인간 역사를 철학적으로 관조했다면, 구이치아르디니는 정치적 사건을 역사적으로 관찰했다. 이런 차이 때문인지는 몰라도 역사와 정치를 바라보는 두 사람 모두의 출발점이 현실적인 접근으로 이루어진 것은 동일했지만, 두 사람이 내놓은 결론은 사뭇 달랐다. 흔히 알려져 있듯이 마키아벨리의 철학적 접근은 결국 현실적이면서도 이상적인 방향, 즉 구체적으로는 군주나 일반인들의 통치 또는 생활 덕목을 나열하는 데서 도덕적 경향으로 흘렀고, 구이치아르디니의 역사적 접근은 처음부터 끝까지 일관되게 현실적이면서도 경험적인 방식으로 이루어졌다.

이러한 두 사람의 차이는 결국 운명 또는 우연을 대하는 방법이나 이해하는 방식에도 반영되어 나타날 수밖에 없었다. 미리 결론적으로 말하면, 마키아벨리에게서 전형적으로 나타나던 "인간적 능력이 운명에 대해 승리를 거둔다"는 모토는 구이치아르디니에 오면 정반대로 "운명의 전지전능한 힘이 인간의 모든 노력을 수포로 돌린다"로 바뀐다. 이처럼 "인간 능력이 운명을 압도한다"는 생각이 "운명이 인간 능력을 무력화한다"라는 정반대의 생각으로 바뀌는 데에는 한 세대도 채 걸리지 않았다. 그렇다면 이러한 급진적인 변화가 발생하게 된 원인과 계기는 무엇이고, 그것은 어떤 의미 또는 함의를 가지며, 그것이 후대의 역사서술에 미친 영향은 무엇일까?[24]

구이치아르디니가 마키아벨리 또는 그 밖의 르네상스 인문주의자들과 달리 운명을 역사에서 작용하는 강력한 힘으로 간주한 이면에는 그가 당대까지의 그 누구보다도 인간 역사를 객관적으로 또는 현실적으로 관찰하고자 노력했다는 사실이 놓여 있다. 역사를 지배하고 있는 것은 어떤 신의 섭리나 인간 이성 또는 자유 따위와 같은 필연이나 합리라는 이름의 심급이 아니라 그저 한치 앞도 내다볼 수 없는 수많은 가능성의 조합으로서의 운명이나 우연이라는 사실의 깨달음, 이러한 깨달음은 역사를 철학적으로 또는 관조적으로 관찰했을 때가 아니라 오히려 역사를 있는 그대로 관찰했을 때 얻어진다. 역사가 겉으로 보기에 혼란스럽고 복잡해 보이지만 신 또는 자연, 아니면 이성이나 진리 등에 의

---

24 구이치아르디니에 대한 이하의 서술은 다음 문헌을 많이 참조했음을 밝혀 둔다. Vogt, *Kontingenz und Zufall: Eine Ideen- und Begriffsgeschichte*, pp. 590~94.

해 미리 주어진 계획과 방향을 따라 일정하게 흘러간다고 보는 관점이야말로 바로 역사철학이나 역사신학에서 나온 것이다. 역사의 이면에 있으면서 역사의 흐름을 관장한다고 가정되는 그러한 모든 형이상학적 결정인자를 제거한다면, 역사는 그리고 인간의 삶은 궁극적으로 어디로 어떻게 흘러갈지 전혀 예측할 수 없는 우연과 운명의 연속 과정에 불과한 것으로 보인다. 바로 이러한 관점은 '역사를 가장 역사적으로 관찰했을 때'에만 나올 수 있다는 점에서, 그리고 그러한 통찰에 이른 당대의 역사가를 거의 찾아볼 수 없다는 점에서, 구이치아르디니는 어쩌면 르네상스 전 시기를 통틀어 가장 근대적이고 세속적인 의미의 역사가였다고 할 수 있다.

그러나 구이치아르디니를 완전한 의미의 근대적인 역사가로 해석하는 데에는 역시 한계가 있다. 왜냐하면 그에게 'fortuna'는 역사의 영역 밖에 있는 심급이었고, 심지어 'fortuna'가 지배하는 역사의 원천은 역사 밖에 놓여 있었기 때문이다. 아무리 'fortuna'가 언제 어디서나 인간 역사에 불변하면서 연속적인 방식으로 영향을 미친다 하더라도 그것이 역사 밖에 놓여 있다는 사실에는 변함이 없다. 그 점에서 구이치아르디니에게 'fortuna'가 형이상학적 결정인자와 같은 것이 아니었을까 하고 오해받을 여지는 충분히 있다. 그런데 주의할 점은 그가 마키아벨리와는 달리 'virtú'를 'fortuna'의 대척점으로 간주하지는 않았다는 사실, 그가 'fortuna'를 보에티우스에서 프란체스코 페트라르카(Francesco Petrarca)에 이르기까지 이전의 사상가들이 그래왔던 것처럼 신의 시녀(ancilla Dei)로 여기지도 않았고 신의 섭리 안에 포함되어 있는 것으로 이해하지도 않았다는 점이다. 구이치아르디니는 'fortuna'를 르네상스 시대에 통용되었던 것처럼 하나의 강력하면서도 실제적인 자립적인 심급으로 이해했다. 이 지점에서 에른스트 카시러(Ernst Cassirer)와 같은 평자가 르네상스기에 들어와 'fortuna'를 신적인 질서에서 인간적 행위로 이해하기 시작한 인식상의 근본적 변화에 대해 다음과 같이 비유적으로 설명한 것은 주목할 만한 가치가 있다.

이제 모든 모순적 요소를 무시한, 하나의 구체적 단일체로서 포르투나를 파악하는 단테적인 발상, 즉 고유한 존재와 특성을 지니되, 영험한 신적 질서에 귀속된 것으로서 포르투나를 파악하는 방식은 설득력을 잃게 되었는데, 이와 같은 불안정성은 중세적인 계시신앙의 안정감이나 아늑함에서 벗어나게 되었음을 의미한다. 중세적인 이원적 세계관과 그와 결부된 일체의 이원론에 의하면, 인간은 그를 둘러싼 힘들에 대하여 그저 수수방관 체념할 뿐이다. 즉 인간은 그 힘들 간의 다툼을 경험하지만 그 다툼에 직접 끼어들지는 못한다. 그는 장대한 우주의 드라마가 펼쳐지는 무대로서의 의미를 지닐 뿐 아직 진정한 의미의 배역을 담당하지는 않는다. 그러나 인간을 끼운 채 돌면서 때로는 인간을 올려주고 때로는 인간을 바닥으로 내동댕이치는 수레바퀴와 함께 표현되었던 포르투나는 이제 돛단배와 함께 등장하게 된다. 게다가 이 배를 이끄는 것은 포르투나만이 아니라 바로 그 뱃머리에 앉아 있는 인간이다.[25]

구이치아르디니는 'fortuna'에 대한 이러한 새로운 인식에 근거해 'fortuna'에 의해 지원되는 실제적이고 불가항력적인 운명을 신학적 대체물 없이 체념적 태도로써 받아들였다. 이러한 의미에서 구이치아르디니는 죽기 직전인 1537~40년에 저술한 말년의 저작 『이탈리아사』(*Storia d'Italia*)에서 지속적으로 모든 인간의 계획과 의도를 방해하는 'fortuna'의 실제적인 압도적 힘에 대해 언급한다.[26] 펠릭스 길버트(Felix Gilbert) 같은 유명한 평자도 구이치아르디니에게 'fortuna'는 "역사의 사건들 위에 군림하는 주인"(the master over the events of history)이었다고 주장한다.[27]

25 에른스트 카시러, 『르네상스 철학에서의 개체와 우주』, 박지형 옮김, 민음사, 1996, 114~15쪽.

26 Francesco Guicciardini, *The History of Italy*, trans. & ed. Sidney Alexander, London: Macmillan, 1969.

27 Felix Gilbert, *Machiavelli and Guicciardini. Politics and History in Sixteenth-Century*

이러한 'fortuna' 개념의 비(非)신학적 전지전능한 능력과 실제적 불가항력 등의 특징을 두고 본다면, 구이치아르디니는 역사적으로 다양하게 전개되어 온 'fortuna' 개념을 모두 수용한 후 그 다양한 개념을 매우 근대적인, 즉 세속적인 방식으로 결합한 셈이다. 거듭 말하지만 중요한 점은 'fortuna'의 실제적 불가항력이라는 구이치아르디니의 테제는 기독교적 의미에서 신의 섭리를 외적으로 표현한 것이 아니라 오히려 아주 철저히 회의적인 역사상(歷史相)의 결과이자 세속적인 현실주의의 결과였다는 점이다. 따라서 구이치아르디니가 15세기의 인문주의자들이나 마키아벨리와 구별되는 점은 자립적이고 독립적인 심급으로서의 'fortuna'에 대한 이론적인 이해가 아니라 또는 'virtú'와 'fortuna'의 이원론에 대한 인생론적 통찰이 아니라 오히려 그 두 개념 사이의 균형관계에서의 힘의 무게의 차이에 있다. 즉 마키아벨리에서는 'virtú'와 'fortuna'의 깨질 것 같은 관계가 균형을 이루고 있었고, 15세기 인문주의자들에서는 'virtú'가 'fortuna'에 대해 승리를 거두었다면, 구이치아르디니에서는 'virtú'에 비해 'fortuna'가 지나치게 큰 힘, 전지전능한 힘을 갖고 있었던 것이다.

이러한 모습은 구이치아르디니의 초기 작품으로 유명한 역사서 『피렌체사』(Ricordi. Storie fiorentine)에서도 잘 나타나 있다. 이 책에서 그는 역사 안에서 인간의 행동 가능성이 제한되어 있다는 점에 대해 비관적으로 체념하는 모습을 보인다. 즉 그가 보기에 역사는 'fortuna'의 지시 아래에 놓여 있다. 구이치아르디니는 거기에서 다음과 같이 썼다.

사람들은 여전히 신의 섭리와 능력에 모든 것을 헌신하고서야 겨우 운명의 힘으로부터 벗어날 수 있다.[28]

Florence, Princeton: Princeton University Press, 1965, p. 288.

28 Francesco Guicciardini, *Ricordi. Storie fiorentine*, ed. Emanuella Scarano, Turin: Unione tipografico-editrice torinese, 1970, p. 15: "Coloro ancora che, attribuendo el tutto alla prudenza e virtú, escludono quanto possono la potestà della fortuna."

우리는 구이치아르디니에게서 인간적 능력(virtú)이 그 자신의 권능과 그 자신의 역사이론적 용기를 점차 상실해 가고 있음을 목도한다. 이러한 현상에 대한 안타까움의 토로는 많은 평자들에게서 공통적으로 나타난다. 가령 퀜틴 스키너(Quentin Skinner) 같은 사람도 "비르투(virtú)의 힘에 대한 믿음의 상실과 함께 이탈리아 공화주의의 위대한 전통은 종결을 맞게 되었다"고 애석해했다.[29] 이처럼 이탈리아 르네상스의 역사서술 관점에서 보면, 이탈리아에서 공화주의적 도시국가들이 최종적으로 몰락한 이후인 1530년부터는 'fortuna'의 전지전능함을 강조하는 경향과 인간적인 'virtú'의 능력을 평가하는 데서의 비관주의가 눈에 띄기 시작한다. 물론 이때의 비관주의가 그 이전까지 팽배해 있던 기독교 신학적 비관주의, 즉 모든 것을 포괄하고 모든 것에 통용되는 신의 섭리에 대한 믿음의 관점에서 'fortuna'를 신의 시녀이자 불가항력으로 간주하는 비관주의와 다르다는 점은 두말할 나위가 없다.

결론적으로 15세기까지, 즉 구이치아르디니 이전까지만 해도 'fortuna'가 '신의 시녀'로서 인간의 힘으로는 어찌해 볼 도리가 없는 '실제적인 불가항력'을 의미했다면, 구이치아르디니에 오면 'fortuna'는 신의 섭리나 신학적 관념과는 무관하게 그 자체로 전지전능한 능력을 지닌 자립적이고 독립적인 심급으로 이해된다. 그동안 'fortuna'가 보유하고 있던 신적인 아우라가 서서히 걷히고, 이제 거의 완전히 세속적인 관점에서 이해되고 있음을 알 수 있다. 근대의 여명이 동터 오기 시작한 것이다.

---

29 Quentin Skinner, *Foundations of Modern Political Thought*, vol. 1: The Renaissance, Cambridge: Cambridge University Press, 1978, p. 187.

제9장 근대: '우연'의 복귀

    중세가 지나고 근대가 열리면서 그동안 신에게 부여되었던 절대적인 권능이 점진적으로 약화되고 이와 더불어 신의 탈신비화 또는 탈주술화 현상이 펼쳐졌다. 이러한 세속화 과정이 본격화되면서 독립적이고 자립적인 심급으로서 '우연'도 이제 다시 고개를 들기 시작했다. 계몽주의 시대에 우연이 제자리를 찾아나가기 시작한 또 하나의 중요한 시대적 배경에는 당시 마녀사냥이 오히려 극심해지기 시작한 것에서도 잘 알 수 있듯이, 이성을 중시하던 세태에 밀려 퇴조의 길을 걸어야 할 비합리적 요소가 오히려 고개를 들면서 제 목소리를 내기 시작했다는 사실이 놓여 있다. 이처럼 합리주의 시대에 우연이 여전히 또는 새롭게 주목받은 것은 매우 역설적으로 보이지만, 역사서술 분야에서는 그 점이 그렇게 모순적이거나 특이한 일로 여겨지지는 않았다. 왜냐하면 18세기는 역사서술이 아직 학문화되기 이전이었고, 비록 일시적이기는 하나 우연이 역사서술에서 거의 완전히 퇴장하는 운명을 겪었던 것은 역사주의 시대였던 19세기에 들어와서였기 때문이다. 계몽주의 시대의 역사서술에서는 우연이 여전히 전통적인 강세를 이어갔다. 이 장에서는 몽테스키외, 볼테르, 루소, 흄, 칸트, 헤르더, 비코 등 역사서 또는 역사철학적 저술을 남긴 많은 계몽주의 철학자들은 제외하기로 하고, 이 시대에 가장 두드러진 활약을 펼치고 가장 많이 읽힌 영국과 독일의 대표적인 두 명의 역사가, 즉 영국의 기번과 독일의 아르헨홀츠를 다루고자 한다. 계몽사상가들을 제외한 이유는 그들 중 일부가 이 책 제1부에서 이미 다루어진 탓도 있지만, 무엇보다 그들이 아무리 역사책을 썼다 하더라도 기본적으로는 철학자들이었기 때문이다.

1. 기번

계몽주의 시대를 대표하는 역사가로는 단연 에드워드 기번(Edward Gibbon, 1737~94)이 손꼽힌다. 기번은 비록 일부 평자에 의해 철학적 역사가로서는 "볼테르보다 독창적이지도 못했고" 전문 역사가로서는 그 이후에 그다지 큰 "영향력을 행사하지도 못했으며" 학자로서는 당시 스코틀랜드의 역사가였던 "윌리엄 로버트슨(William Robertson, 1721~93)보다 성실하지도 못했다"는 평가를 받지만, 계몽주의 시대에 "가장 잘 알려져 있고 가장 탁월한" 역사가였음은 누구도 부인할 수 없는 사실이다.[1] 더구나 그는 당시에 '그 이름에 걸맞은 거의 유일한 역사가'로 알려져 있다. 왜냐하면 볼테르는 문필가이자 정치평론가였고 흄은 철학자였으며 로버트슨은 성직자이자 에든버러 대학 총장이었고 다음 절에서 살펴볼 아르헨홀츠는 프로이센의 군대 장교였지만, 기번은 젊은 시절부터 역사가가 되겠다고 마음먹고 수년간 고전기 역사서와 중세 역사서들을 폭넓게 읽어나갔기 때문이다. 57년이라는 짧지 않은 일생을 독신으로 살면서 생의 절반에 가까운 20년간의 집필을 통해 완성한 후 1776년부터 1788년 사이에 모두 여섯 권으로 출판한 『로마제국 쇠망사』(The History of the Decline and Fall of the Roman Empire)는 매우 놀라울 정도로 정확해 150년 동안이나 그 신빙성을 인정받아 온 영원한 고전이자 불후의 명작이다. 서기 2세기 트라야누스 황제 시대부터 동로마제국이 멸망하기까지 약 1,400년 동안의 역사를 다룬 이 방대한 저서에서

---

1 H. E. 반스, 『서양사학사』, 210쪽.

기번은 명쾌하면서도 화려하고 매혹적인 문장으로 독자들의 눈을 사로잡는다. 책의 구성은 180년부터 동로마제국의 헤라클리우스 1세가 사망한 641년까지를 상세히 다룬 제1~4권, 641년부터 1453년까지 다룬 나머지 두 권으로 되어 있다. 동·서 로마제국으로 나누어본다면, 180년부터 서로마제국이 멸망한 476년까지를 다룬 제1~3권까지가 서로마제국의 역사이고,[2] 476년부터 1453년까지를 다룬 제4~6권까지가 동로마제국의 역사다. 참고로 여기서 나는 제1~3권까지만 탐구 대상으로 삼았다.

당연한 이야기겠지만, 이 방대한 저술 안에는 '거대한 제국의 멸망'이라는 그 주제의 특성상, 그리고 고대 로마의 고전 역사서와 문학작품을 섭렵한 저자의 노작(勞作)답게 운명, 행운, 행복, 불행, 불운, 우연, 필연, 신의 섭리, 능력, 용기 등 우연과 관련한 수많은 용어와 그 용어의 다양한 용례가 총망라되어 쏟아져 나온다. 능력(virtus)과 행운(fortuna)을 대비시킨 문장들도 다수 나오는 것으로 보아 르네상스기에 나온 마키아벨리나 구이치아르디니의 작품들도 기번에게 많은 영향을 주었던 것으로 보인다. 이 수많은 용어의 사례들을 여기서 단순히 나열해 보여주는 것은 무의미하고 무익한 일이다. 나는 이 용어들 중에서 특히 '우연'의 대용어(代用語)로 가장 많이 쓰인 '운명'(fortune)에 주목해 이 용어가 기번의 작품 속에서 어떤 맥락에서 어떤 의미로 사용되고 있는지 분석해나갈 것이다.

기번은 '운명'이라는 용어를 매우 다양한 상황과 조건에서 다양한 의미로 사용한다. 먼저 그 단어는 그에게 '개인이나 집단에게 갑작스럽게

2 제3권은 서로마제국의 멸망으로 끝을 맺지만, 제3권의 마지막 장(章)인 제38장에서는 프랑크족, 서고트족, 동고트족, 브리튼족, 색슨족 등 다양한 게르만족의 이야기와 역사가 길게는 8세기까지 펼쳐져 있어, 연대기적으로 보자면 엄밀히 말해 제3권의 종결점이 476년이라고 할 수는 없다. 그러나 대략적으로 주제상으로 보자면 그렇다는 것이고, 또 실제로 기번은 제3권의 마지막을 "서로마제국의 멸망에 대한 개관"으로 장식하고 있어 그러한 구분이 크게 잘못된 것은 아니다.

닥친 일' 또는 '개인이나 집단에게 향후 큰 변화를 가져오는 일'의 의미를 갖는다. 가령 기번은 455년 반달족이 로마를 약탈할 당시 두 집단의 대표, 즉 반달족의 족장 가이세리크와 로마의 황제 마요리아누스에게 닥친 일을 다음과 같이 묘사한다.

> 이 사건 후에 두 적대자가 보여준 행동은 이들이 자신들에게 닥친 운명에 순순히 굴복하지 않는 뛰어난 인물이라는 점을 입증했다. 반달족은 이 우연한 승리에 자만하지 않고 즉시 평화 협상을 간청했다.[3]

두 집단의 지도자가 자신들에게 갑작스럽게 닥친 일, 즉 반달족 입장에서는 로마군에게 뜻밖의 승리를 거둔 사건이자 로마제국 입장에서는 불의의 습격으로 야만족에게 수치스러운 패배를 당한 일을 기번은 "자신들에게 닥친 운명"으로 표현한다. 우리는 운명이 여기서 한 집단의 지도자인 한 개인에게 닥친 우연한 일로 사용되고 있음을 알 수 있다.

그러나 기번은 '운명'뿐만 아니라 '불행'이나 '행운' 또는 '우연' 및 '기회'라는 용어도 이처럼 한 인간이나 민족에게 갑작스럽게 닥친 일을 가리킬 때 자주 사용했다. 가령 크리스푸스에 대한 설명 부분이 그 좋은 예에 해당한다. 로마의 역사에는 수많은 영웅이 등장하지만, 콘스탄티누스 대제의 장남이었던 크리스푸스만큼 행운과 불행을 갑작스럽게 겪은 인물도 드물 것이다. 크리스푸스는 비잔티움에 대한 포위 공격을 성공시키고 해전에서는 뜻밖에도 바람이 자신의 함대에 유리하게 불어와 행운을 거머쥐었다. 즉 그는 "이 우연한 기회를 능숙하고 용감하게 활용하여 곧 전면적인 승리를 거두었다."[4] 물론 이러한 행운의 배후에 그의 능력과 용기가 있었음은 두말할 나위가 없다. 그것만이 아니다. 로마

---

3 에드워드 기번, 『로마제국 쇠망사』, 송은주 외 옮김, 전 6권, 민음사, 2008~10, 제3권, 396~97쪽.
4 같은 책, 제1권, 537쪽.

인들은 이 젊은 황태자의 훌륭한 인품과 뛰어난 능력을 높이 칭송하며 그를 좋아하고 믿고 따랐다. 하지만 이것이 화근이 되어 크리스푸스는 결국 아버지의 시기와 질투를 한 몸에 받고 누명이 씌워져 처형당하며 짧막한 생을 마감한다. 그 절박한 과정을 기번은 다음과 같이 묘사한다.

> 마침내 콘스탄티누스 황제 집권 20주년을 경축하는 행사가 열리게 되었다. 황제는 궁전을 니코메디아에서 로마로 옮겼고, 그곳에서는 황제를 맞이하는 준비가 성대하게 이루어졌다. 모든 사람의 언행이 로마 국민들의 **행복**을 표현하는 듯했고, 축제라는 위선의 베일이 한동안 복수와 살인 계획을 덮어주고 있었다. 그러나 축제가 한창일 때 **불운**한 크리스푸스는 황제의 명령으로 체포되었다. 황제는 아버지로서의 다정함도 저버렸을 뿐만 아니라 재판자로서의 공정심마저 잃어버렸다. 심문은 간결하고도 비밀스럽게 이루어졌다. 젊은 황태자의 최후를 로마 시민의 눈에서 감추는 것이 좋다는 생각에서, 황태자는 엄중한 감시하에 이스트리아의 폴라로 압송되었고, 처형되었는지 아니면 그보다는 너그럽게 독살되었는지는 알 수 없지만 순식간에 처형되었다.[5]

여기서 '로마 국민들의 행복'과 '크리스푸스의 불운'이라는 양극단적인 문구의 대비는 희비의 쌍곡선을 통해 바로 불행했던 크리스푸스의 운명을 더욱더 극적으로 부각한다. 기번에게 '운명'은 이처럼 한 개인의 생애에 최고로 행복한 순간이나 아니면 최고로 불행한 순간처럼 극적인 장면을 표현하고 싶을 때 자주 사용된다.

운명은 개인만이 아니라 당연히 집단에도 적용된다. 기번의 작품 전체를 통틀어 우리 독자들의 가슴에 가장 와 닿는 적용 사례는 더 말할 것도 없이 서로마제국의 멸망일 것이다. 이 부분이 어떻게 묘사되어 있는지 "서로마제국의 멸망에 대한 개관"이라는 제목이 붙어 있는 제3권

---

5 같은 책, 제2권, 63쪽(강조는 최성철).

의 피날레 부분의 첫머리를 읽어보자.

> 그리스인들은 자신들의 나라가 일개 속주로 전락했을 때, 로마의 승리
> 는 이 공화국의 우월성이 아니라 운명 때문이라고 생각했다. 변덕스러운
> 운명의 여신은 내키는 대로 은혜를 베풀었다가 또 거둬들이곤 하지만, 이
> 제 날개를 접고 구체(球體)에서 내려와 지금은 그녀의 확고하고 변치 않
> 는 옥좌를 테베레 강가에 정착시키는 데 동의했다는 것이다.(이것이 질시
> 와 아부가 뒤섞인 그들의 어투다.)[6]

로마사를 다루었던 고대 역사가들, 즉 폴리비오스와 리비우스, 타키
투스가 한꺼번에 연상된다. 로마가 흥성한 것이 티케(포르투나)의 덕이
었듯이, 로마가 이제 멸망에 이른 이유도 운명 때문으로 간주된다. 티케
나 포르투나 같은 '운명'은 이제 로마의 흥망성쇠를 표현하는 열쇳말이
된 것이다. 로마의 등장, 성장, 발전, 쇠퇴, 멸망, 이 모든 과정은 우연을
뜻하는 고대 용어 티케나 포르투나가 되었고, 이들 용어를 기번 이래의
현대어로 바꾸면 운명(fortune)이 된 것이다. 그리스인들이 그렇게 보았
든 아니면 로마인들 스스로가 그렇게 보았든, 로마의 성장과 쇠퇴라는
굴곡진 역사 자체가 운명이 되었다는 사실에는 변함이 없다.

'갑작스러운 또는 자신도 미처 예상하지 못했던 큰 변화'를 가리키는
'운명'이라는 용어는 로마와 같은 세계 국가에만이 아니라 크고 작은
모든 집단에 공히 적용된다. 가령 287년 브리타니아에서 메나피족 출
신의 카라우시우스가 로마 황제 막시미아누스에 대항해 일으킨 반란을
설명하는 부분에서 기번은 먼 훗날 이곳의 후손으로 태어난 자신의 조
국에 대한 사랑을 다음과 같이 표현한다.

> 장래에 바다의 제왕이 될 운명인 브리타니아는 그(카라우시우스)의 지

---

6 같은 책, 제3권, 543쪽.

배하에서 이미 해상 세력으로서의 자연스럽고 존경할 만한 지위를 차지하고 있었다.[7]

기번의 속내가 가감 없이 드러나는 문장이다. 영국을 자타가 공인하는 세계 최강의 해상국으로 만들고 싶은 심정이 '운명'이라는 표현을 통해 여과 없이 표출된다. 이처럼 천생 영국인이었던 기번은 조국의 초기 역사에 관심이 많을 수밖에 없었을 것이다.

기번에게 이처럼 개인이나 집단에 닥친, 흥망성쇠와 같은 커다란 변화를 뜻하던 운명은 이제 '변화무쌍한 삶의 궤적'이라는 두 번째 의미로 넘어간다. 이러한 의미로서의 운명은 이미 고대부터 르네상스에 이르기까지 많은 역사가들에 의해 표현되었기 때문에 전혀 새로울 것이 없지만, 기번에서 특이한 점이라면 그것이 '운명의 변화무쌍함'이라는 동어반복적 표현으로 자주 등장한다는 것이다. 아니면 반대로 변화무쌍한 모든 변화를 운명이라고 표현하고 싶어 했는지도 모를 일이다. 예컨대 296년 페르시아와의 전쟁에서 승리를 거둔 로마의 갈레리우스 황제에게 페르시아 왕 나르세스가 평화 협상을 위해 사절로 보낸 아파르반의 연설과 그에 대한 갈레리우스의 반응을 보자.

그(아파르반)는 나르세스의 명성을 떨어뜨리지 않는 범위 안에서 갈레리우스의 무용을 찬양하면서, 자기 종족의 모든 군주보다 뛰어난 페르시아 왕에게 승리한 갈레리우스의 우월성을 인정하는 것은 수치가 아니라고 생각한다고 말했다. 페르시아의 대의명분은 여전히 정당한 것이지만, 그럼에도 불구하고 자신은 이번 분쟁을 두 황제의 결정에 일임한다는 권한을 부여받았다고 하면서, 번영의 절정에 있는 두 황제가 **운명의 변화무쌍함**을 염두에 두리라 확신한다고 말했다. 아파르반은 발언을 마무리하면서, 동방의 우화를 예로 들어 로마와 페르시아 두 나라는 세계의 두 눈

7 같은 책, 제1권, 439쪽.

과 같아서 어느 한쪽이 뽑히면 세계는 불구가 될 것이라고 했다. "과연 페르시아인다운 일이로다." 갈레리우스는 분노로 온몸을 떨면서 이렇게 대답했다. "**운명의 변화무쌍함**을 상세히 설명하면서 짐에게 태연하게 중용의 미덕을 강론하다니 과연 페르시아인다운 일이로다. 저 불운한 발레리아누스 황제께 그들이 어떤 온건함을 베풀었는지 상기하도록 하라. 그들은 그분을 속여서 패배시키고 오만무례하게 대했도다. 그들은 그분이 생을 마칠 때까지 수치스러운 포로 신세로 억류했다가, 돌아가신 후에도 그 시신을 영원히 모욕하지 않았던가." 그러나 갈레리우스는 여기서 말투를 부드럽게 하면서, 굴복하여 엎드린 적을 다시 짓밟는 것은 결코 로마인의 관습이 아니며, 이번 경우에도 페르시아의 가치보다는 오히려 자신들의 위엄을 생각해야 할 것이라고 넌지시 말해 주었다. 그는 아파르반을 물러가도록 하면서도 나르세스가 곧 황제들의 자비로 항구적인 평화와 처자식의 송환을 실현시킬 수 있는 조건을 통보받게 될 것이라는 희망을 안겨 주었다.[8]

페르시아의 평화 사절 아파르반은 이처럼 전쟁에서는 지는 쪽이 있으면 이기는 쪽이 있기 마련이고, 영원한 승자도 영원한 패자도 없기에 자신들에게 너그러운 아량을 베풀어달라고 호소한다. 요컨대 운명이 변화무쌍하다는 인간사의 보편적인 현상에 기대어 패자의 논리를 펴나갔던 것이다. 그에 대한 로마 황제의 대응 또한 관대함을 무기로 상대방을 굴복시킨다. '너희들은 동일한 상황에서 우리의 황제에게 악독한 일을 저질렀지만, 우리는 너희들을 용서하겠노라'고 하면서 상대방에게 굴욕감을 안긴다. 운명이 여기서는 삶의 보편적인 현상으로 희석되고 있음을 엿볼 수 있다.

변화무쌍함이라는 두 번째 의미의 방계 의미로 우리는 변덕스러움을 추가할 수 있다. 변화무쌍함이 단순한 변화에 초점이 맞추어진 중립적

---

8 같은 책, 제1권, 456~57쪽(강조는 최성철).

인 표현이라면, 변덕스러움은 '겪고 싶지 않은'이라는 부정적인 가치판단이 들어 있는 개념이다. 예를 들어, 기번은 제1권에서 "막시미아누스 황제의 잔인성이 저명한 원로원 의원이나 변덕스러운 운명에 자신을 내맡긴 궁정과 군대의 대담한 반역자들에게만 국한되었다면, 대다수의 국민은 그들의 고통에는 무관심하거나 오히려 그것을 즐겼을지도 모른다"[9]고 했는데, 이때 '변덕스러운 운명'이라는 표현에는 '알 수 없는 미지의 일'이라는 중립적인 뜻보다도 '내가 언제 막시미아누스의 잔인성의 희생자가 될지 모르는 불안함'이라는 부정적 함의가 더 많이 담겨 있다.

이러한 '운명의 변덕스러움'은 '운명의 장난'이라는 의인화된 표현으로써 더 노골적으로 표출되기도 한다. 실제로 기번은 운명이 변덕을 부리거나 장난을 침으로써 해당 사람들을 곤경에 처하도록 만든다고 종종 생각했다. 흥미로운 점은 이 과정에서 기번이 '운명의 장난'을 '우리의 무지의 통속적 표현'으로 간주했다[10]는 사실이다. 보통 우리나라 사람들이 그 원인을 알 수 없는 일을 두고 '귀신이 곡할 일'이라는 표현을 쓰는 것처럼, 18세기 영국인들은 그런 경우 '운명의 장난'이라는 말로 표현한 듯하다. 어찌 됐든 '운명의 장난'을 '무지의 통속적 표현'이라고 바꾸어 부른 기번의 기지(機智)는 '우연'을 '무지의 도피처'로 돌려서 표현했던 스피노자의 재치를 연상시킨다.

기번에게 나타나는 운명의 세 번째 의미는 '신의 뜻'과 '신의 섭리'다. 운명이 우연의 동의어나 유사어로 간주될 수 있다면, 이 또한 그 용어가 중세부터, 아니 어쩌면 고대부터 이미 쭉 내포해 온 전통적이고 연속적인 의미일 수 있다. 테오도시우스 황제에 의해 동로마제국의 황제가 된 그의 아들 아르카디우스의 후견인으로 등용되면서 동로마를 억압하던 악명 높은 통치자 루피누스가 로마 병사들에게 살해당한 사건,

---

9 같은 책, 제1권, 205쪽.
10 같은 책, 제3권, 499쪽.

즉 '루피누스의 운명'을 두고 기번은 '신의 섭리'라고 명명한다.

> 루피누스의 운명은 시인(클라우디아누스)의 종교적 의구심을 풀어주
> 었다. 이 사건(루피누스가 살해당한 사건)이 영광스러운 신의 섭리를 옹
> 호한다고 할 수 있을지는 모르겠으나, 국민들의 행복에는 그다지 도움이
> 되지 못했다. 3개월도 안 되어 루피누스가 강탈해서 모은 재산에 대한 국
> 고의 배타적인 권리를 주장하는 칙령이 발표되어, 국민들로 하여금 새로
> 운 통치 원칙이 어떤 것인지 알게 해주었다. 루피누스의 탐욕스러운 학정
> 에 신음했던 동로마제국 국민들의 요구는 엄벌로 다스려졌다.[11]

어떤 악덕한 개인의, 특히 폭정을 일삼은 통치자의 비참한 운명은 기
번에 의해 자주 신의 뜻, 신의 섭리라는 용어로 처리된다. 이미 앞서 헤
로도토스를 설명하는 부분에서 한 차례 언급했던 '사필귀정'이라는 동
양적 금언이 서양에서는 이처럼 흔히 '정의를 위한 신의 심판'의 의미
로 포장되어 나타난다는 점을 알 수 있다.

물론 당연한 현상이겠지만, '신의 섭리'는 '운명' 개념과의 직접적인
연관성 없이도 오로시우스나 아우구스티누스 같은 성직자들과 연관해
서도 자주 등장한다.

> 우정과 종교 면에서 밀접한 관계를 맺고 있었던 오로시우스와 아우구
> 스티누스는 이 기적 같은 승리를 인간의 무용보다는 신의 섭리에 따른 것
> 이라고 본다. 그들은 우연이나 유혈은 철저히 배제했다.[12]

여기서 '기적 같은 승리'란 테오도시우스 황제에 의해 서로마제국을
통치할 그의 아들 호노리우스의 후견인으로 등용되었던, 로마의 직업군

---

11 같은 책, 제3권, 104쪽.
12 같은 책, 제3권, 141~42쪽.

인이자 반달족과 로마인 사이의 혼혈인이었던 스틸리코 장군이 로마를 위협하던 북게르만족의 라다가이수스에게 거둔 승리를 말한다. 스페인 출신의 성직자와 북아프리카 히포의 주교가 위대한 로마제국의 일원으로서 그런 생각을 가졌던 것은 지극히 당연해 보인다. 이처럼 로마의 입장에서 보면 바람직한 일도 신의 섭리로 표현되는 것까지는 좋으나, 문제는 마지막 문장이 우리의 논지와 모순되는 것처럼 보여 좀 마음에 걸린다. 여기서 신의 섭리는 기번에 의해 일종의 '정해진 운명'과 같은 것으로서 '필연'을 암시하고, 따라서 '우연'과는 상반되는 개념으로 등장한다. 이러한 용례는 극히 드물어 거의 예외적이라고 보아도 무방하지만, 어쨌든 이런 사례가 있다는 사실 자체가 '운명' 또는 '신의 섭리' 등 우연 관련 개념의 의미의 외연이 매우 넓다는 점을 우리에게 다시 한번 확인해 준다.

그럼에도 불구하고 '신의 뜻'은 기번에게 '우연' 그 자체를 뜻하는 개념으로 종종 등장한다. 이것은 보통 기번 자신의 의견일 수도 있지만, 일반인들의 사고방식을 빗대어 그렇게 표현하는 경우도 자주 있었다. 다음 사례가 그렇다.

> 일반 역사나 성서의 역사에 나타난 꿈이나 전조, 기적과 예언을 냉정하게 검토해 본 철학자라면 눈으로 직접 볼 때조차도 기만당하는 경우가 많은 만큼, 독자들은 허구적인 이야기에 훨씬 쉽게 속아 넘어갈 수밖에 없다는 결론을 내릴 것이다. 일상적인 자연법칙을 벗어난 것처럼 보이는 사건이나 현상, 우연은 모두 신의 직접적인 작용이라고 성급하게 결론내리기 쉽다. 순간적으로 나타난 보기 드문 대기 현상에도 대중은 깜짝 놀라 온갖 상상력을 동원하여 형태와 색채를 부여하고 언어와 의미까지 읽어낸다.[13]

이처럼 기번의 작품 안에는 실제 로마의 역사에 대한 직접적 설명에

---

13 같은 책, 제2권, 169쪽.

서 벗어나 일반인들의 통속적 견해나 하나의 주제에 대해 마치 에세이를 써나가듯 자신의 입장을 표명하는 경우가 종종 있는데, 이 인용문도 바로 그 경우에 해당한다. 여기서 기번은 우리가 알 수 없는 현상으로서 우연을 신의 작용으로 넘겨버리는 경우가 많음을 지적한다. 더불어 우리는 그가 '우연'을 "자연법칙을 벗어나는 사건이나 현상"으로 정의하고 있음을 간접적으로 알 수 있다.

'신의 뜻'으로서의 운명 개념에서 파생된 또 하나의 의미는 바로 '알수 없는 미래의 불확실성'이다. 이때 운명은 인간이 인간의 지성으로는 도저히 알아낼 수 없다는 의미에서 '미래'와 동일한 개념으로 치부된다. 예컨대 기번은 제1권에서 "다만 사려 깊은 몇몇 사람만이 걱정스러운 마음으로 과거의 역사와 미래의 제국의 운명에 대해 생각해 볼 뿐이었다"고 적고 있는데,[14] 여기서 '제국의 운명'은 '미래의 일'로 여겨진다. 제3권에서는 로마의 장군 아이티우스가 서고트족의 테오도리크(Theodoric)와 손잡고 훈족의 아틸라와 싸워 승리한 451년의 샬롱 전투를 설명하는 자리에서, 아이티우스는 "자기편이 승리한 사실도 모르고 앞으로의 운명을 걱정하던 중, 샬롱 평원에 흩어져 있던 적군들과 마주쳤다가 겨우 탈출했다"고 기술하고 있는데,[15] 여기서도 '운명'은 '미래의 일'과 동의어로 쓰인다.

이제 기번의 운명 개념의 네 번째 의미인 '우연한 사건'으로 넘어가보자. 드디어 기번에게 운명이 우연과 조우하게 된다. 우연한 사건을 운명으로 간주한 것이거나 우연을 운명적인 현상으로 여긴 경우 모두가 여기에 해당된다. 기번의 작품 제2권에 등장하는 전설 또는 신화에 가까운 페르시아 왕 샤푸르의 탄생 일화를 보자.

샤푸르 왕은 매우 기이한 운명을 타고나 태어나기도 전에 이미 왕위에

---

14 같은 책, 제1권, 229쪽.
15 같은 책, 제3권, 353쪽.

올랐다. 그래서 30년이나 장기 집권을 하고 있었지만 여전히 혈기왕성한 젊은이였다. 호르무즈 왕이 사망할 당시 왕비는 임신 중이었으나, 임신 사실뿐만 아니라 아기의 성별도 불확실하자 사산 가 왕자들은 왕권에 대한 야심으로 동요했다. 그러나 한 마기가 왕비는 왕자를 임신했으며 무사히 낳을 것이라고 예언하면서, 마침내 내전에 대한 우려는 사라졌다. 미신적 예언을 맹신하는 페르시아인들은 주저 없이 대관식을 준비했다. 예를 갖춘 왕비가 비스듬히 누운 호화로운 침대가 궁정 중앙에 놓였다. 아르타크세르크세스 왕의 후예이자 미래의 왕이 들어 있을 것으로 보이는 지점에 왕관이 놓이자, 태수들은 일제히 그 앞에 꿇어 엎드려 보이지도 않고 아무 반응도 없는 왕의 위엄을 경배했다. 페르시아 민족의 기질이나 그의 기나긴 집권 기간을 생각하면 있을 법한 이 놀라운 이야기를 믿는다면, 샤푸르 왕의 재능과 행운 모두에 대해 경탄하지 않을 수 없다.[16]

샤푸르가 페르시아의 왕이 된 이 '우연한 사건'은 곧 그의 기이한 운명을 암시한다. 미신 따위나 믿는 페르시아인들을 무시하는 듯한 오리엔탈리즘의 분위기를 물씬 자아내는 문장들이지만, 하여튼 기번은 마치 낯선 곳을 방문해서 본 신기한 일을 고향 사람들에게 전하는 이야기꾼처럼 신이 나서 그 놀라운 일들을 독자들에게 전한다. 샤푸르가 태어나지도 않은 상태에서 왕이 된 것, 사산 가의 왕자들이 반란을 일으키지 않은 것, 그래서 내전이 발생하지 않은 것, 샤푸르가 나중에 실제로 재능을 갖추게 된 것 등 이 모두가 다 우연적이면서도 운명적인 일로 기록된다. 여기서 우연과 운명은 교차하는 정도가 아니라 완전히 일치한다. 기이한 일이 그 사람의 운명이 되어버리는 이 기이한 현상을 우리는 그저 '우연'이라는 말로밖에는 달리 표현할 길이 없다.

기번에게 운명이라는 말은 더 나아가 '한 개인이나 집단의 죽음이나 종말'을 뜻하기도 한다. 다섯 번째 의미가 될 이 죽음, 종말, 소멸로서의

---

16 같은 책, 제2권, 79~80쪽.

운명(運命)은 특이하게도 우리말에서 사람이 죽었을 때 동음이의어로 자주 쓰이는 '운명하다'의 그 운명(殞命)과 동일한 개념이다. 기번은 먼저 인간이 죽을 수밖에 없는 운명을 타고났다는 당연한 이야기를 다음과 같이 풀어서 교훈처럼 전한다.

인간의 불멸의 영혼이 언젠가 죽을 운명인 육체라는 감옥 속에 갇혀 있는 한, 오로지 신에게 헌신하여 신의 자만심을 만족시키고 희생 제물의 연기로 양식을 바침으로써 자비를 구하는 것만이 인간이 해야 할 일이다.[17]

인간은 누구나 죽기 마련이다. 따라서 영생을 얻으려면 영혼의 불멸을 믿어야 한다. 아무리 계몽주의 시대에 이신론자로서 자신의 작품 안에 정통 기독교에 대한 비판적인 관점을 여과 없이 드러냈다 하더라도, 기번이 육체의 죽음을 넘어 영혼의 불멸을 믿는, 그리고 기독교적 신을 믿는 어쩔 수 없는 그리스도교도였다는 분명한 사실을 위의 인용문이 웅변해 준다. 인간이 죽을 운명인 것처럼 불멸의 영혼을 가지고 있다는 사실 또한 그의 운명으로 강조하고 있는 셈이다.

이에 입각해 기번은 이 작품 곳곳에서 죽음과 운명을 등치시키는 많은 문장을 남겼다. 가령 기번은 제2권에서 371년 갈리아 연안 속주들이 색슨족의 침입으로 시달림을 받게 되자 로마군이 그들을 포위해 섬멸했을 때 "포로로 잡힌 색슨족 중 일부는 가까스로 목숨을 건졌으나 결국 그들은 원형경기장에서 피를 흘리는 운명을 맞았다"고 적고 있는데,[18] 여기서 운명은 곧 인간의 최후라는 의미로 쓰였다. 아니면 제3권에서 "남은 것이라고는 아무리 절망적인 상황에 처해 있더라도 운명과 목숨을 가벼이 여기는 자세에서 독립적인 정신을 이끌어낼 수 있다는 강한 확신뿐이었다"는 문장[19]으로써 운명과 목숨을 거의 동의어로 사

---

17 같은 책, 제2권, 312쪽.
18 같은 책, 제2권, 458쪽.

용하는 사례도 발견된다. 그 밖에 테오도시우스 황제의 로마군 총사령관이었던 티마시우스의 몰락을 서술할 때도 마찬가지였다.

> 그(티마시우스)의 운명에 대해서는 몇 가지 다른 이야기가 전해 온다. 에우트로피우스가 그를 은밀히 처형하라는 명령을 했다는 암시가 있다. 오아시스에서 탈출하려다가 갈증과 기아로 죽은 시체로 리비아의 사막에서 발견되었다는 이야기도 있다. 가장 믿을 만한 이야기는 그의 아들 시아그리우스가 궁정의 첩자들과 밀정들의 추적을 따돌린 후, 아프리카의 도적 떼를 모아 티마시우스를 유형지에서 구출해 내어 세상 사람들의 눈에 띄지 않는 곳으로 사라졌다는 것이다.[20]

죽였든 죽었든, 아니면 사라졌든 모두 소멸을 의미한다는 점에서 동일하다. 기번이 운명을 곧 '죽음'이나 '종말', '파멸' 등을 뜻하는 용어로 사용한 사례로, 이보다 더 확실한 것은 없을 것이다.

기번에게 나타나는 운명의 여섯 번째 의미는 '큰 사건의 발단'이다. 큰 사건의 발단이란 곧 커다란 변화를 예고하는 계기나 기점을 뜻할 수 있다. 그라티아누스 황제 때 브리타니아에서 막시무스가 일으킨 반란에 대해 기번은 다음과 같은 기록을 남긴다.

> 브리타니아의 반란에서 비롯된 원인을 찾아내는 일은 그다지 중요하지 않다. 우발적인 사건이 큰 소란으로 번지는 일은 얼마든지 있다. 이 경우에도 항상 폭군과 찬탈자들로부터 더 많은 결실을 거두어 온 반란의 씨앗이 우연히 땅에 떨어졌던 셈이다.[21]

---

19 같은 책, 제3권, 55쪽.
20 같은 책, 제3권, 242쪽.
21 같은 책, 제3권, 4쪽.

여기서는 운명보다는 하나의 사소한 우발적 사건, 우연한 일이 어떻게 운명적으로 커다란 변화를 야기하는 중요한 원인으로 작용할 수 있는지가 잘 설명되어 있다. 역사란 이처럼 '거의 우연에 가까운 아주 작은 일이 큰 변화를 가져오는 수많은 사례의 모음집'이라는 사실을 기번도 잘 알고 있었던 듯하다.

이제 일곱 번째 의미로 넘어가 보자. 기번의 운명 개념은 '한 민족이나 집단을 이끌어갈 능력'이라는 의미로도 쓰인다. 일종의 지도자나 통치자의 숙명이나 사명과 같은 뜻으로 이해해도 무방하리라. 훈족의 족장이었던 아틸라에 대한 서술 부분을 보자.

> 아틸라는 애정에서였는지 미신 때문이었는지 모르지만 막내인 이르나크가 자기 부족의 영광을 이어갈 운명을 타고났다고 믿었다.[22]

그럼에도 불구하고 결국 이어지는 서술에서 곧 훈족의 제국이 어떻게 멸망했는지 자세히 나와 있지만, 어쨌든 아틸라의 시점에서 보면 자신의 막내아들은 자신이 그동안 이끌어온 부족의 운명을 짊어질 새로운 후계자였다. 그래서 '운명'이라는 개념이 여기서는 하나의 집단을 이끌어갈 역량이나 능력의 의미로 사용되고 있다.

마지막으로 기번이 운명으로써 염두에 둔 여덟 번째 의미는 용례가 좀 특이하다. 기번은 운명을, 마치 마키아벨리처럼, '미천한 출신에서 고위직으로 신분상의 변화'를 의미하는 개념으로도 사용하는데, 디오클레티아누스 황제가 통치하던 때의 근위대장이라는 직위에 대한 다음 설명은 그 사례에 해당한다.

> 근위대장의 운명은 집정관이나 귀족과는 본질적으로 달랐다. 집정관과 귀족은 예전의 권위를 잃고 공허한 칭호에 불과하게 되었다. 반면 근위대

---

22 같은 책, 제3권, 364쪽.

장은 미천한 신분에서 점차 승진하여 로마제국의 행정과 군사 통치권을 부여받았다.[23]

기번이 운명 개념을 사회적 지위나 직위의 변화와 관련해서 사용한 예는 매우 드문데, 그 몇 안 되는 사례에 속하는 구절이다. 물론 더 깊이 따져 들면, 이때 운명이 하나의 공직이라는 지위 자체의 변화라기보다는 그 직위에 오른 사람들의 인생 역정(歷程)을 의미하는 용어로 쓰였지만, 어쨌든 그것이 포괄적으로 '신분상의 변화'를 뜻하는 용어로 사용되었다 해도 크게 잘못된 해석은 아닐 것이다.

지금까지 살펴본 기번에게 나타나는 여덟 개의 운명 개념의 의미를 한두 개의 범주로 묶어서 일반화하는 것은 거의 불가능하다. 그럼에도 불구하고 기번에게 그 개념은 전체적으로 보면 '미리 정해져 있는 삶의 궤적을 그리며 나아가는 일'이라는 함의를 갖는다는 인상을 준다. 만일 운명이 이런 함의를 갖는다면, 그것은 '필연'과 거의 차이가 나지 않는다. 왜냐하면 정해져 있는 길을 가는 것에는, 그것이 신의 뜻이 되었든, 아니면 운명이 되었든, 우연이 끼어들 여지가 거의 없기 때문이다.

이 연관에서 또 하나 지적해야 할 것은 기번에게 운명 개념은 능력과의 대비 속에서 사용되는 사례가 많았다는 점이다. 이를 통해 우리는 그에게 그 개념이 고대부터 르네상스기에 강화되어 사그라지지 않고 그에게까지 면면히 이어져 내려왔다는 사실을 알 수 있다. 전통은, 특히 인간의 본성을 탐구하는 사상이나 철학 및 역사와 같은 인문학 분야에서의 전통은 그리 쉽게 사라지지 않는다. 오히려 보완되거나 수정될 수는 있어도 개념 자체가 사라지는 경우는 매우 드물다. 기번에게도 리비우스나 타키투스 또는 마키아벨리나 구이치아르디니에게서 나타났던 '행운'(fortuna)과 '능력'(virtus)의 동시 사용어법 또는 그 둘의 대결 구도가 잘 나타난다. 예컨대 기번은 제1권에서 세베루스 황제를 오직 "행

---

23 같은 책, 제2권, 22쪽.

운과 능력으로 …… 미천한 지위에서 최고의 자리까지" 오른 인물로 그려놓았다.[24] 물론 그 자리에 오르고 나서 인생의 무상함과 삶의 무기력증에 빠져 괴로워한 황제로, 다시 부정적으로 묘사하긴 했지만, 하여튼 한 인물이 최고의 상태에 이르려면 능력만이 아니라 행운, 즉 우연도 뒤따라야 함을 지적한 것이다. 콘스탄티누스 황제를 평가한 부분에서는 아예 마키아벨리를 연상시키는 발언이 등장한다.

콘스탄티누스 황제는 날 때부터 정신뿐 아니라 신체 또한 최고의 자질을 지니고 있었다. 위풍당당한 용모, 우아한 품행을 갖추었다. 그는 모든 남성적인 경기에서 자신의 체력과 활동성을 발휘했고, 어린 시절부터 노년기에 이르기까지 절제와 순결의 미덕을 엄격히 지킴으로써 강인한 체력을 유지했다. …… 콘스탄티누스 황제는 정규교육을 받지 않았다는 약점이 있었지만 학문의 가치를 정확히 평가할 줄 아는 능력이 있었기 때문에, 그 당시 예술과 학문은 황제의 비호를 받으며 널리 장려되었다. 긴급한 업무를 처리할 때는 황제의 능력이 한층 더 돋보였다. 콘스탄티누스 황제는 피로를 모르는 정신력으로 끊임없이 독서와 집필, 사색에 몰두하고 또한 외국 사절들을 접견하며 국민들의 고소장을 검토하는 등 온갖 업무를 계속했다. …… 콘스탄티누스 황제는 일단 전쟁터에 나가면 자신의 용맹스러운 정신이 군대 내부로까지 스며들게 했고 완벽한 장군의 자질을 발휘하여 군을 지휘했다. 따라서 황제가 국내외의 적들을 물리치고 거둔 눈부신 승리들은 행운이었다기보다는 그의 탁월한 능력에서 비롯된 결과였다고 말할 수 있다.[25]

기번이 보기에 다른 사람은 몰라도 적어도 콘스탄티누스 황제의 위대한 승리는 거의 순전히 그의 탁월한 능력에 기인한다는 것이다. 이러

---

24 같은 책, 제1권, 147쪽.
25 같은 책, 제2권, 56~57쪽.

한 평가의 진위나 타당성 여부를 떠나서, 기번이 행운보다 능력이 앞서야 한다는 마키아벨리의 관점을 적극 수용해 콘스탄티누스 황제에 적용했음은 특기할 만한 일이다.

마지막으로 기번이 우연의 대(對)개념으로서의 '필연'을 어떻게 인식했고 사용했는지 간략히 알아보도록 하자. 결론적으로 말하자면, 기번에게 '로마의 쇠퇴와 멸망'은 팽창의 결과로 야기된 '필연적인 일'이었다.

> 일개 도시가 일어나 제국으로 팽창한 이 경이로운 사건은 충분히 철학자들의 관심을 끌 만하다. 그러나 로마의 쇠퇴는 무절제한 팽창의 자연스럽고 필연적인 결과였다. 번영이 쇠퇴의 원칙을 잉태시켰고, 정복이 진행될수록 파멸의 원인도 급격히 증가했다. 시간이 지나고 사건이 겹치면서 인위적인 지지대가 벗겨지자 이 거대한 구조물은 자신의 무게에 짓눌려 붕괴되었다. 그 패망의 이야기는 단순하고 명백하다. 우리는 로마제국이 왜 멸망했는지를 묻는 대신 오히려 (이 제국이) 어떻게 그토록 오래 지속될 수 있었는지 놀라워해야 할 것이다.[26]

기번이 로마제국의 멸망의 첫 번째 원인으로 꼽은 것은 '기독교의 유포'였다고 기계적으로 배워온 우리에게 찬물을 끼얹는 발언이 아닐 수 없다. 기번은 단지 기독교만이 아니라 아니 어쩌면 그보다도 더 이 영원히 갈 것 같던 1,000년 제국의 쇠멸에 결정적인 영향을 끼친 것은 무분별한 영토 확장이었다고 확신한다. 정치적이고 군사적인 관점에서 상당히 타당한 설명 전략이라고 생각하기에 나는 이 의견에 전적으로 동의한다. 더구나 그리스와 로마의 고전 작품을 비롯해 수많은 역사 자료를 섭렵하고 이 주제를 평생 연구하고 탐구한 다음에 내린 결론인 만큼, 우리는 그 해석의 권위를 십분 인정해 주어야 한다.

---

26 같은 책, 제3권, 545쪽.

지금까지 살펴본 것처럼 기번의『로마제국 쇠망사』에는 행운, 불행, 운명, 우연, 신의 섭리와 같은 용어가 자주 등장한다. 분석을 위한 독서와 메모를 통해 찾은 사례들이 앞의 본문에서 언급한 것들 외에 무수히 많지만 다 인용할 수도 없었고 또 그럴 필요도 없었다. 정확한 통계를 내지 않아 확정적으로 말할 수는 없지만, 느낌상으론 대략 10쪽에 한 번꼴로 그 용어들이 나오지 않았나 싶다.

　그렇다면 기번은 이런 용어들을 왜 그리 자주 사용했던 것일까? 물론 주제의 특성상 그랬을 수도 있다는 점은 인정되지만, 그렇다 하더라도 너무 빈번히 등장하다 보니 당연히 그러한 의문이 들 수밖에 없다. 그 이유는 크게 세 가지로 추정된다. 첫째, 역사서술이라는 서사 형식의 글에서 '극적인 효과'를 얻으려고 그랬을 수 있다. 앞서 살펴보았듯이, 실제로 기번은 운명을 아주 행복한 경우이거나 아니면 아주 불행한 경우를 극적으로 대비할 때 자주 사용했다. 특히 한 인물의 천당과 지옥을 오가는 극단적 행보나 그 결과는 그러한 효과를 극대화한다.

　둘째, 그러한 용어들은 극적 효과를 통해 결국 독자들에게 흥미를 유발한다. 가령 디오클레티아누스 황제를 설명하는 부분에서 기번은 "디오클레티아누스 황제의 통치가 어떤 전임자의 통치보다도 훌륭했던 것과는 달리, 그의 출신은 누구보다도 비천하고 불확실했다. …… 그가 책략과 우연한 사건들에 의해서 마침내 신탁을 실현시키고 자신의 재능을 세상에 과시하기까지의 점진적인 이행 과정을 살펴보는 것은 매우 흥미로운 일이다"라고 서술하고 있는데,[27] 이것은 우연한 사건들이 흥미롭다는 견해를 밝힌 적절한 사례로 보인다. 역사 이야기는 흥미를 주어야 하는데, 우연 또는 우연한 사건들은 그러한 역사의 중요한 기능에 충분히 부합하는 요소들이다. 그러나 흥미를 주는 우연한 사건들이 교훈까지 주는지에 대해서는 쉽게 판단이 서지 않는다. 그에 대한 기번의 언급은 없다.

27　같은 책, 제1권, 429~30쪽.

셋째, 인생의 변화무쌍함 또는 능력이 운명을 넘어서야 한다는 사실 등이 우리들에게 '교훈'을 줄 수 있기 때문에 기번이 그렇게 하지 않았을까 생각해 볼 수 있다. 실제로 기번은 자신의 책에서 기회가 될 때마다 종종 역사가 흥미와 교훈을 주어야 한다는 점을 강조한다. 가령 제1권 제13장에서 디오클레티아누스 황제 치하에서 학문과 예술이 쇠퇴했음을 지적하면서 이 시기의 역사서술 또한 "무미건조하고 혼란스러운 요약문으로 전락하여 재미도 없고 교훈도 되지 않았다"고 적고 있다.[28] 이는 거꾸로 얘기하면, 역사란 모름지기 흥미로우면서도 교훈을 주어야 한다는 주장과 다를 것이 없다. 제1권 제16장에서도 유사한 주장이 나온다. 그에 따르면, "역사는 미래 세대에 교훈을 주고자 과거의 사실을 기록하는 것이다."[29] 역사의 목적은 미래 세대에게 교훈을 주는 것이라는 주장인데, 이보다 더 계몽주의적 사고방식에 정확히 부합하는 주장도 없을 것이다.

2. 아르헨홀츠

프로이센의 군인이자 문필가였던 요한 빌헬름 폰 아르헨홀츠(Johann Wilhelm von Archenholz, 1741~1812)는 오늘날 일반인들에게 그리 널리 알려진 역사가는 아니다. 그러나 그는 18세기 후반 동시대인들에게 가장 많이 알려진 역사가 중 한 사람이었다. 우리에게는 상당히 낯선 인물이기에 여기서 잠시 그의 프로필을 짚고 본 주제로 넘어가도록 하자.[30]
1741년 오늘날의 단치히에 속하는 프로이센의 랑푸어(Langfuhr)에

---

28 같은 책, 제1권, 480쪽.
29 같은 책, 제1권, 632쪽.
30 여기서 계몽주의 역사가로 아르헨홀츠를 분석 대상으로 삼은 이유는 다음 문헌에서 자극을 받았기 때문임을 밝혀 둔다. Koselleck, "Der Zufall als Motivationsrest in der Geschichtsschreibung", pp. 162 이하.

서 태어난 아르헨홀츠는 열여섯 살에 프로이센 군대에 들어가 7년전쟁 (1756~63)에 참전했고, 1763년 전쟁 중 부상으로 퇴역한 후 16년 동안 유럽의 거의 전 지역을 여행하며 돌아다녔다. 그 기간 중 약 10년 동안 (1769~79)은 영국에 체류하기도 했다. 1780년 독일로 다시 돌아온 그는 마그데부르크 교회의 평신도 수도 참사회원으로 있으면서 문필가로서의 경력을 쌓기 시작했다. 『문학과 민속학』(*Litteratur und Völkerkunde*, 1782~91)이라는 성공적인 월간 잡지도 출범시켰고, 여행의 경험을 담은 여행 책자 『영국과 이탈리아』(*England und Italien*, 1785)도 출판했는데, 이 책은 18세기 후반 가장 많이 읽힌 여행서 가운데 하나였다. 그러나 역시 아르헨홀츠의 주저는 단연 『7년전쟁사』(*Geschichte des siebenjährigen Krieges in Deutschland*, 1791)다. 이 책은 제목에서 알 수 있듯이 프로이센의 관점에서 7년전쟁의 역사를 기술한 작품이다. 아르헨홀츠는 기본적으로 계몽주의 역사가답게 세계시민주의와 자유정신에 투철했다. 1789년 프랑스에서 혁명이 발발하자 이 사건을 열렬히 환영했고, 심지어 1792년에는 가족을 데리고 프랑스 파리로 이사하기까지 했다. 물론 1792년 말 정치적인 입장, 즉 그가 출판한 정치적 책자 때문에 단두대의 처형으로 위협받자 거의 도주하다시피 다시 독일의 함부르크로 돌아오긴 했지만 말이다. 혁명 기간 중 계속되는 폭동과 혼란 때문에 프랑스 혁명에 대한 그의 입장도 점차 변해 갔다. 작가로서, 신문이나 잡지의 편집자로서 나름 성공적인 삶을 산 그는 1809년 완전히 시골로 은퇴했고, 1812년 함부르크 근처의 외옌도르프(Öjendorf)에서 죽었다.

자유주의 문필가로 한평생을 살다간 아르헨홀츠는 『7년전쟁사』에서 '우연'(Zufall)을 꽤 자주 언급한다. 그 이유는 아마도 전쟁을 다루다보니 그랬을 가능성이 높다. 실제로 전쟁 이론서의 대명사라 할 수 있는 카를 폰 클라우제비츠(Carl von Clausewitz)의 『전쟁론』에서도 다음과 같이 주장하고 있는 것을 보면, 독자들도 그 점을 잘 공감할 수 있을 것이다.

전쟁은 우연의 영역이다. 인간행위 중에서 이 낯선 영역보다 더 많은 행동반경(Spielraum)이 요구되는 곳도 없다. 왜냐하면 모든 방면에서 전쟁과 지속적인 접촉을 유지할 수 있는 사람은 없기 때문이다. 전쟁은 모든 상황의 불확실성을 증가시키고 사건들의 경로를 방해한다.[31]

물론 인간 삶의 그 어떤 영역에서보다도 우연이 가장 많이 활개 치는 전쟁을 다루다보니, 우연이라는 개념이 많이 등장할 수밖에 없었겠지만, 아르헨홀츠의 경우에는 단지 그 이유 때문만은 아닌 듯싶다. 왜냐하면 『7년전쟁사』에서는 전쟁과 무관한 많은 사항을 설명할 때도 우연이 자주 등장하기 때문이다.

이 모호한 용어는 이 책의 앞부분에서부터 나오기 시작한다. 우리는 7년전쟁이 발발하기 전 오스트리아의 합스부르크 왕가와 프랑스의 부르봉 왕가가 서로 프로이센이라는 갑작스럽게 성장해 상대하기 버거운 신흥국에 맞서 싸운다는 단 하나의 공통적 이해관계 때문에 수백 년 동안 이어졌던 적대 관계를 청산하고 급속히 가까워지게 되면서 외교 관계를 재정립한, 유난떠는 역사가들의 표현에 따르면 이른바 '외교 혁명'(diplomatic revolution)이 발생했다는 사실(史實)을 잘 알고 있다. 그러나 아르헨홀츠의 눈에는 빈과 베르사유에 근거를 둔 근대 유럽의 양대 가톨릭 왕조 사이에 맺어진 이 악명 높은 동맹이 전혀 필연적이고 당연한 일처럼 보이지 않았다.

세계를 경악시켰고 정치의 최고 걸작으로 간주되었던 오스트리아와 프랑스 사이의 동맹은 순전한 우연(ein bloßer Zufall)이었다.[32]

31 Carl von Clausewitz, *Vom Kriege*, ed. Werner Hahlweg, Bonn: Dümmler, 1991, p. 234.

32 Johann Wilhelm von Archenholz, *Geschichte des siebenjährigen Krieges in Deutschland*, 2 vols., Berlin: Haude und Spener, 1840, vol. 1, p. 3.

아르헨홀츠가 이 동맹을 단순한 우연으로 본 이유는 무엇일까? 아무리 오랫동안 적대 관계를 유지해 온 두 나라라 해도 전 세계와 지역 간 세력의 판도 변화에 따라 얼마든지 동맹을 맺을 수 있다. 아르헨홀츠도 그런 당연한 사실을 모르지는 않았을 것이다. 그러나 그는 두 나라가 염두에 두었던 동맹의 진짜 목적이 서로 달랐던 데 우연이 놓여 있었다고 본다. 오스트리아야 당연히 프로이센 견제였겠지만, 프랑스 입장에서는 영국에 대한 견제가 연합의 더 큰 이유를 차지했다는 것이다. 요컨대 아르헨홀츠는 프랑스가 해외 식민지를 더 많이 차지하거나 지키고자 했던, 즉 범대양적 권리를 더 많이 획득하려는 싸움에서 영국에 대항하기 위해 오스트리아와 손을 잡았다고 보았다. 따라서 이 동맹은 맺어지지 않을 수도 있었지만, 마침 프랑스의 또 다른 이해관계와 맞물리면서 성사되었다는 점에서 우연적이다. 하지만 방금 보았듯이, 이 동맹은 유럽 내적 시각에서는 우연일지 모르지만, 식민지 경쟁이라는 세계사적 차원에서 보면 필연적 사건이 된다. 우연이 이처럼 보는 사람의 관점, 시각, 상황, 조건 등에 따라 얼마든지 변할 수 있는 일반적 사실임이 다시 한 번 확인된다. 그만큼 우연은 '상대적'이다. 이 경우 우연은 '관점의 상대성'을 표상한다.

7년전쟁이 시작되고 첫 번째 큰 전투였던 1757년 5월 6일의 프라하 전투를 설명하는 자리에서도 아르헨홀츠는 우연을 끌어들인다. 프로이센의 프리드리히 대왕은 자신의 적대 세력 중 하나인 작센의 수도 드레스덴을 점령하고 오스트리아에 연전연승을 거두며 보헤미아로 쳐들어가 프라하를 정복하려는데, 다음과 같은 일이 벌어진다.

포위 첫날에 한 영리한 수도승의 산책이라는 아주 사소한 우연(ein sehr gemeiner Zufall)이 프라하와 군주국(오스트리아)을 구해 냈다. 문학사에서도 그렇게 낯설지 않은 제틀링(Setzling)이라는 이름의 이 수도승은 도시의 북쪽으로 다가오는 먼지기둥을 알아챘던 것이다.[33]

이 수도승은 그 먼지기둥이 곧 프로이센 군대일 것이라고 생각했고, 곧 천문대로 올라가 망원경으로 자신의 추측이 맞았다는 것을 확인하고는 급히 이 사실을 프라하에 주둔해 있던 크로아티아인들에게 알렸다. 수천 명의 크로아티아인들은 전술적으로 중요한 이 고지를 점령함으로써 안 그랬으면 이 지역을 점령했을 프로이센군의 의지를 꺾어놓았다. 여기서 아르헨홀츠가 이 사건을 우연으로 기록한 이유는, 아마도 군대와는 아무런 상관도 없는 한 평범한 사람의 일상생활의 일부가 군사적으로 매우 중요한 의미를 갖도록 만들었기 때문일 것이다. 군인과 범인(凡人), 군사적인 일과 일상적인 일 사이의 접점, 그리고 그 접점을 통한 중요한 전투 방향의 획기적 전환이 그의 눈에는 충분히 우연으로 비춰졌을 가능성이 높다. 이 경우 우연은 '서로 이질적인 두 영역의 접점에서 생겨난 예기치 않은 일'을 의미한다.

그러나 당시의 전투에 참여한 양측의 전술과 무기 등을 고려해 보면 이러한 우연이 그다지 큰 역할을 수행하지 못했음을 알게 된다. 아마 아르헨홀츠 자신도 다음과 같은 중요한 사실을 충분히 인지하고 있었음이 틀림없다. 즉 한두 곳에서 벌어지는 전투의 향방이 그 전투를 포함하는 전체 전쟁의 양상에, 비록 중요한 변수는 될 수 있을지 몰라도, 결과를 결정짓는 것은 아니라는 사실을 말이다.

앞의 인용문에서 한 가지 더 지적하고 싶은 흥미로운 단어가 있다. 그것은 우연 앞에 붙은 'gemein'이라는 형용사다. 독일어의 'gemein'이라는 형용사는 오늘날에 '나쁜', '사악한', '교활한', '질 낮은', '미천한', '지저분한' 등 부정적인 뜻을 갖지만, 과거에는 '일반적인', '보편적인'이라는 뜻으로 쓰였고, 그 밖에 '단순한', '일상적인'이라는 뜻도 지녔다. '보편적인'이라면 너무 긍정적이어서 문맥에 안 맞고 '사악한'으로 번역하면 시대착오적인 번역이 되기에, 여기서는 '사소한'이라는 중립적인 단어로 번역했다.[34] 이 책이 더군다나 역사서임을 감안하면 그렇

---

33 같은 책, vol. 1, p. 56.

게 번역되어야 할 듯싶다. 프로이센인이었음에도 불구하고 아르헨홀츠는 나름 상당히 객관적인 입장에서 역사를 기술해 나갔다. 역사가에게 평생 중립과 객관성을 외쳤지만 정작 본인은 평생을 보수적 민족주의자로 살다간 랑케를 떠올려보면, 아르헨홀츠가 얼마나 대단한 역사가였는지 새삼 절감하게 된다. 역사가도 결국 변화 과정 속에 있는 역사의 일부이고 한 집단의 일원인 만큼, 그에게 이념적으로 편파적인 서술을 강요해서도 안 되겠지만, 마찬가지로 그가 공정하고 정의로운 신과 같은 존재가 되길 바라서도 안 될 것이다.

아르헨홀츠가 『7년전쟁사』에서 사용한 우연의 사례를 마지막으로 하나만 더 보도록 하자. 다음은 프리드리히 대왕이 프라하 전투에 바로 뒤이어 보헤미아 지역을 포기하고 떠나도록 만들었을 만큼 그에게 뼈아픈 패배를 안겨준 콜린 전투에 대한 설명 부분이다.

> 이 기억할 만한 날의 결과를 결정지었던 것은 용기와 전술이 아닌 우연들(Zufälle)이었다.[35]

평소에는 왕의 명령을 잘 따르던 프로이센의 장교들, 최전선의 하급 장교들이 이번에는 의욕이 너무 넘쳐서 공격 명령이 떨어지기도 전에 공격해 들어가 전투 대열의 양익(兩翼)이 오스트리아군에 의해 무너져 내렸던 것이다. 그 밖에 프로이센군의 전열이 너무 벌어져 있었던 탓도 패배에 영향을 주었다. 반대로 오스트리아군과 크로아티아인들, 심지어

---

34 다른 판본의 책에서는 '일상적인', '평범한', '익숙한' 등의 뜻을 갖는 'gewöhnlich'라는 형용사로 표현된 경우도 있다. Cf. Johann Wilhelm von Archenholtz, *Geschichte des siebenjährigen Krieges in Deutschland* (Halle; Saale, n. d.), p. 40. ('Archenholz'는 'Archenholtz'로 표기되기도 한다). 참고로 영역본에서는 이 단어가 '사소한'(trifling)으로 번역되어 있다. Johann Wilhelm von Archenholz, *The History of the Seven Years War in Germany*, trans. Frederic Adam Catty, Frankfort o. Main: C. Jugel, 1843, p. 56.

35 Archenholz, *Geschichte des siebenjährigen Krieges in Deutschland*, vol. 1, p. 62.

헝가리인들은 용맹스럽게 프로이센군을 압박해 들어왔다. 이 모든 것이 결국 프리드리히 대왕에게 그날의 패배를 안겨 주었던 우연들이었다. 독자들이 충분히 느낄 수 있겠지만, 이 모든 설명은 그저 패배를 변명하기 위한 핑곗거리로밖에 들리지 않는다. 이 경우 우연은 '실패의 합리화 수단'으로 기능한다.

그 밖에 아르헨홀츠는 이 작품에서 '우연' 이외에 당연히 '운명'이나 '행운'과 같은 유사 개념도 사용한다. 대표적인 경우가 일반 역사가들뿐만 아니라 호사가들도 언제나 거론하는, 7년전쟁 막바지에 있었던 러시아의 엘리자베타 여제의 갑작스러운 죽음이다. 아르헨홀츠는 이 책의 마지막 제12장 도입부에서 프리드리히에게 최고의 행운을 안겨 준 이 사건을 특별히 "행운의 여신의 최고의 선행"(die größte Wohlthat Fortunas)이라고 규정한다.[36] 일부러 라틴어인 'fortuna'까지 써가며 글의 극적 효과를 높이려는 의도가 엿보인다.

이제 정리해 보면, 계몽주의 시대 프로이센의 역사가였던 아르헨홀츠는 우연이라는 개념을 (1) 양자의 관점의 불일치로부터 전혀 예측하지 못한 결과를 야기하는 일, (2) 서로 다른 두 영역의 만남을 통해 이루어진 뜻밖의 사건, (3) 평소와는 다른 비일상적인 현상 등의 의미로 사용했음을 알 수 있다. 요컨대 그에게 우연은 첫 번째는 '둘 사이의 부정합', 두 번째는 '이질적인 둘의 결합', 세 번째는 '비정상적인 것'을 각각 뜻했다.

---

36 같은 책, vol. 2, p. 214.

제10장 최근세: 거부된 '우연'

　역사 안에서 차지하는 실제적인 비중과 개념상의 중요도를 감안했을 때, 19세기 역사주의 계열에 속한 역사가들이 '우연' 개념을 역사이론적으로나 실제 역사서술에서 거의 거론하지 않았다는 사실은 경이를 넘어 충격에 가깝다. 더구나 시간의 발전에 따라 개체의 고유한 특성이 발현된다며 개체와 발전을 특별히 강조했던 그들이 우연을 천착하지 않았다는 사실은 일부러 그랬든 몰라서 그랬든, 아니면 무관심해서 그랬든, 그 모든 가능성을 다 감안하더라도 쉽게 납득이 가지 않는다. 그도 그럴 것이, 우연은 집단이나 사회보다 개인이나 개체의 변화 과정에서 더 쉽게 그리고 더 많이 주목받을 수 있는 개념이기 때문이다. 개체의 진화나 돌연변이 등의 개념을 떠올리면 이러한 발언의 진의는 금세 파악된다.

　물론 역사주의자들이 그럴 수밖에 없었던 나름의 이유가 없었던 것은 아니다. 먼저 거시적 차원에서 보았을 때 학풍 또는 사조와 같은 당시의 시대적·정신적 분위기를 첫 번째 이유로 들 수 있다. 역사주의가 등장할 때 가장 많이 영향을 받았으면서도 동시에 거부했던 헤겔의 관념론, 사실관계를 명확히 규명하고자 했던 콩트류의 실증주의, 진보사상, 세속화 경향 등은 세계를 바라보는 데서 합리적이고 이성적인 관점을 중시했기에 우연, 신화, 전설, 계시, 섭리, 예언, 점술 같은 비합리적 요소를 철저히 배격하거나 비판했다. 시대적 환경이 우연이 설 자리를 없애 버린 셈이다. 우리는 이미 당시의 철학 분야에서, 즉 헤겔에게서 우연 개념이 필연이나 이성 등의 개념에 밀려 어떻게 철저히 소외되었는지 자세히 살펴보았다. 두 번째 이유는 첫 번째 이유의 당연한 결과이겠지만, 미시적 차원에서 역사주의자들을 통해 역사서술의 학문화 과정이 주도되고 완성되었다는 데서 찾아볼 수 있다. 역사서술이 그동안 단순한 역사서술에서 '역사학'으로 변모하는 과정에서 가장 중요했던 요소는 엄격한 비판적 방법을 통한 객관적 사실(史實)의 확증이었는데, 이때 가장 많이 이용되었던 방법이 바로 사료비판과 인과관계를 통한 우연, 신화, 전설 같은 비합리적 요소의 제거였다. 그들은 믿을 만한 사료들만 취하고, 믿을 수 없는 사료들은 비판을 통해 믿을 수 있도록 만든 다음 사용하거나 그래도 믿을 수 없는 사료들은 과감히 버리면서 사실들 사이의 인과관계를 분명히 밝혀 나갔고, 그 과정에서 우연과 같은 요소들은 철저히 배제했다. 만일 우연으로밖에 설명될 수 없는 사건이나 사실이 있다면 그것들 자체를 무시하거나 무시할 수 없는 상황이라면 어떻게든 이해 가능한 상황으로 만들어 설명해 나갔다.

바로 이러한 이유들로 인해 적어도 18세기까지 역사서술에서 자주 이용되었던 행운과 운명, 우발 등 우연과 관련한 많은 개념도 역시 19세기에 들어오면서 역사이론 차원에서나 역사서술의 영역 그 어디에서도 중요한 위치를 차지하지 못한 채 합리적 요소들의 범주 밖으로 밀려나 버렸다. 물론 오늘날 관점에서 보면 이러한 사태는 전혀 이해할 수 없는 일이지만, 당시의 시대적 상황을 고려하면 나름 타당한 조처였던 것처럼 보인다. 이제 이 장에서는 19세기의 대표적인 역사주의 계열의 역사가들에게 우연 개념이 어떤 위상을 차지했고, 그들에게 무시당하거나 배제되었다면 어떤 맥락에서 그랬으며, 그렇게 취급당했던 이유와 근거는 무엇이었는지 등을 살펴보고자 한다. 우연에 대한 언급을 거의 찾아볼 수 없는 역사주의자들 모두를 살펴보는 것은 무익할 뿐만 아니라 불가능한 일이기도 하다. 따라서 여기서는 역사주의를 대표하는 랑케, 드로이젠, 마이네케 등에만 국한해서 살펴보도록 하자. 단, 예외적으로 부르크하르트도 역사주의자들과 연관되었던 인물인 데다가 우연 관련 개념에 대해서도 언급했던 만큼 절(節) 하나를 할애해 다루고자 한다.

1. 랑케

헤로도토스가 '역사의 아버지'로 불린다면, 레오폴트 폰 랑케(Leopold von Ranke, 1795~1886)는 흔히 '근대 역사학의 아버지'로 불린다. 물론 헤로도토스의 경우가 그랬듯이, 랑케가 누리는 그러한 명예로운 칭호에도 약간의 과장과 왜곡 또는 오해 등이 섞여 있다. 헤로도토스가 '역사의 아버지'라고 불리기에는 거짓말쟁이라는 불명예스러운 별칭이 동시에 따라다니며 그 명칭의 진실성이 항상 의심받아 왔듯이, 랑케의 경우 역시 그러한 호칭이 나름 상당한 타당성이 있음에도 불구하고 동시대의 또는 그 이전에 활약했던 훌륭한 역사가들의 업적을 묵살하고 얻어낸 것인 만큼 상당한 오해의 소지를 안고 있다. 예컨대 역사서술의 학문화 과정에서 결정적 역할을 한 사료비판이라는 방법론 또는 역사적-비판적 방법(historische-kritische methode)을 근대적 형식으로 출범시킨 인물은 랑케가 아니라 시기적으로 그보다 약간 앞서 활동한 덴마크 출신의 로마사가 바르톨트 게오르크 니부어(Barthold Georg Niebuhr, 1776~1831)였다. 그리고 역사의 학문화 과정에서 역사학의 학문적 이론과 방법론을 체계화한 사람도 랑케가 아니라 시기적으로 그보다 약간 뒤에 활동했던 베를린 대학의 동료 교수 드로이젠이었다. 드로이젠은 특히 「역사의 백과사전과 방법론에 대한 강의」 원고에 기초해 출판된 『역사학』(Historik)의 저자로 역사상 최초로 역사이론을 체계적으로 확립한 인물이다. 그러나 이 모든 사실에도 불구하고 마치 헤로도토스가 여전히 '역사의 아버지'라고 불리듯이, 랑케 또한 여전히 '근대 역사학의 아버지'로 불리는 데는 기의 아무런 지향을 받지 않는다. 그민큼 그가 근대 역사학의 진수(進水)와 정착, 그리고 확장에 기여한 공로와 업적이

어마어마하기 때문이다.

다른 대다수의 역사주의자들에게서와 마찬가지로 랑케의 텍스트에서 우연에 대한 언급을 찾아내는 일은 거의 불가능하다. 하지만 20세기에 활동했던 마이네케를 제외하고 다른 대다수의 주요 역사주의자들과 비교했을 때, 랑케는 우연과 역사와의 상관성을 상대적으로 비교적 많이 인정한 역사가로 평가받는다.[1] 그 이유는 해석상 여전히 논란의 여지가 많은 그의 독특한 '역사신학'(Geschichtstheologie)이라는 관점 때문이다.

> 모든 시대는 신에 직접 연결되어 있다. 그 가치는 그 시대에 만들어진 것에 근거하는 것이 아니라, 그 시대 자체에, 그 자신 안에 내재되어 있는 것에 근거한다. 그럼으로써 역사학에 대한, 그것도 역사학에서의 개별적 삶에 대한 관찰은 독특한 자극을 얻게 된다. 왜냐하면 모든 시대는 그 자신에 타당한 어떤 것으로, 가장 고찰할 만한 가치가 있는 어떤 것으로 간주되어야 하기 때문이다. …… 인류의 모든 세대들은 신의 눈앞에서 동등하게 정당화되며, 역사가는 이러한 방식으로 사물을 관찰해야 한다.[2]

랑케의 『근대사의 시대들에 대하여』에 나오는, 흔히 그의 개체성 사상 또는 역사신학적 관점을 잘 드러내 주는 전거라며 자주 인용되는 유명한 문구다. 시대들도 그 각각이 하나의 역사연구의 단위가 되는 '개체'가 되며, 모든 개체가 그러하듯이, 각 시대들 역시 나름의 고유한 가치와 특성을 지니기 때문에, 시대들 사이에 우열을 정하거나 서열을 매

---

1 마이네케가 이러한 입장을 대변한 대표적인 평자이다. Cf. Friedrich Meinecke, "Ranke"(1942), F. Meinecke, *Werke*, vol. 7: "Zur Theorie und Philosophie der Geschichte," Stuttgart: K. F. Koehler, 1965, pp. 254~63. esp. pp. 261 이하.

2 Leopold von Ranke, "Über die Epochen der neueren Geschichte", L. v. Ranke, *Aus Werk und Nachlass*, eds. Walther Peter Fuchs & Theodor Schieder, 4 vols., vol. 2, München: Oldenbourg, 1971, pp. 59~60.

기는 일은 어불성설이라는 것이다. 보통 암흑의 시대로 알려진 중세도 이 관점에 따르면 나름의 중요성을 갖는 시대로 상대화되거나 중립화된다. 여기서 중요한 점은 랑케가 바로 이처럼 역사 세계 전체를 주관하는 신의 섭리를 역사 안에 끌어들임으로써 역사 안에서 우연의 존재를 허용했다는 것이다. 즉 역사 안에서 인과관계 등을 통한 합리적 설명으로는 도저히 이해되지 않는 모호하거나 무의미한 사건이나 현상을 대면했을 때, 신의 섭리가 작용한 것으로 보고 그 일들을 처리해 나갔다는 뜻이다. 이때 우연과 섭리는 개연적 방식으로 서로 결합하거나 화해된다. 한마디로 우연을, 역사를 구성하거나 변화시키는 하나의 힘으로, 하나의 역사적 기본요소로 인정했다는 것이다.

물론 "모든 시대는 신에 직결된다"는 문구는 보는 관점에 따라서 우연보다는 필연을 보여주기 위한 문장으로 해석될 수도 있다. 그 모든 것이 다 신의 섭리가 작용한 것으로 규정하면 역사 안에서 이해 안 될 현상이 없을 것이고, 그것은 곧 신의 뜻인 만큼 필연적인 현상으로 보일 수 있기 때문이다. 하지만 그러한 해석 가능성은 개체성과 발전성을 강조하는 근대의 세속화된 역사주의적 관점에 의해 약화되거나 소멸되고 만다. 왜냐하면 개체의 고유한 특성과 시간의 변화를 강조하는 입장에서 보면, 역사란 필연이라는 개념으로 닫혀 있거나 종결되어 있는 세계가 아니라 우연이라는 가능성으로 열려 있는 세계로 보일 수밖에 없기 때문이다. 물론 이때의 가능성도 대부분 낙관적이었던 역사주의자들에게는 '역사 발전으로의 수렴'이라는 함의를 내포하고 있지만, 랑케가 역사에서의 목적론을 철저히 거부했다는 점은 분명한 사실이다.

만일 사람들이 몇몇 철학자들과 함께 전(全) 인류가 하나의 주어진 시원적(始原的) 상태에서 하나의 실증적인 목표를 향해 발전해 간다는 사실을 가정하고 싶어 한다면, 그것은 다음 두 가지 방식에서 고려될 수 있다. 하나는 하나의 일반적인 주도적 의지가 인류의 발전을 하나의 지점에서 다른 지점으로 진작시킨다고 상정하는 것이고, 다른 하나는 인류 안에 사물들을 필연적으로 하나의 일정한 목표를 향해 몰아가는 정신적 본성의 성향이 놓여 있다고 가정하는 것이다. 나는 이 두 견해가 철학적으로 수용될 수도 없고 역사적으로도 증명될 수 없다고 생각한다. 그 관점이 철학적으로 수용될 수 없다고 생각하는 이유는 그 관점이 첫 번째 가정의 경우 바로 인간적 자유를 중지시키고 인간들을 의지가 없는 도구들로 낙인찍고 있기 때문이고, 두 번째 가정의 경우에는 인간들이 바로 신이거나 아니면 아무것도 아닌 존재가 되기 때문이다. 역사적으로도 이들 견해는 증명될 수 없는데, 왜냐하면 첫 번째 가정의 경우 인류의 대부분은 아직 시원적 상태, 출발점에 놓여 있기 때문이다. …… 그리고 두 번째 가정의 경우 여기서 또 다른 착각, 즉 마치 수백 년 동안의 전진적(前進的) 발전이 동시에 모든 인간의 지식과 능력의 분야들을 포함하는 것 같은 착각이 회피되어야 한다. 역사는 단 하나의 계기만을 강조하기 위해 예컨대 다음과 같은 사실을 우리에게 보여준다. 즉 근대 시대에 예술은 15세기와 16세기 전반기에 가장 활짝 꽃피었다가 17세기 말과 18세기의 3/4 시기에 가장 밑바닥까지 떨어졌다는 것이다.[3]

랑케는 역사가 하나의 목표를 향해 발전해 나가는 것이 아님을 주장하기 위해 그러한 가정과 관점이 왜 잘못되었는지를 조목조목 반박해 나간다. 그에 따르면, 역사가 '어떠한 필연성'을 갖고서 '일정한 목표'를 향해 나아간다는 가정은 "철학적으로 수용될 수도 없고, 역사적으로도 증명될 수 없다." 더구나 역사가 일직선상으로 발전해 간다는 견해의 오류를 보여줄 결정적인 증거는 미술이 르네상스기에 만개했다가 바로크와 로코코 시대에 와서 현격히 퇴조했다는 것이다. 미술사에서의 이러한 랑케의 독특한 견해를 수용할지 여부의 문제와는 별개로, 그가 앞의 인용문을 통해 말하고자 했던 바가 무엇이었는지는 분명하게 드러난다. 그것은 바로 역사에는 어떠한 목적이나 목표도 없다는 것이다.

---

3 같은 책, pp. 54~57.

이러한 헤겔의 역사철학과의 결별 및 차별화 선언을 통해 우리는 랑케가 역사 세계에서의 우연성과 가능성을 허용하고 인정했음을 간접적으로 알 수 있다.[4]

여기서 문제가 되는 것은 단순한 우연이 아니라 '역사적 우연'이다. 단순한 우연은 너무 포괄적인 개념이라 정확히 그 의미를 짚어내기가 어려울 때가 많지만, '역사적 우연'이란 시대적 한계와 조건이 걸려 있기에 그 의미와 역할 또는 기능 등이 명확히 경계지어진 개념이다. 이 개념은 흔히 두 가지 차원에서 이해할 수 있다. 하나는 역사 세계 안에서만 통용되는 우연을 지칭하는 개념일 수 있다. 우연이 적용되거나 작동하는 영역은 가령 세계, 사회, 역사, 인생, 우주, 자연 등 상당히 많고 다양하다. 그중에서도 우연을 역사에 한정하면 과거의, 그것도 인간 삶의 영역에서 개인이나 집단에 일어났던 예기치 않은 사건이나 현상으로 한정된다. 가령 전쟁, 반란, 혁명 등 적어도 역사의 흐름을 바꾸는 데 크게 기여했거나 일조한 우연적인 일이나 사물 등이 여기에 해당한다. 다른 하나는 우연은 우연이되 역사적인 의미와 가치를 갖는 우연한 사건이나 사물을 가리키는 개념일 수 있다. 첫 번째 의미가 '역사 안에서의 우연'을 뜻한다면, 이 두 번째는 말 그대로 '역사적인 우연'을 말한다. 따라서 이 개념은 첫 번째 의미보다 더 포괄적인데, 왜냐하면 과거만이 아니라 가령 현재 일어나고 있거나 앞으로 발생할 일이라도 역사에 커다란 변화를 가져오게 될 획기적인 일이라면 이 용례 안에 포함되기 때문이다.

---

4 바로 이러한 점 때문에 나는 개인적으로 랑케의 사관이 역사신학에 속한다는 해석에 동의하지 않는다. 세속화 과정이 정점에 달한 19세기 한복판에, 역사가 신의 의지와 섭리에 따라 진행한다는, 마치 역사의 종말론(eschatology)을 연상시키는, 그리고 역사상 그 누구보다도 고대 말의 아우구스티누스에게나 적용될 법한 역사신학이라는 용어로 랑케를 덮어씌우려는 해석은 상당한 무리가 뒤따를 수밖에 없다. "모든 시대는 신에 직결되어 있다"는 7의 표현은, 따라서 모든 시대와 개체도 그 나름의 고유한 가치와 의미를 지닌다는, 그의 독특한 '개체성 사상'을 강조한 일종의 수사적 표현으로 보아야 할 것이다.

랑케에게는 이 두 가지 용례 중 주로 첫 번째 것이 나타난다. 가령 1816년에 쓴 한 편지에서 랑케는 '과거'가 셀 수도 없을 정도로 "많은 낱개로 파편화된" 조각들이라면, '미래'는 "하나의 분리할 수 없는 전체"로 우리 앞에 서 있다고 쓰고 있는데,[5] 개체들의 수많은 파편 조각 모음으로서 과거 자체가 이미 극단화된 개체성의 단면을 보여주고 있고, 그러한 개체성의 극단적 표현은 곧 모든 종류의 필연성의 거부와 우연성의 인정이라는 함의를 담고 있다. 역사가는 마치 조각 그림을 맞추듯 과거 사실로서의 수많은 파편을 인과성 또는 합리성의 원칙에 따라 서로 연결하고 조합함으로써 전체적으로 하나의 의미 있는 과거상이라는 거대한 수채화를 그려나간다. 그 과정, 즉 단순한 '과거'의 사실에 의미가 부여되면서 '역사'가 만들어지는 과정에서, 우연은 자연스럽게 필연으로 전화(轉化)되거나 지양된다.

이처럼 우연이 필연으로 지양되는 역사화 과정을 지적한 또 하나의 용례는 랑케의 젊은 시절의 일기에서 발견된다. 앞의 단락에서 언급한 편지글이 쓰였던 때와 역시 비슷한 시기인 1816년 또는 1817년의 어느 날 랑케는 자신의 일기에서 우연에 대한 직접적인 생각을 다음과 같이 피력하고 있다.

모든 사건을 행위에 참여한 인간들의 기분 상태들로써 설명하는 것은 역사서술자의 목적이 될 수 없다. 그 인간들 위에 존재하는 그리고 그들을 지배하는 무엇인가가 있어야 한다. 사람들이 그것을 운명, 계시, 신이라고 명명하는 만큼, 그 사건은 그것을 만들어낸 것이 아니라 그렇게 만들어내는 데 의식적이든 무의식적이든 기여한 바로 그 사람들 위에 군림한다. 사람들은 그 인간들이 지금의 그들 상태에 이르도록 형성해 낸 바로 이러한 상황을 우연적이라고 명명한다. 따라서 인간 삶의 저 더 높은 차원의 발전

---

5 Leopold von Ranke, "Frühe Schriften", L. v. Ranke, *Aus Werk und Nachlass*, vol. 3, München: Oldenbourg, 1973, p. 236.

은 **필연적**이다. 그러나 이 필연성은 인간들이 살고 있는 시간 전체를 향해, 그들이 참여하는 그 위대한 사건을 향해, 인류의 보편적 운명의 조망을 향해 뻗어 있다.[6]

랑케의 텍스트 안에서 우연에 대한 직접적인 언급을 찾아내는 일은 매우 어려운 일이다. 우연과 필연을 동시에 언급한 사례를 찾는 일은 그보다 더 어려운 일이다. 그 얼마 안 되는 극소수의 사례 중에서 뽑은 위의 일기글에서 랑케는 우연이 필연으로 전화 또는 지양되는 과정을 멋지게 표현하고 있다. 하나의 커다란 역사적 사건이 있다고 가정해 보자. 그 사건에 참여하는 행위자들의 기분, 정서, 조건 등의 여러 상황은 역사서술의 궁극적인 대상이 될 수 없다. 오히려 역사가는 그 행위자들 위에 군림하는 어떤 더 큰 힘이 존재한다는 것을 믿어야 하고, 역사서술의 목적은 바로 그 점을 드러내 보여주는 데 있다. 그 힘을 우리는 보통 운명과 신의 계시, 섭리 등이라고 말한다. 다름 아닌 '우연'인 것이다. 랑케에게 우연은 이처럼 '특정 인간이나 사물이 현재의 바로 그 상태에 이르도록 만든 조건이나 상황'을 뜻한다. 우연을 운명이나 섭리로 보는 것은 특이할 것이 없지만, 아니 특이하지 않은 정도가 아니라 오히려 전통적인 우연 및 운명 개념에 상응하는 것이지만, 특정 사건이 현재의 그 상태라는 결과에 이르도록 만들어주는 조건이나 상황을 우연이라고 보는 관점은 매우 특이하다. 랑케는 더 나아가 역사 또는 인간들의 삶이 이러한 우연이나 우연성에 멈추지 않고, 더 고차원적인 발전을 이룩하면서 필연성으로 나아간다고 주장한다. 이때 필연성은 인류 전체의 보편적 발전이 된다.

우연에 대한 랑케의 관념의 한계가 바로 여기서 드러난다. 그에게 모든 개체는, 그 자체의 고유한 특성의 보유와 시간의 발전에 따른 자신의

---

6 Leopold von Ranke, "Tagebücher", L. v. Ranke, *Aus Werk und Nachlass*, vol. 1, München: Oldenbourg, 1964, p. 234(강조는 최성철).

특성의 발현 능력에도 불구하고, 늘 최종 심급으로서 어떤 보편성과 연결되어 있다. 그에게 역사적 개체성의 원리와 역사적 보편성의 원리는 서로 상호작용한다. 이를 두고 한 평자는 랑케에게 역사연구의 기본 단위가 되는 특수한 것들이 역사 과정에서 사실상 "일반적 고리에 연결되어 있다"는 말로 표현했다.[7] 요컨대 랑케에게 우연은 일종의 운명이나 섭리 같은 것으로 인간들이나 사건들 위에 군림하지만, 결코 어떤 자율적이거나 독립적인 심급으로 기능하지는 않는다. 우연의 자율성과 독립성을 방해하는 것은 바로 다름 아닌 필연이다. 보편성 또는 일반성을 뜻하는 필연은 우연의 상위개념으로 군림하기 때문이다. 여기서 랑케와 헤겔은 거의 완전히 겹쳐 보인다.

2. 드로이젠

19세기 독일 역사가들 중에서 요한 구스타프 드로이젠(Johann Gustav Droysen, 1808~84)만큼 외관상 이해되기 쉬워 보여도 파고들수록 해석하기 어려운 인물도 드물 것이다. 일반적으로 그는 후세대에 속하는 하인리히 폰 지벨(Heinrich von Sybel, 1817~95)과 하인리히 폰 트라이치케(Heinrich von Treitschke, 1834~96)로 이어지는 '소독일주의적-정치적 역사학파', 이른바 '프로이센 학파'의 창시자이자, 프로이센을 중심으로 한 독일 민족통일을 위해 노력했던 현실주의 정치사가로 알려져 있다. 또 그는 알렉산드로스 대왕과 그 후대의 계승자들을 연구하면서 기원전 4세기에서 기원전 1세기에 이르는 시기와 이 기간 동안 펼쳐진 그리스 문화를 일컫는 '헬레니즘'이라는 용어를 만들어낸 고대사가이기도 하다. 그러나 일반인들이 가장 잘 모르면서 어쩌면 내가 보기에 가장 중

---

7 Leonard Krieger, *Ranke: The Meaning of History*, Chicago: The University of Chicago Press, 1977, p. 132.

요한 점은 그가 1857년부터 1883년까지 모두 18회에 걸쳐 행했던 「역사의 백과사전과 방법론에 대한 강의」 원고에 기초해 출판된 『역사학』[8]을 통해 역사상 최초로 역사이론을 체계적으로 정립한 인물이었다는 점이다. 그러나 드로이젠에 대해 가장 많이 알려진 사실은, 그가 랑케와 함께 묶여 독일의 고전적 역사주의를 완성하는 데 결정적으로 기여한 '역사주의자'로 평가받는다는 점일 것이다.[9]

개체성보다는 발전 개념에 더 많은 비중을 두고 역사주의 사상을 발전시킨 드로이젠에게도 역시 우연 개념이 차지하는 비중은 매우 적다. 드로이젠의 손자 루돌프 휘프너(Rudolf Hübner)가 1937년에 편집·출판한 『역사학』 외에 1977년 페터 라이(Peter Leyh)가 편집·출판한 『역사학』에는 드로이젠이 인간의 역사를 발전시키는 세 가지 힘에 대해 언급한 부분이 나온다.

> 현재 순간을 넘어서 앞으로 존재할 것과 존재해야만 하는 것을 파악하고, 그곳에서 우리 자신의 세계와 전체 세계의 중심을 발견하며, 이 중심에 모든 것을 다 투자하는 것은 **상상력의 힘**(*Macht der Phantasie*)이다. 새로운 사상으로부터 사물을 새롭게 구성하고, 말하자면 새롭게 생각하고, 모든 것을 관통하는 연관성을 위해 하나의 새로운 연관성을 발견하며 이 새로운 연관성을 다시 새로운 사상들로부터 발전시키는 것은 **지성의 힘** (*Macht der Intelligenz*)이다. 마지막으로 그렇게 새롭게 생각된 것을 실현시키고, 관성적(慣性的)인 요소들의 모든 저항을 뚫고 나가며, 그러한 돌

---

8 Johann Gustav Droysen, *Historik: Vorlesungen über Enzyklopädie und Methodologie der Geschichte*, ed. Rudolf Hübner, München: R. Oldenbourg, 1960, 4th. ed. 편자인 휘프너는 드로이젠의 손자로 드로이젠의 강의 원고를 묶어 1937년에 처음 책으로 출판했다. 국내에서는 2010년에 번역본이 나왔다(요한 구스타프 드로이젠, 『역사학』, 이상신 옮김, 나남, 2010 참조).

9 최성철, 「드로이젠과 역사주의」, 『한국사학사학보』 24, 2011, 127~63쪽, 인용은 129쪽.

파의 힘겨운 시험대 안에서 한때 사람들이 해결책으로 받아들였던 것을 꼭 붙잡는 것은 바로 **의지의 힘**(*Macht des Willens*)이다.[10]

어쩌면 단순히 역사를 구성하는 데서만이 아니라 이 세계를 구성하고 인간 삶을 꾸려나가는 데서도 원동력이 될 수 있는 이 세 가지 힘은 모두 인간 스스로의 자체적인 힘일 뿐이지 우연이나 운명, 섭리 등의 개념과는 거리가 멀다. 우연이 끼어들 자리는 전혀 없어 보인다. 처음에는 단순한 생각, 즉 상상에서 출발해 그것을 합리적 사유로 전환하면서 지성이 확대되고, 마지막에 그렇게 새롭게 상상하고 이성적으로 확립한 것을 인간 의지의 힘으로써 실현해 나간다면, 이 세상에 못 이룰 것은 없을 것이다. 특히 이 마지막 힘인 의지, 그것도 자유의지의 힘은 너무도 강력해서 우연, 요행, 행운, 섭리와 같은, 인간 의지와는 거의 대척점에 서 있는 개념을 일거해 파괴해 버린다. 어차피 의지 얘기가 나왔으니 '나의 의지'를 강조한 다음 문구를 하나 더 보자.

여기(역사)에서 운동하는 것과 작용하는 것은 원자들의 역학이 아니라, 나의 존재(das Ichsein)로부터 나오고 결정되는 의지이자, 이러한 공동체 안에서, 이러한 가족정신, 공동정신, 민족정신 안에서, 말하자면 나의 존재와 유사한 방식으로 행동하는 하나의 공동의 나의 존재(ein gemeinsames Ichsein)를 갖는 그런 많은 사람들에게서 함께 작용하는 의지다.[11]

피히테의 주관적 관념철학으로부터 영향을 받은 드로이젠의 작품 안

---

10 Johann Gustav Droysen, *Historik*: *Rekonstruktion der ersten vollständigen Fassung der Vorlesungen*(1857), *Grundriß der Historik in der handschriftlichen*(1857/1858) *und in der letzten gedruckten Fassung*(1882), ed. Peter Leyh, Stuttgart-Bad Cannstatt: Frommann Holzboog, 1977, p. 390(강조는 드로이젠).

11 Droysen, *Historik*, ed. R. Hübner, p. 12.

에는 앞의 인용문에서 나오는 '나의 존재'와 '공동의 나의 존재' 외에
도, '자아'(Ichheit),[12] '보편적 자아'(jenes generelle Ich)[13] 등 유사 용어들
이 자주 등장한다. 드로이젠에 따르면, 역사란 나의 현존재로부터 나오
는 나의 강렬한 의지, 그리고 그러한 나의 의지들이 모여서 형성된 공동
의 의지들을 통해서 펼쳐지는 세계다. 역사는 곧 의지 작용의 결과물이
다. 이 점에서 드로이젠의 관점은 의지를 칸트적 의미의 '물자체'(物自
體), 즉 사물의 본질로 보았던 쇼펜하우어를 연상시킨다.[14] 거듭 강조하
지만, 이러한 의지와 의도, 계획 등이 작용하는 세계에서는 우연, 운명,
섭리 등의 요소가 들어갈 공간이 아예 없다. 랑케에게서 우연이 필연으
로 전화되거나 지양되었다면, 드로이젠에게서 우연은 제거되거나 파괴
된다. 좀 더 과격한 형태로 우연을 멀리 한 것이다.
  이처럼 우연을 멀리하고자 했던 드로이젠은 다른 한편 '개별적 자아'
의 우연적 성격과 '보편적 자아'의 필연적 성격 사이의 대립을 의식했
던 것처럼 보인다.

> 우리의 경험적 자아가 아니라, 그 자아 안에서 본질적인 것과 지속적인
> 것, 단순히 일과적(一過的)이지 않은 것만이 바로 자신의 외부를 향해 스
> 스로 움직일 능력을 갖는다. 그 자아는 자신의 내부로부터 움직이며, 자신
> 을 넘어서 스스로를 승화시킨다. 그것도 우연적인 것과 본질적인 것, 자아
> 의 이념을 일과적인 현상으로부터 구별할 줄 아는 만큼 말이다.[15]

경험적 자아의 우연적 · 우발적 성격과 보편적 자아의 본질적 · 필연적

---

12 Johann Gustav Droysen, *Texte zur Geschichtstheorie*, eds. Günter Birtsch & Jörn
    Rüsen, Göttingen: Vandenhoeck & Ruprecht, 1972, p. 18.

13 Droysen, *Historik*, ed. P. Leyh, p. 220.

14 Arthur Schopenhauer, "Die Welt als Wille und Vorstellung", A. Schopenhauer,
    Werke in zehn Bänden, vol. 1, pp. 154~55.

15 Droysen, *Historik*, ed. P. Leyh, p. 365.

성격을 맞대응시킴으로써 우연을 역사 세계 또는 인간 삶의 영역으로부터 의도적으로 제거하려는 드로이젠의 몸부림이 느껴진다. 역사에서 굳이 우연이 인정되어야 한다면, 이처럼 개별적 인간을 통해서인데, 그것도 그냥 평범한 개인이 아니라 투쟁과 열정, 그리고 판단과 결정 속에서 자신의 개체성과 역사 발전의 필연성을 상호 보완해 가는 중요한 역사적 인물을 통해서만 가능하다. 그럼으로써 결국 이 위대한 역사적 개인들에게서조차 궁극적으로 그들의 개체적 우연은 공동체의 이익과 발전이라는 더 고차원적인 우연, 즉 필연에 의해 덮임으로써 스스로 소멸한다.

드로이젠이 역사에서 우연을 고려하지 않으려고 또는 제거하려고 노력한 또 하나의 중요한 이유는 그가 역사 세계를 그 근본에서 낙관적으로 바라보았다는 데서 찾을 수 있다. 만일 역사에서 우연이 중요한 역할을 한다면, 그곳에서는 예측할 수 없는 일들, 돌발사태, 우발적 사건들이 난무할 것이고 한치 앞도 내다볼 수 없는 불확실성과 불연속성이 궁극적인 지배 원리가 될 것이다. 그러나 드로이젠에게는 이러한 생각의 흔적을 전혀 엿볼 수 없다. 인류 세계(sittliche Welt)로서의 역사가 인류의 의지를 통해 펼쳐진다는 드로이젠의 생각은 무엇보다도 현재 또는 미래에 대한 낙관적 전망에 의해 보완된다. "우리의 현재, 우리의 교양은 이미 최고 수준에 도달했다"는 것이 그의 생각이었다.[16] 이러한 낙관적 전망을 토대로 그는 편안한 마음으로 과거 연구에 임했는데, 따라서 그에게는 과거조차도 인간들의 치열한 갈등과 싸움의 현장이 아니라 인류의 영역이 각각의 기능과 역할을 통해 균형적으로 발전하고 진보해 나가는 과정으로 비쳐졌다. 예컨대 그는 "인류가 항상 앞을 향해서 전진해 가고 있다는 생각이야말로 우리에게는 이성의 요청으로 밝혀졌다"면서, 역사가는 역사를 "이러한 항상적 생성의 관점에서" 바라보아야 한다고 주장한다.[17]

---

16 같은 책, p. 206.

생성, 변화, 발전, 전진 등은 우연과 간접적으로 연관되어 있는 개념들이다. 왜냐하면 무엇인가 고정적이지 않고 변해 간다는 것은 변수로서의 우연이 개입하고 작용할 가능성이 크기 때문이다. 따라서 우연 개념에 대한 직접적인 역사이론적·역사서술적 언급을 거의 찾아볼 수 없는 드로이젠에게서 생성과 변화 같은 개념에 대한 그의 언급은 우리로 하여금 그의 우연관의 재구성 가능성에 대한 기대를 높여 준다. 적어도 간접적인 증거로써 말이다. 그러나 이러한 기대와 희망은 그의 '연속성' 개념을 통해 다시 여지없이 무너진다.

> 이전의 모든 것이 나중의 것을 통해 확대되고 보완되는 것이 바로 연속성(그 자체에로의 발전)이다. 계속해서 연명해 살아남은 일련의 모든 형상이 전진적(前進的) 결과들로 총합을 이루고, 계속해서 연명해 살아남은 각각의 형상들이 생성해 가는 총합의 한순간으로 보이는 그런 연속성 말이다. 이러한 쉼 없는 연쇄 속에서, 그 자신이 스스로 상승하는 이러한 연속성 속에서, 시간이라는 일반적 관조는 그 자신의 개별적 내용을, 전진적 생성의 끝없는 연속 계열의 내용을 획득한다. 이처럼 우리에게 그 스스로를 드러내 보이는 생성과 전진의 현상들의 총합을 우리는 역사라고 파악한다.[18]

그것이 인과적으로 연결되어 있든 아니면 다른 요소들이나 계기들로 연관성을 갖든, 사물들이 서로 연속성을 갖는다는 것은 또는 사물들과 이 세계를 그런 식으로 파악한다는 것은 우연이 개입될 여지를 근본적으로 차단한다는 것을 뜻한다. 이러한 인문학적 관찰에서 연속성은 곧 '우연성의 살해자'로 등장한다. 연속이 있는 곳에 우연이 있을 수 없고, 우연이 있는 곳에 연속은 있을 수가 없다. 우연의 또 다른 이름은 바로

---

17 같은 책, p. 223.
18 Droysen, *Historik*, ed. R. Hübner, p. 12.

불연속이다.

　결국 드로이젠은 역사주의자들 중에서도 우연 개념을 가장 멀리한 대표적인 인물이라고 결론지을 수 있다. 이미 지적했듯이, 18세기 계몽주의 시대까지 인정받아 온 우연이 19세기로의 전환기에 역사서술이 학문화되는 과정에서 역사주의 사상을 처음으로 완성적 형태로 표출한 랑케에서 소원해지기 시작했지만, 그래도 아직은 완전한 제거가 아니라 필연으로의 전화나 지양의 형태를 띠고 있었다. 하지만 역사주의 사상이 이론적 형태로 본(本)궤도에 오르는 드로이젠에 오면 우연은 거의 완전히 무시되거나 제거되는 불행한 운명의 길을 걷는다. 이때 우연은 우연히 제거된 것이 아니라 역사주의 사상의 위력에 눌려 그리고 이론적·사상적·학문적 형식과 내용 안에서 필연적으로 제거된다. 서양사학사를 통틀어 '우연'이 가장 암울한 위상을 가졌던 시기와 인물을 고르라면 그것은 아마도 19세기의 역사주의자 드로이젠이 아닐까 싶다.

3. 부르크하르트

　현대적 의미의 '르네상스' 개념을 확립한 19세기의 스위스 역사가 야코프 부르크하르트(Jacob Burckhardt, 1818~97)는 비록 역사주의 계열에 속하지는 않지만, 역사학파의 학풍 속에서 누구 못지않게 역사주의 사조와 지속적으로 관계를 맺으며 학문 활동을 펼쳤던 인물이다.[19] 그가 그런 관계를 맺을 수 있었던 이유는 무엇보다 그 자신이 랑케의 제자였고, 베를린 대학 유학 시절 드로이젠에게 고대사 수업을 들었으며, 이후 비록 그가 거절함으로써 좌절되긴 했지만 베를린 대학의 랑케 후임자로 교수초빙 제안을 받았을 정도로 역사주의 학파와 밀접한 관계에 서 있었기 때문이다. 더구나 부르크하르트와 역사주의는 시대적으로 일치

19　최성철, 「부르크하르트와 역사주의」, 『한국사학사학보』 5, 2002, 173~202쪽.

하고 사료비판 등 학문적 방법에서 서로 접점을 이루는 부분이 많다. 그럼에도 불구하고 그를 역사주의 학파의 역사가로 분류하는 데에는 많은 제약과 한계가 뒤따른다. 부르크하르트는 무엇보다도 역사주의 계열의 역사가들의 가치나 노선을 심하게 비판하면서 그들로부터 거리를 두기도 했고 이념이나 접근 방법에서 그들과 많은 차이를 보였기 때문이다. 부르크하르트와 역사주의 사이의 갈등 관계는 제2차 세계대전 직후 독일의 왜곡된 역사를 비판하며 행했던 마이네케의 유명한 연설 「랑케와 부르트하르트」를 통해 극명하게 표현되었다. 마이네케는 이 연설에서 역사주의자이자 정치사가였고 이념적으로 독일 민족주의를 추구했던 예전의 자신의 스승 랑케와 반(反)역사주의자이자 문화예술사가였고 이념적으로 범유럽주의나 세계시민주의를 표방했던 지금 자신의 스승 부르크하르트를 극적으로 대비했다.[20]

부르크하르트와 역사주의 사이의 공통점이나 차이점은 여기서 논의 대상이 아니니 생략하기로 하자. 만일 역사주의와 전혀 무관하지 않은 처지에 있던 부르크하르트가 우연과 관련된 테마를 언급하지 않았다면 여기서 그를 다룰 하등의 이유가 없었을 것이다. 그는 「역사연구에 대하여」라는 제목의 강의에서 「세계사에서의 행운과 불행」(Über Glück und Unglück in der Weltgeschichte)을 주제로 자기 생각을 펼쳐나갔다.[21] 물론 제목만 보고 그의 텍스트를 무작정 집어든 독자라면 곧바로 실망하고 만다. 왜냐하면 부르크하르트는 여기서 '행운'이나 '불행' 개념을 논하는 것이 아니라 우리가 일상에서 흔히 사용하는 행운이나 불행이라는 개념을 과거의 판단에도 적용하는 문제의 심각성과 그 폐단을 지적하고 있기 때문이다. 엄밀히 말해서 그것은 행운이나 불행 이론, 다시 말해 우연 담론이 아니라 역사연구 방법론의 하나인 '역사판단론'

---

20 Friedrich Meinecke, "Ranke und Burckhardt"(1948), F. Meinecke, *Werke*, vol. 7, pp. 93~121.

21 Burckhardt, *Über das Studium der Geschichte*, pp. 231~46.

제10장 최근세: 거부된 '우연' 419

(Theorie des historischen Urteils)을 다룬다. 그 점에서 부르크하르트의 「세계사에서의 행운과 불행」을 여기서 다루는 것이 적절치 않아 보일 수 있지만, 이 텍스트에 대한 분석이 역사 안에서의 행운과 불행에 대한 그의 생각의 흔적을 탐구할 수 있는 거의 유일한 길이라는 판단에 작업 대상으로 삼았다.

결론부터 말하면, 부르크하르트는 우리가 일상에서 찾는 행운이나 불행과 같은 소모적이고 일시적인 감정 따위에 휩쓸려 과거나 현재를 판단하는 우를 범하지 말고, 삶에 대한 다양한 탐구와 사유를 통해 행운이나 행복을 찾는 대신에 '인식'의 길에 이르도록 노력해야 한다고 주장한다. 이 주장이 나오게 된 배경과 논지의 전개 과정을 역추적해 보자.

> 우리는 우리 자신의 삶 속에서 우리에게 주어진 것을 때로는 행운으로 때로는 불행으로 여기곤 하며, 이러한 태도를 마치 당연한 듯이 지나간 시대에도 적용한다. 그러나 그것은 처음부터 우리에게 의심을 불러일으킬 수밖에 없다. 왜냐하면 동일한 사안에 대해서도 우리의 판단은 나이와 경험에 따라 심하게 변할 수 있기 때문이다. 우리는 생애의 마지막 순간에 가서야 우리가 관계를 맺어왔던 사람들과 사물들에 대해 최종 판단을 내릴 수 있다. 이 판단조차 우리가 40대에 죽느냐, 80대에 죽느냐에 따라 완전히 달라질 수 있다. 그리고 이 판단은 우리 자신을 위해 단 하나의 주관적인 진리만을 갖는다. 거기에 객관적인 진리란 없다. 누구나 이전에 마음속에 담아두던 절실한 바람이 훗날 어리석은 것으로 여겨지는 것을 절실히 경험했을 것이다.[22]

우리는 어떤 사안에 대한 우리의 판단이 얼마나 가변적이고 주관적이며, 그래서 그 판단이 객관적인 진리와 얼마나 거리가 먼지 수시로 깨달으며 살아간다. 문제는 그러한 판단의 가변성과 주관성이 대체로 행

---

22 같은 책, p. 231.

운과 불행이라는 비생산적이고 무가치한 정서 상태를 근거로 이루어지고, 그러한 감정 또한 느끼는 사람의 연령과 체험 정도에 따라 천차만별로 나타나며, 그처럼 불완전한 감정에 근거한 역사적 판단이 근대 시기에 들어와 더 극성을 부리고 있다는 점이다. 가령 이런 식이다.

그리스인들이 페르시아인들에게 승리했고, 로마가 카르타고에게 승리를 거두었던 것은 행운이다.

아테네가 펠로폰네소스 전쟁에서 스파르타에게 패배했던 것은 불행이다.

카이사르가 로마라는 세계 제국에 하나의 적절한 틀을 마련해 주기 전에 살해당했던 것은 불행이다.

민족이동 시기에 인간 정신이 이룩한 최고의 성과물 중 수도 없이 많은 것들이 사라졌던 것은 불행이다.

그러나 세계가 그 와중에 새로운 건강한 민족들의 요소들을 통해 새로워졌던 것은 행운이다.

유럽이 8세기에 이슬람 세력을 전반적으로 막아냈던 것은 행운이다.

독일 황제들이 교황들과의 싸움에서 패배했고, 교회가 그렇게 끔찍한 무력 지배를 펼칠 수 있었던 것은 불행이다.

종교개혁이 겨우 유럽의 반쪽 지역에서만 성공했고, 프로테스탄티즘이 두 개의 교파로 나뉘어졌던 것은 불행이다.

스페인과 그다음에는 루이 14세가 그들의 세계 지배를 위한 계획과 더불어 결국 몰락의 길을 걸었던 것은 행운이다. 기타 등등.[23]

특기할 점은 행, 불행과 관련된 이 모든 판단이 철저히 유럽 중심적이고 독일의 민족주의적 견지에서 내려진 예시들이라는 점이다. 현재 비판가로서 부르크하르트가 당대의 이러한 서구 중심적·프로이센주

---

23 같은 책, p. 232.

의적·국수주의적 관점을 신랄히 비판했던 만큼 앞의 사례들이 그의 눈에는 어리석은 판단들의 전형으로 비쳐졌을 것이다. 그에 따르면, 현대로 오면 올수록 이러한 판단들은 더욱더 심하게 서로 갈라지고, 사건들만이 아니라 모든 시대도 역시 "행복했느냐 아니면 불행했느냐"로 평가받는다. 가령 '국가, 사회, 예술, 문학'이 만개했던 고대 그리스의 '페리클레스 시대'는 행복했던 시대로, 반면 "엄청난 파괴가 있었던 모든 시대는, 그 파괴를 주도한 승리자의 행복한 감정은 전혀 고려되지 않은 채, 매우 불행했던 시대로 간주된다"는 것이다.[24] 이 모든 행, 불행의 판단 기준은 판단하는 사람이 처한 현재 자신의 처지나 감정 상태에 달려있다. 모든 사물에는 양면이 있어 한쪽이 불행하면 다른 쪽이 행복해지고, 다른 쪽이 행복하면 그 반대쪽이 불행해질 수밖에 없다는 점을 인식하면 그러한 판단의 오류는 더욱 분명해진다. 그래서 부르크하르트는 이러한 현상을 특별히 "착시"(eine optische Täuschung)라고 불렀다.[25] 그가 '행복' 또는 '행운'을 얼마나 부정적으로 인식하고 있었는지는 글 도처에 흩뿌려져 있는 몇몇 금언적(金言的) 문구를 통해서도 쉽게 확인된다.

> '행운'(Glück)이란 일반적인 사용을 통해 닳아빠져 버린 하나의 세속화된 단어(ein entweihtes wort)다. …… 무엇보다 행복(Glück)을 긍정적인 감각이라고 생각하는 것은 잘못이다. 행복이란 단지 고통의 부재일 뿐이고, 그것은 기껏해야 하나의 조용한 성장의 감정과 연결되어 있다.[26]

원전에는 똑같이 'Glück'이라고 되어 있지만, '행운'(우연한 상태)과 '행복'(편안한 감정)을 동시에 뜻하는 그 단어를 문맥에 따라 서로 다르

---

24 같은 책, pp. 232~33.
25 같은 책, p. 232, 각주 4.
26 같은 책, p. 238.

게 번역했다. 먼저 첫 문장에서 '세속화된'으로 번역한 'entweiht'는 세속화(Säkularisation)의 과거분사형인 'säkularisiert'와는 다른 말로서 '신성함(Weihe)이 빠져나가거나 침해당한 상태', 즉 '탈신성화' 또는 '신성모독'의 뜻을 갖는 과거분사다. 아나톨 프랑스(Anatole France)의 표현처럼, 원래 행운이나 우연이 '신의 다른 이름'임을 감안하면, 프랑스혁명 이후 세속화의 정점에 이른 19세기에 '행운'이라는 단어가 이제 누구나 사용하게 되면서 흔해빠진, 그래서 더 이상 신적이지도 않고 신성하지도 않게 되었다는 말은 참으로 정확한 지적이자 가슴에 와 닿는 표현이 아닐 수 없다. 다음 두 번째 문장에서는 부르크하르트가 니체와 더불어 그렇게 찬미했던 비관주의적이고 염세주의적인 철학자 쇼펜하우어의 영향이 진하게 읽힌다. 삶은 기본적으로 고통의 연속이라거나 행복은 그 고통이 잠시 없거나 잊힌 상태를 말할 뿐이라거나, 그 점에서 행복은 결코 긍정적인 감정이라고 할 수 없고 오히려 부정적인 감정에 가깝다는 표현 등이 그로부터 유래했다.

이러한 생각들에 기초해 부르크하르트는 객관성과 진정한 인식을 방해하는, 즉 자신의 현재 마음 상태가 과거에 투영되어 나타나는 역사적 판단의 오류들의 종류를 열거해 나간다. 잘못된 역사적 판단에는 다음 일곱 가지가 있다.

첫째는 '초조함'이나 '성급함'에서 오는 판단이다. 이것은 역사연구자나 독자가 역사 안에서 일정 기간 안에 자신들이 원하는 내용이나 상태가 빨리 등장하기를 고대하면서 성급하게 몇 개의 왕조나 왕들을 건너뛰면서 판단을 내리는 경우를 말한다. 가령 자유주의적 진보를 이룬 이집트의 제26대 왕조의 파라오 아마시스(Amasis)의 등장과 출현을 위해 그 이전의 몇 개 왕조를 누락하며 희생하고 싶어 하는 경우가 그에 해당한다. 둘째는 '문화'를 기준으로 한 판단이다. 이는 과거의 한 민족이나 한 상태의 행복이나 도덕을 근대적 의미의 학교교육과 보편문화, 편안함 등의 확대 여부에 따라 판단하는 경우다. 즉 문화적으로 발달한 상태에 이르렀는지의 여부를 근대 문화를 기준으로 판단하는 경우에 해당한다. 셋째는 '취미'나 '취향'에 따른 판단인데, 이는 정서와 상상, 오성 등이 지배적인 시대가 행복했다고 보는 경우다. 넷째는 정치적 동감(同感)에 따른 판단이다. 과거의 특정 시기와 지역의 정체가 공화정이었는지 군주제였는지에 따라 그 당시 사람들이 행복했다거나 불행했다고 믿는 경우가 이에 해당한다. 일례로 기번은 훌륭한 황제들이 통치했던 로마제정 초기가 인류 역사상 가장 행복했던 시절이라고 믿었다. 다섯째는 문화적 판단의 일부로서 '안전'을 기준으로 한 판단이다. 이것은 삶의 상태와 사유재산, 생업과 교역 등을 법이나 행정력, 경찰력 등으로 보호해 주느냐 그렇지 못하냐를 기준으로 행복의 여부를 판단하는 경우다. 여섯째는 오늘날, 즉 부르크하르트가 살던 19세기에 큰 인기를 끌고 있는 '위대함'을 기준으로 한 판단이다. 영웅이나 위인이 자신이 속한 민족들을 밝고 행복하게 만들면서 영향을 미친다고 보는 경우가 그에 해당한다. 마지막은 '이기주의'에 의한 판단이다. 모든 인간은 어차피 이기주의에 따라 판단할 수밖에 없다. 우리는 이 세계를 마치 우리를 위해 존재하는 것처럼 생각하고, 우리 시대를 이전의 모든 시대가 못 다 이룬 것들이 완전하게 실현된 시기로 판단한다. 그러나 부르크하르트는 우리 개인들이 자기 자신만을 위해서 존재하는 것이 아니라 과거 전체, 그리고 미래 전체를 위해서도 존재한다고 생각했다. 이러한 엄청난 진실에 직면하게 되면 행복과 안녕을 바라는 우리들의 요구는 겨우 종속적인 의미밖에 갖지 못한다. 인류의 삶은 하나의 전체를 이루기에 그때마다의 쇠퇴와 성장, 행과 불행은 더 큰 관점에서의 필연성에 속할 수밖에 없기 때문이다.[27] 이러한 큰 관점에서 보면 '이기주의'만이 아니라 위에서 제기된 모든 행과 불행의 판단 근거는 객관적이지도 정확하지도 못한 것이 된다.

부르크하르트는 이처럼 행복, 행운, 불행, 운명처럼 객관적 인식을 방해하는 모든 개념을 거부해 나갔다. 자신의 현재 마음 상태가 관찰의 오

27 같은 책, pp. 233~38.

류를, 그 관찰의 오류가 다시 판단의 오류를 초래하기 때문에 "나쁜 사람이든 좋은 사람이든, 능력 있는 사람들의 목표는 행복 대신 인식에 있"어야 한다는 것이 그의 기본 생각이었다.[28]

그러나 부르크하르트는 비록 행, 불행과 같은 우연 관련 개념들은 거부했지만, 우연의 법칙에 해당하는 '행운과 불행의 상쇄 법칙'은 인정했다. 부르크하르트가 삶을 고통으로만, 세계사를 근본적으로 악의 연속으로만 바라보지 않았다는 증거이기도 한 이 법칙이란, 역사상 아무리 끔찍한 재앙이라도 그것은 반드시 다른 행운으로 보상해 줌으로써 전체적으로 보면 균형을 맞추게 된다는 이론이다. 부르크하르트는 이것을 특별히 세계사의 "비밀에 가득 찬 보상 법칙"(das geheimnißvolle Gesetz der Compensation)이라고 이름 붙였다.[29] 가령 엄청난 전염병이나 전쟁이 끝난 뒤에는 반드시 인구가 증가한다는 것이 그 점을 방증한다. 또 다른 증거로 로마제국의 멸망이 민족이동으로써 유럽에서의 새로운 삶을 약속받은 사실을 들 수 있다. 이처럼 인류에게는 언제나 손실을 메워주는 보충을 통해 하나의 전체적인 삶이 상존한다. 즉 보상은 배상(賠償)이나 보충의 개념만이 아니라 중심이동을 통한 인류의 삶의 존속, 생명의 연속을 의미한다.

부르크하르트는 배상이나 보충, 중심이동을 통한 삶의 연속 외에 보상의 다른 변형 또는 파생 형태도 고찰한다.[30] 기대되었던 사건이 '연기'(延期)되는 경우도 보상의 한 변형이다. 가령 독일은 30년전쟁 당시 두 번에 걸쳐, 즉 1629년 알브레히트 발렌슈타인(Albrecht Wallenstein)에 의해, 그리고 1631년 구스타프 아돌프(Gustav Adolf)에 의해 거의 통일될 뻔했었지만, 결국 여러 사정으로 인해 실패로 돌아가고 그로부터 240년이 지난 19세기 후반에 와서야 민족통일을 이루게 된다.

---

28 같은 책, p. 245, 각주 25.

29 같은 책, p. 242.

30 같은 책, pp. 243~44.

보상의 또 다른 변형은 개별적인 문화 분야들이 다른 분야들로 '대체'되는 현상이다. 예컨대 18세기 전반에 시문학이 거의 바닥 수준에 머물렀고 회화도 거의 침체되어 있을 때, 음악은 최고의 경지에 이르렀다. 바로 이러한 이유 때문에라도 그 원인을 알 수도 예측할 수도 없는 수많은 일을 함부로 평가하거나 탐구하려고 해서는 안 될 것이다. 다만 확실한 것은 하나의 시기 또는 하나의 민족이 모든 것을 동시에 다 소유할 수는 없다는 점이다. 이 평범한 진리 앞에 우연의 보상 법칙은 더욱더 빛을 발한다.

마지막으로 부르크하르트에게 나타나는 우연 관련 개념을 언급하고 이 절을 끝맺도록 하자. 부르크하르트는 자신의 텍스트에서 '운명'(Schicksal)이라는 용어는 가끔 사용하지만 '우연'(Zufall, Zufälligkeit, Kontingenz, etc.)이라는 용어는 거의 사용하지 않는다. 공교롭게도 이 두 용어가 동시에 쓰인 특이한 용례가 '역사적 위인'에 대한 그의 고찰 중 시문학에서의 위인들에 대한 언급에서 등장한다.

> 그다음으로는 개별 예술 분야에서 위대함에게 부여되는 다양한 인정(認定)이다. 시문학은 삶의 폭풍으로부터, 우연한 것과 범용한 것과 무관심한 것의 폭풍으로부터, 보편적으로 인간적인 것을 그것의 최고의 표현들로써 도출해 내어 이상적인 상으로 응축시키고, 인간적인 열정을 '우연성에 의해 흘려보내지 않고' 지고의 운명에 맞서 싸우면서 순수하고 강하게 표현할 때 그 정점에 도달한다.[31]

다른 곳에서도 그렇지만 여기서도 부르크하르트는 '운명'을 어떤 정해진 궤적을 따라 나아가는 거역할 수 없는 거대한 힘이나 흐름을 뜻하는 용어로 사용한다. 시문학을 비롯한 예술은 그 운명적 힘을 거역해 새로운 것을 창조해 낼 때 그 위대성이 극에 달한다. 이때 새로운 것이

---

31 같은 책, p. 386.

란 '우연한 것'이나 '평범한 것'이 아니라 '보편적인 것'이나 '이상적인 것'이어야 한다. 특이하게도 부르크하르트에게서 우연적인 것은 이처럼 보통 이하의 것, 무관심한 것과 유사어로, 그리고 우연성은 운명과 동일한 맥락에서 쓰이고 있다. 결론적으로 우리는 부르크하르트가 행운이나 불행과 마찬가지로 우연, 운명 등의 개념에 대해 다른 역사주의자들 못지않게 비판적이거나 부정적인 관점을 견지했음을 알 수 있다.

4. 마이네케

독일 역사주의 계열의 마지막 대표 주자를 대라면 누구나 주저 없이 프리드리히 마이네케(Friedrich Meinecke, 1862~1954)를 꼽을 것이다. 그러나 마이네케가 하나의 일정한 이념이나 사상으로 묶여 단순하게 처리될 수 있는 역사가가 아님은 널리 알려진 사실이다. 그의 생애는 독일이 역사상 가장 극적이면서도 역동적인 모습을 보인 시기, 즉 비스마르크에 의한 독일 통일(1871)부터 히틀러가 집권했던 제3제국의 패망(1945)에 이르는 시기와 거의 정확히 일치한다. 그의 이념과 사상 및 역사관은 이 시기 독일 역사의 단계적 변화에 따라 다양하게 표현되어 왔다. 요컨대 에드워드 H. 카(Edward H. Carr, 1892~1982)의 주장에 따르면, 마이네케가 발표한 주요 저작들은 각 시기마다 독일이 처한 역사적 상황과 그에 대한 그의 고민을 반영해 매번 다르게 표출되었다.[32] 한마디로 중요한 전환의 시기마다 발표된 그의 역사서들은 그 시대를 비추는 거울이었던 셈이다. 그 이념적 변천 과정을 한마디로 정의하기는 어렵지만 거칠게 표현하면, 그것은 대략 보수주의에서 자유주의를 향한 여정으로 특징지어진다. 랑케의 정신적 제자로서 역사주의와 민족주의에 열광하던 프로이센 출신의 그가 빌헬름 제국 시대와 제1차 세계대

---

32 Edward Hallett Carr, *What is History?*, Middlesex: Penguin, 1961, pp. 40~41.

전, 바이마르 공화국의 혼란기, 나치즘과 제2차 세계대전 그리고 패전이라는 일련의 역사적 비극 과정을 체험하면서, 그리고 이념적으로도 역사주의와 정치사에의 몰두가 가져온 폐해와 해악을 겪으며 그의 생각과 이념은 우(右)에서 중도(中道) 쪽으로 변모해 왔던 것이다.

그렇다면 마이네케에게 우연 개념은 어떻게 표현되었을까? 우연에 대해 언급은 했을까? 했다면 그 개념을 어떻게 대했을까? 다른 역사주의자들처럼 지양하거나 무시했을까, 아니면 정반대로 높이 평가했을까? 그도 아니면 그저 중립적인 입장을 취했을까? 결론부터 말하자면, 그는 역사주의자들 중에서 우연 개념을 가장 많이 언급했고, 가장 긍정적으로 인정했던 역사가였다. 그가 이런 경향을 보였던 이유는 처음에는 우연을 무시하던 역사주의 사조에 젖어 있다가 시간이 흐르면서 서서히 보수적 성향의 역사주의에 회의를 품기 시작했고, 특히 독일이 파국을 겪던 말년에 이르면 운명이나 우연과 같은 요소가 역사에서 얼마나 중요한지 절감하면서 자유와 가능성, 우연 등을 강조하는 자유주의적 사조에 발을 들여놓게 되었기 때문이다.

그러나 마이네케의 우연 담론은 모두 그의 역사이론적 저작들에 한정해서 추적이 가능할 뿐, 실제 역사서술에서는 그다지 선명하게 드러나지 않는다. 그도 그럴 것이 마이네케는 일반사가가 아니라 정치이념사가였기 때문이다. 일반 역사, 특히 전쟁이나 혁명, 커다란 사건들을 다루다보면 우연에 대해 자주는 아니더라도 어떤 형태로든 언급할 수밖에 없었을 것이다. 그러나 이념사나 정신사, 사상사나 지성사, 그도 아니면 역사이론이나 역사철학을 연구하고 그 테마들에 대해 글을 쓰는 역사가들은 아무래도 우연이니 운명 등을 언급할 기회가 적을 수밖에 없다. 세계시민주의, 민족주의, 국가이성, 역사주의 등을 다룬 역사가에게 우연과 같은 용어들이 많이 등장하길 바라는 것 자체가 욕심일 수 있다.

이미 말했듯이, 마이네케에게 우연 또는 그와 관련된 용어들의 흔적은 대부분 그의 말년의 글들에서 발견된다. 1949년 10월, 그러니까 작고하기 5년 전 여든일곱 살이라는 고령의 나이에 발표한 「우리 역사의 잘못된 길?」이라는 제목의 한 성찰적 에세이에서 마이네케는 역사 안에서 작용한 우연의 힘을 정확히 인지하고 있었다.

> 운명의 힘은 프로이센-독일의 성장 속에서 압도적으로 등장했다. "길은 시작되었다. 이 여정을 끝내자"라는 말이 그 성장 속에서 결정적으로 행동하는 모든 사람들 각자의 귀에 들리는 듯했다. 우리는 이것을 역사 안에서의 필연성의 요소라고 명명한다. 하지만 우리는 그 위에 있는 자유의 요소 그리고 거기서 함께 작용해 왔던, 은밀하게 방해하는 우연적인 일들의 요소를 망각해도 되는 것일까? 그 거대한, 운명을 결정하는 전체 과정 안에서 회피될 수 있었을 잘못된 길들은 없는 것일까? 민중적이고 동지적 (同志的) 의미가 아니라 지배적이고 군사적인 의미에서 프로이센의 군대 제도를 더 발전시키려 했던, 따라서 결코 전적으로 필연적이지 않았고 오히려 회피 가능했던 1819년의 결정을 우리가 알았을 때, 우리는 이미 그러한 잘못된 길로 안내되었다. 그리고 우리가 필연성, 자유 그리고 우연으로 이루어진 이러한 직조물 안에 정확히 푹 빠지면 빠질수록, 그것은 더욱더 모순적이고 불투명해 보인다.[33]

운명, 자유, 우연적 일들, 필연성 등 우연과 관련된 용어들이 마치 봇물 터지듯이 한꺼번에 쏟아져 나온다. 1949년이라는 현재를 기점으로 독일이 역사적으로 맞이한 끔찍한 운명에 대한 반성과 성찰이 펼쳐진다. 빌헬름 제국 시대의 세계 정책과 제국주의, 이 제국의 호전적이고 침략적 성향으로 인해 발발한 제1차 세계대전, 전간기의 나치즘과 제2차 세계대전, 그리고 홀로코스트까지 약 50년이라는 짧은 시간 동안 독일은 너무도 지난한 운명의 부침을 겪었다. 여기서 독일적 운명의 힘은

---

33 Friedrich Meinecke, "Irrwege in unserer Geschichte?"(1949), F. Meinecke, *Werke*, vol. 7, pp. 205~11, here p. 208.

'길' 또는 '여정'으로 표상된다. 그런데 특이하게도 마이네케는 그 길의 출발점을 1819년 프로이센의 군제개혁으로 잡았다. 학자마다 그 출발선을 더 이전의 프리드리히 대왕으로 잡기도 하고, 아니면 더 이후의 비스마르크에 긋기도 한다. 그러나 마이네케는 프로이센의 군제개혁이 민족적 차원이 아닌 정치적 차원, 동반자적 차원이 아닌 군사적 차원이라는 잘못된 방향으로 결정되면서 독일의 운명이 그처럼 왜곡된 길로 오도되었다고 주장한다. 독일의 근대 역사가 어떻게 해서 그렇게 삐뚤어지고 잘못되어 왔는지를 보여주는, 1819년부터 이어진 그 길은 마이네케가 이 글을 쓰고 있는 20세기 중반까지 이어져 독일인의 일원으로서 잘못을 반성하도록 그를 짓누른다. 비록 다른 맥락에서이지만 그의 성찰은 정확했다. 바로 이 운명이 우연과 결합하면서 새로운 의미를 획득한 것이다. 자칫 역사 안에 우연이라는 요소를 끌어들임으로써 반성의 힘을 상쇄하거나 과거에 저지른 잘못을 상대화 또는 합리화해 버릴 우려도 있지만, 우연 자체에만 초점을 맞추고 본다면 한 집단의 굴곡진 역사를 설명하기에 우연만한 요소도 없다는 점에서, 마이네케의 설명 전략은 탁월했다. 역사에서 우연은 언제나 생동하는 요소로서 어떤 일에 중대한 영향을 주는 변수로서, 그리고 최종적으로는 행동하는 개인이나 집단의 운명을 결정하는 인자(因子)로서 면면히 작용한다.

역사에서의 우연의 중요성은 다른 관점에서도 강조된다. 마이네케는 우연이 역사에서 얼마나 중요한 역할을 수행하는지를 보여주기 위해 우연과 역사가들의 대립 구도를 다음과 같이 설정한다.

괴테가 그렇게 혐오했던 역사 안에서의 사악한 요소 **우연**은 자신을 드러내며 모든 것이 그렇게 되어야만 했고 달리 될 수 없었다는 점을 보여주고자 하는 아름다운 노력을 방해한다. 그리고 역사가로 하여금, 특히 역사의 전체 흐름 안에서 어떤 엄격한 법칙성이나 계획성을 증명하고자 시도하는 역사가로 하여금 보이지 않는 것으로부터 보이는 것을 향해 뒤로 내모는 것도 바로 우연에 대한 공포다. 가장 좋기로는 (우연에) 눈을 감고 계속 (역사를) 구성해 나가거나 아니면 계속 (그 안에서) 인과(因果) 계열을 연결해 나가는 것이다. "우연은 헤겔의 가장 최악의 적이다"라고 했던 사람들의 말은 옳았다.[34]

역사가들이 우연을 얼마나 성가시고 귀찮은 존재로 생각하는지, 특히 인과관계를 매개로 법칙성과 예측성을 밝히고자 하는 역사가들에게 우연이 얼마나 큰 공포의 대상인지 절절히 느껴지는 문장이다. 괴테가 싫어했고 헤겔을 괴롭혔으며 역사가들이 무서워하는 우연! 이들이 아무리 밀쳐내고 거부하고 무시해도 언제나 어김없이 역사 세계 안에 비집고 들어와 당당히 자기 목소리를 내는 우연! 이러한 우연의 엄연한 실존은 마이네케의 눈에 정확히 포착되면서, 단지 무시할 수 없는 존재를 넘어 이제는 중시될 수밖에 없는 존재로 급부상한다.

그렇다면 역사 안에서 이처럼 중요한 역할과 기능을 수행하는 '우연'이 마이네케에게는 구체적으로 어떤 의미를 갖는 개념이었을까? 그의 3부작 중 1936년에 발표된 마지막 주저 『역사주의의 등장』(Die Entstehung des Historismus)을 작업하는 와중에 관련 주제들과 테마들에 대한 일종의 연구노트 형식의 글들을 따로 편집해서 1942년에 출판한 『역사에 대한 잠언과 소묘』 중 「역사주의와 계몽주의 역사서술에 대한 개괄」 안에 바로 그 질문에 대한 대답이 나온다.

비코는 근본적으로 민족들로 분절된 인류의 역사적 삶의 예측 가능성을 목표로 삼았다. 그러나 역사주의는 예측 불가능성도 강조했는데, 그 이유는 먼저 역사주의가 우리에게 좋은 것이든 나쁜 것이든 자발적으로 내부로부터 새로운 것과 뜻밖의 것을 만들어내는 자유의 요소를 강조했기 때문이고, 다음으로는 역사주의가 현실적 삶을 냉정하게 인식하면서 민

---

34 Friedrich Meinecke, "Aphorismen: 3. Ranke"(1942), F. Meinecke, *Werke*, vol. 7, pp. 254~63, here p. 261(강조는 마이네케).

족들과 문화단계들에 뜻밖의, 그리고 예측 불가능한 결과를 만들어낼 수 있는 우연의 요소를 인정해야만 했기 때문이다. '우연'은 다음과 같은 의미들로 구분된다. 1. 자연의 힘들(Naturkräfte) 중에서 다만 가장 최소의 부분들에 대해서만 영향력을 미칠 작용(Spiel), 2. 결정적인 행동을 하도록 부름을 받은 인간들 중에서 다만 가장 최소의 부분들에 영향력을 줄 소수의 선택받은 사람들(Auslese). 카를 대제 대신에 무능력한 통치자가 그 자리에 앉았더라면, 서양의 민족들과 국가들의 세계는 달리 보였을 것이다.[35]

역사에서의 우연은 여기서 (1) 자연적 힘의 작용과 (2) 선택받은 인간이라는 두 방향으로 정의된다. 그 앞이나 뒤의 문단들 어디에서도 더 이상의 자세한 설명이 없기에 추론하자면, 마이네케는 우연을 아마도 역사가 진행하는 과정 중 뜻밖에 작용하는 자연적 요소와 역사에 영향력을 미치는 소수의 인간들의 예상치 못한 행동을 염두에 두고 그 의미를 풀이하려 한 듯하다. 하나는 인간 외적 힘들이고 다른 하나는 인간 내적 힘들이다. 그런데 특이하게도 마이네케는 둘 다 가장 최소의 부분에 대해서만 영향력을 행사하는 요소들로 간주한다. 우리는 앞 단락에서 마이네케가 역사에서 우연의 중요성을 강조했음을 보았다. 하지만 여기서 그는, 비록 역사주의를 설명하는 자리에서이긴 하지만, 역사에서 우연이 최소한의 영역에 한해서만 그 힘이 미친다고 주장한다. 서로 상반된 듯이 보이지만 위의 인용문의 마지막을 보면 전혀 그렇지 않다는 것이 드러난다. 아무리 사소한 분야라 해도 아무리 사소한 힘이라 해도, 일단 그 우연이라는 힘이 작용하면 역사는 전혀 뜻밖의 방향으로 나아가거나 전혀 뜻밖의 모습을 보일 수 있기 때문이다. 우연은 그것이 미치는 분야의 크기와 상관없이, 그리고 그것의 힘의 강도와도 상관없이 역사

---

35 Friedrich Meinecke, "Aphorismen: 1. Allgemeines über Historismus und Aufklärungshistorie"(1942), F. Meinecke, *Werke*, vol. 7, pp. 215~43, here p. 232.

의 방향에, 그리고 우리의 일상생활에 크고 결정적인 변화를 가져다줄 수 있다.

그러나 앞의 인용문에서 지적되어야 할 더 중요한 점은 이미 랑케에 대한 설명에서도 언급되었던 것으로, 마이네케가 역사주의를 자유의 요인이자 예측 불가능한 요소로서 우연을 강조하고 인정했던 사조로 간주하고 있다는 점이다. 이 장을 시작하면서 나는 역사주의에서 우연은 철저히 배제되었다고 강조해 왔는데, 이런 내 해석과 정면으로 배치되는 셈이다. 마이네케의 해석이 맞는지 아니면 내 해석이 맞는지를 여기서 따져 묻는 것은 비생산적인 일이다. 아마도 그 차이는 역사주의를 역사주의 안에서 보았는지 아니면 밖에서 보았는지 관점의 차이에서 나온 것이리라.[36]

중요한 논점은 다른 곳에 있다. 마이네케가 역사에서의 우연을 강조하다 보니, 나중에는 보통의 평자들이 인정하지 않는 '역사주의와 우연성의 밀접한 관계'까지 주장하기에 이르렀다는 것이다.[37] 역사주의가 우연을 강조했다는 문구는 앞의 인용문 외에 마이네케의 텍스트 여러 곳에서 나온다. 랑케를 다룬 다음 문장을 보자.

> 랑케는 그 자신의 역사상(歷史相) 안에서 우연에게 하나의 일정한 자리를 허용해 주었다. 그렇게 허용한 경우는 결코 드물지 않았는데, 가령 그는 1526년에 발생할 수 있었던 사건을 다음과 같이 암시했다. "사람들은 전혀 다른 국가사(國家史)가 전개되었을지 모른다고 말할 수 있다." 시몬 (Simon)은 『랑케와 헤겔』(Ranke und Hegel) 179쪽에서 그런 종류의 예들

---

36 이러한 관점은 나만이 아니라 가령 20세기 독일을 대표하는 역사가이자 역사이론가였던 코젤렉도 취한다. Koselleck, "Der Zufall als Motivationsrest in der Geschichtsschreibung", pp. 170 이하 참조.

37 마이네케가 역사주의와 우연의 연관성 또는 역사주의에서의 우연의 강조를 위해 내세운 전거는 랑케뿐이다. 즉 그는 드로이젠을 비롯한 다른 역사주의자들에게는 그 근거를 제시하지 않았거나 못했다.

을 수집했는데, 그 예들은 쉽게 늘어났다. 랑케는 역사 안에서의 우연의 역할을 견딜 만한 것으로 여겼는데, 왜냐하면 그는 역사를 전체적으로 지배하는 신의 섭리를 믿었기 때문이다. 그리고 그는 이러한 섭리를 개별적으로 입증하는 것에 대해 상당한 두려움을 갖고 있었기 때문에, 현실적 역사라는 직물(織物) 안에 우연이 던져서 만든 수많은 주름을 다림질해야 한다는 사실에 곤혹스러워했다. 그는 이러한 비밀의 영역들을 그저 가끔씩 조용히 암시하는 것으로 만족했다. 특히 그는 역사 안에서 앞으로 다가올 모든 것을 위해 그만큼 결정적인 '순간'의 의미에 대해 언급하는 것을 좋아했다. 그는 매우 다양한 종류의 진정한 발전적 힘이 마찬가지로 매우 다양한 종류의 우연적인 일과 한순간에 만나는 것을 바로 이 '순간' 안에 종합해 놓았다. 그는 『독일사』(Deutsche Geschichte) 308쪽에서 말한다. "왜냐하면 이 세계의 이념들은 완전한 필연성(Unbedingtheit) 안에서 나타나는 것은 아니기 때문이다. 그 이념들이 등장하는 순간은 영원히 그 이념들의 현존을 지배한다. 그래서 그 이념들은 자신들이 생존에 도달한 만큼 계속해서 살아간다." 이 이념들과, 이 이념들이 살아날 수 있도록 만들어준 조건들, 즉 우연한 일들이 얼마나 능수능란하게 창조적인 역사적 순간 안에 서로 섞여 녹아들어 가는가.[38]

물론 랑케 자신이 이처럼 우연을 실제로 중시했을 수도 있을 것이다. 그러나 역사주의가 우연을 배제했다는 명제를 주장하는 나로서는 위의 인용문이 마치 마이네케가 역사 안에서 우연의 중요성을 강조하기 위해 랑케의 발언을 끌어들인 것처럼 보인다. 권위 있는 사람의 말에 기대어 자신의 주장을 펼치는 기법은 학문에서뿐만 아니라 일상생활에서도 아주 흔히 쓰이는 가장 손쉬운 논증 방법 중 하나일 테니 말이다.

마이네케의 우연 담론의 대미(大尾)는 우연에 대해 역사가가 취해야 할 태도의 지침으로 장식된다. 우연에 대해 역사가가 어떤 입장을 취해

---

38 Meinecke, "Aphorismen: 3. Ranke", pp. 261~62.

야 할지에 대해 마이네케는 다음과 같이 적고 있다.

> 그렇다면 역사 위에 군림하는 신적인 섭리에 대한 믿음을 상실한 역사
> 가는 역사 안에서의 우연에 대해, 그리고 우연의 다양한 간계(奸計)에 대
> 해 어떤 입장을 취할 것인가? 그는 우연을 역사적인 기본 요소들 중의 하
> 나로, 어떤 무의미한 것이 역사 안으로 뚫고 들어가려고 위협하거나 실제
> 로 뚫고 들어갈 때 통과하게 되는 좁은 문으로 단호하고 엄격하게 인정해
> 야 한다. 그럼에도 불구하고 우리가 왜 역사의 의미를, 더 정확히는 역사
> 안에서 하나의 의미를 붙잡아야 하는지에 대해서 우리는 이 논문집의 마
> 지막 논문 안에서 보여주고자 시도할 것이다.[39]

우연을 마주한 역사가가 취해야 할 태도와 입장을 정리한, 일종의
'우연 대처 매뉴얼'인 셈이다. 더 이상 랑케처럼 신의 섭리를 믿지 않게
된 20세기의 역사가들이 그 자리를 대신해 들어선 우연이라는 존재를
이제는 당당히 인정해 줘야 한다는 것이다. 아마도 1세기 가까이 살아
오면서, 특히나 모든 현상이 압축적으로 나타난 근현대 독일의 극적인
역사 현장을 온몸으로 겪으면서 더더욱 그럴 필요성이 있다고 느꼈을
것이다. 특이한 것은 여기서 우연이 "무의미한 것이 역사 안으로 비집
고 들어가는 좁은 문"이라는 멋진 비유로 정의되고 있다는 점이다. 우
연은 어떻게든 역사 안으로 들어올 수밖에 없는 존재이기에, 부정하면
부정할수록 그 존재감은 우리에게 더 크게 다가온다.

이제 우연이라는 좁은 문을 통과해서 들어온 손님으로서 무의미한
것 앞에는 두 갈래의 길이 놓여 있다. 하나는 의미 있는 어떤 것으로 되
는 길이고, 다른 하나는 무의미한 채로 그냥 남는 것이다. 전자의 길을
위해서는 의미나 연관성, 또는 인과성 부여 등 역사가의 일정한 해석의
손길이 요구된다. 보통의 역사가들은 아마도 이 길을 걸으려 할 것이다.

---

39 같은 글, p. 262.

반면 후자의 길은 역사가의 손길을 거부한다. 역사 안에는 수많은 사건과 사실이 있기 마련이다. 그러나 그 수많은 사건과 사실 모두가 일정한 의미와 인과성을 가져야만 하는 것은 아니다. 무의미한 것은 당장 우리의 눈에 그렇게 보일 뿐 실제로는 그들 나름대로 의미를 가질 수도 있고, 아니면 언젠가 우리의 눈에 일정한 의미와 인과성 등의 연관을 갖는 것으로 비쳐질 수도 있다.

그렇다면 마이네케는 이 둘 중 어느 길을 걸었을까? 우선 앞의 인용문에서 마이네케는 우연에 대한 자신의 속마음을 가감 없이 드러낸다. 무의미한 것으로 간주된 우연의 존재를 인정하지만, 궁극적으로는 인정하고 싶지 않은 복잡한 속내, 미묘한 감정이 느껴진다. 특히 마지막 문장이 그 점을 잘 암시한다. 즉 역사에서는 무의미한 것들이 무수히 많이 발생하고 존재하지만, 그런 우연한 것들을 그대로 방치해서는 안 된다는 것이다. 왜 그럴까? 마이네케 입장에서 보면, 역사는 무의미한 것들의 종합세트가 아니라 의미 있는 것들의 연속 과정이기 때문이다. 또 그렇게 만들어야 할 임무가 역사가에게 주어져 있기 때문이다. 우연은 그가 보기에 궁극적으로 역사에서 제거되어야 할 요소였다. 그래서 역사를 무의미한 것들이 아닌 의미 있는 것들의 저장소로, 우연이 아닌 필연으로 깨끗이 소독하고 정화한 장소로 만들 필요가 있었다. 그 점에서 마이네케는, 아무리 '역사적 우연'을 인정하거나 또는 강조하면서 탈역사주의 노선을 걷는 듯하지만, 결국 뼛속까지 역사주의자였던 셈이다.

제11장 현대: '우연'의 범주화

거시적 관점에서 보았을 때, 현대 역사학은 현대 철학 분야와는 달리 우연 개념에 대해 '이중적인 태도'를 견지해 왔다. 현대 철학, 아니 철학 뿐만 아니라 하이젠베르크의 불확정성의 원리 이후로 자연과학을 비롯한 거의 모든 학문 분야가 우연을 수용하고 인정하는 태도를 보였다면, 역사학은 한편으로 역사주의와 역사서술의 학문화 과정이 완성된 19세기 이래 사료의 비판적인 검증 작업을 거쳐 정확하고 객관적으로 밝혀진 사실만을 역사책에 담으려는 방법론적 경향 때문에 우연을 배제하려는 노력이 두드러졌던 반면, 다른 한편으로는 여타 학문 분야에서와 마찬가지로 현대에 들어, 특히 포스트모더니즘의 영향을 듬뿍 받은 20세기 후반으로 오면서 우연을 적극적으로 수용하고 인정하면서 역사서술에 활용하려는 움직임을 보인 것이다. 이에 따라 20세기의 많은 역사가들은 우연을 역사서술에서 이용했을 뿐만 아니라 담론 또는 이론 형식으로 고찰하면서 그 개념을 정교하게 만들어나갔다. 20세기의 수많은 역사가의 역사서 및 역사이론적 저작을 여기서 모두 다루는 것은 불가능할 뿐만 아니라 불필요한 일이기도 하다. 따라서 이 장에서는 그들 중 극히 일부, 즉 '역사와 우연과의 관계' 또는 '역사 속에서 우연의 의미와 기능' 등에 대해 논한 몇몇 역사가만을 선별해 그들의 우연관과 우연 담론에 대해 고찰함으로써 전체적인 흐름을 파악하는 데 주력하고자 한다. 여기서 탐구 대상으로 이 역사가들의 역사서술이 아닌 역사이론적 글들을 자료로 선택한 이유는 근대 이전까지만 해도 철학자나 사상가들을 제외하고 에세이 형식으로든 아니면 책 안에서든 '우연' 개념을 별도로 천착한 역사가들이 거의 없었던 반면, 19세기 이후 현대에는 굳이 역사서가 아니더라도 에세이로든 아니면 단행본에서든 역사가들이 우연에 대해 다룬 사례가 많기 때문이다. 이러한 방법적 전략의 강점은 이들 논문 형식의 글 안에는 우연 개념을 설명하는 사례로 실제 역사 이야기가 활용되는 경우가 많기 때문에, 역사와 이론을 겸해서 해당 역사가의 우연에 대한 생각을 읽어낼 수 있는 일거양득의 효과를 볼 수 있다는 점이다.

1. 후크

미국의 실용주의 철학자로 널리 알려진 시드니 후크(Sidney Hook, 1902~89)는 사실 역사서술자나 역사학자는 아니다. 그럼에도 불구하고 여기에서 그를 다루려는 이유는 그가 역사와 관련된 책을 썼거나 편집했으며, 미국뿐만 아니라 유럽의 역사학자들에게 상당히 많은 영향을 미쳤기 때문이다. 우연 개념과 관련해서도 그는 '역사와 관련된 우연'에 대해서 논했지, 철학적 개념으로서 우연을 논하지 않았다. 바로 이러한 이유로 미국의 철학자 후크를 제1부에서 다루지 않고 제2부에서 다루었다.

후크가 실용주의 철학자로 분류되는 이유는 아마도 그가 20세기 미국 실용주의 철학의 대가였던 존 듀이(John Dewey, 1859~1952) 밑에서 박사학위 논문을 썼기 때문일 것이다. 그는 또 미국 학자로서는 거의 처음으로 마르크스주의를 체계적으로 분석한 특이한 이력을 지녔고, 학문과 예술의 발전에 가장 적합한 정치체제로서 자유민주주의를 옹호했던 실용주의와 세속주의, 합리주의의 주창자이기도 했다. 그러나 이보다도 더 독특한 경력은 미국 철학과 관련된 역사이론을 연구했다는 점이다.

그에게 '역사'는 철학 등 그가 속해 있던 학문 영역의 주요 탐구 대상이었다. 철학 속에서 역사를 연구한 것이 아니라 아예 역사 자체를 철학적 탐구의 대상으로 삼고 연구와 집필에 매진했다. 그가 생전에 집필하거나 편집해서 출간한 책이 35권이 넘는데, 그중에는 '역사'라는 단어가 들어 있는 책들이 다수 있다.

후크가 1943년에 발표한 『역사 속의 영웅』(*The Hero in History*)도 그중 하나다. 이 책의 제8장 「우연적인 것과 예견되지 않는 것」(The Contingent and the Unforeseen)에서 후크는 역사 속에서의 우연이라는 문제를 심도 있게 검토해 나간다. 후크는 우연이란 우선 사물을 조망하는 위치에 따라 그것의 크기가 달라 보이는 상대적인 관점에서 나온 개념임을 전제한 후, 우연성의 문제는 역사에서 "여러 가능성에 대해 예민한 감각을 가지고, 또 세부적인 것에 대한 호기심이 강한 사람에게" 매우 중요한 문제일 수밖에 없다고 말한다.[1] 우연은 한마디로 거창하고 크게 보려는 사람에게보다는 세세하고 미묘한 변화에 주의를 기울이는 사람에게 중요한 의미를 갖는 개념이라는 것이다. 작은 것에 민감하다는 것은 많은 가능성을 열린 마음으로 관찰할 수 있고 받아들일 수 있다는 것을 의미하기 때문이다. 요컨대 역사에서 우연이란 생로병사, 흥망성쇠, 새옹지마와 같은 누구나 상식적으로 알 수 있는 일반적이고 보편적인 사실을 넘어서는 "독특한 것, 개성적인 것, 새로운 것"을 말한다.[2]

따라서 우연이란 역사에서 누구나 아는 사실이 아니라 누구나 알 수 없는 특별한 것을 지시한다. 이 기본 전제에서 출발해 후크는 우연 개념의 의미를 그다지 새로울 것이 없는 방식으로, 다음과 같이 크게 세 가지로 나누어 설명한다.

첫째, 우연은 "주어지거나 발견되는 것으로서, 그 존재가 논리적으로

---

1 Sidney Hook, *The Hero in History: A Study in Limitation and Possibility*, New York: The John Day Company, 1943, p. 138.
2 같은 책, p. 139.

반드시 필요하지 않고, 또 그것의 부재(不在)가 논리적으로 불가능하지 않은 것"을 가리킨다. 이러한 의미에서는 "현존하는 모든 것이 우연"이 라고 할 수 있고, "모든 개별적인 사건 안에 우연이 존재한다는 점"이 인정된다. 이 세상에 우연적이지 않은 것은 없다. '세상의 범(汎)우연성' 은 심지어 우연과 가장 거리가 멀어야 할 법칙이나 규칙에까지 적용된 다. 다시 말해 "우연한 사실들이 관계를 맺는 방법을 기술하는 여러 법 칙들" 또한 우연적이다.[3] 세상에 우연적인 것만이 존재하니, 그 우연한 것들이 관계를 맺는 방식도 또는 그러한 방식을 규정하는 법칙들도 또 는 그 법칙들이 다시 적용될 모든 사례들도 모두 우연이 된다. 이러한 세상에 학문이라는 것이 존재할 수 있을지 모르겠지만, 만일 있다 하더 라도 그러한 학문들 안에서 정립된 이론이나 법칙들 또한 모두 우연이 될 것이다. 그저 막연한 혼돈 또는 진공의 이미지만이 그려진다. 우연의 당연시(當然視)는 우연에 대한 모든 논의를 무력화한다.

그러나 여기까지 나아가는 것은 분명 과장된 주장일 수 있다. 후크의 진정한 의도는 아마 그만큼 모든 사실이나 사건들이 반드시 현존하는 그런 방식으로 존재하지 않을 수도 있었다는 의미에서 우연적이라는 점을 강조하는 데 있지 않았을까 싶다. 그렇기에 후크는 "그렇다고 해 서 사건에 관계되는 모든 것이 우연적이라든지 또는 신기로운 것은 아 니"라고 주장한다. 여기서 바로 우연은 두 번째 의미로 넘어간다.

> 우연한 것이란 연관성이 없는 것을 말한다. 만일 우리가 각종 사물과 관계를 맺는 법칙을 발견하게 되면, 이 법칙의 관점에서 볼 때 그것과 무 관한 현상들은 우연적이다.[4]

물론 우리가 앞서 여러 철학자와 역사가들에서 누차 보아왔던 아주

---

3 같은 책, p. 140.
4 같은 곳.

상식적인 주장이다. 어떤 두 개의 사물 사이에 연관성이 있다는 것은 인과관계가 되었든 다른 관계가 되었든, 서로 이유 있는 관계를 맺고 있다는 것을 뜻하고, 그러한 관계 맺기는 당연히 그 둘 모두를 비(非)우연적인 것으로 만든다. 그 관계의 성질은 인과관계가 차지하는 경우가 많다. 따라서 무(無)연관성으로서의 우연성은 곧 무(無)인과성으로 이해되어도 무방하다. 원인과 결과로 연결되는 두 사물 사이의 관계를 우리는 보통 '필연적'이라고 부르기 때문이다. 특히 후크는 이 두 번째 의미로서의 우연이 '예기치 못했던 돌발 사건'이라는 의미의 '우발'(accident)에 해당한다고 주장한다. 왜냐하면 이 두 번째 의미의 우연에서는 "우리가 하나의 사건이 보다 앞선 한 계열의 사건들의 결과로서 발생한다는 것을 정당하게 예언할 수 있으나, 또 다른 계열의 사건들이 개입함으로써 우리가 기대했던 것이 달라져 버렸다는 것을, 즉 좋은 또는 나쁜 '우발'이 되어버렸다는 것을 발견할 수 있"기 때문이다.[5] 우발은 결국 사건들의 연쇄 속에서 다른 이질적인 돌발 사건이 개입되었을 때 나타나는 현상을 말한다.

후크는 이 두 번째 의미의 우연에 대한 보충 설명으로, 역사가들이 우연을 과장하거나 지나치게 신뢰하는 우를 범해서는 안 된다고 충고한다.

역사적 사건들 안에 있는 엄청나게 많은 세부적인 것들에 푹 빠져들고, 간단히 사건들의 예측 불가능성을 자주 논거로 대는 역사가들은 가끔씩 역사는 예기치 않은 것들의 이야기에 지나지 않는다는 인상을 줄 정도로 우연의 요소(element of contingency)를 과장하는 경우가 있다. '위대한 인물'도 다른 모든 사건이나 마찬가지로 우연적으로밖에 보이지 않기 때문에, 그들의 역사서술에서는 그 위인도 극단적인 결정론자의 역사서술에서와 마찬가지로 그렇게 큰 역할을 담당하지 못한다. 그 결과 한 개인이 일정한 시기에 어떤 특별한 역사적 영향을 미치는가의 문제는 이러한

5 같은 책, pp. 140~41.

입장에서는 거의 논의할 수 없는 문제가 된다. 하나의 우연이 다른 우연에서 생겨나니, 누가 그것이 어디로 갈 것이며 왜 그런지를 말할 수 있겠는가? 그런 역사가들은 서로 다른 다음 세 가지 견해 사이의 차이를 구별하지 못한다. 즉 한 사건의 절대적으로 새로운 측면은 이해되거나 예견될 수 없다는 식의 동어반복, 사건들 사이의 상호 내적인 연관성은 너무나 복잡하기 때문에 납득할 만한 설명이나 예견은 불가능하다는 견해, 그리고 우연적인 것은 우연적이지 않은 것 때문에 오직 역사적인 효력을 발휘할 수 있다는 관점 등이 그것이다.[6]

우연의 요소를 너무 강조하다 보면, 정작 역사서술에서 중요하게 강조해야 할 특별한 개인이나 특수한 사건은 마치 결정론자들의 주장처럼 다른 모든 개인이나 사건들과 마찬가지로 그저 거대한 관점에서 역사의 대세(大勢)에 커다란 영향을 주지 않는 아주 사소한 요소들로 간과된다. 그럴 경우 개인이나 개별적 사건은 그것이 아무리 큰 결과를 야기했고, 후대에 커다란 영향을 미쳤다 할지라도 다른 수많은 하찮은 개인이나 사건들 속에 묻혀 버리게 된다. 여기서 후크는 세 가지 관점의 차이를 구별할 필요성을 역설한다. 어차피 역사에서 새로운 인물이나 사건은 이해되거나 예견될 수 있는 것은 아니지만, 그렇다고 그것이 모두 우연적이라고 말할 수는 없다. 더구나 그것들 사이의 관계가 내적으로 복잡하게 얽혀 있다면, 그러한 예견은 더더욱 어려울 수밖에 없다. 그것을 역시 우연으로 넘겨 버려서도 안 된다. 마지막으로 정상적인 것 또는 납득할 만한 일들의 연쇄 속에서 갑자기 비정상적인 것, 예기치 않았던 일이 발생했을 때 우리는 그것을 우연이라고 간주하고 나머지 것들을 설명해 나가면 모든 일이 쉽게 이해될 수 있을 것이다. 후크는 이처럼 역사에서 우연을 모두 무시하는 결정론자들도 문제지만, 모든 것을 우연으로 처리해 버리는 우연론자들도 문제라고 지적한다.

6 같은 책, p. 141.

마지막으로 세 번째 의미의 우연은 "두 번째 의미의 특수한 경우"다. 즉 "만일 어떤 한 사건이 법칙들에 의해서 서로 무관하다고 서술된 두 계열의 사건들이 서로 교차하면서 만들어낸 결과로서 일어난다면 그 사건은 우연적이다."[7] 이런 의미의 우연은 서로 다른 계열의, 그래서 독립적인 두 사건이 한 시점과 장소에서 교차하면서 발생할 때 나타나는 현상으로서 아리스토텔레스가 명명한 '동반적 우연'(symbebēkos)을 연상시킨다. 후크가 이 세 번째 의미의 우연을 두 번째 의미의 우연의 특수한 경우라고 부른 이유는, 그것이 두 번째 의미의 우연인 '무연관성'을 넘어 그로부터 파생된 '무연관적인 두 사건의 결합'을 말하고 있기 때문이다. 두 번째 의미의 우연이 '포괄적이고 일반적인 개념으로서의 우연'이라면, 이 세 번째 의미의 우연은 두 번째 의미의 우연의 특수 사례에 해당하기에 '개별적이고 실증적인 개념으로서의 우연'이라고 할 수 있다. 서로 독립적이고 무관한 낱낱의 개별적인 사건도 그 자체로 우연적이지만, 그 독립적이고 무관한 두 개의 사건이 서로 뜻하지 않게 만나면서 전혀 예기치 않았던 어떤 새로운 결과를 야기한다면, 그것 또한 우연이 되는 셈이다.

　　후크는 우연 개념에 대한 설명을 일단 여기서 끝낸다. 『역사 속의 영웅』 제8장 「우연적인 것과 예견되지 않는 것」의 나머지 부분은 우연의 기능과 역할, 이념과 의의 등에 대한 서술에 할애한다. 그 세세한 내용을 여기서 다 언급하는 것은 불필요할 뿐만 아니라 무의미한 일이기도 하다. 따라서 여기서는 그중 특기할 만한 몇 가지만 지적하고 이 절을 끝마칠까 한다.

　　후크는 역사서술에서 우연이 역사적 사실의 관계망 속에 돌발적으로 끼어드는, 그래서 그 관계망을 파괴하는 요소라는 점, 그리고 영웅이나 위인도 역시 그러한 우연을 끌어들이는 여러 현상 중의 하나라는 점을 강조한다.

7　같은 책, p. 140.

모든 우연적 사실은 역사적 관계들의 그물조직에 구멍을 뚫는다. 그리고 그 구멍은 그 우연적 사실이 얼마나 멀리까지 나아갈지를 결정한다. 여기서 우리가 주장할 필요가 있는 것의 전부는 그 그물이 자주 뚫린다는 사실, 그리고 위인은 그 그물을 뚫는 우연한 현상 중의 하나일 것이라는 사실이다.[8]

물론 책 전체의 주제 자체가 영웅에 대한 것이다 보니 나온 당연한 논거일 수도 있으나, 그만큼 역사적 사건들을 만들어가는 주체로서의 인간, 특히 그것도 역사의 흐름을 결정할 수 있는 위치에 있는 위인이 얼마나 쉽게 우연을 생산해 낼 수 있는지 간접적으로 알 수 있다. 위인과 우연은 이로써 필연적 관계를 형성한다. 영웅이나 위인이 범인(凡人)이 아니고 특출한 개인이라는 사실이 이미 그들이 우연적 현상 그 자체를 대변한다고 할 수 있다.

우연은 또한 역사서술에서 이론의 독단적 폐해로부터 서술을 부드럽게 해주거나 부드러운 서술을 유지시켜 주는 순기능을 갖는다. 왜냐하면 우연은 언제나 결정적인 것이 아니라 가능한 것과 밀접한 관계를 맺기 때문이다. 후크의 말을 직접 들어보자.

인간의 통제 범위 밖에 있는, 근거 있고 객관적인 가능성들은, 때맞춰 기억해 낸다면, 이론가의 엄격한 도식을 완화시켜 주는 경향이 있고 행동하는 사람의 야생적인 독단론을 억제해 준다. 그러한 가능성들은, 적절히 고려한다면, 우리가 우연(chance)이나 불운(hard luck)으로 겪게 되는 패배의 아픔에 대한 저항력을 강화시켜 주기도 한다.[9]

이 인용문에서 우리는 '우연'(contingency)과 '우연'(chance)을 구별할

---

8 같은 책, p. 145.
9 같은 책, p. 147.

필요성을 느낀다.[10] 전자는 '객관적 가능성'이라는 다른 용어로 쓰였고 후자는 본래 그리스어의 '티케'에 해당하는 '운'(運) 또는 '기회'의 뜻을 갖는 개념으로, 여기서는 승리보다는 '패배를 당할 때 끼어드는 예기치 않은 변수'의 의미로 사용되었다. 후크는 머릿속에 잠재되어 있는 기억을 제때 끄집어낼 수만 있다면, 우연이 이론의 엄밀한 틀이나 교조적 생각을 완화해 주는 긍정적인 기능을 갖는다고 주장한다. 우연한 일이나 불운으로 패배의 아픔을 겪을 때도 우리에게 면역력과 저항력을 키워 준다는 것이다. 만일 합리적인 가능성으로서의 우연이라는 개념이나 담론이 없었다면 우리는 필연이나 법칙이 강요하는 교조주의나 도식주의에 빠져 헤어나오지 못했을 것이다. 그 모든 끔찍한 상황을 견딜 수 있도록 만들어주는 것이 바로 우연이다.

후크에게 우연은 또 다른 관점에서도 중요한 개념으로 인식된다. 타당한 개연성으로서 우연은 '우리가' 역사 속에서 사라져버린 또는 "과거에 놓쳐버린 기회들(chances)의 숙명적인 결과들을 관찰할 수 있"도록 해주고, 그로부터 예상 가능한 결과들을 끄집어내어 논의하도록 독려한다.[11] 그럼으로써 우리가 미래를 대비할 수 있도록 해준다. 가령 후크는 국제 노동운동과 국제 사회주의 운동이 1914년 7월에 발발한 제1차 세계대전이라는 미증유의 사건을 사전에 막을 수 있었던 기회를 놓쳤다고 안타까워한다. 마르크스주의 운동의 관점에서 바라본 이러한 후크의 견해가 아니더라도 실제로 당시 독일이 호전적으로 나왔을 때 영국이 만일 전쟁이 발발하면 독일을 적으로 삼아 러시아와 프랑스 편에 가담해 싸울 것이라는 입장만 더 일찍 분명히 밝혔더라면 세계대전은 일어나지 않았을 것이라는 관점도 있다. 후크는 더 나아가 제2차 세계대전도 바이마르 공화국을 주도했던 사회민주당이 왕당파적인 반동

---

10 눌턴 철학에서의 우연 담론을 다룬 이 책 제1부에서는 'chance'를 '운'으로 번역했지만, 역사서술에서의 우연 담론을 다룬 제2부에서는 'tychē'나 'fortuna' 등의 유사개념들이 많이 등장하기에 그냥 '우연'으로 번역했다.

11 Hook, *The Hero in History*, pp. 148~49.

의 핵심체를 분쇄할 기회를 놓쳐서 일어난 결과로 본다. 히틀러의 등장과 나치혁명의 성공 배경에는 이처럼 좌파 진영 내부의 분열과 무능이 놓여 있음은 주지의 사실이다.

후크에 따르면, 역사에서의 우연 논의의 중요성은 바로 이처럼 가능성을 검토하고 성찰하는 데 있다. 우리의 통제 범위를 벗어나는 우연은 '불가항력'이라는 특성 때문에 일종의 '초월적 가능성'으로서 고려나 참조 사항 정도로만 남는다. 그러나 문제는 우리의 통제 범위 내에서 발생하는 우연들이다. 이 가능성들은 보다 더 합리적인 판단과 보다 더 용기 있고 결단력 있는 행동 등을 통해 역사의 방향을 얼마든지 더 좋은 방향으로 흘러가도록 만들 수 있다.

> 지성과 의지의 승리는 결코 자연적이고 사회적인 필연성을 침해하지 않는다. 지성과 의지는 이러한 필연성에 더 잘 대처하기 위해서 정신과 육체의 예상치 않았던 잠재적 자원을 개발해 나간다. 지성과 의지는 그들 자신의 노력으로써 "그럴지도 모른다(가능성)"로부터 "그렇다(현실)"로의 이행이 의존하는 조건들 중의 일부를 제공한다. 이것이 바로 우리가 과거를 되돌아보았을 때 불가능한 일이 성취되었다고 말하는 참뜻이다.[12]

역사를 막연한 우연에 내맡기지 않고 우리가 원하는 방향으로 바꾸어 나가는 데 필요한 것은 결국 인간 지성과 의지의 힘, 그리고 그 힘에 대한 신뢰와 계획을 실행에 옮길 수 있는 실천력 등이다. 그러한 노력에 역사학에서의 우연 논의가 일조할 수 있다. 왜냐하면 우연, 즉 가능성에 대한 논의를 통해 우리는 역사와 미래를 바꾸기 위해서는 어떠한 노력이 필요했고 또 필요할 것인지의 문제를 검토하고 그에 필요한 이론을 도출해 낼 수 있기 때문이다.

여기서 '우연 이론' 또는 '가능성 이론'이 제기될 수 있으나, 후크는

---

12 같은 책, p. 148.

이에 대해서 별도의 논의를 이끌어가지 않는다. 아마도 이론이나 법칙으로까지 만들어나가는 일이 인간의 복잡한 본성을 탐구하는 역사학 분야에서는 여러모로 무리가 따를 수밖에 없다는 사실을 그도 잘 알고 있었을 것이다. 대신 그는 우연의 문제를 좀 더 심층적으로 이해하는 데 도움이 될 주제를 논의하는 데 별도의 장(章)을 할애한다. 그 주제란 바로 역사에서의 '만일'의 문제다. 흔히 영미권에서 '가정법 역사'(If-History) 또는 독어권에서 '접속법 2식 역사'(Geschichte im Konjunktiv II)로 불리면서 역사학계에서 잠깐이지만 새로운 바람을 일으킨 담론이 바로 그것이다.[13] '만일 역사에서 특정 사건이 다른 식으로 흘러갔다면 어떠했을까?'를 추론하고 가정하는 이 담론은 역사에서의 가능성을 타진해 본다는 점에서 매우 신선하고 중요한 문제 제기일 수 있다. 후크는 『역사 속의 영웅』 제7장 「역사에서의 만일」(If in History)에서 이 문제를 논하면서 내가 보기에 역사가들이 주목해야 할 한 가지 매우 특이하면서도 중요한 논점을 이끌어낸다. 그것은 바로 '과거의 개방성'이다. 보통 사람들은 미래는 열려 있지만 과거는 지나갔기 때문에 닫혀 있는 공간, 즉 역사의 폐쇄성을 주장하는 경우가 많다. 그러나 후크는 그 반대 담론을 펼쳐나간다.

우리는 미래의 기회에 보다 더 큰 관심을 갖는다. 왜냐하면, 그것은 아직도 우리 앞에 있기 때문이다. 그러나 과거 또한 그것이 지나갔다 하더라도 잃어버린 기회에 관한 흥미로운 이야기다. 과거는 신적인 판결의 무서

---

13 독일어 문법에서 '접속법 2식'(Konjunktiv II)은 영어의 '가정법'(subjunctive)에 해당한다. 독일에서 이에 대한 담론을 주도한 책으로 다음 문헌 참조. Alexander Demandt, *Ungeschehene Geschichte: Ein Traktat über die Frage: Was wäre geschehen, wenn...?*, Göttingen: Vandenhoeck & Ruprecht, 1984. 영미권에서는 주로 문학(fiction)의 한 장르로서 '교체역사'(alternate history) 또는 '대안역사'(alternative history)의 형식으로 논의되었다. 특히 교체역사는 일반문학과 공상과학소설(SF), 역사소설의 하위분과로서 만일 "역사가 이랬더라면 어떠했을까?"를 추리해서 쓰는 일종의 추리소설과 같은 장르다.

운 종결성과 더불어 우리 뒤에서 소리 없이 문을 닫아버린다. 그러나 그 종결성이란 역사적 사건이 번복될 수 없다는 뜻이지, 그것이 모두 필연적이었다든가 또는 전부가 선한 것이었다는 뜻은 아니다. 속기 쉬운 눈으로 과거를 돌이켜 보면 예견되지 않았던 것이 예정되었던 것으로 오인된다. 이미 오래전에 설정되어 변경할 수 없게 된 사실이 주는 최면적인 작용은 순진한 사람으로 하여금 그것이 무슨 숨은 목적을 가지고 있는 양 잘못 생각하게 하고, 경건한 사람으로 하여금 역사의 판결은 신의 판결이라는 독신(瀆神)에 빠지게 한다.[14]

과거를 종결된 것으로 보지 않고 열린 공간으로 간주했다는 점에서 후크는 그보다 한 세대 앞서서 활동했던 벤야민을 연상시킨다. 서양지성사 내의 최후의 역사철학자라고 할 수 있는 벤야민은 역사를 닫혀 있는 장소로 본 막스 호르크하이머(Max Horkheimer)와 논쟁을 벌이며 그렇게 주장했다.[15] 물론 벤야민은 과거가 역사가라는 메시아의 구제와 구원의 손길을 기다리기 때문에 비종결성을 갖는다는 주장을 펴기에 후크와는 다르게 신학적·메시아니즘적 관점을 견지하지만, 과거가 구원이든 이해든 누군가의 손길을 기다리며 열린 채로 존재한다는 점에서는 동일하다. 실제로 후크는 그 점을 의식했는지 "만일 우리가 역사의 기록에서 구원(salvation)이 아니라 이해(understanding)를 추구한다면" 그러한 과거의 잃어버린 가능성, 즉 여러 가능성의 인식이 부족한 탓으로 놓쳐 버린 '객관적인 가능성'을 훨씬 더 합리적이고 정확하게 인식하고 탐구해 낼 수 있을 것이라고 주장한다.[16] 역사가만이 아니라

14 Hook, *The Hero in History*, p. 134.
15 Rolf Tiedemann, "Historischer Materialismus oder politischer Messianismus? Politische Gehalte in der Geschichtsphilosophie Walter Benjamins", Peter Bulthaup, ed., *Materialien zu Benjamins Thesen 'Über den Begriff der Geschichte': Beiträge und Interpretationen*, Frankfurt a. M.: Suhrkamp, 1975, p. 87 참조.
16 Hook, *The Hero in History*, pp. 134~35.

우리 평범한 인간들도 과거와 역사에 다른 가능성이 있는지의 여부를 고민하면서 성찰해 보아야 할 필요성이 이로부터 생겨난다.

그렇지만 역사에서의 우연과 가능성, 만일 등의 담론의 필요성에 대한 강조에도 불구하고 후크를 항상 우연만을 강조한 학자로 보는 것은 잘못이다. 왜냐하면 그는 우연 못지않게 필연 또는 필연의 중요성에 대해서도 많이 언급하고 있기 때문이다. 그 근거가 되는 두 문장을 인용해 보자.

> 결과의 연쇄는 엄밀한 의미에서 필연적인 것은 아니지만, 우리는 십중팔구 또는 그보다 더 자주 그것에 의지할지 모른다.[17]

> 역사의 필연성은 자연의 필연성처럼 논리적인 강요성은 없더라도 연속성을 갖는다. 그러나 역사의 필연성은 자연의 필연성과는 달리 부분적으로는 목적을 갖는다. 그것은 인간이 가치가 있다고 생각하는 것, 또는 인간이 존중하는 것을 무언중에 갖고 있다.[18]

아무리 우리가 우연의 존재를 인정한다 하더라도 역사의 필연성을 거부할 수도 없고 거부해서도 안 된다는 논증으로 읽힌다. 심지어 후크는 "역사에서 우연적 사건들은 엄청난 중요성을 갖지만, 그것이 그렇게 중요하다는 증거는 오직 모든 사건이 우연이 아니라는 이유에서만 가능하다"고 주장하면서,[19] 우연보다는 궁극적으로는 필연의 손을 들어주는 듯한 인상마저 준다. 역사적 사건의 연쇄를 우연이라고 부르든 필연이라고 부르든, 그것은 그다지 중요하지 않을지 모른다. 우연과 필연을 가르는 것은 사건의 어느 국면 또는 사건 사이의 연결고리에 일정한 의

---

17 같은 책, p. 142.
18 같은 책, p. 146.
19 같은 곳.

미를 부여하느냐의 여부에 달려 있기 때문이다. 극단적으로 말해 역사적 필연성이란 역사적 의미 부여의 결과이고, 역사적 우연성이란 역사적 의미 박탈의 결과와 다를 것이 없다. 이런 측면에서 보면, 후크의 우연 담론은 필연과의 균형 속에서 이루어지고 있는 셈이다.

이제 정리해 보자. 역사와 역사철학에 많은 관심을 보인 미국의 실용주의 철학자 후크는 주로 가능성의 영역에서 '역사에서의 우연 담론'을 선도했다. 그에게 다양한 개념으로 분류된 우연이란 궁극적으로 역사에서 이루어질 수 있었음에도 불구하고 이루어지지 못했거나 회피될 수 있었음에도 불구하고 회피되지 못했던 사건들의 가정법적 가능성을 뜻한다. 역사에서의 가능성으로서의 우연 담론의 필요성은 우리들이 언제나 더 나은 삶의 공간과 행복을 추구하는 한 언제까지고 유효할 것이다. 역으로 그러한 유효성과 가능성에 제한을 두지 않아야 하기에 우리는 더욱더 심도 있는 '역사에서의 우연 담론'을 필요로 하는지도 모른다.

2. 호이스

알프레트 호이스(Alfred Heuss, 1909~95)는 독일의 저명한 고대사가다. 음악가의 아들로 태어난 그는 무엇보다 스스로를 보편사가(Universalhistoriker)로 여겼고 또 사람들에게 그렇게 보이길 원했다. 그는 평생 보편사와 역사이론 분야에 헌신하며 살았다. 골로 만(Golo Mann), 아우구스트 니취케(August Nitschke) 등과 함께 10권이라는 방대한 분량의 『세계사 대계』(Propyläen Weltgeschichte)를 저술·편집·출판했으며, 『역사의 손실』(Verlust der Geschichte, 1957), 『로마사』(Römische Geschichte, 1960), 『세계사 이론에 대하여』(Zur Theorie der Weltgeschichte, 1968), 『이데올로기 비판』(Ideologiekritik, 1975), 『실패와 운명』(Versagen und Verhängnis, 1984) 등 수많은 저작을 남겼다.

호이스는 1985년에 발표한 논문 「역사에서의 우연」(Kontingenz in der

Geschichte)에서 역사학과 역사서술 안에서 논의되는 우연 문제에 대해 심도 있는 성찰을 펼쳐나간다. 우선 그는 '우연'(Kontingenz)이 역사가의 언어 보고(寶庫)에 속하지 않는다고 주장한다. 이제껏 역사서술에서 'Kontingenz'가 역사가들에 의해 사용된 예가 극히 드물거나 거의 없었다는 뜻이다. 호이스는 '우연'(Zufall)도 역시 상황은 비슷하다고 말한다.

> 역사가는 '우연'(Zufall)에 대해서도 기껏해야 부수적으로 언급할 뿐이다. …… 그렇다고 해서 이 사실이, 우연이 역사에서 전혀 어떤 역할도 하지 못한다는 것을 의미하는 것은 아니다. 오히려 역사에서는 그 반대인 경우가 많다. 왜냐하면 우연은 사람들이 그것을 도처에서 파악할 수 있을 만큼 중요하기 때문이다. 아마도 우연에 대한 인식은 심지어 역사적 작업의 근본적인 전제조건에 속할 것이다.[20]

독자들은 아마도 앞서 마이네케가 우연(Zufall)을 '역사의 기본 요소'라고 주장했던 것을 기억할 것이다. 유사하게 호이스도 그 개념을 우리 삶에서 그리고 역사의 도처에서 볼 수 있기 때문에, 그 개념에 대한 인식이 역사학에서의 학문적 또는 역사서술 작업의 기본적인 전제조건 중의 하나로 간주되어야 한다고 주장한다. 역사를 연구하거나 역사를 서술할 때 우연이라는 요소를 가능한 한 항상 고려해야 한다는 뜻일 것이다.

그렇다면 'Zufall'은 그나마 조금씩 쓰이고 있는데, 'Kontingenz'는 왜 역사서술에서 그동안 철저히 외면당하고 배제되어 왔던 것일까? 아마도 그 이유는 후자가 라틴어에서 온 말로 철학적 어감을 더 많이 풍

---

20 Alfred Heuss, "Kontingenz in der Geschichte", Rüdiger Bubner, Konrad Cramer, Reiner Wiehl, eds., "Kontingenz", *Neue Hefte für Philosophie* 24/25, 1985, pp. 14~43, here p. 14.

기기 때문에 그랬을 것이다. 그에 비해 'Zufall'은 우리가 이미 앞서 보아온 대로 그런대로 쓰이는 편이다. 쓰이는 횟수가 얼마나 많은지의 문제보다 더 중요한 것은 그 용어가 어떤 맥락에서 어떤 의미로 쓰였는지 따져 묻는 일일 것이다. 그러나 그런 일조차도 무의미한 이유는 계몽주의 시대 이후로, 역사주의가 등장하면서 우연이 역사서술에서 쓰인 사례는 거의 없게 되었기 때문이다. 심도 있는 분석은 고사하고 분석할 자료가 없으니 분석을 할 수가 없고, 있더라도 거의 부족하니 서로 비교하거나 그 차이를 따져 묻는 일이 거의 불가능하다. 아마도 호이스는 이러한 현실을 염두에 두고 그런 발언을 했을 것이다. 그래서 그는 "우연이 역사 안에서 일상생활 안에서보다도 더 적은 공간만 차지한다"고 서글퍼한다.[21] 그것의 당연한 결과인지는 모르겠지만, 바로 그 때문에 "역사적 우연은 그것을 사변적으로 부정하는 것과 비교했을 때, 역사사상에서도 그리고 역사서술이나 역사연구에서도 비교할 만한 체험을 경험하지 못했다."[22] 즉 역사사상 분야나 역사연구 분야에서도 우연이 체계적으로 사유되거나 연구되지 못했다는 주장이다.

다시 개념으로 돌아가 보자. 호이스는 'Kontingenz'와 'Zufall' 사이의 차이만이 아니라 '우연'(Zufall)과 '행운'(Glück) 사이도 개념적으로 구별한다. 물론 개념상의 차이를 서술하는 일은 없다. 그러나 역사적 사례를 통해 구별하는데, 그 차이를 위해 호이스는 기원전 323년 알렉산드로스 대왕이 죽은 사건과 1762년 러시아의 엘리자베타 여제가 7년전쟁이 진행되는 와중에 갑작스럽게 죽은 일 사이를 구별한다. 알렉산드로스 대왕이 사망한 것은 세계사적 차원에서 매우 중요한 의미를 갖는 사건이었다. 만일 그가 살아 있었더라면 향후 세계의 역사가 어떻게 달라졌을지 다양한 추측이 가능하다. 그러나 어쨌든 그가 그렇게 갑자기 죽었고, 주지하듯이 그의 사후 헬레니즘 세계는 크게 세 개의 왕국으로

---

21 같은 글, p. 15.
22 같은 글, pp. 17~18.

나누어졌다. 이것은 분명 우연이라고 할 수 있다. 하지만 "엘리자베타 여제가 죽은 것은 단순한 우연이 아니라 그저 프리드리히 대왕의 입장에서 행운이었을 뿐이다."[23] 그녀가 살아 있었다 해도 달라지는 것은 추측컨대 기껏 프로이센의 세력 축소나 오스트리아의 부상 정도였을 것이다. 그나마도 전쟁이 오스트리아와 러시아, 그리고 프랑스 연합군 측이 승리를 거둔다고 가정했을 때의 이야기다. 그만큼 그녀의 죽음은 향후 역사에 영향을 미치는 정도가 미미했다. 이렇게 보면 호이스는 '향후의 파장'을 근거로 우연과 행운을 나눈 셈이다.

그래서 호이스는 우연이 역사에서 논의될 수 있는 분야를 통상 정치 영역으로 제한한다. 역사의 변화를 손쉽게 감지할 수 있는 분야로 정치만한 분야가 없기 때문이다. 호이스는 정치 분야 중에서도 특히 외교나 대외 전쟁 등이 포함되는 '외치'(Außenpolitik) 분야를 우연이 많이 작용하는 1순위 영역으로 꼽았다.[24] 역사를 보더라도 국가의 운명이 다른 무엇보다도 외교 분야에서 자주 결정되어 온 경우가 많았던 것은 사실이다. 또 근대 이전의 수많은 전쟁이나 제국주의 시대 해외 식민지를 두고 열강들 사이에서 벌어졌던 수많은 경쟁과 갈등 이면에는 항상 외교라는 중요한 변수가 자리 잡고 있었다. 한 약소국의 독립, 해체, 분열, 분단, 통일 등 다양한 운명조차 모두 강대국이 외교 무대에서 협상을 어떻게 벌이느냐에 따라 결정되는 경우가 다반사였기 때문이다.

호이스는 최근 역사서술의 경향을 보면 정치사 분야만이 아니라 문화사 분야를 넘어 사회과학이나 사회사 분야에서도 우연 개념이 논의되는 것을 볼 수 있다고 지적한다. 이후 호이스는 우연 개념의 철학적 성찰과 역사적 상황 등을 함께 고려하면서 그 개념의 굴곡진 변천 과정을 짚어나간다. 당연히 역사 분야에서 그 개념이 어떻게 다루어져 왔는지 논의해 나가는 것을 목표로 말이다. 그에 따르면, "역사적 '상황'이

---

23 같은 글, p. 16.
24 같은 곳.

라는 것이 매우 복잡한"데, "그 이유는 그 상황의 주체"가 개인이 아니라 "집단이기 때문이다." 그래서 "역사적인 상황이나 조건들이 변하면 변할수록" 역사의 전체 상황, 참여자들의 행위들은 "더욱더 복잡하게 착종(錯綜)되어 간다."[25] 그렇기 때문에 이러한 분야일수록 우연은 더 많은 논의가 필요하다.

호이스는 우연과 역사가와의 관계에 대해서도 주목한다. 역사가가 과연 우연에 대해 어떤 입장을 취해야 하는지와 관련한 그의 주장을 직접 들어보자.

> 우연에 대해 역사가가 맺는 관계는 특이하게도 분열되어 있다. 역사가는 가능한 한 우연에 대해 침묵하는 것이 자신의 임무에 애당초 부합한다고 믿지만, 이것을 의식하지도 못한 채 이러한 요청은 그를 갈가리 찢어놓는다. 왜냐하면 우연은 역사가에게 해체된 것이 아니라 다만 밀려나 있을 뿐이기 때문이다.[26]

역사가가 우연에 대해 복잡한 심경을 갖는 이유가 잘 설명되어 있다. 역사가는 우연에 대해 일종의 애증(愛憎)이라는 양가감정을 갖는다. 현대 역사가들은 19세기 이래로 역사적 사건이나 사실을 어떻게든 우연을 배제하고 인과관계를 활용해 합리적으로 납득할 수 있도록 설명해 나가는 임무를 부여받았다고 착각하지만, 그러한 임무는 역사학계라는 구체적 실체도 없는 막연한 공동체의 계율적 요구 또는 요청일 뿐 실제는 그 누구도 그런 것을 강요하지 않는다. 역사가는 최소한의 학문적 방법만 갖고 있으면 어떤 식으로 역사를 서술해 나가든 상관없다. 바로 그런 보이지 않는 묵계(黙契)와도 같은 계율이 역사가의 발목을 붙잡고 우연을 배제하도록 만든다. 더구나 현실을 보면 우리는 너무나 많은 우연

---

25 같은 글, pp. 25 이하.
26 같은 글, p. 31.

한 상황이 역사에 끼어들어 와 있음을 확인할 수 있다. 역사가는 우연에 눈을 감고 싶어 하지만, 밀쳐낼수록 우연은 역사가에게 다시 파고들어 온다. 그것도 도저히 무시할 수 없는, 당당히 역사를 변화시키는 힘으로 서 말이다.

호이스가 역사에서의 우연을 그동안 간헐적으로는 논의되어 왔던 'Zufall'이 아닌 'Kontingenz'라는 개념으로 고찰한 것은 매우 획기적인 발상이었다. 왜냐하면 전자는 일상 용어로서 쉽게 이해되고 사용되는 용어지만, 아리스토텔레스의 '가능적 우연'(endechómenon) 개념의 라틴 어 번역어인 'contingentia'는 '달리 될 수도 있음'(Andersseinkönnen)을 뜻하는 철학적 용어이기 때문이다. 그가 그럴 수 있었던 이유는 무엇보 다도 그의 주요 관심 주제가 '역사이론'이었기 때문인 것으로 보인다. 그 이유가 어디에 있든 호이스의 '역사에서의 우연 담론'은 역사서술 또는 역사학 분야를 단순한 일상생활 차원이 아닌 철학적 수준으로 한 층 끌어올렸다는 점에서 높은 공로와 가치를 부여받을 만하다.

3. 코젤렉

20세기 독일을 대표하는 사회사가, 개념사가, 역사이론가로서 라인 하르트 코젤렉(Reinhart Koselleck, 1923~2006)의 명성과 위상은 이미 그의 생존 시에 정점에 달해 있었다. 사회사 분야에서의 그의 인지도 는 토마스 니퍼데이(Thomas Nipperdey), 한스 울리히 벨러(Hans-Uhlich Wehler), 위르겐 코카(Jürgen Kocka) 등에 뒤지지 않았으며, 특히 '개념 사'(Begriffsgeschichte)라는 새로운 장르의 역사를 개척한 공로는 매우 높 이 평가된다. 역사이론 분야에서도 상당한 업적을 남긴 그는 우연 개념 에 대해서도 상당히 수준 높은 담론을 펼쳤던 역사가로 이름을 드높였 다. 1968년에 발표한 논문 「역사서술에서 동기화(動機化)의 잔재로서 우연」(Der Zufall als Motivationsrest in der Geschichtsschreibung)은 그중 가장 중요한 증거가 되는 글이다. 이 절에서는 이 글을 주요 분석 대상으로 삼으면서 코젤렉이 생각한 '역사에서의 우연'의 모든 것에 대해 알아보고자 한다.

가장 먼저 전면에 등장하는 것은 역사서술에서 우연을 다루는 문제의 어려움이다. 코젤렉에 따르면, 그 이유는 사학사(史學史) 안에 고유의 역사를 갖고 있는 그 개념의 역사가 아직 기술되지 않았기 때문이다. 더불어 그는 그 개념을 제대로 해명하기 위해서는 그 개념을 사용한 모든 역사가의 개념 구조를 함께 고려해야 한다고 주장한다.[27] 이런 언급들은 일반적인 내용들이어서 여기서 특별히 논평할 필요는 없다고 본다.

이어서 코젤렉은 우연 개념이 갖는 세 가지 의미범주에 대해 언급한다. 첫째는 '우연 개념의 상대성'이다. 앞서 후크 등 수많은 학자가 주장한 것으로, 우연은 보는 사람의 시점과 상황에 따라 인정되거나 거부될 수 있는 개념이다. 일정한 조건을 기준으로 볼 때, 하나의 사건은 우연이 될 수도 있고 필연이 될 수도 있다. 또 반대로 하나의 사건은 조건을 달리하는 경우 우연이 될 수도 있고 필연이 될 수도 있다. 이런 경우의 우연은 방법론적 성찰이 가능한 '시점개념'(Perspektivbegriff)이 된다. 둘째는 '우연 개념의 현재성'이다. '갑작스러운 돌발 현상'으로서 우연은 '미래를 위한 기대지평'의 차원에서 도출될 수 없고, '지나간 근거들의 결과'로서 그 개념은 경험될 수 없다. 요컨대 그 개념은 미래를 위해서나 과거를 위해서 현재화될 수 없고, 오로지 현재적 차원에서만 논의와 성찰이 가능하다. 그 점에서 시간적으로 보았을 때, 우연은 '현재범주'(Gegenwartskategorie)가 된다. 셋째는 '우연 개념의 비역사성과 역사성'이다. 우연은 역사 안에서 사건들의 계기화(契機化)를 불가능하게 하거나 계기화로부터 벗어나 있는 개념이다. '시간적 외연 속에서의 연관들'을 해명하는 작업으로서 역사서술은 계기화 또는 동기화의 구조에 따라 사건들을 배열하고 설명해 내야 하지만, 우연은 그러한 작업

27 Koselleck, "Der Zufall als Motivationsrest in der Geschichtsschreibung", p. 158.

영역에서 고려의 대상이 되지 못한다. 이때 우연은 '비역사적인 범주' (ahistorische Kategorie)가 된다. 그러나 다른 한편 그 범주는 그렇다고 해서 "아직 비역사적이지도 않은데", 그 이유는 사람들을 "당황하게 하는 것", 어떤 "새로운 것", 아니면 전혀 "예상하지 못했던 것" 등을 역사 안에서 경험하고 그 경험들을 달리 풀어서 표현하고자 할 때 우연 개념은 여전히 역사서술에서 유효성을 갖기 때문이다. 그 점에서 우연은 '역사적인 범주'(historische Kategorie)이기도 하다.[28]

　이 세 개의 우연 개념의 의미범주는 상당히 설득력이 있고 타당성을 갖는다. 우연 개념의 상대성은 더 이상 논평할 필요가 없을 정도로 자명하고, 현재성 또한 그 개념이 언제나 현재 시점을 기준으로 논의할 수밖에 없다는 점에서 반박의 여지가 없으며, 비역사성과 역사성 역시 그 개념이 양 측면과 성질을 모두 지니고 있는 만큼 부정될 수 없는 사실이다.

　코젤렉은 이러한 우연 개념의 기본적인 의미연관을 토대로 그 개념의 역사를 약사(略史) 형식으로 짤막하게 풀어나간다. 그 과정에서 그는 우연 개념이 갖는 여러 가지 특징과 기능에 대해 자기 의견을 제시한다. 그중 몇 가지를 지적하면, 첫째 '우연 개념의 연속성'을 지적할 수 있다. 코젤렉은 우연 개념이 행운, 운명, 섭리 등 유사개념들과 더불어 18세기 역사서술에까지 연속성을 갖고 쭉 이어져 오다가, 19세기 역사주의와 역사학의 등장과 더불어 방법론적으로 엄격한 규율화와 체계화의 과정 속에서 수면 아래로 가라앉게 되었다고 주장한다. 그에 따르면, '가능한 우연을 회피하는 것'이 '현대의 역사학적 방법론'이라는 것이다.[29] 코젤렉이 논문을 발표한 시점이 1960년대임을 감안하면, 이러한 부정확한 주장은 우리가 이해 못할 바도 아니다. 왜냐하면 포스트구조주의 또는 포스트모더니즘의 영향 아래 불기 시작한 새로운 역사학의 등장

28　같은 글, pp. 158~59.
29　같은 글, p. 159.

과 변화의 바람 속에서 우연 개념이 새롭게 인식되고 주목받기 시작한 것은 아무리 빨리 잡아도 1970년대는 되어야 가능했기 때문이다.

둘째는 주로 우연의 대체개념으로서 18세기까지의 역사서술에서 줄곧 나타났던 행운의 여신(Fortuna)에서 나타나는 특징으로서 그 개념의 '다의성'(Vieldeutigkeit)이다. 행운의 여신은 때로 '축복'(Heil)이나 '운명'(Geschick)을 의미하기도 했고, 어떤 때는 '변화의 항상성'과 '범(汎)개인적 사건 범례'(transpersonale Ereignismuster)를 지칭하는 개념으로도 쓰였다는 것이다. 그리고 포르투나는 결국 르네상스기의 인문주의자들에 의해서 '섭리의 딸'이자 '우연의 어머니'로 자리매김하기에 이른다.[30] 여기서 우리가 주목해야 할 것은 우연 관련 개념의 서열화다. 최고의 상석에 '신의 섭리'가 앉고, 그다음 자리는 '포르투나'가 차지하며, 맨 밑바닥에 '우연'이 자리한다. 이를 표로 그리면 다음과 같다.

신의 섭리(Providentia)

↑

포르투나(Fortuna)

↑

우연(Contingentia)

'섭리-행운(운명)-우연'으로 이어지는 우연의 3대(代) 모계 혈통 여성들은 우리들의 삶의 모든 것을 결정한다고 해도 과언이 아니다. 이 세 개념 안에 포괄되지 않는 예기치 않은 일, 뜻밖의 일, 기대 밖의 일 등은 없기 때문이다. 우연은 늘 우리의 일상 속에 존재한다.

코젤렉에게 포르투나는 더 나아가 우리가 제1부에서 살펴본 보에티우스에 의해 만들어진 '돌아가는 수레바퀴의 은유'로서 '모든 일의 반복 가능성'을 지시하기도 한다. 그에게 포르투나는 심지어 "측정 불가

---

30 같은 글, p. 160.

능한 것에 대한 상징으로서 신의 정당화"로도 이어진다. 그녀는 혜량할 수 없는 일, 궁극적으로는 신의 일을 표상한다. 이처럼 포르투나는 인간들 사이에서 일어나는 일의 바깥에 있으면서 인간들 사이의 일에 끼어드는 이중성 때문에 두 개의 얼굴을 갖는다. 그뿐만이 아니다. 역사와의 관계에서도 그녀는 이중성을 띤다. "행운의 여신은 말하자면 '역사들'의 가르침, 즉 역사론에는 속했지만, 역사서술들 자체에 속하는 것은 아니었다."[31] 즉 행운의 여신은 역사적이면서도 역사적이지 않다. 더 정확히 말하면, 행운은 '역사 속에 개입하는 비역사성'이다. 왜냐하면 "역사는 자연 속에 있"고, "역사들은 행운을 통해 역사 외적인 조건들과 다시 묶이"기 때문이다.[32] 그리고 이처럼 사건을 넘어서 있거나 사건에 선행한다는 점에서, 포르투나는 '역사성을 극복하는 비역사성'으로 간주된다. 포르투나의 다의성은 이처럼 인간계 밖에 있으면서 인간사에 끼어드는 그녀의 이중성 때문에 더욱 심화된다. 역사서술에서도 그녀를 활용하기 쉬운 듯하면서도 어려운 이유가 바로 여기에 있다.

근대에 오면 올수록 포르투나는 이제 순수한 우연으로 대체된다. 그렇다면 우연은 코젤렉에게서 어떤 의미들을 갖고 있을까? 먼저 그것은 "커다란 결과를 낳을 수 있는 내재적 근거"를 뜻한다.[33] 가령 한 시대에서 다른 시대를 넘어서까지 커다란 변화를 야기했을 수도 있는 파스칼의 유명한 '클레오파트라의 코'[34]는 그 대표적 사례에 속한다. 이때의 우연은 안 그러면 제시될 수 없는 하나의 커다란 사건의 원인이 된다.

또 다른 연관에서 우연은 '도덕적·합리적 행동방식의 부재'를 뜻한다.[35] 나는 우연이 합리성의 부재를 뜻한다는 것을, 이 책에서 여러 사

---

31 같은 글, pp. 160~61.

31 같은 글, pp. 160~61.
32 같은 글, p. 171.
33 같은 글, p. 161.
34 Blaise Pascal, *Pensées*, ed. Ch. M. Des Granges, Paris: Garnier, 1948, p. 162.
35 Koselleck, "Der Zufall als Motivationsrest in der Geschichtsschreibung", pp. 161~62.

람의 전거들을 통해 누차 밝혀 왔다. 새삼스러울 것이 없는 이 견해가 새로운 이유는 '합리성' 앞에 붙은 '도덕성' 때문이다. 윤리적 행동양식의 부재까지도 우연의 개념범주로 간주한다면, 인간의 사고와 행동의 영역에서 필연적인 것은 없게 된다. 무엇이 과연 참인지에 대한 논쟁은 말 그대로 논쟁만 야기할 터이니 여기서 접기로 하고, 다만 코젤렉이 보기에 우연이 합리성만이 아니라 도덕성의 부재도 의미한다는 점을 음미하는 것으로 자족하자.

우연은 다른 한편 '무지의 대명사'다. 이를 위해 코젤렉은 "운명과 우연은 의미 없는 단어"라고 했던 프리드리히 대왕의 말을 인용한다. 프리드리히는 그 단어들이 시인의 머릿속에서 나온 것이며, 세계가 몹시 무지하여 원인을 알 수 없는 작용에 불명확한 이름을 갖다 붙이다 보니 생겨난 용어라고 주장했다.[36] 이 또한 특별할 것이 없는 일반적인 견해다. 더구나 '원인 불명의 현상에 갖다 붙이는 부정확한 이름'이라는 표현은 마치 '무지의 도피처'로서의 스피노자의 우연 개념을 연상시킨다.

그러나 계몽된 역사가의 눈에 우연은 이제 해체의 길을 걷는다. 따지고 보면 때맞춰 등장했던 수많은 우연에는 나름의 수많은 원인이 있다는 것이 드러났고, 따라서 우연은 이제 '현실성이 없는 단순한 이름'이 되었다.[37] 물론 이러한 언명들이 프리드리히 대왕의 말을 인용하면서 이루어지긴 했지만, 그 언명들의 근대적 적확성(的確性)은 그것의 출처가 어디에 있었는지에 대한 논의를 무색하고 무의미하게 만든다. 이러한 '우연 제거 프로젝트' 또는 '우연 배제 캠페인'은 19세기 역사주의에 와서 절정에 달한다는 것이 코젤렉의 생각이다.

19세기의 역사주의 학파는 우연을 남김없이 제거했다. 하지만 인과 원칙을 수미일관하게 확대시킴으로써 그랬던 것이 아니다. 그들은 현대적

---

36 같은 글, p. 162.
37 같은 곳.

역사 개념에 내재했던 신학적·철학적·미학적 함의를 통해 우연을 제거했다.[38]

역사주의 학파는 문학과 관념론 철학의 자극을 받아들여, 이 둘이 — 모든 사건에 앞서는 — 역사를 내재적 의미 통일성으로 파악하고 학문적으로 성찰하도록 하는 데까지 이끌었다. "그들(문학과 관념론 철학)이나 측정하고 재도록 놔둬라. 우리(역사)가 할 일은 신정론이다"(드로이젠). 만일 모든 사건이 일회적인 것이 되고 "모든 시대가 …… 신에 직접 연결된다면"(랑케), 경이가 사라지는 것이 아니라, 오히려 전체 역사가 하나의 경이가 된다. 드로이젠이 말했듯이, "우리는 경배하는 것을 배운다." 이로써 우연은 우연적일 자유마저 빼앗긴다.[39]

역사주의 사조가 시작되면서 우연은 남김없이 제거되었다. 살아남은 경우 우연은 필연으로 전화될 수밖에 없었다. 우연을 '외적 필연성'으로 규정했던 헤겔을 떠올려보라. 우연은 '약화된 필연'이 된 것이다. 그리고 근대 역사학에서 우연을 약화시키거나 해체했던 것은 인과율만이 아니다. 위의 인용 구절에서처럼 역사의 내적 통일성과 단일성, 연관성, 심지어 연속성까지 모두가 우연 살해의 공범들이다. 이 과정에서 우연이 어느 정도까지 완전히 배제되었는지는 '우연이 우연적일 수조차 없게 되었다'는, 전율이 느껴지는 마지막 문장으로써 적나라하게 드러난다.

아쉽게도 우연을 취급하는 현대 사학에 대한 코젤렉의 논의는 역사주의에서 끝나버린다. "역사주의의 미학적 요소들은 한때 신학적 근거 설정을 훨씬 넘어서는 우연과 같은 계기화의 잔여물의 등장을 막았다."[40] 더불어 20세기 후반 이후 역사학이나 역사서술 분야에서 우

---

38 같은 글, p. 170.
39 같은 글, pp. 174~75.

연 개념이 어떻게 수용되고 활용되었는지에 대한 좀 더 상세한 논의와 천착을 기대하는 독자들의 바람도 여기서 꺾이고 만다. 오히려 코젤렉은 일부 다른 유사 주제의 논문들에서 시도하고 있듯이, 역사에서의 불가항력(Unverfügbarkeit)을 뜻하는 우연과 정반대되는 주제, 즉 역사에서의 개입과 조정, 생산 가능성을 논하기까지 한다. 대표적인 예가 1977년에 발표한 논문 「역사의 조정(調整) 가능성에 대하여」(Über die Verfügbarkeit der Geschichte)이다. 이 논문에서 코젤렉은 근대에 들어와 우연이 제거되었던 것처럼 이제는 반대로 1780년 이후부터 사람들이 역사를 만들어나갈 수 있고 역사에 적극적으로 개입하거나 역사를 조정해 나갈 수 있다고 보기 시작했다고 주장한다.[41] 한편에서는 우연을 제거하면서 다른 한편에서는 운명을 만들어나갈 수 있다고 생각한 것이다. '모든 시대의 신과의 직결'이라는 역사주의에 남아 있던 신학적 함의들마저 제거하면서 우연 또는 운명을 인간들이 창조해 나갈 수 있다고 보기 시작했다는 것이다. 그러나 물론 코젤렉은 다음과 같이 주장하면서 우리들로 하여금 역사의 생산 가능성에 대한 환상에서 깨어나도록 만든다.

생산 가능성(Machbarkeit)은 대체로 역사의 한 측면일 뿐이고, 역사의 흐름은 모든 경험이 가르쳐주듯이 언제나 자신의 대리인의 의도를 벗어난다. 그렇기에 생산 가능성이라는 원칙 역시 보편원칙이 아니며, 신분 세계가 해체되는 지평에서 한 계층이 특수하게 사용했던 것뿐이다.[42]

이처럼 역사를 바라보는 코젤렉의 눈은 마지막에 가서 언제나 현실

---

40 같은 글, p. 175.
41 Reinhart Koselleck, "Über die Verfügbarkeit der Geschichte", R. Koselleck, *Vergangene Zukunft: Zur Semantik geschichtlicher Zeiten*, pp. 260~77, here pp. 262 이하.
42 같은 글, p. 270.

적으로 되돌아온다. 마치 먹잇감을 낚아챌 때 발휘되는 매의 눈빛과도 같은 그의 관찰의 정교함과 냉혹함은 타의 추종을 불허한다. 그럼에도 불구하고 그의 사학사적 논의는, 우연이나 운명을 주제로 한 그의 글에서 잘 나타나 있듯이, 안타깝게도 언제나 역사주의와 그에 대한 비판 주변을 맴도는 듯한 인상을 준다. 강점으로 인정받을 수 있는 그의 한계인 셈이다.

4. 기타 현대 역사가들: 마이어, 피셔, 카, 비트람, 쉬더, 에번스

20세기로의 전환기에 활동했던 독일의 고대사가 에두아르트 마이어 (Eduard Meyer, 1855~1930)도 우연을 강조한 많은 역사가들 중 한 사람이다. 그는 역사에서 우연이 얼마만큼 중요한 역할을 수행하는지 역사가들이 똑바로 통찰해야 한다고 주장한다.

> 우연은 역사적 삶에서 엄청나게 큰 역할을 수행한다. 몇 가지 사례만 통해서 설명하자면, 역사에서 우연의 의미를 부정하거나 그 힘에 따라 우연의 의미를 제한하고자 하는 시도들이 계속해서 이어진다는 이유 하나만으로도 그 역할은 더 요구되는 것처럼 보인다. 빌헬름 1세와 비스마르크에 대한 암살이 실패한 것, 마케도니아의 필리포스 2세와 러시아의 알렉산드르 2세에 대한 암살이 성공한 것, 뤼첸 전투에서 구스타프 아돌프가 전사한 것이나 역시 전투에 노출되었던 다른 야전 장군들이 죽지 않은 것, 알렉산드로스 대왕이나 황제 프리드리히 3세가 그들의 생에서 가장 젊은 나이에 병으로 죽은 것, 합스부르크가의 양쪽 혈족에서 남자들이 연속해서 갑작스럽게 죽은 것, 죽어서 태어난 괴테가 다시 살아난 것, 라파엘로와 실러가 일찍 죽고 미켈란젤로와 괴테가 고령까지 살았던 것, 호엔촐레른 왕조가 부르봉 가문, 베틴 가문, 또 다른 제후 가문처럼 쇠퇴하지

않고 프리드리히 빌헬름 1세에게 하나의 강력한, 임무의 의미가 부여된 인품을, 그리고 프리드리히 대왕에게는 천재성을 부여한 것 등 이 모두가 우연이다. 이 모든 그리고 다른 수많은 우연은 전체 역사적인 발전에서 결정적인 것들이 되었다. 그것들은 수백 년 또는 수천 년이 지난 뒤에도 감지되는 영향력을 그들의 시대와 그들의 민족을 뛰어넘어 발휘해 왔다. 따라서 이 사실들을, 역사적 삶을 위한 그들 자체의 근본적인 의미 안에서 인정하려 하지 않는 그리고 우연과 자유로운 의지를 역사 밖으로 추방하려는, 아니면 그것들을 중요하지 않은 요소들로 축소하려는 사람은 그들의 풍부한 삶 전체를, 역사적 관심의 주요 대상 전체를 제거할 뿐만 아니라, 그들의 본질적 존재 자체를 완전히 해체하면서 그들을 공식들로 대체하는 꼴이다.[43]

마이어는 역사적 삶 자체가 우연의 연속이라는 말을 하고 싶었던 듯하다. 아니 역사를 떠나서 인간들의 삶 자체가 우연적인 성격을 갖는다는 점을 독자들에게 각인하는 것이 주목적이었을지 모른다. 사정이 이러한 데도 제도권 역사학계 안에서는 그러한 위대한 개인들의 삶, 국가와 사회의 삶을 마치 수학 공식과 같이 정해진 틀과 규율 속에 집어넣으려고나 하고, 어떻게든 우연을 역사의 영역 밖으로 몰아내려고 하니, 이런 개탄스러운 현실이 또 있을까? 그의 불만과 우려가 통절히 느껴진다.

비슷한 시기에 활동했던 영국 역사가 허버트 앨버트 로렌스 피셔 (Herbert Albert Laurens Fisher, 1865~1940) 역시 우연을 강조한 역사가에 속한다.

---

43 Eduard Meyer, "Zur Theorie und Methodik der Geschichte", E. Meyer, *Kleine Schriften zur Geschichtstheorie und zur wirtschaftlichen und politischen Geschichte des Altertums*, Halle: Max Niemeyer, 1910, pp. 1~78, here pp. 27~28.

나보다 훨씬 더 현명하고 더 많이 배운 사람들이 역사에서 어떤 계획과 리듬, 그리고 미리 결정된 패턴을 찾아냈다. 하지만 나는 이러한 조화를 찾아낼 수 없었다. 나에게는 그저 오직 파도치듯이 하나의 급박한 사건이 다른 급박한 사건 다음에 연속적으로 일어나는 것이 보였을 뿐이다. 오직 독특하고, 따라서 일반화할 수 없는 오직 하나의 위대한 사실이 보였을 뿐이다. 역사가에게 안전한 규칙이라곤 이것뿐이라고 생각되었다. 역사가는 인간의 운명이 펼쳐지는 과정에서 예측 불가능하고 우발적인 것을 볼 뿐이다. 이것은 냉소주의의 이론이나 절망의 이론이 아니다. 한 세대가 얻은 바탕은 다음 세대에서 없어져 버린다.[44]

다양한 사건의 연속인, 그리고 그 속에서 인간들의 운명이 규정되어 버리는 역사라는 공간은 바로 우연적이고 우발적인 일들의 집합장이다. 알 수 없고 예측 불가능한 일들로만 이루어진 이 늪 속에서 인간은 어떤 사실을 발견했다 하더라도 다음 세대에 가면 그 사실이 사라지거나 뒤집히는 어처구니없는 일들이 벌어진다. '역사는 우연'이라는 말 이외에 달리 설명할 길이 없다. 이런 와중에서 피셔는 역사에서 우연을 주목해야 한다는 사실을 '이론'으로 규정함으로써 그 스스로 한계를 드러낼 뿐만 아니라 우리에게 새로운 문제를 제기한다. 즉 역사에서 우연을 주목해야 한다는 그의 주장은 과연 그 스스로 말하고 있듯이 일반화될 수 있는 진술일까? 그 진술 자체가 일반화될 수 없는 우연의 산물이라면 그의 진술이 갖는 학술적 가치는 무엇인가? 우연의 법칙화란 가능한 것인가? 이 복잡한 문제에 대한 논의는 별도의 철학적 성찰을 요구하기에 여기서는 접어두기로 하자. 중요한 점은 피셔가 20세기 초반에 역사가들이 역사서술에서 우연의 문제에 주목해야 함을 '강령적으로' 천명했다는 사실이다.

---

44 Herbert Albert Laurens Fisher, *A History of Europe*, 3 vols., London: Eyre and Spottiswoode, 1935, vol. 1, p. vii.

『역사란 무엇인가』의 저자인 카도 아마 이러한 강령과 20세기 초 두 차례의 세계대전이라는 참상과 실존주의 철학 등의 영향으로 역사에서의 우연 문제를 자신의 유명한 강연집 안에서 직접 거론한다. 이 강연집 제4장 「역사에서의 인과관계」에서 카는 역사학이 기본적으로 인과관계를 탐구하는 학문임을 전제한 후 '역사에서의 필연'이 '헤겔의 간계'로, 그리고 '역사에서의 우연'이 '클레오파트라의 코'로 각각 상징된다고 말한다. 그 각각의 실제는 필연성이 역사적 결정론으로, 우연성은 가능성과 자유의지로 나타난다는 것이다. 카는 사람들이 역사에서 우연의 역할을 강조하게 된 역사적 기원이 "그리스인들이 나라가 쇠퇴해서 로마의 한 속주의 지위로 떨어졌을 때 로마의 승리를 공화국의 장점 때문이 아니라 그 행운 때문이라고 보았"던 폴리비오스로 거슬러 올라간다고 주장한다. 그 이후 고대 로마의 타키투스, 계몽주의 시대의 기번, 제1차 세계대전 무렵의 영국 역사가들, 제2차 세계대전을 겪고 난 마이네케 등 역사에서 우연을 강조한 인물들이 한결같이 불안과 공포의 분위기, 혼돈과 파국의 기운이 짙게 퍼져나가던 시기에 활동했던 역사가들이었음을 지적한다. 그러면서 어떤 일을 운이 나빴다고 기술해 버리는 것이 곧 그 원인을 추적해 내는 귀찮은 의무를 피하려고 할 때 즐겨 쓰는 방법이라며, 카는 역사가 우연의 연속이라는 주장에 반기를 든다. 그렇다고 역사에서 우연을 완전히 배제할 수도 없음을 인정하면서, 결국 역사에서의 원인은 언제 어디서나 납득할 만한 설명의 역할을 하는 '합리적인 원인'과 결코 일반화될 수 없는 '우연적인 원인'으로 구분된다고 주장한다. 이것을 설명하기 위해 카는 밤에 담배를 사러 나갔다가 차에 치어 사망한 로빈슨을 예로 든다. 만일 로빈슨의 사망 원인을 그가 담배를 피우는 사람이었기 때문이라고 본다면 사건들 사이의 직접적 연관성이 매우 떨어지기에 '우연적 원인'이 되고, 운전하는 사람이 술에 취해 있었기 때문이라거나, 차가 브레이크 고장을 일으켰기 때문이라거나, 아니면 도로에 블라인드 코너가 있었기 때문이라고 말한다면 '합리적 원인'이 된다. 결국 '우연적 원인'은 일반화될 수 없는 특수한 것이기 때문에 교훈을 줄 수도 없고, 결론을 얻을 수도 없기에 역사가는 우연적 원인보다는 합리적인 원인을 찾는 데 몰두해야 한다고 말한다.[45] '제한적인 인정과 수용'으로 특징지어지는 우연에 대한 이러한 카의 입장은 어쩌면 대부분의 제도권 역사가들의 입장을 대변하고 있는 것처럼 보인다.

코젤렉과 거의 동시대에 활동했던 역사가 라인하르트 비트람(Reinhard Wittram, 1902~73)도 역시 우연에 대한 성찰을 글로 남겼다. 1969년에 발표한 「역사에서의 법칙과 필연」이라는 제목의 논문에서 그는 20세기 소련의 역사철학자 이고르 세미오노비치 콘(Igor Semyonovich Kon)의 '역사적 법칙성'을 논하면서, 콘에게서 법칙들의 엄밀성의 포기와 더불어 우연의 역할이 오히려 인정되고 있음을 강조한다. 비트람은 콘뿐만 아니라 마르크스와 엥겔스, 레닌에게서도 우연은 '필연의 내재적 표현 형식'으로 드러난다고 주장한다.[46]

이러한 논조는 이미 제2차 세계대전 이후 독일 사학의 반성적 움직임과 맞물려, 역사에서 무엇인가 결정되어 있다는 생각이 왜 잘못되었는지를 밝히면서 고조된다.

> 어떠한 역사 흐름도 원천적인 토대와 시설로부터 절대적으로 인식 가능하게 결정되어 있지는 않다. 언제나 매 순간마다 예측 불가능한 것이 유효하다. …… 역사를 관찰하는 사람은 탄생과 죽음, 병과 장수, 맞아떨어지는 또는 엇나가는 구술들, 천재적인 재능의 번득임이나 그러한 번득임의 결여, 감각의 변화나 무감각, 강함과 약함 등 개인의 운명들이 펼쳐지는 바로 그곳에서 가장 직접적으로 우연을 만나게 된다.[47]

---

45 Carr, *What is History*, pp. 87~108.
46 Reinhard Wittram, "Gesetz und Notwendigkeit in der Geschichte", R. Wittram, *Anspruch und Fragwurdigkeit der Geschichte: Sechs Vorlesungen zur Methodik der Geschichtswissenschaft und zur Ortsbestimmung der Historie*, Göttingen: Vandenhoeck & Ruprecht, 1969, pp. 72~86.

인간의 삶 자체가 바로 매 순간 우연으로 점철되어 있다는 주장이다. 인간의 삶이 우연들의 격전장이니 당연히 역사도 그러한 싸움터가 될 수밖에 없다. 만일 역사를 관찰하는 사람이 이러한 점을 고려하지 않는다면, 그는 역사에 접근할 자격조차 없다. 역사와 우연은 떼려야 뗄 수 없는 필연적 관계에 있다.

비트람과 같은 시대에 활동했던 테오도어 쉬더(Theodor Schieder, 1908~84)도 우연을 강조한 전후(戰後) 역사가 집단에 속한다. 그의 말을 직접 인용해 보자.

> 우연은 역사에서 대체로 대변혁의 의미를 갖는 사건으로서 우리에게 다가온다. 우리는 여태까지 지속해 온 영향력의 단위 또는 인과 연쇄 안에서는 그 사건의 어떠한 '의미'도 발견할 수 없다. 프랑스 왕 앙리 4세의 암살, 뤼첸 전투에서의 구스타프 아돌프의 죽음, 또는 현대에 와서는 미국 대통령 케네디의 암살처럼 말이다.[48]

역사상 수많은 위인의 암살이 가져온 향후의 역사 변동의 파장은 언제나 컸다. 카이사르가 그랬고, 앙리 4세가 그랬으며, 링컨이 그랬고, 케네디도 그랬다. 이들에 대한 암살의 배후·과정·결과에 모두 우연이 관여했다는 것이다.

20세기 후반의 포스트모더니즘 계열의 역사학에서는 이제 우연의 중요성이 더욱더 두드러지게 강조된다. 가령 영국 케임브리지 대학 근대

---

47   Reinhard Wittram, *Das Interesse an der Geschichte. Zwölf Vorlesungen über Fragen des zeitgenössischen Geschichtsverständnisses*, Göttingen: Vandenhoeck & Ruprecht, 1958, p. 13.

48   Theodor Schieder, *Geschichte als Wissenschaft. Eine Einführung*, München; Wien: Oldenbourg, 1965, p. 53.

사 교수였던 리처드 에번스(Richard Evans, 1947~)는 역사가 아무리 학문화되었다 하더라도 미래를 예측하는 법칙을 도출해 낼 수는 없다고 경고한다. "역사학은 예견력을 지닌 법칙을 도출할 수 없다. 과거를 이해하는 것은, 비록 특정한 조건 아래서 일어나는 특정한 사건의 가능성에 관한 틀리기 쉬운 논의에 그치기는 하지만, 그 이해가 인간의 본성에 대한 우리의 지식을 넓히고 우리에게 영감 — 또는 경고 — 을 주거나 또는 개연적인 것을 제시하는 한, 현재에 도움이 될지도 모른다. 그러나 이 가운데 그 어느 것도 과학법칙과 같이 변함없고 예견력 있는 확실성에 이르지는 못한다."[49] 역사의 비예측성은 전통적인 역사연구에서 용인되던 인과관계도 새롭게 조명하도록 만들고, 결국 역사에서의 우연성을 폭넓게 수용하도록 만든다. 그리고 그 방식은 역사에서 실제로 일어났던 일이 아닌 다른 조건 아래에서 다른 일이 발생했을 것으로 가정하는, 앞서 후크를 논의할 때 언급했던 이른바 '가정법 역사'를 상정하는 것이라고 조언한다. "역사에서 우연(chance) 또는 더 이론적으로 말한다면 우연성(contingence)의 중요성 및 그 한계를 지적하는 좀 더 유리한 방식은 상황이 약간 달랐으면 일어났음직한 일을 상상하는 것이다. 보기를 들면, 가령 히틀러가 1928년에 죽었고 나치가 권력을 잡지 못했다면 제2차 세계대전이 일어났을까? 대부분의 역사가들은 여하튼 전쟁이 일어났으리라는 데 견해를 같이할 것이다."[50] 물론 홀로코스트와 같은 극단적인 범죄 행위까지 똑같이 발생하지는 않았을 것이라는, 즉 사건들이 똑같은 방식으로 진행되지는 않았을 것이라는 전제 아래 에번스는 카의 일반화할 수 있는 합리적 원인 제시의 중요성에 동의한다. 하지만 에번스는 카가 배제하고자 했던 우발적 원인의 제거에는 반박한다. "우발적인 원인을 열거하는 것이 정치사나 사회 개혁가의 관점에서는 쓸모없고 시시하지만, 그것이 왜 역사가의 관점에서도 쓸모없고 시

---

49 리처드 에번스, 『역사학을 위한 변론』, 이영석 옮김, 소나무, 1999, 91쪽.
50 같은 책, 183쪽.

시해야 하는지 그 이유를 알아내기란 어렵다. 역사가의 우선적인 목적은 과거를 이해하는 것이지 않는가. …… 만일 우발적인 원인이 작용하였음을 사료가 알려준다 할지라도, 그것을 배제하는 것은 옳지 않다. 그렇게 할 경우 그것이 현재 우리의 목적에 도움을 줄 수 없기 때문이다. …… 역사적 설명은 자동차 충돌이나 세계대전과 같이 불연속적인 사건의 원인을 찾는 일만은 아니 …… 다. 역사가들은 어떤 사건이나 과정을 초래한 원인에 못지않게 그것들의 결과며 의미에 관심을 기울인다."[51] 에번스는 이러한 것들에 관심을 기울이는 과정에서 우연, 우발, 우연성, 비예측성 등이 사유의 전면에 떠오르고, 그것들을 고려하지 않으면 과거를 온전히 이해하는 일은 불가능해진다는 점을 지적한다. 실제로 그는 카의 주장을 금과옥조로 떠받들며 인과관계를 신성시하는 제도권 역사가들의 행태를 포스트모더니즘의 관점에서 비판한다. 여기서 에번스는 '인과관계'가 "역사가들에게는 연대기 못지않은 무자비한 독재자와 마찬가지"라는 시어도어 젤딘(Theodore Zeldin)의 주장을 인용한다.[52] 에번스 자신은 이 점을 특별히 "인과관계의 덫"[53]이라는 멋진 문구로 정리한다. 인과관계의 함정에서 벗어나야 할 의무가 역사가에게 있는 한, 역사가는 언제나 부지불식간에 찾아올 수 있는 '우연'이라는 불청객에 마음의 문을 활짝 열어놓고 있어야 한다. 우연에만 몰입하는 것도 문제지만, 우연을 배제하고서는 올바른 역사연구, 인간이해에 도달할 수 없기 때문이다. 이러한 관점은 에번스 외에 포스트모더니즘 역사학 계열에 속하는 헤이든 화이트(Hayden White), 도미니크 라카프라(Dominick LaCapra), 키스 젠킨스(Keith Jenkins), 프랑크 앙커스미트(Frank Ankersmit) 등도 공유한다.[54]

---

51 같은 책, 185쪽.

52 Theodore Zeldin, "Social History and Total History," *Journal of Social History*, 10, 1976, pp. 237~45, here p. 243.

53 에번스, 『역사학을 위한 변론』, 189쪽.

54 Hayden White, *Tropics of Discourse*, Baltimore: Johns Hopkins University Press,

이처럼 역사에서의 우연 개념의 중요성은 역사학계 내에서 20세기 말 역사학계가 아닌, 철학 쪽에서의 포스트모더니즘 담론에 영향을 받아 마침내 하나의 연구 주제로 자리를 잡기 시작했고, 본격적인 논의를 거쳐 최근에는 몇 권의 중요한 단행본이 출간되면서[55] 그 정점에 이르렀다.

1979; Hayden White, *The Content of the Form*, Baltimore: Johns Hopkins University Press, 1987; Hayden White, *The Fiction of Narrative*, Baltimore: Johns Hopkins University Press, 2010; Dominick LaCapra, *History and Criticism*, Ithaca, N.Y.: Cornell University Press, 1985; Keith Jenkins, *Re-thinking History*, London: Routledge, 1991; Frank R. Ankersmit, *History and Tropology: The Rise and Fall of Metaphor*, Berkeley: University of California Press, 1994.

55　Rüdiger Bubner, Konrad Cramer, Reiner Wiehl, eds., "Kontingenz", *Neue Hefte für Philosophie* 24/25(1985); Graeveniz & Marquard, eds., *Kontingenz*(1998); Hoffmann, *Zufall und Kontingenz in der Geschichtstheorie*(2005); Vogt, *Kontingenz und Zufall: Eine Ideen- und Begriffsgeschichte*(2011).

소결론

제2부의 내용들을 간략히 정리해 보자. 그동안의 연구를 통해 우리는 우연 개념이 서양의 역사가들 또는 역사학자들에 의해 자주 또는 은연중에 수용되어 역사서술에 반영되어 왔고, 현대로 올수록 그 개념은 단순한 개념 수용의 차원을 넘어 이론화되기까지 했음을 알 수 있었다. 개괄적으로 표현하면, 첫째, 고대에는 우연 개념이 역사서술에서 가장 포괄적이고 다양한 의미로 활용되었던 시기다. 그리스에서는 운명, 행운, 섭리, 우연 등을 뜻하는 'tychē'라는 개념으로, 로마에서는 역시 비슷한 의미를 갖는 'fortuna'라는 개념으로 각각 역사가들에 의해 다양한 문맥에서 다양한 의미로 자주 사용되었다. 둘째, 그러나 중세에 오면 이 개념은 거의 수면 아래로 가라앉는다. 그 자리를 기독교적인 신의 섭리나 계시가 대신하거나 아니면 신과 연관된 개념과 연동하여 등장한다. 즉우연은 이제 자율적이고 독립적인 심급(審級)으로 등장하지 않고 언제나 신의 뜻이나 은총으로 지시되어 나타난다. 셋째, 고대의 문예가 부활했던 르네상스기에 와서야 고대의 'tychē'나 'fortuna' 같은 개념이 되살아난다. 여기서 'fortuna'(운명)는 'virtú'(능력)의 대(對)개념으로 초인적이고 초자연적인 힘을 의미한다. 로마사가 보여주듯이 인간의 역사가 바로 그러한 'fortuna'와 'virtú'의 대립의 연속이었고, 교훈적인 점은 인간들이 'fortuna'에 저항해 'virtú'를 키워나가야 힌다는 점이다. 넷째, 계몽주의 시대까지 이러한 'fortuna' 또는 'fortune' 등 운명, 행운,

우연 등을 뜻하는 개념은 역사서술에서 자주 활용되는 모습을 보여준다. 다섯째, 그러나 역사주의 사조가 펼쳐졌던 19세기에 이르면 우연 개념은 역사서술에서 거의 배제된다. 엄격한 학문적 방법론과 객관성, 합리성, 인과관계를 요구하는 역사학이 제도화되면서 우연은 설 자리를 잃고 만다. 여섯째, 그러다 20세기에 들어오면 한편에서는 우연을 역사서술이나 역사학에서 배제하려는 움직임이 계속 이어지지만, 다른 한편에서는 우연 개념을 역사의 기본요소로 인정해야 한다는 담론이 활성화된다. 특히 20세기 후반 포스트모더니즘 시대에 오면 그러한 요구는 거의 정점에 달한다.

20세기, 특히 1960년대 이후 포스트구조주의와 포스트모더니즘의 영향으로 우연 개념의 중요성이 새롭게 부각되면서 역사학에서 이른바 우연 돌풍이 불기 시작했다. 19세기 이래 역사의 학문성만을 강조하던 경향이 퇴조(退潮)하면서 그동안 무시되어 왔거나 비판받아 왔던 많은 역사적 또는 역사학적 요소가 각광을 받고 조명되기 시작한 것이다. 일례로 역사의 문학성이 강조되면서, 즉 역사에서 설명이나 묘사만이 아니라 서사의 중요성이 인식되면서 헤로도토스에 대한 새롭고 긍정적인 재해석과 더불어 역사에서의 서사 담론의 기능과 역할 자체가 재논의되기 시작했고, 우연 역시 새로운 관점에서 새로운 접근법으로 주제화되기 시작했다. 방법론적으로는 여전히 기피되던 우연이 이제 이념적으로는 확실히 자기 자리를 되찾아 나가게 되었다. '모든 것을 원래 자리에 되돌려 놓자!'는 모토가 우연 개념에도 적용된 것이다. 문학(서사)에서 출발한 역사가 근대에 와서 학문(과학)으로 잠시 엇나가기도 했지만 최근 들어 다시 서사로 돌아가 원래 자리를 찾아가듯이, 원래 설명할 길이 없는 역사의 여러 현상을 운명의 여신(tychē와 fortuna)에서 찾던 고대의 관행이 중세에는 신(Deus)으로 엇나가기는 했지만 르네상스기에 행운(fortuna)으로 다시 제 모습을 찾았고, 근대에 들어서까지 유지되던 행운과 우연(contingentia)이 최근세(19세기)에 들어와 사라졌지만, 다시 오늘날에 와서 관심이 집중되고 높아지게 된 것이다.

제3부
역사이론으로서의 '우연'

우리는 그동안 서양철학에서, 그리고 서양의 역사서술에서 우연이라는 개념이 각각 어떤 의미와 함의를 갖고 쓰였으며, 그 기능과 효능 또는 단점과 폐단은 무엇이었는지 그리고 그것의 유사개념들과 유관개념들은 무엇이며 또 그것들의 뜻과 본질은 무엇이었는지 등을 전반적으로 살펴보았다. 이제 이 모든 논의에 대한 종합적 결론을 내리기에 앞서 제3부에서 우리는 각 부에서 다룬 내용을 토대로 개별 부분들에서의 결론적 이론화 작업을 시도하고자 한다. 어떤 학술적 테마를 사유하고 천착한 후 일정한 결론에 이르렀다고 해서 그것이 반드시 자연스럽게 이론으로 귀결되거나 승화되는 것은 아니지만, 천착의 방식과 정도에 따라서는 결론 자체가 이론이 될 수도 있다. 제3부에서의 시도의 목적도 바로 거기에 있음을 밝혀 둔다. 각 부에서 다룬 내용을 결론적으로 정리하는 과정에서 자연스럽게 이론이 도출되길 희망하며 이 논의의 장(場)을 마련했다. 서양철학에서 우연은 결국 무엇이었고, 서양의 역사서술에서 우연은 결국 무엇이었는가? 그리고 이러한 결론들로, 또는 이론들로 미루어볼 때 일상에서의 우연은 무엇을 의미할 수 있는가? 과거에 실제로 일어났던 사건들과 역사서술, 달리 표현하면 실제 역사와 메타역사를 통틀어 역사에서 우연은 무엇으로 정의할 수 있는가? 달리 표현하면, 역사와 우연은 서로 어떤 관계로 정립될 수 있는가? 이 모든 논의를 토대로 역사에서의 또는 일상에서의 우연에 관한 하나의 법칙이 도출될 수 있는가? 있다면 그것은 무엇인가? 이 문제들을 고민하고 천착해 보자.

제12장 철학에서의 우연: 가능, 자유, 창조

　서양철학의 유구한 역사만큼이나 우연 개념의 역사 또한 길고도 깊다. 큰 줄기로 대략 아리스토텔레스부터 시작된 우연 개념에 대한 철학적 사유는 현대의 로티에 이르기까지 매우 다양하게 변주되어 나타났다. 대부분의 철학자들에게 우연은 긍정적으로 수용되었지만, 때로는 보에티우스나 헤겔에게서처럼 부정적으로 성찰되기도 했고, 또 일부 사상가들에게서는 주도적인 철학적 사유의 대상으로 간주되어 취급되었지만, 때로는 적지 않은 이들에 의해서는 다만 부수적인 개념으로 다루어졌다. 그렇다면 이들 철학자에 의해 다루어진 우연 개념을 아우르는 핵심요소는 무엇이고, 그들 사이를 가장 많이 빗겨나간 차이점은 무엇인가? 또 그들의 우연 이론을 통해 우리는 어떤 이득을 취할 수 있으며 무엇을 반면교사로 삼아 폐기해야만 할까? 요컨대 이 모든 사상가의 우연 담론의 공통점과 차이점은 무엇이고, 장점과 단점은 무엇일까?

　이 책의 제1부에서 취급된 모든 철학자에게 나타나는 우연 개념을 관통하는 두 가지 요소가 있다면, 그것은 '무(無)인과성'과 '가능성'일 것이다. 전자는 뜻밖의 일이 발생한다는 의미에서 '예측 불가능성'을, 후자는 모든 가능성과 개연성을 포괄함으로써 어떠한 억압이나 구속으로부터 벗어난 상태를 뜻한다는 점에서 '자유'를 각각 표상한다. 그런데 흥미롭게도 이 두 요소는 논리적으로 서로 연결되어 있다. 예측이 불가능하다는 것은 그것이 곧 모든 가능성에 대해 열려 있다는 것을 뜻하고,

반대로 모든 것이 가능하다는 것은 그것이 어떤 작용과 결과를 낳을지 예측할 수 없다는 뜻이 되기도 하기 때문이다. 어느 하나가 다른 하나를 포괄하는 것으로 볼지, 종속시키는 것으로 볼지, 아니면 병렬하거나 양립하는 것으로 볼지는 관찰하거나 해석하는 사람의 관점에 따라 달라진다. 그럼 우연이 갖는 이 두 의미요소를 좀 더 자세히 고찰해 보자.

우선 '예측 불가능성'은 우연이라는 말을 들으면 누구나 쉽게 떠올릴 수 있다는 점에서 우연 안에 담긴 가장 평범하고 보편적인 의미요소라고 할 수 있다. 이는 고대부터 현대에 이르기까지 대부분의 사상가들이 우연 개념을 다룰 때 제일 먼저 또는 가장 많이 부여한 의미요소이기도 하다. 먼저 아리스토텔레스가 취급한 다섯 개의 우연 개념, 즉 동반적 우연, 행운적 우연, 자발적 우연, 가능적 우연, 잠재적 우연 중에서 두 가지 이상의 사건이 동시에 발생한다는 의미의 동반적 우연, 뜻밖의 행운을 가져다준다는 뜻의 행운적 우연, 어떤 사물이 저절로 또는 전혀 의도하지 않게 다른 일을 발생시킬 때 쓰이는 자발적 우연 등 세 개의 우연 개념이 예측 불가능성에 상응한다. 요컨대 서양에서의 우연 담론의 출발점을 알리는 아리스토텔레스는 우연을 대체로 우리가 예측할 수 없는 일을 겪을 때 쓰는 개념으로 이해했다. 우연을 주로 가능태, 즉 가능성의 차원에서 논의했던 중세 스콜라철학자들을 넘어 근대로 오면 칸트나 헤겔에게서 다시 예측 불가능성은 담론의 전면에 떠오른다. 특히 헤겔에게서 발견되는 주관성, 임의성, 비이성성, 개별성, 유한성, 외재성, 변화성, 무위성, 반법칙성, 부당성 등 열 개의 우연 개념의 의미계열 중에서 임의성, 비이성성, 유한성[불완전성], 변화성[불규칙성], 반법칙성 등 다섯 개, 즉 50퍼센트의 의미계열이 직접적으로 예측 불가능성에 해당하고, 나머지 다섯 개의 계열도 모두 간접적으로 또는 부가적으로 예측 불가능성과 관련을 맺는다. 헤겔은 이처럼 우연을 이성적이고 논리적인 사유로 개념 정의하거나 판단을 내릴 수 없는 현상으로 생각했다. 또 20세기에 들어 하르트만은 우연을 '의도하지 않았던 것', '예기치 않았던 것', '계산할 수 없는 것', '특별한 경우의 비본질적인 것',

'진정으로 근거가 없는 것' 등 다섯 개의 개념범주로 분류했는데, 이 모든 범주가 바로 예측 불가능성에 조응한다. 그 밖에 대부분의 철학자들에게 우연은 우선적으로 원인을 특정할 수 없는 현상, 즉 예측 불가능성의 차원에서 취급된다.

그러나 예측 불가능성이라는 우연의 의미요소는 외관상 불확실성, 위기, 위험, 파국 등 주로 부정적으로 해석될 여지가 많고, 또 실제로도 그렇게 해석된 경우가 많았다. 더구나 현대로 오면 올수록 이 세계가 불확실성으로 가득 채워져 있다는 생각이 주도적으로 나타나는데, 이러한 현상은 대체로 근대 세계에서 활발히 전개되었던 산업화와 문명화에 기인하거나 근거한다. 산업화되기 이전의 전근대사회에서는 사람들의 삶의 양식이 적어도 오늘날과 비교했을 때 그다지 복잡하지도 않았고 그만큼 삶에서 예측 불가능성이 차지하는 비중도 크지 않았다. 만일 특정한 상황에서 어느 한 사건이 발생하면 다음에 어떤 일이 벌어질지에 대한 예측이 상대적으로 수월했던 것이다. 단순한 생활양식과 문명 패턴은 이 세계를 단순화했고, 또 사람들은 그것을 당연시했다. 하지만 급속히 산업화되고 물질문명이 고도로 발달한 오늘날에는 삶의 각 영역에서의 시스템의 복잡성으로 인해 당장 지금 내 앞에 어떤 일이 닥칠지 전혀 예상할 수 없는, 한마디로 우연이 총체적으로 지배하는 사회가 되어버렸다. 사회가 불확실해지고 불안해질수록 우리는 언제나 위험과 위기에 무방비로 노출될 수밖에 없고, 사람들은 이렇게 도처에 널려 있는 불안요소를 없애려고 새로운 기술과 장비를 만들어내지만 그러한 노력이 지속될수록 이 사회는 새로운 안전장치로부터 파생된 또 다른 새로운 위험과 위기요소로 인해 더욱더 불안해지는 악순환이 계속된다.[1] 한마디로 오늘날은 우연의 만연, 우연의 일상화가 실현된 사회라고 할 수 있다.

---

1 지그문트 바우만, 『모두스 비벤디: 유동하는 세계의 지옥과 유토피아』, 한상석 옮김, 후마니타스, 2010, 93쪽 이하.

하지만 우연의 예측 불가능성을 긍정적으로 해석할 여지가 없는 것은 아니다. 예측이 불가능하다는 것은 어떤 불행이 닥칠지 알 수 없다는 불안감을 발생시키기도 하지만, 다른 한편 그 안에는 전혀 예기치 않은 뜻밖의 행운이 도사리고 있는 것으로 해석할 여지도 있기 때문이다. 이 것은 확률의 문제가 아니라 의미요소의 내포 여부의 문제다. 더구나 원인과 결과가 없는 일이라고 해서 그것이 우연한 일이라고 말할 수는 없다. 우연한 일에도 우리가 모르거나 간과해서 그렇지, 원인과 결과가 있기 마련이다. 그 점에서 우연을 무인과성(無因果性)으로 규정짓는 것은 매우 위험한 발상이다. 차라리 필연의 대(對)개념으로서 반드시 그렇게 일어나지 않을 수도 있는 일이나 사건, 즉 이럴 수도 있고 저럴 수도 있는 '가능성'과 '개연성'의 뜻으로 이해하는 것이 가장 안전하다. '예측 불가능성으로서의 우연'이 '가능성으로서의 우연'과 만나는 지점도 바로 이곳이다. 우연 개념 안에 담겨 있는 이 두 개의 핵심적 의미요소의 교차점이 가져다주는 희망은 바로 알 수 없는 미지의 세계가 행운이나 행복의 가능성으로 가득 차 있을 것으로 기대되었을 때 정점에 달한다.

그렇다면 가능성으로서의 우연은 그 하위에 어떤 의미요소를 담고 있을까? 이 의미요소를 검토하기에 앞서 먼저 지적되어야 할 중요한 사항이 있다. 가능성으로서의 우연은 사실 지금까지 앞에서 살펴본 예측 불가능성으로서의 우연을 포괄하는 측면이 있다. 우연 안에 담긴 예측 불가능성이라는 의미요소는 앞에서 보았던 것처럼 서양의 대부분의 철학자들의 우연 담론에서 흔히 발견된다는 점에서 보편적이고 본질적인 요소로 간주되기 쉽지만, 실상은 그렇지가 않다. 엄밀히 말하면 '예측 불가능성'은 본래 '가능성'이라는 뜻을 담고 있는 'contingentia'라는 양태 범주, 즉 '우연'으로부터 파생된 부수적인 결과물이라고 할 수 있다. 우연의 예측 불가능성은 우리가 흔히 일상생활에서 습관적으로 사용하고 널리 공유하는 의미요소라는 점에서, 철학적 사유의 대상이나 그 결과물이기보다는 차라리 일상적 의미인자(意味因子)에 가깝고, 오히려 우연의 그윽하고 깊이 있는 철학적 의미는 바로 가능태, 즉 가능성에서 찾아야 한다.

가능성으로서의 우연은 여러 의미요소를 파생시킨다. 우선 그것은 '가능'이라는 개념 그 자체, '변화'와 '흐름', '차이'와 '다름', '반대'와 '역'(逆) 등을 만들어낸다. 이 세계가 현재의 모습이 아닌 다른 모습으로 창조될 수도 있었고, 그 다른 모습이 현재보다 훨씬 더 나은 상태일 수도 있다는 환상적 사실은 우리로 하여금 우연 개념에 무한한 매력을 느끼도록 만든다. 가령 존재와 본질, 생성이라는 세 개의 형이상학적 개념을 정립해 나가는 과정에서 각 단계에 모두 우연 개념을 개입시켜 사유했던 토마스 아퀴나스도 우연 개념의 가능성이라는 무게를 충분히 인지했던 철학자 계열에 속한다. 그에 따르면, 모든 존재는 생성 이전의 단계에서는 모든 가능성을 담고 있다는 점에서 '우연적'이다. 이 관점을 좀 더 밀고 나가면, 심지어 이미 생성된 존재라 하더라도 그것이 시간의 흐름에 따라 추후에 달리 변화될 수 있는 가능성을 안고 있다는 점에서 생성 이후의 존재 또한 '우연적'이라고 정의할 수 있다. 이렇게 보면 이 세상의 모든 존재는 우연적이다. 둔스 스코투스 또한 우연을 주로 가능성의 차원에서 긍정적으로 논의한 대표적인 사상가다. 우연을 '반대의 생성'으로 정의한 그는 만일 어떤 것이 그 반대의 것을 생성할 수 있다면, 그것은 '우연히 발생한 것'이라고 주장했다. 반대의 가능성이라는 관점은 라이프니츠나 볼프에게서도 나타난다. 그들에 따르면, 그 역(逆)이 어떠한 모순도 포함하지 않는 것, 즉 그 반대가 거짓이 아니라 참일 수 있는 모든 것은 우연적이다. 여기서 우연은 상당히 논리적으로 정의되는데, 단순히 반대의 생성만이 아니라 그렇게 생성된 것이 모순 또는 거짓이 아닌 모든 것, 약간 협소하게 표현하면 그 반대와 역이 참일 수 있는 모든 것이 우연이다. 현대 철학으로 오면 가능성으로서의 우연에 대한 사유는 더욱더 치밀해지는데, 가령 하르트만은 우연을 현실과 비현실의 경계에 있음으로써 어느 영역에나 외현될 수 있는 경계성의 양식 범주로 보았고, 루만은 우연을 '관찰되지 못한 인과관계' 또는 '차이성의 한계'로 이해했다. 즉 우연은 실제 현실이 될 수도 있고 추상이나 상상 등 비현실로 머물 수도 있는 개념이자, 그 스스로 고정되어 있지 않고 그 안에 언제나 차이와 차연을 내포하는 포스트모던적 개념이다. 요컨대 규정될 수 없는 규정개념, 가능성으로 시작해서 가능성으로 끝나는 것이 바로 우연이다. 그래서 오늘날 캉탱 메이야수(Quentin Meillassoux) 같은 학자는 "절대적 우연성은 순수 가능성을 가리킨다"고 선언하기에 이른다.[2] 우연이 이처럼 가능성을 담고 있다는 사실 자체가 우연을 개념 정의하기 어렵도록 만들고, 또 그 어려움이 바로 우연 개념의 무한 확장성을 예고한다. 그 크기와 깊이를 가늠할 수 없는 현실적이면서도 초현실적인 개념이 바로 우연인 셈이다.

가능성으로서의 우연 개념의 가장 중요한 철학적 파생물은 바로 '자유'다. 우연이 그 자체로 자유를 의미하는 것은 아니지만, 그것이 기회, 희망, 꿈, 해방 등에 열려 있는 긍정적이고 적극적인 공간으로 해석되었을 경우 가능성이라는 의미요소의 매개를 통해 궁극적으로 자유로 수렴될 수 있는 개념이라는 점은 이미 이 책 제1부에서 수많은 철학자를 통해 확인되었다. 토마스 아퀴나스, 둔스 스코투스, 수아레스, 라이프니츠, 피히테, 트뢸치, 루만, 로티 등 대부분의 철학자들이 우연과 자유를 연관시켜 논의했다. 우리는 이들 철학자에게 나타나는 우연과 자유의 관계를 크게 세 가지 관점으로 분류해 볼 수 있다. 첫째는 중세 스콜라철학자들에게 주로 나타나는 것으로 우연을 신의 자유의지의 결과물로 보는 관점이다. 이 세상은 신의 자유의지를 통해 우연히 창조되었다는 생각이 이들 우연 담론의 저변에 깔려 있다. 다음은 라이프니츠부터 물꼬가 트이기 시작해 피히테에 이르러 가시화된 인간의 자유의지와 우연과의 관계에 대한 성찰이다. 세속화 과정이 본격적으로 진행된 근대에 들어서야 비로소 사람들은 우연을, 신의 자유의지라는 관점에서 탈피해 인간의 자유의지를 근거로 성찰하기 시작한다. 그러나 여

---

2 캉탱 메이야수, 『유한성 이후: 우연성의 필연성에 관한 시론』, 정지은 옮김, 도서출판 b, 2010, 104쪽.

기까지만 해도 그 담론의 수준은 우연을 신의 자유의지의 산물이 아닌 인간의 자유의지의 힘을 대변하는 대체물 정도로 이해하는 데 머물렀다. 물론 피히테의 경우, 우연을 단순히 자유만이 아니라 자연과 자발성(Spontaneität) 등 자유의 유사개념 또는 확장개념과 연관해 논의하면서 낭만주의를 선취한 모습도 보여주지만, 우연을 순수한 자유의 관점, 나아가 자유주의라는 이념과의 연관으로까지 확장해 사유하기 시작한 것은 트뢸치, 루만, 로티 등 현대 철학자들에게 와서야 이루어진다. 우연과 자유의 관계에 대한 이 마지막 세 번째 관점에 따르면, 우연이 이제는 모든 것을 가능하게 하고, 그 스스로 모든 것을 생성하거나 변화시킬 수 있는 힘과 능력으로 독해된다. 이러한 '적극적 의미의 자유'는 오늘날 우연이라는 개념에 입혀진 두툼한 털옷, 중요한 외투가 되었다. 이들 현대 철학자에 의해 구체적으로 언급된 것은 아니지만, 자유가 곧 억압의 파괴로 읽히는 해방과 양립할 수 있다는 점에서, 우연은 이제 자유를 넘어 해방, 독립, 혁명, 자발적 힘, 자유주의, 민주주의 등 모든 정치적 함의까지 끌어안는 강력한 무기와도 같은 개념이 된 것이다. 철학 개념으로서 우연을 정치적으로도 읽어내야 할 현실적 이유가 바로 여기에 있다.

가능성과 자유로서의 우연은 최후에는 '창조'로 나아간다. 이에 대한 적극적 사유를 펼친 인물이 바로 모노와 루만이다. 먼저 사회체계 이론을 완성한 루만에 따르면, 우연은 현대 사회를 형성하는 주요 원리다. 루만의 생각을 내가 해석한다면, 사회 형성의 원리로서 우연이 주목받는 이유는 오늘날의 세계가 합리적 예측을 불허하는 불확실성의 사회이기 때문이다. 과거에는, 즉 전근대사회는 말할 것도 없고 심지어 산업화 초기의 사회에서조차 우연보다는 필연이 이 세계를 지배한다는 생각이 팽배해 있었다. 시민혁명 이전의 전근대사회에서는 무변화의 정적인 세계가, 그러다 산업화 초기에는 이제 인간 이성의 눈으로 보았을 때 합리적이고 논리적인 변화가 주도하는, 즉 발전과 진보로 향해 일정한 궤도를 따라 나아가는 사회가 펼쳐지고 있었지만, 후기 산업화 사회,

세계화와 신자유주의가 진행되는 오늘날의 세계는 이제 복잡계, 불확실성, 예측 불가능성, 불안정성이 지배하는 사회가 되었다. 사회 시스템 안에서 우연 또는 '이중의 우연성'은 사회를 형성하거나 변화시키거나 안정화하는 핵심 요인으로 자리 잡았다. 우연을 고려하지 않고는 이 사회를 이해할 수도, 극복할 수도, 또 살아갈 수도 없게 된 것이다. 사회학자였던 루만과 달리 과학자였던 모노에 이르면, 우연은 이제 사회를 형성하는 핵심요소로서가 아니라 아예 이 우주와 자연을 만들어내는 창조원리로까지 승화된다. 모노에 따르면, 안정된 구조에서는 혼돈과 혼란이 그 구조를 파괴할지 모르지만, 불안정한 시스템에서는 오히려 진화와 창조를 가져온다는 것이다. 현대사회의 불안정한 복잡성을 감안하면, 우연이 곧 우주의 창조원리라는 이 명제는 우리에게 강한 설득력을 갖는다. 우연은 우주와 자연을 창조한 뒤 이제 그 우주와 자연을 통제하고 관장하는 원리로도 작동한다. 현대 독일의 물리학자이자 철학자인 슈테판 클라인(Stefan Klein)에 이르면 우연은 이제 마치 신(神)처럼 이 세상에 탄생하는 모든 새로운 것의 창조의 원천이 된다. "우연을 통해서만이 세상에 새로운 것이 등장한다." 클라인에 따르면, 우리가 어떤 생각에 이르는 것도 '우연 덕분'이라는 것이다. "새로운 것이 성공하기 위해서는 행운이 따라야 하고, 책략이 필요하다. 그리고 모든 경쟁에서 그렇듯이 때로는 예측할 수 없게 행동하는 자가 승리한다. 많은 경우 우연은 최상의 전략이다."[3] 이로써 우연의 일상화, 우연의 필연화가 완성된다.

이제 결론을 내려보자. 우연이 가능성이라는 의미를 갖고 있는 것은 분명하지만, 또 그 파생물로서 예측 불가능성을 낳았고, 또 다른 파생물로서 자유와 창조의 의미요소까지 탄생시킨 것은 맞지만, 그렇다고 우연을 자유나 창조와 동일시하는 우를 범해서는 안 될 것이다. 이 모든 것은 지금까지의 모든 철학자의 담론이 그러했던 것과 마찬가지로 결

---

3 슈테판 클라인, 『우연의 법칙』, 유영미 옮김, 웅진씽크빅, 2006, 10쪽.

국 해석으로 읽혀야 하고, 그 해석의 올바른 사용과 적용 또는 오해와 곡해 가능성은 어디까지나 그것을 해석한 사람의 몫으로 남는다. 가령 우연성을 단순히 필연성의 반대개념을 넘어서는 현실적이고 절대적인 양식 범주로 해석한 하르트만의 경우 그 해석의 타당성 여부, 그 해석의 수용 여부 등의 판단은 모두 그 해석을 시도한 하르트만과 그 해석을 바라보는 독자에게 넘겨진다. 그러나 해석의 가능성과 유연성이 아무리 자유롭게 인정된다고 하더라도 우연이 자유나 창조와 같은 의미요소를 담고 있다는 사실 자체가 부정될 수는 없다. 더 나아가 이를 발판으로 또 다른 긍정적이거나 적극적인 의미요소를 도출해 내거나 사유하는 것 또한 그것을 바라보거나 해석하는 독자의 몫인 만큼 그 가능성은 언제나 열려 있다.

제13장 역사에서의 우연: 운명, 행운, 섭리

　고대부터 현대까지 이어지는 서양의 역사서술 전통에서 우연 개념이 철학에서와는 아주 많이 다르게 사용되었음은 이미 제2부에서 자세하게 밝혀졌다. 철학에서 주로 뜻밖, 가능, 자유, 창조 등의 의미로 사용되던 우연이라는 용어는 이제 역사서술의 영역으로 오면 행운, 운명, 신성(神性), 섭리 등의 뜻으로 활용되기 시작한다. 시대마다 약간의 편차는 있지만, 우연 개념이 역사서술 안에서 대체로 운명과 행운의 의미로 쓰였다는 점은 그만큼 많은 역사가가 역사의 본질을 변화로 인식했다는 사실을 반증한다. 왜냐하면 운명이나 행운이란 곧 예측을 불허하고 변화무쌍한 이 세계의 알 수 없는 앞일을 대변하는 또 다른 용어이기 때문이다. 역사서술에서 우연을 나타내는 용어도 시대마다 달랐는데, 가령 고대에는 티케와 포르투나가, 중세에는 신의 섭리나 계시가, 르네상스 시기부터 근대까지는 다시 포르투나가, 근대에 들어 유럽 각국에서 라틴어와는 다른 별도의 세속어들, 즉 자국어들이 발달하면서 우연이라는 뜻의 자체 용어들이 널리 사용되었다. 근대에 유럽 국가들에서 사용된 용어들로는, 영어권에서는 'contingency' 외에 'chance' 등이, 프랑스어권에서는 'contingence' 외에 'hasard' 등이, 독일어권에서는 'Kontingenz' 외에 'Zufall' 등이 있다. 그럼 각 시대별로 이들 우연 개념이 역사서술에서 어떤 주된 의미와 방계 의미를 깆고 사용되었는지 제2부를 총정리하는 기분으로 일별해 보도록 하자.

서양 역사서술의 출발점을 이루는 고대 그리스를 대표하는 헤로도토스, 투키디데스, 폴리비오스 등 세 명의 역사가가 사용한 우연 개념, 즉 티케는 공통점 또는 유사점과 차이점 또는 변별점이 동시에 나타난다. 먼저 그동안 국내는 말할 것도 없고 서구권에서조차 그다지 연구되지 못한 헤로도토스에게 티케는 크게 세 가지 계열의 의미로 쓰였다. 첫째는 '신의 섭리', '하늘의 뜻', '천명', '천계', '운명' 등 '신성'(神性)이고, 두 번째는 '행운', '천운' 등 '운'(運)이며, 세 번째는 '오만'(hybris)과 '징벌'(nemesis) 같은 '정의'다. 첫 번째와 두 번째 계열은 티케 자체가 원래 그런 뜻을 갖고 있는 데다가, 누구나 쉽게 예측할 수 있고 또 다른 역사가들에게도 두루 나타나는 것이기에 특이할 것이 없지만, 세 번째 계열의 의미에 대해서는 약간의 부가 설명이 요구된다. 헤로도토스에게 티케가 오만과 징벌 또는 정의 그 자체를 의미하는 것은 아니다. 가령 오만과 징벌은 말할 것도 없고 정의만 해도 '디케'(dikē)라고 불리는 '정의의 여신'이 따로 있었다. 일반적으로 '티케'는 '행운의 여신'으로 알려져 있다. 그러나 그 운도 헤로도토스에 의해 궁극적으로는 정의나 진리의 지원을 통해 구체화되어 나타나는 것으로 인식되었다. 그 점에서 그의 『역사』의 핵심 주제에 해당하는 '오만-징벌'의 서사구조는 티케나 디케와 같은 여신들의 활동의 결과물로 구축된다. 인간이 오만을 부리면 반드시 징벌을 받게 된다는 사실은 운명이나 행운 등도 결국 신의 섭리와 마찬가지로 초자연적 질서로서의 어떤 절대자의 의지나 의도에 따라 좌우된다는 점을 확인해 준다. 그 점에서 고대인들이 생각한 우연은 우리가 알 수 없고 예측할 수 없는 현상이라는 의미의 단순한 우연이 아니다. 그것은 언제나 인간계를 초월해 있는 신의 뜻에 따라 조율되고 실행된다. 다만 인간들이 그 천상의 존재가 품고 있는 의도를 모르기 때문에 우연이라고 일컬을 뿐이다.

　　전체적으로 '섭리'를 뜻하는 헤로도토스의 티케 개념은 다음 세대의 역사가 투키디데스에게 더 세분화된 형태로 나타난다. 투키디데스에게 티케는 세 개의 의미계열을 가졌던 헤로도토스를 넘어 '신성'(神性),

'정의', '우연', '운명', '행운' 등 다섯 개의 의미계열로 구분되어 쓰였는데, 이를 좀 더 구체적으로 살펴보면, '신성'은 '초자연적인 힘', '신법', '자연법', '지혜', '인간사에 대한 지배와 통제'를, '정의'는 '힘', '능력', '덕행', '형평', '평등', '징벌'을, '우연'은 '임의', '자의', '불확실성', '비합리성'을, '운명'은 '숙명', '통제 불가능성', '순응'을, '행운'은 '천운', '재난', '요행', '희망', '행복', '불운', '성공', '실패'를 각각 하위개념으로 거느리며 군림한다. 이 중 대부분은 헤로도토스의 티케 개념과 겹치며, 특히 두 번째 계열인 '정의'로서의 티케는 헤로도토스의 '오만과 징벌'의 연관개념으로서의 티케와 완전히 중첩된다. 다만 의미상의 차이는 있는데, 헤로도토스에게서 티케가 오만을 부리면 징벌을 받으니 함부로 오만방자한 행동을 하지 말라는 경고의 메시지가 돋보인다면, 투키디데스에게서 그것은 경고의 차원을 넘어 인간이 이 엄청난 운명의 힘 앞에 굴복하고 자연에 순응하며 사는 것이 최고의 덕목이라는 교훈까지 담고 있다. 나중에 헬레니즘과 로마 시대에 두루 성행했던, 운명과 자연 또는 합리성에 순응하며 살라는 스토아철학의 가르침을 선취하고 있는 셈이다. 투키디데스에게 티케는, 아테네인들과 멜로스인들이 나눈 유명한 '멜로스 대담'에 잘 적시되어 있듯이, 대체로 '정의'를 뜻하는 경우가 많았다.

헬레니즘 시대의 그리스 역사가 폴리비오스에 오면 티케는 다시 전통적인 의미와 당대, 즉 헬레니즘 시대에 새롭게 등장한 의미가 결합되면서 보다 더 확장된 개념으로 발전한다. 여기서 추가된 새로운 의미란 단순히 '알 수 없는 하늘의 힘'으로서의 전통적인 운명 개념과 달리 '일정한 목표를 향해 나아가도록 해주는 정해진 운명의 힘'을 말한다. 우연이 이제 단순한 우연적 성격을 넘어 필연적 성격까지 담보하게 된 것이다. 달리 말하면 우연의 필연성이 강조된 것이다. 결국 폴리비오스의 우연 개념은 '정해진 운명의 진로'라는 함의를 지님으로써 다음 시대, 즉 로마나 훗날 르네상스에 번성할 포르투나 개념으로 넘어가는데 과도기적이고 매개적 또는 중계적(中繼的)인 역할을 수행한다.

로마를 대표하는 리비우스와 타키투스에서는 로마인들이 포르투나에 대해 어떤 생각을 갖고 있었는지 알 수 있도록 해주는 흔적이 적나라하게 나타난다. 먼저 리비우스는 포르투나를 '인간사를 관장하는 강렬한 힘', 불가항력으로서 신과 인간 사이에 존재하는 반신반인적 존재, 변화무쌍한 변덕스러운 힘, 그렇지만 다른 한편 성공과 실패, 행운과 불행을 적절히 섞어 인간에게 안겨주는 공평하고 정직한 힘, 사람들로 하여금 강렬한 의지와 열정을 갖도록 도와주는 힘이자 인간이 용감하고 겸손해지도록 도와주는 힘의 의미로 사용했다. 하지만 전체적으로 보면 그는 우연을 역사, 특히 로마의 역사를 일정한 방향으로 이끌어가는 숨은 힘이라고 생각했다. 결국 궁극적으로는 자연(우연)에 대해서 이성(필연)이 최종적인 승리를 거둘 것이라고 확신했던 것이다.

로마 시대의 포르투나의 보다 더 전형적이면서 방대한 모습은 타키투스에서 잘 나타난다. 타키투스에게 포르투나(행운) 또는 파툼(운명)은 크게 긍정성과 부정성, 중립성 등 세 가지 방향으로 쓰였다. 긍정성은 다시 운명의 불가항력, 운명과 숙명에의 순응, 정의 또는 신의 징벌과 섭리, 운명과의 친화성, 운명과 능력의 동일시, 운명과 지혜의 동일시 등 여섯 가지 지류로, 부정성은 운명의 변화무쌍함, 운명의 불확실성, 운명에 대한 저항 및 거부, 운명에 대한 저주 등 네 가지 하위범주로 각각 나아간다. 중립성은 타키투스의 행운과 운명 개념이 긍정성과 부정성도 아닌 제3의 관점을 나타내는 것으로 그동안 여러 평자에 의해 다양한 해석이 가해져 왔다. 그러나 중요한 점은 타키투스의 운명이나 행운 개념 안에 신적인 요소가 고대의 그 어느 작가들보다도 더 많이 휘감겨져 있다는 것이다. 타키투스야말로 운명(고대)이 섭리 또는 계시(중세)로 넘어가도록 하는 가교 역할을 한 역사가임을 알 수 있다.

기독교라는 종교가 지배하던 중세에 이르면 우연은 이제 거의 일방적으로 신의 섭리와 계시의 의미로 표상된다. 아니면 아예 우연이라는 용어 자체가 쓰이지 않게 된다. 우연을 대체하는 포르투나라는 술어도 우연이나 우유보다는 행운이나 운명의 의미로 쓰이며, 그마저도 대체로 독립적이고 자율적으로 쓰이기보다는 언제나 신의 섭리와 계시의 틀 안에서 신의 의지나 의도를 드러내 보여주는 수단의 의미로 사용된다. 어떤 사건이나 현상이 우연처럼 보이면 그것은 단순한 우연이 아니라 우연을 가장한 필연, 즉 신의 뜻이라는 것이다. 중세의 연대기들 안에서 맹목적 행운이나 운명 또는 숙명에 해당하는 용어나 술어는 따로 없었거나 있어도 다른 의미로 쓰였고, 그마저도 별로 쓰이는 사례가 거의 없었다. 중세는 우연의 실종 또는 상실의 시대였다. 우연 개념 자체의 관점에서 보면, 중세야말로 우연의 암흑기였던 셈이다. 이러한 사정은 크게 보았을 때 비단 기독교 세계뿐만 아니라 중세의 아랍 세계에도 해당되는 것이었음이 이미 이븐 할둔에 대한 논의를 통해서 명확히 확인되었다.

고대 문예의 부활의 서막을 알린 르네상스기에 오면 중세 때 잠잠했던 포르투나가 다시 고개를 들고 기지개를 켜기 시작한다. 마키아벨리에서 '포르투나'는 독자적으로나 비르투(능력)와의 관계 속에서 매우 복잡한 층위를 형성하며 펼쳐진다. 그 수많은 의미 층위 또는 비유 등을 열거하면 초인적인 힘(force) 또는 신(神), 운 또는 행운(luck), 호의(favour), 삶의 '조건'(condition)이나 '상황'(circumstance), 낮은 사회적 '지위', 지배자가 되는 데 불리한 지위, 능력(virtú)의 반(反)개념, 자유의지의 대(對)개념, 자유의지를 가진 대담한 자에게 따라붙는 것, 격렬하게 넘실대는 위험한 강, 지속적이지 않고 일시적인 것, 로마사 융성의 원천이자 로마 역사의 결정인자(決定因子), 비합리성의 원천으로서의 운명 또는 인간의 경계 대상, 인간의 힘을 무력화하는 우연 또는 강한 운명의 힘, 음모를 부각하는 힘, 좋은 일을 하려는 인간의 도우미, 인간사의 통제 요인 등 대략 열일곱 가지 정도가 된다. 그러나 전체적으로 보면, 마키아벨리의 포르투나는 크게 인간사를 지배하는 외부적인 힘과 변화하는 상황 그 자체 등 두 가지를 의미하는 것으로 요약된다. 철학에서 우연을 뜻하던 '자유의지'가 마키아벨리의 역사서술에 오면 비르투, 즉 '능력'과 결합되며 우연의 반(反)개념이 되어버렸다는 점이 특기할 만하다. 그만큼 그는 인간 자신의 능력을 늘 변하는 외적 조건과 상황 또는 힘으로서 운명 또는 행운보다 훨씬 더 중요한 것으로 간주했다.

근대의 계몽주의를 대표하는 기번에 이르면 이제 운명과 행운, 우연 등의 용어가 자주 등장한다. 그 양상은 르네상스기의 마키아벨리에게 서처럼 의미 층위가 두꺼웠던 포르투나라는 한 술어로 집중되어 나타나기보다 다양한 유사 용어가 다양한 상황과 조건에서 적재적소에 쓰이면서 분포한다. 기번에서 우연 또는 운명이 사용되는 용처를 보면, 개인 또는 집단에게 갑작스럽게 닥친 일, 개인 또는 집단이 겪는 행운이나 불행, 변화무쌍한 일, 변덕스러운 일, 신의 뜻과 섭리 또는 미래의 불확실한 상황, 우연하거나 우발적인 사건, 한 개인이나 집단의 죽음이나 옮김, 큰 사건의 발단, 한 민족이나 집단을 이끌어가는 능력, 미천한 출신에서 고위직으로의 신분상의 변화, 미리 정해져 있는 삶의 궤적을 그리며 가는 일(이 경우 '필연'과 유사하다), 능력의 반(反)개념 등 대략 열한 가지로 정리된다. 그러나 내가 보기에 중요한 것은 기번에게서 쓰인 우연과 운명 개념의 의미나 용처가 아니라 그것들이 역사가 서술되어 가는 과정에서 어떤 기능과 역할을 수행했는지를 아는 것이다. 그 기능은 크게 역사서술, 즉 서사에서 '극적인 효과'를 얻을 수 있다는 점, 역사서술에서 '흥미'를 가져다준다는 점, 인간에게 인생의 무상함 또는 능력이 운명을 압도해 나갈 수도 있다는 '교훈'을 준다는 점 등 세 가지로 요약된다.

19세기 역사주의 시대에 들어서면 이제 우연은 역사서술에서 거의 완전히 배제된다. 역사상 최초로 역사학 방법론을 이론적으로 체계화한 드로이젠의 경우 우연은 역사학의 이론과 방법의 고려 대상이 아니었을 뿐만 아니라 역사서술에서도 주제는 물론 소재 또한 될 수 없었다. 요컨대 그에게 우연 또는 우연 관련 개념은 거의 철저히 배제된다. 랑케와 부르크하르트, 마이네케 등 다른 역사주의자들에게서도 사정은 마찬가지였다. 역사에 신의 섭리를 끌어들인 랑케의 경우 우연은 그렇게 철저히 배제되지 않았던 것처럼 보이지만, 그렇다고 자주 쓰였던 것은 결코 아니다. 더구나 그가 모든 시대는 신에 직결되어 있다고 말했을 때 의도했던 신의 섭리는 중세 때 연대기 작가들이 우연이나 운명의 의미로 사용했던 그런 종류의 것도 아니었고, 아우구스티누스나 다른 신학자들이 역사신학을 언급할 때 염두에 두었던 그런 개념도 아니었다. 완전히 세속화된 시대에 살았던 랑케가 언급한 신의 섭리는 그저 각 시대를 포함한 모든 개체가 나름의 고유한 특성과 본질을 지니고 있기에 그 자체로 인정되어야 한다는 점을 극적으로 밝힌 수사학적 표현일 뿐이다. 부르크하르트에게도 우연 개념은 그 자체로 천착되기보다는 전혀 엉뚱한 맥락에서, 즉 세계사에서 행과 불행이라는 유사개념으로 논의된다. 이른바 '역사판단론'이라는 역사이론적 차원에서 볼 때, 사람들이 과거의 상태를 오늘날의 특정 요소들을 기준으로 행복했다느니 불행했다느니 자주 따져 묻는데, 이러한 무의미한 일에 휩쓸리지 말고 진정한 인식으로써 올바른 역사관을 정립해야 한다는 것이 부르크하르트가 주장하는 골자다. 마이네케에 이르면 우연 개념이 그 어떤 역사주의자들보다도 많은 부분에 할애되어 취급된다. 초기에는 거의 인정되지도, 언급되지도 않던 우연이 그의 말년, 그러니까 '독일의 파국'에 이르면 자유주의적 관점에서 자주 거론되며 심지어 역사 세계에서 차지하는 우연의 중요성과 필요성이 수용되고 인정되기에 이른다. 그러나 궁극적으로는 역사를 의미 있는 것들의 연속 과정으로 간주하던 역사주의 노선에서 결코 이탈한 적이 없었던 마이네케의 입장에서 보면, 이러한 우연한 것 또는 무의미한 것들은 어떤 유의미한 것으로 전화되거나 그것이 여의치 않으면 제거되어야 했다. '역사적 우연'의 존재는 인정되어야 하지만, 그것은 결국 제거되어야 할 대상에 지나지 않았다.

현대의 역사서술에서 '우연'은 현대 철학에서와는 달리 자기모순 속에서 이중적으로 대면된다. 오늘날 역사가들은 역사서술의 학문화에 기여했던 역사주의의 영향으로 한편으로는 학술적이고 합리적인 서술을 위해 가능한 한 우연을 배제하려고 노력하면서도, 다른 한편 역사에서의 우연의 불가피성과 중요성을 인식하고 그것을 인정하고 수용해야 한다고 역설한다. 이 역설과 모순을 해결하는 매우 훌륭한 방법은 역사에서의 우연을 이론화하는 것이다. 그래야만 역사이론에서나 역사서술에서 우연이 주제나 소재로 다루어질 수 있기 때문이다. 그래서 후크는 역사적 우연의 '가능성 이론'을, 호이스는 복합적인 역사 세계에서의 '우연 개념의 활용 방법'을, 코젤렉은 우연 개념의 '역사성과 비역사성'이라는 이중성 이론을 각각 제시한다.

그 각각을 좀 더 면밀히 살펴보면, 먼저 후크의 우연 담론은 '역사에서의 만일'이라는 가정법적 가능성이라는 핵심개념을 기반으로 과거의 개방성과 비종결성을 강조한다. 미래와 마찬가지로 과거 또한 역사가들에 의해 무수히 다양한 방향으로 해석될 수 있는 가능성의 영역으로 남겨져 있으며 또 그래야 한다는 것이 그가 주장하는 골자다. 우리가 역사를 연구하거나 학습하는 진정한 이유는 단순히 과거의 사실(fact)을 습득하는 데 있는 것이 아니라 그러한 사실을 통해서 또는 그러한 사실 안에서 인간 자신과 우리의 현재와 미래의 문제를 해결하고 극복할 수 있는 단서(clue)를 획득하는 데 있다. 이때 역사에서의 우연은 그러한 극복 가능성의 실마리를 제공한다.

호이스도 역시 우연이 그동안 역사가들에 의해 무시되어 왔다는 엄연한 사실을 통찰함으로써, 이를 기반으로 이제 외교와 외치 등 정치사 영역뿐만 아니라 문화사나 사회사 분야에서도 적극적으로 수용되거나 활용되고 있음을 지적한다. 그가 보기에 역사처럼 개인이 아니라 집단과 정치만이 아니라 사회와 문화 등의 요소가 복합적이고 착종적으로 작동하는 세계에서는 우연이라는 요소를 더욱더 적극적으로 고려할 필요가 있다. 그래서 과거에 내밀렸던 우연은 이제 역사연구나 역사서술에서 방법적으로 적절히 참작되고 활용되어야 한다.

코젤렉의 우연 담론은 후크나 호이스보다 좀 더 복잡하게 전개된다. 우선 그는 우연 개념이 상대적이고 현재적이며, 비역사적이면서 동시에 역사적이라고 주장한다. 여기서 특히 주목되는 것은 우연 개념의 비역사성과 역사성인데, 우연은 시간들의 연쇄로 구성된 역사 안에서 사건들의 계기화나 동기화로부터 벗어나 있다는 점에서 비역사적인 범주이면서, 우리가 역사에서의 경험을 달리 풀어서 설명하고자 할 때 그것이 언제나 유효하다는 점에서 동시에 역사적인 범주이기도 하다. 코젤렉은 또 우연 개념의 역사를 훑어가면서 그것이 연속성과 다의성을 갖는다고 주장한다. 연속성은 우연 개념이 서양의 사학사를 통해 면면히 이어져 왔다는 것이고, 다의성은 그것이 섭리(프로비덴티아)와 행운(포르투나), 우연(콘틴겐티아) 등 다양한 용어로 사용되어 왔다는 점을 뜻한다. 특이한 점은 시대별로 각각 다르게 사용된 이 우연 관련 용어가 여성으로 비유되어 서열화되고 있다는 점이다. 신의 섭리는 할머니, 포르투나는 그 딸로서 어머니, 우연은 포르투나의 딸이자 신의 손녀로 맨 밑바닥에 위치한다. 그러다 계몽주의 시대를 지나 역사주의 시대에 오면 우연은 역사서술에서 완전히 배제된다.

우연을 강조한 그 밖의 현대 역사가들은 무수히 많다. 특히 역사를 픽션과 동일시하는 포스트모던 시대에 오면 그 수는 급격히 늘어난다. 오늘날 역사연구나 서술에서 우연을 강조하는 행위는 마치 독립국가에서 독립운동하는 꼴처럼 어리석고 우스운 짓이 되어버렸다. 우연이 중요하고 필요하다고 말하는 것은 말할 것도 없고, 심지어 그것이 왜 당연한지를 논하는 담론조차 쓸모없는 일로 치부된다. 물론 그렇다고 해서 역사에서 우연만을 강조하는 현대 역사가는 거의 없다. 시민혁명의 성공 이후 민주주의 자체를 부정하는 현대 시민이 없듯이, 비결정성과 불확실성의 개념이 보편화된 오늘날 우연 개념을 완전히 부정할 수 있는 담큰 현대 역사가가 없을 뿐이다. 역사를 거시적 관점에서만 보거나 미시적 관점에서만 보면 문제가 있듯이, 역사에서 우연만을 강조해도 안 되고 또 필연만을 강조해도 안 된다는 것이 상식으로 통용되는 시대가 온 것이다.

이제 정리해 보자. 서양의 역사서술에서 우연은 철학에서와는 달리 주로 다른 유사개념들로써 전개되어 왔다. 시대별로 고대 그리스에서는 티케, 고대 로마에서는 포르투나와 파툼, 중세에는 신의 섭리, 르네상스

때에는 다시 포르투나, 근대에 들어와서야 비로소 그 유사개념들과 더불어 우연이 각각 사용되었다. 물론 최근세, 즉 역사주의 시대에 오면 역사서술에서 거의 완전히 배제되는 아픔을 겪기도 했지만 그리고 20세기에 들어와서도 그 전반기에 배제와 수용이라는 이중성을 보이기도 했으나 20세기 후반기에 들어서면 우연 개념은 화려하게 부활한다.

제14장 일상에서의 우연: 활력, 기회, 희망

철학과 역사서술 분야에 이어 이제는 일상에서 우연이 갖는 의미와 특징, 기능 등을 살펴보도록 하자. 존재하는 모든 것이 현재 그 상태가 아닌 다른 상태로 존재할 수 있고, 또 발생하는 모든 일이 현재 그 방식이 아닌 다른 방식으로 발생할 수 있다는 점에서, 우리의 일상은 우연으로 가득 차 있다. 그러나 인간의 삶 자체가 우연으로 뒤덮여 있다는 사실이 곧바로 우리 삶이 일정한 방향성이 없이 흘러가는 무정향성의 과정이라는 우울한 사실을 의미하지는 않는다. 왜냐하면 우연 안에도 우리가 도저히 알 수 없는 일정한 방향이나 구조 또는 계열이나 성향 등이 있을 수 있기 때문이다. 여기서 '우리가 알 수 없는'이라고 표현한 이유는, 우연이라고 불리는 현상 이면에는 인간의 인식 수준으로는 도저히 알아낼 수 없는 초자연적인 힘 같은 것이 있을 수 있기 때문이다. 그것이 신의 의지로 불리든, 우주 또는 대자연의 신비로 불리든, 인간이 그것을 도저히 알아낼 수 없다는 사실에는 변함이 없다. 물론 이 논점을 우연 안에도 필연이 내포되어 있다는 식의 단순한 변증법적 사유로 치장하는 오류를 범하지 않고 보자면, 우리는 그로부터 우연의 무규칙성에도 한계와 경계가 있기 마련이라는 새로운 논점을 끄집어낼 수 있다. '우연에 경계 부여하기'는 무한한 가능성을 그 특징으로 하는 우연 개념의 본질적 측면에서 보았을 때 일견 모순처럼 보이지만, 필연과의 상관성 차원에서 보자면 그것이 우연 개념의 협소화가 아니라 외연의 확장에 기여할 수 있다는 점에서 우연 개념을 올바로 이해하기 위한 중요한 전략이 될 수 있다.

우연의 무한한 가능성에도 한계가 있기 마련이라는 사실을 받아들인다고 해서, 이 세상이 우연으로 뒤덮여 있다는 부동의 사실이 부정될 수는 없다. 우연의 무한한 가능성이라는 논점으로 다시 눈을 돌려보았을 때, 그것도 부정적인 가능성이 아니라 긍정적인 가능성에 초점을 맞추고 보았을 때, 우연 개념으로부터 어마어마하게 창조적이고 생산적인 관점이 도출될 수 있다. 우리는 일상에서 마주치게 되는 수많은 우연 중에서 어떤 우연이 우리에게 뜻밖의 행운 또는 불행을 가져다줄지 전혀 모른 채 하루하루를 살아간다. 어떤 우연은 행운으로 이어지고, 또 어떤 우연은 불행으로 종결된다. 흔히들 행운으로 연결되는 것은 필연으로 간주하고 싶어 하고, 불행으로 끝나는 것은 우연으로 치부해 버리고 싶어 하지만, 이때 '필연이다' 또는 '우연이다'라고 말하는 것은 인간들이 사후에 갖다 붙이는 결과론적 해석에 불과하다. 사건의 본질은 우리가 알 수 없거나 인식할 수 없는 영역에 놓여 있기 마련이고, 그것을 우리는 흔히 '운명'이라고 말한다. 이 세상에 그 어느 것도 사전에 미리 정해져 있는 것은 없다는 점에서, 예정설이나 윤리관 같은 것을 쉽게 신뢰하기는 어려워 보인다. 사필귀정(事必歸正)이라는 멋진 사자성구, 모든 일이 자연의 이치와 순리대로 흘러간다고 주장하는 노장(老莊)사상, 자연과 운명에 순응하며 살아갈 것을 권장하는 스토아철학의 입장에 동의하든 동의하지 않든, 이 세상은 사실 그러한 이치나 법칙 또는 진리로 불리거나 믿어지는 수많은 유사(類似) 진실과 무관하게 흘러간다. 악인(惡人)이 반드시 천벌을 받는 것도 아니고, 착한 사람이 반드시 보상을 받는 것도 아니다. 이 세상이 내가 또는 우리가 원하거나 생각한 대로 흘러가지 않는다는 사실을 깨닫는 것이야말로 우연에 대한 모든 논의의 진정한 출발점이 되어야 한다. 그 어떤 것도 정해져 있는 결과도 운명도 없다는 점에서, 우연은 역으로 인간의 삶을 지배하는 또 하나의 법칙이 되어버렸다. 형용모순처럼 보이겠지만, 이것을 '우연의 필연성' 또는 '우연의 법칙성'이라 불러도 무방할 것이다.

우연의 무한한 가능성이라는 논점의 긍정적 측면을 좀 더 천착해 보면, 거기에서 우리는 크게 세 가지 중요한 의미요소를 끄집어낼 수 있다. 그것은 바로 활력과 기회, 희망이다. 이 요소들은 철학에서 사유된 자유와 창조, 역사서술에서 활용된 섭리나 운명 등과는 또 다른 함의를 갖는 것으로, 우리가 일상생활에서 직접적으로 도움을 받을 수 있는 여러 원천 중 일부를 구성한다.

먼저 우연이 삶을 살아가는 활력과 에너지를 줄 수 있는 개념이라는 가장 기본적인 논점부터 살펴보자. 우리의 삶 속에서 우리 앞에 어떤 일이 펼쳐질지 정확히 알 수 있는 사람은 아무도 없다. 모르는 정도를 넘어서 예측하거나 예감조차 할 수 없을 때가 대부분이다. 많은 사람들이 대체로는 무감각하게 살아가지만 거의 매일 뉴스를 통해 알 수 있듯이 살아가면서 언제 어느 순간에 불의의 사고를 당해 크게 다치거나 죽을 수도 있다는 가능성에 집중한다면, 미래의 일에 대한 무지는 우리에게 불안과 공포를 안겨준다. 미래의 불확실성은 곧 현재의 불안정성을 잉태하고, 그것이 무지와 결합하면 불안과 공포가 형성된다. 이 부정적 감정은 사람들을 무기력하게 만드는데, 그러한 무기력증에 빠진 사람들은 쉽게 모든 것을 포기하거나 주저앉아 버리는 경향이 있다. 이 경우 남는 것이라고는 절망과 허무밖에 없다. 인생에서 이것을 바라는 사람은 아무도 없을 것이다. 이러한 비극적 상황에서 우연 개념이 혜성처럼 등장하면 상황은 180도로 확 뒤바뀔 수 있다. 만일 미래에 어떤 운명이 전개될지 모르지만 그 운명이 행운으로 이어질지도 모른다는 자그마한 기대는 우리에게 일말의 빛을 비추어준다. 그러한 믿음을 갖고 어떤 일을 실행해 나갔을 때 그 일이 결과적으로 성공을 거둔다면 금상첨화이겠지만, 만에 하나 그 일이 결국 불행한 결과를 가져올지라도 결코 당사자가 후회하는 일은 없을 것이다. 왜냐하면 안 해보고 후회하는 것처럼 후회스러운 일도 없기 때문이다. 어떤 일을 결정해야 할 순간에 통상 우리 앞에는 두 가지 길이 놓여 있다. 하나는 실패할지 성공할지 모르지만 일단은 실행해 보는 것이고, 또 하나는 안 해보고 나중에 후회하는 것이다. 물론 나중에 불행으로 끝날 일을 실행하지 않아서 결과적으로 이익을 보는 경우도 더러 있을 수 있다. 하지만 엄청난 행운으로 이어질 일을 행하지 않았다면 그것처럼 억울한 일도 없을 것이다. 흔히 "인생은 도박이다"라고들 하는데, 이제 그 말은 "인생은 우연이다"로 바꾸어야 하고, 그렇기 때문에 결정하기 어려운 어떤 일에 내기를 거는 심정으로 우연에 어떤 일의 흐름을 내맡겨 보는 것도 인생을 지혜롭게 살아가는 하나의 방법이 될 수 있다. 이처럼 우연에 대한 자그마한 믿음이 생에 활력과 힘을 줄 수 있다면, 우연이라는 개념이 우리에게 가져다주는 의미와 기능이 어떠한지는 굳이 더 설명할 필요가 없을 것이다.

우연이 긍정적 힘을 갖고 있다는 점을 뒷받침해 주는 또 하나의 중요한 언어학적 논거가 있다. 영어 단어에 '완전한 우연으로부터 얻는 중대한 발견' 또는 '뜻밖의 행운'을 뜻하는 'serendipity'라는 단어가 있음을 주목해 보자. 'contingency'가 '가능성'이라는 양식 범주를 뜻하는 철학적 의미의 우연을, 'chance'가 '좋은 기회'라는 뜻의 일상적 의미의 우연을, 'accident' 또는 'fortuity'가 '뜻밖의 사태'나 '돌발사건'이라는 뜻의 우연을, 'hazard'가 도박처럼 '위험요소를 안고 있는 운'으로서의 우연을 각각 뜻하는 단어라면, 'serendipity'는 뜻밖의 발견이나 그러한 능력을 통해서 행운을 얻었을 때 쓰이는 우연이라는 뜻의 단어로, 우연보다는 사실상 '행운'을 뜻하는 'fortune'에 더 가깝다. 이 'serendipity'야말로 가장 좋은 결과를 가져다주는 우연이라는 점에서 가장 긍정적인 힘과 생산적인 에너지를 갖는 우연 개념이라고 할 수 있다. 이런 종류의 우연에 해당하는 사례들은 역사적으로나 현실적으로 무수히 발견된다. 가령 기원전 248년 어느 여름날 아르키메데스가 목욕을 하다가 '유레카'를 외치며 물체의 체적의 원리를 발견한 경우, 1492년 크리스토퍼 콜럼버스(Christopher Columbus)가 잘못된 지도를 가지고 서쪽으로 항해한 결과, 뜻밖에도 아메리카 대륙을 발견한 경우(물론 이 발견이 서양인들에게는 축복이었을지 모르지만, 아메리카 원주민들의 입장에서는 엄청난 재앙이었다는 사실을 간과해서는 안 될 것이다), 17세기에 아이작 뉴턴이 떨어지는 사과를 보고 만유인력의 법칙을 생각해 낸 경우, 1763년 제임스 와트(James Watt)가 토머스 뉴커먼(Thomas Newcomen)의 증기기관 엔진을 수리하다가 우연히도 효율성을 높인 새로운 증기기관을 발명한 경우 등이 여기에 해당한다.

우연이 이처럼 긍정 에너지로 간주될 수 있는 이유는 그 안에 설령 나중에 실패할지라도 언제나 성공할 가능성도 동시에 내포하고 있기 때문이다. 성공할 가능성이란 곧 어떤 일을 성공적으로 이끌어 결과적으로 행운을 누릴 수 있는 기회를 얻는다는 긍정적 가능성을 뜻한다. 이로부터 '기회로서의 우연'이라는 논점이 도출된다. 실존주의 입장에 따르면, 삶은 매 순간 판단과 결정의 연속이다. 당연한 얘기로, 매 순간의 판단과 결정이 좋은 결과를 가져오기도 하고 나쁜 결과를 초래하기도 하지만, 그 판단과 결정에는 언제나 자기 책임이 뒤따른다. 실존주의에서 얘기하는 그만큼은 아닐지 모르지만 실제로 우리의 인생은 크게 보았을 때 중요한 결정을 내려야 할 때가 많고, 인생에서 중요한 전환을 가져올 수 있는 순간들이 반드시 오게 마련인데, 이 순간들을 우리는 '기회'라고 부른다. 좋은 결과를 초래할 수 있는 기회를 잘 살려 어떤 일을 행하는 것이야말로 우연 개념을 그 이름에 가장 걸맞게 잘 활용하는 길이다. 심지어 위기가 기회라고들 하는데, 실제로 생사의 기로와 같은 어떤 중요한 결정을 해야 할 순간이나 단계를 뜻하는, 달리 표현하면 안정된 상태가 어떤 한계에 도달하여 더 이상 지속되지 못하고 일정한 변화가 필요해질 만큼 성숙해진 상태 또는 시점을 가리키는 '위기'(crisis)는 그 본질상 '기회'(chance)를 불러온다. 요컨대 어떤 커다란 변화의 직전 단계로서의 위기는 좋든 나쁘든 일정한 변화로 이어지는 기회를 요구하는데, 그 기회는 언제나 열린 결말을 뜻하는 우연을 매개로 해서 탄생한다. 결국 우연은 위기와 기회를 연결해 주는 매개체이자 기회를 탄생시키는 촉매제인 셈이다.

경제 분야에서 위기를 기회로 본 대표적인 사례로 조지프 슘페터

(Joseph A. Schumpeter)의 자본주의론을 들 수 있다. 존 메이너드 케인스 (John Maynard Keynes)와 동시대를 살면서 그와 경쟁관계에 놓여 자본주의를 역설적으로 옹호했던 오스트리아 태생의 미국 경제학자 슘페터는 지속적인 균형의 붕괴가 경제 발전의 기초로 작용하는 것이야말로 자본주의의 본질이라고 주장했다.[1] 자본주의 경제체제에서 주기적으로 발생하는 경제공황은 곧 자본주의적 경제 발전의 원동력이라는 것이다. 그로부터 그는 '기업가 정신'이나 '신용'이라는 현대적 관념을 선취했고, '혁신', '파괴', '창조', '창조적 파괴'와 같은 개념을 창안해 냈다. 공황을 경제 발전의 토대로 보았던 점, 즉 파괴를 생산과 창조를 위한 중요한 동인으로 보았던 점에서 슘페터는 가장 역설적인 의미에서 자본주의 경제체제를 옹호했던 특이한 이력의 사람임이 분명하다. 마르크스가 자본주의에 대한 냉철한 분석을 바탕으로 그 체제의 붕괴를 예언한 것과는 달리, 그는 그러한 자본주의의 위기적 현상이야말로 자본주의 체제가 견고하게 발전할 수 있는 계기가 될 수 있음을 간파한 학자였다. 결국 마르크스의 예견과 달리, 공산주의 사회가 20세기에 실험되었지만 실패로 돌아갔고 자본주의 체제가 아직도 견고하게 살아남아 있는 것을 보면, 슘페터의 예견은 정확히 적중한 것처럼 보인다. 위기가 좋은 기회를 산출한 성공적인 사례인 셈이다.

우리 모두는 언제나 위기와 혼돈의 시대 속에서 살아간다. 안정적으로 보이는 시대조차 그 안에는 다음 세대에 다가올 커다란 변혁과 혼란의 씨앗을 담고 있다는 점에서, 역사상 위기와 혼란이 없었던 시대는 없었다. 개인의 생애를 보더라도 누구에게나 인생의 위기는 온다. 문제는 집단적이든 개인적이든 그 위기를 어떻게 대처하고 극복하느냐일 것이다. 위기를 극복하기 위해서는 먼저 위기의 실체를 정확히 알아야 한다. 그다음에는 그 위기가 나에게서 또는 우리 집단에게서 어떤 의미를 갖

---

1 Joseph A. Schumpeter, *Capitalism, Socialism and Democracy*, London; New York: Routledge, 2003, pp. 81 이하, esp. p. 104, f.n. no. 24.

는지 파악한 후, 그것을 극복하기 위해서는 어떤 노력을 기울여야 하는지 고민해야 한다. 그리고 실제로 그 노력들을 해나가면 된다. 거듭 말하지만, 바로 이 과정에서 기회로서의 우연 개념이 힘을 발휘할 수 있다. 우연은 위기를 극복할 수 있는 힘으로서 작용한다. 보다 구체적으로는 위기를 벗어나기 위해 어떤 결정을 해야 할 순간에 그 결정을 하도록 독려하는 숨은 조력(助力)으로서, 어떤 결정을 하고 나면 그 결정한 일을 해나갈 수 있는 추진력으로서, 그 힘이 발휘되어 어떤 식으로든 위기를 벗어난 다음에는 어떤 결과가 오든 그 결과를 낙천적으로 기다리게 하는 동력으로서 기능한다. 최후에 좋은 결과가 오게 되면 이때 우연은 기회를 잘 살린 행운으로 전화된다. '긍정의 힘'을 넘어 '행운의 기회'로 상징되는 우연 개념의 또 다른 진면모가 바로 여기에 숨어 있다.

활력과 기회로서의 우연은 이제 자연스럽게 행운을 낙천적으로 기다리는 '희망으로서의 우연' 개념을 탄생시킨다. 희망과 기대는 아무리 불안감과 공포심, 우울증과 무기력에 빠진 사람이라 하더라도 살아갈 힘을 주는 매우 중요한 긍정적 에너지다. 현대는 과거 그 어느 때보다도 더 안전한 시대가 된 것은 분명하지만, 동시에 과거 그 어느 때보다도 더 불안한 시대가 된 것 또한 사실이다. 인간을 불안으로부터 벗어나게 해주면서 안전을 보장해 주는 온갖 기술적 장치와 도구, 제도가 만들어진 것은 사실이지만, 동시에 그러한 안전장치의 증대는 다른 한편 불안을 과도하게 증폭하는 역기제(逆機制)로 기능해 왔다. 안전의 확장이 역설적이게도 불안을 가속해 왔던 것이다. 더구나 외관상 안정되어 보이는 사회조차 내부로 파고들어 가면 갈수록 얼마나 부패하고 타락해 있는지 또는 얼마나 많은 갈등과 불안 요소들을 안고 있는지 금세 알아차릴 수 있다. 일찍이 폴란드 사회학자 지그문트 바우만(Zygmunt Bauman)이 지적했듯이, "우리 시대의 열린 사회에 깃든 수많은 악령, 그 중에서 가장 사악한 악령은 공포라고 할 수 있다. 그러나 우리의 공포 가운데 가장 무서운 공포, 가상 견니기 어려운 공포를 낳고 기르는 것은 현대의 불안과 미래의 불확실성이다."[2]

바로 이러한 상황에서 우리 마음의 일부나마 운명 또는 섭리의 함의가 숨겨져 있는 우연 개념에 의지하게 되면 어느 정도 불안감과 공포심을 떨쳐낼 수 있다. 맹신과 광신의 수준으로 번져나가는 것만 경계한다면, 우연에 대한 의지가 종교와 같은 믿음으로 간주되어도 무방할 것이다. 왜냐하면 초복제화(招福除禍)를 비는 인간의 욕구에서 나온 초자연적이고 초인간적인 대상에 대한 신앙 체계가 종교라면, 우연, 더 정확히는 행운의 여신을 믿는 행위 또한 종교가 될 수 있기 때문이다. 이미 앞서 코젤렉을 논하면서 우리는 고대 그리스와 로마 시대부터 행운의 여신, 즉 티케와 포르투나가 신적 섭리의 딸이자 세속적 우연의 어머니라는 중간적 위치에 서서 신적인 속성을 통해 인간세계에 관여해 왔음을 보았다. 행운을 믿는 행위는 적어도 고대인들이나 르네상스인들은 말할 것도 없고 심지어 현대인들에게조차 더 이상 미신으로 치부되지 않는다. 도박이나 투기에서처럼 사행심을 조장하거나 요행수를 바라는 행위가 아니라 그저 자신이나 인류의 미래에 순수한 행운과 행복을 빌거나 믿는 긍정적이면서 낙천적인 행위가 어떻게 사이비 종교로 오인될 수 있겠는가? 물론 무인과성(無因果性)과 불확실성을 뜻하는 우연 개념이 우리에게 행운과 행복을 가져다줄 수 있다고 해서 그러한 믿음을 '우연교'(偶然敎) 또는 '행운교'라는 종교로 둔갑시키는 황당한 일도 경계해야 할 것이다. 애초에 불가능해 보였던 어떤 일이 믿음을 통해 실현되었을 때, 즉 사전에 가졌던 믿음이 현실이 되었을 때, 우리는 그것을 더 이상 믿음이라고 부르지 않고 현실 그 자체라고 부른다. 믿음은 실현을 끈으로 현실과 매개된다. 우연이 종교와 접점을 이루는 것도 바로 이 지점이다. 우연에 대한 이유 있는 믿음은 마음의 안정을 넘어 희망과 기대라는 긍정의 정신까지도 만들어낼 수 있기 때문이다. 여기서 클라인의 말을 한 번 더 인용해 보자.

---

2 지그문트 바우만, 『유동하는 공포』, 함규진 옮김, 산책자, 2009, 209쪽.

우리는 기본적으로 안전한 척, 확실한 척 위장하고 사는 존재다. 그러나 우리가 우연이라는 현상에 다가간다면 이런 불안은 우연에 대한 믿음에, 그리고 우연에서 최상의 것을 유도할 수 있다는 자심감에 자리를 비켜줄 것이다. 우연을 아는 것은 우리를 안심시킨다. 우연을 인정해 주면 우리는 기대보다 자주 우연의 선물을 받게 될 것이다. 그리고 감탄하게 될 것이다.[3]

우연 자체가 우리에게 직접적으로 무언가를 가져다주지는 못할지라도, 우연을 믿음으로써 우리가 마음의 안정과 평화를 얻을 수 있다면, 더 이상 우연을 부정적으로 바라볼 하등의 이유가 없다. 아니 오히려 우연을 긍정 에너지의 원천으로 만들어야 할 것이다.

---

3 클라인, 『우연의 법칙』, 11쪽.

제15장 역사와 우연: 개념, 방법, 가치

　　역사와 우연의 관계와 관련된 논의에서 파생되어 제기될 수 있는 주제들은 무수히 많다. 그 수많은 주제 중 여기서 나는 그 둘 사이의 관계를 개념과 방법, 가치 등 세 가지 논점에서 다루고자 한다. 첫째는 개념의 문제다. 이 범주 안에는 역사 안에서 우연이란 무엇인가, 역사와 우연은 서로 어떤 관계에 있는가, 어느 한 개념이 다른 개념을 포괄하는가, 역사의 흐름은 필연인가 우연인가 등의 문제가 포진해 있다. 둘째는 방법의 문제다. 여기서는 역사를 관찰하고 인식하는 데서 우연 개념이 어떤 역할을 하고 어떤 영향을 줄 수 있는가, 인과관계를 핵심으로 하는 역사연구 분야에서 무인과성(無因果性) 또는 비인과성(非因果性)을 뜻하는 우연은 어떻게 이해되고 다루어져야 하는가, 우연 개념은 역사연구와 역사서술에서 어떻게 방법적으로 기여할 수 있는가 등의 문제가 논의될 수 있다. 셋째는 가치의 문제다. 이 마지막 문제 영역 안에는 우연이 역사를 움직이는 힘인가, 우연은 역사를 진보시키는가, 역사 담론에서 우연이 차지하는 위상은 무엇인가 등의 질문이 담겨 있다. 그럼 각각의 논점들을 천착해 보자.

　　먼저 우연의 개념 문제다. 이 책의 제1부와 제2부 전체, 그리고 제3부의 제12~13장에서 자세히 살펴본 철학과 역사서술에서 쓰인 우연 개념을 여기서 새삼스럽게 또 다루는 것은 무의미한 일이다. 철학, 문학, 역사, 정치, 경제, 사회, 과학, 공학, 예술, 기술, 종교 등 인간 삶의 수많은 영역에서 우연 개념은 각각 다른 의미와 함의로 쓰여 왔거나 쓰이고 있고, 그 기능과 역할 또한 다양하다. 그중에서도 역사에서 우연이 어떤 맥락에서 어떤 의미를 갖고 쓰였는지도 이 책 전반에 걸쳐 자세히 다루어졌기 때문에 생략하기로 하자. 거칠게 요약하면, 그것은 고대부터 르네상스를 거쳐 근대 초까지 주로 행운과 운명, 섭리 등의 의미로 쓰이다가 근현대에 들어와 고대 철학, 즉 아리스토텔레스에서 비롯된 본래의 개념을 되찾았다고 할 수 있다. 그리고 그 의미는 뜻밖의 일, 행운의 일, 불행한 일, 엉뚱한 일, 아이러니한 일, 처음은 사소했지만 나중에 엄청난 결과를 불러일으킨 일 등 한마디로 전혀 예측할 수 없는 결과를 야기한 경우 또는 일반인들의 예상을 빗나간 결과를 초래한 경우 등을 지칭할 때 쓰였거나 쓰이고 있다.

그러나 나름 명확한 의미를 지니는 이 역사에서의 우연 개념이 실제로 역사연구나 서술 또는 해석에서 사용되거나 관찰될 때에는 세심한 주의를 요한다. 왜냐하면 사건이 전개될 당시에는 우연처럼 보이는 일이 그 사건이 종결되고 나서 사후에 관찰될 때에는 언제나 필연처럼 보일 수 있기 때문이다. 역사는 언제나 지나간 과거의 일을 다룬다. 아무리 현대사 분야라 하더라도 그것을 연구하거나 서술할 때는 모든 사건이 완전히 종결된 이후에 연구되거나 서술된다. 사후 시점에서 사물을 관찰하다 보면 나름의 이유와 원인을 찾거나 맞추게 되고 그런 인과 분석이 꼼꼼히 진행되다 보면 어떤 일도 우연으로 해석되는 일은 있을 수 없게 된다. 심지어 원인을 찾을 수 없는 일은 아예 연구나 서술 대상에서 제외되기도 한다. 아니 땐 굴뚝에 연기 날 리가 없다거나, 핑계 없는 무덤은 없다는 식으로 이 세상을 관찰하다 보면 모든 일에는 이유와 원인이 있게 마련이고 결국 우연이란 없고 필연만이 덩그러니 남게 된다. 그러나 현실이 그러한가? 사실이 그렇지 않다는 것은 현실을 살아가는 우리 모두가 아는 일이다. 매 순간 예측할 수 없는 일들의 연속이 이 세상살이이기 때문이다. 그 점에서 역사를 연구하거나 서술할 때에는 언제나 그 당시 사람들의 심성이나 그 당시 상황과 맥락으로 돌아가 이해하거나 해석하려고 노력해야 한다. 그럴 때에야 비로소 우연이 눈에 보이기 시작한다.

더구나 현재가 반드시 과거의 결과로서만 이해되어야 할까? 현재는 언제나 과거의 필연적 결과물인가? 우리는 그동안 "과거를 알지 못하고서는 현재를 알 수 없으며, 그 반대도 마찬가지다"라는 폴 리쾨르(Paul Ricœur)의 언명을 당연시해 왔다.[1] 과거를 모르면 현재도 알 수 없고, 현재를 모르면 과거도 알 수 없게 된다는 이 명제 안에는 현재가 과거의 결과물이자, 과거는 현재의 원인이라는 주장이 전제되어 있다. 그러나 현재는 결코 과거의 단순한 결과물도 아니고, 과거 또한 언제나 현재의 원인이라고 할 수 없다. 흄의 인과율 원칙에서의 주장과는 상반되게 두 사건의 선후가 반드시 원인과 결과로 연결되는 것은 아니기에 과거와 현재가 언제나 인과관계로 묶이는 것은 아니다. 사건의 진행에는 언제나 돌발변수와 같은 우연적인 요소가 개입되는 경우가 많다. 현재의 결과를 두고 보았을 때, 과거는 마치 현재의 원인처럼 보일 뿐이다. 그러나 그것은 실재가 아니라 환상에 불과하다. 과거가 현재의 원인이 되지 않는 경우가 현재가 과거의 결과가 되지 않는 경우보다 더 많게 느껴지는 이유는 어떠한 한 사건의 결과에 특정 원인을 지목할 수 없을 때가 많기 때문이다. 현재는 과거의 무덤이고 과거는 현재의 씨앗이라고 흔히들 생각하기 쉽지만, 사실은 정반대일 경우가 허다하다. 과거야말로 현재의 무덤, 즉 현재의 찌꺼기들이 널브러져 있는 곳이고 현재야말로 과거를 특정할 수 있는 씨앗을 잉태한 시점이라고 할 수 있다. 가령 르네상스를 예로 들어보자. 그 수많은 문예부흥 운동의 원천은 고대 그리스와 로마에 이미 르네상스의 결과물로서 널리 흩뜨려져 있었다. 19세기 말 제국주의도 마찬가지다. 식민주의의 흔적은 이미 로마제국은 말할 것도 없고 중세 십자군 원정이나 대항해 시대의 유럽 이외의 세계

---

1 폴 리쾨르, 『시간과 이야기』, 김한식 외 옮김, 전 3권, 문학과지성사, 1999, 제1권, 205쪽, 각주 11.

곳곳에 남겨져 있었다. 이 논점을 단순히 역사가 반복 또는 순환한다거나 연속성을 갖는다는 식의 단순논리와 동일한 것으로 착각하지 말자. 현재는 과거의 잔재와 씨앗이 공존하는 곳이다. 그 점만 놓고 본다면 과거나 미래도 마찬가지다. 어느 한 시점을 두고 보았을 때, 그 시점의 앞뒤가 존재하는 이상, 그 시점 안에는 언제나 원인과 결과가 모두 공존한다. 결과를 필요로 하지 않는 일도 많듯이, 원인 없이 일어나는 일도 비일비재하다. 한 사건에 반드시 원인이 있어야 하는 것이 아니라면, 결과 또한 마찬가지다. 한 사건의 결과가 반드시 특정 원인에 의해 발생한 것으로 결론짓지 않으려는 노력이야말로 역사를 객관적으로 관찰하고 기술하려는 역사가의 첫 번째 임무이자 요청되어야 할 사항이다.

개념 차원에서 바라본 '역사'와 '우연'의 떼려야 뗄 수 없는 필연적 관계는 그동안 많은 학자에 의해 사유되고 제기되어 왔다. 가령 발터 하우크(Walter Haug)는 역사와 우연이 '개체성'과 '허구성', '서사성'의 특징을 공유한다는 점에서 서로 동일하다는 논리를 펼친다. 역사에서 발생하는 모든 사건은 전형이나 유형 등을 고려하지 않고 보았을 때, 일단 일회적이고 유일무이하며 개별적이다. 역사주의에서 역사의 특징을 개체성에서 찾은 이유도 바로 거기에 있다. 사건의 일회성과 개체성은 곧 우연 개념이 갖는 대표적 속성 중의 하나다. 또 허구적인 것은 우연적인 것의 우산 아래에 있는데, 그 이유는 문학적 창작이 완전히 작가의 임의적인 것 안에 자리 잡고 있기 때문이다. 그 점에서 이야기하기, 즉 서사를 만들어내는 문학적 창작은 구속성이나 필연성이 없다. 여기서 허구 또는 서사를 서술의 근본양식으로 삼는 역사와 우연은 완전히 겹쳐서 나타난다. 결국 역사가 서사이고, 서사가 허구이며, 허구가 곧 우연이라는 등식이 성립한다.[2] 여기서 우연이 역사와 맺는 필연적 관계가 다시

---

2 Walter Haug, "Kontingenz als Spiel und das Spiel mit dem Kontingenz. Zufall, literarisch, im Mittelalter und in der frühen Neuzeit", G. v. Graeveniz und O. Marquard, eds., *Kontingenz*, pp. 151~72, esp. pp. 158~72.

한 번 확인된다. 역사가 서사인 이상 역사는 곧 우연의 세계에 속한다. 개연성과 서사성은 곧 우연성의 다른 이름이다.

'시간' 또한 '역사'와 '우연'을 필연적인 관계로 만들어주는 핵심적인 연결고리다. 변화를 본질로 하는 역사에서 시간은 역사 세계를 구성하는 줄기요소로 간주되는데, 우연은 바로 이 시간의 매 단위와 차원에 촘촘히 연결되어 있다. 시간과 우연은 하나의 호흡 안에서 들숨 날숨으로 마주 움직이는, 또는 마치 하나의 톱니바퀴처럼 맞물려 돌아가는 쌍둥이와 같은 존재다. 일찍이 헤르더도 "인류를 지배하는 폭군이 둘이 있으니, 그중 하나는 우연이고 다른 하나는 시간이다"라고 말하면서 이 둘을 인간의 운명을 혹독하고 잔인하게 만드는 주범으로 꼽았다.[3] 여기서 두 개의 개념군(群)이 양 진영으로 나뉘며 서로 대립되는데, 한편에 우연과 시간, 변화가 있다면 다른 편에는 필연과 영원, 지속이 있다. 움직이는 것과 움직이지 않는 것, 변하는 것과 변하지 않는 것, 현상과 본질 등은 각각 우연과 필연으로 수렴된다. 필연과 무시간, 무변화 등의 관점에서 역사를 보려는 사람들이 없는 것은 아니지만, 그래도 굳이 따지자면, 역사는 우연 계열에 속한다. 그 점은 특히 많은 역사연구 분야 중에서도 정치사와 사건사 분야에서 잘 확인된다. 우연은 여기서 "역사 이론의 시간적 범주"로, 더 정확히는 "사건과 구조의 시간적 자질"로 간주된다.[4]

이처럼 사건과 시간, 변화 등의 범주들이 역사와 우연을 하나로 묶어주는 공통 매개물로 간주된다면, 이제 또 다른 역사 범주로서 구조와 질서, 체제 등은 과연 우연과 어떠한 관계를 맺을 수 있을까? 흔히 사회사나 경제사에서는 사회나 경제를 견고한 구조물이나 시스템으로 보고 사건이나 개인보다는 구조나 체제를 중시하는 경향이 있기 때문에 변

---

3 Johann Gottfried Herder, *Ideen zur Philosophie der Geschichte der Menschheit* (1784/91), Textausgabe, Darmstadt: Joseph Melzer Verlag, 1966, p. 41.

4 Hoffmann, *Zufall und Kontingenz in der Geschichtstheorie*, p. 160.

화무쌍한 우연적 요소보다는 안정적이고 연속적인 요소들을 더 중시한다. 그러나 그렇다고 해서 구조나 체제가 우연과 전혀 무관하다고 보는 것은 무지와 오해의 소치일 뿐, 사실은 전혀 그렇지 않다는 점을 우리는 이미 모노나 루만과 같은 현대 사상가들을 통해 자세히 살펴보았다. 안정적으로 흘러가는 것처럼 보이는 자연의 변화도 변이와 진화를 통해 예측할 수 없는 방향으로 흘러가고, 정태적이고 확고한 것처럼 보이는 사회의 구조나 체계도 우연성 또는 '이중 우연성'을 통해 끊임없이 변해 간다. 독일의 교육학자 알프레트 셰퍼(Alfred Schäfer)도 지적했듯이, 우리는 테오도어 아도르노(Theodor Adorno)와 하버마스, 아렌트 등 20세기의 수많은 사상가들이 현대 사회의 토대와 정치행위 등에서의 "구조적이고 불가역적인 우연"(die strukturelle und irreduzible Kontingenz)을 인정한 사실을 주목할 필요가 있다.[5] 이런 점들로 미루어볼 때 이미 사회사나 경제사와 같은 구조사도 '우연'을 염두에 두지 않으면 안 될 지경에까지 이르렀다. 더구나 특정한 형이상학적·이념사적 목적 없이 역사가 흘러간다고 보는 오늘날의 사회경제사에서 다루는 인과관계도 역시 완벽하고 절대적인 원인과 결과로 특정될 수 없다는 점에서 그 자체로 우연적이다. 모든 질서 또한 언제나 흐름과 과정, 시간과 변화 속에 노출되어 있는 한, 그 어떠한 견고한 구조물도 우연에 내맡겨질 수밖에 없다. 민족과 사회, 문화 등 삶의 모든 영역과 요소들은 모두 궁극적으로 우연에 의존해 흘러간다. 그 점에서 우연은 "모든 사건의 구조 요소"(Strukturelement jedes Ereignisses)로 간주되어야 한다.[6]

그렇다면 우연 개념은 역사연구와 서술에 어떻게 기여할 수 있을까? 역사학에서의 우연 개념의 기여도 문제는 역사연구와 서술의 방법론적 문제를 야기한다. 이 문제는 다시 세부적으로 역사연구와 역사서술 등

---

5 Alfred Schäfer & Michael Wimmer, eds., *Tradition und Kontingenz*, Münster: Waxmann, 2004, p. 13.

6 Hoffmann, *Zufall und Kontingenz in der Geschichtstheorie*, p. 356.

두 개의 영역으로 나누어 살펴볼 수 있다. 먼저 역사연구에서 우연 개념은 원인을 특정할 수 없는 사건이나 현상을 연구할 때 방법적으로 도움을 줄 수 있다. 원인을 특정할 수 없는 사건이나 현상은 단순히 실제로 원인이 없는 경우부터 시작해 원인이 있으나 없는 것처럼 보이는 경우, 많은 원인이 복합적으로 작용해서 하나의 특정 원인을 지목할 수 없는 경우, 가까이서는 원인을 찾을 수 없고 이미 원인이라고 할 수 없을 정도로 아주 까마득히 먼 원인에 의해서 어떤 일이 발생한 경우 등 매우 다양한 형태와 종류로 나누어볼 수 있다. 그 밖에도 대체로 의도하지 않았지만 뜻밖에도 좋은 또는 나쁜 결과를 초래한 경우, 의도했지만 의도한 결과가 아니라 전혀 엉뚱한 다른 결과를 야기한 경우, 목적이나 원인, 의도나 이유 등이 사건 전후의 인과적 연결이나 맥락과 전혀 맞지 않는 경우 등 우연에 해당하는 목록 리스트는 무궁무진하다. 이런 사건이나 현상을 연구할 때 우연 개념은 방법적으로 크게 기여할 수 있다. 심지어 우리가 이 책 제1부에서 살펴본 철학적 우연 개념을 활용해 보는 것도 좋은 방법이 될 수 있다. 가령 동반적 우연, 행운적 우연, 자발적 우연, 가능적 우연, 잠재적 우연 등 아리스토텔레스의 다섯 가지 우연 개념이나 반대의 생성 가능성을 의미하는 둔스 스코투스의 우연 개념 또는 그 역이 어떠한 모순도 포함하지 않는 경우로서의 라이프니츠와 볼프의 우연 개념 등을 여러 역사적 사건의 분류나 재구성에 활용한다면, 역사연구가 보다 더 정교하고 객관적인 내용들로 꾸며지면서 결과적으로 매우 풍부하고 생산적인 결실을 보게 될 것이다.

역사서술에서도 우연 개념은 다양하고 알차게 이용될 수 있다. 이미 계몽주의 시대의 역사가 기번에게서도 나타났듯이, 역사서술에서의 우연 개념의 기능과 효용은 크게 서사적 요소와 교훈적 요소 등 두 가지 분야로 나뉘어 발휘되는데, 서사에서 극적인 효과와 재미를 가져다준다는 점, 그리고 인간에게 인생의 무상함을 깨닫게 하고 인간 능력이 궁극적으로 운명을 압도해 나살 수 있다는 교훈을 준다는 점이다. 모든 서사에는 갈등 요소 외에 극적 요소가 있어야 하는데, 예컨대 전혀 뜻밖의 사건 전개나 결말에서의 반전(反轉)과 아이러니, 역설 등이 해당한다. 그런데 흥미로운 점은 이들 문학적 개념이 모두 우연으로부터 비롯되었거나 우연과 연관된 요소들이라는 것이다.[7] 이들 요소는 서사를 읽어나가는 독자들에게 이야기를 읽는 재미와 흥미를 넘어 감동을 주거나 심지어 흥분 또는 전율까지 안겨준다. 그로부터 독자는 신체의 정화만이 아니라 마음의 정화, 즉 카타르시스를 경험하게 된다. 또 우연 개념은 역사서술에 활용되면서 인간에게 인생의 허무함, 운명에 순응해야할 이유와 필연성, 경우에 따라 운명을 압도하는 능력의 위대함 등을 깨우치도록 만드는 힘을 갖는다. 이러한 교훈적 요소들은 대체로 직접적으로보다는 간접적으로 묘사되는데, 이들 요소를 읽어내는 능력은 물론 독자 각자에게 달려 있다. 결국 우연 개념은 그것이 활용되지 않았을 때와 비교해 역사서술의 내용과 의미를 매우 풍부하고 풍요롭게 하는 데 결정적인 역할을 수행한다.

마지막으로 가치의 문제를 짚어보자. 이 문제는 다시 의의와 효능, 위상 등 크게 세 가지 관점으로 분화해서 논의할 수 있다. 먼저 의의는 우연 개념의 의미에서 파생된 것으로 역사는 과연 우연인가 필연인가를 묻는 질문과 연관되어 있다. 요컨대 우연이 역사 과정에서 차지하는 비율과 정도를 묻는 것이다. 다음으로 효능은 '우연이 역사를 진보시키는가?'라는 질문을 다루는 과정에서 나오는 것으로, 그것은 한마디로 역사 과정과 역사 발전의 추동력으로서의 우연의 효능 여부를 따져 묻는 것이다. 마지막으로 위상은 우연이 역사에서 차지하는 위치를 묻는다. 이 마지막 질문은 역사 안에서 우연이 과연 어느 정도의 가치를 지니는 테마인가를 묻는 종합적 판단으로 이어진다. 그럼 그 각각의 논점을 자세히 살펴보자.

역사는 과연 우연의 연속인가, 아니면 필연의 흐름인가? 아니면 이 둘 다인가, 또는 이 둘 다가 아닌가? 역사가 우연이자 동시에 필연이라

---

7 Rorty, *Contingency, Irony, and Solidarity* 참조.

거나, 역사는 우연도 필연도 아니라고 답할 사람들을 고려해 질문을 달리한다면, 역사 과정에서는 우연의 비중이 클까, 아니면 필연의 비중이 더 클까? 우연과 필연 중 어느 쪽에 무게가 더 실릴까? 이 질문들에 대해 쉽게 답할 수 있는 사람은 아마 없을 것이다. 만일 있다면, 그 사람은 그저 별 생각 없이 즉흥적으로 대답하는 성향을 지녔거나 아니면 자신의 신념을 당장 표출하지 않고는 못 견디는 사람일 가능성이 높다. 정답이 없다는 점에서, 역사가 우연인가 필연인가 하는 문제는 어쩌면 닭이 먼저인지 달걀이 먼저인지를 따져 묻는 것과 같은 우문(愚問)일 수 있다. 하지만 우리가 이 책에서 행한 지금까지의 논의를 토대로 말한다면, 적어도 우연이라는 자연인은 역사의 전체 과정과 흐름에서 일정 정도의 지분을 갖고 있는 채권자 또는 주주로 간주될 수 있다는 점이다. 그 비율을 정하는 것은 매우 어려운 일일지 모르지만, 그 비율이 아예 없다고 당당히 주장할 수 있는 사람은 더 이상 존재할 수 없는 지경에 이르렀다. 크든 작든 역사의 흐름을 좌우하는 당당한 주체로서 또는 객체로서, 경우에 따라서는 역사의 방향을 궁극적으로 결정하는 '인자'(因子)로서 또는 아무리 작게 보아도 그 흐름에 변화를 주는 '변수'로서 참여한다. 역사 안에서 구체적 사례를 들자면, 가령 1517년 10월 마르틴 루터(Martin Luther)가 교황청의 면벌부 판매의 부당성을 지적한 95개 조문을 발표한 경우, 1788년 여름 루이 16세가 다음 해 5월에 삼부회를 소집한다고 공표한 경우, 1914년 6월 민족주의 단체에 소속된 한 세르비아 청년이 오스트리아 황태자 부부를 저격한 경우, 1917년 4월 독일 참모부가 연합군에서 러시아를 이탈시키려는 의도에서 레닌을 비밀리에 밀봉열차에 태워 러시아의 페트로그라드로 보낸 경우 등이 모두 여기에 해당한다. 왜냐하면 이들 사소한 사건이 발단이 되어 종교개혁, 프랑스혁명, 제1차 세계대전, 러시아혁명이라는 인류 역사에 커다란 영향을 주고 역사의 흐름을 바꾼 엄청난 일들이 발생했기 때문이다.

　'우연이 역사를 진보시키는가'라는 질문은 '역사가 우연인가 필연인가'라는 질문보다 훨씬 더 급진적이다. 역사에서 필연의 비중이 더 크다고 생각하는 사람들의 입장에서 보면 이 질문은 아예 질문 자체가 성립될 수 없다. 그러나 그 반대의 입장을 취하는 사람들에게는 얼마든지 제기될 수 있고 생각해 볼 수 있는 문제임이 분명하다. 앞서 보았던 대로 일찍이 로마의 역사가 리비우스는 우연이 로마 역사를 움직이는 힘, 즉 '로마 역사의 추동력'이라고 보았다.[8]

그렇다면 과연 우연은 역사의 추동력일까? 이 문제, 즉 역사에서의 우연과 필연의 문제를 역사에서 '선과 악'이라는 주제로써 우회적으로 접근해 보자. 서구 기독교 전통 속에서 악은 항상 신의 섭리를 완성해 주는 보족물에 불과했으며, 성경에 끊이지 않고 출현하는 악은 신의 선의와 정의를 드러낸 다음 소멸하고 마는 요소였다. 악은 절대 승리하는 법이 없었고, 악이 독립적으로 자신의 정당성을 내세우는 경우도 없었다. 이 때문에 서구 기독교 전통은 악에 대해 늘 상대적인 낙관론을 유지해 왔다. 악에 대한 기독교 신학의 우위는 라이프니츠의 변신론에서도 그 기조가 유지되었으며, 많은 세속적 사상가에게마저 낙관론을 심어주었다. 가령 애덤 스미스(Adam Smith)는 "보이지 않는 손이 사회를 이롭게 한다"고 주장했고, 헤겔은 "이성의 간계가 결국은 인류를 진보하도록 만든다"고 역설했다. 이때 '보이지 않는 손'과 '이성의 간계'는 악에 대해 늘 최종적인 승리를 거두었던 신의 섭리가 세속화된 형태에 지나지 않는다. 확실히 이때까지만 해도 악은 선이 출현하기 위한 돌발 사건이거나 과도기로 취급되었고, 악은 선의 중개자라는 역설적인 의미를 갖고 있었다. 하지만 이런 사정은 근대를 지나 현대에 돌입하면서 역전된다. 변신론이 악에 패하고, 보이지 않는 손과 이성의 간계가 작동되지 않는 시대에, 악은 더 이상 신의 섭리나 보족물이 아니었다. 이제 악은 마르키 드 사드(Marquis de Sade)나 표도르 도스토옙스키(Fyodor Dostoyevsky)의 주인공들처럼 자기만의 목소리를 높이기 시작했고, 대문자로 쓰인 아우슈비츠나 신자유주의처럼 자신의 지분을 주장한다. 현

---

8 Livy, *The Early History of Rome*.

대의 악은 전통적인 악과 달리 '그 자체 이외에 다른 동기'를 갖지 않는 '신성한 표식'이 되었다. 이에 따라 많은 대중문화나 컴퓨터 게임은 상대화되고 용서된 악, 나아가 절대화된 악을 찬양하기도 한다. 악에 대한 낙관이 비관으로 바뀌면서 비로소 악은 우리가 싸워야 할 대상으로 부과되었다.

이 논지를 우연 개념에 대입해 보자. 우연은 언제나 필연이라는 진리를 완성해 주는 보족물에 지나지 않았고, 필연이 제 기능을 갖고 작동하기만 하면, 우연은 곧 소멸하고 만다. 하지만 만일 우연이 필연의 승리를 보여주기 위한 신의 섭리의 세속적 표현물로 인정된다면 어떨까? 스미스의 말을 패러디하면 "우연이 사회를 이롭게 한다"가 되고, 헤겔의 말을 패러디하면 "우연이 결국은 인류를 진보하도록 만든다"거나 "이 세상을 지배하는 법칙은 우연이다"가 된다. 심지어 '우연의 간계'(List der Kontingenz)라는 용어까지 만들어질 수 있다. 이 경우 "우연이 역사를 진보하도록 만든다"는 명제는 더 이상 얼토당토않은 황당한 주장이 아니라 나름의 합리성과 타당성을 갖는 테제일 수 있다. 역사상의 사례로는 앞에서 살펴본 'serendipity'의 실례로 든 아르키메데스, 뉴턴, 와트 등의 발견과 역사적 업적들이 해당한다.

우연을 긍정적으로 바라보아야 할 이유와 논거가 하나둘 축적되어 가는 이즈음 이제 우연을 부정적으로 보고 싶어 하는 사람들에게 마지막 결정타를 날리기 위한 한방으로 역사 안에서 우연의 위상 문제를 짚어보자. 이 문제는, 다른 대부분의 문제들도 그렇겠지만, 그 주제를 바라보는 관점이 그 문제의 거의 모든 것을 결정한다. 여기서 문제가 되는 것은 단순히 역사 안에서 우연이 차지하는 위치가 높은지 또는 낮은지의 문제가 아니라 역사와 관련된 수많은 담론 주제 중에서 과연 우연 개념을 어느 한자리에 앉혀 놓고 논의할 수 있을까라는 역사 담론화 가능성의 문제부터 우연이 과연 역사에서 어느 정도의 중요성을 갖는지를 묻는 역사 담론의 위상 문제를 거쳐, 우연을 빼놓고도 과연 역사를 이해할 수 있을까를 묻는 역사 담론의 필연성 문제까지 다양한 스펙트럼을 갖는다. 오늘날 역사에서 우연의 문제를 다루는 것이 더 이상 이상하거나 낯선 일이 아니라는 점에 대해서는 대부분의 현대 역사가들도 동의하리라 믿는다. 반복되는 이야기이지만, 고대부터 근대 초에 이르기까지 예전 서양의 역사서술에서는 주로 행운과 운명, 섭리 등의 뜻으로 사용되던 우연 개념이 역사주의가 팽배하던 19세기를 제외하고는 근현대에 들어와서는 자연스럽게 수용되고 이용되었다는 사실이 그 점을 입증한다. 물론 학자에 따라서는 우연 개념을 신성시하는 경우도 있을 수 있겠지만, 그보다는 오늘날 대부분의 역사가들은 우연을 고려하지 않으면 역사를 이해하는 데 심각한 장애나 방해를 받을 수 있다는데 대체로 합의한다. 특히 역사연구와 서술에 경험이 많은 중견 또는 원로 역사가일수록 "역사는 우연으로 이루어져 있다"거나 "역사에서 결정적인 것은 우연"이라는 주장[9]에 더 많은 열정과 애착을 보인다. 그들이 그렇게 주장하는 이유는 역사를 오랫동안 관찰하고 연구해서 나온 결론일 수도 있지만, 그것 못지않게 자신과 주변인들의 실제 삶과 그 삶들에 대한 관찰과 사유로부터 도출해 낸 결론일 가능성이 높다. 역사에서 우연이 차지하는 위상은 역사와 인생을 많이 경험하고 통찰한 사람일수록 높아지는 경향이 있다. 어쩌면 인생을 살아보니 자기 뜻대로 안되는 일이 많았던 경험을 자주 했기 때문에 그런 생각에 이른 것일 수있지만, 그것보다는 우리가 앞서 보아왔던 대로 실제로 이 세상에 정해져 있는 것은 아무것도 없다는 점에서 그런 결론은 더욱더 설득력을 얻는다. 그렇다고 이 세상이 완전한 혼돈과 불확실성의 세계인 것은 아니지만, 많은 일이 예측과 추측을 불허하는 방향으로 흘러가기에 우연은 언제나 역사를 포함한 인간 삶의 영역에서 살아 있고 깨어 있는 주제로 논의될 수 있다. 요컨대 우연을 고려하지 않는다면 과거에 살았던 사람들의 삶으로서의 역사를 제대로 또는 완전히 이해하는 데 근본적인 한

---

9 Robert Livingston Schuyler, "Contingency in History", *Political Science Quarterly* 74, 1959, pp. 321~33, here p. 333.

계에 부딪치게 된다. 역사의 본질을 파악하고자 하는 사람이라면 반드시 우연 개념의 정확한 이해를 전제로 우연이 역사 세계에서 발휘하는 기능과 역할을 올바로 인식할 필요가 있다. 역사의 본질적 통찰에 우연이 차지하는 위상은 그 통찰에 장애를 일으킬 만큼 높다.

제16장 우연의 변증법: 우연의 보상 이론

우연 또는 운명에 대한 지금까지의 담론을 매조지하는 마당에 이른 지금, 나는 일부 평자들처럼 '우연' 자체를 법칙화할 생각은 추호도 없다. 가령 앞서 인용했던 독일의 물리학자이자 철학자 클라인은 "무질서는 항상 증가한다"는 루트비히 볼츠만(Ludwig Boltzmann)의 열역학 제2법칙 또는 "어떤 일을 하는데 한 가지 이상의 방법이 있고 그 방법 중 하나가 재난을 초래한다면 반드시 그 방법을 사용하는 사람이 있게 마련"이라는 머피의 법칙을 근거로, 이 세상에 발생할 가능성이 있는 우연한 일은 반드시 발생한다는 '우연의 법칙'을 제시한다.[1] 결론부에서 이런 종류의 법칙이나 제시하고자 이 책이 기획되었던 것은 결코 아님을 다시 한 번 밝혀 둔다. 다만 나는 이 책 전체의 결론을 내리기에 앞서 우연 또는 운명과 관련한 마지막으로 의미 있는, 법칙이 아닌 자그마한 '가설' 하나를 제시하고자 한다. 그 가설은 이미 이 책 곳곳에서 여러 차례 언급되었기에 '제시'라는 말보다는 어쩌면 '정리'라는 표현이 더 어울릴지도 모르겠다. '우연의 보상'에 관한 사유, 이른바 '우연의 변증법'이라 불릴 수 있는 가설이 바로 그것이다. 인간의 삶은 새옹지마다. 살아가면서 언제나 불행만 겪거나 언제나 행운만 겪는 사람은 없다. 불행만 겪는 것처럼 보이거나 느껴지는 사람의 문제점은 그가 누렸던 행

---

1 클라인, 『우연의 법칙』, 60쪽, 291쪽 이하.

복했던 순간을 전혀 기억하지 못하거나 기억하고 싶어 하지 않는다는 데 있고, 행복만 누리며 사는 것처럼 보이거나 느껴지는 사람의 장점은 그가 분명 겪었을 불행을 되도록 잊어버리려고 노력하거나 실제로 잊어버렸다는 데 있다. 신이나 운명이란 것이 실제로 존재하는지는 잘 모르겠으나, 분명하고도 놀라운 것은 긴 인생을 살아가다 보면 불행을 겪는 횟수나 행운을 누리는 횟수가 전체적으로 보면 어느 정도 균형을 맞추어나간다는 사실이다. 물론 경우에 따라서는 불행을 더 많이 겪는 사람 또는 행운을 더 많이 누리는 사람이 있을 수는 있겠지만, 그런 경우라 할지라도 불행과 행운의 총량은 그것들을 반드시 양적으로만이 아니라 질적으로 따져보았을 때, 전체적으로 엇비슷하게 산출된다고 가정해 볼 수 있다. 그렇다면 이러한 우연의 보상에 관한 가설이 과연 하나의 이론으로 불릴 수 있을 정도의 원칙을 갖고 유지될 수 있을까? 나는 있다고 본다. 있다면 그 근거는 어디에 있을까? 나는 그 근거를 '우연과 필연의 상보적 관계', '운명의 변화무쌍함', '우주의 균형 원칙', '역사의 연속성' 등 크게 네 가지 관점에서 짚어보고자 한다.

먼저 우연과 필연의 관계다. 우연과 필연의 대립적 성격은 통상 그 두 단어가 반의어로 이해되면서 고조되지만, 그 둘의 관계를 상반의 관점에서만 규정하는 것은 매우 협소한 이해 전략이다. 어느 한쪽이 다른 한쪽을 포괄하거나 내포할 수 있다는 점, 보다 구체적으로는 우연이 필연을 감싸 안는 개념으로 이해될 수 있다는 점은 이미 이 책에서 여러 차례 명시되거나 암시되었다. 만일 필연이 반드시 그렇게 존재해야 하는 것 또는 반드시 그렇게 발생해야 하는 일을 지칭하는 용어라면, 필연만큼 규정적이고 폐쇄적이며 종결적인 개념도 없을 것이다. 필연은 결과, 즉 과거지향적이다. 반면 우연은 그 자신이 애초부터 갖고 있는 '가능성'이라는 의미를 근간으로 그 어떤 것도 결정되어 있지 않음을 지칭하는 개념이라는 점에서 매우 미래지향적이다. 여기서 필연은 우연이 아닌 것이 아니라 우연과 반대되는 것만을 의미하기에 매우 협소한 개념이 될 수밖에 없다. 그 좁은 영역의 필연을 제외한 나머지 모든 것이 바로 우연이기에, 우연은 매우 포괄적이다. 우연이 아닌 모든 것이 필연이 아니라 반대로 필연이 아닌 모든 것이 바로 우연이다. 그 점에서 우연은 필연을 포괄하는 대(大)개념이다.

우연이 필연보다 더 상위의 개념이라는 사실은 인간의 삶을 포함한 이 세상의 모든 일이 미리 정해진 운명의 궤도를 따라 나아가는 것이 아니라 모든 가능성을 열고 펼쳐진다는 점을 암시한다. 그렇지만 사정이 그렇다고 해서 이 세상의 일이 혼돈과 혼란 속에서 일정한 방향성도 없이 마구잡이로 진행되는 것은 아니다. 특히 인간의 삶과 관련해서 우연이라는 그 가능성은 언제나 인류가 만들어온 역사와 문명 속의 일정한 규칙과 제도 및 법칙 속에서 펼쳐진다. 여기서 현실 안에 담겨 있는 '가능'과 '법칙', 다른 말로 '우연'과 '필연'은 서로 상보적인 관계에 놓인다. 요컨대 우연이 품고 있는 이러한 '제한적 가능성'은 온전히 날것 그대로의 현실 속에서 미리 설정된 특정 목표가 없는 일정한 방향성, 즉 '제한적 법칙성'을 따라 전개된다. 여기서 우연과 필연은 서로 대립하거나 배척하는 것이 아니라 적당한 변증법적 길항 관계 속에서 서로를 필요한 부분에서 감싸 안거나 도움을 주고받으며 함께 나아간다. 절대적 필연성이나 절대적 우연성과 같은 개념은 이 현실 속에서 철저히 지양된다. 왜냐하면 현실은 헤겔과 같은 관념론자들이 말한 것처럼 온전히 이성적인 것도, 그렇다고 쇼펜하우어와 같은 생철학자들이 생각한 것처럼 철저히 비합리적인 것도 아니기 때문이다. 현실을 이성적이다, 비이성적이다라고 판단하는 일이야말로 관념적인 행위에 불과하다. 현실은 철학자들이 생각하거나 해석하는 것처럼 그렇게 추상적이거나 관념적이지 않다. 현실은 이성이나 비합리로 판별할 수 없는 구체성을 띠고 나타날 뿐이다. 철학자 또는 사상가들의 고민은 이같이 단순한 현실을 복잡한 이념과 사상, 이론 등으로 해석하면서, 그리고 그 둘 사이에 메워지지 않는 괴리가 생기면서 커져 간다. 아니 어쩌면 그러한 괴리를 일부러 만들고 그 양자에 아무도 인정하지 않는 가치를 부여하며 고민하면서 괴로워한다. 현실은 말 그대로 그저 현실적일 뿐인데도 말이다.

이 논점은 우연과 필연의 문제에도 그대로 적용될 수 있다. 현실이 이성적인 것도 비합리적인 것도 아닌 것처럼, 그 현실은 우연적인 것도, 필연적인 것도 아니다. 이 말은 삶이라는 구체적인 현실이 우연적이기도 하고 필연적이기도 하다는 말과 동일하다. 우연적인 것처럼 보이는 많은 일도 따지고 보면 그 나름의 원인과 이유가 있는 필연의 궤적을 따라 흘러가는 경우가 적지 않고, 또 필연적으로 정해진 인과법칙에 따라 펼쳐져야 할 이 세상의 많은 일이 전혀 예상 밖의 변수와 같은 우연의 개입으로 엉뚱한 방향으로 나아가는 것을 우리는 수도 없이 겪거나 목도해 왔다. 그 점에서 우리는 인간들의 삶이 우연과 필연의 변증법적인 어우러짐을 통해서 전개된다는 사실을 알 수 있다.

그러나 여기서 삶의 비우연성과 비필연성이라는 동시적 속성은 필연성의 의미상의 대(對)개념이자 필연성까지 포괄하는 대(大)개념으로서의 우연성으로 다시 수렴된다. 왜냐하면 어떠한 원인이 있으면 반드시 그 결과가 있기 마련이라는 관점을 기반으로 하는 필연이라는 개념은 그 원인에 따른 결과가 이렇게 나타날 수도 있고 저렇게 나타날 수도 있으며 또 심지어 나타나지 않을 수도 있다는 생각을 밑돌로 해서 나온 우연이라는 개념 안에 포함되기 때문이다. 쉽게 말해 정해진 것이 있다는 관점(필연성)은 정해진 것이 있을 수도 있고 없을 수도 있다는 관념(우연성) 속에 포괄된다. 삶이 우연적이라는 사실이 진실임이 다시 한번 입증된 셈이다. 물론 이때의 우연성은 필연성을 포괄하는 우연성, 즉 필연성과의 변증법적 갈등 관계를 극복하고서 나온 우연성이기에 우연성과 필연성의 양자의 속성을 모두 지닌 우연성이라는 점이 특별히 환기될 필요가 있다. 필연성을 담지하고 있는 우연성은 그 속성상 균형적이고 변증법적일 수밖에 없다. 상위개념으로서의 '균형적이고 변증법적인 우연성'은 곧 일반적 의미의 우연성과 필연성을 모두 품고 있기에 전체적으로 우연과 필연의 관계에서 어느 한쪽으로 기울거나 치우침이 없는 '공평한 우연성'을 의미한다. 삶은 바로 이러한 균형적이고 변증법적인 우연성에 의해 통제되고 영위된다.

우연의 보상 이론의 타당성을 검토할 두 번째 척도는 운명의 변화무쌍함이다. 이미 헬레니즘과 로마 시대의 지식인들, 특히 스토아철학자들 또는 역사가들에 의해 정교하게 다듬어지고 확립된 운명의 변화무쌍함이라는 관점은 인생의 많은 굴곡진 일을 경험하고 나온 고대인들의 삶의 지혜이자 금언, 즉 일종의 계율로 작동했다. 정해져 있는 운명이란 없다는 생각이야말로 바로 '우연적 사고'의 가장 중요한 파생물이다. '운명의 변화무쌍함'은 그 점에서 '우연'이라는 개념을 또 다른 관점에서 내린 정의와 다를 것이 없다.

'운명의 변화무쌍함'이라는 계율 안에는 '운명의 불확실성'과 '운명의 평형성'이라는 두 개의 중요한 요소가 담겨 있다. 먼저 운명이 변화무쌍하다는 것은 정해져 있는 운명이란 없다는 점에서 운명의 불확실성을 예고한다. 이미 타키투스를 다루면서 우리가 보았던 것처럼 운이나 운명이라는 것은 어떻게 변해 갈지 모르기에, 즉 삶 자체가 그만큼 불확실하고 불안정하며 불합리하기에 우리들은 운이 좋을 경우 행운을 얻을 수도 있지만 그렇지 못할 경우 파멸에 이를 수도 있다. 여기서 운명의 가혹함 또는 냉정함이 문제가 되는데, 운명의 그러한 속성이 가장 적나라하게 드러나고 가장 잘 확인되는 장소가 바로 전쟁터다. 일찍이 클라우제비츠도 전쟁이 '우연의 영역'이라고 주장했다는 점은 앞서 살펴보았다.[2] 치열한 전투가 벌어지는 장소에서는 자신이 언제 어떻게 죽거나 다칠지 또는 멀쩡히 살아서 돌아갈지 전혀 예측할 수 없다. 전쟁만큼 우연을 직접 경험하거나 체감할 수 있는 역사적 영역도 없다. 전쟁은 인간 삶에서의 모든 모습을 한꺼번에 보여주는 단막의 오페라다. 너무도 다양한 삶의 모습을 한꺼번에 일시적으로 또 극적이면서 극단적으로 보여준다는 점에서 전쟁은 인생의 축소판이 아니라 기간이 짧은 인생의 확대판으로 불릴 만하다. 이 주장을 역으로 해석하면, 그처럼 심하지는 않을지 모르지만 삶도 역시 크게 보면 전쟁이다. 정도의 차이만

---

2 Clausewitz, *Vom Kriege*, p. 234.

있을 뿐 우리는 살아가면서 언제 어디서 어떤 일을 당할지 전혀 예측할 수 없는 상태로 매일 매일을 살아간다. 이처럼 운명이 갖는 예측 불가능성이라는 성향이 운명의 힘이 강해서 비롯된 것인지 여부를 여기서 따져 묻는 일은 무의미하다. 분명한 것은 현재를 미래에 서서 과거를 바라보는 회고적 시점이나 과거나 현재에 미래를 정해진 어떤 상태로 예측하는 예견적 시점이 아니라 단순히 현재의 현실적 시점에서 보았을 때 그 예측이 불가능하다는 점에서 운명이 변화무쌍하다는 사실을 반박할 여지는 전혀 없다는 것이다.

운명의 변화무쌍함은 운명의 예측 불가능성을 넘어 이제 운명의 평형성을 향해 나아간다. 헤로도토스나 투키디데스, 타키투스를 포함한 고대의 거의 대부분의 역사가들은, 티케 또는 포르투나가 한 사람에게 행운을 주고 나서 그를 떠날 때는 너무나 냉정해서 주었던 행운조차 완전히 빼앗은 후 가혹한 불행을 안겨주거나 아니면 반대로 한 사람에게 너무 지나친 불행을 안겨주었다고 판단되면 이제는 다시 행운을 돌려주려고 노력한다고 생각했다. 헤로도토스의 '히브리스-네메시스'(오만-징벌)적 역사관이나 투키디데스의 정의(正義)로서의 티케관, 타키투스의 운명관 등이 모두 거기에 해당한다. 행운을 누리던 오만한 자는 신의 징벌을 받기 마련이고, 불행에 빠져 있던 사람은 다시 행운을 얻을 기회를 반드시 갖는다. 이처럼 행운과 불행은 늘 어느 한쪽으로의 치우침이 없는 균형 상태를 이루며 발휘된다. 그만큼 행운 안에는 이미 불행의 씨앗이, 불행 안에는 다시 행운의 싹이 숨겨져 있기 마련이고 이 둘의 갈등관계는 결국 균형이라는 종합으로 나아간다. 이 관점은 특별히 '포르투나(티케)의 변증법'으로 불려도 무방할 듯하다.

행운과 불행의 대칭 상태는 고대 그리스와 로마의 고전 미술에서의 균형과 조화, 절제 등의 가치를 연상시킨다. 흔히 고전미라고 불리는 이들 가치요소는 고대인들의 심성 상태를 쉽게 추측하게 해주는 준거들이다. 예술, 종교, 도덕, 운명 등 인간 삶의 수많은 영역 안에는 언제나 절제와 균형 또는 중용과 금욕이라는 고대 그리스와 로마의 철학적 가치관이 녹아들어 있다. 사실 이러한 관점은 정도만 달리할 뿐 오늘날까지 거의 그대로 유지되고 있는 것처럼 보인다. 운명과 섭리의 또는 행운과 불행의, 결국 '우연과 필연의 대칭적 균형설'에 입각한 서양의 변증법적 가치관은 여기서 인생의 통찰로부터 유래한 '새옹지마'라는 동양의 무위자연적 지혜와 완전히 일치한다.

'우주의 균형 원칙'은 우연의 보상 이론의 타당성 여부를 검토할 세 번째 검증시약이다. 자연의 많은 구조물이 대칭적이라는 사실을 부정할 사람은 아마 없을 것이다. 우주의 대칭이론 또는 평형이론은 비록 상상에서 출발한 것이지만, 그 상상의 타당성은 역설적이게도 그 이론의 허구성에 근거한다. 우주의 현실성은 그것의 신비로움에 바탕을 두고 있기 때문이다. 마치 거울처럼 우주의 맞은편에 있는 반(反)우주 속에, 나와 똑같은 생명체가 나와 똑같은 생각을 하고 나와 똑같이 행동한다고 상상해 보라! 묘한 기분에 흥분과 전율을 감추지 못하게 될 것이다. 만일 이 이론이 우주 대 반우주의 대칭 상황 외에 하나의 우주 안에서의 일반적인 상황에도 적용될 수 있다면, 이 세상의 그 어떠한 사물도 그 사물을 대체할 또는 그 사물에 맞설 동종의 다른 사물에 의해 자신의 존재가 규정되거나 인정받는 상황에 놓이게 된다. 쉽게 말해 하나의 사물의 존재가치 또는 독특성은 그 사물을 대체할 다른 사물, 즉 대칭 사물에 의해 결정된다.

대칭이론 못지않게 균형이론도 여기서 주목할 필요가 있다. 인터넷 포털 사이트 검색창에 '균형이론'이라는 단어를 입력하면, "복잡한 상호의존 관계를 나타내는 경제현상에서 어떤 균형 상태를 연구하는 경제학의 이론" 또는 "상품의 가격이나 수요, 공급과 같은 경제적 요인들의 상호 관계가 균형을 이루며 안정될 수 있는 조건을 분석하는 경제이론"과 같은 경제이론으로서의 사전 출처 설명들이나, 아니면 "상대의 전략을 예상할 수 있을 때 자신의 이익을 최대화하는 전략을 선택하여 형성된 균형 상태"를 설명하는 미국 수학자 존 내시(John Nash)의 게임이론으로서의 균형이론 등이 나온다.[3] 그렇다면 대칭이론처럼 이 균형이론을 우주에 가설적으로 적용해 보면 어떨까? 우리는 이 우주에 존재하는 물질과 에너지의 총량은 일정하기에 어느 물질이 얼마만큼의 에너지를 어떻게 쓰든 또는 어떤 물질이 어떤 다른 물질들로 분화되어 탄생하거나 소멸하든, 전체 우주의 입장에서 보면 언제나 일정한 균형 상태를 유지할 것이라는 가설을 세워볼 수 있다. 이 가설을 지구상에 적용할 경우, 지구상의 모든 생명체는 적어도 서로의 이익을 위해 협력하거나 공생해 나갈 정신적·육체적 능력을 보유한 이상 '진화'라는 목표를 향해 전체적으로 균형적인 발전을 이루어나갈 것이라는 이론으로 확장될 수 있다.[4] 같은 논리로 이 세상에 존재하는 고통과 행복 또는 불행과 행운의 총량은 일정하기에 마치 한 사회 안에 존재하는 재화와 용역, 권위 등의 총량이 일정한 것처럼 각 개인에게 일평생 주어지는 행복과 불행은 크게 보아 거의 일정할 것이라는 가설도 세워볼 수 있다. 이 균형 가설은 앞서 지적했던 것처럼, 언제나 불행한 사람도, 그렇다고 언제나 행복한 사람도 없다는 단순 사실을 통해서 쉽게 확인된다. 역으로 보더라도 이러한 균형이론은 상당한 설득력을 갖는데, 만일 이 우주가 이러한 균형과 대칭 원칙에 맞지 않게 운용되었더라면, 이미 불균형과 비대칭 속에서 지구와 우주는 크게 손상되었거나 파괴되었을 것이기 때문이다.[5] 그 점에서 대칭, 평형, 균형, 조화 등의 원칙은 어쩌면 이 세상을 움직이는 진정한 힘일지 모른다.

마지막으로 '역사의 연속성' 관점에서 우연이 필연과 궁극적으로 조화를 이룰 수밖에 없다는 또는 아무리 가혹해 보이는 운명이라 하더라

---

3 http://terms.naver.com/entry.nhn?docId=1068696&cid=40942&categoryId=31819; http://dic.daum.net/ word/view.do?wordid=kkw000032047&q=%EA%B7%A0%ED%98%95%EC%9D%B4%EB%A1%A0; http://tip.daum.net/openknow/39071880?q=%EA%B7%A0%ED%98%95%EC%9D%B4%EB%A1%A0, etc.

4 윤지운, 『21세기의 보편적 진리』, 퍼플, 2014.

5 물론 이 비대칭과 불균형을 통해 우주의 창조가 이루어진다고 보는 관점도 있다. 마르셀로 글레이서, 『최종 이론은 없다: 거꾸로 보는 현대 물리학』, 조현욱 옮김, 까치글방, 2010 참조.

도 그 운명은 반드시 어떠한 지점에서 행운의 보상을 받을 수 있다는, 우연의 보상 이론의 논점을 도출해 보자. 먼저 외관상 연속성과 우연성은 상반되는 것처럼 보인다. 실제로 미국의 냉전사가 존 루이스 개디스(John Lewis Gaddis)는 "연속성이란 시간을 가로질러 연장될 수 있는 유형"을 말하고, "우연성이란 유형을 형성하지 않는 현상"을 지칭한다고 주장한다.[6] 불규칙성과 비예측성을 의미하는 우연성을 아우르는 개념이 바로 연속성인 셈인데, 그 점에서 연속성은 불균형을 극복하는 균형을 지향하는 개념이다. 요컨대 연속성이 '장기지속'이라는 페르낭 브로델(Fernand Braudel)의 키워드로 읽힐 수 있다면, 연속성이라는 개념이야말로 이 사회와 역사의 전체적인 조화와 균형 상태를 설명해 줄 가장 적절한 도구가 될 수 있다. 왜냐하면 어떤 하나의 사회 시스템이 아주 오랜 시간 동안 지속된다는 것은 그만큼 그 사회구조가 안정되어 있다는 것을 뜻하고, 그러한 안정화는 곧 비록 간헐적인 대립과 갈등, 위기와 혼란을 겪는다 하더라도 결과적으로는 조화와 균형을 지향하며 사회를 유지해 나간다는 것을 의미하기 때문이다. 가령 20세기 프랑스의 아날학파 역사가들이 연구했던 중세가 바로 그런 시기에 해당한다.

역사적 연속성은 중세처럼 안정적 구조를 갖는 하나의 시대에만 한정되지 않는다. 고대부터 현대에 이르는 긴 시간을 해석할 때도 종종 쓰이는데, 가령 부르크하르트가 제기했던 유럽 역사의 연속성이 거기에 해당한다. 그에 따르면 헬레니즘이라는 그리스 문화는 그리스 세계가 멸망했다 해서 소멸한 것이 아니라 그 세계를 무너뜨리면서 의식했든 의식하지 못했든 스스로를 자신들이 무너뜨린 문화의 피(被)세례자로 만들어버린 로마인들에 의해서 수용된 후 중세 유럽이 형성될 때 게르만족들에게 전달되었고, 그것은 다시 게르만족의 문화 그리고 기독교 문화와 결합되면서 근현대의 유럽인들에게까지 이어져 오고 있다는

---

6 존 루이스 개디스, 『역사의 풍경: 역사가는 과거를 어떻게 그리는가』, 강규형 옮김, 에코리브르, 2004, 56쪽.

것이다.[7] 요컨대 하나의 커다란 국가나 민족이 보유한 문화적 요소들은 오래전 과거부터 오늘날에 이르기까지 장구한 시간의 흐름을 타고 탄생, 지속, 결합, 변형, 수정, 종합 등의 과정을 두루 거치면서 연속된다. 역사의 사전에 죽음이란 없다. 개인의 삶은 죽음에서 멈추지만, 모든 사람의 삶과 죽음을 포괄하는 역사에서의 삶은 무한히 지속되기 때문이다. '역사의 종말'이라는 담론[8]도 그 점에서 담론 이상의 의미를 갖지 못한다. 역사가 죽는 순간은 딱 한 번, 즉 인류가 영원한 종말을 맞이할 때뿐이다. 물론 그때가 되면 역사만이 아니라 인간이 가지고 있는 모든 삶의 현실이 무의미해질 것이 뻔하긴 하겠지만 말이다. 그 점에서 역사의 연속성은 인류 삶의 연속성에 대한 믿음으로부터 나온 관념이다. 그것은 일종의 인류의 미래에 대한 낙관적 전망이나 희망의 표식이다. 그러한 낙관적 전망은 인류가 비록 전쟁과 혁명, 테러와 같은 수많은 폭력적인 사태를 통해 불행을 겪기도 했지만, 전체적으로 보면 안정과 평화, 행복과 번영의 삶을 추구하면서 살아간다는 점을 시사한다. 인류의 행복과 불행은 역사의 연속성 안에서 희비의 쌍곡선을 그리면서 전체적인 균형을 향해 나아간다. 우연의 보상 이론은 역사의 연속성 속에서도 그 빛을 발한다.

7   Jacob Burckhardt, *Gesamtausgabe*, eds. Emil Dürr, Werner Kaegi, Samuel Merian, Albert Oeri, Hans Trog, Felix Stähelin, Heinrich Wölfflin, 14 vols., Stuttgart; Berlin; Leipzig: Deutsche Verlags-Anstalt, 1929~1934, vol. 11, pp. 277~78.

8   Cf. Ernst Nolte, *Historische Existenz: Zwischen Anfang und Ende der Geschichte*, München; Piper, 1998; Alexander Demandt, *Endzeit? Die Zukunft der Geschichte*, Berlin: Siedler Verlag, 1993; Francis Fukuyama, *The End of History and the Last Man*, New York: Free Press, 1992; Arnold Gehlen, "Ende der Geschichte?," A. Gehlen, *Einblicke*, Frankfurt a. M.: Vittorio Klostermann, 1975, pp. 115~133; Oswald Spengler, *Untergang des Abendlandes*, München: C. H. Beck, 1973; Oskar Köhler, "Die Zeit der Nachgeschichte", *Saeculum* 16, 1965, pp. 296~315.

결론

    우연이란 무엇인가를 알아보기 위해 서양의 고대부터 현대까지의 사상가, 철학자들이 우연 개념을 어떻게 이해하고 정의했는지 살펴보았고, 그러한 개념 정의들을 바탕으로 실제로 서양의 고대부터 현대까지의 역사가들이 우연을 어떻게 역사연구와 서술에서 활용했는지를 알아본 후, 지금까지 논의한 내용들을 정리하면서 동시에 이론적인 요약까지 마친, 길고 긴 여정을 이제 막 끝냈다. 이 책의 마지막 결론부에서는 여기서 그동안 언급된 내용들을 토대로 우리가 오늘날 우연을 어떻게 수용하고 이해하며 대처해야 하는지를, 나 자신의 관점에서 간단히 밝히며 이 길었던 투어를 갈무리하고자 한다.

    스위스의 철학자 헤르만 뤼베(Hermann Lübbe)에 따르면, 현대는 우연 극복의 문화다.[1] 자연을 개발하고 사회를 합리화하고자 했던, 그래서 궁극적으로 이 세계를 규칙적으로 만들고자 했던 산업혁명과 그 이후의 근대 역사를 보면 과연 옳은 말처럼 보인다. 그러나 내가 보기에 우연 극복의 시도와 노력은 결국 참담한 실패로 끝나고 말았다. 왜냐하

---

1 Hermann Lübbe, "Kontingenzerfahrung und Kontingenzbewältigung", G. v. Graeveniz & O. Marquard, eds., *Kontingenz*, pp. 35~47.

면 제아무리 인간들이 자연을 개발하고 환경을 파괴하며 사회를 제 딴
에 합리적으로 만든답시고 발버둥을 쳐봤자 그 결과는 언제나 불규칙
성과 불연속성, 불예측성만을 낳았고 인간 문명은 그 이후 더 커다란 혼
란과 혼돈 속으로 빠져들어 갔기 때문이다. 19세기 진보이념이 팽배하
던 시대에 인류 문명의 무한한 발전이라는 낙관적 환상(illusion)에 빠져
살았던 사람들은 20세기에 들어서면서 두 차례에 걸친 세계대전, 홀로
코스트, 제노사이드, 각종 테러리즘 같은 미증유의 사건을 경험하고 인
류 문명에 끔찍한 환멸(disillusion)을 느끼기 시작했다. 현대사회는 우연
극복의 문화일지는 모르지만, 그 극복의 시도는 실패한 프로젝트로 종
결됐고, 더 서글픈 사실은 현대사회가 고대나 중세보다도 오히려 더 우
연이 극대화된 사회, 우연이 지배하는 사회로 되돌아갔다는 점이다. 현
대사회는 갈수록 "분명한 원인들의 결핍"이 두드러진 특징을 갖는 열
린 구조들의 상황 속에서 작동한다.[2] 그만큼 우리는 일종의 "우연사회"
(Kontingenzgesellschaft)에서 살아왔다.[3] 현대사회로 올수록 우연을 극복
하려는 시도의 팽배가 오히려 우연의 양을 증가시키는 이 기막힌 역설
을 어떻게 설명해야 할까? 바우만이 온갖 종류의 안전의 기획이 오히려
더 안전을 위협하고 불확실성과 그 원인을 알 수 없는 공포만을 확산시
킨 오늘날을 '유동하는 근대'(liquid modernity, 액체근대)로 정의했듯이,[4]
나는 한치 앞도 내다볼 수 없는 최고의 불확실성에 내맡겨져 있는 오늘
날을 감히 '우연적인 근대'(contingent modernity, 우연근대)라고 명명하
고자 한다.

그렇다면 포스트모던한 현대사회에서 우리는 우연을 어떻게 이해하고
대면해야 할까? 우연을 철학적으로 중시해야 할 이유는 이 책의 제1부

2 Markus Holzinger, *Kontingenz in der Gegenwartsgesellschaft: Dimensionen eines Leitbegriffs moderner Sozialtheorie*, Bielefeld: Transcript Verlag, 2007, p. 12.

3 Michael Greven, *Kontingenz und Dezision*, Opladen: Leske & Budrich, 2000, p. 273.

4 지그문트 바우만, 『액체근대』, 이일수 옮김, 강, 2005.

에서 천착했던 내용을 근거로 제시할 수 있다. 먼저 아리스토텔레스의 논거를 역설적으로 뒤집어 보자. 오늘날 우연 경험의 중요성은 아리스토텔레스의 형이상학에서의 가능태와 현실태 개념을 통해 보다 더 명확하게 설명할 수 있다. 사물의 본질은 거의 언제나 겉으로 드러난 현상이 아니라 그 안에 내적으로 감추어져 있는 가능성을 통해서 파악된다. 예전부터 철학적 탐구는 사물의 현상보다 본질 규명에 더 많은 무게를 두어왔다. 여기서 현상이 현실태라면 가능성이란 가능태를 말하고, 그 가능태란 곧 우연을 뜻한다. 이 논리에 따르면, 사물의 본질이나 실체는 그것의 현실태, 즉 지금 여기에 나타나 있는 모습이 아니라 그것의 가능태, 즉 그것의 잠재적인 가능성과 자유 또는 우연을 통해 드러난다는 것이다. 달리 말하면 사물의 본질은 우연과 다를 바 없다. '본질'과 '우연'이 이처럼 동의어로 이해된다면, 사물의 본질이 더 이상 필연에 있지 않고 바로 우연에 놓여 있다는 사실에 누구나 동의하지 않을 수 없게 된다. 모든 전통적 가치의 전도(顚倒)와 역설을 강조하는 포스트모더니즘 시대에 걸맞은 엄청난 논거가 아닐 수 없다. 우연보다는 필연을 강조했던 헤겔과 같은 수많은 전통 철학자의 생각을 단번에 무너뜨릴 수 있는 강력한 무기가 발견된 셈이다.

더구나 이러한 생각의 타당성은 현대로 오면 올수록 마치 한겨울 높은 산의 경사면을 구르는 눈덩이처럼 불어난다. 불확정성의 원리가 일종의 과학적 원리로 확실하게 자리 잡은 오늘날 정치, 사회, 경제, 문화 등 우리 삶의 거의 모든 영역에서 우리의 예측을 빗나가는 현상이 너무도 빈번히 발생한다는 사실을 부정할 사람은 아마 없을 것이다. 가령 정치 분야에서 선거를 예로 들어보자. 정당과 언론, 방송사 등에서 사람들은 설문조사와 출구조사를 통해 누가 당선될지 예측하고자 애를 쓰지만, 그 예상을 빗나가 엉뚱한 사람이 당선되는 사례가 비일비재하게 발생한다. 사회현상도 마찬가지다. 시시각각으로 변하는 오늘날 복잡한 변수들이 너무나 많아 어떤 사회현상이 나타났다고 해서 그 원인을 특정할 수 없을 때가 많고, 실제로 그러한 사회현상이 언제까지 지속될지 도저히 예측할 수 없는 경우가 많다. 사회계층과 집단 사이의 변화, 결혼이나 가족제도와 같은 사회제도의 변화, 출산율 저하나 고령화 현상으로 인한 사회구조의 변화, 국내외로의 인구이동과 같은 인구변동 등 무수히 많은 사회현상이 언제 어떻게 바뀔지 도저히 예측할 수 없는 수준으로 변해 간다. 경제는 더욱더 예측 불가능한 영역이 되어버렸다. 크게는 경기변동부터 작게는 주식이나 부동산시장의 요동까지 환율, 금리, 물가, 임금, 고용, 투자, 무역, 내수, 국내외의 정세, 천재지변이나 사건 사고 등 고려해야 할 변수들이 무궁무진하다 보니 하나의 경제현상이 언제 어떻게 변해 갈지 아무도 예측할 수 없게 되었다. 모든 학문을 통틀어 경제예측 이론만큼 실제로 맞아떨어지지 않는 이론도 없다는 우스갯소리가 나돌 정도이니, 그 예측 불허의 심각성이 어느 정도인지 쉽게 가늠이 간다. 심지어 정확한 자료와 방법을 근거로 확실성을 추구하는 자연과학 분야를 보더라도 예측의 어려움과 불가능성이 과거에 팽배했던 예측의 가능성을 압도해 감을 알 수 있다. 카오스, 복합성, 상전이, 프랙털, 단속평형, 나비효과 등으로 상징되는 현대 과학의 불확정성의 원리는 이미 보편적 법칙으로 자리 잡은 지 오래다. 우연 개념은 이제 우리가 우리의 삶에서 단순히 인정해야 하는 것을 넘어 학문적으로 탐구되고 일상생활에서 보편적으로 수용하고 정립해야 할 중요한 요소로까지 승화되었다.

분야를 좁혀 역사학에 한정해 보더라도 우연 개념의 중요성은 재삼확인된다. 그동안 우연이 역사이론적으로 정립된 사례는 없었다. 이 책 제2부에서도 살펴보았듯이, 역사 안에서 우연 담론이 제기된 사례들은 간간이 눈에 띄지만, 그 담론이 역사서술 또는 역사학 분야의 이론이나 방법론으로까지 승화한 사례는 아직 없었다. 그도 그럴 것이 이미 발생한 사건이나 현상의 단순 나열이 아니라 그것들 사이의 인과관계를 천착하기 위해 등장한 역사서술 또는 역사학이 인과관계의 부정을 의미하는 우연을 연구나 서술에 끌어들인다는 것은 곧 그 자신을 부정하는 자기기만에 해당하기 때문이다. 고대부터 적어도 근대 초까지만 해도 운명과 행운, 섭리 등을 뜻했거나 이 개념들과 동의어로 쓰였던, 아니 18세기까지만 해도 그런대로 제법 독립적으로 쓰였던 우연 개념이 역사서술의 학문화 과정이 본격화되던 19세기 역사주의 시대에 와서 아예 완전히 부정되거나 제거되었던 점은 그 점에서 전혀 놀랄 일이 아니다. 우연 개념을 둘러싼 20세기 역사학계의 고민은 그 개념의 수용과 거부라는 양극단의 선택 앞에서 분열의 양상을 보이면서 깊어간다. 수용하자니 인과관계를 토대로 나름 객관적인 사실을 규명해 나가고자 하는 근대 역사학의 계율이나 틀에 맞지 않고, 거부하자니 불확정성의 원리가 보편화된 오늘날의 학문 전반의 분위기와 맥락을 거스르며 시대에 역행하는 꼴이 되기 때문이다. 이러한 진퇴양난의 기로에서 현대 역사학은 대체로 우연 개념을 역사서술에 은밀히 끌어들이는 경향을 보인다. 객관적 역사학을 추구하며 아무리 거부하려 해도 세상일이라는 것이 인과법칙에 딱 맞아떨어지며 흘러가는 것이 아니라는 점에서 우연 개념은 역사연구와 서술에서 당당히 자신의 지분을 요구하며 하나의 이론이나 방법으로 정립될 자격을 부여받는다.

더구나 역사와 우연의 필연적 관계는 앞서 보았던 대로 인위적이 아니라 자연적으로 설정된다. 포스트모더니즘 시대에 역사는 '허구' (fiction)로 규정된다. 역사도 문학과 마찬가지로 꾸민 이야기, 즉 소설이라는 것이다. 물론 여기서 '허구'가 허위, 오류, 기만, 왜곡 등의 의미보다는 작위, 인위, 구성, 창작 등의 의미로 읽혀야 함은 물론이다. 왜냐하면 역사는 거짓이나 가짜가 아닌 실제로 일회적으로 발생했던 사건, 즉 진실을 토대로 꾸며낸 이야기이기 때문이다. 그 점에서 허구가 담고 있는 두 개의 의미요소인 허위와 작위는 모두 진실과는 서로 다른 차원에서 상반된 입장에 선다. 역사가 허구라는 뜻은 역사가 기본적으로 텍스트로 구성된 사료를 바탕으로 역사가에 의해 이야기 형식인 '서사'로 재구성된다는 사실을 의미한다. '언어로의 전환'과 밀접한 연관 속에서 등장한 포스트모더니즘 시대의 역사학에서 "텍스트 밖에는 아무것도 없다"는 데리다의 언명에 따라 역사의 실재는 오직 텍스트 안에서만 존재한다. 텍스트 또는 텍스트와 텍스트 사이의 상호텍스트성을 토대로 꾸며낸 이야기가 역사라면, 결국 역사는 작위로서의 '허구성', 이야기로서의 '서사성', 일회적 사건으로서의 '개별성'이라는 속성을 갖는데, 이모든 속성은 다시 우연의 속성과 대체로 일치한다. 한걸음 더 나아가 역사에서의 허구나 서사의 본질이라고 할 수 있는 '개연성'은 우연의 핵심요소인 '가능성'과 한 치의 오차도 없이 딱 맞아떨어진다. 어떤 상황에서 어떤 일이 어떻게 발생할지(개별성) 아무도 예측하지 못한 상황에서(허구성) 어떤 하나의 일이 뜻하지 않은 방식으로 발생한 것(서사성)을 다루는 역사는 결국, 약간 과장하면, 우연을 탐구 대상으로 하는 학문 분야라고 할 수 있다.

개연성에서 파생된 개념, 즉 예측 불가능성은 역사와 우연을 끈끈하게 묶어주는 핵심요체다. 카와 에릭 홉스봄(Eric Hobsbawm) 등 현대의 적지 않은 유명 역사가들이 역사에서의 예견과 예측, 예언 등을 조심스럽게 가능한 것으로 인정했지만,[5] 포스트모더니즘이 풍미한 최근에 오면 올수록 많은 역사가들은 역사의 예측 불가능성에 더 많은 표를 던진다. 가령 리처드 에번스는 "역사는 예측력을 가진 법칙을 만들 수 없다. 과거에 대한 이해는 인간 본성에 대한 지식을 넓혀 준다는 점에서 현재를 이해하는 데 도움이 되며, 미래에 일어날 만한 일이나 일어나서는 안될 일을 제시할 수 있다. 하지만 어떤 조건에서 실제로 어떤 일이 일어날지 예측하는 문제에서는 언제나 잘못된 논의를 하기 쉽다. 이것들은 과학 법칙이 보여주는 예측의 확실성에 전혀 가까이 가지 못한다"고 주장한다.[6] 에번스가 보기에 삶은 과학과 달리 단순히 너무나 놀라움으로 가득 차 있기에, 역사가가 미래를 예측하려는 것은 언제나 잘못이라는 것이다. 역사에서 미래를 예측하는 일뿐만 아니라 원인을 규명하는 데

5 Carr, *What is History?*, pp. 109 이하; 에릭 홉스봄, 『역사론』, 강성호 옮김, 민음사, 2002, 72~98쪽.
6 에번스, 『역사학을 위한 변론』, 61쪽.

많은 어려움이 있는 이유는 일찍이 도스토옙스키도 지적했듯이, 세계사가 칸트나 헤겔이 생각했던 것과 달리 결코 합리적이라고 할 수 없다는 사실에 근거한다.

역사의 불확정성도 역시 역사와 우연 사이를 필연적 관계로 연결해 주는 주요 특성이다. 프랑스의 역사가 폴 벤느(Paul Veyne)는 "역사의 장은 거기서 발견되는 모든 것이 실제로 일어난 것이어야만 한다는 한 가지 사실을 제외하고는 완전히 불확정적이다"라고 선언했다.[7] 역사가 실제로 발생했던 일회적 사건을 연구 대상으로 삼는다는 사실을 제외하면, 그 일회적 사건이 기억되는 과정, 그것이 기억을 통해 사료로 남겨지는 방식, 기억과 사료를 토대로 그것이 역사가에 의해 재구성되는 과정, 그것이 재구성되면서 동원되거나 활용되는 갖가지 기술적 수단, 방법, 형식 등 모든 것이 정해져 있지 않고 가능하다는 점에서 역사는 열린 학문이다. 역사연구의 방법 또는 역사서술의 형식에서의 이러한 개방성은 역사의 내용을 혼란스럽거나 복잡하게 하기보다는 오히려 그 내용을 더욱 풍부하게 해준다. 인식 행위에서 그 깊이와 폭을 넓혀 주는 데 기여할 다양한 방식을 포기하고 특정한 하나의 방식만을 고집하는 것처럼 우매한 짓도 없을 것이다. 모든 것이 선택적인 역사의 재구성 과정에서 하나의 정해진 공정(工程)이 없다는 사실이야말로 바로 역사의 가장 기본적인 특징인데, 이 강점은 곧 역사의 불확정성을 지시하고 이 불확정성을 통해 다시 역사의 우연성은 그 자신의 진실성을 확인받는다.

역사의 각 사건 하나하나가 모두 단속적(斷續的)이라는 점에서도 역사는 우연적이다. 일찍이 포스트구조주의 철학자 미셸 푸코가 지적했듯이, 현대 인식론이나 현대 과학사 등에서 제기되었던 '단절'과 '불연속'의 문제가 오늘날 역사학적 연구에 전이되면서, 일부 영역에서부터 전통적 역사학에서 유지되던 통일적이고 연속적인 거대 담론으로서의 대

---

7 폴 벤느, 『역사를 어떻게 쓰는가』, 이상길·김현경 옮김, 새물결, 2004, 37쪽.

문자 '역사'(History)는 종말을 고하거나 아니면 해체되었다.[8] 문화적 네트워크 또한 과거에는 전통과 그 수용이라는 이름 아래 주로 '결속'과 '통합'의 관점에서 이해되었다면, 이제는 세대 간의, 집단 간의 심지어 한 집단 내부에서의 '갈등'과 '충돌'의 측면에서 이해되고 있는데, 이러한 인식의 변화에도 역시 푸코의 '단절'과 '불연속' 개념이 한몫했음은 두말할 나위가 없다. 심지어 프랑스 구조주의 철학자 클로드 레비스트로스(Claude Lévi-Strauss)조차 "역사는 그 각각이 고유한 빈도로서 규정되는 여러 영역으로 이루어진, 불연속적인 총체다"라고 선언했다.[9] 역사가 불연속적이라는 것은 곧 역사가 우연으로 이루어진 세계라는 사실을 웅변한다.

당연하기에 거듭 반복되어 언급되었던 역사의 비(非)법칙성도 역사의 우연성을, 마치 어두운 밤바다에 떠 있는 배의 항로를 환히 비춰주는 등대처럼 밝혀 준다. 그다지 멀지도 않았던 과거, 즉 18세기 말과 19세기 초만 해도 칸트나 헤겔과 같은 철학자들은 인류의 역사가 도덕적 진보와 자유의지의 확장 또는 합리성의 원칙과 같은 일정한 목적을 향해 끊임없이 발전해 간다는 내용을 담은 역사철학에 몰두했었다. 심지어 20세기에 들어와서도 신실증주의의 세례를 받은 카를 포퍼(Karl Popper)나 카를 구스타프 헴펠(Carl Gustav Hempel)과 같은 학자들은 역사에서의 서술이 '서사'가 아닌, 인과 원칙에 따른 법칙적 '설명'으로 이루어져야 한다고 주장했다. 역사에서 일정한 법칙을 발견하고 그것을 과학적으로 서술해 낼 수 있다고 가정해 전개되었던 이 모든 역사철학적 프로젝트는 불행히도 실패로 끝나고 말았다. 역사에서 법칙이란 있을 수 없기 때문이다. 만일 역사에 법칙이 있다면, 삶에도 법칙이 있어야 말이 되지만, 오늘날 삶에 법칙이 있다는 주장에 동의할 사람이 과연 얼마나 될까? 물론 이 세상에 주로 인과관계, 사회적 또는 과학적 원리에 근거한

8 미셸 푸코, 『지식의 고고학』, 이정우 옮김, 민음사, 1992, 17~41쪽.
9 Claude Lévi-Strauss, *La Pensee sauvage*, Paris: Plon, 1962, p. 340.

일정한 법칙이 있을 수는 있다. 그러나 인간사 전체를 지배하는 법칙은 있을 수 없다. 만일 그런 법칙이 있다면, 사람들은 이 세상의 모든 일을 정확히 예측할 수 있고 그에 따라 우리의 삶을 합리적으로 조직하고 영위해 나갈 수 있을 것이다. 바로 이 세상일을 예측할 수 없고 온전히 이 세상일을 지배하는 법칙이 없다는 점에서, 우리는 결국 역사를 포함한 모든 인간사가 우연적이라는 결론에 도달한다.

이 모든 정황으로 미루어보아 이제 우연이 다른 모든 학문 분야에서처럼 역사학 분야에서도 단순히 인정받거나 수용되는 차원을 넘어 더 나아가 이론적으로 정립되어야 할 시점에 이르렀다. 우연은 그 자체로 하나의 역사학적 개념이자 학술용어로, 하나의 인식범주로 적극 인정되어야 하고, 나아가 도저히 풀릴 것 같지 않은 문제나 사안에 접근하기 위한 하나의 역사학적 방법으로까지 승화되어야 할 것이다.

역사가 이렇게 우연으로 이루어진 세계라는 점을 인정한다면 그리고 역사에서의 우연을 이론화해야 할 작업의 필요성이 요구된다면, 인과관계의 추적을 주된 임무로 하는 역사학에서의 연구는 우연에 내맡겨버리면 되는가? 그렇지는 않다. 그것은 카의 지적처럼 너무나도 무책임하고 방만한 태도에 지나지 않기 때문이다. 인과관계의 탐구는 역사학의 중요한 한 축을 이루기 때문에 당연히 지속적으로 이루어져야 할 것이다. 그러나 그렇다고 역사연구를 인과관계의 분석에만 초점을 맞춘다면 심각한 부작용이 생길 가능성이 크다. 왜냐하면 역사 세계는, 우리가 지속적으로 보아왔던 것처럼, 결코 합리적이지도 필연적이지도 않기 때문이다. 따라서 역사가는 역사연구에 임할 때 한편으로 특정 사건의 원인과 결과를 밝히는 작업은 진행하되, 다른 한편 늘 우연의 요소와 그 기능을 충분히 염두에 두고 분석 작업에 임해야 한다. 그렇지 않으면 안 그래도 역사적 사건의 진실을 모를 때가 많은 우리들이 오리무중에 빠짐으로써 역사적 진실로부터 더 멀어질 수 있기 때문이다. 물론 역사가 우연으로만 뒤덮여 있는 세계가 아님은 분명하다. 하지만 특정 사건의 원인을 밝힌답시고 어설프게 인과관계를 제시하거나 아니면 연관이 없는 두 사건 사이를 무리하게 연결할 때 그리고 엉뚱하게 우연의 요소를 고려하지 않거나 지나쳐버리면, 역사의 진실은 그만큼 더 멀어질 수밖에 없을 것이다. 일찍이 미국의 민중사가 하워드 진(Howard Zinn)이 "가난한 사람들의 외침이 항상 정의롭지는 않지만, 만일 당신이 그들의 말에 귀를 기울이지 않는다면 당신은 정의가 무엇인지 결코 알지 못할 것이다"[10]라고 말했던 것처럼, 역사가 곧바로 우연은 아닌지 모르지만, 역사에서 우연을 고려하지 않으면 우리는 결코 역사적 진실에 단 한걸음도 다다가지 못할 것이다.

---

10 Howard Zinn, *A People's History of the United States*, New York: Harper Collins Publishers, 1999, p. 10.

참고문헌

1. 서양문헌

Abélard, P., *Ouvrages inédits d'Abelard: pour servir à l'histoire de la philosophie scolastique en France*, ed. M. Victor Cousin, Paris, 1836.

Allègre, F., *Étude sur la Déesse grecque Tyche*, Paris, 1889.

Ankersmit, F. R., *History and Tropology: The Rise and Fall of Metaphor*, Berkeley, 1994.

Aquinas, Th., *Summa Theologica*, trans. Fathers of the English Dominican Province, 5 vols., New York, 1947~48.

_____, *De principiis naturae ad fratrem Sylvestrum*, trans. R. A. Kocourek, St. Paul, 1948.

_____, *Opusculum De ente et essentia. editio tertia*, Torino, 1957.

_____, *In Aristotelis libros Peri hermeneias et Posteriorum analyticorum expositio: cum textu ex recensione leonina*, Torino, 1964.

Archenholz, J. W. v., *Geschichte des siebenjährigen Krieges in Deutschland*(1791), 2 vols., Berlin, 1840.

_____, *The History of the Seven Years War in Germany*, trans. Frederic Adam Catty, Frankfurt a. Main, 1843.

Aristoteles, *The Complete Works of Aristotle*, ed. Jonathan Barnes, 2 vols., Princeton, 1984.

_____, *Categories and De Interpretatione*, trans. J. L. Ackrill, Oxford, 1963.

_____, *Metaphysik*, trans. Hans Günter Zekl, Würzburg, 2003.

_____, "Physikvorlesung", ed. Hellmut Flashar, *Aristoteles Werke*, vol. 2, trans. Hans Wagner, Berlin, 1995.

_____, *Organon. Band 3/4. Erste Analytik; Zweite Analytik*, ed. Hans Günter Zekl,

Hamburg, 1998.

_____, *Poetik*, trans. & ed. Manfred Fuhrmann, Stuttgart, 1994.

_____, *The Politics*, ed. Stephen Everson, Cambridge, 1988.

Aron, R., *Introduction à la philosophie de l'histoire*, Paris, 1948.

Art. "Kontingenz", *Historisches Wörterbuch der Philosophie*, vol. 4, Basel; Stuttgart, 1976, pp. 1027~38.

Augustinus, A., *Vom Gottesstaat*, trans. Wilhelm Thimme, intro. & comment Carl Andresen, 2 vols., München, 1997.

_____, *Dreiundachtzig verschiedene Fragen*, ed. & trans. Carl. J. Perl, Paderborn, 1972.

Bacon, F., *The Works*, eds. J. Speeding, R. L. Ellis & D. D. Heath, 14 vols., London, 1961~63.

Barnes, H. E., *A History of Historical Writing*, New York, 1963.

Bauman, Z., *Modus Vivendi: Inferno e Utopia del Mondo Liquido*, Gius, 2006.

_____, *Liquid Times: Living in an Age of Uncertainty*, Cambridge, 2006.

_____, *Liquid Fear*, Cambridge, 2006.

_____, *Liquid Modernity*, Cambridge, 2000.

Beck, H., *Möglichkeit und Notwendigkeit. Eine Entfaltung der ontologischen Modalitätenlehre im Ausgang von Nicolai Hartmann*, München, 1961.

Becker-Freyseng, A., *Die Vorgeschichte des philosophischen Terminus 'contingens'*, Heidelberg, 1938.

Becker, O., *Untersuchungen über den Modalkakül*, Meisenheim am Glan, 1952.

Benjamin, W., *Gesammelte Schriften*, eds. Rolf Tiedemann & Hermann Schwepenhäuser, Frankfurt a. M., 1974ff.

Bergk, Th., ed., *Poetae lyrici graeci*, Leipzig, 1882.

Blumenberg, H., *Beiträge zum Problem der Ursprünglichkeit der mittelalterlich-scholastischen Ontologie,* unveröffentlichte Dissertation, Kiel, 1947.

Bockshammer, G. A., *Die sittlich-religiöse Anschauung des Thukydides*, Tübingen, 1862.

Boehner, Ph., *Medieval Logic. An Outline of its Development from 1250 to ca. 1400*, Manchester; Chicago, 1952.

Boelitz, O., *Die Lehre vom Zufall bei Émil Boutroux. Ein Beitrag zur Geschichte der neuesten französischen Philosophie, Leipzig, 1907.

Boethius, A. M. S., *The Consolation of Philosophy*, trans. P. G. Walsh, Oxford, 1999.

_____, *On Aristotle On Interpretation 1~3*, trans. Andrew Smith, London, 2010.

Bousquet, G. H., "Le Hasard. Son rôle dans l'histoire des société", *Annales: Economies, Société, Civilisation* 22, 1967, pp. 419~28.

Boutroux, É. É. M., *De la contingence des lois de la nature*, Paris, 1874.

_____, *Die Kontingenz der Naturgesetze*, Jena, 1911.

_____, *The Contingency of the Laws of Nature*, trans. Fred Rothwell, Chicago; London, 1920.

Brink, C. O. and Walbank, F. W., "The Construction of the Sixth Book of Polybius", *Classical Quarterly* 4, 1954, pp. 97~122.

Brumfitt, J. H., *Voltaire Historian*, Oxford, 1958.

Bubner, R., Cramer, K., Wiehl, R., eds., *Neue Hefte für Philosophie*, Heft 24/25: "Kontingenz", Göttingen, 1985.

Bubner, R., *Geschichtsprozesse und Handlungsnormen. Untersuchungen zur praktischen Philosophie*, Frankfurt a. M., 1984.

Burckhardt, J., *Über das Studium der Geschichte. Der Text der "Weltgeschichtlichen Betrachtungen" auf Grund der Vorarbeiten von Ernst Ziegler nach den Handschriften*, ed. P. Ganz, München, 1982.

_____, *Gesamtausgabe*, eds. Emil Dürr, Werner Kaegi, Samuel Merian, Albert Oeri, Hans Trog, Felix Stähelin, Heinrich Wölfflin, 14 vols., Stuttgart; Berlin; Leipzig, 1929~34.

Bury, J. B., *The Ancient Greek Historians*, New York, 1909.

_____, "Cleopatra's Nose", J. B. Bury, *Selected Essays*, ed. Harold Temperley, Amsterdam, 1964, pp. 60~69.

Cameron, A., ed., *History as Text: the Writing of Ancient History*, London, 1989.

Carr, E. H., *What is History?*, Middlesex, 1961.

Cassirer, E., *Individuum und Kosmos in der Philosophie der Renaissance*, Darmstadt, 1926.

Cicero, M. T., *Vom Wesen der Götter(De natura deorum)*, lat.-dt. eds. & trans. W. Gerlach and Karl Bayer, 3. ed., München; Zürich, 1990.

Clausewitz, C. v., *Vom Kriege*, ed. Werner Hahlweg, Bonn, 1991.

Cramer, K., "Kontingenz in Kants Kritik der reinen Vernunft", ed. B. Tuschling, *Probleme der Kritik der reinen Vernunft*, Berlin; New York, 1984, pp. 143~60.

Curthoys, A. & Docker, J., *Is History Fiction?*, Sidney, 2010.

Cusanus, N., *De docta ignorantia*, trans. & ed. P. Wilpert & H. G. Senger,

Hamburg, 1999.

_____, *The Catholic Concordance*, Cambridge, 1991.

Daniel, U., *Kompendium Kulturgeschichte. Theorie, Praxis, Schlüsselwörter*, Frankfurt a. M., 2001.

_____, "Kontingenz/Diskontinuität", U. Daniel, *Kompendium Kulturgeschichte. Theorie, Praxis, Schlüsselwörter*, Frankfurt a. M., 2001, pp. 419~29.

Darnton, R., "Die Revolution des Zufalls. Was im Herbst 1989 in der DDR geschah, passt in kein Erklärungsmodell der Historiker", *Süddeutsche Zeitung* 251(29.10.1999), p. 10.

Dawson, J. G., "Necessity and Contingency in the 'De libero arbitrio' of Grosseteste", *La filosofia della natura nel medioevo*, Milano, 1966.

Demandt, A., *Ungeschehene Geschichte: Ein Traktat über die Frage: Was wäre geschehen, wenn...?*, Göttingen, 1984.

_____, *Endzeit? Die Zukunft der Geschichte*, Berlin, 1993.

Diderot, D., *Œvre Completès*, eds. J. Assézat & M. Tourneux, 20 vols., Paris, 1966.

_____ & D'Alembert, J. l. R., eds., *Encyclopédie ou Dictionaire raisonné des sciences, des arts et des métiers, par une société de gens de lettres.* Mis en odre & publié par M. Diderot, et, quant à la partie mathématique, par M. D'Alembert, 36 vols., Paris, 1751~1780, Lausanne; Bern, 1779~82.

Donaldson, L., ed., *Contingency Theory*, Aldershot, Hants, England, 1995.

Doren, A., "Fortuna im Mittelalter und in der Renaissance", ed. F. Saxl, *Vorträge der Bibliothek Warburg*, II. Vorträge 1922~1923, 1. Teil, Leipzig; Berlin, 1924, pp. 71~144.

Dover, K., *Greek Popular Morality in the time of Plato and Aristotle*, Oxford, 1974.

Droysen, J. G., *Historik: Vorlesungen über Enzyklopädie und Methodologie der Geschichte*, ed. Rudolf Hübner, München, 1960.

_____, *Historik: Rekonstruktion der ersten vollständigen Fassung der Vorlesungen (1857), Grundriß der Historik in der handschriftlichen(1857/1858) und in der letzten gedruckten Fassung(1882)*, ed. Peter Leyh, Stuttgart-Bad Cannstatt, 1977.

_____, *Texte zur Geschichtstheorie*, eds. Günter Birtsch & Jörn Rüsen, Göttingen, 1972.

Durschmied, E., *Der Hinge-Faktor. Wie Zufall und menschliche Dummheit Weltgeschichte schreiben*, Wien; Köln; Weimar, 1998.

Eckstein, A. M., *Moral Vision in the Histories of Polybius*, Berkeley, 1995.

Edmunds, L., "Necessity, Chance, and Freedom in the Early Atomists", *Phoenix* 26, 1972, pp. 342~57.

Eigen, M. & R. Winkler, *Das Spiel Naturgesetze steuern den Zufall*, München, 1985.

Eisler, R., Art. "Zufall (Zufälligkeit)", *Kant Lexikon*, Hildesheim, 1961, pp. 620~21.

Erbrich, P., *Zufall*, München, 1988.

Evans, R., *In defence of History*, London, 1997.

Euenus, "Fragmente 8", ed. Theodor Bergk, *Poetae lyrici graeci*, Leipzig, 1882.

Faber, K.-G., *Theorie der Geschichtswissenschaft*, München, 1974.

Faust, A., *Der Möglichkeitsgedanke. Systemgeschichtliche Untersuchungen*, Heidelberg, 1931.

Feuerbach, L., *Das Wesen des Christentums*, Stuttgart, 1974.

Fichte, J. G., *Fichtes Werke*, ed. Immanuel Hermann Fichte, 11 vols., Berlin, 1971.

_____, *Versuch einer Critik aller Offenbarung*, Königsberg, 1792.

Fiore, J., *Liber Concordiae Novi ac Veteris Testamenti*, ed. E. Randolph Daniel, Philadelphia, 1983.

Fisher, H. A. L., *A History of Europe*, 3 vols., London, 1935.

Flanagen, T., "The Concept of Fortuna in Machiavelli", ed. A. Parel, *The Political Calculus: Essays on Machiavelli's Philosophy*, Toronto, 1972.

Förster, H. v., "On Self-Organizing Systems and their Environments", Marshall C. Yovits & Scott Cameron, eds., *Self-Organizing Systems*, Oxford, 1960, pp. 31~50.

Foucault, M., *L'Ordre du discours*, Paris, 1971.

_____, *Les mots et les choses: une archéologie des sciences humaines*, Paris, 1969.

_____, *Von der Subversion des Wissens*, Frankfurt a. M., 1978.

_____, *Dispositive der Macht*, Berlin, 1978.

_____, *The Archaeology of Knowledge and the Discourse on Language*, trans. A. M. Sheridan Smith, New York, 1972.

Fowler, W. W., "Polybius' Conception of tyche", *Classical Review* 17, 1903, pp. 445~49.

Frakes, J. C., *The Fate of Fortune in the Early Middle Ages. The Boethian Tradition*, Leiden, 1988.

Frédéric le Grand, *Œuvres*, Berlin, 1848.

Freising, O. v., *Chronica sive Historia de duabus Civitatibus*, ed. W. Lammers,

Darmstadt, 1960.

Freud, S., *Gesammelte Werke*, vol. 8, Frankfurt a. M., 1969.

Freundlieb, M., *Studie zur Entwicklung des Kontingenzbegriffs*, Bonn, 1933.

Froissart, J., *The Chronicle of Froissart*, trans. Sir John Bourchier & Lord Berners, London, 1901.

Fukuyama, F., *The End of History and the Last Man*, New York, 1992.

Gabba, E., "True History and False History in Classical Antiquity", *Journal of Roman Studies* 71, 1981, pp. 50~62.

Gaddis, J. L., *The Landscape of History: How Historians Map the Past*, Oxford; New York, 2002.

Galindo, J., ed., *Zwischen Notwendigkeit und Kontingenz: Theoretische Selbstbeobachtung der Soziologie*, Wiesbaden, 2006.

Gardiner, P., ed., *Theories of History*, New York, 1959.

Gardiner, J., *What is History Today?*, London, 1988.

Gehlen, A., "Ende der Geschichte?", A. Gehlen, *Einblicke*, Frankfurt a. M., 1975, pp. 115~33.

Gelzer, M., "Die pragmatische Geschichtsschreibung des Polybios", ed. G. Bruns, *Festschrift für C. Weickert*, Berlin, 1955, pp. 87~91.

Gibbon, E., *The History of the Decline and Fall of the Roman Empire*, ed. J. B. Bury, New York, 1995.

Gilbert, F., *Machiavelli and Guicciardini. Politics and History in Sixteenth-Century Florence*, Princeton, 1965.

Gioffari, V., *Fortune and Fate from Democritus to St. Thomas Aquinas*, New York, 1935.

Gleiser, M., *A Tear at the Edge of Creation*, New York, 2010.

Graeveniz, G. v. & Marquard, O., eds., *Kontingenz* (Poetik und Hermeneutik; 17), München, 1998.

Greven, M., *Kontingenz und Dezision*, Opladen, 2000.

Gould, J. B., "The Stoic Concept of Fate", *Journal of History of Ideas* 35, 1974, pp. 17~32.

Gould, S. J., *Zufall Mensch*, München, 1989.

Guicciardini, F., *The History of Italy*, trans. & ed. Sidney Alexander, London, 1969.

_____, *Ricordi. Storie fiorentine*, ed. Emanuella Scarano, Turin, 1970.

_____, *Maxims and Reflections of a Renaissance Statesman* (*Ricordi*), trans. Mario

Domandi, New York, 1965.

Hartmann, N., *Möglichkeit und Wirklichkeit*, Berlin, 1966.

Hegel, G. W. F., *Werke in Zwanzig Bänden*. Auf der Grundlage der *Werke* von 1832~1845 neu edierte Ausgabe. Redaktion Eva Modenhauer und Karl Markus Michel, 20 vols., Frankfurt a. M., 1986.

_____, *Vorlesungen über die Philosophie der Kunst*, Berlin 1823, Nachgeschieben von Heinrich Gustav Hotho, ed. Annemarie Gethmann‑Siefert, Hamburg, 1998.

_____, *Die Vernunft in der Geschichte*, ed. J. Hoffmeister, Hamburg, 1955.

Heidel, Ch., *The Necessary and the Contingent in the Aristotelian System*, Chicago, 1896.

Heitmann, K., *Fortuna und Virtus: eine Studie zu Petrarcas Lebensweisheit*, Köln, 1958.

Henrich, D., "Hegels Theorie über den Zufall", in: D. Henrich, *Hegel im Kontext*, Frankfurt a. M., 1971.

Herder, J. G., *Ideen zur Philosophie der Geschichte der Menschheit*, Textausgabe, Darmstadt, 1966.

Herodotos, *Herodoti Historiae*, 2 vols., New York, 1927.

_____, *The Histories*, Harmondsworth, 1954.

Heuss, A., *Verlust der Geschichte*, Göttingen, 1959.

_____, *Zur Theorie der Weltgeschichte*, Berlin, 1968.

_____, "Kontingenz in der Geschichte", Bubner, R., K. Cramer, R. Wiehl, eds., *Neue Hefte für Philosophie*, Heft 24/25: "Kontingenz", Göttingen, 1985, pp. 14~43.

Hobbes, Th., *The English Works of Thomas Hobbes of Malmesbury*, ed. W. Molesworth, 11 vols., London, 1839~45; reprint, Aalen, 1962.

Hobsbawm, E., *On History*, New York, 1997.

Hoffmann, A., *Zufall und Kontingenz in der Geschichtstheorie. Mit zwei Studien zu Theorie und Praxis der Sozialgeschichte*, Frankfurt a. M., 2005.

Holzinger, M., *Kontingenz in der Gegenwartsgesellschaft: Dimensionen eines Leitbegriffs moderner Sozialtheorie*, Bielefeld, 2007.

Hook, S., *The Hero in History: A Study in Limitation and Possibility*, New York, 1943.

Hornblower, S., *Thucydides*, London, 1987.

Hölz, H., "Zufall Eine philosophische Untersuchung", *Schriften zur Philosophie und ihrer Geschichte*, ed. Akademie der Wissenschaften der DDR, vol. 24, Berlin, 1980.

Humboldt, W. von, *Gesammelte Schriften*, ed. Königliche Preussische Akademie der Wissenschaften, Berlin, 1903ff.

Hume, D., *The History of England: from the Invasion of Julius Caesar to the Revolution in 1688*, abridged and with an introd. by Rodney W. Kilcup, Chicago, 1975.

_____, *The Philosophical Works*, eds. T. H. Green & T. H. Grose, 4 vols., London, 1964.

Iggers, G. G., *The German Conception of History: The National Traditon of Historical Thought from Herder to the Present*, Middletown, Conn., 1968.

_____, "Historicism: The History and Meaning of the Term", *Journal of the History of Ideas* 56, 1995, pp. 129~52.

Jaeger, F., "Geschichtsphilosophie, Hermeneutik und Kontingenz in der Geschichte des Historismus", Wolfgang Küttler, Jörn Rüsen, Ernst Schulin, eds., *Geschichtsdiskurs*, vol. 3: Die Epoche der Historisierung, Frankfurt a. M., 1997, pp. 45~66.

Jalbert, G., *Nécessité et Contingentia chez S, Thomas d'Aquin et ses prédécesseurs*, Ottawa, 1961.

Jenkins, K., *Re-thinking History*, London, 1991.

_____, *On 'What is History' From Carr and Elton to Rorty and White*, London, 1995.

Joyce, P., "History and Post-Modernism", *Past and Present* 133, 1991, pp. 204~09.

Kant, I., *Werkausgabe*, ed. W. Weischedel, 12 vols., Frankfurt a. M., 1974.

_____, *Werke in zehn Bänden*, ed. W. Weischedel, Darmstadt, 1983.

_____, *Kants Gesammelte Schriften*(Akademie-Ausgabe), eds., die Königliche Preußische Akademie der Wissenschaften et. al., 29 vols., Berlin, 1902ff.

Kerr, C. W., *The Idea of Fortune of Italian Humanism from Petrtarca to Machiavelli*, Cambridge, 1956.

Khaldûn, I., *The Muqaddimah. An Introduction to History*, trans. F. Rosenthal, Princeton, 1958.

Kierkegaard, S., *Gesammelte Werke*, eds. & trans. E. Hirsch, et al., 30 vols., Gütersloh, 1991~98.

_____, *Entweder-Oder*, eds., Hermann Diem & Walter Rest, Köln, 1960.

Klein, S., *Alles Zufall*, Reinbek, 2004.

Köhler, E., *Der literarische Zufall, das Mögliche und die Notwendigkeit*, München, 1973.

Köhler, O., "Die Zeit der Nachgeschichte", *Saeculum* 16, 1965, pp. 296~315.

Koselleck, R., "Der Zufall als Motivationsrest in der Geschichtsschreibung", R. Koselleck, *Vergangene Zukunft: Zur Semantik geschichtlicher Zeiten*, Frankfurt a. M., 1979, pp. 158~75.

_____, "Über die Verfügbarkeit der Geschichte", R. Koselleck, *Vergangene Zukunft: Zur Semantik geschichtlicher Zeiten*, pp. 260~77.

Koster, S., "Der Zufall in der Antike", Henning Kössler, ed., *Über den Zufall, Fünf Vorträge*, Erlangen, 1996, pp. 13~36.

Krieger, L., *Ranke: The Meaning of History*, Chicago, 1977.

LaCapra, D., *History and Criticism*, Ithaca, 1985.

La Mettrie, J. O. d., *L'homme machine/Die Maschine Mensch*, trans. & ed. Claudia Becker, franz.-dtsch., Hamburg, 1990.

Laqueur, R., *Polybius*, Berlin, 1913.

Lasson, A., *Über den Zufall*, Berlin, 1918.

Leibniz, G. W. v., "De contingentia", ed. G. Grua, *G. W. Leibniz: Textes inédits, d'après les Manuscrits de la Bibliothèque provinciale de Hanovre*, 2 vols., Paris, 1948.

_____, "La Monadologie", G. W. v. Leibniz, *Werke, Opusculus metaphysiques*, ed. Hans Heinz Holz, Darmstadt, 1985.

_____, "Metaphysische Abhandlung §13", *Kleine Schriften zur Metaphysik*, ed. H. H. Holz, Darmstadt, 1965.

Lévi-Strauss, C., *La Pensee sauvage*, Paris, 1962.

Livy, T., *From the Founding of the City*, trans. B. O. Foster & F. G. Moore, 6 vols., Cambridge, 1967.

Lloyd, G., *Spinoza and the Ethics*, London, 1996.

Locke, J., *Works*, 10 vols., London, 1963.

Lübbe, H., *Geschichtsbegriff und Geschichtsinteresse. Analztik und Pragmatik der Historie*, Basel; Stuttgart, 1977.

Luce, T. J., "Ancient Views on the Causes of Bias in Historical Writing", *Classical Philology* 84, 1989, pp. 16~31.

Luhmann, N., *Soziologische Aufklärung*, Opladen, 1970,

_____, *Soziale Systeme. Grundriß einer allgemeinen Theorie*, Frankfurt a. M., 1984.

_____, *Die Gesellschaft der Gesellschaft*, Frankfurt a. M., 1997.

Lukrez, *Welt aus Atomen*, Stuttgart, 1986.

Machiavelli, N., *The Prince(Il Principe)*, eds. Quentin Skinner & Russel Price, Cambridge, 1988.

_____, *Discourses on Livy*, Chicago, 1996.

Makropoulos, M. *Modernität und Kontingenz*, München, 1997.

Marquard, O., *Apologie des Zufälligen*, Stuttgart, 1986.

Martin, L. H., Art. "Tyche", *Dictionary of Deities and Demons in Bible*, eds. Karel van der Toorn, Bob Becking, and Pieter van der Horst, Leiden, 1999, pp. 877~78.

Marx, K. & Engels, F., *Marx-Engels-Werke*, ed. Institut für Marxismus–Leninismus beim Zentralkomitee der SED, 43 vols., Berlin, 1956~90.

Meillassoux, Q., *Après la finitude: Essai sur la nécessité de la contingence*, Paris, 2006.

Meinecke, F., "Zur Theorie und Philosophie der Geschichte", F. Meinecke, *Werke*, vol. 4, München, 1957.

Mellin, G. S. A., Art. "Zufällige Anlagen, Zufälligkeit", *Enzyklopädische Wörterbuch der kritischen Philosophie*, 6 vols., Darmstadt, 1971, vol. 6, pp. 289~98.

Meran, J., *Theorien in der Geschichtswissenschaft: Die Diskussion über die Wissenschaftlichkeit der Geschichte*, Göttingen, 1985.

Meyer, Ch., "Der Zufall in Geschichte und Historie", Günter Eifler et. al., eds., *Zufall. Mainzer Universitätsgespräche*, Mainz, 1995, pp. 105~26.

Meyer, E., "Zur Theorie und Methodik der Geschichte", E. Meyer, *Kleine Schriften zur Geschichtstheorie und zur wirtschaftlichen und politischen Geschichte des Altertums*, Halle, 1910, pp. 1~78.

Migne, J.-P., ed., *Patrologiae cursus completus(=Patrologia Latina)*, Paris, 1847.

Milhaud, G., *Études sur la Pensée Scientifique*, Paris, 1906.

_____, "Le hazard chez Aristote et chez Cournot", *Revue de Métaphysique et de Morale* 10, 1902, pp. 667~81.

Moles, J. L., "Truth and Untruth in Herodotus and Thucydides", in: C. Gill & T. P. Wiseman, eds., *Lies and Fiction in the Ancient World*, Austin, 1993, pp. 88~121.

Monod, J., *Le hasard et la nécessité*, Paris, 1970.

_____, *Zufall und Notwendigkeit: Philosophische Fragen der modernen Biologie*, trans. Friedrich Griese, München, 1996.

Montesquieu, Ch. d., *Considérations sur les causes de la grandeur des Romains et de leur décadence*, ed. Faguet, Paris, 1951.

Neuhaus, H., "Der Historiker und der Zufall", Frank-Lothar Kroll, ed., *Neue Wege der Ideengeschichte. Festschrift für Kurt Kluxen zum 85. Geburtstag*, Paderborn, 1996, pp. 61~80.

Nietzsche, F., *Kritische Gesamtausgabe: Werke*, eds. Giorgio Colli & Mazzino Montinari, Berlin, 1967ff.

_____, *Kritische Studienausgabe*, 15 vols., eds. Giorgio Colli & Mazzino Montinari, München; Berlin; New York, 1980/1988.

Nolte, E., *Historische Existenz: Zwischen Anfang und Ende der Geschichte*, München, 1998.

Ockham, W., *Quodlibeta septem*, ed. Joseph C. Wey, C. S. B.(Guillelmi de Ockham Opera theologica, 9.) St. Bonaventure, N.Y., 1980.

_____, *Tractatus de praedestinatione et de praescientia Dei et de futuris contingentibus*, ed. Philotheus Boehner, New York, 1945.

Orth, E. W., ed., *Vernuft und Kontingenz*, München, 1975.

Pannenberg, W., "Kontingenz und Naturgesetz", in: A. M. K. Müller & W. Pannenberg, *Erwägungen zu einer Theologie der Natur*, Gütersloh, 1970, pp. 33~80.

Parsons, T., Art. "Interaction: Social Interaction", *International Encyclopedia of the Social Sciences*, vol. 7, New York, 1968, pp. 429~41.

Pascal, B., *Pensées*, ed. Ch. M. Des Granges, Paris, 1948.

Patch, H. R., "The Tradition of the Goddess Fortuna in Roman Literature and in der Transitional Period", *Smith College Studies in Modern Languages* 3, 1922, pp. 131~77.

_____, "The Tradition of the Goddess Fortuna in Medieval Philosophy and Literature", *Smith College Studies in Modern Languages* 3, 1922, pp. 179~235.

_____, *The Goddess Fortuna in Medieval Literature*(1927), New York, 1967.

Pédech, P., *La Méthode Historique de Polybe*, Paris, 1964.

Peirce, Ch. S., "Design and Chance"(1883/84), *Writings of Charles S. Peirce*, A Chronological Edition, vol. 4(1879~1884), ed. Nathan Hauser, Bloomington; Indianapolis, 1986, pp. 544~54.

_____, "The Doctrine of Necessity Examined", *The Monist* 2, 189?, pp. 321 ·37.

Pelikán, F , *Entstehung und Entwicklung des Kontingentismus*, Berlin, 1915.

Peter, C. L. v., *Das Problem des Zufalls in der griechischen Philosophie. Eine historisch-kritische Untersuchung*, Berlin, 1909.

Plato, *The Republic (Politeia)*, trans. Benjamin Jowett, Lexington, KY, 2014.

Plinius Secundus, G., *Naturkunde. Lateinisch-deutsch, Liber II. Kosmologie*, ed. and trans. Roderich König, München, 1974.

Plotinos, *The Enneads*, trans. Stephen MacKenna, New York, 1969.

Pollard, W. G., *Zufall und Vorsehung*, München, 1960.

Polybios, *The Histories*, trans. W. R. Paton, Cambridge, 1975.

Ranke, L. v., "Geschichten der romanischen und germanischen Völker von 1494 bis 1514", L. v. Ranke, *Sämtliche Werke*, Bd. 33/34, Leipzig, 1874.

_____, *Aus Werk und Nachlass*, ed. Walther Peter Fuchs & Theodor Schieder, 4 vols., München, 1964ff.

Reese-Schäfer, W., *Niklas Luhmann zur Einführung*, Hamburg, 2001.

Rescher, N., "Contingence in the Philosophy of Leibniz", *The Philosophical Review* vol. 61, 1952, pp. 26~39.

_____, "Contingentia Mundi. Leibniz on the World's Contingency", *Studia Leibnitiana* vol. 33, no. 2, 2001, pp. 145~62.

_____, "Leibniz on God's Free Will and the World's Contingency", *Studia Leibnitiana* vol. 34, no. 2, 2002, pp. 208~20.

_____, "On Some Purported Obstacles to Leibniz's Optimalism", *Studia Leibnitiana* vol. 37, no. 2, 2005, pp. 131~46.

Rickert, H., *Die Grenzen der naturwissenschaftlichen Begriffsbildung: Eine logische Einleitung in die historischen Wissenschaften*, Tübingen, 1902.

Ricœur, P., *Zufall und Vernunft in der Geschichte*, Tübingen, 1986.

_____, *Temps et récit*, Paris, 1983~85.

Roberts, J. T., *Herodotus: A Very Short Introduction*, New York, 2011.

Rorty, R., *Contingency, Irony, and Solidarity*, Cambridge, 1989.

Roveri, A., "Tyche in Polibios", *Convivium* 24, 1956, pp. 275~93.

Sacks, K., *Polybius on the Writing of History*, Berkeley, 1981.

Sallust, *Werke. Lateinisch und deutsch*, trans. Werner Eisenhut & Josef Lindauer, München; Zürich, 1985.

Schäfer, A. & Wimmer, M., eds., *Tradition und Kontingenz*, Münster, 2004.

Schelling, F. W. J., *Schellings Werke*, ed. Manfred Schröter, Unveränderter Nachdruck des 1927 erschienenen Münchener Jubiläumsdrucks, 6 vols.,

München, 1958~66.

_____, *Ausgewählte Schriften*, 6 vols., Frankfurt a. M., 1985.

Schepers, H., "Möglichkeit und Kontingenz. Zur Geschichte der philosophischen Terminologie vor Leibniz", *Filosofia* 14, 1963, pp. 901~14.

_____, "Zum Problem der Kontingenz bei Leibniz. Die beste der möglichen Welten,, en E. W. Böckenförde(comp.), *Collegium Philosophicum: Studien Joachim Ritter zum 60. Geburtstag*, Basilea; Stuttgart, 1965, pp. 326~50.

Schieder, Th., *Geschichte als Wissenschaft. Eine Einführung*, München; Wien, 1965.

_____, "Der Typus in der Geschichtswissenschaft", Th. Schieder, *Staat und Gesellschaft im Wandel unserer Zeit*, München, 1958, pp. 172~87.

Schmucker, J., *Das Problem der Kontingenz der Welt*, eds. Karl Rahner, Heinrich Schilier, Freiburg Br., 1969.

Schopenhauer, A. *Werke in zehn Bänden*, Zürich, 1977.

Schumpeter, J. A., *Capitalism, Socialism and Democracy*, London; New York, 2003.

Schuyler, R. L., "Contingency in History", *Political Science Quarterly* 74, 1959, pp. 321~33.

Scotus, J. D., *Opera Omnia.("The Vatican edition"): The Ordinatio(vol. I~XIV) and Lectura(vol. XVI~21)*, Civitas Vaticana, 1950~2013.

_____, *Contingency and Freedom*(=*Lectura I 39*), intro., trans., and comment. by A. Vos Jaczn, H. Veldhuis, A. H. Looman-Graaskamp, E. Dekker, and N. W. Den Bok, Dortrecht; Boston; London, 1994.

_____, *Philosophical Writings: A Selection*, trans. & ed. Allan Wolter, O. F. M., Indianapolis, 1987.

Shorey, P., "Tyche in Polybius", *Classical Philology* 16, 1921, pp. 280~83.

Skinner, Q., *Foundations of Modern Political Thought*, vol. 1: The Renaissance, Cambridge, 1978.

Sophocles, *Electra*, ed. with intro. & commentary P. J. Finglass, Cambridge, 2007.

Spengler, O., *Untergang des Abendlandes*, München, 1973.

Spinoza, B., *Die Ethik*, Lateinisch und Deutsch, trans. Jakob Stern, Stuttgart, 1977.

_____, *Ethics*, ed. and trans. G. H. R. Parkinson, Oxford; New York, 2000.

Staudinger, H., *Singularität und Kontingenz*, Stuttgart, 1985.

Stern, F., *The Varieties of History: From Voltaire to the Present*, Cleveland, Ohio, 1956.

Strich, W., *Telos und Zufall. Ein Beitrag zu dem Problem der biologischen Erfahrung*, Berlin, 1961.

Suárez, F., *A Commentary on Aristotle's Metaphysics, or "A Most Ample Index to The Metaphysics of Aristotle"*, Milwaukee, 2004.

_____, *On Efficient Causality: Metaphysical Disputations 17, 18, and 19*, trans. Alfred J. Freddoso, New Haven; London, 1994.

_____, *Opusculum II, Liber II: De scientia quam Deus habet de futuris contingentibus*, F. Suárez, Opera Omnia, ed. Charles Berton, Paris, 1858.

Tacitus, P. C., *Annalium ab exessu divi Augusti Libri*, ed. H. Furneaux, vol. 1 & 2, Oxford, 1907.

_____, "Germania", *Cornelii Taciti Opera Minora recognouerunt breuique adnotatione critica instruxerunt*, ed. M. Winterbottom & R. M. Ogilvie, Oxford, 1975.

_____, *Historiarum libri*, Oxford, 1952.

Thucydides, *History of the Peloponnesian War*, trans. Charles Forster Smith, Cambridge, 1969.

Tiedemann, R., "Historischer Materialismus oder politischer Messianismus? Politische Gehalte in der Geschichtsphilosophie Walter Benjamins", Peter Bulthaup, ed., *Materialien zu Benjamins Thesen 'Über den Begriff der Geschichte': Beiträge und Interpretationen*, Frankfurt a. M., 1975.

Toynbee, A. J., *A Study of History: The Growths of Civilizations*, New York, 1962.

Troeltsch, E., "Die Bedeutung des Begriffs der Kontingenz", E. Troeltsch, *Gesammelte Schriften*, vol. 2, Tübingen, 1913, pp. 769~78.

_____, *Gesammelte Schriften*, 4 vols., Aalen, 1977~81.

Trompf, G. W., *The Idea of Historical Recurrence in Western Thought: from Antiquity to the Reformation*, Berkeley, 1979.

Verweyen, J. M., *Philosophie des Möglichen*, Leipzig, 1913.

Veyne, P., *Comment on écrit l'histoire. Essai d'épistémologie*, Paris, 1971.

Vogt, P., *Kontingenz und Zufall: Eine Ideen-und Begriffsgeschichte*, Berlin, 2011.

Vuillemin, J., *Necessity or Contingency: The Master Argument*, Stanford, Calif., 1996.

Walbank, F. W., *Polybios*, Berkeley, 1972.

Wassermann, F. M., "The Melian Dialogue", *Transactions and Proceedings of the American Philological Association* 78, 1947, pp. 18~36.

Weiss, H., *Kausalität und Zufall in der Philosophie des Aristoteles*, Darmstadt, 1967.

Weizsäcker, C. F. v., *Die Einheit der Natur*, München, 1972.

Wetz, F. J., *Das nackte Daß Zur Frage der Faktizität*, Pfullingen, 1990.

White, H., *Metahistory: The Historical Imagination in Nineteenth-Century Europe*,

Baltimore, 1979.

_____, *Tropics of Discourse*, Baltimore, 1979.

_____, *The Content of the Form: Narrative Discourse and Historical Representation*, Baltimore, 1987.

_____, *The Fiction of Narrative: Essays on History, Literature, and Theory 1957~ 2007*, ed. Robert Doran, Baltimore, 2010.

Wieland, Chr. M., "Über die Behauptung, daß ungehemmte der menschlichen Gattung nachteilig sei", in: *Sämtliche Werke*, Leipzig, 1857.

Windelband, W., *Die Lehren vom Zufall*, Berlin, 1870.

Wittram, R., "Gesetz und Notwendigkeit in der Geschichte", R. Wittram, *Anspruch und Fragwürdigkeit der Geschichte: Sechs Vorlesungen zur Methodik der Geschichtswissenschaft und zur Ortsbestimmung der Historie*, Göttingen, 1969, pp. 72~86.

_____, *Das Interesse an der Geschichte. Zwölf Vorlesungen über Fragen des zeitgenössischen Geschichtsverständnisses*, Göttingen, 1958.

_____, *Zukunft in der Geschichte: Zu Grenzfragen der Geschichtswissenschaft und Theologie*, Göttingen, 1966.

Wolff, Ch., *Cosmologia generalis*, Frankfurt a. M.; Leipzig, 1731.

_____, *Philosophia prima, sive Ontologia*, Frankfurt a. M.; Leipzig, 1736.

Zeldin, Th., "Social History and Total History", *Journal of Social History* 10, 1976, pp. 237~45.

Zinn, H., *A People's History of the United States*, New York, 1999.

2. 국내문헌

강용수, 「우연의 최소화로서의 정의: 운과 우연의 문제를 중심으로」, 『해석학연구』 31, 2013, 219~41쪽.

개디스, 존 루이스, 『역사의 풍경: 역사가는 과거를 어떻게 그리는가』, 강규형 옮김, 에코리브르, 2004.

고현범, 「헤겔 논리학에 있어서의 '우연성' 개념: 라이프니츠와의 비교 연구」, 『범한철학』 29, 2003, 337~63쪽.

_____, 「헤겔 철학 체계에서 우연성과 주체구성의 관계: 지젝의 헤겔 철학 독해를 중심으로」, 『범한철학』 58, 2010, 101~27쪽.

구키 슈조(九鬼周造), 『우연이란 무엇인가』, 김성룡 옮김, 이회, 2000.

글레이서, 마르셀로, 『최종 이론은 없다: 거꾸로 보는 현대 물리학』, 조현욱 옮김, 까치글방, 2010.

기번, 『로마제국 쇠망사』, 송은주 외 옮김, 전 6권, 민음사, 2008~10.

김경현, 「pragmatike historia와 tyche: 폴리비오스의 역사이론과 서술의 실제」, 『한국사학사학보』 20, 2009, 109~47쪽.

_____, 「헤로도토스를 위한 변명」, 『한국고전학연구』 24, 2005, 265~302쪽.

김봉철, 「지중해 세계 최초의 역사서, 헤로도토스의 『역사』」, 『서양사론』 109, 2011, 319~40쪽.

김영균, 「아리스토텔레스에 있어서 우연(tychē)의 문제」, 『서양고전학연구』 3, 1989, 53~72쪽.

드로이젠, 요한 구스타프, 『역사학』, 이상신 옮김, 나남, 2010.

라이프니츠, 고트프리트 빌헬름 폰, 『모나드론 외』, 배선복 옮김, 책세상, 2007.

_____, 『형이상학 논고』, 윤선구 옮김, 아카넷, 2010.

루만, 『사회의 사회』, 장춘익 옮김, 전 2권, 새물결, 2012.

로티, 리처드, 『우연성 아이러니 연대성』, 김동식·이유선 옮김, 민음사, 1996.

리쾨르, 폴, 『시간과 이야기』, 김한식 외 옮김, 전 3권, 문학과지성사, 1999.

마키아벨리, 니콜로, 『군주론』, 강정인·문지영 옮김, 까치, 2003.

_____, 『로마사 논고』, 강정인·안선재 옮김, 한길사, 2003.

모노, 자크, 『우연과 필연』, 조현수 옮김, 궁리, 2010.

메이야수, 캉탱, 『유한성 이후: 우연성의 필연성에 관한 시론』, 정지은 옮김, 도서출판 b, 2010.

벤느, 폴, 『역사를 어떻게 쓰는가』, 이상길·김현경 옮김, 새물결, 2004.

뷰캐넌, 마크, 『세상은 생각보다 단순하다』, 김희봉 옮김, 지호, 2004.

박영철, 「마키아벨리 사상에 있어서 'Fortuna' 개념」, 『동국사학』 22, 1988, 99~132쪽.

바우만, 지그문트, 『모두스 비벤디: 유동하는 세계의 지옥과 유토피아』, 한상석 옮김, 후마니타스, 2010.

_____, 『유동하는 공포』, 함규진 옮김, 산책자, 2009.

_____, 『액체근대』, 이일수 옮김, 강, 2005.

반스, 해리, 『서양사학사』, 허승일·안희돈 옮김, 한울, 1994.

보에티우스, 『철학의 위안』, 박병덕 옮김, 육문사, 2011.

소포클레스, 『소포클레스 비극』, 천병희 옮김, 단국대학교출판부, 2002.

손병석, 「공적주의(功績主義) 정의론과 최선의 국가: 아리스토텔레스의 덕(arertē)

과 운(tyche) 개념을 중심으로」, 『범한철학』 67, 2012, 103~39쪽.

스코투스, 둔스, 『제일원리론』, 박우석 옮김, 누멘, 2010.

스피노자, 베네딕트 드, 『에티카』, 강영계 옮김, 서광사, 2010.

에번스, 리처드, 『역사학을 위한 변론』, 이영석 옮김, 소나무, 1999.

오지은, 「데모크리토스의 원자론에 나타난 필연과 우연의 의미」, 『철학연구』 33, 2007, 107~36쪽.

오흥식, 「'로마의 티케'(τύχη, 運)에 대한 폴리비오스의 견해」, 『서양사론』 60, 1999, 1~19쪽.

_____, 「타키투스: 베스파시아누스의 fatum(운명)과 fortuna(행운)」, 『서양사론』 68, 2001, 7~31쪽.

_____, 「투키디데스의 티케(τύχη)觀」, 『서양사론』 46, 1995, 125~79쪽.

오컴, 윌리엄, 『오컴 철학 선집』, 필로테우스 뵈너 엮음, 이경희 옮김, 간디서원, 2004.

윤지운, 『21세기의 보편적 진리』, 퍼플, 2014.

조의설, 『희랍사학사』, 장왕사, 1965.

최성철, 「드로이젠과 역사주의」, 『한국사학사학보』 24, 2011, 127~63쪽.

_____, 「부르크하르트와 역사주의」, 『한국사학사학보』 5, 2002, 173~202쪽.

_____, 『과거의 파괴: 19세기 유럽의 반역사적 사상』, 서강대학교출판부, 2012.

최은광, 「로티의 우연적 진리관과 철학관 비판」, 『철학사상』 44, 2012, 287~318쪽.

_____, 「로티의 '우연성' 개념 비판」, 『철학논구』 38, 2011, 245~92쪽.

최종덕, 「진화에서 인과성과 우연성의 통합적 설명: 역사적 제한」, 『과학철학』 12, 2012, 25~53쪽.

카, 에드워드 핼릿, 『역사란 무엇인가』, 김택현 옮김, 까치, 1998.

카시러, 에른스트, 『르네상스 철학에서의 개체와 우주』, 박지형 옮김, 민음사, 1996.

쿠사누스, 니콜라우스, 『박학한 무지』, 조규홍 옮김, 지식을만드는지식, 2013.

클라인, 슈테판, 『우연의 법칙』, 유영미 옮김, 웅진지식하우스, 2006.

키르케고르, 쇠렌, 『이것이냐 저것이냐』, 권오석 옮김, 홍신문화사, 1993.

_____, 『불안의 개념』, 임규정 옮김, 한길사, 1999.

타키투스, 『게르마니아』, 천병희 옮김, 도서출판 숲, 2012.

_____, 『타키투스의 역사』, 김경현·차전환 옮김, 한길사, 2011.

_____, 『연대기』, 박광순 옮김, 범우, 2005.

투키디데스, 『역사』, 박광순 옮김, 전 2권, 범우, 2011.

푸코, 미셸, 『담론의 질서』, 이정우 옮김, 서강대학교출판부, 1998.

_____, 『말과 사물. 인문과학의 고고학』, 이광래 옮김, 민음사, 1989.

_____, 『지식의 고고학』, 이정우 옮김, 민음사, 1992.

할둔, 이븐, 『역사서설』, 김호동 옮김, 까치, 2003.

해킹, 이언, 『우연을 길들이다: 통계는 어떻게 우연을 과학으로 만들었는가?』, 정혜
경 옮김, 바다출판사, 2012.

헤겔, 게오르크 빌헬름 프리드리히, 『헤겔 예술철학』, 한동원·권정임 옮김, 미술문
화, 2008.

헤로도토스, 『역사』, 천병희 옮김, 도서출판 숲, 2009.

홉스봄, 에릭, 『역사론』, 강성호 옮김, 민음사, 2002.

3. 인터넷 온라인 문헌

Art. "Gnome", *Wikipedia, the free encyclopedia*, http://en.wikipedia.org/wiki/
Gnome_(rhetoric).

Art. "Tyche", *Wikipedia, the free encyclopedia*, http://en.wikipedia.org/wiki/Tyche.

Art. "Tyche: Goddess of Luck", http://www.neokoroi.org/religion/gods/tyche.

Ketelhohn, R., Art. "Otto von Freising", http://www.domus~ecclesiae.de/historica/
otto~frisingensis/otto~frisingensis.vita.html.

Reeves, M. E., Art. "Gioacchino da Fiore", Britannica On~Line Encyclopedia.
http://premium.britannica.co.kr/bol/topic.asp?article_id=b19j2614a.

Art. "균형이론", Daum 한국어사전, http://dic.daum.net/word/view.do?wordid= kk
w000032047&q=%EA%B7%A0%ED%98%95%EC%9D%B4%EB%A1%A0.

Art. "균형이론", Naver 두산백과사전, http://terms.naver.com/entry.nhn?docId=
1068696&cid=40942&categoryId=31819.

Art. "내쉬 균형이론에 대해", Daum 팁, http://tip.daum.net/openknow/
39071880?q=%EA%B7%A0%ED%98%95%EC%9D%B4%EBA1%A0.

Art. "수아레스[Francisco Suárez]", Daum 백과사전 브리태니커, http://100.daum.
net/encyclopedia/view.do?docid=b12s3582a.

찾아보기

●인명

●개념